Research on Agricultural Intellectual Property
Training Handouts of Agricultural Intellectual Property

农业知识产权问题研究

农业知识产权培训讲义

丁超英　主编
中国知识产权培训中心　组织编写

知识产权出版社
全国百佳图书出版单位

图书在版编目（CIP）数据

农业知识产权问题研究：农业知识产权培训讲义/丁超英主编；中国知识产权培训中心组织编写.
—北京：知识产权出版社，2017.6
ISBN 978-7-5130-4976-4

Ⅰ.①农… Ⅱ.①丁… ②中… Ⅲ.①农业—知识产权保护—研究—中国 Ⅳ.①D923.404

中国版本图书馆CIP数据核字（2017）第147453号

责任编辑：张 珑 徐家春　　　责任出版：孙婷婷

内容提要

本书是对知识产权法律、法规、政策、制度和方法的教学研究成果的总结，内容包括知识产权战略研究、品种权及专利权申请实务管理、管理实务研究、评估技术与方法研究、农业地理标志与计算机软件著作权实务研究、农业知识产权法律地位及事业巩固研究、附录等方面，内容十分丰富，凝聚了我国知识产权实务、管理、司法、运用、创造等方面管理人员、教授、审查员、审判员、企业家、科学家和科技人员多年的实践经验和智慧。

农业知识产权问题研究：农业知识产权培训讲义
NONGYE ZHISHI CHANQUAN WENTI YANJIU
NONGYE ZHISHI CHANQUAN PEIXUN JIANGYI

丁超英　主　编　中国知识产权培训中心　组织编写

出版发行：知识产权出版社有限责任公司	网　址：http://www.ipph.cn
电　话：010-82004826	http://www.laichushu.com
社　址：北京市海淀区气象路50号院	邮　编：100081
责编电话：010-82000860 转 8573	责编邮箱：823236309@qq.com
发行电话：010-82000860 转 8101/8029	发行传真：010-82000893/82003279
印　刷：北京嘉恒彩色印刷有限责任公司	经　销：各大网上书店、新华书店及相关销售网点
开　本：850mm×1168mm 1/16	印　张：25.25
版　次：2017年6月第1版	印　次：2017年6月第1次刷
字　数：704千字	定　价：82.00元
ISBN 978-7-5130-4976-4	

出版权专有　侵权必究
如有印装质量问题，本社负责调换。

本书编辑委员会

顾　　问：袁隆平　何志敏
荣誉主任：马　放　柏连阳　邹学校
主　　任：孙　玮
副 主 任：李　娜　赵　辉
委　　员：杨　璐　李　勋　许彬彬　王　楠
主　　编：丁超英
副 主 编：罗建军　杨　玉

序　言

《农业知识产权问题研究：农业知识产权培训讲义》出版了。这是一部关于知识产权法律、法规、政策、制度和方法的教学研究成果总结，内容十分丰富，凝聚了我国知识产权实务、管理、司法、运用、创造等方面管理人员、教授、审查员、审判员、律师、企业家、科学家和科技人员多年的实践经验和智慧。

中国知识产权培训中心从2008年起联合湖南省知识产权局、湖南省农业科学院，在湖南国家杂交水稻工程技术研究中心所在地，把国家知识产权政策法规、战略内涵，与农业科研单位的创新热点和保护难点紧密对接，7年共培训学员1600余人。袁隆平院士既当授课老师、讲述世界领先的杂交水稻技术发明和造福世界人民的伟大梦想，又选择相关专题听课。这样的培训有力地促进了湖南等省一线农业科学家的知识产权意识增强和保护技能提高，既推动了农业知识产权专题研究的深入进行，又丰富了农业知识产权结构，优化了农业知识产权构成，拓展了农业作物对象知识产权并大幅提升申请量和授权量。客观上为加强我国农业知识产权保护，培养全方位的农业知识产权人才，增强农业核心竞争力，起到了重要的带头作用。可以说，这是一次国家级层面知识产权培训与行业科技创新保护有效结合的典型。不仅如此，面对经济发展新常态下的趋势变化和特点，7年来的专题培训，紧扣知识产权战略切入，符合我国农业经济社会发展的客观需要，在我国知识产权事业发展和人才培养中是十分难得的探索。

实践证明，现代农业的形成和发展不仅取决于相适应的科技创新水平，而且需要良好的知识产权制度。这就是加大保护力度，深入扩大转化，以知识产权的创造、运用和服务能力的提升，不断促进原始创新。

希望全国的农业科技人员和农业知识产权工作者，全面贯彻党的十八大和十八届二中、三中、四中、五中全会精神，按照"四个全面"战略布局和党中央、国务院决策部署，认真落实好《国务院关于新形势下加快知识产权强国建设的若干意见》，继续深入实施国家知识产权战略，深入研究发达国家再次审视知识产权保护标准带来的影响，积极应对农业知识产权"内忧"和"外患"，发挥好知识产权对农业发展的支撑作用。在农业知识产权创造、保护和转化能力不强、专业人才短缺，侵权现象发生的薄弱地方发挥好骨干主体职责，保障、激励大众创业、万众创新驱动发展，更好地凝聚农业产业的核心竞争力。为促进新技术、新产业、新业态蓬勃发展，提升产业国际化发展水平，为推动我国经济保持中高速增长、迈向中高端水平，实现"两个一百年"奋斗目标和中华民族伟大复兴的中国梦奠定更加坚实的基础。

衷心希望该书出版惠及更多的人们！

目 录

知识产权战略研究

发展杂交水稻　造福世界人民 …………………………………… 袁隆平（3）

对 UPOV 公约 1991 年文本的思考 ………………………………… 刘　平（16）

实施知识产权战略，提升农业竞争力 ……………………………… 文希凯（21）

知识产权与技术标准研究 …………………………………………… 李顺德（29）

涉农知识产权保护与知识产权战略 ………………………………… 文希凯（42）

国外植物新品种保护经验对我国的启示 …………………………… 唐　浩（50）

农业育种专利的特殊性及国内外申请比较 ………………………… 程晋美（54）

植物新品种权申请前的战略思考 …………………………………… 陈　红（67）

我国植物新品种"走出去"的战略思考 …………………………… 陈　红（71）

《专利合作条约》体系及申请人运用策略 ………………………… 李　享（75）

对我国种业科技"走出去"问题的思考 …………………………… 张俊飚（97）

品种权及专利权申请实务管理

专利组合与布局策略 ………………………………………………… 李银锁（107）

申请植物新品种权时如何选择近似品种 …………………………… 陈　红（114）

生物技术领域专利审查若干问题探讨 ……………………………… 潘爱群（117）

知识产权制度对我国生物种质资源保护的作用和影响 …………… 辛　颖（124）

农业植物新品种权的司法保护及其案例 …………………………… 罗　霞（132）

植物新品种权的法律保护阐释 ……………………………………… 孙元清（138）

管理实务研究

技术研发中的专利信息检索方法应用 ………………………… 盖　爽　吴泉洲（149）

国家知识产权局专利检索与服务系统构建及其应用 ……………… 吴泉洲（157）

我国农业知识产权现状保护分析 ……………………………… 宋　敏　任　静（177）

如何得到高质量专利和提高成果转化率？

——知识产权技术转移的专业化管理模式 …………………… 纵　刚（187）

科技创新、知识产权保护与科技成果管理 ………………………… 姚昆仑（211）

专利权的司法保护及有关植物专利纠纷的探讨 …………………… 罗　霞（226）

如何在我国现行植物品种出口政策及制度条件下做好品种权
　　保护工作 …………………………………………………………………… 袁国保　胡丽芳（233）
农业领域的专利保护研究：以湖南省为例 ………………………………………… 刘跃红（239）

评估技术与方法研究

国家科技计划项目知识产权归属与知识产权运用研究 ………… 宋河发　李振兴　吴　博（247）
专利价值评估研究的前沿与趋势及其在企业专利技术管理中的应用：
　　以 CiteSpace 为工具 …………………………………………………… 邱洪华　陈祥玲（257）
对外合作中的知识产权问题 …………………………………………………………… 李顺德（266）
专利管理：价值发现与观察视角 ……………………………………………………… 袁真富（279）
公益性科研成果如何兼顾公平和效率 ………………………………………………… 宋　敏（285）
农业知识产权的科学管理与有效保护 ………………………………………………… 陆滨芊（288）

农业地理标志与计算机软件著作权实务研究

有效运用地理标志，提升农业市场竞争力 …………………………………………… 郭修申（297）
我国地理标志的管理与保护 …………………………………………………………… 赵　辉（310）
计算机软件著作权登记实务 …………………………………………………………… 李金兰（318）
我国农产品地理标志工作制度实践与成效 …………………………………… 陈　思　高　芳（326）

农业知识产权法律地位及事业巩固研究

《中华人民共和国种子法》修订建立非主要农作物登记制度的探讨 ………………… 刘　平（333）
贯彻实施《中华人民共和国种子法》，努力开创种业发展新局面 …………………… 张福贵（337）
深刻理解《中华人民共和国种子法》中的植物品种特异性、一致性、稳定性测试
　　必要性 ………………………………………………………………………………… 唐　浩（341）
我国植物新品种保护制度的建立和发展 ……………………………………………… 陈　红（344）
关于湖南省水稻研究知识产权保护的战略构想 …………………………… 丁超英　李　祺（348）
湖南省实施知识产权战略、促进农业科研创新发展的一些体会 …………………… 丁超英（352）
农业知识产权类别及保护 …………………………………………………… 杨　玉　丁超英（354）
我国种业科技成果展示产权交易平台建设初探 …………………………… 宋　敏　任　静（357）
知识培训促进农业知识产权创造、转化、保护、管理研究深入展开的
　　意义与理性思考 …………………………………………………………… 丁超英　王　虎（363）

附　　录

2008—2014 年参加培训人员名单 …………………………………………………………… （375）

参加任课和研究教师简介 ……………………………………………………………………（379）
历次出席培训班的领导和班主任名单 ………………………………………………………（389）
本书涉及的相关法律条文 ……………………………………………………………………（390）
致谢 ……………………………………………………………………………………………（393）

知识产权战略研究

发展杂交水稻 造福世界人民[1]

袁隆平

(国家杂交水稻工程技术研究中心，湖南杂交水稻研究中心)

摘　要：粮食是关系到国计民生的头等大事，水稻是主要粮食作物。本文叙述了从发现水稻不孕性的现象到我国杂交水稻研究成功，揭示了三系法水稻到两系法水稻、超级稻增产20％以上的科学理论和技术发明，切实保障了到2030年必须比1995年多生产60％稻谷才能满足需要的粮食安全预测，展现了创造和应用杂交水稻这一重大技术发明给造福世界人民带来的重大作用。

关键词：杂交水稻；发明经历；高产理论；研究进展；发展前景

在杂交水稻自主研究和创新发展、转化运用过程中，我有一些体会和大家分享。

1 起源：发现水稻不孕性经历与意义

粮食是关系到国计民生的头等大事。水稻是主要粮食作物，是世界一半以上的人口、中国60％以上的人口的主食。20世纪60年代，我国遭遇了"三年困难时期"，许多家庭粮食短缺、无米可炊的状况，这既有大自然因素的影响，又与农村水稻生产技术普遍落后相关。面对人们生活的困境和低产量的水稻生长，为了不让老百姓继续挨饿，就必须改变这种水稻生产落后、低产的面貌。

当年在安江农校的试验田里，我偶然发现一株形态高大、长势良好的水稻，于是精心培育了一年，希望第二代种子会有更好的收获。谁知道第二年播下这些后代种子，生长出的水稻株型却零乱不齐，没有一株像去年的那么高！按照经典遗传学的观点：水稻属自花授粉作物，自交不会退化，因而无杂交优势。于是我分析后认为：只有纯品系水稻才不会产生分化的，现在发现的这个单株出现了二代分离现象，应该是第一代自然杂交稻种；如同马与驴子杂交产生了高大的骡子一样，出现的植株高大现象就是杂种优势，不仅可表现在异花授粉作物上，也应同样存在于自花受粉作物中。

自从发现了大田水稻自然杂种株后，我参阅了杂交玉米的研究方法，设想培育水稻的雄性不育系、保持系、恢复系的办法来利用水稻的杂种优势，提高水稻的产量，从那时起在国内率先开展水稻杂种优势的利用研究。

一开始，进行这些科学研究工作并不顺利，但数次试验的失败使我积累了改进技术方法的经验。因为，从发现一个水稻现象到完善水稻杂种优势技术并成功揭示出理论的指导作用，没有可以参考的道路可走，完全要靠追求梦想的勇气和不畏艰辛的奋斗精神，以及可供追梦的安定的科研环境。

经过科学设计处理、多年的分析结果，我发现了水稻具有杂种优势的学术价值，在写出的《水稻的雄性不孕性》研究文章中提到：到目前的科学观测证明，水稻的雄性不孕在自然的情况下出现的频率较高，水稻和其他生物一样的不孕现象大同小异，主要表现在花药不开裂、花粉败育或不能形成花粉等方面，可以据此找到水稻雄性不孕材料。水稻雄性不孕在遗传上一般分核质型和胞质型两类，以后者在杂交优势育种中最有利用价值，因而在自然传粉的情况下，不同父本核因子与不孕母本细胞质相互作用的特异性，致使下一代发生不同的孕性分离现象。因而使品种间存在着明显的杂种优势；据此，可以采取人为进一步选育的方法和技术措施，获得雄性不孕系，保持系和恢复系，用作水稻杂种优势利用的材料。"要想利用水稻杂种优势，首推利用雄性不孕性"的研究理性结论与实践意义否定了

---

[1] 本文是袁隆平院士于2008年11月在"全国农业新品种知识产权国际保护高级培训班"上所做的首场报告，此处谨作补充。

水稻等"自花授粉作物没有杂种优势"的传统学术观点（图1、图2）。

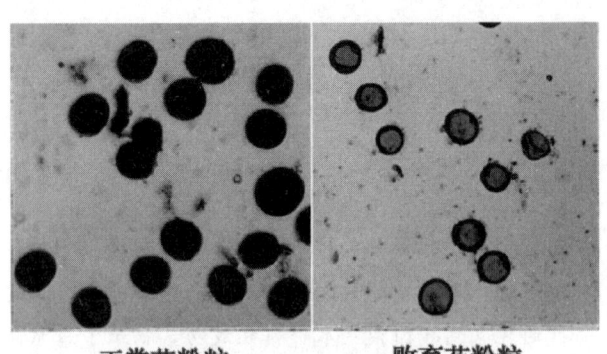

正常花药　　　　退化花药　　　　　　正常花粉粒　　　　　败育花粉粒

图1　正常花药与退化花药　　　　　　图2　正常花粉粒与败育花粉粒

在经历无数次试验失败后，以我于1966年在《科学通报》上公开发表的《水稻的雄性不孕性》论文为转机，这项从大田水稻个别发现到突破水稻遗传育种理论的科研工作才得到了科技界和各级主管领导人重视和大力支持。

我首次提出了并大范围开展了采用"三系法"配套技术方法实现水稻杂种优势利用的重要研究性课题。从而使杂交水稻知识产权创造和发展工作进入了一个实质性跨越阶段。

2　杂种优势利用和杂交水稻三系配套的概念

2.1　杂种优势的现象和水稻雄性不育性

水稻杂种优势（Heterosis）是指两个遗传性不同的亲本植物杂交产生的杂种一代，在生长势、生活力、抗逆性、产量、品种等诸方面优于其双亲的现象。将水稻的杂种第一代这种超亲现象应用于生产，以获得最大的经济效益，称为水稻杂种优势利用（图3）。

水稻属于典型的自花授粉作物，雌雄同花，由同一朵花内花粉进行传粉受精而繁殖后代。那么，水稻雄性不育性是指雄性器官退化，不能形成花粉或形成无生活力的败育花粉，因而不能实现自交结实；但它的雄性器官正常，一旦授以正常可育花粉又可以受精结实。具有这种特性的品系称为雄性不育性系。

经查证1926—1968年的文献，水稻杂种优势利用的研究始于19世纪。美国、印度、巴基斯坦、日本的研究

图3　水稻雌雄同花图

人员，提出了水稻具有杂种优势，并从不育系的选育开始研究，但这些不育系均未能在生产上得到应用。

2.2　水稻杂种优势利用技术难关

我分析研究后认为，在一定地理远缘和物种远缘，如不同地域的水稻品种或野生稻中，有可能找到理想的雄性不育材料"野败"。1970年春季，我和助手来到海南岛崖县南红农场，在当地调查野生稻的生长和分布。按照这一思路，李碧湖、冯克珊在三亚找到了"花药细瘦，色浅呈水渍状，不开裂散粉"的宝贵研究材料"野败"。

接着我带领全国协作组继续开展研究，解决了"三系法"杂交水稻研究中的三大难题：利用"野生稻与栽培稻进行远缘杂交"技术，找到了培育雄性不育系的有效途径，并于1973年实现了不育系、

保持系和恢复系的"三系"配套；育成了强优势杂交水稻"南优2号"等一批组合，并成功在生产上大面积应用推广。至此，自花授粉作物水稻杂种优势在生产上的利用成为现实。我国自主研究的成果"三系法"杂交水稻普遍表现出强大的杂种优势，比主栽常规水稻品种增产20%以上。

随着杂交水稻在全国大面积推广，1977年我在《杂交水稻培育的实践和理论》论文中进一步揭示了所发现的水稻雄性不育的类型及其在"三系"培育中的规律，水稻杂种优势体现在根系发达、功能旺盛、吸收力强、生长势苗壮、繁茂、分蘖力特强、光合强势、穗大粒多、适应性极强，客观存在且蕴藏着巨大的增产潜力；《杂交水稻制种与高产的关键技术》研究论文及时解决了指导全国大面积种植杂交水稻的供种难题，推动了全国范围内的杂交水稻研究深入发展。1981年中国第一个特等发明奖授予了我带领的全国籼型杂交水稻科研协作组（图4）。

图4 1981年6月6日在授奖大会上，袁隆平（左）代表全体从事杂交水稻研究的科技人员领奖

2.3 "三系法"杂交水稻制种关键技术完善

由于是利用双亲杂交第一代（F1）的杂交优势，第二代（F2）产生分离，因此，必须年年制种才能保障大田生产用种。杂交水稻制种是以雄性不育系作母本，雄性不育恢复系作父本，按照一定的行比相间种植，使双亲花期相遇，不育系接受恢复系的花粉而受精结实，生产杂交种子。由于异交栽培，在整个生产过程中，技术性强，操作严格，一切都为着提高母本的异交结实率。所以，制种产量的高低和种子质量的纯度，直接关系到杂交水稻的生产与发展。

1973年实现籼型杂交水稻三系配套时，全国杂交水稻制种产量仅90千克/公顷。随着对于亲本的异交特性深入研究，通过制种生态条件的选择、父母本花期相遇、父母本群体结构的建立、花期预测与调节、父母本异交态势的改良与人工辅助授粉、防杂保纯等方法进一步完善了制种的技术体系。使"三系法"杂交水稻制种技术水平不断提高，1982年全国杂交水稻制种面积15.13万公顷，平均产量达892.5千克/公顷；1985年全国杂交水稻制种面积12万公顷，平均单产超过1500千克/公顷。

1976—1987年，通过培育出不育系、保持系和恢复系和采取三系配套技术，完成不育系繁殖、杂交制种和大田生产应用方案，"三系法"杂交水稻种植面积累计超过11亿亩，增产在1000亿千克以上。到2000年全国累计推广超过38亿亩，增产稻谷3600多亿千克（图5）。

3 杂交水稻的育种战略构成

什么是杂交水稻？杂交水稻（Hybrid Rice）是指选用两个在遗传上有一定差异，但它们的优良性状又能互补的水稻品种进行杂交，生产具有杂种优势的第一代杂交种子（F1），用于稻谷生产产量和品

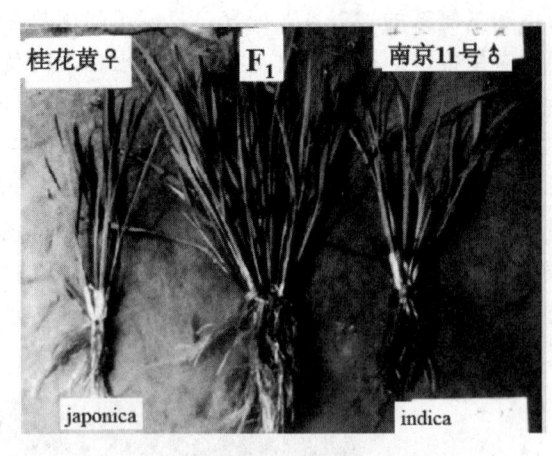

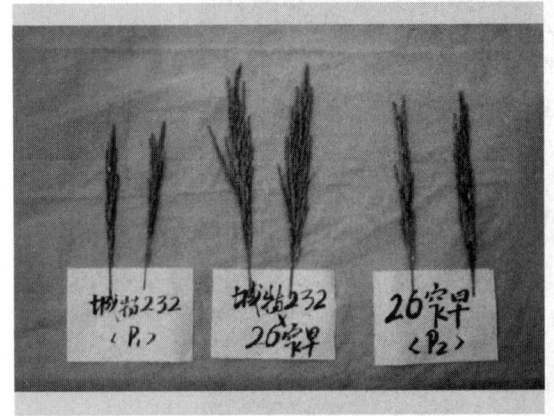

图 5 "三系法"杂交水稻图

质大幅度提高,这就是杂交水稻。简言之:通过杂交技术培育而成的水稻,也就是利用杂种优势来提高稻谷产量和品质的水稻。

农业生产和作物育种的历史表明,凡在育种上有所突破,就会给农业生产带来一次飞跃。杂交水稻培育成功属于水稻育种上的一项突破。生产上已经证明了杂交水稻比一般普通水稻良种增产 20% 左右。杂交水稻的种植面积约占全国水稻种植面积的 1/4,而产量则占稻谷总产量 1/3 左右。因此,进一步发展杂交水稻对提高我国粮食产量具有十分重要的战略意义。中国现有人口超过 13 亿人,据联合国经济与社会事务部 2015 年 7 月 29 日在纽约总部发布的《世界人口展望 2015(修订版)》,当前 73 亿的世界总人口有望在 2030 年达到 85 亿。

科学的探索是无止境的,事物发展在人为的(调)控制下总是呈现螺旋式的前进状态。

1987 年,我在《杂交水稻的育种战略设想》文章中分析指出:杂交水稻三系配套成功,还是水稻杂种优势利用的处级阶段,还蕴藏着巨大的增产潜力。杂交水稻育种无论在方法上还是在杂种优势水平上,都具有三个战略发展阶段,而每进入一个新阶段都是一次突破,从而把水稻产量推向一个更高的水平。

从育种方法上可分为杂交水稻"三系法、两系法到一系法"的三战略阶段,程序上由繁到简,效率上越来越高。

从杂种优势水平上杂交水稻育种又可分为品种间、亚种间(籼稻、粳稻)和远缘杂种优势的利用三个发展阶段。

上述三种育种方法和三种优势水平之间存在着一定的内在联系。"三系法"主要适用于选育品种间杂交组合,选育亚种间组合固然可以,但难度较大;"两系法"对选育品种间和亚种间组合均适用,但用于亚种间杂交则能更好地发挥其优越性。至于远缘杂种优势,唯有通过"一系法"法才能利用。也就是杂交水稻育种的三个战略发展阶段。

3.1 三系法杂交稻

三系法杂交稻是指雄性不育系、保持系和恢复系三系配套育种，不育系为生产大量杂交种子提供了可能性，借助保持系来繁殖不育系，用恢复系给不育系授粉来生产雄性恢复且有优势的杂交稻（图6）。

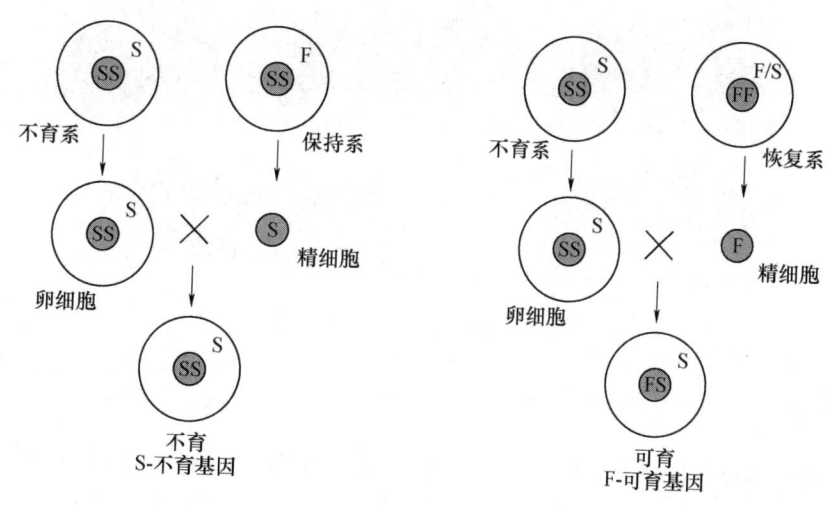

图6 三系的遗传关系图

雄性不育系：是一种雄性退化（主要是花粉退化）但雌蕊正常的母水稻，由于花粉无力生活，不能自花授粉结实，只有依靠外来花粉才能受精结实。因此，借助这种母水稻作为遗传工具，通过人工辅助授粉的办法，就能大量生产杂交种子。

保持系：是一种正常的水稻品种，它的特殊功能是用它的花粉授给不育系后，所产生后代，仍然是雄性不育的。因此，借助保持系，不育系就能一代一代地繁殖下去。

恢复系：是一种正常的水稻品种，它的特殊功能是用它的花粉授给不育系所产生的杂交种雄性恢复正常，能自交结实，如果该杂交种有优势的话，就可用于生产。

三系法杂交稻的育种程序和生产环节均比较复杂，以致选育新组合的时间长、效率低、推广环节多。速度慢，同时种子成本高、价格贵。对于进一步发展杂交水稻不利。从发展角度看，三系法最终要被更先进的方法所取代。

3.2 两系法杂交稻

目前，有了光（温）敏不育系利用法和化学杀雄法两种方法实现"两系"杂种优势利用的水稻。可解释为：光（温）敏不育系是核基因控制的雄性不育系，可以一系两用，根据不同的日照和温度，既可自身繁种又可制种；利用光（温）敏不育系进行两系育种，可使种子生产程序减少一个环节，从而降低种子成本，而且配组自由，凡正常品种都可以作为恢复系，选到强优组合的概率高于三系法。还可以避免不育胞质的负效应，防止遗传基础单一化。

两系法既可进行品种间杂优利用，又可进行亚种间杂优利用。

1989年，研究提出了选育实用光温敏核不育系的不育起点温度指标和选育的技术策略，使两系法杂交水稻研究走出了低谷；后来又研制了两系不育系原种生产程序和冷水串灌繁殖等技术，使两系法杂交水稻研究最终取得成功并推广应用。

两系法杂交水稻是一项我国独创的技术，是世界作物育种领域的重大进步。不仅简化了杂交种子生产的程序，降低了种子成本，而且可以配组自由，大大提高了选育优良组合的概率。1995年，两系法杂交水稻大面积生产应用，到2000年全国累计推广面积达5000万亩，平均产量比三系杂交稻增长5%~10%（图7）。

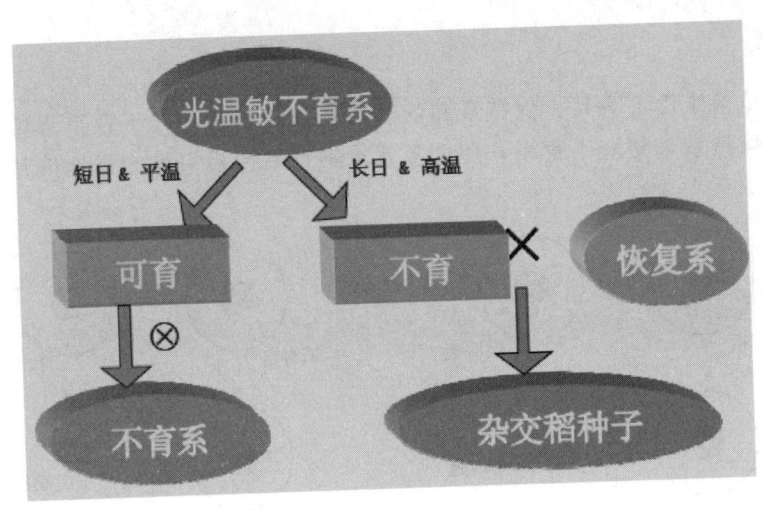

图7 两系法杂交水稻示意图

3.3 一系法杂交稻

一系法杂交稻即培育不出现分离的F1杂种，将杂种优势固定下来，从而实现不需要年年制种的杂交水稻。这是利用杂种优势的最好方式。目前设计采用利用无融合生殖固定水稻杂种优势被认为是最有希望的途径，面临的首要任务是获得（发掘出）可靠的无融合材料。

3.4 超级杂交稻研究计划

1996年，我国启动了水稻超高产育种计划、这项计划又称"中国超级稻研究计划"。1997年我在《杂交水稻超高产育种探讨》研究论文中，为了提高光合作用效率设计了杂交水稻植株的上部3片功能叶要"长、直、窄、凹、厚"，以高冠层、矮穗层和中大穗为特征的超高产株型模式和"适当扩大双亲的遗传差异，进一步提高杂种优势的水平"培育超级杂交稻的技术路线，并在超级杂交稻研究方面取得重要进展。1999年在世界上率先育成超高产杂交水稻——"超级稻"。

1）超级稻产量指标

日本：1981—1995年，增产50%，由6.3~8.1吨/公顷增产到9.4~12.2吨/公顷。

国际水稻所：1989—2000年，增产20~25%，由10吨/公顷增产到12~12.5吨/公顷。

2）我国农业部立项的超级稻产量指标

第一期：1996—2000年，10.5吨/公顷，即示范片达到平均单产700千克/亩。

第二期：2001—2005年，12.0吨/公顷，即示范片达到平均单产800千克/亩。

这里的产量指标是指在同一生态区两个百亩以上的示范片，连续两年的平均产量。

4 发展超高产杂交水稻关键做好高产优质攻关和示范推广整体布局研究

4.1 杂交稻超高产育种研究进展

到2000年，已育成了几个超级杂交稻先锋组合，其产量达到了农业部制定"中国超级稻"第一期指标。首期的推广面积为3000万亩，平均亩产550千克左右，主要是"两优培九"，该组合已成为继"汕优63"之后全国推广面积最大的水稻品种（图8）。

第二期超级杂交稻亩产800千克的指标已经提前一年，在2004年实现。

第二期的超级杂交稻已于2006年开始推广，2007年种植面积达300万亩以上。

第二期超级杂交稻在大面积生产上平均亩产600千克左右，比第一期超级稻高50千克/亩以上。

这段时期"两系稻""三系稻"和"超级稻"种植面积达到并保持在2.4亿亩左右，占全国水稻总

图 8　第一期超级稻先锋组合"两优培九"的生长势图

面积的55%以上；全国水稻平均单产约420千克/亩，其中，杂交水稻为470千克/亩，常规水稻为380千克/亩，杂交稻比常规稻增产20%左右。至2006年年底，杂交稻在全国已累计推广56.4亿亩，共增产稻谷5200多亿千克（图9）。

图 9　第二期超级杂交稻

第三期超级杂交稻研究育种目标：争取2010年示范片达到平均单产900千克/亩。2011年9月超级稻第三期目标亩产900千克高产攻关获得成功，达到了926.6千克/亩。

第四期超级杂交稻研究目标是亩产1000千克，于2014年10月高产攻关获得成功，验收片获得1026.7千克/亩（图10）。

第五期超级杂交稻研究育种产量目标16吨/公顷（亩产1067千克），并于2015年4月又启动了该项攻关研究。一年多来，研究的第五期杂交稻先锋组合在全国各地的实验示范片区不断有新的高产纪录出现（图11）。

图 10　第四期验收片种植组合：Y两优900 　　　图 11　研究中的先锋组合：超优1000

4.2 "种三产四"丰产工程项目及其进展

按照"良种、良田、良发、良态"的推广思路,有效运用超级杂交稻的技术成果,力争用3亩地产出现有4亩地的粮食总产。从2007年开始实施,到2015年,在湖南省年推广"种三产四"面积1500万亩,相当于年2000万亩的生产水平;计划用更长的时间,在全国推广6000万亩,相当于8000万亩的生产水平。节余1/4的面积也就是等于增加1/4的粮食耕地,提高农民种粮的经济效益,确保国家粮食安全。

按照湖南水稻生长的不同生态类型,分成5个种植模式进行实施,即(1)早超:超级杂交早稻+优质晚稻。(2)双超:超级杂交早稻+超级杂交晚稻。(3)中超:超级杂交中稻。(4)一季超级杂交晚稻。(5)晚超:优质早稻+超级杂交晚稻。

2007—2008年,在湖南的20个县(市、区)率先进行示范实施;2009年在全省32个县(市区)示范实施。每个示范县(市区)推广面积,2007年300亩,2008年3000亩,2009年1万亩,2010年3万亩以上。项目目标是超级杂交稻单产比前5年年平均单产增加33%(表1)。

表1 湖南省14市州有关县(市、区)研究实施进展

年份	试验点(县、市、区)数量(个)	比前5年年平均单产增加33%达标点数量(个)	比前5年年平均单产增加10%基本达标点数量(个)
2007	20	18	2
2008	20	19	1
2009	32	29	2
2010	36	35	2
2011	47	44	3
2012	50	47	3
2013	51	46	5
2014	52	51	1
2015	52	51	1

2015年实施1196万亩,仅湖南省14市州有52县51达标,比项目实施前5年平均单产增产7.1亿千克。

据统计,实施"种三产四"丰产工程2007—2015年间累计在湖南种植超级稻5471.9万亩,增产稻谷61.19亿千克,单产比项目实施前5年平均单产增加143.1千克/亩。

4.3 "三分田地养活一个人"粮食高产工程

为最大限度地利用现有稻田资源提高粮食综合生产能力,2013年我提出在南方水稻高产区实施超级杂交稻"三分田养活一个人"粮食高产工程,即研究并推广应用以超级杂交稻为主体的粮食周年高产模式及其配套栽培技术,到达周年亩产1200千克,实现"三分田养活一个人"的产量目标。亩产1200千克折算就是三分田产粮360千克,按每人每年360千克稻谷的国家粮食安全指标计算,达到三分田养活一个人的产量标准。计划到2020年,在湖南省推广500万亩,其中双季超级杂交稻面积450万亩左右,春玉米+超级杂交晚稻20万亩左右,马铃薯+一季超级杂交中稻30万亩左右。从而进一步发展超高产杂交水稻。

2013年首批建立8个示范点,醴陵市实施的双超模式年亩产1205千克,达到预期目标;2014年采用"双季超级杂交稻""马铃薯+超级杂交中稻"和"春玉米+超级杂交晚稻"3种不同的周年粮食生产模式,分别在湖南的16个县(市、区)进行研究,有5个点达到了周年产量指标;2015年在以往的基础上扩大了实施面积,共在16个县(市)区,有14个点达到了周年产量指标。

在杂交稻新品种选育中,通过远缘杂交、亚种间杂交等方法创制了R99、"巨穗稻系列"恢复系等数个强优势恢复系;利用已有骨干不育系材料育成了83-18S、K85-3S、超丰A、832A等一批株型

好、异交习性优良、配合力高的优异不育系。通过广泛测交和生态育种，选育出 228 个等超级杂交稻苗头组合参加省内外展示和品种比较试验；育成超优千号、湘两优 1 号、深两优 116 等 58 个超级稻组合进入省级以上区域试验。集成了以超级杂交稻为核心的高产栽培技术研究。

2016 年 11 月，第三代杂交水稻遗传工程雄性不育系初步研究成功，兼有三系不育系和两系不育系配组自由的优点，也克服了三系不育系配组受局限和两系不育系可能"打摆子"和繁殖产量低的缺点（图 12、图 13）。

图 12　已经研究出的巨穗稻图　　　　图 13　第三代遗传工程雄性不育系稻穗

目前，我国杂交水稻发展常年种植面积 2.4 亿亩左右，占全国水稻总面积的 55% 以上；杂交稻比常规稻增产 20% 左右，截至 2014 年，杂交稻在我国已累计推广 65 亿亩，共增产稻谷 6500 多亿千克。按人均年消费 365 千克计算，每年增产的粮食可多养活 7000 万人口，累计 17.8 亿人口。

发展杂交水稻不仅在国内而且在国外都展现了巨大的发展潜力。

5　杂交水稻在国外迅速发展

杂交水稻不仅属于中国，也应属于世界，让世界了解杂交水稻、种植杂交水稻，重要的责任是帮助世界贫困地区人口解决温饱问题。

1979 年 5 月，美国圆环种子公司总经理威尔其访华，中国农业部种子公司赠送给他 3 个杂交稻组合 1.5 千克。在美试种后，比当地良种增产 33%～93%。

1980 年和 1981 年，经双方正式签订杂交水稻技术转让合同，中国的杂交水稻技术先后转让给美国圆环种子公司和卡捷尔公司。通过 3 年的对比试验，中国杂交水稻平均亩产远比美国水稻良种增产，最高增幅达 79%。顺利打开了杂交水稻走向世界的大门。

1979 年，我代表中国在国际水稻年会上宣读杂交水稻论文后，获得了来自世界各国的 200 多位水稻专家的高度评价，他们都认为中国杂交水稻技术居世界领先地位。至 1989 年，世界上已有 20 多个国家和地区引进、转让了中国的杂交水稻。

1992 年联合国世界粮农组织（FAO）决定：借助中国的力量，立项支持世界一些稻产低的国家发展杂交水稻。作为首席顾问，我把重点选项在东南亚第三世界国家，并提供了 50 多个组合试种，从中筛选了适合当地温光水气条件的杂交稻组合。米质与抗性优异，每公顷增产 2000 千克左右（表 2）。

表2 2007年东南亚5国杂交水稻种植状况

国家	杂交水稻种植面积（万亩）	杂交水稻平均产量（千克/亩）	全国平均产量（千克/亩）
越南	1000	420	320
印度	1650	370	200
菲律宾	350	395	235
孟加拉	287	380	240
美国	300	600	450

2010年国外杂交水稻的种植面积已达5100多万亩。其中印度、越南、菲律宾、孟加拉、印度尼西亚、巴基斯坦和美国增产效果非常明显。越南由一个粮食比较短缺的国家跃居成为仅次于泰国的第二大大米出口国。菲律宾的种植面积稳定在300万亩，平均单产每亩470千克，当地的灌溉稻平均产量是300千克。美国种植面积约在600万亩，占全国水稻面积的1/3，产量增幅在25%。杂交水稻在非洲、南美洲等地区十几个国家成功试种，平均每亩增产150千克。

到2014年，国内外杂交水稻种植面积超过3.3亿亩。2016年中国杂交水稻已经推广到了50多个国家和地区（图14～图18）。

图14 杂交水稻走向世界的集锦

图15 《菲律宾每日问讯报》报道

图16 在菲律宾，袁隆平同当地农民收割其研究的杂交水稻

图17 中国杂交水稻专利技术成功转让到美国，当地利用直升机进行辅助授粉

图18 中国杂交水稻专利技术成功转让到美国，当地杂交水稻种植现场

中国杂交水稻在国外发展前景非常广阔。杂交水稻的发明、转化运用对保证世界粮食安全和促进世界和平将发挥重大作用；如果全世界50%的稻田种植杂交水稻，每年可增产1.5亿吨粮食，可多养活4亿人口。

6 结论

深入研究和发展杂交水稻，不断满足世界各国人民对粮食增长的需要，这是我国杂交水稻科研团队对于发展杂交水稻的有力评估和科学承诺。据国家知识产权局文献中心查询，截止到2016年11月，我国杂交水稻有效发明专利共计1744件，占97.81%；实用新型39件，占2.19%（表3、图19）。

表3 2015年底杂交水稻有效专利权在我国的分布情况

省份及地区	申请量（件）	授权量	省份及地区	申请量（件）	授权量
安徽	105	5.88%	辽宁	6	0.33%
北京	403	22.60%	山东	27	1.67%
福建	51	2.85%	上海	87	4.87%
广东	133	7.44%	四川	50	2.79%
广西	12	0.67%	天津	19	1.06%
贵州	3	0.16%	云南	14	0.78%
海南	11	0.61%	浙江	160	8.95%
河南	10	0.56%	重庆	12	0.67%
黑龙江	8	0.44%	河北	10	0.56%
湖北	109	6.10%	陕西	5	0.27%
湖南	62	3.47%	山西	2	0.11%
吉林	4	0.22%	宁夏	1	0.05%
江苏	126	7.06%	甘肃	1	0.05%
江西	18	1.00%	国外及中国港澳台	334	18.73%

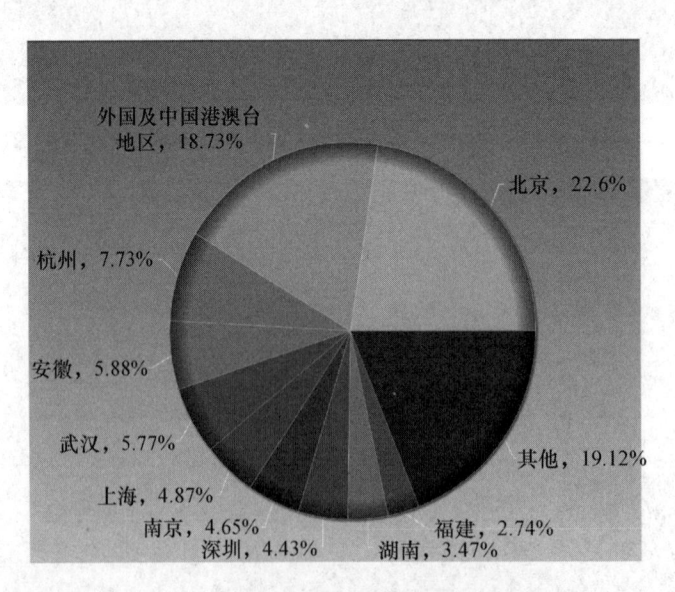

图19 杂交水稻的有效专利分布图

据农业部科技发展中心统计，截止到2015年12月，全国杂交水稻品种权总数如下：组合申请量1199件，授权量517件；不育系申请量850件，授权量702件；恢复系申请量856件，授权量423件。外企申请量17件，授权量7件（表4）。

表4 2015年底杂交水稻有效品种权在我国的分布情况

省份及地区	申请量（件）	授权量（件）	省份及地区	申请量（件）	授权量（件）
安徽	126	35	辽宁	3	1
北京	178	42	山东	1	0
福建	80	54	上海	19	9
广东	50	19	四川	185	90
广西	16	11	天津	13	3
贵州	12	12	云南	16	5
海南	7	6	浙江	70	35
河南	4	2	重庆	30	15
黑龙江	2	1	河北	—	—
湖北	42	27	陕西	—	—
湖南	233	92	山西	—	—
吉林	5	1	宁夏	—	—
江苏	80	41	甘肃	—	—
江西	27	16	外企	17	7

无论是杂交水稻有效的专利权还是品种权数都充分展示了我国杂交水稻的科研领先水平和知识产权保护实力。我们充满信心地认为，通过科学技术人员的不懈努力，超级杂交稻科学研究也将不断进步。超级杂交稻不仅使中国能依靠自己解决吃饭问题，而且还能为节约耕地、调整农业产业结构和使农民致富创造条件；同时也将为世界人民的福祉做出更大的贡献。

参 考 文 献

[1] 袁隆平. 水稻的雄性不孕性 [J]. 科学通报（中文版），1966，17（4）；科学通报（外文版）[J]，1966，17（7）.
[2] 袁隆平. 杂交水稻培育的理论与实践 [J]. 中国农业科学，1977（1）.
[3] 袁隆平. 杂交水稻制种高产技术关键 [J]. 遗传，1977（1）.
[4] 袁隆平. 杂交水稻学 [M]. 北京：中国农业出版社，2002.
[5] 袁隆平. 杂交水稻的育种战略设想 [J]. 杂交水稻，1987（1）.
[6] 袁隆平，陈洪新. 杂交水稻育种栽培学 [J]. 长沙：湖南科学技术出版社，1988.
[7] 袁隆平. 两系法杂交水稻研究的进展 [J]. 中国农业科学，1990（3）.
[8] 袁隆平. 选育水稻光温敏核不育系的技术策略 [J]. 杂交水稻，1992（1）.
[9] 袁隆平. 杂交水稻超高产育种探讨 [J]. 杂交水稻，1997（12）.
[10] 姚昆仑. 追梦·圆梦——"杂交水稻之父"袁隆平 [J]. 中国科技奖励，2016（8）.
[11] 袁隆平. 第三代杂交水稻初步研究成功 [J]. 科学通报，2016，61（31）.

对 UPOV 公约 1991 年文本的思考

刘 平

（中国绿色食品发展中心）

摘 要：本文对比了 UPOV 公约 1978 年文本与 1991 年文本的主要区别，揭示了 1991 年文本比 1978 年文本保护力度更大的原因，阐明了我国借鉴 1991 年文本有关条款修改《中华人民共和国植物新品种保护条例》的理由。

关键词：UPOV 公约；91 文本；78 文本区别；借鉴文本；修改条例

《国际植物新品种保护公约》，简称 UPOV 公约，是保护育种者权益的重要国际协定，是 UPOV 成员制定其植物新品种保护法律制度所共同遵循的原则。截至 2009 年 10 月，UPOV 成员共有 67 个，其中，22 个采纳了 1978 年文本，44 个采纳了 1991 年文本，1 个采纳了 1972 年文本。1997 年发布的《中华人民共和国植物新品种保护条例》（以下简称《保护条例》）是以 UPOV 公约 1978 年文本为蓝本构建的，我国于 1999 年 4 月 23 日正式成为 UPOV 的第 39 个成员。

UPOV 公约 1991 年文本与 1978 年文本最根本的区别在于，前者对育种者权利的保护力度更大，保护范围更全面，因此，1991 年文本是发达国家极力推崇的一种法律框架。自 1999 年下半年开始，新加入 UPOV 的成员只能选择 UPOV 公约 1991 年文本。同时，UPOV 秘书处还积极倡导缔约 1978 年文本的成员尽快修订本国的法律，早日加入 1991 年文本。客观地讲，1991 年文本所构建的法律框架，更好地适应了经济结构和社会价值体系及科学技术的变化。因此，我们要深入理解和分析 UPOV 公约 1991 年文本的新内容，以便顺应经济全球化发展的格局，适时加入 UPOV 公约 1991 年文本，以使我国的植物新品种保护更好地发挥制度效应，为我国种业和贸易的可持续发展保驾护航。

1 UPOV 公约 1991 年文本中相关条款的解读和分析

1.1 育种者权利保护客体的延伸

UPOV 公约 1991 年文本同 1978 年文本相比，育种者权利的保护客体从繁殖材料延伸到了收获物，以及直接由收获物生产的某些加工品。理解该条款应把握几个要点，以免产生歧义。

1.1.1 如何理解对收获物的保护

1991 年文本规定，在特定条件下，授权品种的收获物也在保护范围之内。其中，特定条件是育种者能够在收获物阶段行使其权利的前提，也是人们在理解该条款时容易忽视的地方。特定条件是指，在繁殖材料的商业化应用过程中，权利人没有合理机会行使其合法权益，换句话说，繁殖材料的商业化应用是在未经权利人同意，违法的情况下进行的。相反，如果权利人在繁殖材料阶段已经有机会行使了其权利，其后在收获物阶段所进行的任何商业化行为就不再需要征得权利人的同意了，因此也就不存在侵权的问题了。由此可以看出，从受保护品种的繁殖材料到收获物阶段，权利人只能行使一次权利，对许可使用费也只能收取一次，而不是如某些人所误解的那样，权利人可以多次收取许可使用费。

1.1.2 如何理解对某些加工品的保护

对加工品的保护在 UPOV 公约 1991 年文本中是选择性条款，即实施 1991 年文本的各成员，可以在本国的立法中灵活选择该条款的采纳与否。UPOV成员还可以自主选择对哪些植物的加工品予以保护，对哪些不保护。因加工品较为复杂，如商品面粉往往是用好几个小麦品种的麦粒加工成的配粉，区分上难以把握。故在权衡我国是否加入1991年文本时对该条款可以先不予考虑。

另外，对加工品保护的理解与对收获物保护的理解相同，也是针对权利人在前面的阶段都没有合理的机会行使其合法权益时，才允许其在授权品种的加工品阶段行使该权利。

1.2 育种者权利保护涉及的商业环节更明确

UPOV公约1978年文本，对育种者权利的保护，只限于为商业目的生产或销售，或重复使用授权品种时，须征得权利人的同意和许可；而UPOV公约1991年文本将保护链条延长到了对授权品种使用的各个环节中，包括生产、繁殖、销售、提供销售、种子处理、进出口、存贮等。之所以这样规定，其目的在于能够使权利人多渠道、多环节地监督、发现、围堵侵权行为，收集侵权证据，从而严防侵权行为成为漏网之鱼，最大限度地保护权利人的合法权益。当然，此条款也不允许权利人重复行使其权利，也就是说，当其权利在前面的某一环节已经被合理行使时，其后续对授权品种的使用行为都将是合法的，无须再征得权利人的同意，也不需要向权利人再次交纳许可使用费了。不论对育种者权利的保护力度多大，都不许权利人重复收取许可使用费，即被许可使用者无须在每个环节都要征得权利人的知情和同意，即品种权人的合法权益一次用尽。

1.3 保护期限更长

1978年文本：一般植物，不少于15年；藤本植物、林木、果树、木本观赏植物包括其根茎，保护期为18年。我国实际是20年。1991年文本把保护期限延长：一般植物，不少于20年；藤本植物、树木，不少于25年。保护时间越长，品种权人获利的机会越多。

1.4 保护的植物种属更多

1978年文本规定："必须或可以保护的植物属和种"（1）本公约可适用于一切植物属和种。（2）联盟成员采取一切必要措施，逐步对尽可能多的植物属和种实施本公约规定的保护。（3）（a）每个联盟成员自本公约在其领土生效之日起，应至少对5个属或种实施本公约的规定。（b）随后，每个联盟成员于本公约在其领土生效之日起的以下期限内，应对更多的属或种实施本公约的规定：3年内至少有10个属或种；6年内至少有18个属或种；8年内至少有24个属或种。1991年文本生效后，受1978年文本约束的各缔约方都是联盟的老成员，自加入1991年文本之日起，到5年期满时，保护的种属适用于所有植物属和种。一种植物只要有人育种就可申请保护，这就给更多植物育种家保护知识产权的机会。

1.5 育种者权利的范围延伸至受保护品种的实质性派生品种

1.5.1 我国近年来的情况

玉米种业界除了一些经济实力雄厚的种子企业通过合法途径购买新品种使用权从事商业开发外，多数企业都开始从事自己的玉米育种工作，采取的捷径主要有两条，一是通过各种途径收集生产中应用的骨干玉米自交系，采取大量组配，选取表现较好的一些杂交组合，参加国家或各地的区域试验，其中也不乏一些优良的组合，并通过了审定。二是通过所谓的修饰育种，也就是选用目前生产中最优秀的品种，通过回交改良的方法，将其中的一个亲本改头换面成为新的亲本（实质性派生品种），再与原来的另一亲本配组合，一两个明显的性状被保留下来，虽不一定是有用的经济价值性状，但符合DUS的要求，其余性状与原品种基本相同，属于两个不同的品种，可以通过品种审定，也可以申请品种权，按照我国现行的《植物新品种保护条例》，照样可以得到授权，而且商业化开发生产时还不会属于侵权。这种方式相对简单容易，时间和资金的投入也较原始创新要少得多，但与真正的育种原始创新相比对原始品种权利人有失公平。如果对原始品种和实质性派生品种不加区别地授予同等的权利，必然助长利用别人品种进行商业修饰性甚至是装饰性育种的泛滥，这不仅严重挫伤了原始创新的积极性，而且也导致了作物育种的遗传基础越来越窄，长此以往，必然会导致育种创新原地踏步，突破性品种越来越匮乏，最终将对国家粮食安全不利。十多年来，《植物新品种保护条例》未对实质性派生品种的开发给予适当的限制，不少具有原始创新能力的科研人员培育原始品种和申请品种权的积极性受到影响，他们辛苦多年培育的品种，很快就会被一个类似的品种在市场上替换掉，也有公司老总讲，谁再投资搞育种谁就是"冤大头"。因此，迫切要求在植物新品种保护的制度上设计有关实质性派生品种的利益安排。

1.5.2 实质性派生品种概念

实质性派生品种（Essential Derived Variety，EDV）是指直接从原始品种派生或者从该原始品种的派生品种中再派生的，能够表达由原始品种基因型或者基因型组合控制的基本特性；与原始品种有明显区别；除派生性状有差异外，由原始品种基因型或者基因型组合控制的基本特性的表达与原始品种相同的植物新品种。UPOV公约1978年文本中没有此概念，而1991年文本中引入了这一新的概念，并规定实质性派生品种可以被独立授予品种权，但对实质性派生品种的生产和商业化应用，需征得原始品种（已授权品种）权人的许可，否则也是侵权。此规定一方面是为了强化对原始育种者的权利保护，另一方面是为了鼓励育种人和新技术（如转基因技术）发明人之间的合作，以便最终保障育种创新的可持续发展。由此可见，该条款是随着现代育种技术，特别是分子辅助育种技术的快速发展而必然要做出的一项法律调整。由于我国采纳的是UPOV公约1978年文本，在现有植物新品种保护立法中没有实质性派生品种的概念，因此当获得专利保护的一个基因被转入一个受育种者权利保护的品种中时，拥有原始品种的品种权人是得不到任何许可使用费的，而该基因专利的专利权人却可以向使用者收取专利使用费，这就造成两个权利人享有不平等权利的一种不良法律后果。因此，UPOV公约1991年文本适时引入实质性派生品种概念，也是在基因专利权人和原始品种权人之间构建了一种公平的权利机制。

1.5.3 有利保护原始创新

无论是UPOV公约1978年文本还是1991年文本，对一个植物新品种的授权条件都是一样的，即申请品种只要具备新颖性、特异性、一致性和稳定性，并具有适当的命名就具备了被授予品种权的条件。其授权条件中对特异性的要求并不高，即所申请保护的植物新品种只要有一个性状与已知的品种相比存在明显的差异，就具备了特异性。到底差异多少为明显，各成员国可在本国的DUS测试指南中根据本国的育种水平实际确定。因此，我国种业界在实质性派生品种制度缺位的现阶段，修饰性育种、模仿育种等急功近利，甚至投机取巧行为大量涌现，当然这并不违犯《植物新品种保护条例》，但是直接影响了原始创新的积极性。而尽早引入实质性派生品种的概念，对正确引导育种方向，鼓励原始育种创新，提高育种水平和质量，保障粮食安全无疑会产生积极的作用。

1.5.4 判定标准问题

迄今为止，无论是UPOV还是相关国际组织，对实质性派生品种都没有一个明确、统一的界定标准。UPOV公约1991年文本中只是列举了几种可能获得实质性派生品种的育种途径和判定实质性派生品种的三个基本原则。而到底如何判定一个品种是否属于实质性派生品种的范畴，UPOV技术委员会并不主张制定强硬的标准，而是由育种专家协商确定，据悉法国对玉米有一个分子水平的方案。因此，这一条款在实施时给各国留下了自由裁量权，我国应提早对水稻、玉米两大作物根据其繁殖特点和育种方法从形态学上和分子水平上制定行业标准。

1.6 关于农民特权

在农民特权问题上，UPOV公约1978年文本与1991年文本的差异在于，1978年文本对农民特权是一种强制性例外，即各UPOV成员必须给予农民育种者权利豁免，而在1991年文本中，这种强制性例外变为了非强制性例外，即由各UPOV成员自行决定是否对下列行为给予农民特权，其具体内容为：在保障育种者合法权益的前提下，可以允许农民为了繁殖目的，在合理的范围内，使用自己土地上的收获物作为繁殖材料在自己的土地上进行再生产。此规定的内在含义是，农民之间的换种行为是被禁止的；而且农民如果使用未经权利人许可的繁殖材料生产出收获物进行销售时，也属于侵权行为的范畴，因此，农民卖粮、卖花、卖菜、卖水果等业已为计的商业行为都可能带来侵权的法律后果。我国农民为家庭承包户，生产经营规模小，可先考虑非强制性例外。

通过以上的解读和分析可以看出，UPOV公约1991年文本虽然是在发达国家的意志引导下修订的，但毋庸置疑的是，这种修订是在积累了1978年文本实施十几年经验的基础上，为了适应经济、贸易和技术发展的需要所做出的调整。相比1978年文本，1991年文本更加完善、科学和合理地保障了育种者的权益，强化了植物新品种保护的制度效应，值得我国在修订《中华人民共和国植物新品种保护条例》时认真研究和借鉴。

2 我国加入UPOV公约1991年文本的可行性

近年来，对我国加入UPOV公约1991年文本的有利和不利因素，国内不少学者都进行了分析和探讨。其中，引起最多关注和担忧的是以下两方面的问题：

2.1 加入1991年文本会对我国育种薄弱领域产生巨大冲击吗？

目前，我国除了对以水稻为代表的一些农作物具有育种优势外，在蔬菜、果树、花卉等领域的育种能力和水平比国外发达国家都较低，育种的主要目标还集中在收集国外优良的种质资源，进行驯化或自交系的改良或修饰、杂交种分离培育新的亲本育上面。因此，培育出的新品种从技术层面讲大多可能属于实质性派生品种的范畴。正如上面所述，在UPOV公约1991年文本的框架下，实质性派生品种即使获得品种权，在开发使用它时，也须征得原始品种权人的同意。因此人们普遍认为，1991年文本中对实质性派生品种的相关规定，将会对我国蔬菜、果树和花卉等领域的育种工作造成严重冲击，制约我国在薄弱领域的育种事业的成长和壮大，因此在我国的植物新品种保护立法修改中不宜建立实质性派生品种制度。对此问题，笔者将做以下几个方面的分析和探讨：

即使我国建立了实质性派生品种制度，也不意味着所有派生品种的使用都要经过原始育种者的同意。只有当原始品种在中国申请了品种保护并获得了授权，其派生品种的使用才受到原始品种权人的约束。因此，虽然我国的育种科研工作利用了大量的国外育种材料，但是这些育种材料多是几年前甚至十几年前从国外引入的，基本属于国外的二流或过时品种，这些国外的育种材料如果在我国申请品种保护的话，可能因为新颖性不符合要求而不能获得授权，用这些国外的材料育成的品种就不会受实质性派生品种制度的限制。再者，由于这些育种材料不是国外最新育成的品种，其本身的市场开发价值已经不大，出于经济利益的考虑，育种者一般也不会再对一个过时的品种在国外申请知识产权保护。因此，从上面的分析可以推断，实质性派生品种制度对我国薄弱育种领域的新品种推广应用不会造成大范围的冲击。

我国是一个生物资源大国，拥有全球10%的生物遗传资源，很多遗传资源是我国所特有的。因此，我们的科研育种人员应该尽早调整育种方向，充分利用我国的资源优势，着手培育更多的独具我国特色的、有自主创新水平的高质量新品系和新品种来参与市场竞争。从国家层面来看，如对模仿和修饰育种行为长期予以制度放任，将打击育种原始创新的积极性，等于是变相鼓励短、平、快新品种的培育，影响私人领域的育种投资热情，不利于我国育种水平的提高和种业健康可持续发展。因此，建立实质性派生品种制度，将对我国育种行业的健康发展起到正确的引导作用。

多年来，我国农业领域通过各种渠道已经引入了国外大量的种质资源，通过较长一段时间的消化吸收，应该具备了一定的科研育种基础。况且，即使我国准备加入UPOV公约1991年文本，也需要首先对现有的国内立法进行修订，这一过程至少需要3年或更长的时间。因此，我国的科研育种人员尚有好几年的时间来充分准备，调整育种目标，转变育种观念，奠定坚实的育种基础，以应对加入1991年文本后可能面临的困境和挑战。

通过上面的分析和探讨，笔者认为在我国引入实质性派生品种制度，不会对我国的育种薄弱领域造成巨大的冲击。相反，对实质性派生品种实施保护，可以更加公平、合理、科学地保护育种者权益，更积极有效地激励育种创新行为。另外，有了实质性派生品种制度，国外的好品种才会来我国申请保护，品种才会进入我国，我们才会有更多的育种资源。

2.2 关于加入1991年文本对农民特权限制的思考

植物新品种保护制度中有关农民特权问题，一直是发展中国家和发达国家博弈的焦点。由于UPOV公约1991年文本是在发达国家意志的主导下修订的，发达国家的农民都是农场主，生产经营规模较大，因此对农民特权的制度安排显然不能满足发展中国家的现实需要。相比UPOV公约1978年文本，1991年文本中的相关规定会使发展中国家农户的经济利益受到不同程度的影响，这也正是发展中国家对加入1991年文本最大的顾虑所在。然而，笔者从中国的实际国情出发，分析1991年文本的农民特权问题，认为这一条款不会对我国的广大农民利益造成重大影响。原因在于：

（1）中国农民所拥有的土地面积小且分散，而对于品种权人来说，追究一家一户农民的侵权责任，其维权成本将非常高，而最终获得的收益则相当有限。因此从成本与收益的角度考虑，品种权人一般不会去追究单个农民的侵权责任。

（2）截至2009年10月，UPOV 67个成员中，有41个成员属于发展中国家或不发达国家，占UPOV成员的半数以上（60%）。因此，作为发展中国家的代表，中国应该积极主动地联合其他发展中国家和不发达国家代表，加强在UPOV的话语权，大力主张发展中国家和不发达国家在农民特权问题上的利益诉求，采取必要的策略，制止发达国家利用农民特权问题作为筹码，限制发展中国家和不发达国家的农产品贸易和经济发展，实现植物新品种保护制度由发达国家和发展中国家共同谋划发展的目标。

3 结论

从社会发展趋势来看，强化育种者权利保护更加符合经济全球化的形势及新技术发展的现实要求，也是实现我国建设创新型国家战略目标的制度保障。继续适用1978年文本，还会造成与某些实施1991年文本的国家，尤其是发达国家进行农产品国际贸易和国际种业交流的障碍，降低我国农产品出口贸易的份额，影响我国致力于建立现代化的外向型农业的战略目标的实施。另外，随着1991年文本的签约方不断增加，继续采用1978年文本，将会在联盟里越来越孤立。

因此，顺应当今社会经济、贸易和技术发展的需要，积极采用1991年文本的有关条款修订我国的保护条例当是我国在全面加入1991年文本前的必然选择。

实施知识产权战略，提升农业竞争力

文希凯

（国家知识产权局条法司原副司长；国家知识产权战略制定领导小组办公室原副主任兼秘书长；
国家知识产权局中国知识产权培训中心教授；北京大学硕士生导师）

摘　要：农业的发展与知识产权密切相关。认真实施知识产权战略对提高农业竞争力关系巨大。本文介绍与农业相关的知识产权保护的由来，我国涉农知识产权保护现状与国外相关进展，知识产权战略的由来与我国《国家知识产权战略纲要》主要内容，以及对实施知识产权战略，提升农业竞争力的几点思考。

关键词：知识产权；农业；知识产权战略

1　与农业相关知识产权保护的由来

《保护工业产权巴黎公约》于1883年签订，是世界上第一个保护工业产权的国际性公约，说明早在100多年前，国际社会在保护知识产权的问题上已有共识。《保护工业产权巴黎公约》第1条（3）规定："工业产权应作最广义的理解，不仅适用于工商业本身，物、烟叶、水果、牲畜、矿产品、矿泉水、啤酒、花卉和面粉等。"农业被专门提到，说明了知识产权对农业也关系巨大。

1.1　与农业相关的知识产权

与农业相关的知识产权包括下述各项：
（1）专利；
（2）商标（集体商标，证明商标）；
（3）地理标记；
（4）植物新品种；
（5）版权；
（6）商业秘密；
（7）遗传资源、传统知识、民间文化。

1.2　植物新品种保护的由来与发展

（1）国际植物新品种保护联盟（UPOV）。
（2）《与贸易有关的知识产权协议》（TRIPS协议）对植物新品种保护的规定。TRIPS协议第27条（3）（b）规定："各成员应通过专利或一种有效的特殊制度或通过这两者的结合来保护植物品种。"
（3）《中华人民共和国植物新品种保护条例》（1997年3月20日）。

2　强化知识产权保护的国际趋势促进了农业知识产权保护的逐步完善

2.1　知识产权保护的国际趋势与主要特点

（1）国际社会对知识产权制度的利用增长；

(2) 国际知识产权法律与制度激烈变革；
(3) 知识产权国际保护逐步强化；
(4) 更公平、合理、透明的知识产权保护需求增长；
(5) 知识产权一体化进程加快；
(6) 新技术推动知识产权法律与制度不断变革、完善；
(7) 合理保护需求日益增长；
(8) 制定国家知识产权战略蔚然成风。

2.1.1 专利保护新发展

(1) 生物技术发明；
(2) 与计算机软件相关的发明；
(3) 商务方法；
(4) 传统知识、遗传资源。

2.1.2 商标保护新发展

(1) 地理标记；
(2) 域名抢注。

2.1.3 版权保护新发展

(1) 信息网络传播权；
(2) 民间文艺。

2.2 农业知识产权保护在世界知识产权组织中的相关进展

世界知识产权组织（WIPO）成员国致力扩充在传统知识、遗传资源和民间文艺保护领域的工作。WIPO 知识产权与遗传资源、传统知识和民间文艺政府间委员会（IGC）第十三次会议于 2008 年 10 月 13 日至 17 日在日内瓦召开。

2.3 农业知识产权保护在世界贸易组织中的相关进展

TRIPS 协议是乌拉圭回合多边贸易谈判的成果之一，它与《关税与贸易总协定》《服务贸易总协定》和《关于争端解决规则与程序的谅解》共同组成了世界贸易组织协议的基本结构。

TRIPS 协议第 23 条是关于葡萄酒和白酒地理标志的保护，旨在建立与地方和特性有关的产品名字的国际制度。TRIPS 探索把较高水平地理标志（Geographical Indications，GI）保护扩充到葡萄酒和白酒之外产品的可能性。

2.4 农业知识产权保护与《生物多样性公约》

1959 年经联合国大会通过并生效的《生物多样性公约》（CBD）规定，遗传资源的利用应当遵循国家主权、知情同意、惠益分享的原则，并明确规定，专利制度应有助于实现保护遗传资源的目标。我国是《生物多样性公约》的首批签字国。

国际社会根据《生物多样性公约》三原则，正在提议对 TRIPS 协议进行相关修改，包括在专利申请中加入披露生物材料起源地和与社区分享可能利益的保证的条件，旨在防止和杜绝生物剽窃。

2.5 农业知识产权保护与《中华人民共和国专利法》第三次修改

为防止非法窃取我国遗传资源进行技术开发并申请专利，已对《中华人民共和国专利法》作出如下修改：

《中华人民共和国专利法》第五条：

对违反法律、社会公德或者妨害公共利益的发明创造，不授予专利权。

对违反法律、行政法规的规定获取或者利用遗传资源，并依赖该遗传资源完成的发明创造，不授予专利权。

《中华人民共和国专利法》第二十六条：

依赖遗传资源完成的发明创造，申请人应当在专利申请文件中说明该遗传资源的直接来源和原始来源；申请人无法说明原始来源的，应当陈述理由。

《中华人民共和国专利法实施细则》第二十六条：

就依赖遗传资源完成的发明创造申请专利的，申请人应当在专利申请文件中予以说明，并填写国务院专利行政部门制定的表格。

2.6 相关生物剽窃案例

"印楝"原产印度、缅甸、巴基斯坦等，但美国等发达国家已就其取得了大量专利，有的现被印度等发展中国家作为"生物剽窃"的典型案例。

我国已就印楝素的提取工艺、相关产品（农用组合物－植物农药）、引种和栽培方法申请了几十项发明专利。给发明人和该技术使用人带来可观经济收入。

3 知识产权保护战略制定的起源与实施

3.1 知识产权战略制定受到重视的历史背景

（1）知识产权日益成为国家重要战略资源；
（2）国际知识产权法律与制度激烈变革；
（3）国际社会对知识产权的利用增长。

3.2 美国知识产权战略主要内容与特点

（1）注重打造崇尚和保护创新的法治环境；
（2）致力推动知识产权法律制度随新技术的出现不断变革与完善；
（3）强调发明成果的转让与实施；
（4）厉行知识产权执法。

致力在全球打造有利于保护知识产权的法律框架，牵头并推动了 TRIPS 协议、《世界知识产权组织版权条约》（WCT）、《世界知识产权组织表演和录音制品条约》（WPPT）、《专利实体法条约》（SPLT）等的制定。

3.3 日本知识产权战略主要内容与特点

（1）起步早。日本 1996 年开始"亲专利"政策研究。
（2）战略目标与措施明确。

"日本已经拥有一些世界上最好的专利和其他知识产权。我希望日本的国家目标之一是：所有的研究成果和创新努力都能转变成得到战略性保护和利用的，能增强日本工业的竞争力的知识产权。"（小泉纯一郎）

3.4 韩国国家知识产权战略的主要内容与特点

愿景：成为 21 世纪的知识产权强国。

知识产权强国意味着产业和经济有高生产力和高附加值。该愿景可以通过知识产权的创造、保护和使用来实现。

3.5 欧洲国家知识产权战略

充分利用其他各局、申请人和第三方的工作成果；提高专利授权标准，如只对创造性突出的新技术授予专利权；提高审查流程的效率，即采取新的措施以有效应对工作量问题；在欧洲各国之间加强合作，如在EPO（European Patent office，欧洲专利局）和欧洲各国专利局之间建立欧洲专利网；促进欧洲专利组织和EPO顺应未来发展，如提高其应对新挑战的能力，重新考量其管理状况和财政状况。

4 中国《国家知识产权战略》的制定背景与实施

中国《国家知识产权战略》的制定基于以下因素。

4.1 中国知识产权工作取得了巨大成绩

（1）衡量一个国家的创新和发明水平不仅看总申请量，也看由本国居民提交的申请，对本国人授予发明专利数量，申请量增长最快的技术领域，向外国的申请专利数，专利申请百万人均数，专利存活期，专利许可、转让数，研发投入/产出比率等。我国专利申请的数量和质量在这些方面都大有提高。我国的专利申请量增长情况见表1。

表1 我国的专利申请量增长情况

年份	专利申请量（件）	同比上一年增长率
1998	121989	6.8%
1999	134240	10%
2000	170690	27.2%
2001	203573	19.3%
2002	252632	24%
2003	308487	22.1%
2004	353807	14.7%
2005	476264	34.6%
2006	573178	20.3%
2007	694153	36.6%
2008	828328	19.3%

（2）我国商标申请增长迅速，连续七年，我国商标注册申请量世界第一。2003年商标注册申请总量达45.2万件，打破了美国2000年37.5万件的世界纪录。从2002年开始，每年都是以20万件的速度往上增长，最高达到2006年的76万件，2008受理商标注册申请69.8万件。连续七年我国的商标申请注册量世界第一。在Brand-Finance公司250强年度报告中，中国移动通信集团公司、中国石油化工集团公司、中国联合网络通信有限公司分别居第54、166、204位。

（3）版权保护水平大幅提高。2006年中国正式加入《世界知识产权组织版权条约》（WCT）和《世界知识产权组织表演和录音制品条约》（WPPT）。

4.2 与国家的经济、科技和社会的发展要求有差距

从总体上看，我国知识产权制度仍不完善，自主知识产权水平和拥有量尚不能满足经济社会发展需要，社会公众知识产权意识仍较薄弱，市场主体运用知识产权能力不强，侵犯知识产权现象还比较突出，知识产权滥用行为时有发生，知识产权服务支撑体系和人才队伍建设滞后，知识产权制度对经济社会发展的促进作用尚未得到充分发挥。

4.3 与中国面临的国际新形势的发展要求有差距

中国正站在新的历史起点上,大力开发和利用知识资源,对于转变经济发展方式,缓解资源环境约束,提升国家核心竞争力,满足人民群众日益增长的物质文化生活需要,具有重大战略意义。随着知识经济和经济全球化深入发展,知识产权日益成为国家发展的战略性资源和国际竞争力的核心要素,成为建设创新型国家的重要支撑和掌握发展主动权的关键。

5 中国《国家知识产权战略纲要》制定工作简介

温家宝同志 2004 年 6 月在山东考察时指出:"世界未来的竞争就是知识产权的竞争";吴仪同志在 2004 年初举行的全国专利工作会议上指示要"认清形势,明确任务,大力推进实施知识产权战略"。国家知识产权战略制定工作的内容。

2005 年 1 月,经国务院批准,国务院成立了以中共中央政治局委员、国务院副总理吴仪为组长,国家知识产权局等二十多个部门参加的国家知识产权战略制定工作领导小组,具体领导组织《国家知识产权战略纲要》(以下简称《纲要》)的制定工作。

5.1 国家知识产权战略制定工作任务的主要内容

国家知识产权战略制定工作任务包括《纲要》本身和完成 20 个专题（1＋20），其中专题包括宏观、类别、立法、执法、特殊领域等。

5.2 《国家知识产权战略纲要》涉及的主要内容

《纲要》的制定涵盖知识产权的各个方面,涉及专利、商标、版权与有关权、集成电路布图设计、地理标记、植物新品种、商业秘密、传统知识、遗传资源、民间文艺。

5.3 《国家知识产权战略纲要》涉及的主要方面

《纲要》的制定涉及知识产权的创造、运用、保护、管理、制度建设、人才培养和国际合作等各个环节。

5.4 《国家知识产权战略纲要》的制定与颁布

2005 年 1 月,国务院决定成立知识产权战略制定工作领导小组;
2008 年 4 月 9 日,国务院常委会审议并原则通过《纲要(草案)》;
2008 年 6 月 5 日,国务院 18 号文件正式颁布《纲要》;
2008 年 6 月 10 日,《纲要》全文公开发表。

5.5 《国家知识产权战略纲要》的宗旨

提升我国知识产权创造、运用、保护和管理能力,建设创新型国家,实现全面建设小康社会目标。

5.6 《国家知识产权战略纲要》的主要内容

前言；
指导思想；
两个战略目标；
五个战略重点；
七项专项任务；
九条战略措施。

5.7 《国家知识产权战略纲要》的指导思想

实施国家知识产权战略,要坚持以邓小平理论和"三个代表"重要思想为指导,深入贯彻落实科学发展观,按照激励创造、有效运用、依法保护、科学管理的方针,着力完善知识产权制度,积极营造良好的知识产权法治环境、市场环境、文化环境,大幅度提升我国知识产权创造、运用、保护和管理能力,为建设创新型国家和全面建设小康社会提供强有力支撑。

实施国家知识产权战略的方针是激励创造、有效运用、依法保护、科学管理。其中创造是基础,运用是目的,保护是手段,管理是保障。

5.8 《国家知识产权战略纲要》的基本定位

知识产权成为涉及国家发展的重大战略问题。实施国家知识产权战略成为涉及国家发展的重大战略问题。从国家核心战略资源的高度认识知识产权。从国家总体发展的战略高度全面部署运用知识产权制度,促进创新型国家建设。

5.9 《国家知识产权战略纲要》的主线

促进国家自主创新,为创新型国家建设提供有力支撑。

《纲要》是指导我国知识产权工作发展,提高我国知识产权创造、运用、保护、管理能力,建设创新型国家,促进我国经济社会又好又快发展的纲领性文件。

《纲要》贯彻了科学发展观,准确把握了当前形势,提出了战略目标,确定了战略重点,凝练了战略方针,明确了专项任务,部署了战略举措中长期战略目标。到2020年,把我国建设成为知识产权创造、运用、保护和管理水平较高的国家。知识产权法治环境进一步完善,市场主体创造、运用、保护和管理知识产权的能力显著增强,知识产权意识深入人心,自主知识产权的水平和拥有量能够有效支撑创新型国家建设,知识产权制度对经济发展、文化繁荣和社会建设的促进作用充分显现。

5.10 《国家知识产权战略纲要》对2008—2013年的战略目标的规定

自主知识产权水平大幅度提高,拥有量进一步增加。本国申请人发明专利年度授权量进入世界前列,对外专利申请大幅度增加。培育一批国际知名品牌。核心版权产业产值占国内生产总值的比重明显提高。拥有一批优良植物新品种和高水平集成电路布图设计。商业秘密、地理标志、遗传资源、传统知识和民间文艺等得到有效保护与合理利用。

运用知识产权的效果明显增强,知识产权密集型商品比重显著提高。企业知识产权管理制度进一步健全,对知识产权领域的投入大幅度增加,运用知识产权参与市场竞争的能力明显提升。形成一批拥有知名品牌和核心知识产权,熟练运用知识产权制度的优势企业。

知识产权保护状况明显改善。盗版、假冒等侵权行为显著减少,维权成本明显下降,滥用知识产权现象得到有效遏制。

全社会特别是市场主体的知识产权意识普遍提高,知识产权文化氛围初步形成。

5.11 《国家知识产权战略纲要》五大战略重点

完善知识产权制度、促进知识产权创造和运用、加强知识产权保护、防止知识产权滥用、培育知识产权文化。

5.12 《国家知识产权战略纲要》七个专项任务

专利、商标、版权、商业秘密、植物新品种、特定领域知识产权、国防知识产权。

5.13 《国家知识产权战略纲要》九大战略措施

提升知识产权创造能力、鼓励知识产权转化运用、加快知识产权法制建设、提高知识产权执法水平、加强知识产权行政管理、发展知识产权中介服务、加强知识产权人才队伍建设、推进知识产权文化建设、扩大知识产权对外交流合作。

5.14 国务院建立国家知识产权战略实施工作部际联席会议制度

2008年10月9日，国务院批复同意建立国家知识产权战略实施工作部际联席会议制度，以贯彻落实《纲要》。

联席会议的主要职责是：在国务院领导下，统筹协调国家知识产权战略实施工作。研究制订国家知识产权战略实施计划；指导、督促、检查有关政策措施的落实；协调解决国家知识产权战略实施过程中的重大问题；研究国家知识产权战略实施的重大政策措施，向国务院提出建议；研究协调与国家知识产权战略实施工作有关的其他重要事项。

联席会议组成：联席会议由知识产权局牵头，知识产权局局长担任召集人。成员由国务院分管副秘书长毕井泉以及中央宣传部、外交部、发展改革委、教育部、科技部、工业和信息化部、公安部、司法部、财政部、人力资源社会保障部、环境保护部、农业部、商务部、文化部、卫生部、国资委、海关总署、质检总局、工商总局、广电总局、版权局、林业局、知识产权局、法制办、中科院、高法院、高检院、总装备部等共28个部门和单位的负责同志组成。联席会议办公室设在国家知识产权局，承担联席会议的日常工作。国务院于2008年12月12日向各省、自治区、直辖市人民政府，国务院各部委、各直属机构下发《关于印发实施〈国家知识产权战略纲要〉任务分工的通知》（以下简称《任务分工》）。《任务分工》将《纲要》确定的主要任务按照战略重点、专项任务和战略措施划分为79项，明确由各省、自治区、直辖市人民政府和29个中央部门分别负责。除极少数综合性任务由相关部门"负责各自领域工作"，绝大部分任务明确由排在第一位的部门为牵头部门。

5.15 湖南（地方）知识产权战略制定

国家知识产权战略稳步推进，各省市相继出台地方知识产权战略纲要，企事业单位积极推行知识产权战略，湖南省积极制定该省知识产权战略纲要。

《湖南省知识产权战略实施纲要》颁布实施。

《湖南省知识产权战略实施纲要》包括序言，指导思想、基本原则和发展目标，重点任务和专项工程，主要措施四部分，共43条。

湖南实施知识产权战略的重点包括：大力推进专利战略的实施，全面提升湖南新型工业化水平；深入实施商标战略，增强企业的市场竞争能力；积极推动版权兴业，发展创意产业，建设文化强省；注重农业知识产权，发展有区域特色的现代农业；依法有效保护知识产权，创造良好自主创新环境；实施企业知识产权战略；提高创造、应用、保护、管理知识产权的能力。

6 实施知识产权战略，在农业领域提升知识产权创造能力的几点思考

6.1 注重农业创新能力培育

建立以企业为主体、市场为导向、产学研相结合的自主知识产权创造体系。引导企业在研究开发立项及开展经营活动前进行知识产权信息检索。支持企业通过原始创新、集成创新和引进消化吸收再创新，形成自主知识产权，提高把创新成果转变为知识产权的能力。支持企业等市场主体在境外取得知识产权。引导企业改进竞争模式，加强技术创新，提高产品质量和服务质量，支持企业打造知名品牌。

6.2 鼓励农业知识产权转化运用

引导支持创新要素向企业集聚，促进高等学校、科研院所的创新成果向企业转移，推动企业知识产权的应用和产业化，缩短产业化周期。

鼓励和支持市场主体健全技术资料与商业秘密管理制度，建立知识产权价值评估、统计和财务核算制度。鼓励市场主体依法应对涉及知识产权的侵权行为和法律诉讼，提高应对知识产权纠纷的能力。

6.3　加强农业知识产权行政管理

制定并实施地区和行业知识产权战略。建立健全重大经济活动知识产权审议制度。充实知识产权管理队伍，加强业务培训，提高人员素质。完善知识产权审查及登记制度，加强能力建设，提高知识产权公共服务水平。构建国家基础知识产权信息公共服务平台。促进知识产权系统集成、资源整合和信息共享。

建立知识产权预警应急机制。发布重点领域的知识产权发展态势报告。

6.4　加强农业知识产权人才队伍建设

建立部门协调机制，统筹规划知识产权人才队伍建设。建设若干国家知识产权人才培养基地。制定培训规划，广泛开展对党政领导干部、公务员、企事业单位管理人员等的知识产权培训。完善吸引、使用和管理知识产权专业人才相关制度，优化人才结构，促进人才合理流动。实现制度创新、管理创新、文化创新。

知识产权与技术标准研究

李顺德

(中国社会科学院法学研究所、中国科学院大学教授、博士生导师)

摘　要：随着社会的进步与世界经济的发展，知识经济已将国际贸易、标准和知识产权融合在一起。本文对知识经济的发展、国际标准概念，以及技术标准中的知识产权问题和处理原则进行了详细分析。

关键词：国际贸易；国际标准；标准化；知识产权；两者关联；慎用处理

1　知识经济和新经济的发展将国际贸易、标准和知识产权连为一体

1.1　标准和知识产权已经成为国际贸易中不可忽视的非关税壁垒

近些年来，出现了一种新的动向，那就是把技术标准与知识产权保护相结合，形成新的技术垄断联盟，借助于技术标准的特殊地位，强化相关知识产权的保护，借助于知识产权的专有性（又称垄断性）去实现对某些技术标准事实上的垄断，以追求最大经济利益。

"技术专利化—专利标准化—标准国际化"已经成为一种新的潮流，出现了"三流企业卖力气，二流企业卖产品，一流企业卖技术，超一流企业卖标准"的流行说法。这一说法虽然不尽科学，但是可以反映出一种社会现象的存在。

在国际贸易中一直存在着一种与标准密切相关的技术性贸易壁垒，主要是指货物进口国通过制定强制性和非强制性的技术法规、标准以及检验商品的合格评定程序所形成的贸易障碍。技术性贸易壁垒的表现形式有：严格规定对人体有害物质的限量；严格规定对产品的安全要求；对某些行业某类产品强制推行认证和标签制度；运用严格的更精确的检测方法；推行"绿色环境标志"；推行"绿色包装制度"等。技术性贸易壁垒已经成为影响国际贸易的重要因素之一。

根据经济发展与合作组织（OECD）1999 年的统计，国际贸易中 80%（相当于每年 4 万亿美元）受到标准及相关的技术法规的影响。

2002 年以来，欧洲联盟（以下简称"欧盟"）针对中国温州生产的打火机推出的儿童安全锁法案，美国针对从中国进口的彩电提出的儿童安全锁法案，欧盟大幅度提升玩具、电子电器安全标准、进口农产品农药残留标准，日本大幅提升进口农产品农药残留标准，都是利用标准和知识产权构筑非关税壁垒的典型案例。据有关报道，日本在两年时间里将大米残留指标从几十项增加到 113 项，后又增加到 124 项；欧盟将茶叶残留指标增加到 118 项。由于中国未参与这类产品的国际标准制定，导致对方推出新标准时我方措手不及，造成重大损失。

1.2　国际贸易中的纠纷充分反映出国际贸易、标准和知识产权结合的趋势

近些年来，国际贸易中出现的许多纠纷，都涉及标准和知识产权问题，充分地表明国际贸易、标准和知识产权日益紧密结合的趋势。有关 DVD 专利许可的纠纷、数字电视制式之争、3G 移动通信标准之争，都是这类典型的案例。2003 年年初发生的美国思科公司诉中国华为公司侵害知识产权的案件，更为典型，直接涉及思科公司的事实标准私有协议（Private Contract），据 2002 年的统计，美国思科公司拥有世界网络交换机 69% 的市场份额，路由器 75% 的市场份额，到 2003 年 3 月已经发现的

思科的私有协议已有 13 项。

1.3 世界贸易组织已经把国际贸易、标准和知识产权捆绑在一起

2005 年 5 月 23 日，中国政府向世界贸易组织（WTO）提交了《标准化中的知识产权问题》提案，在世界范围内引发了一起不大不小的波澜。

2005 年 6 月 30 日，WTO 发布《世界贸易报告——探讨贸易、标准与 WTO 的关系》指出："此次报告的核心问题是标准和国际贸易"。这是世界贸易组织报告首次明确将标准化问题提到国际贸易议程的显著地位。

在 WTO 的一揽子协议中，与这一议题密切相关的主要有《技术性贸易壁垒协定》（Agreement on Technical Barriers to Trade，TBT）、《实施卫生与植物卫生措施协定》（Agreement on the Application of Sanitary and Phytosanitary Measures，SPS)、《与贸易有关的知识产权协议》（Agreement on Trade－Related Aspects of Intellectual Property Rights，TRIPS）。

以上事实表明，WTO 已经把国际贸易、标准和知识产权捆绑在一起。

1.4 中国关于标准和知识产权问题的规范

中国关于标准和知识产权问题的规范主要有：

1988 年 12 月 29 日通过、1989 年 4 月 1 日施行的《中华人民共和国标准化法》；1990 年 4 月 6 日发布、施行的《中华人民共和国标准化法实施条例》；1990 年 8 月 24 日发布、施行的《国家标准管理办法》；2002 年 6 月 20 日，国家质量监督检验检疫总局发布、2003 年 1 月 1 日实施的《标准化工作导则 第 2 部分：标准中规范性技术要素内容的确定方法》，在附录 D 中，参考国际标准化组织关于标准中纳入专利的基本原则（不排斥，专利披露，合理无歧视），提出同样规则，适用于专利。

与这一主题相关的主要事件有：

2001 年 10 月，成立国家标准化管理委员会、国家认证认可监督管理委员会。

2001 年年底，科技部提出"人才、专利、标准"三大战略。

2002 年，国家启动标准化战略，国务院科教领导小组批准了"重要技术标准研究"重大专项，包括"国家技术标准体系建设研究""技术标准涉及专利的政策及管理模式研究"等 12 个专项。

2004 年年底，国家标准化管理委员会提出《国家标准涉及专利的规定（暂行）》（征求意见稿），广泛征求社会各界意见。

2005 年 5 月，国家知识产权局启动《中华人民共和国专利法》及其实施细则第三次修改课题研究，包括"专利权与强制性标准问题研究"课题。

2005 年 6 月，正式启动国家知识产权战略制定计划，20 个专项课题之中包括"标准中的知识产权问题研究"和"保护和禁止滥用知识产权问题研究"，前者由国家质量技术检验检疫总局牵头，后者由商务部负责。

2006 年 2 月，国务院印发《国家中长期科学和技术发展规划纲要（2006－2020 年）》提出优先发展国家标准。国家标准化管理委员会（SAC）随后印发《十一五标准化发展规划（2006－2010 年）》。

2008 年 6 月 5 日发布的《国家知识产权战略纲要》中的相关主要内容有：

三、战略重点

……

（二）促进知识产权创造和运用。

（11）……强化科技创新活动中的知识产权政策导向作用，坚持技术创新以能够合法产业化为基本前提，以获得知识产权为追求目标，以形成技术标准为努力方向。

（12）……选择若干重点技术领域，形成一批核心自主知识产权和技术标准。

四、专项任务

（一）专利。

……

(17) 制定和完善与标准有关的政策，规范将专利纳入标准的行为。支持企业、行业组织积极参与国际标准的制定。

……

（六）特定领域知识产权。

(32) 完善地理标志保护制度。建立健全地理标志的技术标准体系、质量保证体系与检测体系。

2009年11月2日，国家标准化管理委员会发布《涉及专利的国家标准制修订管理规定（暂行）》（征求意见稿），向社会各界征求意见。

2010年1月21日，推荐性国家标准《国家标准涉及专利的处置规则》（征求意见稿）（项目编号：20090445-Z-424）发布，它将作为国家基础类推荐性标准之一GB/T 20003发布。以标准中专利的披露、公布和许可三个重点问题和我国标准制修订的九个阶段为主线，制定了国家标准中涉及专利的处置规则，明确规定了专利纳入标准的要求、程序以及各利益相关方的责任与义务。

2012年12月17日，国家标准化管理委员会办公室下发《关于征求〈国家标准涉及专利的管理规定〉（暂行）（征求意见稿）意见的函》征求意见。

我国关于标准制修订工作的基础性系列国家标准已有GB/T1《标准化工作导则》、GB/T 20000《标准化工作指南》(1-7)、GB/T 20001《标准编写规则》(1-4)、《GB/T 20002标准中特定内容的起草》(1-2)。

按照GB/T 1.1—2009《标准化工作导则》第1部分：标准的结构和编写，国家标准制修订分为9个阶段：①预研阶段；②立项阶段；③起草阶段；④征求意见阶段；⑤审查阶段；⑥批准阶段；⑦出版阶段；⑧复审阶段；⑨废止阶段。

正在制定的有GB/T《标准制定的特殊程序》（第1部分：涉及专利的标准）等。

1.5 国外对中国关于标准和知识产权问题的关注

美国从2007年开始，每年一次的"特别301报告"中将此问题列入。

2011年"特别301报告"开始将"中国国家标准中的专利"作为一个专题。

2013年"特别301报告"继续将"中国国家标准中使用的专利"作为一个专题。

上述事实表明，国外对我国关于标准和知识产权问题，已经给予密切的关注。

2 有关标准的几个概念

2.1 什么是标准

2.1.1 国际标准组织的定义

国际标准组织（ISO）在其指南2-1991《标准化和有关领域的通用术语及其定义》规定，标准是"通过协商一致建立的，并经权威机构批准的文件。该文件规定了活动或活动结果的规则、准则或特性，其目的是在规定的范围内获得最佳秩序。（注：标准应该以科学、社会效益为目的。）"

作为法定标准，一般强调的是公开性、通用性、一致性、系统性。

2.1.2 《技术性贸易壁垒协定》的定义

《技术性贸易壁垒协议》（Agreement on Technical Barriers to Trade，TBT）附件1第2条：技术标准，由公认机构批准的，非强制性的，为了通用或反复使用的目的，为产品或相关加工和生产方法提供规则、指南或特性的文件，也可以包括或专门规定用于产品、加工或生产方法的术语、符号、包装标志或标签要求。

TBT附件1第1条：技术法规，要求强制执行的规定产品特性或相应加工和生产方法的文件，包括可适用的行政（管理）规定，还可以包括或专门规定用于产品、加工或生产方法的术语、符号、包装、标志或标签要求。

技术法规和标准相比，相同的部分是：它们规定的内容都有产品特性、相应的加工或生产方法、相应的术语、符号、包装、标志或标签要求。不同的部分是：

（1）技术法规是强制执行的，而标准是自愿性、非强制执行的；

（2）技术法规中包含有行政管理性规定，而标准中没有；

（3）技术法规由具有立法权的机关批准发布，标准则由公认的机构批准发布，包括可以由民间机构批准发布；

（4）技术法规可以只作出原则的规定，具体技术内容可以采取引用相关标准的方式，而标准往往是规定具体的技术内容。

美国把所有强制性的技术规范都统称为"技术法规"，包括由政府机构制定并强制执行的法规和政府采购标准。美国联邦政府的17个部门和84个独立机构都有权制定技术法规，而这些技术法规都集中在卫生、安全、环境保护等方面。另外美国是联邦制国家，除全国性技术法规之外，每个州都有自己的技术法规。美国技术法规中大量引用了标准，例如，《联邦法规法典》（CFR）农业篇中引用的农业产品标准有350多项，环保篇中有600多项标准。这些被技术法规引用的标准事实上也具有强制性。

欧盟的技术法规被称为"新方法指令"，涉及产品安全、工业安全、人体健康、保护消费者和保护环境方面的技术要求。各成员国必须依法强制实施新方法指令。与"新方法指令"相对应的是"协调标准"，即"不同标准化机构各自针对同一标准化对象批准的具有下列特性的若干标准，按照这些标准提供的产品、过程或者服务具有互换性，提供的实验结果或者资料能相互理解。"表面上看采用该协调标准是自愿的，其实如果企业不采用协调标准，必须用其他方法或者可靠证据证明其产品符合"新方法指令"规定的基本要求。这种"自愿/推荐性+认证"的模式仍然是强制性的。

《俄罗斯联邦技术监督法》第2条规定："标准是为自愿、多次使用的目的，对产品的性能，生产、操作、储存、运输、销售和使用过程的实现和特点，工程的实施或者服务建立的文件。""技术法规是由俄罗斯联邦法律批准的俄罗斯联邦国际条约，或由俄罗斯联邦总统令或由俄罗斯联邦政府颁布的文件，它为技术监督对象制定强制性要求。"仅把技术法规限定于国家层面。

采用与中国相同的国家标准划分体系的只有少数几个发展中国家，如白俄罗斯、斯洛文尼亚等。

2.1.3 中国对标准的定义

1989年4月1日发布的《中华人民共和国标准化法条文解释》第二条：标准是对重复性事物和概念所做的统一规定，以科学、技术和实践经验的综合成果为基础，经有关方面协商一致，由主管机构批准，以特定的形式发布，作为共同遵守的准则和依据。

国家标准GB 3935.1—1996对标准的定义："为在一定的范围内获得最佳秩序，对活动或者结果规定共同的和重复使用的规则、导则或特性的文件。该文件经协商一致并经一个公认的机构批准（注：标准应以科学/技术和经验的综合成果为基础，以促进最佳社会效益为目的）。"

国家标准GB/T 20000.1—2002《标准化工作指南》第1部分：标准化和相关活动的通用词汇对"标准"所下的定义是："为了在一定范围内获得最佳秩序，经协商一致制定并由公认机构批准，共同使用和重复使用的一种规范性文件。（注：标准宜以科学、技术的综合成果为基础，以促进最佳的共同效益为目的。"）

该定义是等同采用ISO/IEC指南2中对"标准"的定义。因此，该定义与ISO/IEC对标准的定义是一致的。

"标准"的含义是：

（1）标准是一种规范性文件；

（2）标准具有共同使用和重复使用的特征；

（3）制定标准的目的是"获得最佳秩序""促进最佳的共同利益"；

（4）标准的制定要以科学、技术的综合成果为基础；

(5) 标准的制定应经充分协商一致，并由公认的机构批准。

2.1.4 国际标准

ISO/IEC 指南 2 对"国际标准"的定义是："国际标准化（标准）组织正式表决批准的并且可公开提供的标准"。

国家质量监督检验检疫总局于 2001 年 12 月 4 日颁布的《采用国际标准管理办法》中规定："国际标准是指国际标准化组织（ISO）、国际电工委员会（IEC）和国际电信联盟（ITU）制定的标准，以及国际标准化组织确认并公布的其他国际组织制定的标准。"

根据这一规定，国际标准应包括两部分：一是由 ISO、IEC、ITU 这三大国际标准化组织制定的标准；二是由 ISO 认可并在 ISO 标准目录上公布的其他国际组织制定的标准。目前，ISO 公布有 40 个国际组织制定的部分标准视为国际标准。

与农业国际标准有关的国际组织主要有：国际标准化组织（ISO）、食品法典委员会（CAC）、国际谷类加工食品科学技术协会（ICC）、国际排灌委员会（ICID）、国际乳品业联合会（IDF）、国际有机农业运动联合会（IFOAM）、国际种子检验协会（ISTA）、国际葡萄与葡萄酒局（OIV）、世界卫生组织（WHO）、世界知识产权组织（WIPO）、世界动物卫生组织（OIE）、国际植物保护公约（IPPC）、植物新品种保护国际联盟（UPOV）等。

CAC 是由联合国粮农组织（FAO）和世界卫生组织（WHO）共同建立，以保障消费者的健康和确保食品贸易公平为宗旨，制定国际食品标准的政府间组织；OIE 是一个旨在促进和保障全球动物卫生和健康工作的政府间国际组织；IPPC 是 FAO 通过的一个有关植物保护的多边国际协议，以加强植物保护领域的国际合作，防止植物产品中的有害物在国际上扩散为宗旨；ISO 是世界上最大的非政府性标准化专门机构，是以促进全球范围内的标准化及其有关活动，以利于国际间产品与服务的交流，以及在知识、科学、技术和经济活动中发展国际间的相互合作为宗旨。

（1）按标准的表现形式划分。

ISO、IEC 分为 6 类：国际标准、可公开提供的技术规范（PAS）、技术规范（TS）、技术报告（TR）、工业技术协议（ITA）和指南（GUIDE）。

（2）按标准的专业领域划分。

IEC 标准分为 8 类：基础标准；原材料标准；一般安全、安装和操作标准；测量、控制和一般测试标准；电力的产生和利用标准；电力的传输和分配标准；电信和电子元件及组件标准；电信、电子系统和设备及信息技术标准。

ISO 标准分为 9 类：通用、基础和科学标准；卫生、安全和环境标准；工程技术标准；电子、信息技术和电信标准；货物的运输和分配标准；农业和食品技术标准；材料技术标准；建筑标准；特种技术标准。

2.2 什么是标准化

2.2.1 对标准化的定义

国家技术监督局 1989 年 4 月 1 日发布《中华人民共和国标准化法条文解释》第一条："标准化是指对于在经济、技术、科学和管理等社会实践中的重复性事物或概念，通过制定、发布和实施标准，达到统一，以获得最佳秩序和社会效益。"

《中华人民共和国标准化法条文解释》第三条："标准化工作的任务是制定标准、组织实施标准和对标准的实施进行监督。"

标准化是制定标准、实施标准等活动的过程，其目的在于获得秩序和效益。

标准化水平是科技和经济发展水平的反映。标准化工作是经济和社会发展的技术基础，是发展规模经济的基础。标准化是企业参与市场竞争的重要手段。积极采用国际标准和国外先进标准是我国的一项重大技术经济发展政策。

国家标准GB/T 2000.1—2002《标准化工作指南》第1部分：标准化和相关活动的通用词汇对"标准化"的定义是："为在一定范围内获得最佳秩序，对现实问题或潜在问题制定共同使用和重复使用的条款的活动。（注1：上述活动主要包括编制、发布和实施标准的过程。注2：标准化的主要作用在于为了其预期目的改进产品、过程或服务的适用性，防止贸易壁垒，并促进技术合作。）"

该定义是等同采用ISO/IEC指南2中"标准化"的定义，与ISO/IEC对"标准化"的定义是一致的。

"标准化"的含义是：

（1）标准化是一个活动过程。这个活动过程的主要内容是制定标准—实施标准—修订标准—再实施标准。这个过程不是一次就完结的，而是一个不断循环、螺旋式上升的活动过程。每完成一个循环，标准化的水平就提高一步。

（2）标准化是一项具有特定目的的活动。标准化可以有一个或多个特定目的，以使产品、过程或服务具有适用性，使一定范围内获得最佳秩序，促进贸易和技术合作。

（3）标准化是一项建立规范的活动。标准化所要制定的条款具有共同使用和重复使用的特征，具有规范性。这些规范条款，不仅可以针对现实的问题，而且可以针对潜在的问题。

2.2.2 标准化的主要形式

标准化的主要形式有简化、统一化、系列化、通用化、组合化。

简化是在一定范围内缩减对象事物的类型数目，使之在既定时间内足以满足一般性需要的标准化形式。

统一化是把同类事物两种以上的表现形态归并为一种或限定在一定范围内的标准化形式。

系列化是对同一类产品中的一组产品同时进行标准化的一种形式，是使某一类产品系统的结构优化、功能最佳的标准化形式。

通用化是指在互相独立的系统中，选择和确定具有功能互换性或尺寸互换性的子系统或功能单元的标准化形式。

组合化是按照标准化原则，设计并制造出若干组通用性较强的单元，根据需要拼合成不同用途的物品的标准化形式。

2.3 什么是技术标准

按照标准化对象，通常把标准分为技术标准、管理标准和工作标准三大类。

2.3.1 技术与技术标准

技术是人类在利用自然和改造自然的过程中积累起来并在生产劳动中体现出来的经验和知识。

技术标准是对生产、建设、商品流通的质量、规格和检验方法，以及对技术文件常用的图形、符号等所作的规定。技术标准是指重复性技术开发、重复劳动、重复性服务事项在一定范围内的统一的规范要求。技术标准是指对标准化领域中需要协调统一的技术事项所制定的标准。技术标准包括基础技术标准、产品标准、工艺标准、检测试验方法标准，以及安全、卫生、环保标准等。

管理标准是指对标准化领域中需要协调统一的管理事项所制定的标准。管理标准包括管理基础标准，技术管理标准，经济管理标准，行政管理标准，生产经营管理标准等。

工作标准是指对工作的责任、权利、范围、质量要求、程序、效果、检查方法、考核办法所制定的标准。工作标准一般包括部门工作标准和岗位（个人）工作标准。

2.3.2 技术标准的分类

按照技术标准所规范的对象划分，技术标准可以分为基本技术标准、产品技术标准、安全卫生环境保护技术标准和检验试验技术标准等；

按技术标准的级别分类，技术标准可以分为国际技术标准、国际区域性技术标准、国家技术标准、行业技术标准、地方技术标准和企业技术标准。

按照技术标准的强制程度，技术标准可以分为强制性技术标准和推荐性技术标准；《中华人民共和国标准化法》第7条的规定："国家标准、行业标准分为强制性标准和推荐性标准。保障人体健康，人身、财产安全的标准和法律、行政法规规定强制执行的标准是强制性标准，其他标准是推荐性标准。"

国家标准化委员会2005年的编辑出版的《中华人民共和国强制性国家标准目录》，将国家强制性标准按照行业分为了综合、农业与林业、医药卫生与劳动保护、矿业、石油、能源与核技术、化工等26类。我国强制性国家标准的代号是GB，推荐性国家技术标准代号是GB/T。

2.4 标准化的现状

2.4.1 我国标准化的现状

到2003年年底，我国拥有国家标准20906项，其中强制性标准2952项，占14.1%；推荐性标准17954项，占85.9%；从标准结构上看，产品标准6221项，占29.76%；方法标准8548项，占40.89%；基础标准3988项，占19.08%；安全、卫生、环保标准1583项，占7.57%；管理标准和其他标准566项，占2.71%。行业标准（备案）36011项，地方标准（备案）16800项，企业标准（备案）110万项。

到2009年6月底国家标准有23843项；备案行业标准39686项；地方标准是14142项；企业标准大致有120万项。在两万多项国家标准中，强制性标准有3100多项。

到2010年入世15年了，我国共对21575项国家标准进行了复审，废止了2513项，截至2010年年底，国家标准总数达到26940项。国家标准与国际标准一致性水平也大幅提升，采用国际标准的比例由加入世贸组织时的40%提升到现在的68%。

2012年，国家标准委共批准发布国家标准1091项、国家标准样品116项，备案行业标准3059项、地方标2883项。

截至2013年7月底，我国国家标准有30047项，强制性标准有3670项，推荐性标准26065项，指导性标准312项。

截至2004年，我国共有农业国家标准1911项、行业标准3144项、地方标准5463项，标准范围发展到了种植业、畜牧业、渔业、林业、饲料、农机、再生能源和生态环境等方面。

截至2012年年底，我国农业发明专利申请量、授权量分别为22.7113万件、6.9851万件；农业植物新品种申请量和授权量分别为1.0377万件和3880件。

到2014年3月，国家标准总数达30680项。

2.4.2 我国参与国际标准的情况

国际标准化组织（ISO）和国际电工委员会（IEC）发布的国际标准截至2002年已达20206万项，中国企业参与制定的仅20余项。负责制定这些标准的专业技术委员会达930多个，而中国仅参与其中6个（2005年已经增加到13个），英国参与350个小组，美国参与169个小组，德国参与149个小组，法国参与116个小组和日本参与46个小组。

据2005年的统计，ISO、IEC现行标准共有1.8万多项，由中国起草制订的只有60项。到2008年年底，由中国提出并立项的ISO和IEC国际标准草案有164项，其中有66项标准已经批准成为正式的国际标准。

2008年1月，国际电工委员会（IEC/TC61）正式通知：由中国海尔集团提出的电热水器安全标准提案，将被正式写入最新的国际标准，并于2008年年底发布。早在2002年10月，海尔集团便通过中国国家标准化管理委员会向IEC提交海尔防电墙热水器技术标准。历时5年，经过所有会员国代表审查评议，最终得以通过。

截至2007年年底，海尔累计主持或参与制定了国家标准152项，行业及其他标准425项，其中国际标准及提案9项，其中"家用和类似用途电器的安全：洗衣机的特殊要求""家用和类似用途电器的安全：电解槽的特殊要求"和"家用和类似用途电器的安全：储水式热水器的特殊要求"3项国际标准。

2008年2月，海尔集团冰箱开发部高级工程师刘建如正式成为IEC家用和类似用途电器性能技术委员会第12工作组（简称TC59/WG12）的专家。WG12工作组的主要任务是研究冰箱、冷柜等家用制冷设备的噪声测试与评估方法，并参与制定相关IEC标准。

海尔在IEC诸多标准领域取得了"话语权"，家用电器的可靠性、音频、视频和多媒体系统等标准领域均有海尔的专家：海尔集团副总裁喻子达是"IEC主席未来技术顾问委员会"委员，吕佩师、徐斌、王海军是IEC相关工作组的专家，海尔成为拥有IEC专家数量最多的中国家电企业。

2003年，数字电视音视频编解码技术（AVS）标准。

2008年10月，由中国农科院茶叶研究所陈亮博士主持完成的茶树新品种DUS（特异性、一致性、稳定性的英文简称）测试指南，被国际植物新品种保护联盟（UPOV）技术委员会正式采纳并公开发布，成为UPOV成员国共同遵循的国际规则。这是我国为UPOV制定的第一个植物DUS测试指南。DUS测试指南既是指导测试机构开展DUS测试工作的技术手册，同时还是审批机关审查新品种DUS的技术标准。

我国作为国际食品法典委员会（CAC）农药残留委员会和食品添加剂委员会主持国，积极参与了多项农兽药残留限量、污染物限量、产品标准和法典运行规则的制定。

CAC基于我国提供的安全评估数据制定了茶叶中硫丹残留限量国际标准；基于我国提供的猪组织中莱克多巴胺残留风险评估补充试验，暂停了莱克多巴胺最大残留限量标准草案的推进。同时，我国参照CAC等国际组织的制标程序，不断完善国内标准体系，如农兽药残留标准的制定遵循国际通行的风险评估原则，并结合我国农兽药登记情况和居民膳食消费结构，兼顾农产品国际贸易、国际标准和农业生产实际，按照社会公开征求意见、向WTO通报、以及经过国家农药/兽药残留标准审查委员会审议的程序进行。

2008年10月1日，中国电子文档读写接口标准——UOML标准被投票通过成为国际联盟标准（OASIS标准），11月4日正式公布批准，是世界上第一个电子文档读写接口标准。中国软件业结束没有核心技术标准的历史，第一次在基础软件领域获得国际话语权。

UOML标准，即让不同格式的文档能够实现互相读写的标准，犹如U盘存储格式，UOML标准普及后，不同格式的文档可以在不同软件之间通用，用户可以轻松打开ODF、微软OOXML和中国的国家标准UOF等标准。世界上有1万多种文档格式，常用文档格式有300多种，而且彼此的兼容性很差，不同电子文档之间的数据无法交换。

UOML标准是从2004年开始筹划。2005年12月，由7家软件企业共同发起成立UOML联盟。2007年1月，在结构信息标准化促进组织（OASIS）中正式成立UOML技术委员会，启动了UOML国际标准的制定工作。2007年2月至2008年2月，经过UOML技术委员会12次国际电话会议讨论，完成UOML标准的起草和修订工作。

UOML标准从立项到成为国际联盟标准过程中，UOML联盟和企业投入了数千万元，帮助展开研发、专利申请等工作。UOML标准本身是一项公益事业，不存在盈利问题。但通过向国际市场推出符合这个标准的产品，如文档库系统软件、电子印章软件、电子书软件等，可以获得巨大商业价值。

2009年，我国新承担6个国际标准化组织技术机构秘书处，向国际标准化组织新提交33项具有我国特色优势的国际标准提案。

大唐移动、中国移动、华为、中兴等中国企业参与制定了TD-LTE 4G移动通信国际标准。

2010年1月，ISO国际标准化组织玩具标准技术委员会（ISO/TC181）正式批准通过技术中心玩具室提出的玩具增塑剂国际标准提案，并设立第五工作组（WG5）——玩具增塑剂工作组，由中国担任组长单位、负责指派组长并牵头以中国标准为草案制定相应国际标准。这在ISO历史上是首次由中国提案并负责起草的重要国际玩具标准。目前玩具领域的国际标准只有ISO 8124玩具安全，还没有玩具增塑剂标准，此次玩具增塑剂国际标准的最终制定完成后将成为玩具领域第二个重要国际标准。

2012年经国际标准化组织（ISO）技术管理局批准，我国与加拿大共同承担了ISO碳捕获与碳储存联合秘书处（ISO/TC 265）工作。2012年，我国承担的两项消防产品国际标准在 ISO 正式发布，由我国自主制定《FDT/DTM 和 EDDL 设备集成技术互操作规范》也通过了国际电工委员会 IEC/SC65E 投票，成为 IEC 国际标准。

截至2012年年底，我国承担的国际标准化技术机构重要职务已达95个，提交并立项的国际标准提案266项，其中116项已正式发布，如推动 ISDL 国际标准制定工作，打破英、法、德、美等国家在标识符类国际标准领域的垄断，推动国际注册中心落户我国。

3 标准中的知识产权不容回避

3.1 科学技术的发展使知识产权进入标准已成定局

随着科学技术的发展，一项尖端技术往往包含多个技术方案并分别为不同的专利权所有人所掌握的现象已经司空见惯。1998年，仅关于"微处理器"一项美国就授予了近5000项专利。2004年，在美国微处理器领域大约有9万多项有效专利，掌握在1万多个专利权人手中，在半导体器件以及系统方面大约有42万件专利，掌握在4万多个专利权人手中。这就是"专利灌丛"（Patent Thicket）现象产生的社会基础。

据2002年统计，1982年欧洲电信协会主持开始起草的全球移动通信系统（Global System for Mobile Communications，GSM）标准，核心专利技术摩托罗拉18项，诺基亚13项，阿尔卡特10项，飞利浦9项，Telia7项，布尔6项，AT&T、Schltunberger、Bosch、BT、NTT 各4项，Rockwell、爱立信、NEC 各3项，其他公司8项。

在 CDMA 技术领域，美国高通公司拥有1400余项专利技术。

网络环境形成，软件技术、电信技术和互联网技术紧密结合，使得互联网相关标准在建立时无法回避专利技术。因此，我们不能得出以下结论：标准中涉及的知识产权不能忽略；知识产权进入标准已成大势所趋；"专利联营"（Patent Pool）已经成为现实。

专利联营所形成的专利同盟可以帮权利人垄断全球市场。例如，甲、乙、丙公司入盟的专利可能分别有1000、200、1件，分别部署在日本、荷兰、美国。按照专利的地域性，中国制造商出口到美国的产品，仅有丙公司的一件美国专利构成技术壁垒，中国公司只要与丙公司达成协议即可。在中国市场，中国公司不侵犯任何专利权。但是，由于专利结盟，甲、乙公司都可以通过专利同盟管理人在美国打压中国公司，甚至以海关扣货为要挟，要求中国公司在中国、美国、日本、荷兰，乃至其他任何地方销售的产品支付相同的专利费。这就是"专利联营"的利害所在。

3.2 不同类型的标准与知识产权的关联程度有所不同

技术标准可以划分为法定标准和事实标准。

3.2.1 法定标准

法定标准（De Jure standards）是指政府标准化组织（Government Standard Setting Organizations）或政府授权的标准化组织设置的标准。

3.2.2 事实标准

事实标准（De Facto Standards）是单个企业或者具有垄断地位的少数企业共同设置、并且在行业内被采用的标准。

3.2.3 事实标准的分类

一类是由某个企业依据其市场优势形成的统一或单一的产品标准，典型的是美国微软公司的 Windows 操作系统和英特尔公司的微处理器的结合，被美国学者称为"WinTel 事实标准"。类似的还有过去 JVC 公司的 VHS 家用录像机和 SONY 公司的 Betamax 家用录像机。

一类是由若干企业联合制定的标准，即"私有化标准组织（Private Standard Setting Organization）建立的普通标准"，如 DVD 机标准。这种标准化组织有的是开放型的，有的是封闭型的。

3.2.4 不同类型的知识产权与技术标准有不同的关联

与技术标准关系最为密切的知识产权是专利和技术秘密。

计算机技术的大量普及，主要借助于版权保护的计算机软件也与技术标准密切相关。

集成电路布图设计、植物新品种、商业标记等有时也会与技术标准发生直接关系。

DVD 标准中的 DVD 标识、杜比降噪技术标准中的 DB 标识、"WinTel 事实标准"中的"WinTel"标识等都是采用商标保护的。

ISO 理事会于 1996 年通过了《ISO 知识产权保护指南和政策》，2000 年制定并于 2005 年修订了《关于 ISO 出版物版权使用权和销售的政策和程序》（ISO POCOSA 2005）。另外，为了适应数字化时代的要求，ISO 还就其电子版标准的许可使用作出了规定。

2004 年，IEC 制定了新的《IEC 销售政策》，以求为 IEC 所有出版物、文件和数据提供全面的版权保护。

2005 年 1 月 11 日，IBM 公司宣布开放其 500 个涉及专利的标准，以便于推动开放源代码软件的开发。

3.2.5 ISO/IEC 的专利引用政策

ISO/IEC 导则第 1 部分"技术工作程序"和第 2 部分"国际标准结构及编写规则"中规定了 ISO/IEC 的专利引用政策。

1）基本原则

在标准的条款中没有其他可用的方法供选择时，如果技术理由证明引用专利项目是合理的，原则上不反对用包括采用专利权覆盖的专利项目的条款制定国际标准——这些专利项目被定义为专利、实用新型和其他基于发明的法定权利。

2）具体规定

（1）披露义务。文件的提出者应提交委员会注意其已知的并考虑纳入提案的所有项目的专利权，任何参与编写文件的相关方都应提请委员会注意编写文件的各阶段所发现的专利权问题。

（2）许可要求。如果由于技术原因接受了该提案，则提出者应要求已确定的专利权持有人发表声明，说明专利权持有人愿意在合理和非歧视的条款和条件下与全球的申请人协商其授权的国际许可证。如果专利持有人没有发表声明，在没有得到 ISO 理事会或 IEC 理事会授权的情况下，相关委员会不得在文件中使用专利权所覆盖的项目。

（3）标准对其中专利情况的表述。所有提交征求意见的文件，在封面上均应包括下列内容：

"敬请本文件接收者在提出评论意见同时，将其发现的任何有关的专利权问题一并提交，并提供支持文件。"

对于已经出版，但在制定期间未确定是否有专利权问题的文件，在其前言中应包含以下注释：

"提请对下面的可能性予以注意，即本文件的某些要素可能是具有专利权的主题内容。对于确认任何或所有这些专利权，ISO/IEC 不应负有责任。"

对于已经出版的并且在其制定期间已经确认了与其有关的专利权的标准，在其引言中应该纳入下列通知：

"ISO/IEC 提请注意以下事实：即已经确认，为符合本国际标准，可以使用（…条款…）中给出的涉及（…主题内容…）的专利。

对于本专利权的证据、有效性和范围，ISO/IEC 不表示任何观点。

本专利权持有者已向 ISO/IEC 保证，他愿意以合理且不歧视条件与全世界专利使用者谈判许可证事宜。本专利持有者在这一方面的声明，已在 ISO/IEC 登记。有关信息可以从下列地址获取：

…专利权持有者名称…
…地址…

注意以下可能性：即本国际标准的某些要素可能是上述已确认的专利权之外的专利权的主题内容。对于确认任何或所有这些专利权，ISO/IEC 不应该负有任何责任。

（4）实施标准后的复查程序。文件出版后，如果发现不能在合理和非歧视的条款和条件下获得专利许可证——许可证中覆盖了包括文件中的项目，则应将文件退回相关委员会进一步考虑。

4 技术标准中的知识产权不能滥用

4.1 禁止滥用知识产权是 TRIPS 协议的一条基本规定

在 WTO 的 TRIPS 协议中，第 8 条第 2 款、第 40 条、第 41 条第 1 款、第 48 条第 1 款、第 50 条第 3 款、第 50 条第 7 款、第 53 条第 1 款、第 56 条、第 63 条第 1 款、第 67 条等条款，从不同角度提出了防止滥用知识产权这种不正当竞争行为的措施。

4.2 知识产权滥用有可能构成非法垄断行为

我国《中华人民共和国合同法》第三百二十九条、第三百四十三条、第三百四十四条，《中华人民共和国技术进出口管理条例》第二十九条，《中华人民共和国对外贸易法》（2004 年 7 月 1 日起施行）第三十条、第三十二条，分别对可能构成非法垄断行为的知识产权滥用做出规范。

《中华人民共和国反垄断法》（2007 年 8 月 30 日通过、公布，2007 年 10 月 1 日施行）第五十五条："经营者依照有关知识产权的法律、行政法规规定行使知识产权的行为，不适用本法；但是，经营者滥用知识产权，排除、限制竞争的行为，适用本法。"明确指出，构成非法垄断行为的知识产权滥用适用反垄断法。

4.3 技术标准中的知识产权滥用的主要形式

可能涉及技术标准的知识产权滥用行为主要有：
（1）在标准制定过程中故意不披露相关知识产权信息；
（2）拒绝许可涉及技术标准的知识产权；
（3）联合抵制修改包含其知识产权的技术标准；
（4）将非必要或无效知识产权纳入技术标准一揽子许可；
（5）以技术联营设立的技术标准中的知识产权限制竞争；
（6）以包含知识产权的技术标准非法设置贸易壁垒。

技术标准在许可中涉及知识产权的许可，而标准化组织或标准的持有人也有可能利用标准的优势从事垄断市场或滥用标准、滥用知识产权的行为，因此，技术标准也面临知识产权反垄断的问题，也越来越受到重视。

在技术标准领域，会存在标准技术权利人的利益和社会公众利益冲突的问题，也不可忽视利益平衡的问题，而实现利益平衡的重要手段就是对技术标准的技术许可进行反垄断的审查，限制滥用技术标准中涉及的知识产权。

4.4 对标准的制订进行知识产权反垄断审查，已经成为技术标准市场准入的必备审查程序

4.4.1 对交叉许可和专利联营协议的审查

主要审查以下内容：是否只包括互补性的而非竞争性的专利；是否是"一揽子"许可机制；必要专利是否经过成员以外的专家独立评审、选择、确认；是否承诺"平等进入"取得许可；是否限制开发替代技术，限制创新。

4.4.2 知识产权的信息披露与禁止反悔原则的适用

知识产权的信息披露是指标准化组织或标准的发起人,为了便于将来推广标准和豁免自己的责任,要求标准提案人在将有专利权等知识产权的技术纳入标准之前,必须披露该技术有关知识产权,要求必须有知识产权权利人愿意在标准建立后在合理的条件下进行知识产权许可或无偿许可的声明。

RAND(Reasonable and Non-discriminatory)许可:专利权人承诺愿意在合理和非歧视条件下给予他人的专利许可。

RF(Royalty-free)许可:专利权人承诺愿意免费给予的专利许可。

如果是专利权人在参与标准制定过程中没有履行披露义务,则可以根据衡平法的禁止反悔(Estoppel)原则进行处理,禁止主张其专利权。

禁止反悔原则的基本要素是:某一方误导性的行为被禁止反悔;主张禁止反悔的一方应证明误导行为与合理损害间的联系。

2008年7月8日"最高人民法院关于朝阳兴诺公司按照建设部颁发的行业标准《复合载体夯扩桩设计规程》设计、施工而实施标准中专利的行为是否构成侵犯专利权问题的函"(〔2008〕民三他字第4号),对辽宁省高级人民法院《关于季强、刘辉与朝阳市兴诺建筑工程有限公司专利侵权纠纷一案的请示》答复:"鉴于目前我国标准制定机关尚未建立有关标准中专利信息的公开披露及使用制度的实际情况,专利权人参与了标准的制定或者经其同意,将专利纳入国家、行业或者地方标准的,视为专利权人许可他人在实施标准的同时实施该专利,他人的有关实施行为不属于专利法第十一条所规定的侵犯专利权的行为。专利权人可以要求实施人支付一定的使用费,但支付的数额应明显低于正常的许可使用费;专利权人承诺放弃专利使用费的,依其承诺处理。"

5 技术标准中的知识产权应妥善处理

处理技术标准与知识产权的关系,需要考虑知识产权权利人、标准制定者、标准施行者、社会公众的利益平衡。

5.1 正确处理标准涉及的知识产权问题

在处理标准涉及的知识产权问题时,一般需遵循以下原则:
(1)必要性原则:纳入标准的知识产权应该是必要的、必不可少的。
(2)公开性原则:纳入标准的知识产权应该在标准中公开、明示,让相关社会公众知晓。
(3)开放性原则:纳入标准的知识产权应该对全社会开放,凡是符合条件的知识产权均应有机会纳入相关标准,凡是纳入标准的知识产权必须对全社会实施相关标准的实施者开放许可。
(4)合理、无歧视原则:纳入标准的知识产权权利人应该对相关标准的实施者提供其知识产权合理和非歧视的许可条件,便于实施者取得知识产权许可、实施相关标准。
(5)公益性原则:知识产权纳入相关标准不应损害社会公众利益。

5.2 制定技术标准应尽可能结合自己的知识产权

标准制定的前提是技术实力。企业制定自己标准的根本目的,不是一定要垄断一项标准,而是要争取在一项标准中占有自己的一席之地,这种参与权是依靠企业在标准中所拥有的核心技术知识产权,主要是专利技术来体现的。

提出"制定技术标准应尽可能结合自己的知识产权"的建议,目的在于促使社会各界树立起一种意识,那就是重视知识产权和技术标准相结合的意识。

制定、提出标准不等于占有市场,不拥有标准也不意味着不能占有市场。对市场的占有,主要是由企业的制造能力、技术水平和产品决定的。

INTEL公司主要以产品经营盈利,而不是依赖其制定的标准和拥有的知识产权。

在移动通信方面，欧洲开放 GSM 标准并没有失去本土市场。

国产家电将洋产品挤出中国市场，并不是由于我们采用自有的技术标准，而是由于技术水平和制造水平的提高。

以上这些都是很好的例证。因此，片面地讲"一流的企业卖标准，二流的企业卖技术，三流的企业卖产品，不入流的企业卖劳力"是错误的、不科学的，对企业而言是一种误导。

国家信息产业部分别宣布：闪联的《信息设备资源共享协同服务》和 e 家佳的《家庭网络平台》两个系列标准作为 3C（即计算机、通信和消费电子产品）行业国家推荐性标准。

闪联标准：主要是在家庭、通信设备之间实现自动发现、动态组网、资源共享和协同服务，解决电脑、电视、手机之间互通、互联的问题。

e 家佳联盟制定的系列标准：主要是将家庭内部通信、娱乐、电气控制、三表远传、安防报警等多种任务融合在一个家庭网络平台中，实现数据交换、统一管理，并通过网关实现与外部的公众网络的数据交换业务，专注于智能家电控制。

这一事实表明我国已经开始注重将制定技术标准尽可能与自己的知识产权结合，并取得初步成效。

5.3 采用技术标准应充分注意其中涉及的知识产权

应该彻底改变这样一种传统观念，即所有技术标准都是属于公有领域的，可以不受任何制约和限制自由使用。应该充分认识到，在现代社会现实中，技术标准已经与知识产权问题密不可分。提到技术，首先应该想到相关的技术标准（特别是其中的"私有协议"），提到技术标准，首先应该想到可能涉及的知识产权。

在我们引进一项先进技术或新产品时，首先应该把有关的技术标准（特别是其中的"私有协议"）和知识产权的状况及问题搞清楚，再做出正确的决策。

5.4 应重视技术标准与技术法规的衔接、配合

技术标准，不管是国际标准、国家标准，还是行业标准、企业标准，不管是法定标准，还是事实标准，从某种意义上讲，可以视为是技术管理范围内的法律规范，是规范产品和工艺规则，在相应的区域内具有一定的法律效力。技术标准应该，也必须受到技术法律规范的制约和限制。也就是说，技术标准的制定和实施，必须遵纪守法，不能违法。

5.5 标准化管理与知识产权管理应该密切结合

作为企业技术管理的一个重要组成部分，包括新产品审查、产品图样审查和产品技术文件审查在内的标准化审查，是进行产品和工艺设计定型、生产定型审查必不可少的内容。

将标准化管理与知识产权管理密切结合应该说是明智之举，也是企业管理的一个发展方向，对于一些特定的行业（如 IT 等高科技产业）更是如此。

涉农知识产权保护与知识产权战略

文希凯

（国家知识产权局条法司原副司长；国家知识产权战略制定领导小组办公室原副主任兼秘书长；
国家知识产权局中国知识产权培训中心教授；北京大学硕士生导师）

摘 要：农业的发展与知识产权密切相关。认真实施知识产权战略对提高农业竞争力关系巨大。本文介绍与农业相关的知识产权保护的由来，我国涉农知识产权保护现状与国外相关进展，以及我国《国家知识产权战略纲要》主要内容。

关键词：知识产权；农业；知识产权战略

1 知识产权的主要内容与分类

知识产权的主要内容如图1所示。

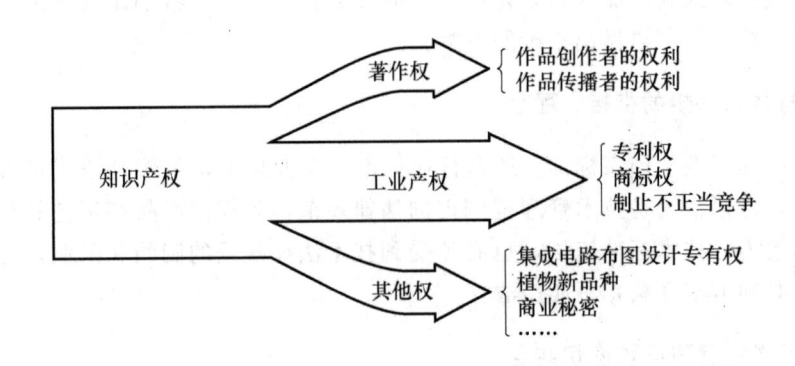

图1 知识产权的主要内容

2 与农业相关的知识产权

专利、商标、地理标记、植物新品种、版权、商业秘密都可能与农业相关。

3 我国知识产权保护的现状与国内外相关进展

3.1 我国知识产权保护工作取得巨大成绩。

连续七年，我国商标注册申请量世界第一。2005年66万件商标申请，注册26万件，2006年受理商标申请99.6万件。我国的专利申请量增长情况见表1。我国专利申请2007年总量突破400万件，2006年仅300万件。

我国专利申请的数量和质量均有较大提高。

2006年中国正式加入《世界知识产权组织版权条约》（WCT）和《世界知识产权组织表演和录音制品条约》（WPPT）。

2006 年国务院颁布《信息网络传播权保护条例》,《国家知识产权战略纲要》颁布。

表 1 我国的专利申请量增长情况

年份	专利申请数（件）	同比上一年增长率
1998	121989	6.8%
1999	134240	10%
2000	170690	27.2%
2001	203573	19.3%
2002	252632	24%
2003	308487	22.1%
2004	353807	14.7%
2005	476264	34.6%
2006	573178	20.3%
2007	694153	36.6%

3.2 我国知识产权工作与国家的经济、科技和社会的发展要求有差距

专利（申请）与国家的创新和发明水平息息相关，从以下指标看，我国的专利保护水平与我国的发展要求尚有差距。

(1) 总申请量与由本国居民提交的申请的比例；
(2) 总申请量与对本国人授予发明专利数量的比例；
(3) 申请量增长最快的技术领域；
(4) 外国的申请专利数；
(5) 专利申请百万人均数；
(6) 专利存活期；
(7) 专利许可、转让数；
(8) 研发投入/产出比率。

3.3 我国面临的国内形势要求我们进一步发挥知识产权制度的促进作用

从总体上看，我国知识产权制度仍不完善，自主知识产权水平和拥有量尚不能满足经济社会发展需要，社会公众知识产权意识仍较薄弱，市场主体运用知识产权能力不强，侵犯知识产权现象还比较突出，知识产权滥用行为时有发生，知识产权服务支撑体系和人才队伍建设滞后，知识产权制度对经济社会发展的促进作用尚未得到充分发挥。

我国正站在新的历史起点上，大力开发和利用知识资源，对于转变经济发展方式，缓解资源环境约束，提升国家核心竞争力，满足人民群众日益增长的物质文化生活需要，具有重大战略意义。随着知识经济和经济全球化深入发展，知识产权日益成为国家发展的战略性资源和国际竞争力的核心要素，成为建设创新型国家的重要支撑和掌握发展主动权的关键。

4 知识产权保护的国际动向

知识产权日益成为国家发展的战略性资源和国际竞争力的核心要素，国际社会对知识产权制度的利用增长，东亚成为专利申请、授权最活跃地区，国际知识产权法律与制度激烈变革，知识产权国际保护逐步强化，更公平、合理、透明的知识产权保护需求增长，制定国家知识产权战略蔚然成风。

4.1 国际社会对知识产权制度的利用增长

全球专利申请数从 1985 年的 884400 件增长至 2004 年的 1599000 件。

专利申请自 1995 年以来以 4.75% 的比例增长，同期的 GDP 增长约为 5.6%。所以专利申请数的增长并非不可预期。

多数专利申请是非居民提出的（自 1995 年以来以 7.4% 的比例增长），这些非居民申请又多通过 PCT 途径（自 1995 年以来以 14.7% 的比例增长）。

4.2 新技术推动知识产权法律与制度不断变革

生物技术发明保护进展；

Diamond vs Chakrabarty（1980）；

哈佛鼠（1988）；

与计算机软件相关的发明保护进展；

商务方法保护进展；

State Street Bank vs Signature Financial Group（1998）；

传统知识、遗传资源、民间文艺保护进展。

4.3 知识产权合理保护需求日益增长

4.3.1 世界知识产权组织中要求知识产权合理保护的相关进展

世界知识产权组织（WIPO）成员国重视和强化保护在传统知识、遗传资源和民间文艺，它们与农业知识产权保护密切相关。

4.3.2 WTO 中要求知识产权合理保护的相关进展

《与贸易有关的知识产权协议》（TRIPS 协议）是乌拉圭回合多边贸易谈判的成果之一，它与《关税与贸易总协定》《服务贸易总协定》和《关于争端解决规则与程序的谅解》共同组成了世界贸易组织协议的基本结构。

TRIPS 协议第 23 条涉及葡萄酒和白酒地理标志保护，推动与地方和特性有关的产品名字的国际登记制度的建立，致力把较高水平地理标志（Geographical Indications，GI）保护扩充到葡萄酒和白酒之外产品。

4.3.3 其他

《生物多样性公约》（CBD）三原则：国家主权原则、知情同意原则、利益分享原则。

国际社会对世界贸易组织《与贸易有关的知识产权协议》正提议修改，使其与各成员在联合国大会下面的《生物多样性公约》的义务相一致，包括在专利申请中加入披露遗传资源起源地和与社区分享利益的可能保证的条件以制止生物剽窃。

5 知识产权战略制定源起与他山之石

5.1 美国知识产权战略

美国注重打造崇尚和保护创新的法制环境，致力推动知识产权法律制度随新技术的出现不断变革与完善，强调发明成果的转让与实施，厉行知识产权执法，致力在全球打造有利于保护知识产权的法律框架，包括《与贸易有关的知识产权协议》、WCT、WPPT、《专利实体法条约》（SPLT）。

5.2 日本知识产权战略

日本 1996 年开始"亲专利"政策研究，战略目标与措施清晰。"日本已经拥有一些世界上最好的专利和其他知识产权。我希望日本的国家目标之一是：所有的研究成果和创新努力都能转变成得到战

略性保护和利用的、能增强日本工业的竞争力的知识产权。"（小泉纯一郎）

日本知识产权推进计划 2005 主要目标如下：

在日美欧三局间实现检索结果的相互承认；

协调亚洲地区的专利制度及其应用，以期在将来统一亚洲地区的专利制度；

推进与欧美之外的其他发达国家的审查合作，促进相互利用检索、审查结果；

积极参与 WIPO 的《专利合作条约》（PCT）改革讨论，构筑可顺利获得国际性权利的制度；

积极参与 WIPO 有关实体专利法条约的讨论；

积极参与有关国际司法管辖问题的讨论，明确跨国境实施知识产权及处理侵权纠纷的国际规则；

利用自由贸易协定和经济合作协定等双边及多边谈判，使谈判对象国根据日本要求，达成高于 TRIPS 协议的知识产权保护。

5.3 韩国的国家知识产权战略

愿景：成为 21 世纪的知识产权强国。

知识产权强国意味着产业和经济有高生产力和高附加值。该愿景可以通过知识产权的创造、保护和使用来实现。

5.4 欧洲国家知识产权战略

充分利用其他各局、申请人和第三方的工作成果；

提高专利授权标准，如只对创造性突出的新技术授予专利权；

提高审查流程的效率，即采取新的措施以有效应对工作量问题；

在欧洲各国之间加强合作，如在 EPO 和欧洲各国专利局之间建立欧洲专利网；

促进欧洲专利组织和 EPO 顺应未来发展，如提高其应对新挑战的能力，重新考量其管理状况和财政状况。

5.5 他山之石的启示

（1）崇尚创新；

（2）培育尊重和保护知识产权的社会风尚；

（3）向更快速、更公平、更透明的方向完善知识产权制度；

（4）重视知识产权的商业化利用；

（5）扬长避短，有策略地调用自己的知识产权资源。

6 我国《国家知识产权战略纲要》的制定与颁布

2005 年 1 月，经国务院批准，国务院成立了以中共中央政治局委员、时任国务院副总理吴仪为组长，国家知识产权局等二十多个部门参加的国家知识产权战略制定工作领导小组，具体领导组织国家知识产权战略制定工作。

温家宝同志 2004 年 6 月在山东考察时指出："世界未来的竞争就是知识产权的竞争"。

吴仪同志在 2004 年初举行的全国专利工作会议上指示我们要"认清形势，明确任务，大力推进实施知识产权战略"。

6.1 国家知识产权战略制定工作的框架（1+20）

战略制定包括制定《国家知识产权战略纲要》和撰写 20 个专题报告（涉及宏观、类别、立法、执法、特殊领域等）。

国家知识产权战略的制定涵盖知识产权的各个方面，涉及专利、商标、版权与有关权、集成电路布图设计、地理标记、植物新品种、商业秘密、传统知识、遗传资源、民间文艺。

国家知识产权战略的制定涉及知识产权的创造、运用、保护、管理、制度建设、人才培养和国际合作等各个环节。

6.2 《国家知识产权战略纲要》的制定与颁布

2005年1月国务院决定成立知识产权战略制定工作领导小组，2008年4月9日国务院常委会审议并原则通过《国家知识产权战略纲要（草案）》，2008年6月5日国务院18号文件正式颁布《国家知识产权战略纲要》，2008年6月10日《国家知识产权战略纲要》全文公开发表。

6.3 《国家知识产权战略纲要》的基本定位

知识产权成为涉及国家发展的重大战略问题。实施国家知识产权战略成为涉及国家发展的重大战略问题。

从国家核心战略资源的高度认识知识产权。

从国家总体发展的战略高度全面部署运用知识产权制度，促进创新型国家建设。

6.4 《国家知识产权战略纲要》的主线

促进国家自主创新，为创新型国家建设提供有力支撑。

《国家知识产权战略纲要》是指导我国知识产权工作发展，提高我国知识产权创造、运用、保护、管理能力，建设创新型国家，促进我国经济社会又好又快发展的纲领性文件。

《国家知识产权战略纲要》贯彻了科学发展观，准确把握了当前形势，提出了战略目标，确定了战略重点，凝练了战略方针，明确了专项任务，部署了战略举措中长期战略目标。

7 《国家知识产权战略纲要》主要内容

7.1 《国家知识产权战略纲要》的宗旨

提升我国知识产权创造、运用、保护和管理能力，建设创新型国家，实现全面建设小康社会目标。

7.2 《国家知识产权战略纲要》的主要内容

主要内容包括前言、指导思想、两个战略目标、五个战略重点、七项专项任务、九条战略措施。

7.3 《国家知识产权战略纲要》的指导思想

实施国家知识产权战略，要坚持以邓小平理论和"三个代表"重要思想为指导，深入贯彻落实科学发展观，按照激励创造、有效运用、依法保护、科学管理的方针，着力完善知识产权制度，积极营造良好的知识产权法治环境、市场环境、文化环境，大幅度提升我国知识产权创造、运用、保护和管理能力，为建设创新型国家和全面建设小康社会提供强有力支撑。

实施国家知识产权战略的方针是激励创造、有效运用、依法保护、科学管理。其中创造是基础，运用是目的，保护是手段，管理是保障。

7.4 《国家知识产权战略纲要》规定的中长期战略目标

到2020年，把我国建设成为知识产权创造、运用、保护和管理水平较高的国家。知识产权法治环境进一步完善，市场主体创造、运用、保护和管理知识产权的能力显著增强，知识产权意识深入人心，自主知识产权的水平和拥有量能够有效支撑创新型国家建设，知识产权制度对经济发展、文化繁荣和社会建设的促进作用充分显现。

7.5 《国家知识产权战略纲要》规定的2008—2013年的战略目标

自主知识产权水平大幅度提高，拥有量进一步增加。本国申请人发明专利年度授权量进入世界前列，对外专利申请大幅度增加。培育一批国际知名品牌。核心版权产业产值占国内生产总值的比重明显提高。拥有一批优良植物新品种和高水平集成电路布图设计。商业秘密、地理标志、遗传资源、传统知识和民间文艺等得到有效保护与合理利用。

运用知识产权的效果明显增强，知识产权密集型商品比重显著提高。企业知识产权管理制度进一步健全，对知识产权领域的投入大幅度增加，运用知识产权参与市场竞争的能力明显提升。形成一批拥有知名品牌和核心知识产权，熟练运用知识产权制度的优势企业。

知识产权保护状况明显改善。盗版、假冒等侵权行为显著减少，维权成本明显下降，滥用知识产权现象得到有效遏制。

全社会特别是市场主体的知识产权意识普遍提高，知识产权文化氛围初步形成。

7.6 《国家知识产权战略纲要》的五大战略重点

（1）完善知识产权制度：进一步完善知识产权法律法规，健全知识产权执法和管理体制，强化知识产权在经济、文化和社会政策中的导向作用。

（2）促进知识产权创造和运用：运用财政、金融、投资、政府采购政策和产业、能源、环境保护政策，引导和支持市场主体创造和运用知识产权。推动企业成为知识产权创造和运用的主体。

（3）加强知识产权保护：修订惩处侵犯知识产权行为的法律法规，加大司法惩处力度。提高权利人自我维权的意识和能力。降低维权成本，提高侵权代价，有效遏制侵权行为。

（4）防止知识产权滥用：制定相关法律法规，合理界定知识产权的界限，防止知识产权滥用，维护公平竞争的市场秩序和公众合法权益。

（5）培育知识产权文化：加强知识产权宣传，提高全社会知识产权意识。广泛开展知识产权普及型教育。在精神文明创建活动和国家普法教育中增加有关知识产权的内容。在全社会弘扬以创新为荣、剽窃为耻，以诚实守信为荣、假冒欺骗为耻的道德观念，形成尊重知识、崇尚创新、诚信守法的知识产权文化。

胡锦涛同志在中国科学院和中国工程院大会上的讲话："走中国特色自主创新道路，必须以制度创新促进科技进步和创新。推动科技进步和创新提高自主创新能力迫切需要体制机制创新。走中国特色自主创新道路，必须以创新文化激励科技进步和创新。文化传承和发展对科技进步和创新有着直接的重大影响。"

WIPO谈知识产权文化："建立一种充满活力的知识产权文化是各国的共同需要，它可以让所有的利益相关者在一个相互联系的战略整体中发挥各自的作用，并能实现知识产权作为促进经济、社会和文化发展有力手段的功能。制定成熟和明达的知识产权战略，正是缩小知识产权鸿沟和目前在利用和受益于知识产权制度方面所存在的差距的关键所在。"

7.7 《国家知识产权战略纲要》的七个专项任务

（1）专利：以国家战略需求为导向，在生物和医药、信息、新材料、先进制造、先进能源、海洋、资源环境、现代农业、现代交通、航空航天等技术领域超前部署，掌握一批核心技术的专利，支撑我国高技术产业与新兴产业发展。

（2）商标：支持企业实施商标战略，在经济活动中使用自主商标。引导企业丰富商标内涵，增加商标附加值，提高商标知名度，形成驰名商标。鼓励企业进行国际商标注册，维护商标权益，参与国际竞争。

充分发挥商标在农业产业化中的作用。积极推动市场主体注册和使用商标，促进农产品质量提高，保证食品安全，提高农产品附加值，增强市场竞争力。

加强商标管理。提高商标审查效率，缩短审查周期，保证审查质量。尊重市场规律，切实解决驰名商标、著名商标、知名商品、名牌产品、优秀品牌的认定等问题。

（3）扶持新闻出版、广播影视、文学艺术、文化娱乐、广告设计、工艺美术、计算机软件、信息网络等版权相关产业发展，支持具有鲜明民族特色、时代特点作品的创作，扶持难以参与市场竞争的优秀文化作品的创作。

（4）引导市场主体依法建立商业商业秘密管理制度。依法打击窃取他人商业秘密的行为。妥善处理保护商业秘密与自由择业、涉密者竞业限制与人才合理流动的关系，维护职工合法权益。

（5）植物新品种：建立激励机制，扶持新品种培育，推动育种创新成果转化为植物新品种权。支持形成一批拥有植物新品种权的种苗单位。建立健全植物新品种保护的技术支撑体系，加快制订植物新品种测试指南，提高审查测试水平。

合理调节资源提供者、育种者、生产者和经营者之间的利益关系，注重对农民合法权益的保护。提高种苗单位及农民的植物新品种权保护意识，使品种权人、品种生产经销单位和使用新品种的农民共同受益。

（6）特定领域知识产权：完善地理标志保护制度。建立健全地理标志的技术标准体系、质量保证体系与检测体系。普查地理标志资源，扶持地理标志产品，促进具有地方特色的自然、人文资源优势转化为现实生产力。

完善遗传资源保护、开发和利用制度，防止遗传资源流失和无序利用。协调遗传资源保护、开发和利用的利益关系，构建合理的遗传资源获取与利益分享机制。保障遗传资源提供者知情同意权。

建立健全传统知识保护制度。扶持传统知识的整理和传承，促进传统知识发展。完善传统医药知识产权管理、保护和利用协调机制，加强对传统工艺的保护、开发和利用。

构建国家基础知识产权信息公共服务平台。建设高质量的专利、商标、版权、集成电路布图设计、植物新品种、地理标志等知识产权基础信息库，加快开发适合我国检索方式与习惯的通用检索系统。健全植物新品种保护测试机构和保藏机构。建立国防知识产权信息平台。指导和鼓励各地区、各有关行业建设符合自身需要的知识产权信息库。促进知识产权系统集成、资源整合和信息共享。

（7）国防知识产权。

7.8 《国家知识产权战略纲要》的九大战略措施

（1）提升知识产权创造能力。

建立以企业为主体、市场为导向、产学研相结合的自主知识产权创造体系。引导企业在研究开发立项及开展经营活动前进行知识产权信息检索。支持企业通过原始创新、集成创新和引进消化吸收再创新，形成自主知识产权，提高把创新成果转变为知识产权的能力。支持企业等市场主体在境外取得知识产权。引导企业改进竞争模式，加强技术创新，提高产品质量和服务质量，支持企业打造知名品牌。

（2）鼓励知识产权转化运用。

引导支持创新要素向企业集聚，促进高等学校、科研院所的创新成果向企业转移，推动企业知识产权的应用和产业化，缩短产业化周期。

鼓励和支持市场主体健全技术资料与商业秘密管理制度，建立知识产权价值评估、统计和财务核算制度。

鼓励市场主体依法应对涉及知识产权的侵权行为和法律诉讼，提高应对知识产权纠纷的能力。

（3）加快知识产权法制建设。

（4）提高知识产权执法水平。

（5）加强知识产权行政管理。

制定并实施地区和行业知识产权战略。建立健全重大经济活动知识产权审议制度。

充实知识产权管理队伍，加强业务培训，提高人员素质。

完善知识产权审查及登记制度，加强能力建设，提高知识产权公共服务水平。

构建国家基础知识产权信息公共服务平台。促进知识产权系统集成、资源整合和信息共享。

建立知识产权预警应急机制。发布重点领域的知识产权发展态势报告。

（6）发展知识产权中介服务。

（7）加强知识产权人才队伍建设。

建立部门协调机制，统筹规划知识产权人才队伍建设。

建设若干国家知识产权人才培养基地。

制定培训规划，广泛开展对党政领导干部、公务员、企事业单位管理人员等的知识产权培训。

完善吸引、使用和管理知识产权专业人才相关制度，优化人才结构，促进人才合理流动。

（8）推进知识产权文化建设。

建立政府主导、新闻媒体支撑、社会公众广泛参与的知识产权宣传工作体系。完善协调机制，制定相关政策和工作计划，推动知识产权的宣传普及和知识产权文化建设。

在高等学校开设知识产权相关课程，将知识产权教育纳入高校学生素质教育体系。制定并实施全国中小学知识产权普及教育计划，将知识产权内容纳入中小学教育课程体系。

（9）扩大知识产权对外交流合作。

国外植物新品种保护经验对我国的启示

唐 浩

(农业部科技发展中心)

摘 要：植物新品种保护已经成为许多国家保护植物育种者知识产权的一种方式，有些国家经过几十年的发展，制度越来越完善。从这些国家的成功经验可以看出，我国应该在法律制度、审查方式、测试机构、已知品种数据库等方面来发展和完善植物新品种保护。

关键词：植物新品种保护；植物育种者；审查；DUS测试

1 前言

随着国际经济贸易的发展，新品种的种子贸易交流经常超出一个国家的范围。为了使育种家权益在其他国家也得到保护，欧美一些国家于1961年12月在巴黎签订了《国际植物新品种保护公约》（简称 UPOV 公约），并于1968年生效，之后又进行了修改，形成了1978年文本和1991年文本。在签订公约的基础上成立了"国际植物新品种保护联盟"，简称为 UPOV。UPOV 是一个政府间机构，总部设在日内瓦。截至2015年8月，UPOV 共有73个成员，其中有54个成员加入1991年文本，18个成员加入1978年文本，还有1个成员加入的是1961年文本。我国于1999年4月23日正式加入UPOV，成为联盟的第39位成员。一些 UPOV 成员对植物新品种保护体系已有半个世纪的发展历史，其中许多宝贵经验值得我国借鉴，本文在综述了一些成员发展经验的基础上，提出了对我国植物新品种保护事业发展的启示。

2 植物新品种保护的内涵

植物新品种保护，也叫作"植物育种者权利"，是授予植物新品种培育者利用其品种的排他的独占权利，是知识产权的一种形式[1]。未经育种者的许可，任何人、任何组织都无权利用育种者培育的品种从事商业活动。也就是说，只有品种权所有者有全权出售品种的繁殖材料，或者以销售为目的而生产这种繁殖材料，其他人或组织只有在品种权所有者的授权情况下才能这样做。

植物新品种不但要具有新颖性，而且其特性特征要符合特异性（D）、一致性（U）和稳定性（S）的要求，同时还须具有适当命名，才符合授予植物新品种权的条件。新颖性是指在申请日前申请品种的繁殖材料未被销售，或者经育种者许可，销售时间没有超过规定的年限；特异性是指申请品种权的植物新品种应明显区别于在递交申请以前其他所有已知的植物品种；一致性是指申请品种权的植物新品种经过繁殖，除可以预见的变异外，其相关的特征或者特性一致；稳定性是指申请品种权的植物新品种经过反复繁殖后或在特定繁殖周期结束时，其相关的特征或者特性保持不变[2]。此外，新品种命名应根据命名规则进行。育种者要获得植物新品种权一般要经过以下几个步骤：递交申请书、书面审查、田间测试、实质审查、授权。一般要3年左右才能取得品种权。

3 国外植物新品种保护的发展经验

UPOV 的成员受联盟不同公约文本的约束，而且各国国情差异较大，因此，各成员实施的植物新品种保护在管理模式、审查制度、技术规则等方面也各不相同[3,4]。以下总结了法国、英国、美国、日本和荷兰五国对我国有借鉴作用的经验。

法国是 UPOV 公约生效签字国之一，于 1970 年 6 月颁布了《植物获得保护法》，随后相继发布了一系列法规和政令，完整的法规体系保证了植物新品种保护制度在法国顺利实施。法国的品种和种子管理体系，采取了新品种登录试验和植物获得保护技术试验由同一组织承担的做法。育种家育成的新品种要列入官方品种名录且被推广使用，必须通过官方登记试验（即 DUS 试验），还需要验证其农学和工业加工价值（称为 VAT 试验）。承担这个双重试验的机构是部分附属于国立农业研究院的品种和种子研究与管理组织[5]。

英国于 1968 年 8 月加入 UPOV，随着公约的修改，先后于 1983 年和 1997 年修订颁布了《植物品种法》，现行的法律与 UPOV 公约 1991 年文本相协调。法律体系完整、严密，保护力度较强。在英国，所有申请植物新品种权（即植物育种者权利 PBR）的品种和进入国家目录的品种都需进行测试，测试包括 DUS 测试和 VCU 测试。测试工作由英国农业部指定的测试机构承担。测试机构只从事新品种 DUS 和 VCU 测试试验以及测试技术方法的研究，独立开展测试，不进行任何新品种的选育和开发工作，且不受外界行政和经济的干扰，从而保证了测试的公正性，测试经费主要来自政府和农场主（科技服务）。DUS 测试仅是从植物学角度确认申请品种是否是一个新品种。通过 DUS 测试的新品种是否申请植物育种者权利（PBR）取决于育种者的意愿。无论是否申请 PBR，品种在进入市场前，必须再进行 VCU 测试。申请费用因植物种类而异，一般来讲，谷物类新品种申请所需费用较高，1 个谷物类获得授权并获得 5 年的保护需约 3600 英镑，而观赏植物的费用较低，例如，1 个月季品种同样情况仅需 530 英镑[6,7]。

美国植物新品种保护有较长的历史和比较成熟的制度。美国于 1930 年出台了《植物专利法》，1971 年实施了《植物新品种保护法》，1983 年加入 UPOV，目前使用的是 UPOV 公约 1991 年文本。美国植物新品种保护制度有两种方式：一种是通过植物专利法保护无性繁殖的新品种，但不包括块根、块茎植物；另一种是植物新品种保护法保护有性繁殖和其他植物新品种。两者审批机关不同，前者在美国专利与商标局，后者在农业部农业市场服务司科技处。美国对特异性、一致性和稳定性（简称 DUS）的审查是所有 UPOV 成员中唯一通过书面材料进行实质审查的国家。植物新品种保护办公室没有设立 DUS 测试中心，一般不组织 DUS 测试，也不进行田间考察，但是办公室建立了形状审查数据库，该数据库收集了 130 多种作物近 80000 份品种的描述信息。审查员在审查时，先进行作物检索，将申请品种的描述与数据库进行比较以确定品种特异性[8]。

日本的新种苗法于 1978 年生效，自此开始施行植物新品种保护制度。1982 年日本加入 UPOV 公约，是亚洲第一个成为 UPOV 成员的国家，目前使用的是 UPOV 公约 1991 年文本。日本针对不同的申请单位采取不同的三性（特异性、一致性和稳定性）审查方式。书面审查主要适用于国家财政预算研究机构（相当于我国中央一级的研究机构）提出的申请；现场调查多适用于日本各县研究机构的申请，以及审查员认为育种者有能力在本地按照测试指南要求种植管理品种的情形，对于多年生观赏植物、林木和果树植物的新品种注册申请也多采用现场调查；对于种苗公司或个人提出的申请多采用田间栽培试验方法进行三性审查。审查员可以灵活地选择实质审查方式，最大可能地实现高效率，省力、省时、省物。日本的品种注册和品种保护是"合二为一"的，凡是申请保护的品种都必须登记注册，既节省了开支，也提高了效率[9]。

荷兰于 1941 年通过了《植物育种者法》，以保护育种者权利的形式对新品种进行保护。1968 年，荷兰正式加入 UPOV，目前采用 UOPV 公约 1991 年文本。在荷兰，测试周期根据作物种类来确定。一般农作物、园艺作物测试为两个生长周期，而观赏植物仅测一个生长周期。荷兰植物新品种保护审查采取书面审查与测试相结合的方式[10]。

随着保护范围的扩大和申请量的增加，通过新建测试机构的方式也不能满足日渐繁重的测试工作。另一方面，对非本国起源的稀有植物品种进行测试难度较大。因此，通过国际合作的方式开展 DUS 测试备受关注。目前，欧洲已初步建立集中测试体系，例如，荷兰负责为所有欧洲国家测试月季；德国负责测试草莓和天竺葵；法国负责测试玉米；英国负责测试苹果和菊花。DUS 合作测试简化了申请程序，节省申请费用，加快审批进程。

4 对我国植物新品种保护发展的启示

我国于 1999 年 4 月 23 日正式加入 UPOV 公约 1978 年文本，同日农业部和国家林业局正式启动实施《中华人民共和国植物新品种保护条例》以下简称《植物新品种保护条例》，开始进行植物新品种保护。农业部基本建立了植物新品种保护的技术支撑体系，申请量日益增多。截至 2014 年年底，申请量累计 13482 件，授权 4845 件。我国对品种权实行行政和司法双重保护制度。

4.1 加快《植物新品种保护法》立法进程，为加入 UPOV 公约 1991 年文本奠定法律基础

我国加入的是 UPOV 公约 1978 年文本，实际保护程度介于 1978 年文本和 1991 年文本之间，基本上能满足《与贸易有关的知识产权协议》（TRIPS 协议）的一般要求。但是法、美、英、荷、日等国都是以法律的形式对植物新品种进行全面、系统的保护。与这些国家相比，我国植物新品种保护目前还存在着较大的差距：一是在保护范围上，我国只对新品种保护名录上的种属实施保护，而不是全面放开对所有种属进行保护；二是我国只保护植物新品种的繁殖材料；三是对派生品种及基因工程培育的植物新品种没有明确是否给予保护。因此有必要对条例进行修订，使之符合 WTO 原则和 TRIPS 协议精神，并尽可能在较短的时间内使《植物新品种保护条例》上升为《植物新品种保护法》，以便更好地保护品种权人的合法权利，加大我国植物新品种保护力度，为我国加入 UPOV 公约 1991 年文本奠定法律基础。

4.2 建立独立的植物新品种测试系统，确保"三性"(DUS) 测试公平、公正

农业部植物新品种办公室根据我国生态区域布局，建立了农业部植物新品种测试中心和 14 个分中心，但绝大部分分中心是挂靠在各地方农科院或农业大学，部分工作人员既从事植物新品种测试，又进行新品种的选育和开发工作，致使测试中心不能独立开展测试工作。此外，受挂靠单位和其他行政与经济的影响，测试工作的公平和公正性难以保证。为此，我国应建立独立的测试体系进行测试工作，经费由国家财政预算和自身开展科技服务构成。测试（分）中心应成为公益性的中间服务机构，只对测试样品独立开展测试，并对测试结果承担相应的法律责任，这样才能确保测试报告的公平、公正。

4.3 停征申请费、审查费、年费和实施灵活的实质审查与测试方式，加快授权速度，激励品种权的申请

农业部植物新品种保护办公室公告（2017 年第 3 号）指出：从 2017 年 4 月 1 日起，停征农业植物新品种保护权收费，包括停征申请费、审查费、年费，降低了企业和个人申请植物新品种保护权的费用。这毫无疑问减轻了申请人的负担，能够鼓励育种人积极地走向市场，也体现了国家对科技创新的鼓励与支持，以及支持实体经济发展、为企业减负的决心。"2017 年 3 月 31 日前已发缴纳申请费、审查费通知，或者年费截止日在 2017 年 3 月 31 日前的，品种权申请人、品种权人、品种权代理机构应按规定时限足额缴纳。"

我国现行规定必须通过测试报告中新品种的"三性"测试结果来进行实质审查，大部分新品种测试须进行两个生长周期，再加上书面审查和授权公告所花的时间，要获得品种权至少需要三年左右时间。为了加快授权速度，我国应采取更灵活的实质审查与测试方式。例如，对信誉好、育种能力强的单位或个人，育种者自行测试，审查员采取现场调查方式确定品种"三性"，完成实质审查；对常规育种的新品种可考虑根据一年的测试报告结果完成实质审查。这样一来，在保证审查准确性的基础上，可减少测试时间，提高实质审查效率，从而加快我国植物新品种保护的授权速度。

4.4 实行植物新品种测试与品比试验协同合作，减少试验环节，节约开支，提高效率

我国植物新品种保护和国家品种审定是由不同部门管理，因此新品种测试（DUS 测试）和品比试

验单独进行。两个试验的侧重点不同，新品种测试主要是进行植物学特征特性的观测，通过"三性"（特异性、一致性和稳定性）结果确定是否为新品种；品比试验主要是观测它的经济性状，将对照品种的产量或质量进行比照，达到规定的标准就可以通过审定进行经营、推广。这样一来，能通过品种审定的不一定能通过新品种测试，通过新品种测试的也不一定通过品种审定。此外，还浪费了大量的人力、物力、财力。针对该问题，我国应建立新品种测试和品比试验同时进行的机制。申请品种必须先进行新品种测试，确定是否为新品种，育种者可以根据自己的意愿决定是否申请新品种保护，但是品种在进入市场前必须通过品种审定。在这一机制下，新品种的 DUS 测试和经济及加工性能的品比试验可以由现有的测试中心和品种区域试验基地共同承担，品种审定机关可以委托测试（分）中心对申请审定的新品种在田间 DUS 测试的同时进行品比试验，这样就可以减少新品种试验环节，缩短申请保护和审定的年限，节约开支，提高效率。

4.5 加速构建品种植物学性状数据库，为审查和近似品种的筛选提供可靠依据

我国地域辽阔，植物种类丰富，品种繁多，但目前还没有建立起品种植物学性状数据库。审查员筛选近似品种主要是依靠育种家提供的遗传系谱以及审查员自身的经验。通过申请书遗传系谱和审查员经验筛选得到的近似品种可能存在误差，一些不法的申请者向审查员提供虚假的遗传系谱，从而导致近似品种选择不准确。为此，我国应加速构建品种植物学性状数据库[11]。借助该数据库，审查员逐级添加性状，层层筛选，从众多已知品种中逐步过滤得到与申请品种在植物学性状上最为相似的品种。可见，通过品种植物学性状数据库检索筛选近似品种是可靠、准确的。

4.6 加强植物新品种保护战略研究，积极开展国际交流与区域合作

我国开展植物新品种保护时间较短，许多问题还需要研究和解决。我们要从维护国家利益、民族利益和保障我国粮食安全的高度上认真分析实施植物新品种保护制度对我国的影响，要综合考虑世界种业对我国种业的影响，探讨中国植物新品种保护的国际战略。要对国内外正在实施的品种权保护的体制、运行机制和发展规律进行深入剖析，以便确定对策，及时调整我国植物新品种保护战略。特别是要对 UPOV 的技术文件和测试指南进行系统的研究和学习，利用它们来指导保护工作。

在我国，品种权作为一项新的知识产权保护制度，涉及法律、技术和经济等方方面面的知识。我国植物新品种保护的审查、测试工作需要不断研究探索，也需要借鉴发达国家的成功经验。因此，我们应采取"走出去、请进来"的方针，不仅邀请国外专家来中国对从事植物新品种保护的工作人员进行培训，而且还把相关工作人员送到国外学习和交流。积极开展国际交流和参加 UPOV 的技术工作会，及时掌握国际上最新的植物新品种测试技术。要不断扩大区域合作，正在开展的中、日、韩筛选水稻的亚洲区域内标准品种就是一个很好的区域合作的例子。此外，还可以通过共同研制区域测试指南，相互委托测试新品种等方式加强区域合作交流。

参 考 文 献

[1] 李建萍．世界植物新品种保护［M］．世界农业，1997（4）：26-27.
[2] 《中华人民共和国植物新品种保护条例》．中华人民共和国国务院令第 213 号，1997.
[3] 李春华．国际植物新品种保护方式的比较研究［J］．法学杂志，2004（25）：81-83.
[4] 孙宝启．法国的植物新品种保护制度及其启示［J］．世界农业，1996（12）：19-22.
[5] 刘静雪．法国授予植物品种保护条件简介［J］．世界知识产权，2005（2）：58-61.
[6] 徐一力．英国植物新品种的保护［J］．世界农业，2000（5）：15-16.
[7] 徐一力．英国植物新品种保护的测试［J］．世界农业，2000（6）：29-31.
[8] 崔野韩，陈如明，李昌健．美国植物新品种保护审查制度［J］．世界农业，2001（9）：36-38.
[9] 孙炜琳，蒋和平．日本的植物新品种保护制度及借鉴［J］．世界农业，2002（6）：20-23.
[10] 崔野韩，张文．荷兰的植物新品种保护［J］．世界农业，1998（10）：23-24.
[11] 蒋和平，孙炜琳．国外实施植物新品种保护的管理规则及对我国的借鉴［J］．知识产权，2002（3）：37-41.

农业育种专利的特殊性及国内外申请比较

程晋美

摘 要：通过农业育种领域专利和其他领域专利在保护客体、保护范围、生物保藏和专利策略四方面的比较，来了解农业育种领域专利的特殊性，再通过比较国内外在该技术领域的专利，对照各主要国家和申请人的专利活动，对我国在该领域上的专利活动给出客观定位，同时着眼于国内，分析国内该领域技术的现状，以期在国际化的大潮下，为我国申请人走向国际提供一些有价值的信息。

关键词：农业育种；专利；特殊性；玉米；水稻

农业育种相对于其他领域的专利具有特殊性，具体体现在下面这四个方面：保护客体、保护范围、生物保藏和专利策略。

1 保护客体特殊性

由于育种所针对的对象是有生命的植物，因此专利中的保护客体存在特殊性；其次专利制度本身的规定使农业育种申报专利与其他领域专利申请存在不同之处。

针对保护客体，首先要明确农业育种知识产权主要包括哪些内容，而专利又对哪些内容予以保护，哪些内容不在专利保护范围之内。

"专利中的保护客体"在现有的《中华人民共和国专利法》以下简称《专利法》和《专利审查指南》均已有明确的法律规定，并且在《专利审查指南》中对于涉及哪些内容的专利申请可以授予专利权，哪些不能授予专利权均一一作了详尽的规定。下面从法律依据、植物品种的含义、遗传资源相关主题、与植物品种相关的主题和专利保护种类及范畴对保护客体进行分析，以明确专利中的保护客体。

1.1 法律依据

在农业育种领域，相关知识产权涉及的相关技术内容，其中涉及植物品种和植物生产方法。对于这两个内容，在《专利法》和《专利审查指南》中有明确规定。

《专利法》第二十五条第一款第（四）项：对于动物和植物品种不得授予专利权。

《专利法》第二十五条第二款：动物和植物品种的生产方法，可以依照专利法规定授予专利权。

《专利审查指南》第二部分第一章第4.4节对此处的"生产方法"作了进一步的说明，指出这里所说的"生产方法"是指非生物学的方法，不包括生产动物和植物主要是生物学的方法。

可以明确，植物品种不属于《专利法》保护的客体，是被《专利法》第二十五条排除在外，但植物生产方法包括育种方法、栽培方法、组织培养方法等则属于《专利法》保护的客体。从法律依据来看，《专利法》并不保护植物品种。

1.2 植物品种的含义

首先明确定义，《专利法》所称的植物，是指可以借助光合作用，以水、二氧化碳和无机盐等无机物合成碳水化合物、蛋白质来维系生存，并通常不发生移动的生物。

《专利法》意义上的植物品种包括各种分类阶元的植物、植物体以及植物体的繁殖材料。就是植物品种包括处于不同发育阶段的植物体本身，还包括能够作为植物繁殖材料的植物细胞、组织或器官等。

植物育种知识产权主要包括四方面内容：第一，植物品种（包括可繁殖材料）。第二，植物生产方法（育种方法、栽培方法、组织培养等）。第三，植物的细胞、组织或器官（非繁殖材料）。第四，基因、载体或重组载体等。

已经明确：植物品种（包括可繁殖材料）不属于《专利法》保护的客体，是被《专利法》第二十五条排除在外，但第二，植物生产方法包括育种方法、栽培方法、组织培养方法等则属于《专利法》保护的客体。

另外，植物品种虽然不可以授予专利权，但是可以通过《专利法》以外的其他法律法规保护，如《植物新品种保护条例》来给予保护。

对于第三个内容，特定植物的某种细胞、组织或器官是否属于繁殖材料应当依据该植物的自然特性以及说明书中对该细胞、组织或器官的具体描述进行判断。具体判断后面会给出几个例子来看一下。

对于第四个内容，涉及遗传资源相关主题的基因、载体或重组载体等重点来了解。

1.3 遗传资源相关主题

为什么进行重点了解？主要是因为目前和植物品种有关的生物资源多样性问题越来越受到人们的重视。在农业领域，遗传资源一直被广泛地用于植物育种，随着转基因技术的迅猛发展，现在正不断地被广泛作为多种作物的新型外源基因来源。

按照《生物多样性公约》（CBD）的规定，"遗传资源"（Genetic Resources）是指具有实际或潜在价值的、具有遗传功能的材料（遗传材料）。在植物方面就包括植物的DNA基因、基因组、细胞、组织等遗传材料及相关信息。遗传资源是转基因技术开发和利用的基础材料，没有遗传资源，即使拥有再高的科研水平也只能"巧妇难为无米之炊"。

世界上大多数国家都给予化学物质专利保护。由于遗传资源所具有的生物化学特性，在其开发利用中，基本上都属于技术性内容，基于遗传资源衍生的产品大部分都可以用专利进行保护，如基因、蛋白质、多糖、生物碱等。转基因植物的专利保护问题成为各国关注的一个法律问题。转基因植物是通过基因工程的重组DNA技术等方法得到的植物。

在我国，转基因植物本身仍然属于《专利审查指南》第一章第4.4节定义的"植物品种"的范畴，根据《专利法》第二十五条第一款第（四）项规定，不能被授予专利权。无论是基因或是DNA片段，其实质是一种化学物质。这里所述的基因或DNA片段包括从微生物、植物、动物或人体分离获得的，以及通过其他手段制备得到的。人们从自然界找到以天然形态存在的基因或DNA片段，仅仅是一种发现，属于《专利法》第二十五条第一款第（一）项规定的"科学发现"，不能被授予专利权。但是，如果是首次从自然界分离或提取出来的基因或DNA片段，其碱基序列是现有技术中不曾记载的，并能被确切地表征，且在产业上有利用价值，则该基因或DNA片段本身及其得到方法均属于可给予专利保护的客体。

1.4 与植物品种相关的主题

在育种方法中，常涉及使用一些特殊的生物材料，如种子、块茎等，因此植物育种领域所使用的生物材料要判断这些主题是否与植物品种相关，我们看案例1。

案例1

权利要求2：百合鳞茎，其特征在于其已通过权利要求1所述的组培方法脱去病毒。

案例分析

百合鳞茎虽然仅为百合的营养器官，但是根据百合的繁殖特性，其鳞茎本身即可作为无性繁殖材料，因此，该权利要求请求保护的主题属于植物品种。

通过案例2来了解与转基因相关的具体主题是否能够保护，如何进行判断。

案例2

权利要求2：一种愈伤组织培养物，其来源于权利要求1所述制备方法所得到的转基因植物A。

说明书中详细描述了利用组织培养技术从权利要求1所述愈伤组织培养物诱导分化最终形成完整

植株的方法，并最终得到了完整植株。

案例分析

根据说明书的记载，通过所述方法的实施，权利要求 2 请求保护的愈伤组织培养物能够发育为植物体 A 是植物繁殖材料，属于植物品种。

1.5 专利保护种类及范畴

通过上面的分析，可以归纳出发明专利有产品和方法两个保护类型，而产品发明包括植物的细胞、组织器官和育种工具。

根据《专利审查指南》第二部分第一章第 4.4 节规定，可以借助光合作用，以水、二氧化碳和无机盐等无机物合成碳水化合物、蛋白质来维系生存的植物的单个植株及其繁殖材料（如种子等），属于《专利审查指南》第二部分第一章第 4.4 节所述的"植物品种"的范畴，不能被授予专利权。

而植物的细胞、组织和器官如果不具有上述特性，则其不能被认为是"植物品种"，因此不属于《专利法》第二十五条第一款第（四）项规定的范畴。

方法发明判断是否能够授予专利权，根据《专利审查指南》要判断是否主要是生物学方法。

在我国，一种方法是否属于"主要是生物学的方法"，取决于在该方法中人的技术介入程度。如果人的技术介入对该方法所要达到的目的或者效果起了主要的控制作用或者决定性作用，则这种方法不属于"主要是生物学的方法"。

立法依据是，由于生物学方法主要是指生物的有性繁殖，其可重复性较低，所繁殖的后代个体差异较大，因而不具备《专利法》所要求的实用性，不能被授予专利权。

由于生物学的植物育种方法不被《专利法》保护。常规的育种方法是否属于"主要是生物学的方法"争议很大。在世界上不同的国家，对"主要是生物学的方法"的认定标准也不尽相同。德国的审查员认为杂交方法属于生物学的方法，无专利性可言，即使对亲本进行选择，也属于生物学的方法。

欧洲专利局在判例"杂交植物"的决定要点中，申诉委员会指出，"评价一种方法可否视为（欧洲专利公约）53 条 B）意义上的'主要是生物学的'方法时，要从发明的实质出发并考虑人的作用的总体份额和对所取得的结果的作用。"由于该发明所涉及的杂交种子的生产方法与自然杂交不同，可以重复，因而不视为主要是生物学的方法。由此可以看出，并非所有的生物学方法都不能满足上述可重复性的要求，例如，采用基因工程的方法生产转基因植物的方法是可以重复的方法，因此可以依法授予专利。

在我国，对于杂交方法是否属于生物学的方法是这么认为的：虽然杂交方法中包括了生物学方法的步骤，但只要杂交方法中包含有具体亲本品种的组合，就不应当视为是生物学的方法。虽然自然界中的亲本组合是随机的，其结果差异较大，不具有重复性，但人为选择的特定品种组合，其结果是可重复的，尤其是在亲本纯合的情况下。由于在选择具体的亲本品种组合时需要根据亲本的基因表现型花费时间和精力从许多组合中进行选择。所以人为步骤对结果起着决定性的作用，只要所选择的亲本品种组合具有较强的杂交优势。

1.6 小结

在我国，动植物品种不能被授予专利权，这在《专利法》第二十五条第一款第（四）项做出了严格的规定。在《专利审查指南》的第二部分第一章第 4.4 节对动物和植物品种进行了定义，未排除对植物的细胞、组织和器官的保护。并且规定，对动物和植物品种的生产方法可以授予专利权，但所说的生产方法是指非生物学的方法。也就是说，《专利法》除了保护动物和植物的生产方法外，还可以保护植物的细胞、组织和器官。这从法律的角度明确了植物育种领域的主要知识产权用《专利法》所能保护的客体。

目前，世界上多数国家同我国一样，均采取专门制度保护植物品种，但只保护植物品种本身；《专利法》保护植物品种外的其他知识产权客体，如植物的生产方法、植物的细胞、组织或器官以及基因、载体等。

明确了农业育种领域的保护客体，下面了解一下每位准备申请专利的育种工作者最关心的问题：如何确定保护范围。

2 保护范围特殊性

专利是技术与法律的结合，因此专利必须符合《专利法》的要求，保护的客体必须是《专利法》允许保护的内容，其次为专利权人提供有效保护是整个专利制度的核心，专利权保护范围的确定是其中的关键环节。

许多国家的《专利法》都明确规定，专利申请的说明书应当对发明作出清楚、完整的说明，以所属技术领域的技术人员能够实现为准。这也是授予专利权所必须满足的条件之一。而且，根据《专利法》对于实用性的要求，发明的实施还应当具有再现性，也即可重复性。然而，对于农业育种领域的某些发明，往往容易出现不满足实用性或充分公开的情况。我们也通过案例来了解一下农业育种领域中常出现的问题。

2.1 实用性

《专利法》第二十二条第四款实用性，是指该发明或者实用新型能够制造或者使用，并且能够产生积极效果。实用性意义上的"不能制造或使用"是由技术方案本身固有的缺陷所致，与说明书公开的程度无关，即使说明书公开得再详细，发明也不具备实用性，如违背自然规律和/或没有再现性的技术方案。

案例

权利要求1：一种利用辣椒的黄色叶片性状生产杂交种的方法，其特征在于：以具有黄色叶片性状的辣椒品种为母本，以其他任一辣椒品种为父本，二者杂交生产辣椒杂交种。

权利要求2：根据权利要求1的生产杂交种的方法，其特征在于对辣椒品种甜椒14的种子进行辐射诱变，以产生所述具有黄色叶片性状的辣椒品种。

该案说明书描述现有技术中存在具有黄色叶片性状的辣椒品种，其中列举了该辣椒品种的几种来源，包括利用传统农学方法对该标记性状进行转育获得，或者利用CO60对辣椒品种甜椒14的种子进行辐射诱导突变产生。

案例分析

说明书中列举了具有黄色叶片性状的辣椒品种可来源于传统农学方法对该标记性状进行转育获得，因此，权利要求1的技术方案能够在产业上制造或使用并且能够产生积极效果，所以具备实用性。但其从属权利要求2是通过CO60辐射诱变辣椒品种甜椒14的种子产生具有黄色叶片性状的辣椒品种，这依赖于在该诱变条件下所产生的随机突变，即使申请文件中清楚地记载了诱变条件，也很难通过重复诱变条件而得到预期的辣椒品种，因此该从属权利要求不具备实用性。

因此权利要求2请求保护的技术方案因不具备再现性而不能在产业上使用，不符合《专利法》第二十二条第四款所规定的实用性。

2.2 充分公开

《专利法》第二十六条第三款：说明书应当对发明或者实用新型作出清楚、完整的说明，以所属技术领域的技术人员能够实现为准；必要的时候，应当有附图。摘要应当简要说明发明或者实用新型的技术要点。充分公开意义上的"所属技术领域的技术人员能否实现"取决于说明书公开的程度，即由于说明书没有对发明作出清楚/完整的说明，从而导致所属技术领域的技术人员不能实现该发明。

当然，我们保护的技术要让本领域技术人员能够实现，决不是"和盘托出"，该遮该挡的还要盖住，比如说一个技术方案的最佳温度是28摄氏度，可以写个范围保护25~29摄氏度，然后再围绕该中心技术写一些点值。

权利要求：一种杂交苦瓜的育种方法，其特征是，采用自交系812为母本，自交系948为父本，配制出杂交种；所述母本812是从资源材料81♯中筛选出的优良变异－2株采用系谱选育方法培育而成的强雌系；所述父本948是从地方品种经4代自交提纯复壮而获得的中熟大果型株系。

审查员在通知书中提出如下审查意见。

本申请的说明书未对发明作出清楚、完整的说明，致使所属技术领域的技术人员不能实现该发明，不符合《专利法》第二十六条第三款的规定。具体理由如下：说明书中记载的母本812、父本948并未见公开，并且根据说明书中记载的父本、母本的选育过程本领域普通技术人员也无法得到配制杂交苦瓜所使用的父母本，由于本申请中的一个技术措施按照说明书记载的内容不能实现，因而所属技术领域的技术人员根据说明书中的记载，不能实现该发明。

申请人在意见陈述书中认为：第一，苦瓜植株容易发生自然变异，本申请就是在96年大田繁殖81♯时发现了4个变异，然后给出了这4个变异株的表现形状；第二，父本948是从地方品种（如滑身苦瓜）育成。

审查员对此持有不同看法，因为，第一，苦瓜植株容易发生自然变异，本申请就是在96年大田繁殖81♯时发现了4个变异，然后给出了这4个变异株的表现形状，但这4个变异株在申请文件中并未记载，而且说明书中也未记载资源材料81♯的品种及具体特征，公众也无法得到资源材料81♯，同时并未提交生物保藏证明；对于2株自然变异来说，其具有偶然性和不可重新性（不具有实用性），而且说明书中也未记载资源材料18的品种及具体特征，也未提交生物保藏证明。第二，父本948是从地方品种（如滑身苦瓜）育成，但是在申请文件中并未记载具体地方品种如滑身苦瓜，可以推出所用地方品种的类型，那么地方品种有很多种，即使给出目标形状，本领域普通技术人员也不可能一一试验，因此本申请说明书没有充分公开解决其技术问题的具体技术手段。

2.3 以权利要求为准

发明或者实用新型专利权的保护范围以其权利要求的内容为准，说明书及附图可以用于解释权利要求的内容。

权利要求书应当以说明书为依据，清楚并简要地表述请求保护的范围。权利要求书应当得到说明书的支持，也就是说，请求保护的发明的技术方案应当是所属技术领域的技术人员能够从说明书充分公开的内容中得到或概括得出的技术方案，其不得超出说明书公开的范围。

权利要求概括要合适，防止过大过小，过大则可能丧失新颖性或创造性，同时《专利法》的立法宗旨是兼顾申请人的权利和公众的公平，如果保护范围过宽，则对以后同类申请的申请人不公平。过小对申请人不公平。

3 生物保藏特殊性

为了满足《专利法》第二十六条第三款关于说明书应充分公开其发明创造的要求，《专利法实施细则》第二十五条规定：申请专利的发明涉及新的生物材料，该生物材料公众不能得到，并且对该生物材料的说明不足以使所属领域的技术人员实施其发明的，应对该生物材料进行保藏。《专利审查指南》对上述的法条进行了解释说明，也是审查员的审查依据。

按照《专利法》及其实施细则以及《专利审查指南》的基本要求，植物育种领域所涉及使用的生物材料虽有其特殊性，但当植物育种领域专利申请涉及使用了实施该专利所必须使用的新的生物材料时，并且在公众不能得到的情况下，按照《专利法》的基本要求也应当进行保藏。

在涉及农业育种技术领域的发明创造中，往往会涉及特定的生物材料，涉及具有生命力的活体，采用文字形式对这些生物材料所具有特性和特点进行清楚的描述，而使社会公众通过阅读这些文字材料即可以容易地再现出具有申请文件所称特性和特点的生物材料，是非常困难的。因此，为了保证专利申请文件能够清楚、完整地公开所请求保护的技术解决方案，如果在一项专利申请的申请日之前，出现在该专利申请中的各种生物材料并不处于社会公众可以获得的状态时，比如说在申请日之前出现在该专利申请中的生物材料并不能通过购买等形式由市场上获得时，申请人就需要在申请日之前将相应的生物材料送交《布达佩斯条约》所指定的微生物国际保藏单位实施保藏，并且在申请文件中注明保藏单位和保藏序号。

植物育种领域国内专利申请的生物材料保藏问题突出。以本领域两位审查员在2005—2006年已审结的专利申请为样本（200件）进行统计，其中有67件为国内植物育种方法专利申请，对于这67件专利申请，有21件涉及"生物材料"未保藏的缺陷，占31.3%。在这67件专利申请中，虽有11.9%的专利申请通过补交申请日（有优先权的，指优先权日）前的买卖发票等证据克服了该缺陷，但仍有19.4%的专利申请视为撤回或被驳回。造成植物育种领域生物材料保藏问题突出的主要原因既有申请人或代理人专利法律法规知识水平方面的原因，也有专利法律法规制度不完善的原因。

由于植物品种不属于我国《专利法》保护的客体，因而植物育种领域的专利主要涉及植物育种方法，包括常规育种方法、组织培养技术、转基因方法等。其中，转基因方法通常在细胞或基因水平上对生物材料进行操作，如果涉及需要保藏的情况，保藏的材料一般是相应基因的表达载体、细胞或组织培养物，其保藏与典型的微生物保藏相似；而常规育种方法和组织培养技术方法需要用到亲本植物或其组织，因此可能牵涉植物的保藏问题。

其杂种性能优于现有技术中的品种，就可以认为这种组合具有创造性，应当具有专利性。在我国，杂交育种方法的专利申请在植物育种专利申请中占有较大的比重。在该类申请中常常涉及亲本等生物材料。

随着技术的发展，常规的育种手段已不能满足技术发展的需要，植物育种手段呈现多样化的趋势。但是，常规的育种方法在植物育种领域的专利申请仍占有一定的比例，并在近几年呈增长趋势。专利申请所涉及的生物材料日渐复杂化，生物材料的保藏问题日渐突出。

在植物育种领域，主要涉及转基因育种、常规育种和组培育种等。在转基因技术育种中，常涉及的生物材料包括基因、基因文库、杂交细胞、重组体、质粒等；在植物的组织培养方法中常涉及细胞系、植物组织培养物、晶胚等；在常规的育种方法中常涉及植物病毒、细菌、真菌、种子（包括所有的可繁殖材料，如甘薯的薯块、马铃薯的块茎等）等。

3.1 专利程序中生物材料保藏和发放的目的

如果发明中生物材料公众不能得到，并且说明书对该生物材料的说明不足以使所属领域的技术人员实施该发明，则各国专利法都要求申请人保存其专利申请所涉及的实质性生物材料，其目的在于弥补说明书书面描述的不足，满足《专利法》中"一件专利必须详细充分地描述发明，使本领域的普通技术人员能够重复再现该发明"这一立法宗旨。

对生物材料进行保藏的直接目的是为满足说明书充分公开的要求。其间接意义在于：（1）为解决关于生物学发明新颖性争端提供证据；（2）可依靠其参考功能来确定第三者是否在没有得到专利权人许可的情况下，因使用同一种生物材料而侵犯专利权；（3）在专利许可贸易实施中发挥重要作用；（4）在专利权终止或正常保护期限届满后，使其作为社会共同财富，公众能够合法地利用。

3.2 保藏客体和主体

关于保藏主体：根据各国或组织关于保藏的主体的相关规定，一般来说，专利申请人和保藏人必须是同样的一个人，但在有些情况下，生物材料可以由除申请人之外的其他人来保藏，但必须满足一定前提条件。在我国法律体系中，对申请人和保藏人不同的情况没有明确的规定。

关于保藏客体：判断生物材料是否需要保藏的标准为凡是在发明的技术方案中必须使用，而公众在申请日前又不能得到的生物材料，都需要保藏，参见《专利审查指南》第二部分第十章。

《专利法实施细则》第二十五条中所说的"公众不能得到的生物材料"包括：个人或单位拥有的、由非专利程序的保藏机构保藏并对公众不公开发放的生物材料；或者虽然在说明书中描述了制备该生物材料的方法，但是本领域技术人员不能重复该方法而获得所述的生物材料，例如，通过不能再现的筛选、突变等手段新创制的微生物菌种。这样的生物材料均要求按照规定进行保藏。以下情况被认为是公众可以得到而不要求进行保藏：

(1) 公众能从国内外商业渠道买到的生物材料，应当在说明书中注明购买的渠道，必要时，应提供申请日（有优先权的，指优先权日）前公众可以购买得到该生物材料的证据；

(2) 在各国专利局或国际专利组织承认的用于专利程序的保藏机构保藏的，并且在向我国提交的专利申请的申请日（有优先权的，指优先权日）前已在专利公报中公布或已授权的生物材料；

(3) 专利申请中必须使用的生物材料在申请日（有优先权的，指优先权日）前已在非专利文献中公开的，应当在说明书中注明了文献的出处，说明了公众获得该生物材料的途径，并由专利申请人提供了保证从申请日起二十年内向公众发放生物材料的证明。

3.3 常见的需要保藏的生物材料

(1) 从自然界筛选的特定生物材料，一般涉及微生物。

(2) 通过人工诱变方法获得的特定生物材料，对于涉及通过物理、化学方法，例如，通过紫外线、放射性辐射，化学诱变剂如亚硝基胍、硫酸二乙酯、甲基磺酸乙酯等对已知特定生物材料进行人工诱变获得具有某种特定功能的生物材料本身，或新生物材料的用途发明，通常该生物材料需要进行保藏。

(3) 具有特殊性状的杂交瘤。

(4) 减毒病毒株。

3.4 不需要进行保藏的生物材料

一般来说，在可以获得起始生物材料的前提下，通过遗传工程操作，制备重组产品的过程是可以重复的，无需对上述重组生物或其他重组产品进行保藏；

如果在权利要求请求保护的技术方案中没有使用特定生物材料，并且是否使用这种特定生物材料不影响发明的效果，无须对生物材料进行保藏。

3.5 保藏单位

中国国家知识产权局认可的保藏单位，即《布达佩斯条约》承认的生物材料样品国际保藏单位。可以到 WIPO 网站查询：http://www.wipo.int/treaties/en/registration/budapest/。

国家知识产权局认可的保藏单位是指《布达佩斯条约》承认的生物材料样品国际保藏单位，其中包括位于我国北京的中国微生物菌种保藏管理委员会普通微生物中心（CGMCC）和位于武汉的中国典型培养物保藏中心（CCTCC）。

3.6 保藏时间

一般来说，保藏时间应当是在申请日（或之前）为有效保藏日期。

根据《专利法实施细则》第二十五条的规定，对于要求优先权的申请，其办理保藏手续的日期应当在优先权日前或者最迟在优先权日当日，否则将视为未保藏。

对于涉及生物材料保藏的申请，如果使用保藏生物材料的技术方案要求了优先权，则按如下方式审查：

(1) 如果保藏日为申请日（或之前）但在优先权日之后，则视为未保藏。

(2) 如果在优先权日（或之前）未在中国国家知识产权局认可的保藏单位进行保藏，而是在优先权日之后于申请日（或之前）将其转移到中国国家知识产权局认可的保藏单位，则视为未保藏。

对于上述两种情况，申请人也可以放弃优先权，并提交撤回优先权要求的声明。

对于部分优先权的情况，如果使用保藏生物材料的技术方案未要求优先权，则申请日（或之前）的保藏日期即为有效保藏日期。

3.7 用于专利程序的生物材料的发放

如上所述，对生物材料实施的保藏，是为了使专利申请文件能够清楚、完整地公开所请求保护的技术解决方案，即实施保藏的生物材料实际上已经构成了整个专利申请文件的一个有机组成部分。因而哪些人能够在哪些时间段获得被保藏的生物材料，是与该专利申请文件所处的状态密切相关的。而且了解这一点，对于从事涉及农业育种技术领域发明创造的人员来说也是非常重要的：

(1) 从申请人送交保藏之日起至该专利申请文件被首次公开之日止，仅有申请人本人和获得申请人授权的人可以获得被保藏的生物材料，因为只有申请人本人和获得申请人授权的人才有权在专利申请文件被首次公开之前获知申请文件的各项内容。而且，申请人本人和获得申请人授权的人还可以在下述的各个阶段获得被保藏的生物材料。

(2) 从专利申请文件被首次公开之日起至该申请获得授权之日止，需要获得该生物材料的人在得到申请人同意后，便可以由保藏单位获得被保藏的生物材料。而且，为了促进科学研究，由《布达佩斯条约》规定的、属于独立身份的专家也可以由保藏单位获得被保藏的生物材料。

(3) 当该申请在某国家或地区获得授权之后，该国家或地区的公民和具有相同资格的社会公众，均可以由保藏单位获得被保藏的生物材料。

(4) 如果该申请在公开之后和授权之后被撤回或被驳回，除了申请人本人和获得申请人授权的人之外，仅有由《布达佩斯条约》规定的、属于独立身份的专家可以由保藏单位获得被保藏的生物材料。

4 专利策略特殊性

2000年4月6日，世界知识产权组织公布了美国孟山都公司于1998年10月1日向美国专利商标局提交的一项名为"高产大豆及其栽培和检测方法"的专利申请，这件事情引起了我国的广泛关注。孟山都公司从中国上海地区的野生大豆品种中找到了与控制大豆高产性状有密切关系的分子标记，然后向101个国家提出了共有64项权利要求的专利申请，包括与控制大豆高产性状的基因有密切关系的标记、所有含有这些标记的大豆及其后代、检测生产具有高产性状的栽培大豆的育种方法以及凡被植入这些标记的所有转基因植物，其中包括大麦、花椰菜、卷心菜、柑橘属果树、棉花、大蒜、燕麦、洋葱、亚麻、豌豆、花生、高粱、甜菜、甘蔗、马铃薯、米、番茄、玉米、苹果、角萄、香蕉等。按照《专利合作公约》的规定，缔约国的专利申请人只要向本国专利局提出国际申请，如本国专利局初步检查和国际检索后认为符合条件，将交由国际局在18个月后予以国际公布，届时申请人指定的各指定保护国家知识产权部门将把该申请视同国内专利申请办理。尽管根据我国《专利法》的规定，除高产大豆育种方法之外的其他诸项要求均应被驳回，而且实际上国家专利局连育种方法都未批准，但是孟山都的专利申请在许多外国，尤其是发达国家，完全可以获得批准。

美国曾公布，截至2002年6月30日，从中国引进植物资源932个种20140份，其中大豆4452份，包括野生大豆168份。而中国官方记载同意提供的仅2177份，并且野生大豆并没有被列入对外提供的品种资源目录。我国是大豆的原产地，野生大豆资源占全世界的90%以上，逾6000种。然而由于野生大豆资源流失，目前国外一些国家作物基因库中保存的大豆资源却达20000多份，其中很多原产于我国的大豆资源已经成了外国的专利产品。而我国目前已从世界上最大的大豆出口国变为最大的大豆进口国。

一项技术创新成果或者说研究、开发成果诞生后该如何处理；如果申请专利，应在何时申请、申请什么专利、是仅在本国申请还是同时向外国申请，甚至在具体的专利申请中应讲求什么策略等，都必须进行认真的考虑、调查分析，其战略性因素很强。可以从不同的目的作为标准对专利申请战略加以分类。如以转让为目的的申请战略、以自己使用从而获得竞争优势为目的的申请战略、以对竞争对手采取专利对策的申请战略，以及以迷惑竞争对手为目的的申请战略等。不过，无论专利申请战略出于何种目的，申请决策、申请时机、申请种类、申请范围、申请国别等却是专利申请战略需要解决的基本问题。专利申请战略主要涉及申请决策、申请时机、申请种类、申请范围、申请国别等内容。在具体的申请实务中则存在相应的策略。运用好专利申请战略有利于更好地实施专利战略和开展市场经营活动，提高在国内外市场的竞争力。

5 国内外农业育种专利申请比较

以国内外杂交育种方法和设备、人工授粉技术方面的专利申请进行比较,主要由两部分构成:一是比较国际国内在该技术领域的专利申请,并且对照各主要国家和申请人的专利活动,对我国在该领域上的专利申请活动给出客观定位;二是着眼于国内,分析国内该领域技术的现状,以期在国际化的大潮下,为我国申请人走向国际提供一些有价值的信息。

5.1 分析样本的构成

使用数据库及起止时间:
中国专利数据库(CNPAT):1985年至2009年4月22日。
德温特世界专利索引数据库(WPI):自WPI数据库最早收录日期至2009年4月22日。
日本专利文献数据库(PAJ):自PAJ数据库最早收录日期至2006年10月18日。
欧洲专利局专利文献数据库(EPODOC):自EPODOC数据库最早收录日期至2009年4月22日。

5.2 该项专利技术状况分析

5.2.1 国际申请总体分布

为了对比各国在杂交育种领域的实力发现,分别对专利的公开号、优先权号和申请人进行国别统计,原因是由数据库提供的著录信息的特点决定的。专利公开号的国别所体现的是对一项技术进行专利申请的国家,优先权号的国别体现的是对一项技术首次进行专利申请的国家,申请人的国别体现的是对一项技术进行专利申请活动的主体来自哪个国家。杂交育种技术是一种占有主导地位的常规技术,国际化趋势在该技术的专利申请活动中表现得非常明显,不同国家的申请人针对目标国家共同进行科研和专利申请已经相当普遍。因此对于国别的统计,简单地用公开号、优先权还是申请人都是不完全的统计,必须针对这三方面的特点组合考察,才能得出全面正确的结论。另外,通过比较这三方面数据的不同,可以更深层次地发现每个国家、每个申请人的专利活动的特点及其意图。

5.2.2 专利申请年代分析

经过统计,从专利数量的历史趋势可以看出,该杂交育种技术最早的专利是在1909年(英国)申请,是一种为了生产可育种子,用一种装置来进行人工授粉,19世纪20年代的5件申请全部集中于1921年。但对它的研究长期处于停滞状态,直到70年代才引起人们的注意,涉及杂交技术的专利在70年代以后大幅度增长,显示出杂交育种技术在该领域已经走向成熟,具有极高的商业化前景。

5.2.3 专利公开号国家和地区分布

在EPODOC数据库中利用公开号进行的国别统计(表1),可以看出,在美国申请的专利数量虽然排名第一,但是优势并不明显,整个世界市场的分布还是比较均衡的。美国之外,在本领域持有专利数量比较多的国家还有中国、澳大利亚、日本等国家和地区,其中中国拥有15%的专利数量,仅次于美国,排名第二,在该领域占有一席之地。

表1 专利公开号国家和地区分布

次序	1	2	3	4	5	6	7	8
公开号	美国	中国	澳大利亚	日本	欧洲	国际	加拿大	德国
优先权	美国	中国	欧洲	日本	英国	法国	德国	俄罗斯
申请人	美国	中国	荷兰	德国	瑞士	法国	日本	比利时

5.2.4 专利优先权国别分布

将 EPODOC 数据库中的检索结果根据优先权进行排序。在杂技育种领域，优先权的数量比公开号的数量高出很多，1681 篇专利申请竟然要求了 13342 个优先权，究其原因，原来是绝大多数的美国申请要求了多个优先权，例如，公开号 US2009049566A 要求了 74 项优先权，并有 153 个同族申请。在优先权的国别统计中美国（4232 个）和国际优先权（1416 个）的数量远远超过了其他国家，由于国际专利（WO）实际上都来自具体的国家，并且国际优选权号中也有申请国的信息，因此我们在优先权的排序中将国际专利的优先权（1416 个）进行分解，找出要求国际优先权的实际国家，再将分解后的优先权国别"物归原主"，叠加在源头国家的统计结果。还原后的优先权的统计结果与公开号国别相比最突出的不同点就是美国所占的比例大幅上升，超过了一半。而中国则稍有下降，另外原先占据 8% 的公开号的澳大利亚和占据 5% 的加拿大，其优先权的数量滑落到前 8 名之外。

5.2.5 专利申请人国别分布

在 EPODOC 数据库中根据申请人的国别进行的统计，分析对象的总数为 2098 个，公开号数量比申请人的数量低出很多，前面已说明，杂交育种领域的专利申请很多为多个申请人，那么申请人出现的次数应该是远远大于公开号的出现次数的，而得到的统计结果反而比公开号的结果小，究其原因，这是由于很多近期的申请，尤其是中国、日本等国家的申请，EPODOC 数据库仅仅给出了申请号、发明名称等最基本的信息，还没有来得及录入申请人，另外有一部分 1980 年之前的申请也缺少申请人。比较专利申请人和专利公开号国别，明显的不同之处除了美国所占的比例变化之外，还有原先不见经传的瑞士和英国各自占据了一席之地，另一个变化是韩国、德国所占比例有较大提高，而日本则由原来的 15% 下滑到 3%。

5.2.6 组合分析小结

对上述三方面的国别统计进行综合排序，分别对检索样本的公开号、优先权和申请人的数量，按照由高到低的顺序对主要国家进行比较，从中可以看出，对于杂交育种技术，在现阶段实力最强的国家仍然是美国，无论是在申请的数量还是进行申请的主体上都遥遥领先于其他国家，其次是中国，可以说在这一领域两家拥有发言权，而作为专利数量比较多的国家，还应当关注澳大利亚、荷兰、日本、德国、瑞士、英国的专利活动。

1）专利申请人排名展示了跨国公司的关注重点

按照专利公开量对申请量在 90 件以上申请人进行的排序（表 2）。其中排名第二的 MONSANTO TECHNOLOGY LLC 和排名第四的 SYNGENTA PARTICIPATIONS AG 公司是在生物技术热潮开始之初进行重组的致力于生物技术领域的新公司。

MONSANTO TECHNOLOGY LLC 公司是全球销售农业化工、农业和医药产品的跨国公司，如上文所述，该公司是从申请量排名第六的 MONSANTO CO 拆分而成立的新公司。

原来的 MONSANTO CO 是有着将近 100 年历史的传统化学工业公司，随着人们对化学产品的安全性提出怀疑，20 世纪 80 年代其开始将目光转向生物领域，到 1999 年将公司成功转型。

表 2 专利申请人排名

排序	专利申请人	国别	专利申请量（件）
1	PIONEER HI BRED INT	美国	565
2	MONSANTO TECHNOLOGY LLC	美国	303
3	STINE SEED FARM INC	美国	149
4	SYNGENTA PARTICIPATIONS AG	瑞士	110
5	ASGROW SEED CO	美国	109
6	MONSANTO CO	美国	107
7	BASF PLANT SCIENCE GMBH	德国	99
8	DU PONT	美国	92

2) 主要申请国年代分布分析

早期，20世纪60年代前该技术只有美国和英国进行专利活动，特别是美国，而60年代到80年代中期，除了中国，其他8个国家都开始进行专利活动。因为中国从1985年开始实施《专利法》，执行专利制度，1985年开始，虽然起步晚，但是申请量却直追美国，甚至到2005年超过了美国，首次成为该领域老大，但是后劲不足。最有特点的是瑞士，瑞士在该领域的表现实在特别，只拥有10项公开专利的瑞士，却有目前国际上申请量排名第4的申请人。瑞士在杂交技术领域的实力基本上全部体现在SYNGENTA PARTICIPATIONS AG公司这一个申请人上。而实际上SYNGENTA PARTICIPATIONS AG公司是由NOVARTIS AG和英国ASTRA JELIKUNG CO公司2000年合并而产生的。

NOVARTIS AG公司是全球制药和消费者保健行业居领先位置的跨国公司。SYNGENTA PARTICIPATIONS AG是世界上从事农业经济的最大的公司之一，其业务包括作物保护、农药及种子的销售等。SYNGENTA PARTICIPATIONS AG的专利申请在一定程度上是依靠美国专家ZHANG XINGPING（19件），其中12件与WILLIAMS TOM VARE联合发明进行的。从NOVARTIS AG到SYNGENTA PARTICIPATIONS AG公司都没有改变其风格，有如下特点：进行专利申请是近几年开始的，但发展速度特别快，实际上，该公司专利的技术内容从数量上来看不是很多，目前检索到的只有76个专利族，并且不同的专利族中还有不少是系列申请，关键是它这种进攻型的专利申请活动，使得它的专利总量攀到了第四的位置，也使得它的影响力大大增强。该公司出现在人们视线中的是崭新的面孔，第1件申请是在1988年才公布的。它的目标十分明确，将火力锁定在美国，拥有的110件专利中有31件为美国专利和13件国际专利，公开的110件专利中要求了78件美国优先权和35件国际优先权。

5.3 国内杂交育种专利申请总体分析

5.3.1 专利年代分析

经过统计，可以看出国内申请的数量随时间的变化。中国涉及杂交育种领域的专利申请是在1985才出现的，但发展势头非常迅猛，申请量直追美国，甚至到2005年超过了美国。近年来中国在杂交育种领域的申请一直保持稳步增长的趋势，并且已经在国际上占据一定的位置。

5.3.2 中国专利申请人分析

表3列出了杂交育种技术专利申请量在8件以上的9家申请人，我国申请人同国际相比存在着以下三个明显区别：(1) 名列前7位的申请人都是研究所和大学，说明国内具有较强的药用植物繁育技术开发和研究能力的主体仍然是科研院所。(2) 主要申请人专利数量相较而言没有显著的差异，申请人比较分散，技术力量比较平均，这一点从表中可以明显地看出来，最多的不过21件。(3) 排名前9名的申请人中没有1个中国企业，这在国外是非常罕见的。

由于国内研发水平的限制，科研力量集中在大专院校以及科研机构中。这些申请虽然有些处于比较前沿的地位，但是要想将这些技术转化为生产力，还需要与企业合作，国内申请人的构成情况反映出国内企业在杂交育种技术中研发能力急需提高。同时应当鼓励企业与大专院校或与事业单位进行合作。

表3 杂交育种技术专利申请人分析

排序	专利申请人	国别	专利申请量（件）
1	浙江大学	中国	21
2	南京农业大学	中国	18
3	华中农业大学	中国	12
4	中国科学院昆明植物研究所	中国	9
5	中国农业大学	中国	9
6	西北农林科技大学	中国	9
7	江苏农业学院	中国	8
8	MONSANTO TECHNOLOGY LLC	美国	8
9	吴德全	中国	8

5.3.3 以我国大面积栽培的玉米杂交育种技术专利为例

1) 专利公开号国别分布

美国占有绝对优势,遥遥领先于其他国家,国别分布在24个国家其中美国、中国、澳大利亚、加拿大占据了84%,其他(包括欧洲、国际、匈牙利、日本、墨西哥、罗马尼亚等20个国家地区)专利量才16%。

2) 专利申请人国别分布

申请人分布比较集中,分布在14个国家,按照专利量排名分别是:美国、中国、加拿大、英国、法国、罗马尼亚、德国、俄罗斯、比利时、奥地利、巴西、加拿大、匈牙利和乌克兰。其中美国和中国占有绝对优势,分别是65%和14%,占据了总量的79%。

3) 专利申请人排名分析

玉米专利申请人排名分析见表4,可以看出美国占有绝对优势,申请量50件以上的全部是美国公司。

表4 玉米专利申请人排名分析

排序	专利申请人	国别	专利申请量(件)
1	PIONEER HI BRED INT	美国	170
2	MONSANTO TECHNOLOGY LLC	美国	137
3	DU PONT	美国	43
4	DEKALB GENETICS CORP	美国	35
5	SUNGENE TECHNOLOGIES CORP	美国	15
6	UNIV MINNESOTA	美国	13
7	AGRIGENETICS INC	美国	12

4) 主要申请国年代分布分析

美国第一件玉米专利申请始于1950年,其后沉寂20年,直到1972年才开始第2件申请。中国从1986年开始申请。

5.3.4 以我国大面积栽培的水稻杂交育种技术专利为例

1) 专利公开号国别分布

国别分布在13个国家,其中中国、美国、日本和国际专利占据了91%,其他(包括澳大利亚、加拿大、欧洲、韩国、墨西哥、菲律宾、英国、葡萄牙和俄罗斯等9个国家地区)专利量才9%。

2) 专利申请人国别分布

申请人分布集中,分布在6个国家,按照专利量排名分别是:中国、美国、日本、英国、比利时、俄罗斯。其中中国和美国占有绝对优势,分别是80.1%和12.4%,占据了总量的92.5%。

3) 专利申请人排名分析

如表5所示,美国仍然排名前两位,第一位是路易斯安那州州立大学,有9件专利。中国主要是大学及科研单位,企业少。日本的三井化学株式会社有7件,日本烟草产业株式会社有6件。

表5 水稻专利申请人排名分析

排序	专利申请人	国别	专利申请量(件)
1	UNIV LOUISIANA STATE	美国	9
2	RING AROUND PRODUCTS INC	美国	8
3	JAPAN TOBACCO INC	日本	7
4	四川省农业科学院作物研究所	中国	6
5	MITSUI TOATSU CHEMICALS	日本	6
6	南京农业大学	中国	6
7	浙江大学	中国	6

6 巩固和发展我国育种专利技术的几点建议

6.1 积极占领国际市场

我国在育种领域的研究上有得天独厚的优势，因为生物资源丰富，但在对国际市场的专利申请上做得很差，我国的申请人普遍对专利权与经济活动的联系还缺乏认识，基本上都仅在国内进行专利活动，而没有想过对其他国家提交申请，而国际上通行做法则是针对感兴趣的市场而进行专利活动。应当加强对国际市场的研究，这是我国占有国际市场的必要准备，可以借鉴国际上大公司的目标国申请经验，目前国外大公司对我国市场没有重视，我们要抓住机会，一方面占领国内市场，一方面占领国际市场。国内的申请人基本不向国外提出关于农业育种和栽培技术的专利申请，一方面是对国际申请的流程不了解，另一方面是对自己技术的信心不大。因此虽然近年来政府已经做了大量宣传和扶持工作，但是效果并不明显。由于我国专利实施时间短，还需要进一步加强专利的宣讲。鼓励我国申请人进行外国申请和国际申请。我们应当进一步提高国内申请人使用专利权的能力，鼓励申请人走出去，在国际舞台上展示自己。

《专利合作条约》（PCT）是为了解决同一发明向多个不同国家申请专利保护时，减少申请人和各国专利局的重复劳动而产生的。申请人欲向多个国家提出专利申请时，可直接向中国国家知识产权局（中国专利局是 PCT 受理局之一）提交一份 PCT 申请，以中文申请即可，无须翻译成外文。一旦确定了国际申请日，则该申请在 PCT 的所有成员国自国际申请日起具有正规国家的申请效力。申请人自国际申请（已要求优先权的，以优先权日起算）的 30 个月内应向欲获得专利的国家专利局提交申请的译文，并缴纳相应的费用。

6.2 充分利用现有专利进行研发

通过对国外专利技术的检索，有效利用现有技术，避免重复劳动，节约时间。特别是在我国薄弱技术环节上，加强对国外专利技术的检索和利用，因为该领域转基因等高科技技术绝大部分只在专利申请中公开，并没有在期刊文献中公开。

现在知识产权已经成为企业开拓市场的一种战略。一些外国企业正是抓住很多中国企业不重视专利信息利用的弱点，拿一些实际上并未侵权或者无效的专利，威慑中国企业。如果中国企业有一套完善的专利信息管理制度，这种"恐吓"不用花费巨资就能很快被识破，甚至可以根据自己掌握的专利信息，制定反击战略，给对方以打击。

现在国内都是通过各国专利局网站公开的数据查询专利信息，这些数据可以免费使用。

6.3 拓展创新主体主动与企业交流合作

在国内申请中，虽然申请量不少，以大专院校和科研机构为主体，但是能够在技术上占据主导地位的专利申请并不多，与企业合作不多，导致无法将技术转化为生产力，难以推动专利技术的进一步革新。因此应加强国内企业与大专院校和科研机构交流合作，提高我国在杂交育种等农业专利方面的技术水平。

6.4 培养专利和育种结合的特殊人才

加强自上至下的知识产权培训、研讨，提高全民知识产权保护意识。尤其注重既懂法律、法规，又了解传统知识特点的人才的培养，建设传统知识产权保护的特殊人才队伍。在专利申请过程中，既注重进攻型专利申请，又注意防御型专利申请。

植物新品种权申请前的战略思考

陈 红

（农业部科技发展中心）

摘 要：有些育种人员具有较强的育种方法理论，但没能育成一个品种。而有些育种人员在较短的时间就能育成优良品种。本文对品种权申请前的分析提出了具体意见。

关键词：品种权；提出申请；误解；建议

我国尚未建立商业化育种体系，育种人员能否育出在生产中大面积应用的优良品种，有时受环境、气候、土壤、人力、物力，甚至受运气等偶然因素影响较大。有些育种人员虽具有较强的育种方法理论，但花费一辈子心血也没能育成一个品种。而有些育种人员在短短几年间就能育成一系列优良品种。这些品种大多是通过对核心亲本进行改造选育出一系列优良姊妹系；有时又在此基础上配组出一系列杂交种。如蜀恢527育成后，其直接配组的通过国审和省审的杂交稻品种就达50多个。或者在蜀恢527育成中同时形成一大批姊妹系，并再配组出一系列杂交种。这样带来的一个问题是，系列品种或姊妹系育成后，申请人是选择全部申请还是部分申请，是选择保护杂交种、保护亲本还是两者都保护；亲本和杂交种是同时申请保护还是要考虑先后次序。笔者结合申请人在品种权申请时的困惑，对品种权申请前如何进行战略分析提出几条意见，供申请人参考。

1 消除对品种权申请的几个常见误解

1.1 消除新品种保护只保护杂交种常规种不保护亲本甚至中间材料的误解

《中华人民共和国植物新品种保护条例》（以下简称《条例》）第二条规定，"植物新品种，是指经过人工培育的或者对发现的野生植物加以开发，具备新颖性、特异性、一致性和稳定性并有适当命名的植物品种"。因此，不管是杂交种、不育系、保持系、恢复系、自交系甚至中间材料，只要在植物新品种保护名录范围内，符合上述"四性一命名"授权条件的植物品种均可以向审批机关提出品种权申请。

1.2 消除新品种保护等同于品种审定的误解

有的认为只有通过品种审定后才能申请品种保护；有的认为品种通过审定就没有必要申请品种保护，甚至还利用品种审定证书来维护品种权；还有的认为主要农作物获得品种权就可以直接进行推广，没必要通过品种审定。其实，新品种保护和品种审定是品种管理中的两个重要内容。新品种保护属于知识产权范畴，审批机关主要验证申请品种是否与其他品种有明显区别，是否稳定一致，强调是"新"品种，同时审批机关要确定新品种权的权属关系，谁应该享有该品种的市场排他独占权。而品种审定属于行政许可范畴，是对主要农作物品种市场准入的一种行政管理措施。新品种保护和品种审定两者不可混为一谈。

1.3 消除只有具备市场经济价值的品种才可以申请新品种保护的误解

首先，品种大多是在广泛推广应用之后才能体现其实际价值，品种市场价值体现延后性特点决定了其实际经济价值在申请保护时是难以确定的。例如，昌7-2在配组出郑单958并推广应用一段时间后育种者才体会到其如此巨大的价值，但这也导致了昌7-2在丧失新颖性后育种者才认识到当时申请品种保护的重要性。

其次，品种价值体现还具有周期性或时代性的特点。例如，人对花颜色、形态等的欣赏是具有周期性或时代性的，所以对于这类品种的市场价值评估往往要从长计议，申请人更要采取适当的保护策略。

最后，申请品种权可能还有其他方面的用途或战略目的。如，防止他人利用同一品种挤占市场，利用知识产权保护突出核心竞争力、扩大单位和个人影响力等。

2 正确选择申请时机和申请国

2.1 申请时机选择

申请日是判别品种是否具备新颖性和特异性的关键日期。在我国实行先申请原则的情况下，正确地选择申请时机是十分重要的。但是，过早或过迟申请都不利于品种权保护。过早，申请品种可能不具备一致性和稳定性而被驳回，或者在推广应用的关键时期由于保护期届满品种权终止不能继续获得保护。过迟，申请品种可能因为市场销售超过规定期限丧失新颖性而被驳回，或者在市场推广关键时期未获得品种权而难以有效维护和实施品种权。一般地，如果决定申请，应该选择在育种工作基本完成，或者在第一年区域试验结果出来时视情况选择是否提出品种权申请。

2.2 申请国家选择

植物品种权的地域性是指在某一特定国家获得的植物新品种权，只在该国法律效力所及的范围内有效，在除此之外的其他国家和地区不会自动获得保护。因此，一个好的新品种既可以考虑在国内申请品种权，又可以考虑向国外申请品种权。如果一个品种仅在国内有市场，该品种既不能出口，又不能被国外经销商购买，通常没有必要向国外申请品种权。若一个品种有望打入国际市场并有较好的市场发展前景，那么除在国内申请外，还应积极到有关国家申请品种权。

3 从市场经济角度分析

一般来讲，申请品种权的目的是为了获得经济上的利益。申请人需要从市场经济的角度对是否申请品种权进行认真考虑。申请品种权必须缴纳申请费、审查费，如果申请被授权，申请人还要缴纳品种权年费，委托品种权代理机构的还要缴纳代理费。虽然我国植物新品种权申请费用较其他国家低得多，但也是一笔不小的投资，同时申请人在申请过程中还需要花费大量的时间和精力。因此，在申请品种权之前，申请人需要综合权衡利弊，决定是否申请。申请人应对自己的新品种开发的可能性、范围及市场条件进行认真预测和调研，以便明确在取得品种权以后实施和转让的条件及可能获得的经济收益，明确不申请品种权保护可能带来的市场经济损失。所以一般情况下，如无其他考虑，虽具授权条件，但不具竞争优势和市场开发价值的植物新品种不必申请品种权；市场需求量较小甚至还不足以支付申请所需费用的品种不值得申请品种权。

4 从品种权战略布局考虑

植物新品种权作为知识产权的重要组成部分，已经成为种子企业占领种业市场的重要手段。发达国家和跨国种子企业都很注重品种权战略布局。从品种权战略布局考虑，申请人有时会采用进攻型策略，如申请并利用品种权独断占领市场，有时要采取防御性策略，如为了防止对方利用同类品种占领市场，申请一些并不实际利用的植物新品种。申请人常常疑虑的问题有：

4.1 同系列品种是否都需要申请品种权

这要结合品种的实际用途来考虑。例如，某育种者从苗圃中发现一个优良天然杂交苹果植株，并从其后代中分离出几种品种类型：有酸度高的，有彩叶的，还有灌木型的。酸度高的品种可以用来榨汁，彩色叶片的可用于园林绿化，灌木型的可用于盆景观赏。虽然是姊妹系，但这几个类型品种相互间特征明显，用途不同，并都具有一定的市场推广价值，品种相互间也不会产生市场冲击，这时可以考虑全部申请品种权。

在选育过程中，申请人可能又会从榨汁型、彩叶型和灌木型中分离出不少类型。如果都申请品种权的话，即使它们目前在生产上与其他品种比较都有一定市场价值，但同时推广这些品种，只会造成这几个同类型品种在市场上相互竞争，相互挤占市场，从而可能使每一个品种的市场份额都不高，影响力也不大，还会浪费人力物力财力。这种情况下，最好就某种类型分别选择一个综合性状好的品种申请品种权和进行推广即可。有时候事实并没有想象中的那么简单。只申请某一类型品种，如果又不能避免他人从申请品种中选育出其他品种来代替申请品种，尽管同系列品种之间可能相互挤占市场份额，但考虑到他人会选择同类型的其他品种来填补市场，全部申请品种权保护而只推广某个综合性状好的品种也是申请人必要的考虑。例如，某著名水稻恢复系在育成时，就存在有芒和无芒两个品种类型，但申请人只选择了无芒的品种类型申请品种权并配组杂交种进行市场销售。但随后不久就有其他种子企业从中发现有芒的品种并配组同类型的杂交种进行市场销售，由于有芒和无芒是两个特征明显的差别性状，这些种子企业并不构成侵权。

4.2 保护杂交种还是保护亲本

《条例》第六条规定，使用授权品种重复使用于生产另一品种的繁殖材料时也被认定为侵权行为。如，王某育成的三系不育系 A 是授权品种，李某未经王某许可使用授权品种 A 和自选的恢复系 B 配组成杂交种 C，并大量生产和销售杂交种 C，由于在生产 C 时都要重复使用授权品种 A，所以李某的行为属于侵权行为。据此，不少申请人认为，对亲本申请保护不仅会保护到亲本本身，同时还可间接保护到利用该亲本配组的其他杂交种，所以不需要对这一系列杂交种申请品种权。其实这种看法是很片面的，甚至有时候是错误的。按照《条例》第十条规定，利用授权品种进行育种及其他科研活动，可以不经品种权人许可，不向其支付使用费。诚然，王某利用授权品种 A 和诸多恢复系配组育成了一批杂交种可以因为授权品种 A 而限制其他人生产和销售这些杂交种，但是如果王某不申请这杂交种品种权而被他人抢先申请的话，问题就变得复杂了。虽然李某未经王某许可不得使用授权亲本 A 生产这些杂交种，但是由于杂交种的品种权归属于李某，王某未经李某许可也不能生产和销售这些杂交种。王某本来是可以限制对方的，但由于没有申请杂交种的品种权，自己在真正应用这些杂交种时却受到了李某的限制。因此在品种权申请中，对于好的杂交组合，不仅要注意保护亲本，也要注意对杂交种本身申请保护。

4.3 先保护杂交种还是先保护亲本

从完成育种的先后次序来看，亲本育成时间要早于杂交种。配合力强的亲本还会成功组配出一系列优良杂交种。但由于杂交配组、田间品比试验、区域试验和生产试验等，杂交种育成往往要迟于亲本 3 年甚至更多时间。因此，一个好的亲本选出来后，可以先保护亲本。一是可以间接保护利用该亲本配组的一系列杂交种，二是对亲本自身也是一种保护。因为在以后的田间试验过程中，育种家也难以确保不会造成亲本丢失。

对于特别优良的杂交种，在能控制好亲本不会造成流失的情况下，申请人也可以选择先保护杂交种再保护亲本。这样做的好处是，可以间接增加杂交种的保护年限。《条例》规定是为了平衡公众和品种权人之间的利益。但一个品种是否具备新颖性主要是看它在申请日前的销售时间是否超出了规定期限。超出了期限，申请品种不具备新颖性因而不符合授权条件就会被驳回。为了延长杂交种保护期限，在现行制度框架下，可以先申请杂交种的品种权保护，待杂交种保护几年之后，再申请亲本的品种权保护。由于亲本只是种子企业自家繁殖并仅使用于配组杂交种，没有进行过任何形式的商业销售，所以亲本不会丧失新颖性。通过这种策略，该杂交种保护期限无疑增加了不少。正因如此，有些国家正在将杂交种繁殖材料销售视同亲本繁殖材料一同销售列入到新品种保护规章中。虽然目前我国《条例》尚未就此做出类似规定，但是笔者建议不到万不得已最好不要采取这种策略。

5 从其他方面考虑

植物新品种保护能增加育种单位及个人的收益，并能提升单位及个人的影响力。如果一个种子企业或育种科研单位没有几项品种权却称具有较强核心竞争力和较强育种能力，这是很难说服他人的。考核一个单位的核心竞争力和育种能力，植物新品种权的数量和质量应是其重要内容。近些年来，申报作物育种类课题项目和对这些项目验收时，获得植物新品种权的数量逐渐作为一项重要的考核指标。因此，申请植物新品种权除了为独占性地获取市场经济效益外，有时候还要从确认单位和个人育种成果、提升单位和个人影响力等方面加以考虑。当然育种单位应该进一步健全个人考核制度，并将植物新品种权与该品种可能获得的市场经济效益相结合进行综合评价。

我国植物新品种"走出去"的战略思考

陈 红

（农业部科技发展中心）

摘　要：我国要发展现代种业、建设种业强国，必须在激烈的国际种子市场竞争中掌握主动。种业走出去，新品种保护要先行。支持植物新品种权走出国门已成为我国种子企业开拓国际种业市场的必然选择，也应成为我国政府在国际种业战略布局的重点。与发达国家积极在海外布局植物新品种权相比，我国植物新品种申请还基本局限在国内。在分析海外申请植物新品种权现状和影响因素的基础上，提出了我国应进一步完善植物新品种保护和种质资源管理制度、强化植物新品种保护战略性布局、构建植物新品种权预警系统、扶持一批外向型育繁推一体化企业、加强国际植物新品种保护中介服务等政策建议。

关键词：植物新品种权；走出去战略；政策建议

1　前言

随着知识经济和经济全球化深入发展，知识产权日益成为国家发展的战略性资源和国际竞争力的核心要素，成为建设创新型国家的重要支撑和掌握发展主动权的关键。《国家知识产权战略纲要》明确提出：到 2020 年要把我国建设成为知识产权创造、运用、保护和管理水平较高的国家，自主知识产权的水平和拥有量能够有效支撑创新型国家建设。植物新品种权是知识产权的一种重要形式，是实施国家知识产权战略和国家粮食安全战略的重要组成部分，是农业科技创新的重要原动力。为了在激烈的国际种子市场竞争中掌握主动，加速植物新品种权走出国门，到他国申请品种权已成为主要发达国家的重要海外战略，也成为我国种子企业占据国际种业市场的必然选择[1]。我国植物新品种保护事业从无到有发展迅速，取得了显著成效。但是，我国单位和个人向海外申请植物新品种权的数量很少。为此，有必要对我国向海外申请植物新品种权的发展现状和发展规律进行科学系统的研究和总结，为规范和引导对外申请植物新品种权提供理论支持和政策依据。

2　我国植物新品种权海外申请现状及问题

截至 2014 年 12 月底，农业部共受理国外植物新品种权申请 809 件，主要有：荷兰 318 件、美国 228 件、韩国 86 件、日本 57 件、德国 29 件[2]。国外申请的玉米、蔬菜、花卉等作物的新品种已在我国种业市场占据着重要的位置。但与外国单位和个人积极在我国布局植物新品种权相比，我国至今未批准过任何单位和个人向海外申请植物新品种权，通过地下通道私自向海外申请植物新品种权的数量也非常少。我国向海外申请品种权存在一些问题：

（1）都是未经登记私自向海外申请品种权。

通过对国际植物新品种保护联盟（UPOV）提供的数据进行分析，2000—2013 年，我国单位和个人共向海外提出品种权申请 133 件，获得授权 47 件。接受我国植物新品种权申请的国家和地区由高到低依次为：欧盟 34 件，日本 24 件，美国 18 件，越南 16 件，荷兰 11 件，阿根廷 5 件，新西兰、乌克兰、澳大利亚、智利各 3 件，巴西、玻利维亚、韩国、以色列、加拿大各 2 件，巴拉圭、瑞士、南非各 1 件[3]。按照《中华人民共和国植物新品种保护条例》第二十六条规定，中国的单位或者个人将国内培育的植物新品种向国外申请品种权的,应当向审批机关登记[4]。但是到目前为止,还没有任何单位和个人就海外申请品种权向我国审批机关登记过,133件植物新品种都是未经审批机关登记私自向海外提出品种权申请的。

(2) 申请和授权数量少。

我国向海外申请品种权数量最多的年份是2013年。以2013年为例,全年UPOV成员共接受来自于外国品种权申请5286件,获得授权3235件,分别是我国向海外申请量和授权量的160倍和647倍。2013年荷兰向海外申请品种权1078件,获得授权719件,分别是我国向海外申请量和授权量的33倍和143倍。2000—2013年,国外单位和个人共向我国申请品种权796件,获得授权187件。与其他UPOV成员相比,我国向海外申请量和授权量都差距太远。

(3) 年度申请和授权未形成持续性稳定增长。

从申请年度来看,2013年我国向海外申请量最多,共申请33件,其次为2006年19件,2008年17件,2010年15件,2011年11件,其他年份的年申请量尚不足10件。新品种授权数量更是寥寥无几,2000—2013年,我国共获得国外审批机关授权47件,2011年授权量最多达11件,其次是2012年7件,2008年6件,2005年和2013年各5件,其他年份尚不足5件。总体上,与在国内申请相比,我国单位和个人向海外申请和授权数量均不多,且未形成持续性稳定增长态势。

(4) 向国外申请新品种的比例小。

截至2013年年底,我国单位和个人向海外申请植物新品种权数量仅占在国内申请量10188件的1.3%,这说明我国育成的绝大部分品种均未在国外提出品种权申请。2009—2013年,所有UPOV成员国接受国内申请36221件,接受国外申请18608件,国外申请量超过国内申请量的50%。同时,我国玉米、水稻和小麦等大田作物申请量占85%以上,而作为发达国家育种研发重点的具有重大应用价值的花卉、蔬菜、水果和其他经济作物等在国内申请量不足15%。这也与荷兰、美国、德国、瑞士等国家差距很大。

3 我国植物新品种权海外申请的主要影响因素

植物新品种权同其他知识产权一样,具有鲜明的地域性特征[5]。如果某个植物新品种在其他国家同样具有市场价值,还必须到当地国申请品种权才能获得有效保护。目前我国还没有形成海外申请品种权的态势,主要影响因素如下。

(1) 国家对植物品种资源出口的制度限制。

植物新品种授权一般需要申请人提交申请品种的繁殖材料,并经特异性、一致性和稳定性测试才能进行[6]。我国现阶段对植物品种资源出口管理规定过严[7],特别是"不能对外交换""有条件对外交换"和"可以对外交换"的作物种质资源目录修订超过10年,已经不适应当前国际国内种业发展形势。即使向海外申请了品种权,但由于不能按时按质按量提交申请品种繁殖材料,国内单位和个人最终也难以获得授权。即使或得到授权,由于种质资源出口政策限制,也难以出口种子并发挥应有的市场效益。如,我国对杂交水稻种子的出口有着过于严格的政策性限制,一些新育成的在国际市场上有较大优势的新品种由于资源保护的原因不能出口,但原有的老品种由于品质及产量的原因又在国际市场上难以接受,这大大削弱了我国种子的出口竞争力。

(2) 缺乏前瞻性的植物新品种战略布局。

主要发达国家除了从国家战略的高度,采取积极措施提升本国的育种创新水平,争取技术优势之外,还通过外交开道、财力撑腰等综合措施鼓励和支持本国企业、科研单位实施全球植物新品种权部署,抢占国际市场。与发达国家积极在海外申请品种权相比,我国育种者的品种权申请还基本局限在国内。这不仅反映出我国育种创新能力与其他发达国家存在差距,也反映出我国育种者走出国门实施和运用品种权的意识、能力还非常薄弱,缺乏根据种子和农产品贸易需要的品种权国际性地域布局。

(3) 企业植物新品种创新能力不足。

截至2014年12月底,农业部受理国内种子企业品种权申请5186件,授权1558件。而我国拥有植物新品种权的企业只有100家左右。按照5400家种子企业计算[8]，平均每一家企业还不到1件申请，3家企业才拥有1件品种权。同时，我国种子企业在国内的品种权申请，创新度低的商业修饰型品种多，原创性的主控品种少[9]；急功近利型的短线品种多，防御型战略型的品种少。由于激烈的市场竞争，国内90%以上的种子企业长期停留在维持生存的水平，无力顾及科研开发，即使有研发能力的企业投入也严重不足。为了在竞争中维持市场地位，跨国种子企业投入大量资金用于新品种和新技术的研发，一般都把销售收入的8%～10%用于科学研究。我国种子企业科研投入平均不到销售收入的1%，低于国际公认的"死亡线"。目前我国种子企业普遍缺乏国际竞争力，育成品种创新能力不足，不具备大量向海外申请品种权的竞争优势。

（4）不熟悉国际植物新品种保护规则。

植物新品种保护已成为我国种子企业参与国际贸易竞争的必需选择。由于我国植物新品种保护起步较晚，宣传培训工作开展不够，熟悉国际植物新品种保护制度的人才较少，尤其缺乏具有法律、新品种保护、遗传育种复合型知识结构，熟悉国际事务和国际规则，具备国际视野和战略思维的高层次人才，我国种子企业普遍对植物新品种保护国际规则不熟悉，更不知道如何向海外申请和保护植物新品种权。

4 我国植物新品种走出去的政策建议

2011年，《国务院关于加快推进现代农作物种业发展的意见》提出，"支持国内优势种子企业开拓国外市场"。2008年，《国家知识产权战略纲要》也指出，"支持企业等市场主体在境外取得知识产权"。《农业知识产权战略纲要》提出在2015年前植物新品种权"向外国申请数量大幅度增加"的战略目标。在种业国际竞争中，谁拥有更多的知识产权，谁就取得了市场的主动权和发展的优先权。因此，我国应当鼓励具有竞争优势的植物新品种走出国门，及时向海外提出品种权申请。

（1）完善植物新品种保护和种质资源管理制度。

任何一个国家对本国的种质资源应当享有主权。到国外开发和利用这些种质资源时，也应保证本国的种业发展和种业安全。加强我国单位和个人向海外申请品种权和出口种质资源的管理，首先，修订《植物新品种保护条例》或推动上升为《植物新品种保护法》。根据构建现代种业、发展种业强国的要求，修订或者明确和细化向海外申请品种权的规定，指定管理部门，细化申请程序方法，明确法律依据、权力、义务和责任，避免国内单位和个人走地下通道，使我国优良品种资源遭到不明流失。适当限制实质性派生品种，鼓励原始育种创新，提升育成品种国际竞争力。其次，完善《农作物种质资源管理办法》和《进出口农作物种子（苗）管理暂行办法》。特别是进一步修订我国现阶段对外提供作物种质资源分类原则及三类目录，支持国内单位和个人通过正常渠道提供必要的品种资源到国外申请植物新品种权和进行市场营销。

（2）强化植物新品种保护战略性布局。

发达国家和跨国种业集团普遍重视植物新品种保护战略。品种权的海外部署，是实现种子市场海外扩张的重要保障。我国政府和种子企业应当着眼于长远，就重点作物在相关国家或地区做好植物新品种保护部署。在制定海外发展战略时，应广泛调研各国的气候条件、品种要求、植物检疫措施、关税、市场需求、国民消费状况、进出口状况、该国政府对农业生产的鼓励措施等内容，根据各国不同的国情制定相应的发展计划。对于未建立植物新品种保护制度的出口对象国，如出口种子数量较大的部分东南亚国家，我国应与之签订双边互惠协议，积极开展宣传培训和技术支持，敦促和帮助其建立植物新品种保护制度。

（3）建立植物新品种权预警系统。

我国应尽快建立植物新品种权预警系统，强化植物新品种保护信息分析和预警，动态监控，提前预防，制定相应的宏观指导政策，帮助国内种子企业站在巨人肩膀上获得跨越式发展，并有效规避植物新品种权风险。

（4）扶持一批外向型育繁推一体化企业。

目前国内种子企业战略性利用植物新品种权的能力还十分有限,特别是利用植物新品种权进行超前部署,战略性占领世界种子市场的能力和意识都非常薄弱。政府应采取财政支持和信息咨询等综合措施,积极帮扶我国种子企业走出国门。一是设立国外申请新品种权的专项资金,重点支持国内育繁推一体化种子企业,重点支持符合国家植物新品种保护战略需求导向、有助于提升自主创新能力的作物领域。二是建立植物新品种海外申请帮扶机制。加强国际植物新品种保护宣传培训,正确引导企业积极向海外申请和保护植物新品种权。发布中国主要对象国的植物新品种权申请指南,构建促进企业向外申请的配套审查机制,建立企业向外申请植物新品种权与目的国植物新品种权中介服务资源的对接渠道,支持企业获得国外植物新品种授权。

(5)加强国际植物新品种保护中介服务。

鼓励建立品种权海外申请中介服务机构,加强国际植物新品种权代理、评估、转让和维权服务,促进植物新品种权的市场化、产业化。同时发挥种子行业协会作用,使其作为政府和企业间的中介,为种业发展营造良好的氛围。

参 考 文 献

[1] 王学君,宋敏. 国际化背景下中国种业竞争力分析 [J]. 中国种业,2009(2):5-9.
[2] 农业部植物新品种保护办公室. 1999—2014年品种权申请情况汇总表 [EB/OL]. http://www.cnpvp.cn/Detail.aspx?k=892&itemID=1.
[3] UPOV. Plant Variety Protection Statistics for the Period 2009—2013 [EB/OL]. http://www.upov.int/edocs/mdocs/upov/en/c/45/c_48_7.pdf.
[4] 中华人民共和国国务院. 中华人民共和国植物新品种保护条例 [M]. 北京:中国农业出版社,1997:10-18.
[5] 农业部科技发展中心. 植物新品种保护知识问答 [M]. 北京:中国农业出版社,2009.
[6] 陈红,刘伟,郑金贵. 我国植物新品种DUS测试指南研制策略探讨 [J]. 福建农林大学学报(哲学社会科学版),2011(3):25-29.
[7] 中华人民共和国农业部. 进出口农作物种子(苗)管理暂行办法 [EB/OL]. http://www.moa.gov.cn/zwllm/zcfg/nybgz/200806/t20080606_1057107.htm.
[8] 新华网. 中国种业如何提高技术创新能力 [EB/OL]. http://news.xinhuanet.com/tech/2012-08/23/c_112825680.htm.
[9] 陈红,刘平,吕波,等. 我国建立实质性派生品种制度的必要性讨论 [J]. 农业科技管理,2009(1):10-12.

《专利合作条约》体系及申请人运用策略

李 享

(国家知识产权局专利局初审及流程管理部)

摘　要：本文通过阐述专利合作条约（PCT）的产生背景、发展和实施利用，介绍了在国际阶段的主要程序以及申请进入国家阶段的程序。提出了怎样充分利用的步骤方法。

关键词：PCT 体系；发展背景；利用程序；利用方法

1　《专利合作条约》体系概述

1.1　《专利合作条约》的产生、发展和利用

1.1.1　什么是《专利合作条约》

《专利合作条约》（*Patent Cooperation Treaty*，PCT）是专利领域进行合作的一个国际性条约。依据《专利合作条约》提出的申请称为国际申请，又称 PCT 申请。申请人根据该条约提交一件专利国际申请，即可同时在该条约所有成员国中要求对其发明进行保护。

1.1.2　PCT 的产生

1) 历史回顾

1474 年 3 月 19 日，威尼斯颁布了世界上第一部专利法。该法虽然比较简单，但已包括了现代专利法的基本特征和内容，因此威尼斯被认为是专利制度的发源地。1623 年，英国国会通过并颁布了《垄断法规》，并于 1624 年开始实施。这个法规被认为是具有现代意义的世界上第一部专利法。英国专利制度的建立标志着现代专利制度步入发展阶段。此后，美国、法国、荷兰、奥地利、德国、日本等国相继制定和颁布了专利法。17 世纪和 18 世纪在欧洲各国及美国纷纷建立起专利制度，但各国的专利制度仅限于保护本国发明人的专利权，却不能给予外国人以相同的待遇。随着国际市场的形成，这一制度便显现出其局限性。1883 年 3 月 20 日，英国、法国、比利时、意大利、荷兰、葡萄牙和西班牙等 14 国在法国巴黎外交会议上签订了《保护工业产权巴黎公约》（以下简称《巴黎公约》），成立了国际保护工业产权巴黎联盟。《巴黎公约》为发明人在外国寻求专利保护提供了可能性。依据公约规定的国民待遇原则和优先权原则建立了传统的巴黎公约申请体系。即发明人在向本国提出首次申请之后一年内，可以分别向各国专利局提交申请文件，该文件要使用各国规定的语言、按照各国的形式及内容的要求撰写。申请时要分别向各国专利局缴纳专利费用，多数专利局还要求委托当地的专利代理人。

随着专利制度的不断发展和完善，申请人希望其发明能够在多个国家得到保护，这样申请人需要分别向各个国家提出专利申请，各国的专利局也需要就同一发明进行重复性的审查，这样无疑会耗费申请人和专利局的时间与资源。于是，在 1966 年，工业产权巴黎联盟提请知识产权联合国际局（即世界知识产权组织的前身）研究就同一发明向多国提出申请的情况下，如何减少申请人和各国专利局重复劳动的问题。经国际局拟定草案并多次修改，于 1970 年 6 月在华盛顿举行的外交会议上签订了《专利合作条约》。《专利合作条约》是在《巴黎公约》之下，仅对巴黎公约成员国有效的协议。参加条约的国家组成联盟，称为国际专利合作联盟。《专利合作条约》分别于 1979 年、1984 年和 2002 年进行

了三次修订，其实施细则经过了三十多次修订。

2）PCT 的发展

截至 2015 年 9 月 1 日，PCT 成员国数量达到 148 个，占巴黎公约成员国总数（176 个）的 84%。根据世界知识产权组织（WIPO）的统计，在 1978 年按照 PCT 提出的国际申请只有 459 件，而发展至今日，全球 PCT 申请量有了很大的增长。2014 年，全球 PCT 申请为 21.5 万件。其中，排名第一的美国为 6.1 万件，日本 4.2 万件，中国以 2.6 万件排在全球第三位。近年来，美国、日本、韩国、欧洲专利局等国家和组织纷纷提出关于 PCT 的改革方案，目的在于进一步加强在专利领域中国际合作的力度，向国际化的方向发展，进一步减少在专利申请、专利审批中的重复劳动，从而减轻申请人和各国专利局的负担。

中国于 1994 年 1 月 1 日正式成为 PCT 缔约国。从该日起中国国家知识产权局成为 PCT 受理局，接受我国国民和居民提出的国际申请，同时中国国家知识产权局还被指定为国际检索单位和国际初步审查单位；从同一日起，申请人在国际申请中可以指定中国国家知识产权局作为 PCT 的指定局。自 1994 年至今，中国国家知识产权局受理的国际申请的数量在逐年增长。同时外国申请人也越来越多地利用 PCT 途径寻求中国的专利保护，2014 年通过 PCT 进入中国国家阶段的国际申请数量，已超过按照《巴黎公约》原则直接向中国国家知识产权局提出的国家申请的数量，达到 7.3 万件。

1.2 PCT 体系简介

1.2.1 PCT 的主要目标

PCT 的宗旨是 PCT 成员国之间组成联盟，对保护发明的申请的提出、检索和审查进行合作。PCT 的主要目标是建立起国际申请的体系，申请人只需以一种语言向一个专利局按照 PCT 的要求提出一份申请，这份申请自国际申请日起在所有指定国中具有与其本国申请同等的效力。PCT 还规定由一个专利局（称为受理局）对国际申请进行形式审查，由一个专利局（称为国际检索单位）对国际申请进行检索并制定国际检索报告和书面意见，所有的国际申请及国际检索报告都将由国际局进行统一的国际公布。根据申请人的请求，还可由一个专利局（称为国际初步审查单位）对国际申请请求保护的发明是否具有专利性提出初步的、无约束力的意见，制定出一份国际初步审查报告，供申请人及选定局参考。PCT 程序不涉及专利申请的授权，授予专利权的任务仍旧由各国的专利局完成。授予专利的实质性条件，包括关于现有技术的标准，适用于各国本国法的规定。

1.2.2 PCT 体系的一般说明

PCT 是在《巴黎公约》下只对巴黎公约成员国开放的一个特殊协议，是对《巴黎公约》的补充和发展。需要说明的是，PCT 体系是专利"申请"体系而非专利"授予"体系，PCT 体系包括两个阶段，即合作的国际阶段和单独的国家阶段。国际阶段程序包括国际申请提出、国际检索、国际公布和国际初步审查程序；而授予专利的决定则在国家阶段由国家或地区专利局单独作出。此外，只有发明或实用新型才可以通过 PCT 申请专利，外观设计和商标不能通过 PCT 得到保护。

1.3 PCT 申请程序的特征

传统的巴黎公约申请体系要求申请人向每个国家提出单独的专利申请，以寻求在该国的专利保护。根据《巴黎公约》的原则，在外国随后提出的申请可以享有一项在先申请的优先权，但是后一申请必须在在先申请提出后 12 个月内提交。PCT 申请体系则给申请人提供了一条新的向国外申请专利的途径。PCT 申请程序通常分为两个阶段，第一阶段称为 PCT 申请程序的"国际阶段"，它包括国际申请提交、形式审查、国际检索和国际公布，如果申请人要求，国际阶段还要包括国际初步审查（发明的专利性的审查）。由于一件国际申请的上述程序分别由一个特定的专利局代表申请中指定的所有国家统一完成，并且依据的是《专利合作条约》中规定的统一标准，具有明显的国际化的特征，所以叫作"国际阶段"程序。第二阶段是 PCT 申请程序的"国家阶段"，主要指授权程序。在国际阶段程序完成之后，申请人必须按照各指定国的规定，履行进入国家阶段的行为，从而启动国家阶段的程序。《专利合作条约》没有关于对"国际申请"授权的规定，是否授予专利的决定仍旧由申请中指定寻求保护的各个国家（或地区组织）的专利局独立完成，对发明的专利性的最终判断也依据各国（或地区组织）专利法的规定。这一阶段仍旧保留有传统申请程序的特征，所以叫作"国家阶段"程序。

1.4 PCT体系的组织机构

1.4.1 PCT受理局

受理国际申请的国家局或政府间组织被称为PCT受理局（RO）。其中国家局是指缔约国授权发给专利的政府机关，如各国的专利局。政府间组织是指地区专利条约的成员国授权发给地区专利的政府间机关，如欧洲专利局、欧亚专利局、非洲地区工业产权组织、非洲知识产权组织等。多数国家加入专利合作条约后，其国家局即成为接受本国国民或居民提交国际申请的受理局。同时国际局作为受理局可以接受任何PCT缔约国的国民或居民提交的国际申请。

1.4.2 PCT国际检索单位

负责对国际申请进行国际检索的国家局或政府间组织被称为PCT国际检索单位（ISA）。国际检索单位的任务是对作为国际申请主题的发明提出现有技术的文献检索报告并就该发明是否具有专利性制定出一份书面意见。国际检索单位由国际专利合作联盟大会指定。到目前为止，被大会指定的国际检索单位共有18个，分别是：奥地利专利局、澳大利亚专利局、中国知识产权局、欧洲专利局、西班牙专利与商标局、日本特许厅、韩国工业产权局、俄罗斯专利局、瑞典专利局、美国专利与商标局、加拿大专利局、芬兰专利商标局、北欧专利局、印度专利局、巴西专利局、以色列专利局、埃及专利局和新加坡知识产权局。

1.4.3 PCT国际初步审查单位

负责对国际申请进行国际初步审查的国家局或政府间组织被称为PCT国际初步审查单位（IPEA），其任务是对作为国际申请主题的发明是否有新颖性、创造性和工业实用性提出初步的、无约束力的意见，制定出国际初步审查报告。国际初步审查单位由国际专利合作联盟大会指定。到目前为止，被大会指定的国际初步审查单位共有18个。上述列举的国际检索单位同时也是国际初步审查单位。

1.4.4 PCT国际局

PCT国际局（IB）是指世界知识产权组织国际局。国际局对《专利合作条约》的实施承担有中心管理的任务。国际局负责保存全部依据条约提出的国际申请文件正本；负责国际申请的公布出版；负责在申请人、受理局、国际检索单位、国际初步审查单位以及指定局（或选定局）之间传递国际申请和与国际申请有关的各种文件；此外，国际局还负责受理国际申请。

1.4.5 PCT指定局和PCT选定局

申请人在国际申请中指明的、要求对其发明给予保护的那些缔约国即为指定国，被指定国家的国家局被称为指定局（DO）。如果申请人按照PCT第2章选择了国际初步审查程序，则在国际初步审查要求书中所指明的预定使用国际初步审查结果的缔约国被称为选定国，选定国的国家局即为选定局（EO）。选定仅限于已被指定的国家。

1.5 PCT体系的法律文件

1.5.1 PCT

PCT共分8章，涉及国际申请程序的规定主要在前3章。条约第1章是关于提出国际申请、进行国际检索、随后完成国际公布的规定，凡是符合要求的国际申请都要历经第 1 章规定的程序。条约第 2 章是关于国际初步审查程序的规定，由于该程序是根据申请人的请求才启动的，所以第 2 章条款的适用是可选择的、非强制性的。条约第 3 章是对各程序都适用的共同规定。

1.5.2　PCT 实施细则

PCT 附有实施细则，实施细则对条约明文规定按细则办理的事项做出补充规定，对有关管理的要求和程序做出规定，对贯彻条约规定中的具体细节做出规定。

1.5.3　PCT 行政规程

按照 PCT 实施细则的规定，世界知识产权组织（WIPO）总干事负责颁布行政规程，对 PCT 实施细则中明文规定按行政规程办理的事项做出补充规定，对适用实施细则的具体细节做出规定。

1.6　PCT 体系的指南类文件

PCT 及其实施细则、行政规程是 PCT 申请体系运作的法律依据。另外，为帮助受理局、国际检索单位、国际初步审查单位执行条约为其规定的任务，WIPO 出版了 PCT 受理局指南、国际检索指南、国际初步审查指南，为帮助申请人正确利用 PCT 申请体系，并向申请人提供必要的信息，WIPO 出版了 PCT 申请人指南，上述指南仅提供指导和参考，不是法规性文件，当指南与正式法规发生抵触时，应以条约、细则、行政规程中的规定为准。

2　PCT 国际阶段主要程序

2.1　PCT 申请的提出

2.1.1　谁可以提出 PCT 申请？

PCT 规定，缔约国的任何国民或者居民都可以作为申请人提出国际申请。申请人在国际申请的请求书中应当如实填写作为其国籍的国家的名称和作为其长期居所的国家的名称。确定申请人是否属于请求书中所填写的国家的国民和居民，要依据该国的本国法，并且由受理局审核确定。另外，PCT 还规定，如果国际申请中有两个或两个以上申请人，只要其中有一个人是 PCT 缔约国的国民或者居民，就认为是符合要求的。与国家申请不同，当多个申请人共同提出一份国际申请，不同的申请人可以分别对应于不同的指定国，即分别作为不同指定国的申请人。例如，一件国际申请中有 A、B、C 三个申请人，A 可以作为对美国的申请人，B 可以作为对日本的申请人，C 可以作为对中国的申请人。

2.1.2　向哪里提交 PCT 申请？

国际申请应当向主管的受理局提交。除少数例外，一般来说，PCT 缔约国的国民和居民作为申请人时，其本国的国家局就是主管受理局。另外，不管是哪个缔约国的国民或居民，除了可以向本国国家局提交申请外，都可以向国际局提交国际申请。以地区组织加入 PCT 的欧洲专利公约组织、欧亚专利公约组织、非洲地区工业产权组织和非洲知识产权组织等的成员国居民和国民还可以分别向欧洲专利局、欧亚专利局、非洲地区工业产权组织或非洲知识产权组织提交申请。

对于中国申请人而言，国家知识产权局即是主管受理局，申请人应当向国家知识产权局提交 PCT 申请。另外，申请人也可以选择直接向国际局提交 PCT 申请，但前提是要先向国家知识产权局提出保密审查请求，经保密审查程序通过的，才可向国际局提交 PCT 申请。

2.2 申请文件的提交方式

2.2.1 面交

申请人可以到国家知识产权局受理窗口当面提交 PCT 申请。面交申请文件的，以受理窗口接收之日为文件的收到日。

2.2.2 邮寄

申请人通过邮寄方式提交 PCT 申请的，应当在信封中注明"国家知识产权局受理处 PCT 组收"。以邮寄方式递交申请文件的，以文件到达国家知识产权局受理处 PCT 组之日为收到日。

2.2.3 传真

作为受理局的国家知识产权局接受以传真方式提交的申请。需要注意的是，如果使用传真递交的部分文件或者全部文件字迹不清以至于无法辨认，或者部分文件没有收到，将认为该文件没有送达。如果以传真方式递交申请文件，申请人还应当在传真之日起 14 日内提交文件的原件。如果申请人没有履行提交原件的规定，该国际申请将被认为撤回。

2.2.4 电子形式

申请人可以使用 PCT－SAFE 软件以电子形式提交申请文件。使用电子形式提交的，不仅可以在线实时获得国际申请号，还可以获得费用的减免。

2.3 申请的语言

申请人必须使用受理局接受的语言提出国际申请。受理局规定的申请语言可能是一种，也可能是几种，如果受理局规定了几种接受的语言时，申请人可以从中选择一种。中国国家知识产权局作为受理局规定了两种语言：中文或英文。申请人可以从两种语言中任意选择。但要注意的是，申请人选择使用其中一种语言后，在国际阶段的全部程序中都要使用这种语言，包括申请人随后提交的各种文件（直接向国际局提交的文件除外），以及由国家知识产权局发出的各种通知。

2.4 申请文件

PCT 对国际申请文件格式和内容的撰写方式规定了统一的标准。申请人准备的申请文件只要符合该标准，受理局就会接受，同时也意味着被所有指定国接受。PCT 规定，任何缔约国的法律在国际申请的形式和内容方面不能提出与 PCT 不同的或额外要求。申请文件的标准化是 PCT 程序的优点之一，由于满足了统一的格式标准，该申请将来进入国家阶段程序就会减少形式上的缺陷。PCT 实施细则和 PCT 行政规程对申请文件的格式和内容的标准做出了具体的规定。

2.4.1 请求书

PCT 请求书（PCT/RO/101 表）是由国际局统一制定的。与国家申请的请求书相比，PCT 对国际申请请求书的要求有如下特点：

（1）请求书中必须包含申请人请求按 PCT 规定处理本国际申请的明确说明。

（2）请求书中必须写明申请人的国籍和居所，以便对申请人是否有权提出国际申请进行审查。

（3）请求书中可以对不同的指定国填写不同的申请人，也允许对不同的指定国填写不同的发明人。

（4）如果国际申请要求优先权的在先申请是在受理局提出的，申请人可以在请求书中做出标记，请求受理局为其准备优先权文件并传送到国际局。

（5）如果国际申请可以有两个或两个以上主管国际检索单位，申请人应当从中选择并填写在请求书中。

（6）为了在不同的缔约国不至于对请求书的内容产生歧义，PCT 对填写格式做了十分具体的规定，例如，日期必须按照日、月、年的顺序书写，又如姓名必须按照姓在前、名在后的顺序书写，法人必须填写正式全称。此外，姓名和地址必须用中文和英文两种方式书写。表明国家时填写的代码应当使用 WIPO 标准 ST.3 等规定。

2.4.2 说明书

PCT 实施细则第 5 条对说明书的撰写方式做出规定，主要有以下要求：

（1）应当按照"技术领域""背景技术""发明内容""附图概述""本发明的最佳实施方式"（或"本发明的实施方式"）、"工业实用性"等六个部分的方式和顺序撰写，并建议在每一部分前加上相应的标题。

（2）如果国际申请中包含核苷酸或氨基酸序列的公开，说明书中应当包括序列表，该序列表应当符合 PCT 行政规程附件 C 规定的标准，按照该标准序列表应作为说明书的单独部分提交，加上标题"序列表"字样。如果序列表部分包含有行政规程规定的自由内容，该自由内容还应写入说明书的主要部分，标题为"序列表自由内容"。多数国际检索单位还要求提供计算机可读形式的序列表，PCT 行政规程附件 C 对软盘格式做出规定。申请人应当将载有序列表的软盘连同申请文件一起向受理局提交，软盘不构成申请文件的一部分，仅为检索的目的提供给检索单位使用。申请人也可以仅提交电子形式序列表。在这种情况下，电子文件构成了申请文件的一部分。如果序列表是电子形式提交的，这部分不收取任何费用。

2.4.3 权利要求书

PCT 第 6 条及其实施细则第 6 条对权利要求书的撰写做出规定，主要有以下几方面内容：

（1）权利要求要得到说明书的充分支持，应当确定要求保护的内容。

（2）关于权利要求引用国际申请其他部分，如引用说明书、附图时的规定。

（3）适当的情况下，权利要求应由陈述部分和特征部分两部分组成，即包括对现有技术的指明和对请求保护的技术特征的表述。

（4）多项从属权利要求不能被另一多项从属权利要求所引用。

如果国际申请的权利要求书的撰写不符合 PCT 实施细则 6.4 关于从属权利要求的规定写法，并且也不符合作为国际检索单位的国家局的本国法，国际检索单位根据 PCT 第 17 条（2）（b）有理由对该项权利要求不作检索。另外，PCT 还规定一件国际申请应只涉及一项发明或由一个总的发明构思联系在一起的一组发明，即说明书的撰写应遵守发明单一性的要求。关于符合发明单一性要求的具体标准在 PCT 行政规程附件 B 中做出规定。该标准既适用于国际检索单位、国际初步审查单位，在进入国家阶段程序后，也同样适用于指定局和选定局。

2.4.4 摘要

PCT 实施细则第 8 条对摘要的撰写做出规定。摘要应当是说明书、权利要求书及附图所包含的公开内容的概括。摘要应当在内容允许的情况下尽可能简明，用英文书写或译成英文时最好在 50～150 个词之间。摘要的撰写原则是使其成为特定技术领域中科研人员、工程技术人员进行检索的有效查阅工具。摘要不能使用含意不清的词句，不能包含对要求保护的发明的优点、价值或属于推测性的应用的说明。如果国际申请包含附图，申请人应当在请求书规定栏目中注明其建议与摘要一起公布的某幅图的编号。

2.4.5 附图

PCT 规定在对理解发明必要的情况下，国际申请必须包含有附图。流程图和图表应当作为附图，化学式或数学式可以作为说明书、权利要求书的内容，也可以作为附图提交。除绝对必要时附图中可以包含几个字，一般情况下附图中不应当有文字内容。

2.4.6 文件的形式要求

文件的形式要求由 PCT 实施细则第 11 条规定，例如，对纸张、版式、字体的要求，对页码编写的规定，对附图绘制的要求等，要求申请文件满足这些形式规定，可以使国际申请的国际公布达到统一，同时具有标准化形式的国际申请更有利于各指定国对其内容的理解。除上述统一规定外，中国国家知识产权局作为受理局规定提出国际申请时只需提交一份申请文件。

2.5 国家的指定和保护类型的确定

PCT 申请一经提出，便具有自动指定在申请日时已正式生效的所有缔约国的效力，无须申请人再做出具体的国家指定，除指定 PCT 成员国还包括成员国中的地区组织，如非洲地区工业产权组织专利、欧亚专利、欧洲专利、非洲知识产权组织专利，而保护类型的选择则推迟到进入国家阶段时再做出。PCT 规定，国际申请是指保护"发明"的申请，可以解释为发明专利、发明人证书、实用证书、实用新型和各种增补专利和增补证书的申请。不属于上述范围之内的其他形式的工业产权的申请，如外观设计，不能作为 PCT 意义上的国际申请提出。申请人在办理进入国家阶段手续时，对不同的指定国可以要求不同类型的保护。各缔约国可以给予的保护类型由该国现行的本国法确定。

2.6 优先权要求

2.6.1 优先权声明

国际申请可以要求一项或几项主题相同的在先申请的优先权。关于优先权要求的条件和效力，PCT 没有特别规定，应当按照《巴黎公约》第 4 条的规定，即在先申请应当是在《巴黎公约》缔约国提出（或对该缔约国有效）的正规申请；在后的国际申请应当在要求其优先权的首次申请提出日起十二个月内提出。在先申请可以是国家申请，也可以是地区申请，或者是国际申请。由于国际申请在每一个指定国中具有正规的国家申请的效力，所以按照《巴黎公约》原则，在先的国际申请也可以作为主题相同的在后申请的优先权基础。此外，在世贸组织成员中提出的申请也可以作为主题相同的在后申请的优先权基础。要求优先权的国际申请应当在请求书中包含一项声明，声明的内容包括在先申请的提交日、在先申请的申请号和受理在先申请的国家等，如果由于申请人的疏忽，在国际申请提出时没有包含要求享有在先申请优先权的书面声明，或者虽然做出了书面声明，但是声明的内容有错误，PCT 程序规定，允许申请人在随后四个月内增加被遗漏的优先权要求或者改正要求优先权的书面声明中的缺陷。

2.6.2 优先权文件

申请人在做出要求优先权的书面声明后，应当向受理局或者直接向国际局提交作为优先权要求基础的在先申请的副本（即优先权文件）。如果在先申请是在该受理局提交的，申请人可以直接在请求书中做出标记，请求受理局准备优先权文件并将该文件送交国际局。申请人提交优先权文件的期限是自优先权日起十六个月，该文件最迟应当在国际公布日之前到达国际局。

2.7 国际申请的费用

2.7.1 费用种类

申请人在提出 PCT 申请时，应当缴纳的费用包括：传送费、国际申请费和检索费，适用时要缴纳优先权文件制作费，在提出国际初步审查时，应当缴纳国际初步审查费和手续费。

2.7.2 传送费

传送费是由受理局收取的，是为了受理局对国际申请所完成的工作要求申请人支付的费用。支付传送费的货币种类及数额由受理局制定。中国国家知识产权局作为受理局以人民币收取传送费 500 元。

2.7.3 检索费

检索费是由国际检索单位收取的，是为了完成国际检索、提供国际检索报告要求申请人支付的费用。支付检索费的货币种类及数额由国际检索单位制定。中国国家知识产权局作为国际检索单位以人民币收取检索费 2100 元人民币。

2.7.4 国际申请费

国际申请费是由国际局收取的，是为了国际局对国际申请完成国际公布、文件传送等各项任务要求申请人支付的费用。国际申请费的标准由国际局制定，在 PCT 实施细则附件——费用表中公布了以瑞士法郎收取国际费的数额。目前的标准是 1330 瑞士法郎。国际申请费与申请文件页数有关，如果申请文件超过 30 页，每一页收取 15 瑞士法郎。

2.7.5 优先权文件制作费

如果申请人在请求书中标明请中国国家知识产权局为其准备优先权文件并将文件转交给国际局，每一项优先权收取 150 元人民币。

2.7.6 国际初步审查费

国际初步审查费是由国际初步审查单位收取的，是为了制定国际初步审查报告要求申请人支付的费用。中国国家知识产权局作为国际初步审查单位收取的费用为 1500 元人民币。

2.7.7 手续费

当申请人提出国际初步审查请求时，除了缴纳初步审查费外，还需要缴纳手续费。手续费是由国际局收取的，数额为 200 瑞士法郎。

2.7.8 费用的减免标准

在 PCT 国际阶段，当符合一定条件时申请人可以享受到费用的减免，减免的费用仅包含国际申请费和手续费。传送费、检索费和国际初步审查费不能减免。

2.7.9 以电子形式提交可获得费用减免

如果申请文件以电子形式提交，可以享受 100～300 瑞士法郎的减免。具体而言，如果请求书为电子形式，说明书、权利要求书为纸件形式，可以减 100 瑞士法郎；如果请求书、说明书、权利要求书都是电子形式，但说明书和权利要求书是非字符编码格式，如 PDF 格式，可以减 200 瑞士法郎；如果请求书、说明书、权利要求书都是电子形式，但说明书和权利要求书是字符编码格式，如 XML 格式，可以减 300 瑞士法郎。

2.7.10 申请人的资格符合要求可以获得费用减免

当国际申请的所有申请人都是自然人，并且都属于国民人均年收入低于 3000 美元的国家的国民和居民（如中国），可以减缴国际申请费和手续费的 75%。其国民和居民可以获得减缴资格的缔约国的名单由国际局公布，当国际申请的申请人分属于不同的国家，或者申请人的国籍和居所不是同一国时，只要这些国家都满足上述条件即可。为此目的，申请人的国籍和居所的国家的确定取决于申请人在请求书中的填写。除受理局认为必要外，一般情况下申请人不需要提交国籍和居所的证明文件。

2.7.11 费用的缴纳方式

申请人可以选择三种缴费方式，第一种是授权从账户扣除，申请人需要在缴费公司开设一个账户，并进行预存款。第二种是到窗口面缴，现金、支票、POS 机刷卡都可以，申请人需填写费用计算页并注明国际申请号。第三种是银行汇款方式。选择汇款方式的，申请人需要将费用计算页和汇款信息通过传真或电子邮件方式提交至专利局收费处。

2.7.12　国际申请费和手续费的换算方法

申请人在缴纳国际申请费或手续费时，应按照国际局每月出版的 PCT-NEWSLETTER 中的标准先将瑞士法郎换算成美元，然后按照国家外汇管理局每月公布的美元和人民币的折算率换算成人民币，具体换算方式可参见中国国家知识产权局网站中的 PCT 专栏。

2.7.13　缴费期限

申请人应当在受理局收到国际申请之日起 1 个月内缴纳，如果在规定的期限内申请人没有缴纳所需费用，专利局将通知申请人自通知之日起 1 个月内缴纳所需数额，同时会收取滞纳金，滞纳金是按照未缴数额的 50% 收取的，但最低不少于传送费，最高不超过页数相当于 30 页的国际申请费的 50%。

2.8　《中华人民共和国专利法》的有关规定

申请人准备向中国国家知识产权局提出 PCT 申请时，首先应当遵守《中华人民共和国专利法》（以下简称《专利法》）第十九条的规定：即在中国没有经常居所或者营业所的外国人、外国企业或者外国其他组织在中国申请专利和办理其他专利事务的，应当委托依法设立的专利代理机构办理。中国单位或者个人在国内申请专利和办理其他专利事务的，可以委托依法设立的专利代理机构办理。此外，依据中国《专利法》第二十条的规定，任何单位或者个人将在中国完成的发明或者实用新型向外国申请专利的，应当事先报经国务院专利行政部门进行保密审查。如果申请人直接向国家知识产权局提出 PCT 申请，视为同时提出了保密审查请求；如果申请人向国际局提出 PCT 申请，需要先向国家知识产权局提出保密审查请求，经过保密审查同意的，才能向国际局提出 PCT 申请。

2.9　受理局的程序

2.9.1　检查是否可以作为受理局

中国国家知识产权局在收到申请人提交的 PCT 申请后，首先检查是否可以作为主管受理局，即请求书中是否至少有一个申请人的国籍或居所是中国。如果发现不能作为主管受理局，将在该文件上记载收到日，并将该文件迅速寄交到国际局，由国际局作为该申请的受理局。

2.9.2　检查是否符合确定国际申请日的条件

在可以作为主管受理局后，需要审查是否符合确定国际申请日的条件，即审查国际申请是否符合 PCT 第 11 条（1）的要求，对于符合要求的将给予国际申请日。

PCT 第 11 条（1）主要包括以下内容：

（1）申请人具有提出国际申请的资格，即申请人的国籍或居所表明其具有提交国际申请的权利，以及表明国际申请应当向该受理局提交。

（2）国际申请要使用规定的语言撰写。

（3）提出国际申请的意图。

（4）写明申请人的姓名。

（5）包含一份说明书。

（6）包含一份权利要求书。

如果从请求书中填写的申请人的国籍和居所来看，申请人不具备提出国际申请的资格，受理局会通知申请人。申请人说明是由于填写错误造成的，要提供相应的证明以证实申请人在受理局收到申请之日是具有提出国际申请的权利的，这时受理局可以接受对国籍或居所的改正，仍然以收到国际申请之日为国际申请日。如果申请人没有改正缺陷或者没有提交证明文件，受理局将通知申请人和国际局，该申请不作为国际申请处理。如果国际申请存在其他不符合 PCT 第 11 条（1）的缺陷，受理局会通知申请人在指定的期限内改正。申请人在规定的期限内提交了改正文件，克服了原有的缺陷，受理局会以改正之日作为国际申请日；如果申请人没有在规定的期限内提出改正，或者改正仍然不符合要求，受理局会通知申请人和国际局，该申请不作为国际申请处理。

除了受理局通知申请人对国际申请存在的缺陷进行改正外，申请人也可以自己主动对申请文件进行改正，比如在首次提交的申请文件中缺少了说明书、权利要求书的某一页，申请人可以提交改正后的说明书、权利要求书，但是这种改正必须在受理局首次收到文件之日起 30 日内提交，超过了 30 日的，提交的改正文件不予考虑。由于这种改正是会影响到国际申请日的改正，所以申请人必须注意到，一旦国际申请日发生变更，有可能就超出了优先权日起 12 个月，影响到优先权的有效性，造成优先权要求视为未提出。所以，申请人应尽量保证首次提交的申请文件符合 PCT 第 11 条（1）的要求，符合给出国际申请日的条件。

对于符合规定的国际申请，受理局将按照 PCT 行政规程的统一规定给出国际申请号，给申请人发出国际申请号和国际申请日通知书（PCT/RO/105 表）。受理局会在申请文件的每一页的右上角标注国际申请号，对于国际申请日按照日、月、年的顺序进行标注，例如，在中文申请上标注为 01.10 月 2015（01.10.2015），在英文申请上标注为 01. Oct. 2015（01.10.2015）。

2.9.3　形式审查

形式审查是指审查国际申请中是否存在 PCT 第 14 条（1）（a）所列的那些缺陷，以及检查国际申请中的优先权要求是否符合 PCT 细则 4.10 的规定，对于这些缺陷的改正属于不会影响到国际申请日的改正。审查的内容包括申请人提交的 PCT 请求书、摘要、说明书、权利要求书、附图等。需要特别注意的是，如果说明书中提及了附图，但是申请人没有提交附图或者提交的附图不全，申请人随后补交的附图是会影响到国际申请日的，而且申请人必须要在首次提交文件之日起 30 日内补交，以补交附图之日为国际申请日。对于其他后交的文件，比如摘要，受理局会在文件上记载实际收到日而不会更改国际申请日。申请文件中如果缺少请求书中的某页，例如，填写共同申请人的续页，填写优先权要求的某一页等可以视具体情况通过变更或增加优先权要求等方式灵活处理，尽可能不改变已确定的国际申请日。

PCT 第 14 条（1）（a）所列的缺陷包括：缺少申请人的签字，例如，没有提交申请人签字的委托书；缺少发明名称和摘要，例如，请求书中没有填写发明名称一栏或者申请文件中没有包括摘要；未按规定指出申请人的信息，例如，申请人的姓名、地址、国籍和居所等；其他不符合 PCT 细则第 11 条要求的形式缺陷，例如，申请文件没有满足国际公布时出版的要求，对纸张、文字书写、编页、附图的线条、图号等的要求。当受理局发现申请文件存在以上缺陷时，有两种处理方法，一是依职权改正存在的缺陷，允许依职权改正的特定情况是由 PCT 行政规程所限定的，不是所有的情况都可以依职权改正，比如说可以改正不符合规定的日期的表示方法，在请求书中文件清单一栏中做出必要的改正等。第二种方法是审查员给申请人发出补正通知，通知申请人在指定的期限内改正，期限一般为一个月到两个月，申请人如果在期限内提交了改正文件，该文件将替换存在缺陷的相应页，不更改国际申请日。如果在规定期限内申请人没有提交改正文件，受理局将宣布该国际申请被视为撤回。在 PCT 的国际阶段，会尽可能避免因形式上的缺陷而导致国际申请被视为撤回，例如，如果受理局是在期限届满之后收到的改正文件，只要该申请被视撤的决定尚未做出，都应当接受该改正。

2.9.4　优先权要求的审查

如果请求书中包含有优先权要求的声明，申请人应当在提交的请求书中优先权项一栏写明在先申请的提交日期、在先申请号，如果在先申请是国家申请，则应写明受理该申请的《巴黎公约》缔约国的名称，如果在先申请是地区申请，则应写明依据适用的地区专利条约有权授予地区专利的组织；如果在先申请是国际申请，则应写明受理该申请的受理局。受理局将根据 PCT 细则 4.10 审查优先权要求是否存在缺陷，具体的审查内容包括：在先申请是否在《巴黎公约》缔约国或世贸组织成员中提出、提出在先申请的日期是否包含在国际申请日前 12 个月内、优先权要求声明中的事项是否按规定的方式填写以及优先权声明中的事项与优先权文件中的记载是否一致。

如果受理局发现优先权要求存在缺陷，会通知申请人在规定的期限内改正，如果缺陷是属于不符合《巴黎公约》优先权原则的，或者申请人未在规定的期限内改正缺陷的，受理局将发出优先权视为未提出的通知，但是有以下三种情况除外：一种是优先权声明中的某一事项与优先权文件中的记载不一致，第二种是没有提供在先申请号的，第三种是国际申请日超过优先权日起 12 个月内，但在 14 个月内。这三种情况受理局不会做出优先权视为未要求的决定，该缺陷将留到国家阶段的程序中由指定局来处理。针对第三种情况，申请人可提出优先权恢复请求。

如果申请人发现提交的优先权中某一项有错误，或者遗漏了某一项优先权要求，在国际阶段申请人仍然有机会对优先权进行改正或增加。根据 PCT 细则 26 条之 2，申请人可以向受理局或国际局递交一份通知，以改正或增加一项优先权要求，期限是自优先权日起 16 个月内，或者如果所做的改正或增加可能导致优先权日发生变动，则自变动了的优先权日起 16 个月内，以先届满的 16 个月期限为准。如果受理局宣布了某一项优先权视为未提出，申请人可以请求国际局将视为未提出的优先权连同国际申请一起公布。这样是为了在进入国家阶段的时候，可以请求指定局恢复该优先权请求。如果该视为未要求的优先权没有同国际申请一起公布的话，申请人在进入国家阶段的时候则不能恢复该优先权。

优先权文件是指经原受理机构证明的在先申请文件的副本，根据细则 17 条的规定，提交优先权文件是申请人的义务，申请人应在优先权日起 16 个月内，向受理局或国际局提交优先权文件，如果优先权文件是由受理局出具，申请人可以不提交优先权文件而请求受理局准备优先权文件，并将该文件送交国际局。例如，中国的申请人在提出国际申请的时候要求了一个本国优先权，可以请求专利局为其制作优先权文本并向国际局传送，为此申请人需要缴纳优先权文本制作费 150 元人民币。如果申请人在国际阶段没有在规定期限内提交优先权文件，受理局也不做任何处理，在进入国家阶段的时候，指定国会给予补救的机会。

2.9.5 费用的审查

传送费、检索费、国际申请费，应当在提交申请文件之日起一个月内缴纳。如果申请人没有在规定期限内缴纳，受理局将给申请人发出通知，要求申请人在指定的一个月期限内缴纳所欠费用，同时会向申请人收取滞纳金。如果申请人在通知规定的期限内仍然没有缴纳，该国际申请将被视为撤回。在以下几种情况下，受理局会将某些费用退还给申请人：（1）如果由于国家安全的原因国际申请没有被受理，退还给申请人检索费、国际申请费。（2）如果国际申请不符合 PCT 第 11 条（1）的规定，不能给予国际申请日，可以退回检索费和国际申请费。（3）如果受理局在向国际局传送登记本之前，收到申请人主动撤回该申请的通知，可以退回国际申请费。（4）如果受理局向国际检索单位传送检索本之前收到申请人的撤回通知，可以退回检索费。由于国际申请只要一提出，受理局就要对该申请作出处理，所以在任何情况下，传送费是不会退回的。

2.10 PCT 申请的国际检索

2.10.1 什么是国际检索

国际检索是 PCT 申请在国际阶段必经的程序，国际检索单位收到检索本后，会对国际申请进行检索，作出一份国际检索报告和书面意见。国际检索报告将由国际局进行公布提供给申请人、公众和指定局使用，书面意见不予公布。如果申请人不要求国际初步审查，国际局将以国际检索单位的书面意见为基础形成"关于专利性的国际初审报告（PCT 第 I 章）"，并将其传送给指定局参考。

2.10.2 国际检索单位的确定

主管国际检索单位是由受理局来确定的，受理局可以指定一个或几个国际检索单位作为他的主管国际检索单位。中国国家知识产权局作为受理局仅指定了该局作为主管国际检索单位。如果国际申请是向作为受理局的国际局提出的，将按照申请人的国籍和居所有权受理该国际申请的国家局指定的主管国际检索单位作为该申请的主管国际检索单位。例如，中国的申请人向国际局提出了 PCT 申请，仍将由中国国家知识产权局对该申请进行国际检索。

2.10.3 国际检索单位的任务

国际检索单位的任务是通过进行国际检索，查找相关的文献来发现相关的现有技术，从而有助于将来在授权的时候判断该申请是否具有新颖性和创造性。国际检索是在权利要求书的基础上进行的，依据的申请文本应当是申请人在国际申请日提交的原始申请，在国际检索程序中不接受申请人提出的对申请文件的修改，除非是属于明显错误更正。

1）国际检索报告

国际检索的目的是努力发现相关的现有技术，在原始申请文件基础上提供关于可专利性的初步意见。国际检索报告的内容包括：对某些权利要求不能进行有意义检索的理由、IPC 分类、检索的技术领域、检索的任何电子数据库的名称、所用的检索术语、对被认为是相关文件的引证、指出所引用文件与新颖性和创造性可能的相关性、由国际检索单位重新制定发明名称和摘要的说明。

2）国际检索单位的书面意见

除国际检索报告外，国际检索单位还会做出一份有关要求保护的发明是否具有新颖性、创造性和工业上的实用性的初步、无约束力的书面意见。如果申请人不提出国际初步审查要求，这份由国际检索单位制定的书面意见将由国际局转换成专利性国际初步报告（PCT 第 I 章），自优先权日起 30 个月届满时传送给指定局；如果申请人提出了国际初步审查要求，通常这份书面意见被用作国际初步审查单位的首次书面意见，最终由国际初步审查单位做出的国际初步审查报告称为专利性国际初步报告（PCT 第 II 章）。

3）国际检索的要求

一件国际申请是否具有专利性需要满足三个标准：新颖性、创造性和工业实用性。对新颖性和创造性的判断就是对该发明在申请日时是否已成为现有技术的判断。现有技术是指在国际申请日之前，世界上任何地方的公众可以得到的以书面方式公开的，有助于确定要求保护的发明是否是新的和是否具有创造性的一切事物。与国际检索有关的现有技术包括：

（1）国际申请日前公布的与有关的世界任何地方的书面公开。

（2）国际申请日之前公众不是通过书面公开而是通过比如口头公开、使用、展览等方式得到的一些内容，并且这个内容记载在了国际申请日之后公众可以得到的书面公开里。

（3）国际检索中还要发现那些公布日在被检索的国际申请的国际申请日之后，而其申请日（优先权日）在国际申请日之前，并且如果在国际申请日之前公布，就会构成相关现有技术的任何申请或专利，在国际检索报告中要特别说明。

国际检索是通过查阅馆藏的文献发现相关的现有技术的。PCT 规定的最低限度文献包括：（1）国家专利文献，指在 1920 年以后由法国、德国、日本、俄罗斯、英国、美国、瑞士（使用法语和德语）、中国公布的专利申请或颁发的专利，以及 1920 年以后在任何其他地方用英国、法国、德国或西班牙几种语言公布的专利申请或颁发的专利。（2）所有公布的 PCT 的国际申请，已公布的地区专利申请以及公布的地区专利。（3）其他公布的非专利文献，包括期刊、书籍等。

4）不做国际检索的情况

只要申请人按规定缴纳了费用，国际检索是每件国际申请必经的程序，但是在以下几种情况下国际检索单位可以拒绝对国际申请或国际申请中的部分权利要求进行检索。

（1）国际申请涉及的内容是按 PCT 规定不要求进行国际检索的主题。包括科学和数学理论、动植物品种或主要是用生物学方法生产动物或植物的方法、经营业务、纯粹的智力活动或游戏比赛的规则和方法、治疗人体或动物体的外科手术或治疗方法、单纯的信息提供以及计算机程序，计算机程序仅限于该国际检索单位不具备条件对与该程序有关的现有技术进行检索的情况。对于这些不要求进行国际检索的主题，不同的国际检索单位根据其本单位的规定，可以进行国际检索，扩大国际检索的范围，比如欧洲专利局、中国国家知识产权局、日本专利局等。但是任何国际检索单位不能依据其本国法缩小国际检索的范围。例如，根据中国《专利法》的规定，对用原子核变换方法获得的物质不授予专利权，但是按照 PCT 的规定，该主体内容没有被排除在国际检索之外，所以中国国家知识产权局作为国际检索单位仍然要对这一主题进行国际检索。

（2）说明书、权利要求书或附图不符合规定的要求，以至于不能进行有意义的检索。如果国际申请的说明书、权利要求书或附图的表达含糊不清、前后有不一致甚至矛盾之处，特别是权利要求书中存在模糊、有歧义的表达，以至于难以确定权利要求的保护范围。在这种情况下，国际检索单位的审查员应尽可能地在能够作出合理结论的程度内进行有意义的检索。如果经过努力仍然无法明确，国际检索单位可以拒绝对有缺陷的国际申请或部分不明确的权利要求进行国际检索。

（3）没有提交符合规定形式的计算机可读形式的序列表以至于不能进行有意义的检索。

（4）权利要求书的撰写方式不符合规定。例如，多项从属权利要求不能作为另一多项从属权利要求的基础。

国际检索单位在对所有的权利要求都不进行检索的情况下，可以宣布不制定国际检索报告，发出不制定国际检索报告的通知书（PCT/ISA/203 表）。如果只对某些权利要求不做检索，要在检索报告中加以说明。不制定国际检索报告并不影响国际申请的有效性，该申请仍然可以继续国家阶段的程序。但是申请人应当注意，是否不作出检索的这些缺陷在进入国家阶段时根据指定国的国家法仍然是存在的，是否会造成不能被授予专利权的后果，如果是这样，申请人可以对申请文件进行修改，或者不进入国家阶段的程序。

5）缺乏发明单一性的处理

PCT 细则第 13 条规定，一件国际申请应只涉及一项发明或者由一个总的发明构思联系在一起的一组发明，即国际申请应当符合发明单一性的要求。如果是要求保护的一组发明，这些发明之间要存在着技术关联，包含一个或多个相同或相应的技术特征。确定是否符合发明单一性要求时，要以权利要求书为准，说明书和附图可以用来解释权利要求。PCT 行政规程附件 B 对单一性的要求作了更为具体的解释，对是否符合单一性的标准既适用于国际检索单位、国际初步审查单位也适用于指定局和选定局。对于缺乏发明单一性的国际申请，国际检索单位将给申请人发出缴纳附加费和适用时异议费的通知（PCT/ISA/206 表），要求申请人在规定期限内缴纳附加费，该通知的期限为一个月。审查员在通知中说明理由，并且可以将国际申请的权利要求中首先提到的发明作出的部分国际检索的结果附于通知之后。如果申请人拒绝缴纳附加检索费，国际检索单位将只对主要发明部分作出国际检索报告。如果申请人对缴纳附加费有意见，例如，认为不应当缴纳或缴纳的数额过高，可以提出异议程序，但前提是申请人先要将附加检索费缴纳，同时还要缴纳异议费，该异议请求将由国际检索单位的三人委员会进行审查并做出裁决。如果三人小组在经过异议程序的审查后，认为申请人的理由是正确的，将退还异议费和附加检索费。如果申请人由于没有缴纳附加检索费导致国际申请中某些部分没有被作出国际检索，在国际阶段并不会影响到该国际申请，但在进入国家阶段的时候，指定国的国家法可以规定，只要该局认为国际检索单位的要求是正当的，申请人必须缴纳一笔特别费用，否则对该国而言，国际申请中未被检索的部分将被视为撤回。

2.10.4 国际检索报告及书面意见的完成期限

PCT 细则规定，国际检索单位应当在收到受理局送来的检索本之日起 3 个月或自优先权日起 9 个月，以后到期为准，作出国际检索报告和书面意见。当国际申请不包含优先权要求时，优先权日就是指国际申请日，此时，审查员有 9 个月的时间进行检索，时间相对比较充裕。如果国际申请是在优先权日起 12 个月期限临近届满时提出的，审查员只有 3 个月的时间进行检索。例如，一件 PCT 申请优先权日为 2013 年 1 月 1 日，国际申请日为 2014 年 1 月 1 日，传送检索本的时间为 2014 年 2 月 1 日，此时国际检索单位完成报告的时间为收到检索本之日起 3 个月，即 2014 年 5 月 1 日。如果该申请没有优先权，优先权日指国际申请日，完成报告的时间按照优先权日起 9 个月，为 2014 年 10 月 1 日。这个时间的确定是为了保证在任何情况下国际检索报告可以在优先权日起 18 个月同国际申请一起公布。

2.10.5　国际检索报告及书面意见的传送

国际检索报告和书面意见作出后，会及时地传送给申请人和国际局。在国际公布以后，国际检索报告会由国际局传送给指定局，书面意见不会公布，如果申请人不提出国际初步审查要求，书面意见将由国际局转换成专利性国际初步报告（PCT 第 I 章）在优先权日起 30 个月届满后才传送给指定局。

2.10.6　明显错误更正及摘要的修改

在国际检索报告作出之前一般不可以修改申请文件的内容，除非是属于明显错误更正的情况。明显错误是指申请人书写了某些明显的不是有意要写的内容，申请人提出的更正也应当是明显的、唯一的，即任何人可以立即领会除更正的内容外不可能是指其他内容。如果属于整段或整页的遗漏，即使是明显属于疏忽造成的，也不能作为明显错误更正。明显错误更正必须得到审查员的批准。更正文件及国际检索单位做出的许可更正的决定在优先权日起 17.5 个月前到达国际局，国际公布时，生效的更正文件才会替换有明显错误的文件。国际检索单位如果发现申请中包含有违反道德、违反公共秩序的用语或贬低他人的内容，会建议申请人删除上述不符合规定的内容，并将发现的情况告知受理局和国际局。关于摘要和发明名称，PCT 细则也有相应的规定。如果检索单位的审查员认为申请人提供的摘要不能明确地表达出目的、不够简洁、包含有不必要的内容，审查员可以重新撰写摘要，并把制定的摘要填写在国际检索报告的规定栏目中，自检索报告邮寄日起 1 个月内，申请人可以对审查员制定的摘要提出意见，在收到意见后，审查员应当决定是否需要对摘要进行再次修改。如果审查员认为申请人确定的发明名称不够简洁、明确，也可以自行确定发明名称，并填写在国际检索报告的规定栏目中。

2.10.7　根据 PCT19 条的修改

1）修改的期限

在国际阶段，申请人可以根据 PCT 第 19 条对权利要求书进行修改，修改的期限为自优先权日起 16 个月或自国际检索单位送交国际检索报告之日起 2 个月，以后届满为准。如果国际申请没有优先权要求，优先权日就是指国际申请日。

2）修改的内容

根据 PCT19 条仅能对权利要求书进行修改，说明书、附图、摘要等内容不能修改。如果申请人收到了根据 PCT17 条（2）宣布不作出国际检索报告的决定，则不允许对权利要求书进行任何修改。

3）修改文件的形式要求

申请人必须提交包含修改内容的一套完整的权利要求书，不能仅提交替换页。此外，还应当提交一封信函，说明修改的具体地方和内容。信函上方标明按 PCT 第 19 条提出对权利要求修改的说明。该信件应当使用国际局的工作语言，即英语或法语撰写。申请人在提交对权利要求的修改的同时还可以提交一份声明，声明的内容主要是对修改加以解释，并指明该修改对说明书和附图可能产生的影响。声明与给国际局的信件中所做的说明是不同的，说明是必须提交的，而声明只有在申请人认为必要时才提出。另外，声明是同修改一起被公布的，而说明是不会公布的。需要注意的是，修改不能超出原始提出的国际申请中公开的范围，如果超出了公开的范围，在随后的国际初步审查程序或进入国家阶段后审查员会拒绝该修改，对申请人产生不利的后果。如果没有在规定期限内提出修改，或不符合要求的修改，有可能不被国际局接受，没有被接受的修改将不予公布。

4）修改的必要性

由于申请人在随后的国际初步审查程序中可以对国际申请的权利要求书、说明书、附图进行修改，因此一般情况下，申请人没有必要利用 PCT 第 19 条的修改机会，但是在以下两种情况利用这一修改机会对申请人是有益的。首先，如果申请人不准备提出国际初步审查要求，而且国际检索报告引用的相关文件对申请人十分不利，有可能造成不授予专利权的可能，那么申请应当考虑对权利要求书进行修改，修改文件将同国际申请一起公布，并传送给指定局。不少缔约国，像澳大利亚、加拿大、丹麦等规定，如果按PCT19条修改过权利要求，在进入国家阶段时，只需提交修改后的权利要求书的译文，还有一些缔约国，如日本、韩国、俄罗斯等规定，可以由申请人选择，或者提交原始权利要求书的译文，或者提交修改的权利要求书的译文。对于准备进入上述国家的国家阶段的国际申请，利用修改的机会会使程序简化。其次，要求临时保护。多数缔约国规定，只要国际申请以本国官方语言公布，申请人可以享受临时保护的权利。如果申请人希望通过修改进一步明确权利要求的范围，并且希望尽快在那些本国法规定给予临时保护的指定国中获得该项权利，利用PCT19条规定的修改机会也是有益的。

2.11 PCT申请的国际公布

2.11.1 国际公布的时间

国际局负责PCT申请的国际公布。国际公布自优先权日起18个月届满后迅速完成，国际局通常在公布日前15天完成公布的技术准备工作，也就是说，在优先权日起17个半月内到达国际局的改正、更正、修改、变更等信息可以及时地包含在公布的内容中。

2.11.2 国际公布的语言

国际公布的语言共有10种，分别为英文、法文、德文、俄文、西班牙文、葡萄牙文、中文、日文、韩文和阿拉伯文。PCT实施细则规定如果国际申请是用英语以外其他9种语言公布的，公布的某些内容，例如，发明名称、摘要、摘要附图中的文字以及国际检索报告（或者宣布不作出国际检索报告的决定），要用申请提出时使用的语言和英语两种文字同时公布。上述内容的英文译文由国际局负责准备。由于中国国家知识产权局受理的语言——中文和英文，都是PCT规定的公布语言，所以申请提出时的语言就是申请的公布语言，但是以中文提出的申请在公布前需要将上述某些内容译成英文。

2.11.3 国际公布的形式和内容

1）国际公布的形式

国际公布以小册子的形式公布，即以纸件形式出版时，每件国际申请的公布内容自成一册。小册子出版的当日，在PCT公报（国际局的出版物）的第一部分包含了从所有被公布的国际申请小册子扉页中摘出的相应内容。国际局对每件被公布的国际申请给予一个国际公布号，并在小册子上标明。国际公布号由字母代码WO、表示年份的四位数字、斜线和六位数的流水号组成，例如，WO2014/000001。小册子在每周的周四出版，有纸件和电子两种形式。小册子包括以下内容：（1）扉页，扉页中包括请求书中的一些著录项目信息、摘要和摘要附图。（2）说明书、权利要求书。如果按照PCT19条修改过权利要求，则小册子中应同时包括原始提出的和修改后的权利要求书，如果有修改声明的话，还包括修改声明。（3）附图、序列表、国际检索报告。（4）其他规定公布的内容，如有关生物材料保藏的信息的说明，要求公布的有关优先权视为未提出的信息。

国际公布的小册子有A1、A2、A3、A4、A8等多种形式。A1代表国际公布中包括检索报告，A2代表国际公布中不包含国际检索报告，A3代表随后公布的国际检索报告。一般情况下，进行A2形式公布的国际申请随后应当有A3形式的公布，但有一种情况例外，即如果国际检索单位宣布不制定国际检索报告，此时只有A2形式的公布，在A2后会附有PCT/ISA/203表格，该表格为宣布不制定国际检索报告的表格。A4代表稍后公布的修改的权利要求和声明（PCT第19条）。A8代表国际申请扉页有关著录项目信息的更正版。

2）不进行公布和提前公布

如果国际申请已经被视为撤回或申请人主动撤回该国际申请，并且撤回通知在国际公布的技术准备工作完成之前到达国际局，该国际申请将不予公布。另外，如果国际申请的唯一指定国是美国，或者到公布的技术准备工作完成时，只包含对美国的指定，根据美国对条约第64条（3）的保留声明，该国际申请将不予公布。国际公布应当在优先权日起满18个月才会公布，但如果申请人请求提前公布，要向国际局提出特别的请求，必要时要缴纳特别公布费。

3) 国际公布的法律效力

PCT29条规定了国际公布在指定国的效力。该效力主要是指在国际公布之后申请人在指定国可以享受到临时保护。关于临时保护，各个国家根据其本国法有不同的规定，例如，英国、美国、日本、韩国、俄罗斯、瑞典、美国、中国都规定了必须使用该国的官方语言公布后才能享受临时保护。《中华人民共和国专利法实施细则》（以下简称《专利法实施细则》）第一百一十四条第二款规定，由国际局以中文以外文字进行国际公布的，自国家知识产权局公布（公布其译文）之日起适用中国《专利法》第十三条的规定（即申请人享有临时保护的规定）。除了语言要求外，还有一个时间限制，即如果申请人请求了提前公布，可以规定只有在优先权日起18个月届满后，国际公布在该指定国的效力才能产生。第三个限制是公布文本送达的限制。规定只有在该国的国家局收到国际公布文本后，国际公布在该指定国的效力才能产生，如澳大利亚、美国（英文公布）等国作了这样的规定。还有一些国家，如巴西、新西兰、印度等没有在国际公布之后给予临时保护的规定。

2.12 PCT申请的国际初步审查

2.12.1 国际初步审查的目的

国际初步审查是PCT第Ⅱ章的程序，是在申请人请求下进行的，不是强制性的程序。如果申请人不请求国际初步审查，国际申请在完成国际公布，并将公布文件送达申请人、指定局之后，该国际申请的国际阶段程序就结束了。如果申请人提出了国际初步审查请求，国际阶段还要包括国际初步审查程序。国际初步审查的目的是得到国际初步审查单位对修改文本的有关专利性的初步意见。当申请人收到国际检索报告及书面意见后，认为需要修改申请文件，并且希望在修改文件的基础上再次获得专利性的评价，则可以提出国际初步审查请求。如果国际检索程序尚未结束，不建议提出国际初步审查请求。

2.12.2 国际初步审查请求

申请人在提出国际初步审查请求时，应当向主管国际初步审查单位提出，提交国际初步审查要求书及缴纳相应的费用。提出初步审查请求的申请人必须是PCT缔约国的国民或居民。如果国际申请提出之后，申请人发生了变更，变更后的申请人为非PCT缔约国的国民或居民，则该申请人无权提出国际初步审查请求。提交要求书的合适时间是自优先权日起19个月，这是由于国际初步审查单位完成国际初步审查报告需要8个月的时间，为了保证在进入国家阶段之前，申请人可以获得国际初步审查报告，从而可以参考报告所提供的意见来确定是否继续进行国家阶段的程序。如果在优先权日起19个月内提出了国际初步审查请求，那么申请人在优先权日起28个月届满前就可以得到国际初步审查报告，这对申请人而言是比较合适的。提交要求书还有一个最迟时间，就是自优先权日起22个月或收到检索报告和书面意见之日起3个月，以后到期为准。如果申请人在该期限届满之后提出国际初步审查请求，将不予考虑。

国际初步审查要求书的形式和内容要求由PCT行政规程规定，比如要求书的表格为PCT/IPEA/401表。一般情况下，国际初步审查要求书使用的语言为国际申请提出时的语言。要求书的内容包括请求按照PCT规定对下述国际申请进行国际初步审查的意愿的词句，这个词句在401表中已经包括。要求书中应当填写国际申请号、国际申请日、发明名称、有关申请人的信息和有关代理人的信息，国家的选定是只要申请人不排除某个选定国即自动全部选定。此外，申请人如果提出对申请文件的修改，还要填写国际初步审查的基础和修改声明，例如，是按照PCT第19条的修改进行审查，还是按照PCT第34条的修改进行审查，使国际初步审查单位明确审查的基础。提出修改声明的同时还应当提交修改文件或其副本。国际初步审查要求书必须有申请人签字，如果委托了代理机构，要有代理人的签字。

2.12.3 缴纳的费用

提出国际初步审查要求时应当缴纳两项费用，手续费200瑞士法郎和初步审查费1500元人民币。缴费的期限是自提出国际初步审查要求书之日起1个月内或自优先权日起22个月内，以后到期为准。

2.12.4 国际初步审查程序的启动

国际初步审查程序的启动需要满足以下条件，即国际初步审查单位收到申请人提交的要求书及应缴纳的费用，同时还要收到国际检索单位作出的国际检索报告和书面意见。

2.12.5 根据PCT第34条对申请文件的修改

PCT第34条规定，在国际初步审查报告做出之前，申请人有权依照规定的方式，并在规定的期限内修改权利要求书、说明书和附图。申请人依据PCT第34条规定做出的修改最早可以随要求书一起提交，也可以在答复国际初步审查单位的书面审查意见时进行修改，还可以在国际初步审查启动之后、国际初步审查报告做出之前的其他任何时候主动进行修改。在任何情况下，申请人修改申请文件都不是强制性的，申请人可以自行决定是否需要进行修改。但是如果做出了修改，PCT规定，这种修改不应超出国际申请提出时对发明公开的范围。一般情况下，国际初步审查单位应当充分考虑申请人提出的修改意见，但是PCT实施细则也规定，如果国际初步审查单位在已经起草国际初步审查报告后收到修改文件，该单位在报告中不必对修改加以考虑。鉴于这一规定，如果申请人准备修改申请文件，应当及早提出。申请人按照PCT第34条提出修改时应当提交说明书、附图的替换页，并且附以说明替换页与被替换页间不同之处的信函，必要时还可以在信函中说明修改的理由。如果修改的是权利要求，应当提交一套包含修改内容的完整权利要求书。

2.12.6 国际初步审查的标准

国际初步审查的标准就是对新颖性、创造性和工业实用性判断的标准，这个标准对选定国没有约束力。国际申请在进入国家阶段以后，选定国在确定该发明是否可以获得专利保护时，可以根据其国家法使用一些附加的或不同的标准。关于新颖性的标准，如果请求保护的发明不属于现有技术的一部分，应当认为是具备新颖性的。PCT细则第64条规定了国际初步审查使用的现有技术的定义，是指在有关日期之前，在世界上任何地方公众通过书面公开（包括附图和其他图解）可以得到的一切事物。有关日期是指国际申请日，如果要求了优先权的则是指优先权日。当审查员发现与新颖性和创造性有关的内容属于现有技术的范围内，而该内容又在优先权日之后，但在国际申请日之前公开的，则优先权日显得十分重要，国际初步审查单位必须考虑在先申请文件的主题与在后申请的主题的一致性。如果国际初步审查单位需要优先权文件副本，可以要求国际局提供。在国际局尚未收到优先权文件的情况下，可以要求申请人提供优先权副本。在判断是否为现有技术过程中，非书面公开，例如，口头公开、展览等方式的公开，即使它的日期及内容记载在与有关日期同日或之后公众可以得到的书面文件中，该非书面公开也不作为现有技术，对于抵触申请也不认为是现有技术，但是这些都应当记载在国际初步审查报告的规定栏目中引起选定局的注意。在评价创造性时现有技术的定义和有关日期的概念与评价新颖性时的定义和概念是相同的。关于工业实用性是指该发明根据其性质而言可以在任何一种工业中制造或使用。对"工业"一词应当按照《巴黎公约》的规定做最广义的理解，工业包括具有技术特征的任何有形活动，包括手工业、农业、渔业和服务业、交通运输等行业，即属于明显区别于美学艺术的工艺或实践技艺的一种活动。

国际初步审查程序和中国专利申请的实质审查程序判断三性标准的不同，主要区别在于对现有技术的定义上。由于各缔约国在专利申请审查中规定的现有技术的定义并不相同，PCT将各缔约国普遍接受的关于现有技术的定义中具有共性的内容用于国际初步审查程序中。同时PCT第27条也明确规定，该条约和细则关于现有技术的定义是专门为国际程序使用的，因而各缔约国在确定国际申请中请求保护的发明是否具有专利条件时，可以适用其本国法关于现有技术的标准。

2.12.7 国际初步审查程序中的书面意见

一般情况下，国际检索单位作出的书面意见作为国际初步审查单位的首次书面意见。书面意见在指出问题的同时要列举理由，并且规定出答复的期限，书面意见使用的是 PCT/IPEA/408 表，答复期限一般是 2 个月。申请人在收到书面意见后，可以通过书面或电话的方式与审查员进行联系，可以对申请进行再次修改。

2.12.8 国际初步审查报告

1) 报告的内容

专利性国际初步报告（PCT/IPEA/409 表）的内容包括：

（1）报告的基础。这一栏要指明进行国际初步审查所依据的文本。如果在国际初步审查的过程中考虑了某些修改的内容，在此栏要标明。对于那些被认为超出了原始公开的范围，因而在制定报告时未被考虑的修改内容在本栏要特别指明。

（2）关于新颖性、创造性或工业实用性的推断，以及支持推断的引证和解释。这一栏是报告的核心部分。报告应就每一个经过审查的权利要求是否符合新颖性、创造性和工业实用性的标准用"是"或"否"做出推断性的声明。在声明之后必须附有支持该结论的引用文件、解释和意见。所引用的文件可以是在国际检索报告中被引用的，也可以是在该报告中未被引用的，但必须是与声明的结论相关的。

（3）在报告中还可能包括其他内容。例如，如果国际申请中的优先权是在视为未要求的情况下做出的，在报告的相应栏目中要加以标明。如果对国际申请涉及不需进行国际初步审查的主题，对部分或全部权利要求不做出审查意见的声明。如果国际申请缺乏发明单一性，要在相应的栏目中标明，还有如果国际初步审查单位注意到某些相关文件是在国际申请的有关日期之后公布的，或者在该有关日期之前有过非书面公开，记载在有关日期之后的书面公开中，应当在报告中对这些相关文件做出说明，以便引起选定局的注意。关于报告的附件，如果在报告的审查基础一栏标明审查中考虑了某些修改，那么修改的替换页将附在报告之后作为报告的附件。

2) 报告的完成期限

国际初步审查单位在完成审查后，会作出一份专利性国际初步报告（PCT 第 II 章）。完成报告的时间应当是在优先权日起 28 个月或启动审查之日起 6 个月，以后到期为准。国际初步审查单位在作出报告以后，会迅速将其传送给国际局和申请人，由国际局将报告的副本向选定局传送。

2.13 撤回

2.13.1 允许撤回的内容

国际阶段主要包括四种撤回，分别为国际申请的撤回、优先权要求的撤回、指定的撤回和国际初步审查要求或选定的撤回。

2.13.2 有关撤回手续中的几个问题

上述四种撤回请求提出的时间都是自优先权日起 30 个月之前。对于国际申请的撤回，申请人应当向受理局或国际局提出，撤回的效力是在受理局或国际局收到时生效。如果申请人是为了避免国际申请进行国际公布而提出的撤回，应当保证撤回通知要在国际公布的技术准备完成之前到达国际局，这样才能避免国际公布。对于国际申请的撤回可以是有条件的，即申请人给国际局的通知中可以写明是为了避免国际公布而提出的撤回，如果无法避免国际公布，将不撤回该国际申请。关于指定的撤回，如果指定一个国家的目的是为了既获得国家专利又获得地区专利，除另有说明外，撤回对该国的指定应认为仅撤回为获得国家专利的指定。如果申请人撤回对所有指定国的指定，将按照撤回国际申请来处理。对于国际申请的撤回和指定的撤回所涉及的每一个指定国的效力终止，等同于撤回该国国家申请的结果，但是对于已经启动国家阶段程序的指定局，撤回对该局无效。关于优先权的撤回，如果撤回引起了优先权日的变更，那么任何自原优先权日起计算并且尚未届满的期限，应自变更后的优先权日起计算，但是如果撤回通知是在国际公布的技术准备完成之后到达国际局的，国际局仍在原期限的基础上进行公布。申请人如果是为了延长进入国家阶段的时间而撤回了优先权要求，可能会对依据包括在国际申请日和其他优先权日之前公布的相关现有技术中关于新颖性和创造性产生不利的后果，所以申请人尽量不要为了延长进入国家阶段的时间而撤回优先权要求。关于国际初步审查要求或选定的撤回，应当是在国际局收到时生效，如果申请人将撤回通知提交到了国际初步审查单位，该单位会在通知上标明收到日并迅速送交到国际局。对于上述所有撤回，必须由所有申请人签字，此时作为申请人的共同代表是无权代替其他申请人签字的。

2.14 变更

在国际阶段申请人可以请求对国际申请中的事项进行变更，例如，申请人、发明人、代理人的名称或者地址等。申请人应当在优先权日起 30 个月之前向国际局提出变更请求，也可以向受理局提出并由受理局转交给国际局。提出变更的时候只需要提交一份要求变更事项的信函，在信函中写明变更的事项和变更前后的内容，注意变更内容应当用中文和英文同时书写，一般情况下不需要提交证明文件。除非变更申请人的请求是由新申请人提出，需要附有支持变更的书面证据，如申请权转让证明。

3 PCT 申请进入国家阶段程序

3.1 进入国家阶段的期限

国际阶段程序完成之后，就要进入国家阶段程序。国家阶段不是由指定局或选定局自动开始的，申请人必须按照国家的要求在规定的期限内履行一定的手续，PCT 申请在该国的国家阶段才开始启动。通常规定的期限和应办理的手续称为进入国家阶段的条件。如果在期限届满时，申请人没有满足进入国家阶段的条件，则 PCT 申请在该国的效力将终止，等同于撤回该国国家申请的效力。国际申请进入国家阶段以后还要满足各指定国的某些特别要求，这些要求是根据各国本国法所规定的。以下主要介绍 PCT 申请进入中国国家阶段的条件和要求。

3.2 条约的规定

PCT 第 22 条和第 39 条规定，申请人应在不迟于自优先权日起 30 个月届满之日，向指定局或选定局履行进入国家阶段的手续。同时 PCT 又规定，任何缔约国的本国法可以另行规定更迟的期限，也就是说各国规定的期限不得早于自优先权日起 30 个月。对期限的限定是完全必要的，因为对于利用 PCT 第 II 章的申请，通常申请人在优先权日起 28 个月才会得到国际初步审查报告，通过报告提供的意见来决定是否继续国家阶段的程序，所以对期限的限定也是对申请人利益的保障。各缔约国可以自己决定将进入国家阶段的期限延长，目前有些国家将这一期限推迟到自优先权日起 31 个月。

3.3 中国《专利法实施细则》的规定

中国《专利法实施细则》第一百零三条规定，申请人应当在优先权日起 30 个月内，向国家知识产权局办理进入中国国家阶段的手续，也就是采用了 PCT 规定的进入国家阶段的期限，没有另行规定一个更迟的期限。同时第一百零三条又规定对于在上述期限内没有办理进入国家阶段手续的国际申请，可以给予两个月的宽限期，条件是缴纳一笔宽限费。如果申请人在宽限期内仍然没有履行进入国家阶段的手续，将导致国际申请在中国的效力终止，此时申请人不能根据中国《专利法实施细则》第六条第二款的规定请求恢复权利。如果宽限期的耽误是由于不可抗拒的事由造成的，可以根据《专利法实施细则》第六条第一款的规定进行恢复。

3.4 进入国家阶段的手续

3.4.1 条约的规定

国际申请进入国家阶段时，申请人应当缴纳国家费用、提交国际申请译文、在特定的情况下提交国际申请副本。关于国家费用，各个国家根据本国法有不同的规定，可以参考 PCT 申请人指南了解各国所需缴纳的费用。PCT 对减费没有强制性的要求，各国也有不同的规定，有的国家没有任何减费的规定，有的国家根据国际检索单位作出的检索报告，可以不同程度地减免一些检索费。国家知识产权局也有减费的规定，如国际检索报告是由欧洲、日本、瑞典这三个专利局作出的，实质审查费可以减免 20%。关于提交国际申请译文是指如果国际申请提出时使用的语言或者国际公布使用的语言不是指定局的官方语言，进入国家阶段时需要提交国际申请的译文，如果国际申请使用的语言已经是指定局的官方语言，则不存在提供译文的问题。关于国际申请副本，一般情况下由国际局向指定局传送国际申请副本，指定局不应要求由申请人提供，除非是申请人请求提前进入国家阶段的时候，由于此时还没有完成国际公布，申请人为了提前处理和审查该申请，可以提交国际申请副本。

3.4.2 中国《专利法实施细则》的规定

进入中国国家阶段申请人应办理的手续包括：提交进入声明，进入声明中应当写明国际申请号，并以中文写明发明创造的名称、申请人姓名或者名称、申请人的地址和发明人的姓名。缴纳国家费用，如申请费、公布印刷费（发明）。如果是在宽限期进入的还要缴纳宽限费，适用的情况下可能还有申请附加费、优先权要求费。国际申请以中文以外的文字提出的，应当提交原始国际申请的说明书、权利要求书、附图中的文字和摘要的中文译文；国际申请以中文提出的，应当提交国际公布文件中的摘要副本。国际申请有附图的，应当提交附图副本。如果在国际阶段，申请人对申请文件进行过修改并且希望按照该修改进行审查，还要提交修改文件的译文。在以上申请人办理进入中国国家阶段的手续中，有一些是必须满足的最低要求，即只有满足了这些要求才符合进入国家阶段的条件，给出国家申请号和进入国家阶段的日期。如果不符合要求，该国际申请在中国的效力将终止。这个最低要求包括：

（1）期限。进入中国国家阶段的期限为自优先权日起 30 个月，如果申请人缴纳了宽限费可以延长至优先权日起 32 个月。

（2）费用。包括申请费和公布印刷费（发明），如果是在宽限期进入的还包括宽限费。

（3）文件。包括进入声明、说明书、权利要求书的译文。在进入声明中，应写明国际申请号。

对于符合进入国家阶段条件的，专利局将给申请人发出国家申请号通知书（PCT/CN/503 表）。除了最低要求外，其他手续可以随后补正，例如，附图和摘要可以随后补交。申请附加费、优先权要求费等可以随后补缴。

4 如何充分利用 PCT 体系

申请人在向国外申请专利时，首先要考虑其专利产品或专利技术在国外的市场情况，即以自身市场需求为导向，以扩大专利产品或专利技术的地域市场为目标，选择性地到国外申请专利。由于到国外申请专利主要有《巴黎公约》和 PCT 两种途径，两种途径各有优势，选择哪一种途径要根据具体情况而定。

4.1 利用 PCT 途径的好处

（1）简化提出申请的手续。申请人只需提交一份国际申请，就可以向多个国家申请专利，获得这些国家的申请日，而不必向每一个国家分别提交专利申请。

（2）推迟决策的时间。申请人可以在首次提出申请之后的 30 个月内办理国际申请进入每一个国家的手续，比《巴黎公约》途径延长了 18 个月。利用这段延长的时间，申请人可以对市场、发明的商业前景及其他因素进行调查，在花费较大资金进入国家阶段之前，决定是否继续申请外国专利。

（3）准确地投入资金。由于国家阶段的花费比起国际阶段的花费要多得多，是申请过程中的主要投入，PCT 申请程序可以使大量资金的投入推迟到最后阶段，使其更为准确，减少盲目性，因此从某种意义上说也是费用上的节省。

（4）完善申请文件。在 PCT 申请程序的国际阶段有两次修改申请文件的机会，特别是在国际初步审查过程中，申请人可以在审查员的指导下进行修改，使申请文件更为完善。通过国际阶段的程序，申请人可以进一步明确申请中存在的缺陷，从而完善申请文件、进一步考察授权前景。

（5）减轻成员国国家局的负担。由于 PCT 申请在国际阶段已经进行了形式审查，而且经过了整体统一的国际公布，形式和内容上遵守了相应的标准，使得进入国家阶段时，各个国家局对于申请更加容易处理。

4.2 何种情况下选择 PCT 途径

申请人应当根据申请策略、企业要求及市场综合考虑。选择 PCT 途径时，主要考虑以下因素：
(1) 准备在 3~5 个以上的国家申请专利；
(2) 需要更多的时间考虑在哪些国家申请专利；
(3) 提交申请的准备时间不足；
(4) 资金不足；
(5) 希望通过国际检索和国际初步审查来确定可专利性，进一步完善申请文件；
(6) 如何充分利用 PCT 途径；
(7) 选择电子形式提交。

申请人利用 PCT－SAFE 电子申请系统提交 PCT 申请，不仅可以获得费用减免，而且请求书填写的正确率高，文件传送快捷，还可以实时获得国际申请号并进行缴费。

4.3 充分利用所有的修改机会

申请人应当充分利用 PCT 途径提供的对申请文件的修改机会。在国际阶段，申请人可以根据条约 19 条和条约 34 条对申请文件进行修改，此外，进入国家阶段时可以根据条约 28 条或 41 条对申请文件进行修改。通过这些修改机会，尽量弥补文件中存在的缺陷，加快获得批准的速度。例如，当一件 PCT 申请经过国际检索后，国际检索报告和书面意见的结论对该发明专利性的评价不是很有利，申请人可以考虑利用初步审查程序对申请文件进行修改。根据条约 34 条的修改与条约 19 条的修改是不同的，条约 19 条的修改只限于权利要求书，而 34 条修改可以对权利要求书、说明书、附图等进行修改，修改的范围更加宽泛。而且申请人不仅可以在提交要求书的同时提出修改，还可以在国际初步审查启动之后、报告作出之前的其他任何时候主动进行修改。所以对于申请人而言，利用这种修改机会弥补申请文件中存在的缺陷，使申请文件更加符合授权前景。

4.4 重视与审查员会晤的机会

在国际初步审查程序中，申请人可以同审查员进行会晤。申请人应充分阐述发明内容，帮助审查员理解，同时借助审查员的经验，了解其申请在外国获得专利的可能性。申请人应准确获知审查员的想法，最恰当地修改申请文件。通过上述努力，获得一份结论有利于申请人的专利性国际初步报告。尽管专利性国际初步报告对于各国专利局没有约束力，但是，一份肯定结论的报告对于申请人非常有利，可以减少在国家阶段因修改和答辩耽误的时间，加快获得批准的速度。

4.5 充分了解各国对于进入国家阶段手续的规定

PCT 申请要获得专利权，需要进入国家阶段程序并由各国专利局根据本国法作出决定。因此，充分了解各国对于进入国家阶段手续的规定非常必要。例如，该国是否提供更长的宽限期、收费是否减免、国际公布在该国的效力、提供主动修改的机会、译文改正的机会和方式、对于各类证明文件的要求等。申请人可以登录国际局网站（http：//www.wipo.int），查阅PCT申请人指南国家篇获得这些信息和帮助。

对我国种业科技"走出去"问题的思考

张俊飚

（华中农业大学）

摘　要：在推进"一带一路"倡议实施的背景下，农业"走出去"将成为我国应对国内外环境条件变化和适应经济全球化发展的积极举措。实施农业"走出去"必须是农业科技挑大梁。以种子为核心的农业科技是现代农业科技的典型代表，必须积极参与到"走出去"的行列之中。因此，加快推进种业科技"走出去"，是我国农业科技领域加大实施对外开发力度的一项重要任务。对此，本文在对种业科技"走出去"背景进行分析的基础上，对当前种业科技的发展现状进行了研究，并就此提出了未来推进种业科技走出去的政策建议。

关键词：种业科技；走出去；政策建议

1 种业科技实施"走出去"战略的基本背景

1.1 "走出去"战略是我国在世界经济一体化背景下所实施的一项大战略

改革开放以来，以"引进来"为主要特征的我国对外开放，极大地加快了我国社会经济发展的进程，提高了科技发展水平与综合国力，增强了国民经济实力，取得了令世人瞩目的发展成绩。在个别领域甚至出现了一些处于国际领先和能够与国外发达国家相竞争的"领跑或并跑"技术项目，这种通过采取技术"引进来"的方式来强化了自己的发展能力，进而参与到国际市场的竞争之中，取得了较好的绩效。与此同时，世界经济一体化的发展也加快了我国与世界经济的接轨，缩短了中国与国际之间的距离，尤其是在我国加入WTO的情况下，国内外市场的高度整合使得国内的市场就是国外的市场，国外的市场也变成了国内企业必须开发和面对的市场空间，这是经济全球化的重要特征。为此，积极实施"走出去"战略，充分参与国际范围内的竞争与合作，将是我国取得和实现进一步发展的必然选择，也是实现与世界经济完全接轨的有效方式。

1.2 农业"走出去"是我国参与国际竞争的必然要求

我国是农业大国，也是人口大国，但农业资源尤其是土地资源却十分有限。在这种情况下，作为国民经济基础的农业，必然离不开对全球经济发展的参与，需要而且应该保持与国际农业发展的接轨。这在当今国内农业资源日益短缺，发展空间日渐狭小的情况下，通过走出国门，融入国际发展圈，借助于国外资源来弥补国内资源的不足以实现农业的持续发展，便显得十分重要。因此，"走出去"不单是一个简单的挑战问题，而且更应该是一个机遇问题。从更大范围来看，以传统农业为主要特征的中国农业发展模式，加上与现代农业科技的有效结合，使得我国的农业技术在许多方面具有自身的相对优势，尤其是与发展中国家相比，更是如此。而经过改革开放以来的以"引进来"为主要特征的我国农业技术"跳跃式"发展，又使得我国农业科学技术发展实现突飞猛进，使得在个别关键技术领域出现了可与发达国家相竞争的技术能力。这种状况的存在，一定程度地反映了中国农业"走出去"不仅必要，而且可行，能够而且也应该参与到国际市场的分割中，取得自己的一席之地。

1.3 农业"走出去"实质上是农业科技的"走出去"

在市场经济条件下，作为一种市场行为的企业对外贸易的发展，在实施"走出去"的过程中，必然是以竞争的姿态出现，而竞争的"本钱"就是能力，能力的支撑则来源于科技。可以说，农业"走出去"，实质上是农业科技的"走出去"，因为"走出去"的过程是一个竞争的过程，是一个以竞争优势取得竞争市场占有的过程。而竞争力来自于科技，科技含量越高，则竞争力越强，在国际化的市场中则越具有竞争优势。推动和实施农业"走出去"，唯有依靠农业科学技术，也只有在农业科学技术的带动下，才能实现和加快农业"走出去"进程。离开了农业科技的支撑，农业"走出去"将由于乏力而难以参与国际竞争，从而非但不能"走出去"，而且还有可能由于缺乏科技含量而导致国内市场的丢失。这样将会使企业陷入被动局面，也将会使农业的发展更加困难，由此而引致国民经济基础的松动，影响到社会的发展和经济的繁荣，也影响到国家的综合实力提高。

1.4 种业科技"走出去"是农业科技"走出去"的优先领域

种业是种子产业的简称，是一个自成系统的物质生产行业，涵盖了从新品种选育到市场销售的全过程。一般包括新品种选育、生产、加工和种子销售等四大环节，以及种质资源收集、选育、试验、审定、原种（亲本）繁殖、生产、精选、包衣、包装、标识、检验、贮藏、销售、售后服务等若干个过程。在农业生产过程中，种子是一个特殊的、不可替代的和最基本的生产资料，既是农业科学技术和各种农业生产资料发挥作用的重要物质条件，也是人类劳动尤其是智力劳动的重要成果，是农业科技成果表达的重要载体，对实现农业增产具有重要作用。据有关专家测算，良种在我国农业增产中的贡献份额达到了较高的水平，占到了30%左右。与传统的种子比较，现代的种子具有高产、优质和高效的特征，凝结着人们更多的活劳动，尤其是高智力的活劳动。所以，种子就是科技，是农业科学技术的物化表达形式，对外进行种子输出，事实上就是输出科技。并且，在更多的情况下，由于种子作用的有效性，使得大多数国家对种子的重视程度较之于其他农业生产资料来讲，往往放到更为优先考虑的地位，因为在同样的投入下，不同的品种所带来的产出具有明显的差异。加之与化肥、农药等其他农业生产资料相比，种子的投入对环境的负面影响往往最低，因而更受到人们的推崇与青睐，为政府所倡导。所以说，根据我国种业发展的基本情况，制定更加有效的措施，选定适宜的地区和目标市场，来推进种业科技的对外输出，不仅对农业科技本身，而且对整体带动农业"走出去"战略，都具有重要的意义。

2 我国种业科技"走出去"过程中存在的主要问题

自中华人民共和国成立以来，尤其是自改革开放以来，以基本生产资料为主要特征的我国农作物种子的改良与开发研究水平有了很大程度的提高，发展规模与发展能力达到了较高的水平，不仅有效地实现了对国内农产品数量增长与质量提高的较大贡献，而且一定程度地具备了对外实现扩张的内在能力，基本形成了由种子的简单生产和一般供给到种子产业的系列开发所出现的本质变化，同时参与到国际化的市场开发之中。但从目前已经实施对外输出的相关种业企业运作的实际情况看，我国种业科技在进入国外市场和进行市场开发的过程中，存在着一系列需要注意的相关问题。主要表现在以下几个方面。

2.1 "走出去"的规模还很小，且主要集中于周边地区

由于我国种业发育的历史相对较短，允许开展多元化经营的政策法规出台较晚，加之对国外市场了解不够，"走出去"的意识还很弱，没有注意到世界经济一体化可能带来的国内与国外市场的高度整合，尚未认识到竞争的同一性已经打破了国家之间的界限，形成了"国外即国内，国内即国外"的市场格局，同时国内种业市场目前还存在着较大的发展空间，有相对丰厚的利润可以获得，因而许多企业将自己的主要精力投放到国内的市场，而没有注意到国外市场的未来潜力，没有制定相应的战略市场体系，所以在种子的对外输出上，数量规模还十分狭小。此外，由于地缘优势和气候原因以及农作物的生态习性等因素，种业企业在"走出去"的目标市场选择上，目前更多地集中于周边国家，并且主要以东南亚国家为主，以相对缺粮的发展中国家为主。由此而又造成了一定的集中度，即总体数量较小，但集中于少数国家或地区时，供给的数量又相对较多的状况，并由此而加大了"走出去"的市

场风险，带来国内企业之间的恶性竞争。

2.2 较难有效获得国外种业市场及农业自然资源等方面的信息资料

从社会经济信息方面看，长期以来，由于意识、观念等方面的原因，国内种子企业在实施"走出去"的市场战略调整的过程中，通常首先遇到的情况就是对国外情况的了解不够，缺乏相应的信息支撑，因而不敢决策，也难以决策，如国外的政策、法规、气候资料、社会文化、饮食习惯、社会稳定度和经济发展水平以及市场运行规范程度等，不能为其提供足够的决策信息与分析资料，由此而相当程度地抑制和影响了企业对外输出的积极性。从目前的情况来看，不仅种业企业对外输出存在这种情况，而且在其他领域里，也同样存在着类似的问题，即许多企业不知道应该到哪里去，能够到哪里去。因为仅仅依靠企业自身对市场进行了解和实施开发，所需要的成本往往很高，并且这些又是最基本的问题，属于平台建设层次。而与其他行业相比，农业更需要对这一平台的搭建，因为它所需要的信息更为复杂和更为多样，既有自然环境的，也有社会经济的。而这些信息的缺失和不能有效地得到供给，便直接地约束了企业对外实施"走出去"的行为，限制了"走出去"的脚步。有些企业因此而投入了较大的投资，但却因社会、经济或自然风险的发生而无法收回，引发了较大的损失。如福建三明农科所在缅甸的投资中，就出现了这种情况。

2.3 缺乏宏观管理的规划和指导，导致企业之间的竞争通常出现无序化

自改革开放以来，以"引进来"为主要特征的对外开放策略使得我国在制订产业发展规划时，更多地注意到依据国内外经济发展形势，及时调整产业政策，发布产业信息，引导产业结构的调整，尤其是为了配合国内经济建设，政府更为重视对引进外资政策的制定和调整。与此相比，对我国"走出去"的规划和指导工作便相对薄弱，在政策层面上表现为缺乏在市场开拓中的宏观引导、整体规划和信息传递等系统的规划和指导工作。从种业来看，则在"走出去"方面表现为整体规划不够，目标与重点不明，由此而引发了哪个地区、哪个市场生意好做，大家便一哄而起的状况，其中的"内战内行，外战外行"便相当程度地反映了我国企业之间在对外市场拓展与竞争的过程中，通常采取的一种"损人不利己"的恶性竞争行为。由于行业秩序较差和尚未建立完善的法律法规体系，致使一些企业（以中小型企业为主）往往以眼前利益为重和缺乏战略目光，侧重于运用不正当方式拉客户和以低价销售甚至销售假冒产品而严重搅乱了市场秩序，不仅使自己无法获利，而且使国家遭受巨大损失，有些还引起了对象国的"反倾销诉讼"。

2.4 企业规模较小和资金短缺造成对市场的开发能力较弱，严重弱化了其应该进行的长线投资行为

种子作为特殊性的商品，是农业生产资料的重要组成部分，而农业生产的进行往往需要更多的投入予以保证，尤其是作为生产资料开发和海外市场培育与占领的种业科技来说，其所需要的投入将会更大。而我国目前的种业企业规模都比较小，由此而使其市场开发能力和长期战略目光受到弱化。如与发达国家相比，我国种业企业的销售量和市场占有率均表现为小而散的特征。据有关资料，2013年度，全国种子企业有5200多家，注册资本1亿元人民币以上企业106家，销售额过亿元的企业119家，前50强企业销售额占全国30%以上。虽然较以前有所改观，但整体行业"散、小、乱"的状况仍然没有发生根本性转变。而根据国际种子贸易协会的统计，种子年销售额超过1亿美元的有22个公司，其销售额之和接近75亿美元，占世界商品种子市场份额的50%左右。全球10大种子企业的年销售额都在3亿美元以上，其中美国先锋公司达18.5亿美元。在美国，有190多家公司经营玉米杂交种，但前10名却占了全国市场的80%，其中先锋就占了43%的市场份额；泰国正大占该国市场的50%；圣尼斯公司拥有世界蔬菜种子26%的市场。但从我国的种子企业来看，数量很多，但规模却与国际种子大企业存在很大的差距，由此而使得在国际市场开发的能力上，难以与国外大公司进行竞争。而同时，种子市场开发与培育又需要较长的时间和较大的投入作保证，如试验费、宣传费、审定费等，故而有些企业在国外进行种业投资时，往往出现因资金缺口问题而半途而废，或者不敢进行长线投资，尤其是当其承担了更多的前期信息收集和研究功能的时候，更是削弱了他们后期的市场开发能力。

2.5 种业的科技含量还不能满足有关国家的需要

虽然我国种子科技的水平与以前相比，已经有了很大程度的提高，在个别作物的个别品种上，甚至还处于国际领先水平，如杂交水稻。但整体而言，依然存在着因科技含量不高而影响大范围市场扩张的状况。如我国水稻育种水平在世界虽然处于领先地位，但由于其育种目标未能圆满解决相关问题，如品质，使得其在某些地区难以获得大范围推广，如在越南南部，由于其生产的水稻更多地是以优质米为主，所以我国的水稻在越南的市场和种植地区主要集中于北方地带，大大影响了其向南方的扩展，以及向泰国等国家的拓展。又如由于各种原因，我国水稻的黑粉病难以消除，从而影响了其向菲律宾、马来西亚等国的输出。在其他作物品种上，更是存在着由于科技含量不高而难以与发达国家相竞争的情况。如美国的转基因作物种子（玉米、大豆等），因其产量较高和具有良好的抗性而顺利地打开了许多国家的种子市场，我国则在这一方面与之存在较大差距。凡此等等，一定程度地反映了我国种子科技水平所显现出来的不足。

2.6 国内外政策与法规之间存在一定的衔接空间

国际贸易往往涉及更多的环节，因而在政策与法规方面往往受到的约束更多一些。如既受到国内的法律法规的约束，也受到国外的法律法规的制约，甚至还会因环节太多和牵涉的部门较广而面临着来自于不同方面的影响。这就易于形成管理上的漏洞或者管理上的烦琐与重叠，要么给企业不规范行为造成可乘之机，要么给企业的正常经营制造不必要的障碍。从目前的情况来看，上述两方面的情形都不同程度地存在于种业企业对外经营的过程中。如按照既定的法规，经过审定的品种只有5年以后才能对外输出，但在目前种子研制周期明显缩短，企业竞争的科技优势要不断强化的情况下，5年以后的种子对外输出是否具有较强的竞争力，能否具有竞争优势，曾经出现的市场机会能否被牢牢抓住⋯⋯诸如此类的情况则极难预料。又如在国内未取得审定的杂交种作物品种，能否直接在国外经过试验并获得对象国的认可而进行销售，能否当亲本留在国内时而直接在国外进行繁殖以缩短运距和降低成本⋯⋯这些既是企业经营过程中所必须面对的日常问题，同时也是对其经营状况具有较大影响的重要因素。

2.7 国内种子企业的经营范围相对狭窄

目前国内绝大部分种子经营企业，尤其是中小型种子企业主要以种子销售为主，对种子形成过程的前向环节，尤其是在加工领域投资不多，从而大大降低了盈利能力，弱化了整体效应。而在国外，在种子产业发展中十分重视种子的加工，许多大公司都建立有自己的现代化加工厂。如太平洋种子公司的经营业务横跨欧洲、美洲、大洋洲、亚洲等地，年产杂交种子1万吨左右，从种子生产、加工、贮存、包装、运输一应俱全。法国的丽玛公司成立于1942年，起初是专营小谷类种子的加工厂。1965年开始建立了自己的科研机构，成立了玉米育种站。1971年建成了专营玉米杂交种的现代化加工厂，实现了种子育、繁、加、销一体化。1974年它兼并了另外的蔬菜、花卉、甜菜的5家种子公司，并占据了法国30%以上的玉米种子市场，在巴西、瑞士、联邦德国、捷克等国建立了良种中心和销售公司，成为欧洲最大的种子公司。美国的先锋公司在全球则有60多个种子加工中心，每个中心投资都在1000万美元以上，从种子的精选、分级、包衣、包装到质量检测，都配有高度现代化的机械和检测仪器，使种子生产、精选、包衣、包装形成一条龙的生产体系。与之相比，我国种子企业的经营范围普遍狭小，不能有效地形成相对完整的产业链，这既影响到企业的获利能力，也影响到种业的发展规模和对国民经济的整体贡献。

2.8 许多种子企业缺乏自身的科技支撑能力

现代种子的研究属于高科技行业，需要强有力的科技后盾予以支撑，才能获得良好的发展。发达国家的种子产业化之所以能够取得较快发展，其最突出的特点就是十分重视良种研究，把品种资源研究和新品种选育视为种子产业的生命。如美国的先锋公司在全球140多个育种站上拥有自身的科研人员，每年用于科研的经费相当于10.6亿元人民币，占公司销售额的10%，占利润的69.7%。同时不惜重金聘请育种专家，配备先进的科研设备，大力建立"快出品种，出好品种"的科研环境。澳大利亚的太平洋种子公司每年投于育种科研的费用也达到了5000万澳元。其他一些规模小的种子生产企业，则通过购买育种单位的新品种专利，获得新品种的生产经营权，从事种子生产经营活动。而在国内，绝对多数的种子企业不仅缺乏相应的科技人员，而且对科研性的投入也很不重视。尤其是在地区及县级种子企业中，这种情况极为普遍。一些大的公司虽然具有自身的科技后盾，如许多农业院校和农业科研单位下的种子经营企业，但对种子开发所产生的利润向科技方面投入的返还上，却做得不够，导致科技创新能力不足，一定程度地降低了竞争力，影响了自身可持续发展能力的提高。

2.9 尚未建立全国统一的高效率的对外投资管理机构

种业科技"走出去"是我国农业科学技术领域对外投资的一种重要表现形式，是对我国境外投资内容的丰富与有效补充，也是我国农业科技发展必须与境外进行衔接的重要方式，关系我国农业能否充分利用国际市场来实现自身的良好发展。然而，在直接影响"走出去"效率的管理问题上，我国现行对外投资管理体制仍然是部门多、手续繁、效率低。对外投资的许多项目，分散到多个部门，从而形成了由多个部门参与管理的状况。例如，种业的对外投资就要经过经贸、外经贸、外汇管理及农业部等多个部门的审批。这种多头管理，必然使要"走出去"的种子企业"跑部前进"，如果部门间的意见不统一，误时误事的状况就难免发生。而且由于多头管理，各个部门视角不同，口径不一，容易产生信息不全、数据不准、决策不科学等问题，从而为"走出去"的企业人为地设置了一系列障碍，这对向来以追求"时间就是金钱"的企业来说，无疑降低了其对外投资积极性和效率。

3 加快推进我国种业科技"走出去"的政策建议

3.1 切实构建并完善信息网络，搭建信息平台

由于我国种业市场的开放与开发的历史较短，真正以企业为主体的国际种业市场开发更是时间不长，加之国外市场的复杂性和所面对的环境陌生性以及企业本身的国际贸易经验缺乏，要想加快企业对外市场开发的步伐，就必须让企业能够更方便和更容易地了解到国外的相关信息，了解到国外市场的基本特征，为其"走出去"化解相应的风险，尤其是基础层面上的风险与投入。这既符合WTO的规则，也能够为企业创造更好的环境条件。在基础投资中，信息网络的构建是十分重要的一环。构建信息网络和搭建信息平台就是要为企业创造一个了解国外市场机会的条件，起到为企业牵线搭桥的作用。如建立一个国外种业市场信息比较集中的宣传专栏，国外农产品生产的自然环境条件以及所需生产资料的价格、数量，国外种业的法律法规和农业投资与政策动态，国外农业生产模式和社会消费习惯，或通过网络专栏，或发行报刊杂志，或举办信息发布会……凡此等等，只要能够让企业更为方便地了解到国外的信息，了解到可能存在的相关商业机会，都应该不惜成本地为企业铺路搭桥。这是政府政策行为发挥作用的一个重要领域。虽然目前已经存在一些相关的网络，如中国农网、农业生产资料网以及其他一些地方性的网络资源等，但内容比较单一，尤其是对国外的种业市场情况的介绍相对较少。因此，在今后实施种业科技"走出去"的过程中，应尽量为企业便捷了解国外种业市场及其相关情况创造较好的条件。

3.2 完善融资政策，为企业进军海外市场提供必要的资金保障

进军海外市场通常是在稳固国内市场的基础上所进行的一种市场开发。在企业规模较小的情况下，市场的扩张必然意味着投资的增加，意味着企业必须注入更多的资金。而农业生产的较长周期使得农业所需要的投资更大更多，尤其是在种业科技的投入上，更是如此。从我国现有的种业企业规模较小和实力不足的状况来看，进军海外种业市场，必须要有相应的资金保障。为此，从推动种业科技"走出去"的战略角度来看，政府应该在资金上为企业提供相应的保障条件，如较为宽松的融资政策、外

汇政策，设立相应的境外投资风险基金，提供买方信贷，或者通过政府之间的合作关系以取得企业在对象国的投融资优惠等，以较大程度地提高种业企业参与境外开发的积极性和增强企业的境外开发的能力。

3.3 完善相应的法律法规，尽快理顺输出通道

在确保国家利益不受影响的前提下，推动种子企业"走出去"，加快开发海外市场，需要在法律法规上予以必要的支持。从现实情况来看，我国已经围绕规范种子行业的运行秩序而制定和出台了一系列法律法规，但是，由于法律法规制定时的一些背景已经发生了相应的变化，或者个别条款的原来用意已经与目前的情况不尽符合，所以，对相关内容进行调整以顺应形势的需要和加快种业科技对外输出，便显得十分必要。此外，一些行业性的规章制度与地方性的规章制度存在内容交叉，这种交叉不是对管理上的补充与完善，相反还易于造成企业"走出去"的负担与障碍，甚至由此而导致较大的机会成本。如通过地方检疫检验的种子运输到边贸点或者到了海关后，由于再次的抽检而必然延长了通关或者与对方交易的时间，增加企业负担的情况暂且不说，在随时都会发生变化的国际贸易环境下，时间就是效益绝对是"千真万确"的真理。所以，对于条块管理可能出现职能交叉的相关领域，应该以效率优先，理顺通道，为企业"走出去"的方便与快捷创造良好的条件与环境。

3.4 加快行业协会建设，切实实现行业自律，避免恶性竞争

建立行业协会是实现市场规范和加快企业发展的一条重要举措，也是实现企业自律，进而公平及有序竞争的重要前提。此外，行业协会在协助政府进行行业管理方面也有重要作用，它能够为政府出谋划策和为企业提供服务，是一个协调企业与政府、企业与社会、企业与企业之间关系的重要力量。尤其是在"走出去"的过程中，在现行的市场秩序中，行业协会的地位与作用将不可忽视。从种业发展来看，以种子协会为内核，以种业企业为组成单元的种子经营行业协会的建立，将会对我国种业的规范与发展起到重要作用，对降低企业之间竞争性内耗和避免在境外发生恶性竞争起到有效的管理与协调作用。同时，作为一种重要的中介组织，它也必然成为连接政府和种子企业的桥梁和纽带。不仅可以对政府提供重大行业发展的政策建议，而且还会在种子的生产经营中起到引导企业市场行为、规范市场秩序、发挥行业自律的作用。此外，在新的条件下，它也将逐步成为国际贸易谈判中的重要力量，将众多的企业组织起来，形成强大的合力，以维护本组织成员在国内外贸易中的合法权益，也为种子市场的品种交易和行为规范奠定基础。为了加强行业协会的建立，政府应该发挥倡导作用，帮助和扶持种业行业协会的发展。从行业组织建立的本身来看，应该坚持自愿、民办、非盈利的原则，但政府的扶持必不可少。此外，国家作为一个主体，也应该参加到一些国际化的行业组织之中，为企业进行国际贸易和理顺"走出去"通道创造较好的条件。

3.5 建立行业准入制度，加快择优扶强进程

种子是最为特殊的农业生产资料，具有较高的科技含量，尤其是杂交种。因此，并不是所有人都能够经营种子。目前我国的种子企业数量过于庞大，仅国有种子公司就达到了2700多家，绝大多数属于中小型公司。而在市场的竞争中，中小型公司尤其是小公司往往因能力所限而缺乏长期目标，既没有自己的繁殖基地，更没有自己的科研支撑力量，但由于其数量较多而对市场的扰动能力较大，容易引发市场竞争的无序化。如在越南种子销售的市场上，来源于中小型种子企业的不规范竞争曾导致了国内许多企业的损失并由此而形成国家的损失。因此，严格建立种子行业的准入制度，对缺乏实力的种子企业加快人工淘汰进程，采取择优扶强措施，减少企业数量，增强企业质量，扩大企业规模，强化企业能力，将是一个需要考虑的重要选择。尤其是在"走出去"的过程中，只有寡头垄断，即一定的行业集中度，才有利于建立起一致对外的市场阵营，也才能增强企业的竞争能力，否则，"走出去"的过程中将会漫长而持久，甚至还会因能力弱小而难以与国外大公司竞争而形成国内市场的丢失。与此同时，在择优扶强的过程中，可以考虑组建大型的种业集团，但这种组建绝对不是简单的拼凑，而且是利益的充分整合，使之成为一个实实在在的主体。或者培养和培育几个大型种业企业，以此为龙

头，率领众多中小企业到海外去进行跨国经营，只有这样，我国种业的"走出去"战略，才能取得明显的进展。这种做法有利于实现地区间或集团内部的资源共享，有利于将竞争能力小的企业带入到国际化的市场中，以实现资源和生产要素的优化配置，降低企业的生产经营成本。

3.6 不断加大种业科技的投入力度

种业的较快发展有赖于品种的不断更新与换代，有赖于科学技术的支撑与贡献。要想增强我国种业的国际发展与竞争能力，不断加大科技投入的强度将至关重要。对此，应该运用有效的措施，增加种业的科技投入。虽然企业已经成为重要的市场主体，在种业科技的投入上，理所应当地承担起科技投入的重任，尤其是应用性科技的开发研究，但是，政府对科技的投入也具有不可推卸的责任，这是WTO中的绿箱政策的重要内容，是我国提升种业科技水平不可缺少的重要环节。但从科技投资的功能划分的角度来看，不同的主体必然有自己的投资定位。对于国家来说，加大种业科技的基础研究投入，如育种的基本方法、基本材料培育和鉴选，种质资源保育等涉及公共领域里的科技研究，尤其是核心技术和关键项目，应当更多地由政府来资助，由相关的科研单位和大专院校组成攻关小组来完成，所形成的科技成果在所有权上属于国家，由相关的政府部门出面进行拍卖交易。对于种子企业来说，虽然已经有了更多的企业注意到了科学技术的作用，不惜花费更大投资来获得相关的科技成果，如有些企业曾花费数百万元购买一个品种，有些企业则自己投资设立研究院和研究机构，根据市场需要设置相关课题和进行科技开发，但绝大多数企业还未能充分地认识到这一问题。因此，在加强政府投资种业科技的同时，调动企业投资的热情，将非常重要。较为有效的运作方法就是建立具有现代企业制度特点的科技型种子企业，即既有强大科技后盾支撑，又有明晰的产权关系和能够高效运作的企业。这类企业往往有着较强的科技意识，是种业科技未来投资的重要力量。对此，国家应予以引导。

3.7 加快建立全国统一的高效率的对外投资管理机构

基于种业科技"走出去"是我国在市场经济条件下和国内外市场高度整合过程中的企业行为的基本认识，因此，政府必须为企业设想，在减少其顾虑的同时，更应该为其创造良好的"走出去"的通道。从管理体制来看，以提高管理效率为优先定位的政府是符合WTO规则的，也是WTO所提倡和要求的。为此，对于种业科技"走出去"来讲，应该加快建立具有高效率的管理服务机构功能的全国统一的对外投资管理机构，以充分简化企业"走出去"的手续，使其能够根据国际市场的变化来及时地抓住机遇，从而顺利地拓展境外市场。在这一点上，可以考虑分步走。即第一步可通过加强相关管理部门之间的沟通来为企业"走出去"过程中所需手续的办理开放最便捷的通道；第二步是等条件成熟时，将具有内在逻辑关联职能的，但又分布于不同管理部门的机构进行合并重整，即把各个部门对外投资所涉及事项的审批权集中起来，以提高对外办事效率，缩短企业在审办手续环节中的时间，为其"走出去"速度的加快创造条件并最大程度地节约机会成本。

3.8 加强与国际种业间的交流与合作

全球经济一体化背景下，我国的国内市场与海外市场已融为一体，种子企业将面对国内外种子企业的激烈竞争，但是在竞争中，新的合作机制的建立将显得尤其重要。因为在现代经济发展过程中，竞争对手之间的利益分割往往处于动态变化状态，只有处理好竞争与合作的关系，才能实现良好的发展。因此，为了推进我国种业的快速发展，加强与国际种业之间的交流与合作就显得尤为重要。在这种情况下，推动有条件的种子企业设立海外研发中心，充分利用国外的智力资源与种质资源，发展国际科技合作，可以缩短新产品开发周期，降低成本，同时可获取最新技术和利用国外的农业自然资源，有助于加速我国种子产品的升级换代，填补国内某些高新技术产品的空白，缩短与发达国家的差距。因此，从某种意义上说，参与国际种业的研究与合作对中国种业而言至关重要，而进入中国市场对国际种业研发机构而言同样重要。我国种业应把自身当作全球种业的一部分，从WTO农业条款规定以及同国际种业跨国公司的合作中受益。同时促进我国种子法规建设同国际管理接轨，按照我国社会经济发展总体布局部署，实施经营主体多元化、多样化原则，尽快发展我国的种子产业，否则，一旦我国的种业被国外种业集团所控制,将危害到我国整个农业的安全与发展。

3.9 加快人才培训,建立能够适应国外种业市场开发的人才队伍

伴随着我国与世界市场的融合和对外贸易量的增长,将会需要更多的科技型人才和能文能武的复合型人才。从种业科技"走出去"本身来看,最基本的知识结构有两条,其一是要掌握外语,其二是要掌握育种技术,还要掌握一定的对外贸易知识,尤其是在国外市场的开发过程中,这类两栖型人才对有效开展对外种子输出业务将具有极大的效用。然而,现实的情况却是此类人才严重短缺,要么只会外语,要么仅懂技术,未能全面发展,从而增加了对外种子输出上的人力成本。因此,要以我国加入WTO为契机,加快培养全栖型人才,建立能够适应国外种业市场开发的人才培训基地,尽快形成相应的人才队伍,为扩大种业科技的境外市场奠定人才基础。

品种权及专利权申请实务管理

专利组合与布局策略

李银锁

(国家知识产权局材料工程发明审查部)

摘　要：本文介绍了专利组合的概念，从保护、价值和管理等几个方面归纳了专利组合的价值与作用，提出了专利组合的基本结构中包括基础性专利、竞争性专利、互补性专利等五类专利以及由此构建的专利组合形态，并从技术关联性总结了集束型、降落伞型等五种常见组合模式，最后提出了从技术入手，向产品、产业链、竞争对手和未来趋势逐层覆盖的专利组合构建步骤。

关键词：专利组合；价值作用；五类形态；五种模式；构建步骤

1　引言

随着专利申请量的快速增加，需要多少专利，需要什么样的专利成为困扰很多企业知识产权工作的问题，寻求合理数量和结构的专利组合成了普遍的追求，本文拟从专利组合的价值与作用、专利组合的结构、专利组合的构建三个方面介绍如何不断完善自身的专利组合，提升自身的专利管理水平和专利价值。

2　专利组合的概念

专利组合，并非是多件专利的简单集合，也不仅是将一项技术通过发明、新型和外观设计三种专利同时进行保护，也不单是围绕一项技术进行的系列申请。专利组合，就其组合的结构而言，应该是一组彼此之间有所差别，但又相互关联，存在一定内在联系的专利集合[1]。这正如古代的军阵一样，有骑兵、步兵、弓箭手、战车等多种兵种，而每一组战斗阵列又是围绕着战斗或防御需求由一定数量的多个兵种相互配合、互相协同构成的。

就专利组合而言，其中的关联或联系，主要是技术上的关联。这种技术上的关联，并不局限于围绕某一个技术改进或某一个技术构思，而是应该立足于技术领域、技术链条以及与技术相关的产业链条。也就是说，专利组合的终极形态，应该是能够为与技术相关的产品或服务在其整个技术领域或产业的竞争中提供保护。

3　专利组合的价值与作用

以集群式的方式、以大量的专利构建专利组合，并不仅仅是满足企业管理者对于专利数量上或专利增长业绩的要求，更重要的是要配合企业的整体发展战略，站在强化技术创新收益、维护市场竞争地位、提高产业话语权的角度，用资产管理的理念去创造、管理和维护其所有专利并实现其价值（图1）。

相比于单个专利，专利组合作用可以体现在强化技术保护范围、延续技术保护时间、抵消申请文件撰写瑕疵、提升管理效率方面，并能够为企业提供集群式保护、多点式防御，其整体价值也将远远大于各个单件专利之和，是专利布局的成果体现和最终形态（图2）。有意地构建专利组合，并以组合的理念和方式开展专利管理和运用，是企业持续扩张的专利申请活动的必然结果。

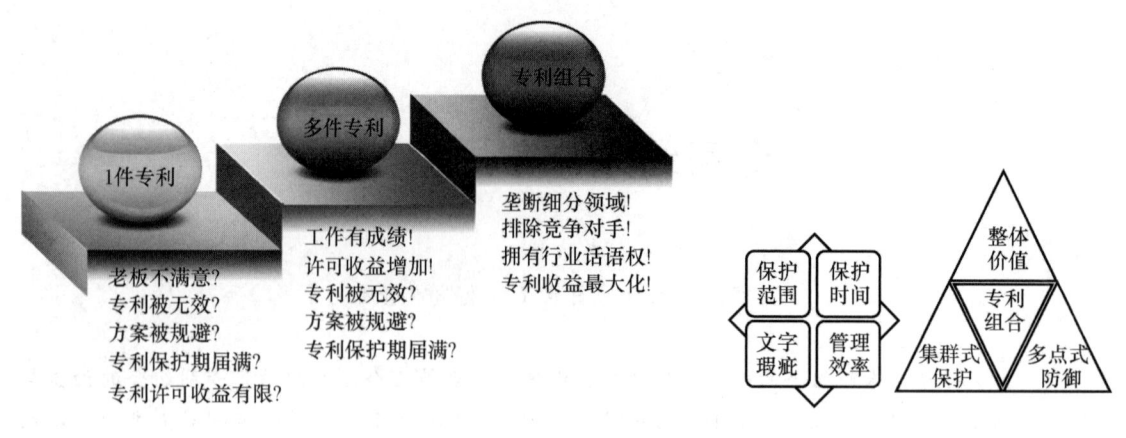

图1 专利组合的价值体现

图2 专利组合的作用

3.1 打破单件专利在技术保护上的局限性

技术的演进特点决定了技术本身在不断优化和更新、技术的应用范围在不断扩展、各种技术之间的支撑和关联性越来越强。

在一件专利中,无法对一项技术提供完整、动态的保护。同时,一项技术的产业和市场寿命也很可能会大于单件专利的保护期限。

此外,文字表达的多样性和不确定性,使得从技术到专利文件的转换过程中,难免存在一些表达上的缺憾,专利文件因此而出现文字上的撰写瑕疵。

因此,就单件专利而言,在其技术覆盖面、保护的时间长度、文字表示准确性等方面都可能存在不足,而通过专利组合的保护方式以及通过对专利组合的不断更新调整,则可以有效地消除上述这些不利影响,实现对其技术创新成果的全面保护和对技术演进的动态跟随。

3.2 提升企业专利的整体价值

越来越多的事件表明,专利的价值,往往是以专利组合的总体性交易来实现的。

微软苹果等45亿美元收购北电网络6000多件专利组合;

谷歌125亿美元收购摩托罗拉移动,目的在于后者的1.7万件专利组合;

微软收购AOL 800项专利组合的交易中,其单个专利的平均价值达到了125万美元;

英特尔拟以1.2亿美元收购RealNetworks的视频编码、解码软件,以及约190项专利和尚在申请中的170项专利;

HTC决定收购S3图形的专利,S3图形拥有270项专利组合,之前被授权给索尼株式会社、任天堂株式会社和微软公司。

在市场竞争中,一件专利作用的有效发挥与实现,往往离不开其他相关专利的协同和支撑。相对于单件专利,或零散的、无关联的多件专利而言,专利组合依靠其内在的关联性,通过彼此的协同和支撑作用,可以使得专利的成果保护、技术控制、竞争防御等作用得到最有效的发挥,从而使其价值得到最大程度的实现。

而依赖于这种协同和支撑效果,由这些专利所构成的组合体的总价值,也将远远大于各个专利单独的价值的简单相加,从而使得企业所拥有的专利价值在整体上得到有效提升。

3.3 提升企业专利管理效率

当企业拥有的专利达到一定规模后,如果依然对每件专利单独地开展价值评估、维护、处置等管理工作,将非常繁冗和复杂,严重影响企业专利管理的效率。

此外,某一件专利的作用和价值,除了取决于其自身技术方案的重要度外,也往往跟其与集合中其他专利的关联有关。例如,某件专利,其技术上的改进点非常小,但可能会对另外一件核心专利起到重要的外围保护作用。

因此，割裂各专利彼此之间联系性，会使得专利的管理工作变得琐碎而缺乏整体性，管理的效率大幅降低，也可能会错误地评判每一件专利的价值和作用。

在以专利组合为单元开展专利的管理工作中，企业可以根据各个专利组合中的专利构成、完善度而对其获得整体价值的评估，并根据其专利管理的目的，直接针对相应的子组合进行调整、处置和维护。企业在进行专利运用时，也能够根据运用的目标和对象而方便、快捷地从其自身的专利集合调用相应的组合，并且通过组合的方式为每一件专利找到适宜的作用场合。

4 专利组合的结构

一般而言，专利组合的结构主要体现在其中个体专利的特质和专利组合整体的结构形态。总体上，合理的专利组合应该具有结构合理、覆盖完整、数量匹配、功效完备等特点（图3）。

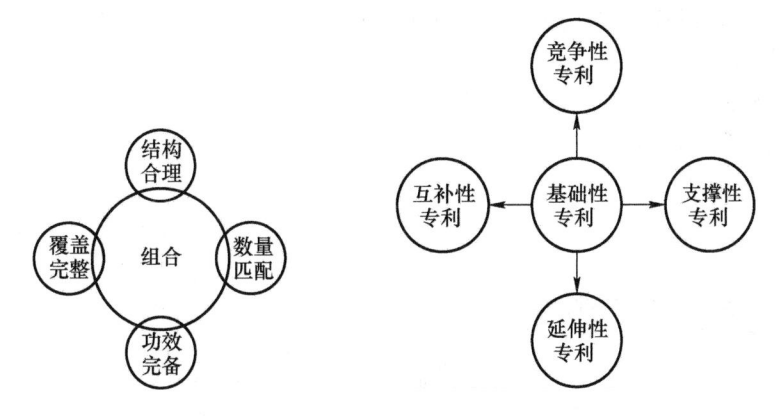

图3 专利组合的整体要求　　图4 专利组合中专利的基本类型

4.1 组合中专利的基本类型

从个体专利的特质和作用来考量，一个理想的专利组合中可以包含五种专利（图4）：

（1）基础性专利，主要是覆盖了创新技术成果的核心或基本方案的最主要技术特征，为其提供最大保护范围的若干专利；

（2）竞争性专利，主要是为解决同一技术问题，或为实现相同或相近的技术效果而采取的不同的替代技术方案的专利；

（3）互补性专利，主要是围绕核心或基本方案衍生出的各类改进型方案的专利，包括对技术本身的优化、改进方案，与各种产品结合时产生的具体应用方案等；

（4）支撑性专利，主要是对核心或基本方案的具体实施起到配套、支撑作用的相关技术的专利，如该方案相关的上下游技术的专利；

（5）延伸性专利，主要是核心或基本方案在向其他应用领域扩展时，所衍生出的各种变型方案以及其与这些领域中的相关技术相结合时产生的技术组合方案。

一般情况下，在专利组合中，基础性专利构成了专利组合的核心部分，而根据不同的保护内容和保护目的，可以在其外围选择性地设置若干竞争性专利、互补性专利、支撑性专利、和/或延伸性专利。

另外，一件专利的具体类型，取决于其所处的专利组合、其在该组合中发挥的作用等因素，同一件专利在不同的组合中可以属于不同的类型。例如，在某一技术方案的竞争性专利、互补性专利、支撑性专利或延伸性专利中，也可能会出现一些创新程度较高、市场应用价值较大的专利，这些专利可能会成为某个新组合中的基础性专利。

4.2 专利组合的结构体系

专利组合的构建往往是通过长期的专利布局形式实现的，根据保护对象以及企业专利战略的不同，专利组合的结构形态也千变万化。但是，通过有意地规划和布局，企业最终建立起来的专利组合可以具备如下的构成体系（图5）：

（1）控制关键技术的核心专利群；
（2）由替代方案、改进方案、扩展应用、配套技术等构成的包绕核心专利群的外围专利保护圈；
（3）散布在外围专利保护圈周围，由技术在产品中的具体应用方案、组合方案以及其他相关技术等构成，且围绕产品各个功能模块、技术构成点形成的一系列子专利群；
（4）围绕某些功能模块或技术构成点的子专利群，向外延伸等的上下游扩展专利链；
（5）填补于各专利圈或专利群之间的用于反击对手的专利点，这些专利点和上述专利圈或专利群中的某些专利构成了反击专利；
（6）分布于功能模块或技术构成点的子专利群周边的储备专利。

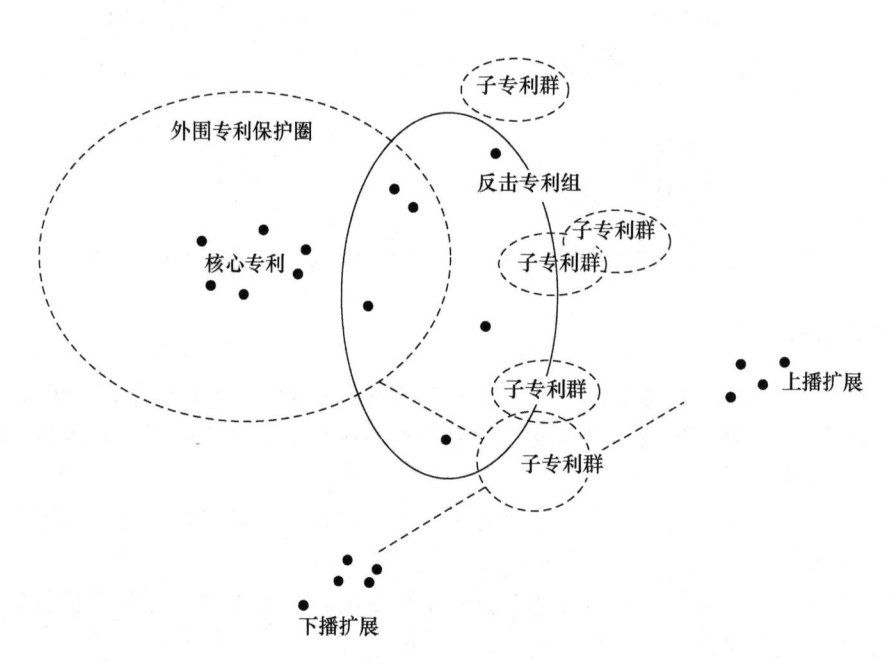

图 5　专利组合的一般结构体系

4.3 专利组合的常见模式

根据专利组合的结构形态，可以分为集束型、降落伞型、星系型、链型和网状覆盖型五种基本模式（图6）。在这些模式中，以基础性专利为核心，将不同类型的专利与基础性专利进行组合，可以为某项技术或产品提供不同的保护效果：

（1）集束型，由某一技术方案的基础性专利和对应于各种替代方案的若干竞争性专利构成，通常用于为核心技术设置专利屏障，阻碍竞争对手的模仿；
（2）降落伞型，由某一技术方案的基础性专利和其主要的改进、优化方向上的若干互补专利构成，通常用于对持续改进技术的跟随式保护；
（3）星系型，由某一技术方案的基础性专利和应用在各个领域中产生的延伸性专利构成，通常用于为企业拓展其产品种类、在不同领域获得技术控制地位提供专利保护；

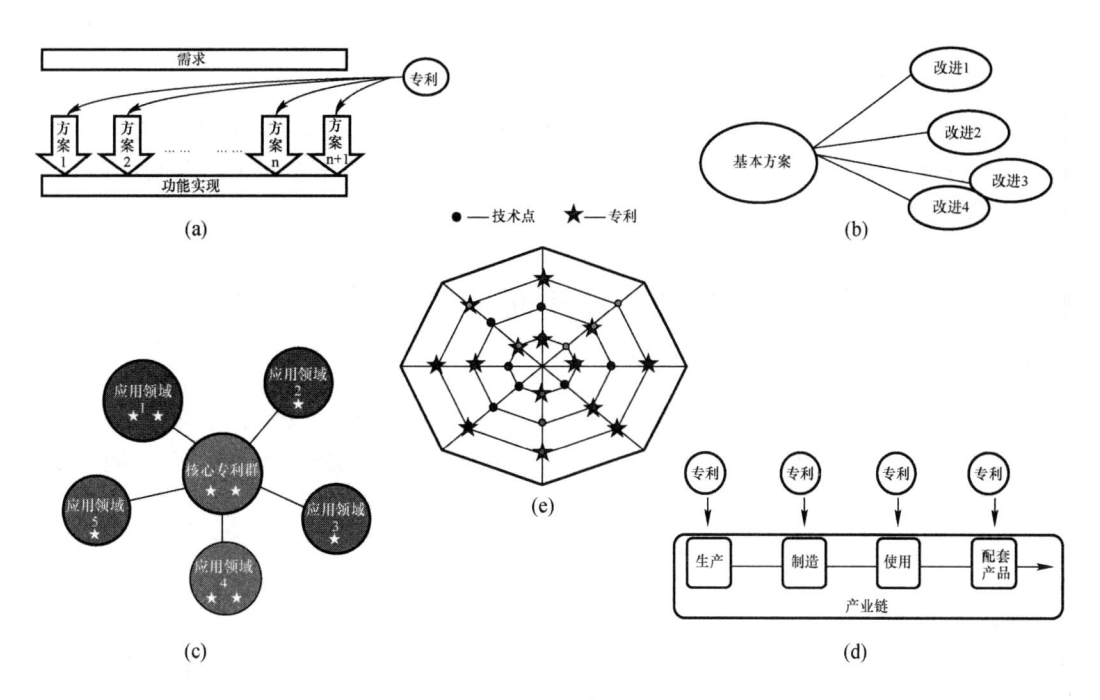

图 6　专利组合的常见模式
(a) 集束型；(b) 降落伞型；(c) 星系列；(d) 链型；(e) 网状覆盖型

（4）链型，由某一技术方案的专利或专利组合为该方案的产业化实现和应用提供支持的上下游支撑性专利或专利组合构成，通常用于为企业进行整体的产业布局、整合产业链资源提供专利保护；

（5）网状覆盖型，由一个产品的各个主要技术点的专利或专利组合共同构成，通常用于为企业的某个重要产品供完整的专利保护网。

5　专利组合的构建

总体上，专利布局的构建是通过专利挖掘、构建组合子模块、完善组合结构、均衡专利数量、随演进维护各步骤的循环往复进行的。

5.1　专利组合的来源

在介绍专利组合的构建步骤之前，需要强调一点，企业自身的专利组合的来源是可以多样化的，绝不仅仅限于企业自身的专利挖掘和申请活动。实际上，从众多大公司与专利有关的市场活动报道中，我们也可以窥见其专利的来源非常多样化，可以具体归纳为挖（专利挖掘）、联（技术/专利联盟）、并（产业并购）、买（专利交易）四类（图7）。

挖：苹果滑动解锁、橡皮筋回弹、触屏缩放专利；谷歌获得面部解锁专利、基于眼球跟踪技术的解锁专利、快捷进入程序的图形解锁专利。

联：韩国海力士与日本东芝公司共同开发 MRAM 技术，并将扩大专利交叉授权的范围；2010年6月12日，以燕加隆集团、德威木业集团为龙头的中国地板专利联盟成立，实现专利共享。

并：三星计划收购德国 NovaledOLED 公司，以便获得大量有关 OLED 技术方面的专利，应对LG。

买：谷歌向 SR Tech Group 收购了数项与语音技术有关的专利以及正在申请的专利；2011年苹果拥有的 LTE 专利为零，而截至2012年9月他们已经收购了318项 LTE 专利。

5.2　以技术为核心，初步构建专利组合模块

专利是一种技术的体现和对技术的垄断权。因此，企业在构建专利组合时，首先可以依据优势技术或其核心技术为基础，围绕该技术，构建专利组合模块。

在这种专利组合模块中，首先通过若干专利，将该技术的各种可能的实现方式以及该技术与企业产品的各种结合方式进行保护，形成核心保护圈。

进一步，围绕该技术，对能达到类似技术效果的各种可能的替代方案，各种规避设计进行考虑，进行专利设计；对各种改进方向和相应的改进方案进行专利挖掘；对该技术的各类可能的重点扩展领域进行专利挖掘。通过这些专利的设计、挖掘，可以进一步对核心保护圈中的专利形成有效的外围保护。

如此建立起来的专利组合模块，可以对企业的核心技术形成有效、完整的保护。

5.3 以产品为落脚点，优化和完善专利组合

专利对技术的保护，往往最终是落实到产品中去；而一件产品中，又往往融合了多项技术。要使企业的专利组合在真正的市场环境中实现其价值，企业需要围绕其具体的产品，进一步优化和完善其专利组合。

这些优化和完善，可能包括以下几个方面：

（1）结合该技术在具体产品中应用时所产生的效果和功能、解决的问题、相应的优化等情况，对技术的具体应用方案着重进行多维度的专利挖掘；

（2）对该技术在产品应用中与其他技术的各类组合所产生的各种技术方案进行专利保护；

（3）对产品中应用到的其他一些重要技术适当地进行专利布局；

（4）在根据产品进行专利组合的优化和完善时，要注重在产品的各个主要功能模块、各个主要技术构成上都去构建一定的专利子组合，实现对产品的全方位的专利保护。

5.4 以产业链为轴，扩充专利组合

企业在市场中的竞争力，除了体现在某些关键技术、主要产品的控制力等，还往往体现在其对上下游的影响力上。只有企业对其上下游具备一定的影响力时，企业才能获得稳定的上下游合作关系，确保其市场竞争力的持续有效发挥。

企业在实际的产品研发过程中，也往往会涉及对上游技术的改进研究和对产品的下游应用方案的探索，并在这些研究和探索中获得一定的技术积累。企业应该有意识地将这些技术积累尤其是其中的关键改进和重要应用有效地转化为专利成果，并将这些专利纳入到其专利组合中去，从而将其专利组合的内容延伸、扩展，覆盖到企业产品的上下游。

依赖于这种专利上的延伸和扩展，企业在与上下游厂商的谈判中，可以获得更大的话语权；而上下游厂商为了降低其运营风险，也更加乐意与企业达成专利上，甚至技术上的共享联盟，构建风险防御共同体，从而形成稳定的合作和依存关系。

因此，企业通过其专利组合在产业链上的扩充、延伸，为其稳固在产业链中的位置，加强在产业链中的影响力提供了有力支撑。

5.5 以竞争对手为目标，补充防御性专利

企业为了完全保证其市场自由度，其所拥有的专利组合还需要是攻防兼备的，既能够对他人的模仿、抄袭行为产生足够的威慑力，为企业自身技术的价值实现提供完善的保护，又能够在竞争对手向企业发起专利攻击时，为企业提供充足的反击武器，消除这种攻击的威胁。为此，在企业的专利组合中，要存在着这样一批以限制、反击竞争对手为目的的专利。

实质上，在从企业自身的技术出发，围绕其产品，并向上下游延伸来建立其专利组合时，其中的一些专利可能已经同时具备了限制、反击竞争对手的功能，而为了实现对专利组合更有效地管理和运用，企业需要将这些专利筛选出来，以此建立反击专利子组合。

但是，由于这些已有的兼具反击作用的专利，最初并非有意针对竞争对手而进行布局的，导致这些专利之间往往会缺乏有机的联系，所形成的组合整体上对竞争对手的威胁度有限，很容易被对方规避，起不到真正的限制、反击效果。为此，企业需要进一步针对竞争对手的技术、产品规划和布局，

进行专利挖掘，进行必要的专利补充、完善，形成完整的、难以规避的反击专利子组合。

5.6 以未来趋势为导向，提前储备

除了根据现有的产品研发、市场需求、竞争环境等情况，建立起上述攻防兼备的专利组合外，为了获得持久的竞争力，企业还需要在其专利组合中纳入适当的储备性专利，以能够对未来可能发生的竞争情况做出应对。

这些储备性的专利来源有两类：一类是研发中的衍生成果；一类是有意识的预测，主要包括技术预测和市场预测。

对于衍生成果，企业可以结合技术趋势、市场需求以及产业预测，选择性地对其中的重点方案进行适当地专利挖掘，获得储备性专利。

对于有意的预测，企业可以结合已有的技术积累、研发成果收集相关方案，并可以针对一些重点发展方向设置研发计划，在此基础上形成储备性专利。

6 结语

专利组合的构建和维护是一个长期性的工作，本文提供的一些结构、模式和方法或许能为企业工作者提供一些借鉴，但真正适合企业自身技术和产品的专利布局策略和专利组合结构还依赖于企业对自身技术、产品的解析，以及企业自身的市场和产业定位、发展战略，同时也离不开企业所处的产业、市场整体的发展趋势和竞争环境，是在企业实际的技术研发、产品开发和市场拓展中不断调整、补充和完善的，绝不可能一蹴而就，也很难说长期不变。但无论如何，在进行专利布局和构建专利组合时，时刻保持着将专利组合的构建和自身发展战略相结合，将单件专利的挖掘与整体的专利战略相结合，将技术的专利保护与市场地位维护相结合，将自身的专利规模及结构放在产业专利的大环境下去考虑，站在竞争对手的角度去挑剔的思想[2]，才有可能使企业保持持久的生命力！

参 考 文 献

[1] 杨铁军. 企业专利工作实务手册 [M]. 北京：知识产权出版社，2013：105-108.
[2] 袁建中. 企业知识产权管理理论与实务 [M]. 北京：知识产权出版社，2011：184-187.

申请植物新品种权时如何选择近似品种

陈 红
(农业部科技发展中心)

摘 要：本文阐述了植物新品种的定义以及植物的近似品种的定义，对从范围、类型、亲缘关系、成熟期选择近似品种进行了分析和陈述理由。

关键词：植物新品种；近似品种；选择分析；陈述理由

1 植物新品种的定义及理解

《植物新品种保护条例》第二条规定，"植物新品种是经过人工培育的或者对发现的野生植物加以开发，具有新颖性、特异性、一致性和稳定性并有适当命名的植物品种"[1]。《植物新品种保护条例》对植物新品种的定义，我们要着重理解以下三点。

一是定义包含了植物新品种的主要授权条件，即新颖性、特异性、一致性、稳定性和适当命名。植物品种权审批机关主要审查申请品种是否符合上述五个条件从而决定是否授权。当然植物新品种的授权条件还包括申请品种种类应在审批机关公布的植物新品种保护名录范围内、应当履行相关申请程序、申请品种不应是有害生物等条件。

二是植物新品种保护不但对人工培育的植物新品种，还可以对发现的野生植物加以开发所形成的植物品种进行保护。对于人工培育的品种加以保护，大家是不难理解的，这也是植物新品种产生的主要方式。如利用国外某优良品种与某地方品种杂交后选育出的品种符合授权条件就可以申请品种权。甚至利用他人授权品种实质性派生出的品种（实质性派生品种，Essentially Derived Varieties）也可以申请品种权，如利用航天育种、辐射诱变、转基因、连续回交、系统选育等育种手段，在别人授权品种基础上简单改造但符合授权条件的品种株也可以获得品种权。这里要强调的是，对于发现的野生植物加以开发所形成的品种可以申请品种权。但仅仅是"发现"（Discover）是远远不够的，如在野外仅仅发现一株野生葡萄，未经"开发"（Development）是不能获得品种权的。在"发现"的前提下进一步加以"开发"，可以为人类所利用，这时候就可以申请品种权了。"开发"在《植物新品种保护条例》中没有明确定义，但应当包括驯化、嫁接、对品种特征特性观察记载等。例如，"红阳"猕猴桃品种就是育种家在野生猕猴桃资源调查中发现的，后经过嫁接繁殖选育，并对其生长习性和特征特性等进行观察记载，探索了相关栽培技术等，能够推广应用，对该野生资源赋予了一定的智力劳动成果，这样所形成的新品种就可以申请品种权了。

三是对育种者的界定不仅仅包括专门从事育种工作的人员。植物新品种权，也称为育种者权利。从对植物新品种定义上来讲，植物新品种的育种者不仅仅包括专门从事育种工作的人员，也包括农民、教师、政府工作人员等，都可能成为育种者。辽宁省某教师在修建自家房屋过程中发现一株桃树变异株，特别晚熟和抗寒，后经嫁接繁殖、观察记载等一系列智力劳动，所培育成的品种不同于现有品种，后来申请了品种权。新疆某农民从繁育的苹果树苗中发现一株果肉红色、叶片红色、枝干红色的变异植株，经嫁接繁殖、观察记载等智力劳动，后来也申请了品种权保护。上述例子中，不管是猕猴桃专业育种家，还是跟育种没有多大联系的人民教师，或者是农民都可以成为育种者；而且不仅仅是个人，还可以是单位，包括公共科研机构、公司、大学等都可以对经人工培育的或者对发现的野生植物加以开发所形成的品种申请品种权保护。

2 近似品种的定义

依据《植物新品种保护条例实施细则》[2]第二十一条，近似品种是指在所有已知植物品种中，相关特征或者特性与申请品种最为相似的品种。其中，已知植物品种，包括品种权申请初审合格公告、通过品种审定或者已推广应用的品种，或者在公开刊物上对其特征特性进行详细描述的品种。

审批机关在判定特异性时应当与特征特性最相近似的公知公用品种即近似品种作对比，如果与最相近似品种有显著差异，就表明申请品种具备特异性。否则，申请品种不具备特异性。因此筛选并确定一个与申请品种特征特性最为相似的近似品种是植物品种权审批机关判断申请品种是否具备特异性，是否具备授权条件的关键内容，也是审批机关的重点和难点工作。从这点来看，筛选近似品种应是审批机关的工作范围。但是由于新品种保护制度实施与发达国家相比还相对落后，特别是我国植物新品种保护数据库尚待完善，审批机关要求申请人先选择一个尽可能合适的近似品种，并依据该近似品种描述申请品种的特异性。虽然申请人选择的近似品种对于审批机关只是参考，但选择的近似品种是否合适，对于申请人是否快速获得品种权影响很大。筛选近似品种是申请人在品种权申请及文件撰写准备中的关键步骤。

但是，理论上的近似品种和田间测试所要求的近似品种是有所不同的。例如，尽管从数据库中查询到水稻杂交稻保持系与其不育系特征特性表现相对最为接近，但是由于品种类型不一致，不需要田间测试就可以判定其育性差别明显，选择其保持系作为不育系的近似品种在田间测试时就没有多大必要性。

3 如何选择近似品种

申请人由于对已知品种了解范围和占有量有限，在实践中是很难选择出与申请品种"特征特性最为相似"的近似品种的。如果收集的已知品种数量有限，审批机关选择近似品种进而判定申请品种是否具备特异性时也是一件非常困难的事情。从这个意义上来讲或者从操作层面来看，所谓的"近似"只是一个相对概念。那么，申请人在申请品种权时应当如何选择相对更为近似的品种呢？

首先，从选择的对象范围来看，应当属于公知公用品种。近似品种应当从品种权申请初审合格公告、通过品种审定或者已推广应用，或者其品种特征特性已有详细描述的已知品种中选择，同时也应考虑到其繁殖材料在测试时能够获得。近似品种不为人所知，只有申请人了解或只有申请人掌握其繁殖材料，进行特异性比较是毫无意义的。例如，与申请品种同时选育出的姊妹系，没有通过品种审定，也没有申请品种保护，更没有推广应用，虽特征特性与申请品种最为相似，其繁殖材料也可以获得，但只有申请人才对其有"发言权"，公众不一定认可，所以不能将非公知公用的品种作为近似品种。虽然申请人知道某已知品种可能是最为近似品种，但其繁殖材料无论通过何种途径都不能获得，由于没法安排与申请品种"一对一测试"，所以也没有必要选择这类品种作为近似品种。

其次，从品种类型上来讲，除了特殊情况外，选择的近似品种应与申请品种的品种类型一致。申请品种是两系杂交稻，近似品种也应当从两系杂交稻品种中去选择；申请品种是常规种，近似品种也得是常规种。当然，如果申请品种是一种新的品种类型，如某育种家育成了第一个三系小麦不育系要申请品种保护，从其他的已知品种或资源中找不到小麦三系不育系，这时候就只能从现有的非三系不育系的常规品种中去选择。有时尽管特征特性与申请品种最为相似，但不一定能作为近似品种。例如，三系不育系与其保持系特征特性最为接近，但我们不能选择其保持系来作为近似品种。因为两者明显在育性上就有差别，通过阅读文件就知道具备特异性，审批机关没有必要将其作为近似品种与申请品种并排劳神费力地对进行DUS测试。

再次，可以从血缘关系考虑。一般来说，血缘关系越近的，两个品种的相似程度越大。依据血缘法进行描述时，要从父（母）本育种来源进行追溯。例如，在选择某申请品种为杂交水稻品种的近似品种时，可以考虑：先在相同母本的情况下，找出父本血缘更为相近的杂交稻品种，或者在相同父本的情况下，找出母本血缘关系最为相近的杂交稻品种。

最后，从熟期来看，为便于观察测试特异性和对特异性状对比照相，选择的近似品种最好要与申请品种熟期大体一致。例如，当申请品种还是花骨朵时，另外一个品种的花快要凋谢了，而对比性状又体现在花朵上，由于两者熟期相差太远，没法对比同一时期两者在花颜色、花形状、花姿态等方面的性状。当然，申请品种和近似品种性状对比在其他方面无明显差异，而主要表现在熟期的例外。

特征特性与申请品种最相似的同父异母或同母异父的姊妹系，通过系统选育、诱变育种和分子辅助选择等育种手段仅被改变了个别性状的原始亲本材料均可以作为申请品种的近似品种。必须强调的是，所选的已知品种与申请品种虽无血缘关系，但两者在大多数主要外观形态特征上的表现相对最为接近，这时的已知品种应当被视为近似品种。

4 如何陈述近似品种选择理由

"选择的近似品种及理由"在品种权申请文件中是审查员审查的一个重点部分。由于申请人更为熟悉申请品种的特征特性，品种保护办公室要求申请人在撰写申请文件时要提供一个近似品种供审查员参考。近似品种是与申请品种特征特性最为相似的已知植物品种。申请人在撰写这部分内容时要详细地陈述近似品种选择的理由。申请人可以结合品种类型、血缘关系、熟期和外观农艺性状等来陈述选择近似品种的理由。

下面举三个例子来进一步说明如何选择近似品种和如何对选择近似品种的理由进行陈述。

例一，扬两优6号在申请品种权时，可以选择丰两优一号作为近似品种。选择近似品种的理由可以描述为：丰两优一号已经通过安徽省、河南省、湖北省、江西省和国家品种审定，审定编号分别为：皖审稻03010370、豫审稻2004001、鄂审稻2004005、赣审稻2005086、国审稻2005035。本申请品种扬两优6号亲本组合为广占63-4S×扬稻6号，丰两优一号的亲本组合为广占63S×扬稻6号。扬两优6号的母本广占63-4S与丰两优一号的母本广占63S是姊妹系，父本又同为扬稻6号，两者血缘关系最为接近。同时，在经田间农艺性状观测时表明，两者在特征特性表现方面也非常相似，熟期也很接近。所以本申请品种选择丰两优一号作为近似品种。

例二，中优85在申请品种权时，可以选择中优527作为近似品种。选择近似品种的理由可以描述为：中优527已经推广应用多年，属于已知品种。本申请品种中优85亲本组合为中9A×蒲恢85，而蒲恢85是对蜀恢527进行改造后育成的。中优527的亲本组合为中9A×蜀恢527。两者母本同为中9A，父本血缘关系最为接近，所以两者血缘关系最为接近。同时，两者在田间农艺性状方面表现最为近似，熟期也很相近，所以选择中优527作为本申请品种的近似品种。

例三，广占63-4S在申请品种权时，可以选择广占63S作为近似品种。选择近似品种的理由可以描述为：广占63S已初步审查合格公告，品种权申请公告号为CNA000094E，为已知品种。广占63-4S是由广占63S变异株通过系统选育而成的，两者血缘关系最为接近。同时，两者在田间农艺性状方面表现最为近似，所以选择广占63S作为本申请品种的近似品种。

参考文献

[1] 中华人民共和国国务院. 中华人民共和国植物新品种保护条例［M］. 北京：中国农业出版社，1997：10-18.
[2] 中华人民共和国农业部. 中华人民共和国植物新品种保护条例实施细则（农业部分）［EB/OL］. http://www.moa.gov.cn/zwllm/zcfg/nybgz/201405/t20140516_3906803.htm.

生物技术领域专利审查若干问题探讨

潘爱群

(国家知识产权局专利局医药生物发明审查部)

摘　要：本文对生物技术领域专利审查中的若干问题的审查原则进行了介绍，并且通过大量的案例分析进行了深入具体的研究，对专利申请人、代理人以及审查员在实际工作中遇到类似的案件时有一定的借鉴作用。

关键词：生物技术；专利；审查；不授权主题；实用性

1　不授予专利权的主题

1.1　与《中华人民共和国专利法》第五条相关的保护主题的审查

与其他领域相比，生物技术领域的专利审查中《中华人民共和国专利法》（以下简称《专利法》）第五条是使用较多的条款，其中与第一款相关的审查主要涉及对发明是否有悖于"伦理道德"进行判断，而第二款涉及对发明是否涉及利用非法获取的遗传资源来完成进行判断。需要注意的是，涉及《专利法》第五条的审查，要对整个申请文件进行审查，即审查针对的文本是说明书、权利要求书以及摘要。

1.1.1　有悖于"伦理道德"的发明的判断

基于《专利审查指南》的规定，下列几种类型的发明可能会涉及"伦理道德"的问题：
(1) 克隆的人或克隆人的方法。
(2) 改变人生殖系遗传同一性的方法或改变了生殖系遗传同一性的人。
(3) 人胚胎的工业或商业目的的应用。
(4) 可能导致动物痛苦而对人或动物的医疗没有实质性益处的改变动物遗传同一性的方法。
(5) 处于各个形成和发育阶段的人体，包括人的生殖细胞、受精卵、胚胎及个体。
下面通过具体案例进行分析。
案例一：
一种制备可移植的皮肤替代物的方法，包括从流产胎儿中采集皮肤标本……
分析：上述发明涉及了胎儿的利用，由于《专利法》并没有规定在判断时需要区分是自然流产还是人工流产的胎儿，因此该发明属于人胚胎的工业或商业目的的应用，不符合《专利法》第五条的规定。
案例二：
一种干细胞，是以人或其他哺乳动物的胚胎、脐带血、脊髓组织为原料，通过免疫磁珠阳性筛选制备的。
分析：上述发明同样也利用了人的胚胎，属于人胚胎的工业或商业目的的应用，不符合《专利法》第五条的规定。
案例三：
一种人造血细胞，其制备方法包括将人胚胎干细胞培养物与哺乳动物的造血基质细胞接触，从而制备人造血细胞。

分析：上述技术方案中利用了"人胚胎干细胞培养物"，由于其来源于胚胎，因此整个发明属于人的胚胎的工业或商业目的的应用，不符合《专利法》第五条的规定。

1.1.2 "遗传资源"的获取或利用

《专利法》第五条第二款规定，对违反法律、行政法规的规定获取或者利用遗传资源，并依赖该遗传资源完成的发明创造，不授予专利权。

在判断一份专利申请中遗传资源的利用是否违反了法律、行政法规的规定时，通常来说分为两个步骤，首先判断发明是否利用遗传资源，然后再判断是否属于"合法利用"。在判断发明是否利用遗传资源时主要考虑以下几个方面的因素："遗传资源"的定义、"依赖于"的含义以及何种情况属于违反"法律、行政法规"的规定。

1）"遗传资源"的定义

《专利审查指南》明确规定了《专利法》意义上的"遗传资源"的定义，《专利法》所称的"遗传资源"是指取自人、动物、植物或者微生物的任何含有遗传功能单位并具有实际或者潜在价值的材料，例如，整个生物体，生物体的某些部分（如器官、组织、血液、体液、细胞、基因组、基因、DNA或者RNA片段）等。

2）"依赖于"的判断

所谓发明创造的完成依赖于遗传资源，是指发明创造的完成利用了遗传资源的遗传功能。例如，对遗传资源中所包含的遗传功能单位进行分离、分析和/或处理。下面通过具体案例进行分析。

案例一：

一种与抗衰老相关的铁蛋白新基因，是从青岛沙子口附近海域的成体文昌鱼肠中提取总RNA并构建cDNA表达文库，从文库中克隆鉴定得到了文昌鱼铁蛋白新基因。

分析：上述发明由于包括了提取RNA和构建cDNA表达文库，并克隆了新基因的技术手段，因此涉及了对遗传资源中所包含的遗传功能单位进行分离、分析和/或处理，该发明的完成依赖于遗传资源。

案例二：

发明公开了一种鉴别川牛膝道地药材的核苷酸序列，该序列为来源于正品川牛膝（白牛膝）的rDNA ITS序列，可用于对照鉴别川牛膝道地药材。通过从DNA水平上分析川牛膝种质资源的遗传特征，为区分正品川牛膝、混杂川牛膝和怀牛膝等提供了有效的分子标记。

分析：上述发明的技术方案中包括了对川牛膝rDN AITS序列的分离以及分子标记的鉴定，因此涉及了对遗传资源中所包含的遗传功能单位进行分离、分析和/或处理，该发明的完成依赖于遗传资源。

案例三：

一种黑龙增红片，其特征在于，由龙葵、黑豆衣、牛西西、川牛膝、涩叶、龙眼肉、黑芝麻、生首乌、石榴皮、鸡血藤、路路通、公丁香、花椒目、大枣、炒盐组成。

分析：上述发明虽然也用到了"遗传资源"川牛膝，但是并没有对其遗传功能单位进行任何的分离、分析和/或处理，因此该发明的完成不依赖于遗传资源。

3）违反"法律、行政法规"的规定

违反"法律、行政法规"的规定是指申请人未按照我国有关法律、行政法规的规定事先获得有关行政管理部门的批准或者相关权利人的许可。

例如，按照《中华人民共和国畜牧法》和《中华人民共和国畜禽遗传资源进出境和对外合作研究利用审批办法》的规定，向境外输出列入中国畜禽遗传资源保护名录的畜禽遗传资源应当办理相关审批手续，而国外某一申请其发明创造的完成依赖于中国向境外出口的列入中国畜禽遗传资源保护名录的某畜禽遗传资源，但未办理审批手续的，该发明创造的完成违反了我国"法律、行政法规"的规定，因而不能被授予专利权。

1.2 与《专利法》第二十五条相关的保护主题的审查

生物技术领域的专利审查中与《专利法》第二十五条相关的保护主题的审查主要涉及三个方面："智力活动规则""疾病的诊断和治疗方法"以及"动、植物品种"。下面分别进行介绍。

1.2.1 涉及"智力活动规则"的发明

根据《专利审查指南》的规定，"智力活动"是指人的思维运动，它源于人的思维，通过推理、分析和判断产生出抽象的结果，或者必须经过人的思维运动作为媒介，间接地作用于自然产生结果。智力活动的规则和方法是指导人们进行思维、表述、判断和记忆的规则和方法。生物技术领域涉及"智力活动规则"的发明并不常见，但涉及的发明种类却相当复杂，判断时有一定难度，举例如下。

案例一：如下权利要求。

一种家蚕的分子连锁遗传图谱，其特征在于由SSR分子标记制成的高密度遗传连锁图，标记的分布均匀，对未知基因进行定位十分方便。

分析：该发明涉及一种分子连锁遗传图谱，属于信息的表述，因而属于"智力活动规则"。

案例二：如下权利要求。

一种选择在诊断应用中使用的标记物的框架的方法，包含：

(1) 定义诊断参数；

(2) 建立一种诊断参数之间的关系以确定优化的标记物框架；

(3) 选择上述的框架。

分析：该发明涉及一种选择在诊断应用中使用的标记物的框架的方法。实质上是一种指导人们进行思维和判断的统计方法。因而属于"智力活动规则"。

1.2.2 疾病的诊断和治疗方法

1) 疾病的诊断方法

根据《专利审查指南》的规定，一项与疾病诊断有关的方法如果同时满足以下两个条件，则属于疾病的诊断方法，不能被授予专利权：

(1) 以有生命的人体或动物体为对象；

(2) 以获得疾病诊断结果或健康状况为直接目的。

同时，《专利审查指南》还规定，如果一项发明从表述形式上看是以离体样品为对象的，但该发明是以获得同一主体疾病诊断结果或健康状况为直接目的，则该发明仍然不能被授予专利权。此外，《专利审查指南》还特别规定了"患病风险度评估方法""疾病治疗效果预测方法"和"基因筛查诊断法"属于疾病的诊断方法。

案例一：如下的权利要求。

一种确定骨损伤易感性的方法，包括确定男性或女性个体中INHBA基因的至少一个等位基因在第39位多态性的存在或缺失。

分析：上述权利要求保护的方法可以确定个体是否骨损伤的易感性，属于"患病风险度评估方法"。

案例二：如下的权利要求。

一种犬细小病毒的PCR检测方法，其特征在于设置PCR检测试剂盒，该试剂盒包括：

(1) PCR试剂管；

(2) 阳性对照，该对照为经CTAB消化，酚氯仿抽提的犬细小病毒DNA模板；

(3) 阴性对照，该对照为不含犬细小病毒并经热处理的粪样。

分析：该权利要求所述的检测可以检测犬个体是否感染了细小病毒，而一旦感染了该病毒，定会对个体的健康状况造成伤害，因此该方法属于疾病的诊断方法。

案例三：如下权利要求。

一种判断人个体患乳房癌和卵巢癌倾向性的方法，其特征在于，它包括确定在个体的组织样品中是否有 BRCA1 基因序列或 BRCA1 基因调控序列的种系改变，该改变表示倾向于患该癌肿。

分析：该权利要求涉及对与疾病相关的基因的检测方法，属于"基因筛查诊断法"。

2）疾病的治疗方法

"治疗方法"是指为使有生命的人体或者动物体恢复或获得健康或减少痛苦，进行阻断、缓解或者消除病因或病灶的过程。生物技术领域由于技术本身的特点决定了"治疗方法"的种类繁多而且有很大的隐蔽性，需要特别注意。

案例一：如下的权利要求。

一种降低细胞内激酶 A 活性的方法，其特征在于……

分析：根据说明书记载的内容，体内降低激酶 A 活性必然导致肿瘤细胞的增殖被抑制，从而起到治疗肿瘤的作用，因此，上述方法涉及疾病的治疗方法。

案例二：

一种刺激哺乳动物中枢神经系统轴索髓鞘再形成的方法，包括给哺乳动物施用一种有效剂量的单克隆抗体，该抗体由 ATCC 保藏号为 CRL11627 的杂交瘤产生。

分析："刺激哺乳动物中枢神经系统轴索髓鞘再形成"显然是与疾病的治疗相关联，因此属于疾病的治疗方法。

案例三：

受体酪氨酸激酶（RTK）和至少一种抑制剂用于治疗和/或预防 RTK 机能亢进诱发的紊乱，尤其是癌症的用途。

分析：该技术方案的保护主题是一种用途，是治疗和预防疾病的用途，属于疾病的治疗方法。

1.2.3 动、植物品种

根据《专利法》第二十五条第一款第（四）项的规定，动物和植物品种不能被授予专利权。基于该条款的规定结合动物和植物各自的特点，不同的保护主题应分别处理。

（1）下列与动物相关的主题不能授予专利权：

动物胚胎干细胞、生殖细胞、受精卵、胚胎和动物体。

案例一：

一种用于生产病毒抗原的生物质，该生物质包含颗粒大小为 0.5～10.0mm 的禽胚胎颗粒，其中所述颗粒被病毒感染。

分析：该权利要求中保护的主题是"生物质"，从特征部分的描述可以看出，其实际上是一种"禽胚胎"。因而属于动物品种，不能授予专利权。

（2）下列与动物相关的主题可以授予专利权：

动物体细胞、动物组织、动物器官（除胚胎以外）。

但有些情况下，不能仅看表面文字说明，还需要具体分析。

案例一：

一种培养的动物体细胞，该细胞具有正常核型，并且当其在体外被诱导时，会发育成一胚胎体。

分析：该权利要求的保护主题是一种动物体细胞，但从特征部分的描述看，其可以发育成"胚胎"，而普通体细胞不具有发育成"胚胎"的能力，因此该"体细胞"实际上是相当于"胚胎干细胞"或"受精卵"，因而不能授予专利权。

（3）下列与植物相关的主题不能授予专利权：

不同发育阶段的植物体本身；植物繁殖材料。

对于特定植物的某种细胞、组织或器官是否属于繁殖材料，应当依据该植物的自然特性以及说明书对该细胞、组织或器官所作的具体描述进行判断。

案例一：如下权利要求。

一种愈伤组织培养物，其来源于权利要求 1 所述制备方法所得到的转基因植物 A。

分析：该申请的说明书详细描述了利用组织培养技术从所述愈伤组织培养物诱导分化最终形成完整植株的方法，并最终得到了完整植株。因此该"愈伤组织培养物"是植物繁殖材料，属于植物品种。

案例二：如下权利要求。

百合鳞茎，其特征在于其已通过权利要求1所述的组培技术脱去病毒。

分析：百合鳞茎虽然仅为百合的营养器官，但是根据百合的繁殖特性，其鳞茎本身即可作为无性繁殖材料，因此，该权利要求的保护主题属于植物品种。

此外，转基因动物或植物是通过基因工程手段得到的动物或植物，其本身仍然是"动物"或"植物"，因此不能被授予专利权。其他保护主题可以参照一般动植物相关情况决定。

2 权利要求实用性的审查

《专利法》第二十二条第四款所述的"实用性"是指发明专利申请的主题必须能够在产业上制造或者使用，并且能产生积极效果。其中产品的实用性是指在产业中能够制造，并且能够解决技术问题；而方法的实用性是指在产业中能够使用，并且能够解决技术问题。

生物技术领域中不具有"实用性"的发明类型的特点是方法过程步骤本身能够重复，而重复所述方法时获得的结果"不能重复再现"。归纳地说，生物技术领域中不具有实用性的发明有下列几种类型：

2.1 人体或者动物体的非治疗目的的外科手术方法

"外科手术方法"由于以有生命的人或者动物为实施对象，无法在产业上使用，因而不具备实用性。《专利审查指南》对"外科手术方法"的定义是：是指使用器械对有生命的人体或者动物体实施的剖开、切除、缝合、纹刺等创伤性或者介入性治疗或处置的方法。对于一般性的"注射""静脉取血"等不属于外科手术方法。

在判断一项要保护的权利要求是否是属于"外科手术方法"时，即使该方法中的一个步骤涉及"外科手术方法"，则整个方法也不具有实用性。此外在生物技术领域有些属于外科手术的技术手段具有隐秘性，不容易直观地判断，需要特别注意。如下列情况。

案例一：

一种自体大肠癌疫苗的制备方法，其特征包括以下步骤。

(1) DC体外诱导培养，取外周静脉血，经梯度密度离心获得单核细胞加GM-CSF 100 ng/mL……培养2d，获得成熟的DC。

(2) 肿瘤抗原的制备，取自体大肠癌细胞，培养后用0.25%胰蛋白酶消化收集，在-80℃和37℃条件下反复冻融4次，得到肿瘤抗原备用……

分析：上述方法的步骤（2）中涉及"取自体大肠癌细胞"的技术手段，而这一手段需要外科手术来完成，因此导致该方法整体上属于"外科手术方法"的方法，没有实用性。

案例二：

一种制备人造血干细胞的方法，其特征是取人体的胫骨骨髓，经过……进行分离。

分析：上述方法涉及"取人体的胫骨骨髓"这一技术手段，其需要外科手术来完成，因此该方法属于"外科手术方法"，不具有实用性。

2.2 杂交瘤的制备方法

制备杂交瘤的目的是为了获得单克隆抗体，当发明涉及制备满足特定条件（如用特定的结合常数来说明其与抗原A的亲和性）的单克隆抗体时，即使说明书描述了制备产生满足所述特定条件的单克隆抗体的杂交瘤的方法，但是由于实施该方法获得某一特定结果是随机的，不能重复再现，因此该方法不具有实用性。例如，下列方法不具有实用性：

一种激发型抗人CD40单克隆抗体的制备方法，其特征在于：将高表达CD40分子的多发性骨髓瘤细胞株（XG2）为免疫原，免疫 Balb/C 小鼠；免疫小鼠脾脏细胞与小鼠 SP2/0 细胞株进行融合，以高表达 CD40 分子的肿瘤细胞株阳性对照和不表达 CD40 分子的多发性骨髓瘤细胞株（XG7、XG1）阴性对照，经免疫、细胞融合、筛选、鉴定获得稳定分泌特异鼠抗人 CD40 杂交瘤细胞株。

2.3 由自然界筛选特定微生物的方法

由于自然界特定环境中的微生物种群随其地理位置的不确定和自然、人为环境的不断变化，导致在同一特定环境中微生物种群不断发生变化，因此难以保证在专利有效期 20 年内能重现地筛选出同种同属、生化遗传性能完全相同的微生物体，因此，由自然界筛选特定微生物的方法，一般不具有工业实用性。

例如，下列方法不具有工业实用性：

——一种从香蕉植株中分离玫瑰浅灰链霉菌（*Streptomyces rosegriseolus*）S－116 的方法，所述的 S－116 可用于防治香蕉镰孢菌枯萎病。

2.4 通过物理、化学方法进行人工诱变生产新微生物的方法

这种类型的方法主要依赖于微生物在诱变条件下所产生的随机突变，这种突变实际上是 DNA 复制过程中的一个或者几个碱基的变化，然后从中筛选出具有某种特征的菌株。由于碱基变化是随机的，因此即使清楚记载了诱变条件，也很难通过重复诱变条件而得到完全相同的结果。因此这种方法不具有工业实用性。例如，下列权利要求没有工业实用性：

——一种低产甘油啤酒酵母的平板筛选方法，包括如下步骤：酵母菌株经物理或化学诱变后，稀释涂布于平板培养基，挑选菌落比出发菌株菌落大的诱变菌株；所述平板培养基组成为甘油 1%～3%，2-脱氧葡萄糖 0.03%～0.08%，琼脂 2%，酵母粉 1%，蛋白胨 1%，其余为水。

3 生物材料的保藏

3.1 生物材料保藏的概念及对象

对于任何一件专利申请，通常情况下，说明书应当通过文字记载充分公开申请专利保护的发明。但在生物技术这一特定的领域中，有时由于文字记载很难描述生物材料的具体特征，即使有了这些描述也得不到生物材料本身，所属技术领域的技术人员仍然不能实施发明。在这种情况下，为了满足《专利法》第二十六条第三款的要求，应按规定将所涉及的生物材料到国家知识产权局认可的保藏单位进行保藏。

《专利法》意义上的术语"生物材料"是指任何带有遗传信息并能够自我复制或者能够在生物系统中被复制的材料，如基因、质粒、微生物、动物和植物等。因此当一件专利申请涉及这样的生物材料时就应该考虑是否需要到国家知识产权局认可的保藏单位进行保藏。

3.2 办理保藏的时间及提交保藏证明的时间

对于需要保藏的生物材料，申请人应在申请日（有优先权的，指优先权日）或之前交到认可的保藏单位，保藏单位在收到所述的材料后，经存活性检测后，会出据保藏证明和存活证明，申请人应自申请日起四个月内将保藏证明和存活证明提交到国家知识产权局。

3.3 需要办理"保藏"的情况的判断

并不是每一件案件涉及的生物材料都需要到认可的保藏单位保藏的，因此在涉及生物材料的发明提交专利申请之前需要对此进行判断，判断的依据原则是"在申请日（有优先权的，指优先权日）之前公众是否可以得到发明涉及的该生物材料"。

根据《专利审查指南》规定，下列情况属于公众不能获得因此需要保藏：

（1）个人或单位拥有的。

（2）由非专利程序的保藏机构保藏并对公众不公开发放的生物材料。

（3）在说明书中描述的制备该"生物材料"的方法不能重复，由该方法获得的生物材料必须保藏。此处"不能重复再现"的方法，通常包括：从自然界筛选的特定生物材料的方法；通过人工诱变方法获得的特定生物材料的方法等。

案例一：

一种由短小芽孢杆菌（*Bacillus pumilus*）P8经紫外线和亚硝基胍处理获得的，可产D-核糖的短小芽孢杆菌（*Bacillus pumilus*）变异体P8069。

分析：上述发明涉及的变异体P8069，是经人工诱变方法获得，需要进行保藏。

案例二：如下权利要求：

"1. 一种增效红花溶栓制剂，其特征在于：由一株产纤溶酶的芽孢杆菌C2-13与川红花共发酵制得。"

分析：根据说明书描述，芽孢杆菌C2-13菌株为申请人从当地土壤中分离获得，因此属于公众不能得到的情况，申请人需要在申请日之前对该菌株进行保藏。

知识产权制度对我国生物种质资源保护的作用和影响

辛 颖

（国家知识产权局专利局医药生物发明审查部）

摘 要：种质资源是育种的物质基础，也是研究物种起源、进化、分类、遗传等的基本材料，具有巨大的科学和经济价值。中国是世界上种质资源最丰富的国家之一，然而我国种质资源流失的情况极为严重。通过知识产权制度保护种质资源，对于中国来说是否合适，知识产权制度对于我国的生物种质资源的保护起到什么样的作用，是本文的研究重点。本文概述了中国在生物种质资源保护方面以专利、植物新品种保护和地理标志三种制度为主体的知识产权法律体系，并通过实际案例对这三种知识产权制度对于种质资源保护所发挥的作用进行调查，提出科学合理地综合利用我国现有的知识产权制度，使其发挥最大化作用的建议。

关键词：种质资源；知识产权；专利；植物新品种；地理标志

1 前言

生物种质资源是指地球上所有生物种质的遗传多样性资源，包括数以万计的植物、动物、微生物和它们所拥有的基因。种质资源是育种的物质基础，也是研究物种起源、进化、分类、遗传等的基本材料，具有巨大的科学和经济价值。然而，随着动植物物种资源的减少和人类对种质资源需求的增加，使得种质资源正逐渐由充裕变得稀缺。由于历史和地理方面的原因，种质资源主要集中在广大发展中国家地区，但是由于发展中国家资金不足和生物技术相对落后，无法对种质资源进行有效地开发利用，导致发达国家的生物企业和科技研发机构凭借着其科技和经济优势，肆意掠取、利用发展中国家的种质资源进行开发研究，迅速将研究成果转化为受到国内法律保护的产品和技术，从而垄断种质资源的开发利用并获得巨大的经济利益，并不断强化知识产权制度为这一利益提供保障。而提供种质资源的发展中国家不仅没有公平合理地分享由此而产生的各种惠益，反而在使用以自己的种质资源为基础开发出的技术时还需要支付高额的知识产权使用费。

我国是世界上种质资源最丰富的国家之一，然而，由于缺少完善的法律法规和有效的管理措施，公众甚至科研人员缺乏足够的种质资源保护意识，我国种质资源丧失和流失的情况极为严重。近年来，对于生物种质资源保护的问题越来越引起政府和全社会的关注与重视，知识产权制度也在不断地进行完善，在《中华人民共和国专利法》（以下简称《专利法》）第三次修改中更是开拓性地增加了遗传资源来源披露的条款，以应对日益严峻的"生物剽窃"。然而，知识产权一向面临着保护私权和维护社会整体利益之间的平衡问题，在种质资源的问题上这一矛盾显得尤为突出。通过知识产权制度保护种质资源，对于种质资源丰富的我国来说是否合适？知识产权制度对于我国的生物种质资源的保护究竟起到什么样的作用？应用哪种知识产权制度保护种质资源更加适合我国的国情？这些都是摆在我们面前需要解决的问题。

2 中国现有的生物种质资源的知识产权保护体系

中国在种质资源保护方面已基本形成以专利、植物新品种保护和地理标志三种制度为主体的知识产权法律体系，并通过不断修改加以健全和完善。我国还相继颁布了一系列涉及遗传资源获取和利用的法律法规，以加强对遗传资源的保护与管理，促进遗传资源的合理利用，维护国家权益。

2.1 专利

通过专利制度保护生物种质资源，已成为国际相关领域的热点议题之一。

1985年起施行的《专利法》第二十五条规定，对"药品和用化学方法获得的物质"以及"动物和植物品种"均不授予专利权。1992年《专利法》第一次修改，删除了对"药品和用化学方法获得的物质"不授予专利权的规定，从而扩大了专利保护范围。我国有丰富的中药资源，对药品给予专利保护，可以鼓励从中药资源中开发新药，促进中药资源的保护和科学利用。

2000年《专利法》第二次修改，修改后的《中华人民共和国专利法实施细则》第二十五条和第二十六条对于申请专利的发明涉及新的生物材料的保藏事项作出了规定。

2008年《专利法》第三次修改，第五条新增的第二款规定，"对违反法律、行政法规的规定获取或者利用遗传资源，并依赖该遗传资源完成的发明创造，不授予专利权"。第二十六条新增的第五款规定，"依赖遗传资源完成的发明创造，申请人应当在专利申请文件中说明该遗传资源的直接来源和原始来源；申请人无法说明原始来源的，应当陈述理由"。这些条款将与相关法律法规相互配合，成为我国遗传资源保护的重要法律保障。

2.2 植物新品种保护

植物新品种是指经过人工培育的或者对发现的野生植物加以开发，具备新颖性、特异性、一致性和稳定性并有适当命名的植物品种。《中华人民共和国植物新品种保护条例》由国务院发布，于1997年10月1日起实施。植物新品种保护是植物领域的知识产权保护制度，是国家审批机关按照法律、法规的规定，依照有关程序授予完成新品种选育的单位或个人生产、销售、使用该品种繁殖材料的排他独占权。农业部和国家林业局按照职责分工共同负责植物新品种权申请的受理、审查和授权。

农业部先后颁布了《植物新品种保护条例实施细则（农业部分）》《农业部植物新品种复审委员会审理规定》《农业植物新品种权侵权案件处理规定》等部门配套规章；国家林业局颁布了《植物新品种保护条例实施细则（林业部分）》等规章；最高人民法院发布了《关于审理植物新品种纠纷案件若干问题的解释》《关于审理侵犯植物新品种权纠纷案件具体应用法律问题的若干规定》等规范性文件。目前，有关植物新品种保护的法规体系初步形成，并已成为我国知识产权法律体系的重要组成部分。

2.3 地理标志

目前，在我国主要可以通过向国家工商总局申请地理标志集体商标或证明商标、向国家质检总局申请地理标志产品保护两种方式获得地理标志保护。

2001年修正的《中华人民共和国商标法》第十六条中，正式增加了地理标志概念，明确该概念是指标示某商品来源于某地区，该商品的特定质量、信誉或者其他特征，主要由该地区的自然因素或者人文因素所决定的标志。在该法的实施条例中规定，可以利用证明商标、集体商标保护地理标志。

2005年，国家质量监督检验检疫总局制定发布了《地理标志产品保护规定》，并于2005年7月15日开始正式实施。本规定所称地理标志产品，是指产自特定地域，所具有的质量、声誉或其他特性本质上取决于该产地的自然因素和人文因素，经审核批准以地理名称进行命名的产品。

地理标志保护，无论是证明商标申请，还是地理标志登记，既不同于一般的商标注册，也不同于普通的行政许可，首先是对某个以原产地名称标识的产品进行认定；地理标志产品的技术质量控制，也不同于常规的相应管理，首先是对已经存在的某种产品传统固有特性及其与产地自然、人文因素相关性的"标准化"。可见，地理标志是需要主动发掘的经济资源。目前我国几个系统的地理标志保护制度，大有互补、协调的空间，需要通过共同努力，构建能够有效保护中国地理标志的管理运作体系。

2.4 与种质资源获取相关的法律法规

为加强对生物种质资源的管理，保护生物种质资源的安全，我国相继颁布了一系列涉及生物种质资源保护、管理和利用的政策法规，其中有多项法律法规针对种质资源的获取作出了较为明确的规定。例如，针对野生动植物种质资源，《野生动物保护法》《野生植物保护条例》《濒危野生动植物进出口管理条例》等分别对野生动物、野生植物或濒危野生动植物的采集、出售、收购、出口等作出了明确的规定；针对农作物种质资源，《种子法》的第二章《种质资源保护》和《第七章》种子进出口和对外合作中对于种质资源的保护作出了规定；对于林业种质资源和渔业种质资源，《森林法》《渔业法》等分别对森林植物资源的采伐、水产种质资源的捕捞等进行了规定；对于畜禽种质资源，《畜牧法》《种畜禽管理条例》《畜禽遗传资源进出境和对外合作研究利用审批办法》等对于向境外输出畜禽遗传资源应当办理的相关审批手续作出了明确的规定；另外，《野生药材资源保护管理条例》是对药用野生动植物资源进行保护管理的行政法规。

3 我国现有知识产权制度对生物种质资源保护的作用和影响

专利、植物新品种保护和地理标志这三种制度作为知识产权制度的组成部分，从制度本身的设置而言，对种质资源就发挥着积极的保护作用，例如，专利制度强制性要求披露遗传资源来源，可以有效地遏制"生物剽窃"现象的发生或者阻止对于遗传资源的不当利用，促进我国作为遗传资源的原产国或提供国对于获取的立法和监测惠益分享的遵守；植物新品种保护制度在激励育种创新、提升种子产业核心竞争力和制约、违法等侵权行为方面也取得了显著成效；地理标志制度积极引导资源产品在原产地区域的产业化，推动农产品质量标准化，有力促进我国特有的种质资源的保护和产业应用。本节拟通过一些案例对知识产权制度对于种质资源保护所发挥的作用进行调查。

3.1 知识产权制度对保护稀有或濒危种质资源、保护生物多样性的作用

生物多样性是人类社会赖以生存和发展的基础。生物多样性保护的核心是保护生物种质资源。在生物多样性日益锐减的严峻形势下，保护生物多样性、保证生物种质资源的永续利用是一项尤为重要的全球性任务，也是知识产权制度需要着力解决的问题。

3.1.1 案例1 通过地理标志产品保护——霍山石斛

霍山石斛是安徽省霍山县独有的名贵中药材，有"药界大熊猫"之称，具有极高的药用保健价值。但由于其生长环境苛刻，加之无序采挖，造成野生霍山石斛濒临灭绝。为挽救这一濒危中药材种质资源，霍山县经过多年的探索和实践，成功地将霍山石斛野生改为家种。2007年9月3日，霍山石斛获得国家质检总局批准实施地理标志产品保护。获得地理标志产品保护，不仅保护了霍山石斛资源不至于灭绝，还有力地推动了石斛产业的发展。霍山石斛野生改家种取得了突破性进展，发展的农户数由原先的1户扩大到100多户；技术由原先的一人掌握扩散至近千人掌握；发展的面积由原先的1000多平方米扩大至40000多平方米；枫斗产量也由原先的不足2千克增加到400多千克；种植乡镇由原先仅有太平畈乡扩大至全县12个乡镇。通过申请地理标志产品保护这一有效的知识产权保护手段，珍稀的霍山石斛资源重获新生。同时，霍山石斛获得地理标志产品保护，能够有效地抵御假冒"霍山石斛"的冲击，不仅为正宗霍山石斛在市场上的发展保驾护航，而且也对霍山石斛该物种本身的可持续保存和利用提供了有利条件。

3.1.2 案例2 通过地理标志证明商标——宁乡猪

湖南"宁乡猪"是我国少有的地方优良猪种和重要的生物资源基因库，有近千年的养殖历史。然而，自20世纪80年代以来，面对消费者日益增加的对瘦肉的需求，瘦肉率不高的宁乡猪在市场上频遭冷遇。加上近年来大量引入洋猪种导致杂交猪种急剧增多，纯种的宁乡猪一度极为稀少。为保护宁乡猪优良的种质资源，"宁乡猪"的生产地宁乡不仅实施了多种保种措施，还将该品名申报注册为国家地理标志商标。2009年12月27日，宁乡猪地理标志证明商标被国家工商行政管理总局商标局进行公告。获批地理标志证明商标后，国家会在政策和资金等方面给予支持，在特定区域内对其进行严格的

品牌保护，更加有利于宁乡猪资源的保护和开发利用，有效地提升了宁乡猪种质资源的品质。目前，宁乡猪已从濒危灭绝时的 7 个家系血缘、7 头父本、50 头母本，扩充到了现在的 10 个家系血缘、20 头父本、3218 头母本、存栏商品猪 31600 头的新局面。通过申请注册地理标志证明商标，宁乡猪已经从濒临灭绝的边缘走上了保护和开发利用的道路。

3.1.3 案例 3 通过植物新品种保护——东方杉

上海世博园区内第一个栽下的树种是一种名为"东方杉"的杉树。东方杉学名"培忠杉"，是中国林业专家叶培忠教授在 1962 年杂交培育出来的新树种，由墨西哥落羽杉和中国柳杉杂交产生。东方杉是世界首例杉科植物属间杂交成功的范例。它具有耐水湿、耐盐碱等天然特性，在常年水淹的滩地，以及土壤含盐量较高的情况下也能正常生长，它的生态效益也非常明显，成年东方杉林内空气负离子等有益元素数量远高于其他同类树种，含菌量却大大低于一般水平。但由于难以繁殖，叶先生辞世后，再没有多少人注意这个树种。20 世纪 90 年代末，上海市提出改善城市生态环境的要求，林业部门调查发现东方杉是上海地区极具推广潜力的绿化造林树种，但调查也同时显示，东方杉在国内种植总数不足 3000 株。更大的问题在于，由远缘杂交而来的东方杉不结籽，无法进行有性繁殖，且为 30 年树龄的成年树，无性繁殖成苗率极低。换言之，东方杉已处于湮没和濒危状态。此后数年间，上海众多林业工作者都投入了"挽救东方杉"的战斗中，分枝、嫁接、扦插，尝试了各种繁殖东方杉的办法，克服了采穗、温湿度控制、根部处理、移植等方面的困难，终于形成了一套完整的繁育技术，目前已经可以保证幼苗扦插成活率在 80% 以上。东方杉是我国第一个成功的乔木类植物杂交新品种，拥有完全的自主知识产权，现已获得了美国国家专利与商标局授予的植物新品种专利权，这是我国木本植物新品种首次在海外获得专利，今后国外要引种、繁育东方杉，就必须向中国支付费用。现在，东方杉苗木的数量已达 230 万株。东方杉尤其适合生长在我国东部沿海，南起浙江温州、北至江苏连云港一带，在生态防护林建设中大有用武之地。植物新品种保护制度，不仅有利于促进新的优良品种的产生，而且能够有效地推动优良品种的保存和永续利用。

3.1.4 案例 4 通过专利保护——南京椴

椴树是世界四大行道树之一，南京椴是南京的乡土树种，具有极高的价值。然而，由于繁殖能力很弱和人为破坏等种种原因，南京椴已处于濒危的状态。2005 年 3 月，在江苏境内仅有江宁的牛首山、句容宝华山等地有少量南京椴。在南京紫金山、栖霞山地区都是以棵计算的，数量极少，价植很高，一棵南京椴曾开出过上万元的价格。南京椴的种子休眠期达到两三年甚至更久的时间，这给南京椴的大规模人工繁殖带来挑战。从 2005 年 10 月下旬起，南京林业大学的沈永宝教授带领课题组开始着手研究南京椴种子休眠机制。为防止种子休眠造成种源间的差异，沈教授分别从各地采集了南京椴的种子进行实验分析，确认了种子胚本身并不存在休眠，而且具有很强的萌发能力，南京椴种子为物理生理休眠（PHY）。经过三年多的研究，他们终于攻克这一难关，使南京椴种子休眠得以"解除"，原本需要沉睡两三年才能发芽的种子现在 60 天就能焕发新生。这项新技术已于 2007 年申请了国家专利并在南京椴产区推广。现在南京椴的人工繁殖已经不成问题，南京椴作为行道树会越来越多地出现在道路上。

3.1.5 案例 5 通过专利保护——报春苣苔

报春苣苔是国家第一批一级珍稀濒危植物，属于我国特有的野生植物。由于该物种对生存环境要求特殊、地理分布狭小、种群数量很少，自 1881 年被美国人亨利在粤北连州连江流域的石壁上发现后，报春苣苔这一珍稀植物就在人们视野中消失了 100 多年，直到几年前在连州再次被人发现。它的发现对研究岭南古气候、土壤和动植物演变具有重大的科研价值。2002 年，华南植物园从广东连州野外引种 20 多株报春苣苔进行研究培育。经历了种子萌发、植物繁育等传统方式培育的失败，植物专家尝试了利用生物克隆技术进行培育，终于在 2007 年成功培育出报春苣苔，实现了报春苣苔在原生地的人工种植成活和生态恢复。2009 年 11 月 18 日，由中科院华南植物园马国华、任海等研究人员完成的

"一种报春苣苔（*Primulina tabacum* Hance）组织培养繁殖及野外栽培方法"获得了国家发明专利授权（专利号：ZL200710030266.0）。这种方法主要是模拟报春苣苔在野外生长环境，开发特制的发芽和生根培养基进行培育，成功解决诱导生根这一最难的技术环节。通过运用专利技术保护，使濒危植物"脱危"，并且实现了野外回归移植，这对我国其他珍稀植物的"解濒危"、物种资源的保存有着非常重要的意义。

3.1.6 分析讨论

分析以上案例可以发现，地理标志是标示某商品来源于某地区，该商品的特定质量、信誉或者其他特征，主要由该地区的自然因素或者人文因素所决定的标志。对于我国来说，物种资源丰富，在历史过程中形成许多具有特殊品质特性的原产地域产品，地理标志制度侧重于对于这些经过长期历史形成、属于一个特定地理区域内的公共资源进行保护，侧重于对相对原始的种质资源本身进行保护。而植物新品种保护制度中的"植物新品种"指的是经过人工培育的或者对发现的野生植物加以开发，具备新颖性、特异性、一致性和稳定性并有适当命名的植物品种，因而其更侧重于对于新培育或者开发出的品种进行保护。由于目前的专利制度对动物和植物品种不予以保护，对微生物及遗传物质发明、生物制品发明、获得生物体的生物学方法、遗传工程学方法发明和微生物学方法的发明创造均可以获得专利保护。因此专利制度更主要地是通过对种质资源进行的创新的育种方法或者由种质资源开发出的产品角度对于种质资源进行保护。而无论是哪一种制度形式，都能够从不同的角度和方面对于种质资源的保护发挥出其独特且不可替代的作用，地理标志制度、植物新品种保护制度和专利制度都能够促进稀有或濒危种质资源的保存和利用，对于保护生物多样性发挥着非常重要的作用。

3.2 知识产权制度对种质资源创新型开发利用的作用

对种质资源的保护包含着两方面的含义，保存是基础，但保护的最终目的并不仅仅在于保存，而是要可持续地开发和利用。

3.2.1 案例6 通过植物新品种保护——航天诱变作物新品种

我国于2006年9月成功发射了世界首颗航天育种卫星"实践八号"，该卫星装载了包括水稻、麦类、玉米、棉麻、油料、蔬菜、林果、花卉和微生物菌种等9大类、2020份不同种类的生物材料。据不完全统计，全国航天育种协作组已培育出通过省级以上品种审定委员会审定的水稻、小麦、棉花、油菜、青椒、苜蓿等作物新品种、新组合40个，其中7个通过国家级品种审定，使我国航天诱变作物新品种的总数达到66个，累计示范应用面积超过2500万亩，增产粮棉油9.6亿千克，创经济效益14亿元。这些通过航天育种技术培育出来的航天诱变新品种，为我国农作物新品种选育示范、育种技术进步和农业发展做出了重要的贡献。

3.2.2 案例7 通过专利保护——干酪乳杆菌

内蒙古农业大学的科研人员从我国内蒙古地区、新疆地区和蒙古国采集的2000多株乳酸菌菌种资源中分离、筛选出我国第一个具有自主知识产权的益生菌菌种——干酪乳杆菌，并且完成了该菌种的全基因组序列测定和全基因组图谱绘制，这对提高我国益生乳酸菌研究的科技创新能力、自主知识产权益生菌品牌的打造和我国乳酸菌产业的发展具有重要意义。

3.2.3 分析讨论

地理标志制度所保护的产品通常是由该地区的自然因素或者人文因素所决定的产品，其性状和质量等已经在历史发展过程中呈现出相对较强的稳定性，因而通常地理标志制度对于其所保护的种质资源来说，创新性主要体现在由野生改为人工栽培饲养方式，或者如何提高物种产量等方面的创新。例如，野生的霍山石斛由于其生长环境苛刻，濒临灭绝，通过研究，将野生改为家种，并申请地理标志保护，提高了石斛的成活率。而植物新品种是具备新颖性、特异性、一致性和稳定性的植物品种，一般不是自然界原始存在的品种，因而其对种质资源的开发利用更具有创新性，主要体现为新培育出的品种。而专利制度对种质资源的创新也主要体现在创新的栽培育种方法、新的微生物等方面，比如南京椴的种子休眠状态快速解除的专利技术。在对种质资源进行创新式的开发与利用方面，植物新品种制度和专利制度发挥着更强的作用。

3.3 知识产权制度对种质资源利益分配的作用

知识产权是一种相对私有和垄断的权力，在种质资源的问题上，如何处理好资源拥有者或提供者和资源利用者或知识产权所有者之间的利益分配就显得尤为重要。

3.3.1 案例 8 广西地理标志保护

近年来，广西地理标志产品数量不断增加，使用地理标志产品专用标志的企业数量不断增多，农产品地理标志产品促进了广西农业产业化、规模化发展，也直接给农民创造了更高的经济价值，增加了农民的收入。广西田阳是中国的芒果之乡，以前没有商标和地理标志，果质优而价格低。在广西工商部门的引导和帮助下，广西"田阳香芒"成功注册地理标志证明商标，注册后，田阳县每年使用注册商标包装的芒果销往国内外市场达 350 多吨，农民仅此项收入就达 300 多万元。广西"荔浦芋"地理标志注册前，该县芋头每公斤仅卖 1.2 元，注册后每公斤上涨到 6 元，种植面积由过去不足 1 万亩上升到 5 万亩，产量达 11 万吨，总产值达 6 亿元，占全县农业总产值的 20%。仅荔浦芋生产一项，全县农民人均产值超过 1000 元，成为荔浦县农业经济的重要支柱之一。广西"横县茉莉花"获得地理标志前年产量为 6 万多吨、年销售额 2.5 亿元，获得地理标志后年产量达 8 万多吨，年销售额 3.5 亿元，单项财政收入达 600 多万元。茉莉花产销量分别增长 33.3%、40.0%，市场占有率迅速增长，占全国总量的 70% 以上、世界总产量的 50%，横县茉莉花发展成为当地经济的支柱产业。

3.3.2 案例 9 油菜新品种

"中油 519"是中国农科院武汉油料作物研究所选育的油菜新品种，试验平均亩产 178.97 千克，适合长江下游种植。2009 年 6 月 13 日，在武汉农村综合产权交易所，湖北种子集团以 1000 万元的"天价"竞得"中油 519"生产权和经营权，使用年限为 10 年。

3.3.3 案例 10 云南自主知识产权杂交稻品种

2009 年，由云南省农科院粮作所自主选育的云光系列优质两系杂交稻在越南、缅甸、老挝和巴基斯坦 4 个国家累计推广 100 万亩，新增稻谷总产量 4.4 万多吨，新增产值 8850 万元。其中，"云光 14 号"于 2007 年通过越南新品种认定，成为云南第一个走出国门并在国外审定的自有知识产权杂交稻品种，2008 年又通过越南科技部中越文和中文拼音商标注册，成为云南首个在境外认定和注册商标的杂交稻品种；"云光 17 号"于 2009 年 4 月在巴基斯坦国家农业研究中心作物科学研究所全国杂交水稻适应性试验中通过认定，获准进口进行商业销售。"云光 14 号"在越南 12 个省累计推广 87 万亩，每公顷平均产量 7 吨，较当地主栽品种平均增产 500 公斤，增收稻谷 2.9 万吨，新增总产值 5800 万元。同时，该品种还表现出抗性好、生育期短、米质优等特点，成为越南 2004 年以来从中国引进的 46 个杂交稻组合中表现最好的组合之一。

3.3.4 分析讨论

证明商标和普通的商品商标不同，是由一个具有监管、监测能力的组织所持有，由生产和经营者使用的商标。因而地理标志的申请通常是政府行为，特定地域的农民或企业可以申请使用地理标志商标，生产种植该地理标志保护产品并使用其地理标志从而获得经济利益。这也是惠益分享的一种形式，使资源的拥有者通过知识产权保护直接获益。而植物新品种申请和专利申请可以是企业或者个人行为。申请人获得授权之后，既可以自己进行生产获得利益，也可以通过转让其权利从而获得利益。目前在我国，还缺乏对于种质资源提供者进行惠益分享的例子，通常种质资源是无偿或者以低廉的价格获取的,然而随着《专利法》的第三次修改并实施,增加了披露遗传资源来源的要求,这是我国在生物遗传资源披露要求的立法上的一个重要突破,实际上其为我国在生物遗传资源披露问题上提供了一种具体的实施性规则,即提供了一种利用专利程序来解决生物遗传资源披露问题的具有可操作性的初步方案,也为我国贯彻落实CBD公约规定的国家主权、事先知情同意和惠益分享三原则提供了一种制度上的保障措施,必然能够有效地促进和监测对于获取和惠益分享的遵守,从而保障我国种质资源提供者的利益。

4 结论和建议

无论从保护稀有或濒危种质资源和保护生物多样性的角度,还是从对种质资源进行创新型开发利用以及促进对种质资源合理的利益分配的角度来说,我国现有的以专利、植物新品种保护和地理标志这三种制度为主体的知识产权法律体系对于生物种质资源的保护都发挥着积极的作用。尽管这些制度仍然需要不断地进行修改、健全和完善以适应我国的国情和经济发展的实际需要,但是在现阶段,我们可以通过充分认识和理解我国现有的知识产权制度,科学合理地进行综合利用,使其发挥对种质资源保护的最大化作用。

4.1 从制度层面

知识产权是权利人对其从事智力创作或创新活动所产生的知识产品所享有的专有权利,是一种无形产权,也被称为精神权利和经济权利。一方面,知识产权制度为智力成果完成人的权益提供了法律保障,调动了人们从事科学技术研究的积极性和创造性;另一方面,知识产权制度为智力成果的推广应用和传播提供了法律机制,将智力成果转化为生产力,运用到生产建设上去,产生了巨大的经济效益和社会效益。具体到与种质资源保护相关的知识产权制度上,专利制度、植物新品种保护制度和地理标志制度作为知识产权制度的具体法律制度,首先,通过激励育种者的积极性促使其对种质资源进行发掘、收集、培育和研究,鼓励和促进发明创造,新发明和新技术使得许多珍贵的种质资源得以繁衍和保存,对保持生物多样性发挥着不可或缺的作用;其次,通过在专利申请文件或者相关文件中标明遗传资源的出处,有助于限制非法获取我国遗传资源的"生物剽窃"行为和保障利用遗传资源的后续利益分享;最后,知识产权制度能够促使和便利有关生物发明技术的实施和商业化,将智力成果转化为可观的经济效益,从物质方面保障种质资源提供者或培育者的利益,从而促进原始种质资源的进一步开发和利用。保护的最终目的并不仅仅在于保护本身,而在于可持续地发展和利用。因此,知识产权制度对于生物种质资源的作用在于在保存的基础上可持续地进行开发和利用,这在根本上符合我国可持续发展战略的需要。

专利制度、植物新品种保护制度和地理标志制度是我国现有知识产权制度的具体法律制度,它们从不同的角度和不同的方面对我国生物种质资源给予强有力的保护,地理标志制度侧重于保护种质资源本身,植物新品种保护制度侧重于植物新品种的培育,专利制度侧重于育种方法、种质资源制造的产品、新的微生物等,这些法律制度共同构成了我国种质资源保护的知识产权法律体系,它们相辅相成,相互促进,互为补充,形成了保障我国种质资源可持续发展的有机整体,在种质资源保存和永续利用方面发挥着各自不可替代的作用。多种制度多方位保护也是国际上特别是知识产权法律制度比较完备的国家多数选择的方式。

4.2 从资源拥有者层面

我国是世界上生物种质资源最丰富的国家之一。作为最大的发展中国家,我们与发达国家相比,较为明显的区别是种质资源丰富而科学技术开发能力相对薄弱,因而西方发达国家凭借其先进的科研开发能力,大肆掠夺我国丰富的种质资源,导致我国的种质资源大量流失,一些种质资源还被发达国家所利用并申请知识产权保护来侵害我国的利益。因此,作为资源拥有大国,我国不仅需要对自身的种质资源进行统计和整理,更应当充分利用现有的各种知识产权制度,发挥各项制度的优势和长处,多方位、多角度地对种质资源进行保护。

例如，地理标志制度在实际应用中显示出了对于资源丰富的发展中国家的种质资源保护的及时和有效。我国拥有悠久的农业历史文明，在漫长的历史进程中，形成并积淀了大量的原产地域产品，这些与原产地或地理标志密切挂钩的种质资源不仅在特性和认知度上具有明显的优势，同时也包含了有历史和地理价值的文化内涵，通常既属于优质种质资源，又容易被人群和市场所接受和认可。因此，对于这类种质资源，率先通过申请地理标志制度进行保护能够及时地将其纳入整个知识产权体系的保护中来，适合我国国情，从而既有效避免了侵权行为和"生物剽窃"行为的发生，又促进了地方政府、企业和个人对于此类种质资源进一步加大力度地种植、培育、改良和开发。

在既有的保存种质资源的基础上，开展对新的植物品种或者新的育种方法等的创新开发时，植物新品种保护制度和专利制度就开始发挥其更具有力度的保护作用。植物新品种保护制度的特点是对经过人工培育的或者对发现的野生植物加以开发，具备新颖性、特异性、一致性和稳定性并有适当命名的植物品种进行保护。它弥补了专利制度对于植物品种不进行保护的问题，对于育种专家、科研机构以及农民来说，可以通过植物新品种保护制度对新的并且能够稳定遗传的植物品种进行保护，这种保护形式能够发挥比地理标志制度更明显的促进创新促进技术进步的作用，能够更进一步地保障育种人的权利和利益。

专利制度是科技进步和商品经济发达的产物，它可以通过授予发明创造专利权来保护专利权人的独占使用权，因而专利制度对于科技进步和经济发展具有突出的贡献作用。在种质资源保护的问题上，一方面，我国作为资源拥有大国，要警惕外部对我国的资源掠夺、开发并申请专利而反过来限制我们的利益，这可以通过《专利法》新增的遗传资源来源披露条款的审查和全国各级相关管理部门的管理执法和全社会的监督来共同推动；另一方面，我们作为资源拥有者本身，也需要不断发展我们的科学技术和科研开发能力，利用自身丰富的种质资源进行开发，并及时对创新的育种栽培方法、微生物发明、生物制品发明等发明创造申请专利进行有效和有力的保护。

参 考 文 献

[1] 方嘉禾. 中国生物种质资源保护现状与行动建议 [J]. 中国农业科技导报, 2001, 3 (1): 77-80.
[2] 吴丽涵. 生物遗传资源和相关传统知识的保护制度研究 [D]. 福州: 福州大学, 2005: 1-46.
[3] 许枫. 遗传资源的知识产权国际保护问题研究 [D]. 青岛: 中国海洋大学, 2008: 1-46.
[4] 夏金华. 走进霍山石斛之乡 [EB/OL]. http://www.shidi.org/sf_0BA1682132D2423B91E57A90D9E2203F_151_anhuiwetland.html. 2010-01-13.
[5] 刘璋景. "宁乡猪"有了"身份证" [EB/OL]. http://epaper.voc.com.cn/sxdsb/html/2009-12/28/content_158563.htm. 2009-12-28.
[6] 陶健, 等. 上海"养父"呵护30年, 东方杉将"绿荫"世博园 [EB/OL]. http://www.chinanews.com.cn/expo/news/2009/10-16/1914009.shtml. 2009-10-16.
[7] 陈珊珊, 等. "贪睡"种子被"唤醒", 南林大专利拯救濒危南京椴 [EB/OL]. http://www.lvhua.com/chinese/yellow/corp_news_detail.asp?id=1380. 2007-11-29.
[8] 梁钢华. 珍稀植物报春苣苔实现人工繁殖和野外栽培 [EB/OL]. http://news.xinhuanet.com/environment/2009-12/11/content_12631794.htm. 2009-12-11.
[9] 张汩汩. 中国航天诱变作物新品种已达66个, 累计创社会经济效益14亿元 [EB/OL]. http://news.qq.com/a/20081201/002324.htm. 2008-12-01.
[10] 刘晓君. 内蒙古农大研制出自主知识产权干酪乳杆菌 [EB/OL]. http://commend.nmgnews.com.cn/system/2009/03/18/010193995.shtml. 2009-03-18.
[11] 覃广华, 等. 广西: 地理标志服务"三农"结硕果 [EB/OL]. http://news.xinhuanet.com/newscenter/2009-04/22/content_11233276.htm. 2009-04-22.
[12] 沈翀. 我国一油菜新品种实现千万元天价转让 [EB/OL]. http://news.qq.com/a/20090614/000379.htm. 2009-06-14.
[13] 云南自主知识产权杂交稻品种打入国际市场 [EB/OL]. http://finance.sina.com.cn/roll/20091023/09456875739.shtml. 2009-10-23.

农业植物新品种权的司法保护及其案例

罗 霞

摘 要：植物新品种保护的法律规范，旨在保护育种者的权益，其核心内容是授予育种者对其育成的品种有排他的独占权。我国对植物新品种采用专门法进行保护。

关键词：植物新品种；UPOV公约；植物新品种保护框架；原、被告身份的确定；管辖规定；案由；案件类型；证据保全；侵权行为的认定；民事责任的承担

植物新品种，是指经过人工培育的或者对发现的野生植物加以开发，具备新颖性、特异性、一致性和稳定性并有适当命名的植物品种。植物新品种权，简称品种权，国外又称植物育种者权，是指授权机关依法赋予育种者对授权品种享有的排他的独占权，是知识产权范畴中的一种新型的权利类型。植物新品种保护的法律规范，旨在保护育种者的权益，其核心内容是授予育种者对其育成的品种有排他的独占权，他人在将该品种作为商品使用时，需要向育种者交纳一定的费用，借此鼓励育种者对新品种进行研究开发、投资的积极性，促进农业、园艺和林业的发展。如果没有植物育种者的权利，就无法阻止其他人在未向育种者支付报酬的情况下复制育种者的种子或其他繁殖材料并进行商业销售。

对与植物有关的发明，特别是对植物品种权（或称育种权）的保护，是20世纪以来知识产权法的新发展，它是农业领域科学技术进步和商品化的必然结果。这对一个成功的植物育种者提供合理的机会来补偿其成本，并为进一步投资积聚必要的资金是非常必要和重要的。培育新的植物品种需要大量资金、技术投入和相当长的周期。有资料统计，一个农作物新品种的培育一般需要3～5年，每年需花费3万～5万元；一个林木新品种最快需要15～20年，最少需要花费15万～20万元，这其中还不包括在培育新品种过程中的市场风险和自然灾害风险。

1 植物新品种法律保护的起源以及国际层面的立法

1.1 起源

早在1833年，罗马教皇就发布了在技术和农业领域给予所有权的宣言，该宣言称，对涉及农业进步及其更加可靠的技术和更加高效的方法授予专利权。虽然没有实际实施，但仍被普遍认为是植物新品种保护制度的起源。现代意义上的植物新品种保护制度的起源大多认为是美国、德国、荷兰。1930年，美国颁布植物专利法，将无性繁殖的品种（块茎植物除外）作为植物专利加以保护，后来该法被并入专利法。与此同时，德国在1934年颁布了种子材料法，对种子给予专利保护，荷兰在1941年制定了植物育种者法，也正是德国、荷兰这两个国家建立了现代意义上的植物新品种保护制度，并促成了1961年UPOV公约的签署。1961年2月，欧美一些国家在巴黎签订保护植物新品种国际公约，对植物新品种保护范围的起点、保护时间、保护的范围等方面作出规定。该公约于1968年生效，后经1972年、1978年、1991年三次修改。我国于1999年4月23日加入国际植物新品种保护联盟（UPOV）公约1978年文本，成为该联盟第39个成员国。

1.2 国际公约

UPOV公约旨在确认和保护植物新品种育种者的权利，并由公约缔约国组成植物新品种保护联盟，从而形成当代国际植物知识产权体系的基础，为国际间开展优良品种的研究、开发、技术转让、

合作交流以及新产品贸易提供了法律框架。

UPOV 公约 1978 年文本和 1991 年文本的主要区别。从保护植物品种的范围，1991 年文本规定，对联盟老成员，在实施 1991 年文本之日起，最迟至五年期满，保护的植物适用到所有植物属和种。对于新成员"自受本公约约束之日起，至少适用于 15 个植物属和种"，并且"最迟自至 10 年期满时，适用于所有植物属和种。保护客体从繁殖材料延伸到了品种收获物及其加工产品。1991 年文本使派生品种的使用受到限制，虽然对利用授权品种改良获得的依赖性派生品种可以单独申请品种权，但进行商业开发时需要经过原品种权人的许可，强化了原创育种者的权利。1991 年文本将"农民特权"由原"强制性例外"改为"非强制性例外"。消除了成员国之间国民待遇和最惠国待遇的障碍；为用专利和专门方式保护植物新品种提供了自由；增加了植物品种及品种创新性的现代生物技术内涵；加大了品种权保护的范围及力度；对"育种者豁免"增加了限制条件；"农民特权"从强制性例外变为非强制性例外；加强了品种在申请至批准期间的临时性保护；提高了对保护植物属、种数量及扩展期限的要求；延长了品种权的保护期限。

世界上发达国家纷纷将种质资源保护提升到国家战略利益层面上进行前瞻性考虑，将种质资源保护由传统的控制流出的"防御型"转向利用知识产权进行"进攻型"保护。随着种子所属国新品种保护制度的调整，对我国返销农产品课以"品种权费"或直接在口岸查封，这将给我国农产品的出口贸易带来负面影响。我们尚未加入 UPOV 公约 1991 年文本，这也是西方跨国种子公司在中国主要农作物种子市场上进展缓慢的一个主要原因。出于引进国外先进种质和技术，加快农业科技进步和参与国际竞争的需要，我们不得不面临加入 UPOV 公约 1991 年文本的挑战和机遇。加快培育我国育种科技自主创新能力，是争取加入 UPOV 公约 1991 年文本后主动性的重要杠杆。

1.3 植物新品种保护的立法模式

从目前国际上的立法模式看，涉及植物新品种保护的立法模式主要有《专利法》和植物专门法。根据 UPOV 要求，各成员国给予植物新品种的保护方式可以采用公约规定的专门方式，也可以采用专利的方式。虽然各国均给予生产植物品种的方法以专利保护，但是对于植物品种本身，多数国家或者国际组织采用植物专门法的形式给予保护，如中国、德国、澳大利亚、欧盟等；少数国家以《专利法》来保护，如日本、法国、丹麦；极少数国家采用专利法和专门法共同进行保护，如美国。

1.3.1 美国模式及其沿革

美国现今以植物专利（Plant Patent）、实用专利（Utility Patent）及植物品种保护（Plant Variety Protection Act，PVPA）来保障植物育种者的权利。在 1930 年以前，美国的植物和其他活体生物体一样，由于被看作是自然产物，不是人之发明，故不具有可专利性。1930 年 5 月美国通过了《植物专利法案》（Plant Patent Act，PPA），由美国专利商标局负责审查授予，对于申请之植物品种有 20 年的保护期限。其第 2 章第 15 节规定，植物专利为任何人发明或发现和利用无性繁殖培植出任何独特而新颖的植物品种，包括培植出的芽体、突变、杂交及新发现的种苗（但不包括由块茎繁殖的植物或在非栽培状态下发现的植物）者，可以按照规定的条件和要求取得对该植物的专利权。排除了有性繁殖植物可专利的可能性。植物专利权仅仅限于单一品种的整个植株，而不及于该品种的部分特性或功能。

植物品种保护（Plant Variety Protection Act，PVPA）由美国国会 1970 年通过。美国农业部植物品种保护局负责审查授权，基本上根据 UPOV 公约所制定。有性繁殖的植物或者以无性繁殖的块根茎植物品种可以申请保护。PVPA 的保护要件是该品种需要具备新颖性、可区别性、一致性、稳定性以及一个有效的品种名称。PVPA 与专利法不同之处在于，专利法所保护的客体范围由申请者自行提出，而 PVPA 则预先加以规定，包括受保护品种以及其从属品种、农民免责与育种家免责权。保护时间（20 年/25 年）从权利证书核发之日起算。植物品种保护法所赋予的品种仅仅限于植物的整体，不包括植物的各个部分。

美国初期植物品种无法获得实用专利的保护，后经过几起判例确立了实用专利法（Utility Patent for a Plant）的地位。任何人发明或发现任何新的、有用的方法、机器、制造物或物之组合或上述之新颖且有用的改良，皆可得到为期 20 年之专利。当新品种必须使用特定育种方式才能得到可申请实用专利，并易得到最广泛的保障范围。植物专利的权利范围仅限于植物本身，但实用专利的保护范围由申请者自行主张，包括育种方法、自交系亲本、该品种所产生的植株种子与花粉、前述材料的外形性状特征等。其没有农民免责的规定，期限亦为 20 年。

Diamond v. Chakrabarty (477 U.S. 303) 判例被认为是美国生物工业的起点的标志性案例，案件的焦点是 human–made micro–organisms 是否具有可专利性。PTO 的辩解理由认为，此类可专利性违背了公共政策（Public Policy）。美国联邦最高法院在 1980 年作出判决，承认该微生物的专利性，"Anything under the sun that is made by man could be patented" 成为可专利性问题上最为经典的论述之一。法院的裁决明确了包括植物在内，任何人为创造物皆可受到实用专利的保护。该案件中，联邦最高法院扩充了可专利的主体范畴，加强了专利权的保护，支持美国高新技术产业化，使得美国专利法成为具有开放视野的无形财产权体系。从此也揭开了美国对于生物技术发明专利强保护的序幕。在后来的判例中，美国法院肯定的植物品种得到的多重保护，认为 "Plants are patentable subject matter under both the PVPA and 35 U.S.C. § 101"。

1.3.2 我国植物新品种保护的基本框架

我国植物新品种保护的基本框架的粗线条是这样的，1997 年 3 月 20 日公布了《植物新品种保护条例》（简称《条例》），1999 年 3 月加入 UPOV 公约 1978 年文本。1999 年 4 月开始受理品种权申请，1999 年《植物新品种保护条例实施细则》出台，2000 年颁布实施《中华人民共和国种子法》，2001 年出台了《最高人民法院关于审理植物新品种纠纷案件若干问题的解释》，农业部 2002 年颁布实施《关于农业植物新品种侵权案件的处理规定》，2007 年《最高人民法院关于审理侵犯植物新品种权纠纷案件具体应用法律问题的若干规定》（以下简称《规定》）正式实施，2008 年《中华人民共和国植物新品种保护条例实施细则（农业部分）》实施。

我国对植物新品种采用专门法进行保护。《专利法》第二十五条第四项规定，对"动物和植物品种"不授予专利权，但对生产植物品种的方法可授予专利权。方法专利的保护延及依照该方法直接得到的产品，包括"已知产品、不符合专利条件的新产品，以及依《专利法》规定不授予专利权的产品，如植物品种"，在《专利法》第三次修改中，于 2008 年新增了"遗传资源保护制度"。

品种保护中的"植物新品种"不同与品种审定中的"植物新品种"。此外，育种技术中不为公众所知悉，有竞争价值采取了保密措施的技术信息可以通过反不正当竞争法的商业秘密保护。

2 植物新品种权的司法保护

2.1 原、被告身份的确定

原告身份通过权利证书、最近的年费凭证确认品种权人，利害关系人需要提交权利来源证明，如授权证书、许可合同、继承证明等。

品种权人的利害关系人包括植物新品种实施许可合同的被许可人、品种权财产权利的合法继承人等。独占实施许可合同的被许可人可以单独向人民法院提起诉讼。排他实施许可合同的被许可人可以和品种权人共同起诉，也可以在品种权人不起诉时自行提起诉讼。普通实施许可合同的被许可人经品种权人明确授权，可以提起诉讼。

行政纠纷中的被告：关于是否应当授予植物新品种权的纠纷案件、宣告授予的植物新品种权无效或者维持植物新品种权的纠纷案件、授予品种权的植物新品种更名的纠纷案件，应当以行政主管机关植物新品种复审委员会为被告。关于实施强制许可的纠纷案件，应当以植物新品种审批机关为被告。关于强制许可使用费纠纷案件，应当根据原告所请求的事项和所起诉的当事人确定被告。

2.2 法院受理的案件类型

人民法院受理的案件类型有：（1）是否应当授予植物新品种权纠纷案件；（2）宣告授予的植物新品种权无效或者维持植物新品种权的纠纷案件；（3）授予品种权的植物新品种更名的纠纷案件；（4）实施强制许可的纠纷案件；（5）实施强制许可使用费的纠纷案件；（6）植物新品种申请权案件；（7）植物新品种权利归属案件 人民法院受理的案件类型；（8）转让植物新品种申请权和转让植物新品种权的纠纷案件；（9）侵犯植物新品种权纠纷案件；（10）不服省级以上农业、林业行政管理部门依据职权对侵犯植物新品种权处罚的纠纷案件；（11）不服县级以上人民政府农业、林业行政部门依职权对假冒授权品种处罚的纠纷案件。假冒授权品种的，由县级以上人民政府农业、林业行政部门依据各自的职权责令停止假冒行为，没收违法所得和植物品种繁殖材料，并处违法所得1倍以上5倍以下的罚款。

第（1）至（5）类案件，由北京市第二中级人民法院作为第一审人民法院审理（注：2014年8月31日全国人民代表大会常务委员会关于在北京、上海、广州设立知识产权法院的决定施行后，根据《最高人民法院关于北京、上海、广州知识产权法院案件管辖的规定》第五条，上述案件现由北京知识产权法院审理），第（6）至（11）类案件，由各省、自治区、直辖市人民政府所在地和最高人民法院指定的中级人民法院作为第一审人民法院审理。

人民法院受理的涉及植物新品种纠纷案件并不限于上述所列举的类型，在审查当事人起诉时，只要符合《中华人民共和国民事诉讼法》以及《中华人民共和国行政诉讼法》规定的民事案件或者行政案件的起诉条件，人民法院均应当予以受理。

2.3 案由

当事人之间因植物新品种育种、申请权和品种权转让、植物新品种许可使用等达成的协议而发生的纠纷为植物新品种合同纠纷。植物新品种合同是植物新品种培育、生产、销售和推广中最典型而且也是最基本的法律形式。对植物新品种代理合同纠纷，实践中作为植物新品种合同纠纷受理。

植物新品种育种合同，当事人之间就人工培育或者对发现的野生植物加以开发，培育新的植物新品种达成的协议；植物新品种申请权转让合同，双方当事人就植物新品种的申请权转移给另外一方所有而达成的协议；植物新品种权转让合同，双方当事人约定就植物新品种权转移给另外一方所有而达成的协议；植物新品种许可使用合同，植物新品种权利人许可他人以商业目的生产或者销售授权品种的繁殖材料达成的协议。

当事人因植物新品种申请权和植物新品种的归属和侵犯植物新品种权及有关权益而发生的争议即植物新品种权权属、侵权纠纷也是常见的纠纷形式。

植物新品种申请权纠纷是当事人因植物新品种申请权的归属而发生的争议；植物新品种权属纠纷是当事人因植物新品种权的归属而发生的争议。侵犯植物新品种权纠纷是当事人因侵犯植物新品种及有关权益而发生的争议。实践中，假冒植物新品种权的行为应当作为侵犯植物新品种权纠纷确定案由。

2.4 侵权纠纷

2.4.1 侵权行为地

侵犯植物新品种权的侵权行为地的概念是指未经品种权人许可，为商业目的生产、销售该品种的繁殖材料的所在地，或者将该授权品种的繁殖材料重复使用于生产另一品种的繁殖材料的所在地。以侵权行为地确定人民法院管辖的侵犯植物新品种权的民事案件。

证据的收集和提交。查清表象证据，如包装标识单位是否存在，以及经营关系是承包、租赁、生产者还是销售者的证据的采集。对于自行购买侵权物应当注意种子实物、收据、发票与实物的对应性。

法院进行证据保全时，可以根据具体情况，邀请有关专业技术人员按照相应的技术规程协助取证。

2.4.2 侵权行为的认定

《条例》第六条规定了侵犯品种权的两类情形，一是任何单位或者个人未经品种权所有人许可，不得为商业目的生产或者销售该授权品种的繁殖材料；二是不得为商业目的将该授权品种的繁殖材料重复使用于生产另一品种的繁殖材料。《条例》第三十九条仅规定：未经品种权人许可，以商业目的生产或者销售授权品种的繁殖材料的，品种权人或者利害关系人可以请求省级以上人民政府农业、林业行政部门依据各自的职权进行处理，也可以直接向人民法院提起诉讼。

对于侵权行为的认定，《规定》采取直接对《条例》第六条"该授权品种的繁殖材料"和"将该授权品种的繁殖材料重复使用于生产另一品种的繁殖材料"进行解释，以方便审判中对侵权行为的认定，通过基本认可目前实践中的普遍做法来达到解决审判实际问题。

2.4.3 侵权判定的标准

侵权判定一般标准。被控侵权物的特征、特性与授权品种的特征、特性相同或者特征、特性的不同是因非遗传变异因素所致的，规定为应当认定为被控侵权物属于商业目的生产或者销售授权品种的繁殖材料。被控侵权人重复以授权品种的繁殖材料为亲本与其他亲本另行繁殖的，规定为应当认定属于商业目的将授权品种的繁殖材料重复使用于生产另一品种的繁殖材料。

《规定》第二条第二款中的"非遗传变异"，是指被控侵权物的繁殖材料虽与授权品种相同，但由于生长过程中外来花粉等非遗传变异因素的介入，导致两者特征、特性的不同因被控侵权物繁殖时采用与授权品种相同的繁殖材料，一般将被控侵权物视为《条例》第六条所称的"该授权品种的繁殖材料"，非遗传变异因素导致的特征、特性的不同，并不影响上述判定。

案例：北京市农林科学院玉米研究中心进行技术鉴定。该中心采用DNA指纹技术、酯酶同工酶等电聚焦电泳和蛋白质电泳三种技术进行鉴定，结论为送检样品中，有54%的籽粒与"登海9号"玉米杂交种没有差异，可以认定是"登海9号"；有46%的籽粒与"登海9号"玉米杂交种不一样，经分析是制种过程中母体抽雄不彻底，造成自交结实和接受外来花粉引起的。

2.4.4 鉴定问题

对侵犯植物新品种权纠纷案件涉及的专门性问题可以采取田间观察检测、基因指纹图谱检测等方法鉴定。以此作为鉴定方法的指引，但并不否定采用其他检测方法的可能。人民法院对鉴定结论应当依法质证；经组织当事人对鉴定结论质证后依法认定其证明力的大小。根据民事诉讼法的规定，鉴定结论属于证据的一种，应遵循证据认定的一般规则。

2.4.5 侵权物的处理

避免资源浪费、维护农村稳定，防止侵权物再扩散为基本处理原则。当事人可以合意将侵权物折抵权利人的受损，侵权物是否成熟，在所不问。若当事人不能达成一致，为防止侵权物的再扩散，人民法院应责令侵权人将侵权物作适当处理，比如灭活等。

侵权物正处于生长期或者销毁侵权物将导致重大不利后果的，人民法院一般不责令销毁侵权物。旨在避免铲除青苗等销毁侵权物的做法可能产生伤害农民感情、危机农村稳定等负面影响。

2.4.6 赔偿问题

赔偿责任一般应掌握在农民因代繁获利的限度内。对农民的范围作了界定，即通常理解的靠农业或林业种植来维持生计的个人、农村承包经营户为限。

如何争取最大限度的赔偿。法院依法追究侵权人的赔偿责任时，可以根据被侵权人的请求，按照被侵权人因被侵权所受损失或者侵权人因侵权所得利益确定赔偿数额。权利人的损失或者侵权人获得的利益难以确定的，按照品种权许可使用费的1倍以上5倍以下酌情确定。被侵权人因被侵权所受损失或者侵权人因侵权所得利益均难以确定的，法院可以根据当事人的请求或者依职权在50万元以下确定赔偿数额。

案例：合肥新强种业科技有限公司与安徽省创富种业有限公司侵犯植物新品种权纠纷。原告新强种业公司起诉指控被告创富种业公司生产、销售原告"两优6326"水稻种子的行为构成侵权。本案涉及植物新品种权纠纷案件中经常遇到的侵权认定和赔偿计算问题，本案裁判充分体现了在涉及复杂技术问题的案件中通过庭审对鉴定结论的质证和审查，真正发挥了法官独立审查判断证据并确认事实的程序功能。该案中，法院经原告申请，在被告的各育种基地抽样保全了被控侵权种子样本。经原、被告一致认可，将原告公证保全的样本种子以代号K1表示，将法院在各育种基地保全的样本种子以代号K2~K6表示，将从农业部植物新品种保护办公室调取的"两优6326"备案F1代标准种子以代号B表示。为确认K1、K2、K3、K4、K5、K6与B是否存在一致性，经原告申请，委托了中国水稻研究所进行司法鉴定。鉴定结论："K3在4个标记座位上（RM85、RM232、RM258、RM267）与B的带型不一致；K1和K5在2个标记座位上（RM232、RM258）与B的带型不一致""K2、K4和K6在所有24个标记座位上与B的带型均一致"鉴定结论经双方质证后，法院结合农业部行业标准《水稻品种鉴定DNA指纹方法》，对送检样本的一致性进行了判断，认定被控侵权样本种子K2、K4、K6与"两优6326"备案标准种子B为相同或极近似品种，被告辩称其实际生产、销售的种子均为华安501与事实不符。法院判定被告构成侵权，最终判决，被告立即停止侵权、将侵权获利2275200元赔偿给原告。这个案件中，法院基于当年种子大面积减产的客观事实，在被告虽有抗辩但不举证的情况下，依据原告所提供的能够证明被告制种的面积、估计产量、合理成本等证据以及法院调查收集的证据合理地确定了侵权赔偿数额，而没有简单地适用50万元的定额赔偿，符合植物新品种权保护的客观实际。

2.5 证据保全

法院采取证据保全措施时，可以根据案件具体情况，邀请有关专业技术人员按照相应的技术规程协助取证。此为指导法院或当事人取证的示范性条款，由审理法院视个案情况而定，并不具有强制性，不得仅以未邀请技术人员协助取证为由简单否定证据保全的效力。

2.6 民事责任的承担

如何选择可行的民事责任方式。人民法院审理侵犯品种权纠纷案件，应当依照民法通则第一百三十四条的规定，结合案件具体情况，判决侵权人承担停止侵害，赔偿损失，消除影响等民事责任。赔礼道歉不是侵犯品种权应当承担的责任形式。对严重侵权行为，可以请求法院采取收缴等民事制裁措施。

参 考 文 献

[1] 张玉敏，牟萍. 发达国家植物新品种保护制度的现状、特点及对我国的启示[C]//农业知识产权论丛. 北京：中国农业出版社：105.
[2] 蒋志培，李剑，罗霞. 最高人民法院关于审理侵犯植物新品种权纠纷案件具体应用法律问题的若干规定的理解与适用[J]. 知识产权审判指导，2006（2）.

植物新品种权的法律保护阐释

孙元清

(湖南省高级人民法院)

摘　要：植物新品种权是知识产权的重要组成部分，是由植物新品种保护审批机关依照法律、法规的规定，赋予植物新品种权人在一定期间内，对其经过人工培育或者对发现的野生植物加以开发的植物新品种所享有的一种具有独占性质的所有权。现代国家纷纷建立起植物新品种保护制度，我国于1999年加入"国际植物新品种保护联盟（UPOV）"。本文就植物新品种权保护的现状、法律制度以及植物新品种权的司法保护等进行简要阐述。

关键词：植物新品种；植物新品种权；法律制度；司法保护

1　关于植物新品种与植物新品种权

所谓植物新品种，是指经过人工培育的或者对发现的野生植物加以开发，具备新颖性、特异性、一致性和稳定性并有适当命名的植物品种。世界人口增加，消费需求激增，日益增长的生活需要激发了培育和开发植物新品种的积极性，使得植物新品种不断出现。培育新的植物品种耗费大量资金、技术和精力，但育种者自身不能制止他人无偿繁育自己培育的新品种，也不能制止未经育种者同意就以商业规模出售其品种的活动，致使其付出的辛勤劳动往往得不到相应回报。在这种情况下，一些发达国家率先制定相关法律制度，赋予植物新品种品种权，给予法律上的保护。1961年2月，欧美一些国家在巴黎签订保护植物新品种国际公约，对植物新品种保护范围的起点、保护时间、保护范围等方面作出规定，并在此基础上成立了国际植物新品种保护联盟（UPOV），我国于1999年4月23日加入巴黎1978年文本，是该联盟第39个成员国。

发现野生植物新品种，具有发现权，但不具有植物新品种权；植物新品种权不能自动产生，只能因申请依程序被授予。根据《中华人民共和国民法通则》第九十七条的规定，发现权只是对发现者个人或集体给予的一种荣誉权和被奖励权，不能转让也不能继受取得。根据《中华人民共和国植物新品种保护条例》（以下简称《条例》）第三条和第三十一条的规定，植物新品种权的取得，必须依法定程序进行，非经法定程序由国务院农业、林业行政部门授权，任何个人或单位不能以任何其他方式原始取得品种权。

通过古洞春公司诉怡清源公司等利用其发现的植物新品种进行不正当竞争纠纷案例，对植物新品种、植物新品种发现权、植物新品种权的概念和性质进行解析。

案件基本事实：（1）通过群众报种，桃源县某茶场职工卢某等在深山中发现一株"桃源大叶"母本野生茶树。茶场进行"桃源大叶"茶树的短穗扦插育苗实验获得成功，开始系统繁育、推广。后湖南农学院茶叶研究所、桃源县茶叶良种站共同完成《桃源一、二号茶树良种选育研究》科研项目，主要研究人员为卢某等。湖南省科委对该科技成果进行鉴定，作出《科学技术成果鉴定书》，认定该品种具有高产、优质、抗逆性强等特点。1992年1月，湖南省农作物品种审定委员会核发了《农作物品种审定合格证书》，审定"'桃源大叶'是桃源县茶叶良种站与湖南农学院茶叶研究所选育的茶树新品种"并予以公布。（2）1996年11月，卢某（法定代表人）等人成立古洞春公司，以"桃源大叶"为原料，生产、销售古洞春（注册商标）"野茶王""野茶"等茶叶产品。（3）怡清源茶业公司收购"桃源大叶"原料，生产、销售怡清源（注册商标）"野针王""野茶王"等茶产品。产品上标注有"本品以桃源野茶大叶为原料"。古洞春公司认为自己享有"桃源大叶"发现权、品种权，从而主张怡清源公司侵犯其享有的发现权、品种权,向法院提起诉讼。

　　法院审理认为：(1)古洞春公司不享有"桃源大叶"母本野生茶树的发现权,也未依法取得"桃源大叶"茶树品种权。"桃源大叶"母本野生茶树的发现权应当由发现该株野生茶树的当地群众和茶场职工卢某等享有。根据我国民法通则的有关规定,发现权属知识产权的范畴,由人身权和财产权两大部分组成。人身权方面,发现权人有权获得荣誉证书和奖章。财产权方面,发现权人有权领取奖金。因此,发现权只是对发现者个人或集体给予的一种荣誉权和被奖励权,既不能转让,也不能继受取得。"桃源大叶"茶树新品种是由湖南农学院茶叶研究所和桃源县茶叶良种站共同对野生大叶茶树进行选育而成的茶树新品种,故"桃源大叶"茶树新品种不能通过"发现"而只能通过选育产生。(2)根据我国《植物新品种保护条例》及其实施细则的相关规定,植物新品种是植物品种审定委员会对经过人工培育的或者对发现的野生植物加以开发的、有适当命名的植物品种的新颖性、特异性、一致性和稳定性给予认可后,该品种即为植物新品种。而该植物的品种权必须依法定程序由农业部或林业部对品种权申请进行实质审查,向品种权申请人颁发品种权证书,并予以登记和公告后才能取得。一经授权,就赋予了品种权人排他性的独占权。可见除由农业部或林业部授权以外,任何个人(单位)不能以任何其他方式原始取得品种权。本案中,虽然"桃源大叶"茶树新品种客观存在,但由于权利人没有依法定程序申报而未被授予品种权,因此"桃源大叶"茶树新品种不享有植物新品种权。

2　植物新品种国际保护的基本状况

　　植物新品种保护的法律规范,旨在保护育种者的权益,其核心内容是授予育种者对其育成的品种享有排他的独占权,他人在将该品种作为商业用途(生产、销售)使用时,需要向育种者交纳一定的费用,借此鼓励育种者对新品种进行研究开发、投资的积极性,促进农业、园艺和林业的发展。育种者的这项权利与专利权、著作权、商标权等知识产权相比较,虽其权利内容不同,但同样具有某些共同的特性,都属于知识产权的范畴。

　　从目前国际上的立法状况看,涉及植物新品种保护的立法模式主要有专利法和植物新品种保护专门法。虽然对生产植物品种的方法各国均给予专利保护,但是对于植物品种本身,多数国家或者国际组织采用植物新品种保护专门法的形式给予保护,如中国、德国、澳大利亚、欧盟等;少数国家以专利法来保护,如日本、法国、丹麦;极少数国家采用专利法和专门法共同进行保护,如美国。20世纪30年代,美国颁布《植物专利法》,宣布对无性繁殖的植物授予专利权。该法后来纳入美国专利法第161条至第164条。第161条将植物专利规定为：无论谁发明或者发现无性繁殖任何独特的和新颖的植物品种,包括培育的变种、异种、胚种和新发现的秧苗,而非试管培植的植物或者在未培育状况下的发现,均可依据本法之条件要求取得专利。1970年,美国颁布《植物品种法》,对有性繁殖产生的植物品种提供类似于专利的保护。这种保护由美国农业部植物品种保护办公室负责审查并颁发植物品种保护证书。由此可见,美国对植物品种的保护采用的是植物专利、普通专利、品种保护证书三种方式并行的"多轨制"全面保护。

　　1957年5月7日,法国外交部邀请12个国家和保护知识产权联合国际局、联合国粮农组织、欧洲经济合作组织,在法国召开了第一次植物新品种保护外交大会,形成会议决议。在此基础上,拟定《国际植物新品种保护公约》,并于1961年在巴黎讨论通过了该公约(以下简称《巴黎公约》)。1968年8月10日该公约正式生效。以后该公约又经过1972年、1978年和1991年三次修改。巴黎公约旨在确认和保护植物新品种育种者的权利,并由公约缔约国组成植物新品种保护联盟,从而形成当代国际植物知识产权保护体系的基础,为国际间开展优良品种的研究、开发、技术转让、合作交流以及新产品贸易提供了法律框架。根据《巴黎公约》要求,每个成员国给予植物新品种的保护方式,可以采用公约规定的专门方式,也可以采用专利的方式。根据《巴黎公约》规定,育种者权利的核心内容是享有为商业目的生产、销售其品种的繁殖材料的专有权,包括：(1)以商业目的而繁殖、销售受保护的植物品种;(2)在观赏植物或者插花生产中作为繁殖材料用于商业目的时,保护范围扩大到以正常销售为目的而非繁殖用的观赏植物部分植株;(3)为开发其他品种而将受保护品种商业性地反复使用。

巴黎公约 1991 年文本将育种者的权利扩大到禁止侵权品种进口（平行进口）。在强调保护育种者权利的同时，巴黎公约为了鼓励创新而不限制创新，对育种者的权利进行了限制，如出于公共利益考虑或者为了推广新品种，可以不经过育种者同意而使用、繁殖其新品种（强制许可制度）。1991 年文本对育种者权利的限制则更为具体，规定育种者的权利不适用于：（1）私人的非商业活动；（2）试验性活动；（3）培育其他新品种活动，但培育派生品种以及需要反复利用受保护品种进行繁育品种的除外。

3　我国现行的植物新品种保护法律制度

我国幅员辽阔，植物品种资源非常丰富。为扩大我国丰富的植物品种资源和植物新品种优势，保护育种者的合法权益，进一步提高农业和林业生产的科技含量技术水平，同时作为巴黎成员国，我国也应当承担相应的义务，因此必须建立并完善符合我国国情、符合国际条约规定的植物新品种保护的法律体系，建立相应的法律制度，为促进我国农业、林业的可持续发展提供有力的保障。

《与贸易（包括假冒商品贸易在内）有关的知识产权协议》要求成员国给予植物新品种以专利制度或者有效的专门制度，或者以任何组合制度的保护。我国自 20 世纪 80 年代中期开始保护生物技术知识产权，1985 年 4 月 1 日起施行的《中华人民共和国专利法》（以下简称《专利法》）纳入了保护生物技术方法发明，包括获得动物和植物品种的生产方法和药品的生产方法发明的内容。1993 年 1 月 1 日起经过修改的《专利法》将大部分涉及生物技术的产品和物质纳入《专利法》的保护范围，但《专利法》对"动物和植物品种"仍然不授予专利权。为此，我国于 1997 年 4 月 30 日公布了《中华人民共和国植物新品种保护条例》，对植物新品种采用专门法进行保护的法律制度，与之配套的《中华人民共和国植物新品种保护条例实施细则》（以下简称《实施细则》）农业部分于 1999 年 6 月 16 日发布，林业部分于 1999 年 8 月 10 日发布实施，标志着我国植物新品种保护的法律体系框架基本建立。

《条例》共 8 章 46 条，内容包括：植物新品种权的内容和归属、授予品种权的条件、品种权的申请和受理、品种权的审查和批准、品种权的期限、终止和无效、侵犯品种权的法律责任。《条例》确认完成育种的单位或者个人对其授权的品种所享有的民事权益，即享有排他的独占权。任何单位或者个人未经品种权所有人许可，不得以商业目的生产或者销售该授权品种的繁殖材料，不得为商业目的将该授权品种的繁殖材料重复使用生产另一品种的繁殖材料。《条例》规定，植物新品种的申请权和品种权可以依法转让，并规定了依法转让的条件。按照《条例》规定，植物新品种的保护期限是自授权之日起，藤本植物、林木、果树和观赏树木为 20 年，其他植物为 15 年。《条例》授权国务院农业、林业行政管理部门按照职责分工共同负责植物新品种权申请的受理和审查，并对符合《条例》规定的植物新品种授予植物新品种权。《条例》规定，为了国家利益或者公共利益，审批机关可以作出实施植物新品种强制许可的决定，并由审批机关在取得强制许可的单位或者个人与品种权人就有关合理的使用费不能达成协议的情况下，进行裁决。根据植物新品种权保护新形势的发展和需要，2013 年 1 月 31 日国务院令第 635 号作出《国务院关于修改〈中华人民共和国植物新品种保护条例〉的决定》，对《中华人民共和国植物新品种保护条例》进行了修订。修改的内容有两条：（1）将第三十九条第三款修改为："省级以上人民政府农业、林业行政部门依据各自的职权处理品种权侵权案件时，为维护社会公共利益，可以责令侵权人停止侵权行为，没收违法所得和植物品种繁殖材料；货值金额 5 万元以上的，可处货值金额 1 倍以上 5 倍以下的罚款；没有货值金额或者货值金额 5 万元以下的，根据情节轻重，可处 25 万元以下的罚款。"（2）将第四十条修改为："假冒授权品种的，由县级以上人民政府农业、林业行政部门依据各自的职权责令停止假冒行为，没收违法所得和植物品种繁殖材料；货值金额 5 万元以上的，处货值金额 1 倍以上 5 倍以下的罚款；没有货值金额或者货值金额 5 万元以下的，根据情节轻重，处 25 万元以下的罚款；情节严重，构成犯罪的，依法追究刑事责任。"

《条例》颁布后，为植物新品种权提供有效的司法保护就成为当务之急。最高人民法院于 2001 年 2 月 5 日发布了《最高人民法院关于审理植物新品种纠纷案件的若干问题的解释》（以下简称《解释》），2007 年 1 月 12 日发布了《最高人民法院关于审理植物新品种纠纷案件具体应用法律问题的若干规定》（以下简称《规定》），这两部司法解释同时构成了我国植物新品种法律保护制度的重要组成部分。在植物新品种权法律保护制度建立的情况下,起诉侵犯植物新品种权的案件应势而生。

4 植物新品种权纠纷案件审理的相关法律问题

4.1 植物新品种权迫切需要司法保护

根据《条例》的规定,国务院有关部门开始受理植物新品种权的申请,并对符合条件的申请予以授权。吉林省农业科学院在1999年4月23日第一个申请日就向农业部植物新品种保护办公室递交了36件申请。据统计,截至2015年3月底,我国农业品种权申请总量达到12111件,授予品种权4488件。与此同时涉及植物新品种的纠纷不断涌现,不少农业、林业科研机构和品种权人要求人民法院依法保护他们的智力成果。妥善审理植物新品种权纠纷,依法对植物新品种进行有效司法保护,是现实经济生活发展的客观要求。最高人民法院2001年2月5日公布的《解释》,使人民法院依法受理和公正审理涉及植物新品种权纠纷案件、确保统一执法尺度,保护品种权人的利益在司法程序上有法可依。由于人民法院受理植物新品种纠纷案件属于新类型的知识产权案件,涉及的专业性问题强,审理难度很大。而《解释》仅规定了案件的受理、管辖和诉讼中止等一些程序性问题。因此,为及时、正确审理侵犯植物新品种权纠纷案件,最高人民法院于2007年1月12日公告公布出台的《规定》对更好地审理植物新品种权纠纷案件提供了更加具体的法律依据。《解释》和《规定》实施后,人民法院受理的植物新品种权纠纷案件大量增加。如2009年至2014年,甘肃省法院知识产权庭受理的植物新品种权案件达365件,占全部知识产权案件的1/3,仅2012年就受理了植物新品种侵权案件116件。据了解,2010年以前审理的植物新品种案件,侵权表现形式多为部分制种公司直接实施侵权行为。2010年以来,随着法院对侵权行为打击力度的增大,部分制种公司为了逃避法律的制裁,开始隐身幕后,往往由公司的技术人员以自己的名义与农户接洽,与农户之间不签订制种合同,把制种农户推到前台,已经发生多起由农户个人承担赔偿责任的案件。

4.2 受案范围

根据《中华人民共和国民事诉讼法》《中华人民共和国行政诉讼法》,参照《条例》和两个实施细则所列举的植物新品种权的内容以及审批程序的规定,最高人民法院《解释》中规定人民法院受理的植物新品种纠纷案件主要包括以下十一种类型:

(1)是否应当授予植物新品种权纠纷案件。对审批机关驳回品种权申请的决定不服的,申请人可以自收到通知之日起3个月内,向植物新品种复审委员会请求复审。申请人对植物新品种复审委员会的决定不服的,可以自接到通知之日起15日内向人民法院提起诉讼。

(2)宣告授予的植物新品种权无效或者维持植物新品种权的纠纷案件。自审批机关公告授予品种权之日起,植物新品种复审委员会可以依据职权或者依据任何单位或者个人的书面请求(提出异议),对不符合《条例》第十四条、第十五条、第十六条和第十七条规定的,宣告品种权无效。对植物新品种复审委员会的决定不服的,可以自收到通知之日起3个月内向人民法院提起诉讼。

(3)授予品种权的植物新品种更名的纠纷案件。对不符合《条例》第十八条规定的,任何单位或者个人可以书面请求予以更名。对植物新品种复审委员会的决定不服的,可以自收到通知之日起3个月内向人民法院提起诉讼。

(4)实施强制许可的纠纷案件。为了国家利益或者公共利益,审批机关可以作出实施植物新品种强制许可的决定。品种权人对强制许可决定不服的,可以自收到通知之日起3个月内向人民法院提起诉讼。

(5)实施强制许可使用费的纠纷案件。取得实施强制许可的单位或者个人应当付给品种权人合理的使用费,双方不能达成协议的,由审批机关裁决。品种权人对裁决不服的,可以自收到通知之日起3个月内向人民法院提起诉讼。

(6)植物新品种申请权案件。

(7) 植物新品种权利归属案件。

(8) 转让植物新品种申请权和转让植物新品种权纠纷案件。

(9) 侵犯植物新品种权纠纷案件。未经品种权人许可，以商业目的生产或者销售授权品种的繁殖材料，品种权人或者利害关系人可以请求省级以上人民政府农业、林业行政部门依据各自的职权进行处理，也可以直接向人民法院提起诉讼。省级以上人民政府农业、林业行政部门依据各自的职权，根据当事人自愿的原则，对侵权所造成的损害赔偿可以进行调解。调解未达成协议的，品种权人或者利害关系人可以依照民事诉讼程序向人民法院提起诉讼。

(10) 不服省级以上农业、林业行政管理部门依据职权对侵犯植物新品种权处罚的纠纷案件。省级以上人民政府农业、林业行政部门依据各自的职权处理品种权侵权案件时，为维护社会公共利益，可以责令侵权人停止侵权行为，没收违法所得，可以并处罚款。

(11) 不服县级以上人民政府农业、林业行政部门依职权对假冒授权品种处罚的纠纷案件。假冒授权品种的，由县级以上人民政府农业、林业行政部门依据各自的职权责令停止假冒行为，没收违法所得和植物品种繁殖材料，并处罚款。

4.3 审理法院的确定（指定管辖）

上述（1）至（5）类案件由北京市第二中院人民法院管辖。(6)至（11）类案件，由各省、自治区、直辖市人民政府所在地和最高人民法院指定的中级人民法院作为第一审人民法院审理。审理涉及植物新品种纠纷案件的技术难度很大、专业性强，在是否授予权利以及是否构成侵权等问题上，要求审判人员不仅熟悉有关知识产权法律、法规，而且要掌握较高的专业化知识。根据行政诉讼法及最高人民法院《关于执行〈中华人民共和国行政诉讼法〉若干问题的解释》的相关规定，被告为县级以上人民政府或国务院直属部门（含复审委员会）的案件，均应当由中级人民法院管辖。考虑到人民法院审判力量配置、发案数量和方便人民群众诉讼等因素，最高人民法院的司法解释第三条规定将涉及植物新品种的民事案件、行政案件，根据知识产权案件集中审理的原则，确定由中级以上人民法院受理。其中司法解释第一条所列第（1）至（5）类案件，由于国家植物新品种审批机关的住所地在北京市第二中级人民法院的辖区内，因此，规定由该院作为第一审人民法院；第（6）至（11）类案件，由各省、自治区、直辖市人民政府所在地和最高人民法院指定的中级人民法院作为第一审人民法院审理。2014年11月起，北京、上海和广州知识产权法院相继成立，最高人民法院发布了《关于北京、上海、广州知识产权法院案件管辖的规定》，上述案件的管辖也相应作出了变更。

4.4 受理法院的确定（地域管辖）

侵犯植物新品种权的民事案件由侵权行为地人民法院管辖。最高人民法院司法解释第四条明确规定了侵犯植物新品种权的侵权行为地的概念，即指未经品种权人许可，为商业目的生产、销售该品种的繁殖材料的所在地，或者将该授权品种的繁殖材料重复使用于生产另一品种的繁殖材料的所在地，生产地、销售地均属侵权行为地。

4.5 诉讼当事人的确定

根据《条例》确定的审批授权的程序，以及相应的法律关系，最高人民法院司法解释第五条规定：关于是否应当授予植物新品种权的纠纷案件、宣告授予的植物新品种权无效或者维持植物新品种权的纠纷案件、授予品种权的植物新品种更名的纠纷案件，应当以行政主管机关植物新品种复审委员会为被告；关于实施强制许可的纠纷案件，应当以植物新品种审批机关为被告；关于强制许可使用费纠纷案件，应当根据原告所请求的事项和所起诉的当事人确定被告。对于强制许可使用费的数额，审批机关在取得实施强制许可的单位或者个人与品种权人不能达成协议的情况下，作出裁决，品种权人如果对该强制许可决定或者确定的使用费数额不服，可以向人民法院起诉。如果该品种权人仅起诉取得强制实施许可的单位或者个人，那么，应当以对方当事人为被告，提起民事诉讼。另外，《条例》规定了对审批机关驳回品种权申请不服的复审程序，因此，如果申请人对审批机关驳回申请权的决定不服，直接向人民法院提起诉讼的，人民法院不予受理。

4.6 植物新品种权人的利害关系人

《条例》第三十九条规定："未经品种权人许可，以商业目的生产或者销售授权品种的繁殖材料的，品种权人或者利害关系人可以请求省级以上人民政府农业、林业行政部门依据各自的职权进行处理，也可以直接向人民法院提起诉讼。"虽然《条例》对品种权的利害关系人的诉权进行了规定，但是《条例》对"利害关系人"的范围未作界定，给审判实践适用法律带来了困难。为了便于各级人民法院在审理案件中准确掌握植物品种权人的利害关系人，保障其诉讼的权利，比照现行的《专利法》等司法解释，《规定》第一条对品种权人的利害关系人和不同利害关系人的不同诉权作出了界定。

品种权人的利害关系人包括植物新品种实施许可合同的被许可人、品种权财产权利的合法继承人等。独占实施许可合同的被许可人（只有被许可人可以生产、销售该植物新品种）可以单独向人民法院提起诉讼；排他实施许可合同的被许可人（被许可人、品种权人均可以生产、销售该植物新品种）可以和品种权人共同起诉，也可以在品种权人不起诉时，自行提起诉讼；普通实施许可合同的被许可人（可以有多个被许可人）经品种权人明确授权，可以提起诉讼。

某种业公司诉农牧良种场侵犯植物新品种案。2003年12月19日，西北农科大学向国家农业部申请了"西农979"植物新品种；2006年1月1日，国家农业部授予西北农科大学"西农979"植物新品种权。2005年8月4日，西北农科大学与种业公司签订的转让协议约定：西北农科大学将其独家培育的"西农979"小麦新品种在陕西省境内的生产包装销售权转让给种业公司，有效期自2005年8月10日至2010年10月31日止。除此之外，该品种的其他一切权利仍属西北农科大学独有，种业公司负责该品种在陕西省境内的维权打假事宜。西北农科大学不得将"西农979"种子在陕西省境内的生产、包装、销售权授予种业公司以外任何一家企业或个人。之后种业公司发现，良种场未经许可，种植"西农979"小麦新品种，故诉至法院，请求判令被告停止侵权行为；赔偿原告损失8万元；承担诉讼费。法院经审理认为，西北农科大学与种业公司签订的协议属排他许可使用合同，其在品种权人不起诉的情况下，自行提起诉讼，具有诉讼主体资格；良种场未经品种权人的许可，生产争讼之授权植物新品种，构成对种业公司排他实施"西农979"小麦新品种权的侵害，判决良种场停止侵犯"西农979"植物新品种的行为并赔偿种业公司损失20000元。

本案种业公司的诉讼主体是否适格。植物新品种所有权人或者利害关系人认为植物新品种权受到侵害的，可以依法向人民法院提起诉讼。其中利害关系人，包括植物新品种实施许可合同的被许可人、品种权财产权利的合法继承人。植物新品种实施许可合同中的排他使用许可合同是指植物新品种权人在合同约定的期间、地域和以约定的方式，将该植物新品种仅许可一个被许可人使用，植物新品种权人依约定可以使用该植物新品种，但不得另行许可他人使用该植物新品种。本案中，西北农科大学与种业公司签订的协议约定，西北农科大学把"西农979"品种在陕西省的种子生产、包装、销售权转让给种业公司，除此之外，该品种的其他一切权利仍属西北农科大学独有。种业公司独家享有该品种在陕西省境内的生产、包装、销售权和从事生产经营活动中的名称使用权。种业公司负责该品种在陕西省境内的维权打假事宜。西北农科大学不得将"西农979"种子在陕西省境内的生产、包装、销售权授予种业公司以外任何一家企业或个人。由此说明，西北农科大学与种业公司签订的协议符合排他许可使用合同的特征。而西北农科大学明确表示不参与本案诉讼，因此种业公司作为"西农979"排他许可使用合同的被许可人，与本案有直接的利害关系，其在品种权人西北农科大学不起诉的情况下，自行提起诉讼，符合《条例》第三十九条"未经品种权人许可，以商业目的生产或者销售授权品种的繁殖材料的，品种权人或者利害关系人可以请求省级以上人民政府农业、林业行政部门依据各自的职权进行处理。也可以直接向人民法院提起诉讼"及《中华人民共和国民事诉讼法》的规定，其诉讼主体是适格的。

4.7 侵权行为的种类

《条例》第六条规定了侵犯品种权的两类情形：一是任何单位或者个人未经品种权所有人许可，不得为商业目的生产或者销售该授权品种的繁殖材料；二是不得为商业目的将该授权品种的繁殖材料重复使用于生产另一品种的繁殖材料。《条例》第三十九条仅规定，未经品种权人许可，以商业目的生产或者销售授权品种的繁殖材料的，品种权人或者利害关系人可以请求省级以上人民政府农业、林业行政部门依据各自的职权进行处理，也可以直接向人民法院提起诉讼。实践中，这两类侵权情形也均有发生。《解释》第四条和《规定》第二条均将此类行为列入"侵权"的范围。所以，《规定》第二条将这两类侵权行为都规定为侵犯植物新品种权的行为；实施这两种行为的，人民法院应当认定为侵犯植物新品种权。

4.7.1 植物新品种权侵权的主要类型

（1）假冒侵权。假冒授权品种，故意将非权利品种假称为权利品种，仿制权利品种的外包装、进行虚假的广告宣传、冒用新品种权号等，欺诈消费者，以获取非法利益。

（2）直接侵权。无意培育出自己的品种，故意以权利品种的正式名称对外销售。

（3）隐蔽侵权。故意或者无意培育出权利品种，但不以权利品种的正式名称对外销售。这种侵权行为，一般难以识破，也是审理植物新品种侵权的主要难点。

（4）超范围经营侵权。被许可人超越许可范围或未按许可合同要求生产、销售权利品种。

4.7.2 植物新品种权的侵权判定、构成要件

根据《条例》第六条的规定，品种权人享有的权利主要表现为一种排他权，即禁止他人未经许可利用其授权品种的权利。侵犯植物新品种权的行为，是指在品种权的有效期内，行为人未经品种权人的许可，生产、销售、使用其授权品种的行为，法律另有规定的除外。品种侵权行为的构成要件应当是：（1）有被侵犯的有效品种权的存在。一项品种只有在其被授予品种权的有效期间内，才受法律保护，第三人利用该品种才有可能构成侵犯品种权。在授予品种权前、品种权期限届满后、品种权被宣告无效后或者已经终止后，第三人的使用行为不构成侵权。如古洞春公司诉怡清源公司等利用其发现的植物新品种进行不正当竞争纠纷案就属于这一情况。（2）有利用品种权的行为，如生产、销售授权品种的繁殖材料、将授权品种的繁殖材料重复使用于生产另一品种的繁殖材料。（3）未经品种权人的许可。许可应包括书面许可、口头许可以及默示许可等形式。默示许可是指一方当事人提出民事权利的要求，对方未用语言或者文字明确表示意见，但其行为表明已经接受的，即为默示许可。如品种权人对利用其授权品种的一方进行了技术指导，那么这个指导行为实际上就构成了默示许可。（4）商业目的，即以营利为目的实施一定的行为，才可能构成侵权；不以营利为目的，不构成侵权。

4.7.3 持有种子生产许可证生产、销售侵权品种是否构成侵权

在专利权和著作权侵权纠纷中，销售者对产品来源是否合法只承担形式审查的义务，但在植物新品种权侵权纠纷中，销售方对产品来源的合法性负有严格的审查义务。这是因为《中华人民共和国种子法》规定对种子经营实行许可证制度，经营者要取得种子经营资格的许可证，必须具备特定的经营条件，而且要严格按照许可证的要求经营。经营者从生产者处购买种子时必须审查生产者的生产许可证，确认其生产的某类种子是否获得许可；如侵权品种的经营者未经权利人许可，其生产和对外销售侵权产品即具有明显的违法性，此时经营者如果仍然购买并销售该品种，即具有不可推卸的主观过错，这时经营者与生产者的行为就构成共同侵权。例如，秦丰种业公司与四川省绵阳市农业科学研究所侵权案。秦丰种业公司称其与临澧县种子公司签订了《农作物种子购销合同》，且该公司具有湖南省农业厅给其发放的生产金优725水稻种的《种子生产许可证》。因此根据农业部发布的《农作物种子生产经营许可证管理办法》第七条的规定，其生产行为合法。与一般的知识产权侵权案件不同，在我国现有植物新品种保护法律规定中，没有销售者只要提供合法来源就不构成侵权责任的规定，因此对销售者以合法来源抗辩一般不应采纳。因为在植物新品种侵权纠纷中，销售者对产品的来源的合法性有严格审查的义务，这是由种子生产、经营的特殊性所决定的，且《中华人民共和国种子法》第二十一条第二款也明确规定：申请领取具有植物新品种权的种子生产许可证的，应当征得品种权人的书面同意。

而上诉人在购买该种子时未对临澧县种子公司是否经过金优725品种权人的许可进行审查,在诉讼中亦未提供相应的证据予以证明。故秦丰种业公司关于通过合法渠道购进,该购销行为符合《专利法》的善意取得原则,符合知识产权法的相关原理,不存在侵权,不应承担赔偿责任理由不能成立。

因此,在审理植物新品种权纠纷案件中,当事人以持有农业部门颁发种子生产许可证进行抗辩的理由是不能成立的。因为相关行政机关在颁发种子生产许可证时只审查申请人的生产能力、生产水平而不审查申请人是否征得品种权人或利害关系人的同意的情况,因而虽然相关职能部门颁发了种子生产许可证,但这种行为并不必然认可了其生产授权品种行为的合法性,在取得品种生产许可证的同时,还需要合法取得该植物品种权人或利害关系人的同意,否则就构成侵权。

4.8 关于侵权赔偿数额的确定

关于侵权赔偿数额的计算,《规定》第六条规定了人民法院可以根据被侵权人的请求,按照被侵权人因侵权所受损失或者侵权人因侵权所得利益确定赔偿数额。被侵权人请求按照植物新品种实施许可费确定赔偿数额的,人民法院可以根据植物新品种实施许可的种类、时间、范围等因素,参照该植物新品种实施许可费合理确定赔偿数额。对于难以确定赔偿数额的,人民法院可综合考虑侵权的性质、期间、后果,植物新品种实施许可费的数额,植物新品种实施许可的种类、时间、范围及被侵权人调查、制止侵权所支付的合理费用等因素,在50万元以下确定赔偿数额。《规定》第六条第三款将"被侵权人调查、制止侵权所支付的费用等"也规定在定额50万元的考虑因素之内,这也就是说,对于适用定额赔偿方式进行赔偿的案件,包括调查费等的支出在内,一般不能超过50万元的上限。

侵权赔偿数额的确定方法有四种:(1) 根据被侵权人的请求,按照被侵权人因被侵权所受损失。如果原告的举证能够查明被告生产或销售侵权品种数量的,根据市场的平均利润或者原告的同期利润计算原告相应的可得利益作为其损失予以赔偿,或是根据原告在遭受侵权后,市场价格的下降来计算原告可得利益的损失。如合肥丰乐与安徽隆平高科植物新品种纠纷,被告的销售额为23.6万千克,原告同期每公斤价格下降2.4元,据此确定原告的损失为566400元,并予以判决。(2) 侵权人因侵权所得利益确定赔偿数额。安徽隆平高科种业有限公司与绥宁县种子公司、郑文等植物新品种纠纷案中,查明被告的销售额22200千克,原告的同期利润为约14.8元,据此确定原告的损失为330000元。(3) 权利人的损失或者侵权人获得的利益难以确定的,按照品种权许可使用费的1倍以上5倍以下酌情确定。奥瑞金公司诉北方公司侵案。该案侵权损害赔偿的数额,原告奥瑞金公司主张以本案"临奥1号"品种的使用费5倍请求2400000元赔偿。根据《农业植物新品种权侵权案件处理规定》第十四条的规定:侵犯品种权的赔偿数额,应按照权利人因被侵权所受到的损失或者侵权人因侵权所获得的利益确定。权利人的损失或者侵权人获得的利益难以确定的,按照品种权许可使用费的1倍以上5倍以下酌情确定。法院认为,在被告获利不能明确的情况下,以品种使用费作为计算其损失赔偿的依据。根据本案具体案情,以品种使用费0.4元的3倍结合侵权品种种植面积1800亩,及每亩以400公斤的平均产量酌情计算权利人损失赔偿额较为合理,具体计算为1800亩×400千克/亩×0.4元/千克×3=864000元。(4) 被侵权人因被侵权所受损失或者侵权人因侵权所得利益均难以确定的,又无许可使用费参照的,人民法院可以根据当事人的请求或者依职权在50万元以下确定赔偿数额。人民法院在50万元以下确定赔偿数额时,应当综合考虑侵权人侵权的性质、期间、后果,植物新品种实施许可费的数额,植物新品种实施许可的种类、时间、范围及被侵权人调查、制止侵权所支付的合理费用等因素。

4.9 农民赔偿责任的免除

《条例》规定,农民在植物新品种使用方面的特权是自繁自用,超出范围才属于侵权。实践中,侵权者大多委托农民进行大规模的制种。农民的代繁行为因超出了自繁自用的范围,故构成了侵权,农民应承担相应的民事责任。但考虑到农民若承担赔偿责任可能导致一系列负面问题,且真正的侵权源头和最大的受益者是委托人,故在一定条件下法律规定免除农民侵权责任中的赔偿责任。同时,为体现和贯彻过错责任的一般侵权归责原则,《规定》第八条针对农民"知道"与否作了区别对待:农民不知道代繁物是侵犯品种权的繁殖材料并说明委托人的,不承担赔偿责任,但仍然承担停止侵害的侵权责任。农民知道代繁物是侵犯品种权的繁殖材料的,应承担包括赔偿责任在内的侵权责任,但该赔偿责任一般应掌握在农民因代繁获利的限度内。赔偿责任的免除,涉及侵权责任制度的变动。为避免实践中可能的滥用,《规定》第八条对农民的范围作了界定,即通常理解的靠农业或林业种植来维持生计的个人、农村承包经营户为限。

管理实务研究

技术研发中的专利信息检索方法应用

盖 爽 吴泉洲

(国家知识产权局专利局专利文献部)

摘 要：专利信息是重要的信息资源，技术研发过程中需要大量的专利信息作为支撑。本文介绍了专利信息应用对于技术研发的重要性，分析了研发过程中专利信息的需求，在此基础上提出在研发过程的不同阶段采用不同的检索方法，并结合实例着重介绍了农业技术研发前专利信息检索的主要方法。

关键词：专利信息；技术研发；检索

技术研发是一类重要的研发活动。研发即研究开发，是指各种研究机构、企业为获得科学技术新知识，创造性运用科学技术新知识或实质性改进技术、产品和服务而持续进行的具有明确目标的系统活动。一般分为科技研发与技术研发两种。科技研发是指为获得科学技术的新知识、创造性地运用科学技术新知识、探索技术的重大改进而从事的有计划的调查、分析和实验活动。技术研发是指为了实质性改进技术、产品和服务，将科研成果转化为质量可靠、成本可行、具有创新性的产品、材料、装置、工艺和服务的系统性活动。但无论是哪一类研发活动，它都是一种创新活动。专利信息中蕴含着技术、经济和法律信息，使之成为创新活动的重要信息来源。

1 专利信息是技术研发的宝贵资源

专利信息是专利活动的产物。专利活动是人类发明创造的智力活动和法律活动的结合与交叉。记载专利活动的专利信息就成为一类具有鲜明特色的信息资源。

1.1 专利信息数量多，内容广

专利文献是世界上数量最大的信息源之一。据统计，全世界累积可查阅的专利文献量已超过1亿件。而且各地区、组织和国家知识产权机构一直在定期连续公布，每年公布约300万件。世界知识产权组织的统计表明，世界上每年发明创造成果的90%～95%可以在专利文献中查到。美国专利商标局的调查显示，在专利文献中，有70%未在非专利文献上发表。汤森路透集团的研究认为有70%～90%的专利文献未在其他刊物上发表。

专利文献涵盖了绝大多数技术领域，从大到小，从繁到简，几乎涉及人类生活的各个领域。影响世界科技发展的重要发明都是第一时间在专利文献中予以披露，如爱迪生的电灯、贝尔的电话、莱特的飞机、贝尔德的电视机、奔驰的汽车、王选的激光照排等；专利文献中也记载与人类生活息息相关的点滴细节，如各式针线盒、插销插座。

1.2 传播最新技术信息，内容详尽

专利制度的特点决定了专利信息传播最新科技信息。首先，大多数国家知识产权制度采用先申请制。当两个以上的申请人分别就同样的发明创造申请专利时，专利权授予最先申请的人。因此，申请人在一项发明创造完成之后总是以最快速度提交专利申请，以防竞争对手抢占先机。德国的一项调查表明，有2/3的发明创造是在完成后的一年之内提出专利申请的，第二年提出申请的接近1/3，超过两年提出申请的不足5%。其次，由于新颖性是专利性的首要条件，因此，发明创造总是首先以专利

文献而非其他科技文献的形式向外界公布。否则，将影响其专利的新颖性。

专利制度是以公开换保护，根据专利制度，其公开应是"清楚、完整"，并且"以所属技术领域的技术人员能够实现"为标准。因此申请人必须按照《中华人民共和国专利法》（以下简称《专利法》）的有关规定，在专利申请的说明书中对发明创造的技术方案进行完整而详尽的描述，而且参照现有技术指明其发明点所在，说明具体实施方式，并给出有益效果；在权利要求书中说明发明创造的技术特征，清楚、简要地表述请求保护的范围。

1.3 集技术、法律和经济信息为一体

专利文献中记载了重要的技术信息。同时，专利文献又是依据《专利法》而存在的重要法律文件。其中专利单行本的权利要求书用于说明发明创造的技术特征，清楚、简要地表述请求保护的范围，经审查授权后的权利要求书内容是判断是否侵权的法律依据。专利公报中还对专利的有效性、地域性予以即时报道，如：专利申请的驳回、撤回等，专利权的视为放弃、撤销、终止、转移等。

随着信息技术的发展，使大数据量的量化分析和图形展示更加容易，专利信息分析已成为经济分析指标中的重要内容。通过专利信息获取和分析，可以了解技术发展动态和趋势、竞争对手发展方向和研发重点、地区技术发展态势和热点等，为国家制定经济和科技发展规划和战略、企业开展生产经营和国际化发展提供重要的决策参考。专利信息已经成为战略性信息资源。

2 技术研发过程中的专利信息需求

企业规划、设计和商业化一种技术或产品通常情况下遵循一定的步骤或流程。有的组织界定和遵循清晰而细致的开发流程，而有的组织甚至对技术开发流程描述不确切；实际上，同一企业对于不同的开发项目也可能采用不同的流程。

研发过程可以简单分为三个过程：研发前，主要是进行研发活动规划，对可获取的各类相关信息从技术、经济和法律角度进行全面分析，把握发展动态和趋势，形成研发项目可行性分析报告。研发中，是具体创新过程，更多涉及技术细节的改进和创造，需要各类相关技术信息提供创新参考，同时需要绕开已有专利技术，避免侵权风险。研发后，产品推出，企业凭借研发成果占领市场，同时需要借助各类经济信息和法律信息，考虑研发成果的保护与运营。为避免他人窃取科研成果企业需要选择合适的保护方式；为获得直接生产以外的经济效益，企业应考虑科技成果运营，可能获取的收益是技术商品化的数倍。

3 技术研发过程中专利信息检索方法

专利信息利用的第一步是获取满足条件的专利信息。随着信息技术的发展，专利信息的获取更加方便便捷，通常是在专利信息系统中进行检索。专利信息检索是指根据一项或多项线索或特征，从各种专利信息数据库中挑选符合某一特定要求的文献或信息的过程。通常情况下，将专利信息检索方法归纳为：专利技术主题检索，专利技术方案检索，专利引文检索、同族专利检索、专利相关人检索和专利法律状态检索。

技术研发过程中，信息需求不同，需要获取的信息内容也不同，因此在获取的过程中要采用不同的方法和技巧。

3.1 研发前的检索方法

研发前的可行性分析报告中，应该明确研发技术可行性和经济可行性。就技术可行性分析而言，需要获取已有相关领域技术信息，进而分析获得技术发展趋势、技术生命周期、发展重点和空白点等；需要明确自己的技术实力，通过所掌握的专利情况分析而明确；需要了解知识产权环境状况，确定技术开发的知识产权风险。

为满足可行性分析的需要，研发前的专利信息检索主要采用的方法包括：专利技术主题检索，专利引文检索、同族专利检索、专利相关人检索和专利法律状态检索。

3.2 研发中的检索方法

研发过程中主要由技术人员完成从技术设想到技术实现的过程。技术人员需要相关的具体技术内容作为技术参考，解决实际开发过程中的技术难题；另外，研发不是一蹴而就的，时间可能是几个月、几年、甚至十几年，其中不断以专利公告和专利申请公开形式公布最新的技术成果，为避免重复研发，产生侵权风险和经济浪费，必须及时了解最新相关专利技术情况。因此研发过程中重要的检索类型是：技术方案检索和技术跟踪检索。

3.3 研发后的检索方法

企业研发后，将研发成果用于产品生产并投入市场，获得产品利润，实现最基本技术开发的目的。企业为避免大量的人、财、物投入的成果被人轻易窃取，就要考虑选择合适的技术保护方式；在确定采用专利制度的保护后，要考虑专利申请的撰写和提交的时机；专利制度还提供专利所有人通过各种交易方式来实现技术价值的进一步转化的可能，也就是常说的专利运营。

在这个阶段，可以通过专利技术方案检索，了解相关技术的专利保护措施；通过阅读相近专利申请文献，提供技术专利申请文件的撰写技巧；通过专利相关人检索获得相关专利代理人的代理能力和水平的了解。

4 研发前主要的检索方法

这里我们以研发前的专利信息检索为例，介绍各种检索方法。

4.1 专利技术主题检索

专利技术主题检索，也称专利技术主题查全检索、专利参考文献检索，是指从任意一个技术主题对专利文献进行检索，从而找出一批与这一技术主题相关的参考文献的过程。专利技术主题检索要遵循特定的检索过程：一是分析待检索的技术主题；二是提取检索要素并表达；三是根据需要选择合适的检索系统；四是执行特定的检索步骤；五是检索结果筛选，形成检索结果集。

本文以"稻田镉污染治理研究"为例，介绍专利技术主题检索的主要过程。

4.1.1 分析技术主题

专利技术主题检索主要分析被检索的技术主题的所属技术领域，如果被检索的技术主题有进一步的限定的话，还应进一步分析其所属技术范围。所属技术范围可根据检索技术主题所属技术的类型、采用的手段、所用的材料、针对的对象、表现的形态、技术的应用等进行分析。

一般，首先解读检索技术主题名称；然后，确定技术主题的所属技术领域；如果有进一步限定，确定技术主题的具体技术范围。

实例：某农科院开展稻田镉污染治理研究，拟检索有关稻田镉污染治理方面的有关专利，从而在研究过程中借鉴他人经验，提高研究起点。

通过与本领域技术人员交流或网络、文献调研等方式，对"稻田镉污染治理"的这一技术主题进一步了解：镉的化学符号是Cd，是人体非必需且有毒元素；某些地区水稻等农作物含镉量严重超标，是由于种植水稻的水田被镉污染；造成污染的主要原因是有些地区矿产资源的私挖乱采，开采者将含有镉的污水向周边土地无组织排放。

满足检索需求的检索方法是：技术主题检索。其所属的技术领域是：稻田污染治理。具体的技术范围可以从针对的对象的角度来分析，主要针对的是：镉。

4.1.2 提取检索要素并表达

1）检索要素的提取

分析技术主题的目的是找到进行专利信息检索的线索。被检索技术主题中能够代表具体检索的技术领域及技术范围的必检索的成分，称之为检索要素。

在技术主题分析的基础上，就可以进行检索要素提取，主要提取出能够代表被检索技术主题的所属技术领域和具体技术范围的必检索成分。通常，选择通用词汇作为各检索要素名称。

在此实例中，技术主题中必检索的成分应该是表示技术领域的稻田污染治理和表示技术范围的镉污染，可以表达为：稻田治理，具体的技术范围可以表达为：镉。

2）检索要素的表达

通常情况下，由于语言的多样性一个实意词有多种表达形式，如：稻田，可能用"水田"来表示，因此我们需要扩展检索要素的表达方式。在专利数据库中，除了用主题词来表达技术内容，还有一类表达技术内容的信息就是分类号。一般情况下，文献中都用IPC分类号进行了分类，而对于美国和欧洲的专利还使用了CPC分类、日本文献还使用了FI/F-term。因此根据数据库的范围不同，我们选择不同的分类号来表达检索要素，提高检索效率。

检索要素的表达一般遵循以下规则：

（1）主题词表达。

用中文主题词表达时可选用"范围最大的概念"，例如：稻田治理，可选用"稻田"，它可涵概稻田治理、稻田整治、稻田防治、稻田修复……"等概念。

用英文关键词表达时可采用"词根+截断符"方式，例如：heat%（可涵概"heat、heated、heater、heating……"等）

同义词表达通常选用相同词义的表达，例如：稻田，可选用"水田、土地、土壤、田地"等；battery，可选用"cell"；特殊情况下可选用同类或下位类词汇表达，例如：封装，可选用"扩晶、固晶、焊线、灌胶、烘干、切脚、分光、分色"等。

英文词组复合表达可同时选用词组和词组复合表达，例如：glycidyl ether（词组），可同时选择"glycidylether（词组复合表达）"，epoxy resin（词组）可同时选择"epoxyresin（词组复合表达）"。

缩略语表达，例如：镉可用Cd，hydrogenated bisphenol A可用"HBPA"表达，发光二极管可用"LED"表达。

（2）IPC分类号表达。

IPC分类表中有专门小组分类位置可直接选用该IPC小组号表达，例如：检索技术主题为"蘑菇栽培"，IPC表中小组分类位置有"A01G1/04（蘑菇的栽培）"，检索要素IPC号表达则为"A01G1/04"。

IPC表中有代表相同检索要素的多个小组分类位置则并列选用多个IPC小组号，例如：检索技术主题为"LED封装"，IPC表中小组分类位置有"H01L31/52（LED封装）、H01L33/54（具有特定形状的LED封装）、H01L33/56（LED封装材料，如环氧树脂或硅树脂）"，检索要素IPC号表达则为"H01L33/52、H01L33/54和H01L33/56"。

检索技术主题被包含在IPC表的某个小类分类位置中直接选用该IPC小类号表达，例如：检索技术主题为"自行车制动装置"，IPC表中小类分类位置有"B62L（专门适用于自行车的制动器）"，检索要素IPC号表达则直接用"B62L"。

检索技术主题被包含在IPC表的某个大组分类位置中则选用该IPC大组号、去除"/"后的"00"表达，例如：检索技术主题为"环氧树脂"，IPC表中大组分类位置有C08G 59/00（每个分子含有1个以上环氧基的缩聚物；环氧缩聚物与单官能团低分子量化合物反应得到的高分子；每个分子含有1个以上环氧基的化合物使用与该环氧基反应的固化剂或催化剂聚合得到的高分子），检索要素IPC号表达则为"C08G59/"。

对于一般的技术人员来说，初次检索某一特定技术主题的专利信息时，人们很难直接找到该技术主题在国际专利分类表中的位置，因此，可以按照以下步骤来确定专利分类好：

步骤一：在名称字段进行所有检索要素的名称间逻辑与初步检索；
步骤二：浏览检索结果中与检索技术主题相符的专利，提取出其IPC分类号；
步骤三：查询IPC分类表，了解该IPC号的类名及其确切含义，确定检索用IPC分类号。

例如：检索技术主题为"稻田镉污染治理"，检索要素名称有"稻田治理（技术领域）和镉（技术范围）"，使用国家知识产权局政府网站提供的专利检索与分析系统（简称PSA系统），在专利名称中输入："稻田"and"镉"，进行逻辑与检索，共找到19个检索结果，经过去重后共有16个专利申请，经过统计可以发现：A01C21/00、A01G16/00和B09C1/00出现频率很高，查询IPC分类表，确定都可以用来表示"稻田治理"这个检索要素，并表示为：A01C21/00（施肥方法）、A01G16/00（稻的种植）和B09C（污染的土壤的再生），其中B09C查询结果包括大组及其下属的所有小组。

（3）检索要素的记录。

为了方便检索要素的记录和使用，可以将检索要素的各种表达形式记录在检索要素表中，一般检索要素表的样式见表1。在技术方案检索中也可使用相同的检索要素表。

表1 检索要素表样式

检索种类			
课题名称			
检索要素	检索要素1	检索要素2	检索要素 n
检索要素名称			……
中文主题词	，	，	……
英文主题词	，	，	……
缩略语	—		……
IPC号			……

在实例中，根据前面检索要素提取和表达的结果，检索要素表可以填写见表2。

表2 实例的检索要素表

检索种类	专利技术主题检索	
课题名称	稻田镉污染治理	
检索要素	检索要素1	检索要素2
检索要素名称	稻田治理	镉污染
中文主题词	土地，土壤，稻田，水田，田地，农田	镉
缩略语	—	Cd
IPC分类号	B09C+，A01C21/00、A01G16/00	

检索要素的表达形式在系统中可能是多样的，因此检索要素的表达要在检索过程中不断完善。

4.1.3 选择合适的检索系统

检索系统的选择一般根据检索需求确定。在专利技术主题检索中检索系统选择的一般原则：为实现专利技术主题检索检全的要求，一是应选择设置了表达式检索界面或模式的专利检索系统；二是应该选择具有尽可能多的国家和地区专利数据的系统，至少应具有目标技术使用地区/组织专利数据的系统。

国家知识产权局政府网站提供的专利检索及分析系统，是免费的提供给公众使用的系统，数据专利检索及分析系统共收集了103个国家、地区和组织的专利数据，同时还收录了引文、同族、法律状态等数据信息。详细的使用方法可参照其他文章和书籍自行学习，这里不再赘述。本文选择此系统作为检索系统。

4.1.4 执行特定检索步骤

在检索中重要的一步就是构造检索表达式。有了检索要素表这个工具，只要遵循特定的运算规则，就可以容易的编写检索提问式。技术主题检索检索式构造一般规则：

1) 相同检索要素的不同表达之间为逻辑"或"关系

例如：检索要素1的主题词 or 检索要素1的同义词 or 检索要素1的缩略语 or 检索要素1的IPC号。

2) 不同检索要素之间为逻辑"与"关系

即：检索要素1的主题词词 and 检索要素2的主题词词 and 检索要素3的主题词词；或：检索要素1的IPC分类号 and 检索要素2的主题词词 and 检索要素3的同义词。

实例：检索技术主题为"稻田镉污染治理"，检索提问式如下（@在这里是表示检索式的一个符号，没有实体含义）：

检索要素1的主题词检索表达式：

@1 关键词＝（土地 OR 土壤 OR 稻田 OR 水田 OR 田地 OR 农田）

检索要素1的IPC分类号检索表达式：

@2 IPC分类号＝（B09C OR A01C21/00 OR A01G16/00）

检索要素1的检索表达式：

@3 @1 or @2

检索要素2的主题词检索表达式：

@4 关键词＝（镉 OR Cd）

最终检索表达式：

@5 @3 and @4

在专利检索及分析系统中，检索过程如图1所示。检索命中文献数是：1660。

图1 专利检索及分析中的检索过程

4.1.5 检索结果处理

对于检索命中的 1660 篇文献，经过公开、授权文本的去重，共有 1140 个专利申请。应由检索人员和本领域技术人员对检索结果共同进行筛选，删除检索结果中明显不属于该检索技术主题的专利文献，其他文献构成分析数据集。筛选的一般方法：浏览专利文献。

一般通过浏览专利名称和文摘，判断是否符合主题。例如：在检索结果中有文献 CN1355260A 鞋革踵用树脂组合物，从发明名称看是不符合主题；再简单浏览摘要，发现摘要中有"可用作制造鞋革踵用的材料，而且特别是因为它含有木粉、可在土壤中分解、检测不到含有镉或镍所以对人畜无害……"说明前面的检索表达式没有问题，但此篇文献不符合检索主题，应删除。

为了进一步数据分析的需要，应该对文献的进行进一步的浏览和阅读，可以对技术内容根据技术主题、解决的技术问题等进行分类，并采用一定的方式在检索结果集中进行标引。对技术内容的了解主要是通过浏览专利名称和权利要求书中的独立权利要求，对解决的技术问题主要是通过浏览说明书中的背景技术。

对检索结果集通过初筛，还会发现重要专利人、重要相关专利等，为了完善分析数据集，可以采用相关人检索、同族专利检索和引文检索方法，获得的专利可以加入分析数据集，使分析数据集达到尽量全面的效果。

4.2 专利引文检索

发明人在进行发明创造活动时要参阅大量的相关文献以借鉴已有的技术，在撰写专利说明书时，通常以参考引用过的与本申请最接近的现有技术文件来描述本发明的技术背景；专利审查员在审查专利申请时，根据申请的权利要求等文件进行专利性检索得到的与本专利申请主题相近的文献，又称为"现有技术文献"。这些文献都记载在专利文献中，形成了专利引文。

通过了解专利引文分析，有助于我们：扩大专利信息检索范围、把握技术发展趋势、确定核心技术和确定竞争等。因此专利引文检索是技术发前重要的检索方法。

专利引文检索是指查找特定专利所引用或被引用的信息的过程，其目的是找出专利文献中刊出的申请人在完成发明创造过程中曾经引用过的参考文献和/或专利审查机构在审查过程中由审查员引用过并被记录在专利文献中的审查对比文件，以及被其他专利作为参考文献和/或审查对比文件所引用并记录在其他专利文献中的相关信息。

专利引文检索的关键是：在提供专利引文信息的系统中进行，按系统设置正确地输入各种专利文献的号码，获取专利引文。目前，中国、美国和欧洲等国家/地区知识产权局官方网站上都提供专利引文信息。

4.3 相关人检索

在专利文献中还记载着大量的相关人信息。申请人/专利权人是具有专利申请权/专利权的人，是专利保护的主体。发明人是技术真正的拥有者，是技术进步的真正推动者。代理人是专利申请的撰写者，对技术的了解和演绎相对较强。因此通过相关人获取有关技术信息是技术主题检索的重要补充。

专利相关人检索，也被称为申请人/专利权人/发明人等检索，专利相关人检索是指查找某申请人或专利权人或发明人的专利的过程。专利相关人检索是相关人名字/名称的正确表达。

4.4 同族专利检索

专利保护的地域性和专利文献公开级别的不同，造成在专利文献中存在一组由不同国家出版的内容相同或基本相同的专利文献。这些专利文献通过一种特殊的联系媒介——优先权相互联系在一起。所谓优先权，是巴黎联盟各成员国给予本联盟任一国家的专利申请人的一种优惠权，即联盟内某国的专利申请人已在某成员国第一次正式就一项发明创造申请专利，当申请人就该发明创造在规定的时间内向本联盟其他国家申请专利时，申请人有权享有第一次申请的申请日期。发明和实用新型的优先权期限为 12 个月，外观设计的优先权期限为 6 个月。人们将具有共同优先权的由不同国家公布的内容相同或基本相同的一组专利申请或专利称为一个专利族，将专利族中的每件专利文献称作同族专利。

首先，同族专利文献分布状况，反映了该发明创造在不同国家保护的情况，从而反映潜在的市场占有和技术拥有企业在全球的技术布局范围；其次，同族专利也是扩展检索的重要途径和方法；最后，同族专利可以帮助阅读者克服语言障碍。

同族专利检索，也称专利地域性检索，是指以某一专利或专利申请为线索，查找与其同属于一个专利族的所有成员的过程。该检索的目的是找出与该专利或专利申请同属于一个专利族的所有成员的文献（专利）号。同族专利检索的关键是在提供同族专利检索的检索系统中进行，按系统设置正确地输入各种专利文献的号码。

4.5 专利法律状态检索

专利权的有效是指在特定时间、特定地域、特定技术保护范围内，是受法律保护，不可侵犯。专利权的有效性可能随时发生变化。

专利法律状态检索，也称专利有效性检索，是指对一项专利或专利申请当前所处的状态所进行的检索，其目的是了解该项专利是否有效。专利法律状态检索属于号码检索，即从专利或专利申请的申请号、文献号、专利号等入手，检索出专利的法律状态信息。专利法律状态检索的效率也收到两方面的影响：一是检索系统提供全面、更新及时的专利法律状态变化信息；二是对作为检索线索的各种专利文献的号码信息的正确输入。

参 考 文 献

[1] 国家知识产权局专利局专利文献部. 专利文献与信息检索［M］. 北京：知识产权出版社，2013：370.

国家知识产权局专利检索及分析系统及其应用

吴泉洲

（国家知识产权局专利局专利文献部）

近年来，为便于公众有效利用专利信息，国家知识产权局（SIPO）在其政府网站上连续不断推出满足各种需要的专利数据库和信息服务系统。其中，对于用户来说，使用成本最低且专业化程度最高的免费专利数据库及系统是 SIPO 的专利检索及分析系统。

1 PSS 系统功能概述

SIPO 专利检索及分析系统（Patent Search and Analysis of SIPO，PSS）是国家知识产权局为公众提供的可查询全世界范围专利数据的集专利检索与专利分析于一身的综合性免费专利信息服务平台。

1.1 系统进入方法

国家知识产权局将 PSS 置于官方平台中的"服务"栏目中的"专利检索"项内。公众可通过 SIPO 网站进入该系统。

SIPO 网站网址为 http://www.sipo.gov.cn/。网站主页如图 1 所示。

图 1 SIPO 网站主页

公众可点击"服务"栏目中的"专利检索"项的图标，进入该栏目项的主页，"专利检索"项主页默认的是"专利检索系统介绍"页（图 2）。

图 2 "专利检索系统介绍"页

再点击"专利检索及分析入口"标题后的链接网址 http://www.pss-system.gov.cn/，进入 PSS 系统主页（图3）。

图3　PSS 系统主页

1.2　PSS 系统收录的专利数据

PSS 系统收录了103个国家、地区和组织的专利数据，以及引文、同族、法律状态等数据信息，其中涵盖了中国、美国、日本、韩国、英国、法国、德国、瑞士、俄罗斯、欧洲专利局和世界知识产权组织等，还收录了由国家知识产权局相关部门加工标引的药物专题专利数据库。中外专利数据每周三更新；同族、法律状态数据每周二更新；引文数据每月更新。

具体收录的数据范围及时间范围如图4所示。

图4　PSS 系统数据范围

1.3　PSS 系统语言界面设置

为满足中外不同用户的使用需求，PSS 系统设置了多种语言界面，用户可点击屏幕上方的语言选项，切换语言界面。可切换的语言有：中文、英文（English）、法文（Français）、德文（Deutsch）、

158

俄文（русский）、西班牙文（Español）、葡萄牙文（Português）、阿拉伯文、日文（日本語），如图5所示。

图5 语言界面选项

1.4 PSS系统功能设置

PSS系统既设置了检索功能，也设置了分析功能。

作为专利检索功能，PSS系统在设置检索界面时，考虑到一般人员和专业人员检索的需要，设置了常规检索、高级检索和导航检索三种检索界面；考虑到药物专题数据库的特殊性，设置了专门的药物检索界面；考虑到检索过程的复杂性，还为专利检索的高级检索和药物检索的高级检索与方剂检索设置了检索历史保留和再检索功能。此外系统还为检索结果设置了实时统计功能。为了帮助用户更好检索到所需专利信息，系统还设置了多种可供辅助检索的热门工具。

作为专利分析功能，系统设置了分析文献库，可将检索结果导入分析文献库以备用于专利信息统计分析；为注册用户设置了快速分析工具，可进行区域分析、技术领域分析、申请人分析、发明人分析、中国专项分析；为高级或行业用户设置了定制分析和高级分析功能。

2 PSS系统登录

PSS系统提供多种免费使用模式：匿名用户免登录使用、注册用户登录使用、高级用户登录使用。一般情况下，用户可直接匿名使用该系统，匿名用户仅可使用该系统部分检索功能；常用该系统的用户，可经过注册成为注册用户，注册用户可使用该系统全部检索功能和大部分分析功能；只有少量用户，经过特殊程序可成为高级用户，高级用户可使用该系统全部检索与分析功能。

注册用户注册过程如下。

在PSS系统主页登录栏内选择"注册"项（图6）。

点击进入"注册"页（图7），系统默认"普通用户注册"。填写所有带星号"*"的项目，或选定带星号"*"的选项，通过"发送邮箱验证码"获得注册验证码，最后提交即可成功注册。

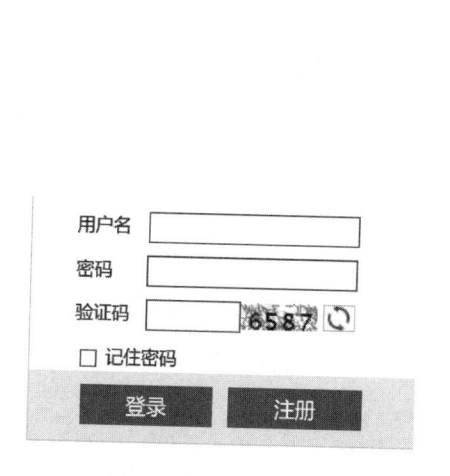

图6 系统主页登录栏

图7 系统"注册"页

登录系统时，填写注册的用户名和密码，再输入随机显示的验证码，点击"登录"即可进入登录状态，享有注册用户的权限。

3 PSS 系统的专利检索

3.1 常规检索

常规检索界面如图 8 所示。

图 8 常规检索界面

常规检索设置一个检索提问式输入框。检索前要先选择检索的数据范围。点击检索框前的地球图标，打开下拉的选框，进行选择（图 9）。

图 9 数据范围选择

接着选择检索字段。系统为常规检索设置了 7 个检索字段选项（图 10）。

图 10 检索字段选择

系统设置的常规检索 7 个检索字段详细信息见表 1。

表 1 常规检索字段介绍

字段名称	字段说明
自动识别	可自动识别的检索信息特征类型包括：号码（申请号、公开号），日期（申请日、公开日），分类号（IPC），名字（申请人、发明人），主题词
检索要素	自动识别主题词和分类号，在标题、摘要、权利要求和分类号中进行检索

续表

字段名称	字段说明
申请号	在申请号字段进行检索，自动联想提示国别代码信息
公开（公告）号	在公开号（公告）字段进行检索，自动联想提示国别代码信息
申请（专利权）人	在申请人字段进行检索，自动联想推荐申请量较高的相关申请人信息
发明人	在发明人字段进行检索，自动联想推荐申请量较高的相关发明人信息
发明名称	在发明名称字段进行检索，自动联想推荐相关的发明名称信息

3.2 高级检索

高级检索界面包含4个区域：检索历史区、范围筛选区、高级检索区和检索式编辑区（图11）。

图11 高级检索界面

3.2.1 范围筛选区

检索前首先要选择数据范围。用户可在检索界面左侧的"范围筛选"区内选择检索国家范围，不做选择视为全选。更多国家选项可点击区"其他国家和地区"内的"…"图标，以展开"所有国家"选项（图12）。

图12 数据范围更多选择

3.2.2 高级检索区

高级检索区内设置了 14 项默认检索字段，它们是：申请号、申请日、公开（公告）号、公开（公告）日、发明名称、IPC 分类号、申请（专利权）人、发明人、优先权号、优先权日、摘要、权利要求、说明书、关键词。用户可自行增设更多检索字段。通过点击高级检索界面右上角的"配置"图标，打开"设置检索字段"的页面，选择增设的检索字段（图 13）。

图 13　增设检索字段

检索时，可在单个检索字段输入检索字符串进行检索；也可在多个检索字段内分别输入检索字符串，然后进行检索字段间的逻辑"与"检索。申请号、公开（公告）号、优先权号、IPC 分类号检索字段分别设有索引。

3.2.3 检索式编辑区

检索式编辑区设置了一个供编辑检索提问式的总输入框。当在多个检索字段内分别输入检索字符串，而各检索字段之间的逻辑关系并非都是逻辑与，需要改变它们之间的逻辑关系时，可在检索式编辑区进行手工编辑，具体做法是：点击"生成检索式"图标，将高级检索区内已输入了检索字符串的检索字段，调入检索式编辑区的检索框内，手动修改各检索字段之间的逻辑运算符。

检索式编辑区设置了中文同义词扩展检索（"扩展"图标）和跨语言同义词检索（"跨语言"图标）功能。

3.2.4 检索历史区

注册用户所进行的每一项检索会自动记录到"检索历史"区中（图 14）。

图 14　检索历史

检索历史区中记录的检索结果之间可以进行再次检索。再次检索时,可在检索式运算框内编辑逻辑运算检索式。

3.3 药物检索

药物检索在药物专题数据库中进行。系统设置了高级检索和方剂检索两种检索界面。

药物检索的高级检索界面默认设置 2 个检索字段:申请号、联合索引(图 15)。

图 15 药物检索的高级检索界面

用户可自行增设更多检索字段。通过点击高级检索界面右上角的"配置"图标,打开"设置检索字段"的页面,选择增设的检索字段(图 16)。

图 16 增设检索字段

药物检索的方剂检索界面表格检索区设置 2 组检索字段:"中药方剂中药物的数量""请输入至少一种药物,检索结果中至少包含其中□味"(图 17)。

药物检索的高级检索和方剂检索界面均设置有检索式编辑区。为方便使用,药物检索的高级检索界面上还配置了辅助工具:中药辞典和西药辞典。

注册用户所进行的每一项药物检索会自动记录到药物检索历史区中,可进行检索结果之间的逻辑运算。

图 17　方剂检索界面

3.4　导航检索

为便于用户了解各技术领域专利情况，系统设置了以 IPC 为依据的导航检索（图 18）。

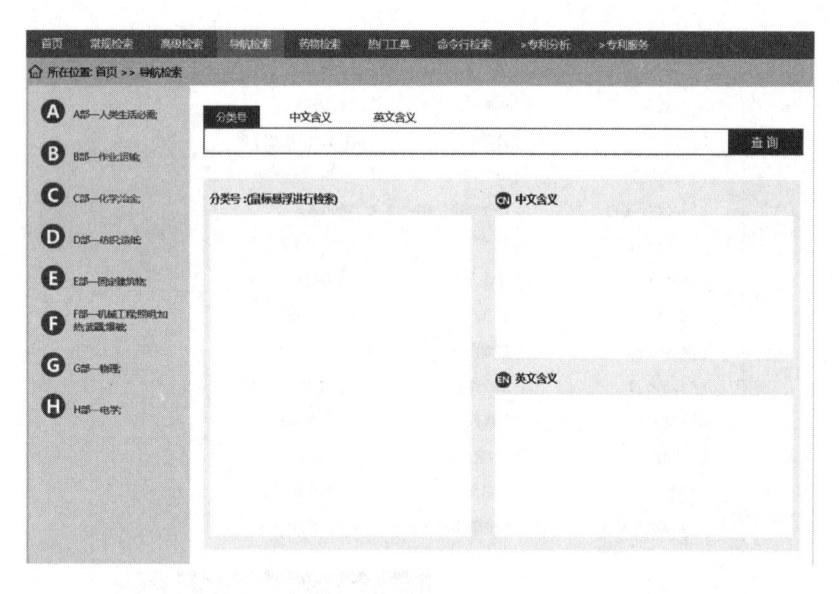

图 18　导航检索界面

逐级点击导航框内 IPC 号，可层层展开 IPC 专利分类表，以供浏览分类目录；在"分类号"输入框内输入 IPC 号，可直接查询专利分类表及类名。分类目录按中英文双语显示。分类号可直接检索专利数据（图 19）。

4　PSS 检索结果显示

PSS 系统以命中列表方式显示检索到的结果。用户可以选择"详览"，查询命中列表中每条专利的著录项目、全文文本和全文图像。

图19 分类导航检索

4.1 命中列表显示

命中列表显示的专利检索结果有：搜索式、列表式和多图式。系统默认的是搜索式。

搜索式显示每页显示10条检索命中的专利，每条专利显示主要的几项专利著录项目：发明名称、申请号、IPC分类号、申请（专利权）人、发明人、摘要和摘要附图。在发明创造名称的旁边有查询专利全文的链接图标："公开"，以及查询其他相关信息的图标："同族""引证"和"被引"。在每条检索命中专利的下面均有更多功能链接图标："详览""法律状态""申请人""＋分析库""收藏""翻译"（图20）。

图20 系统默认的检索结果显示方式

列表式以列表的方式显示命中的专利，与搜索式相比，少了摘要和摘要附图信息，列表每行的最后列有多项功能链接图标（图21）。

多图式则以申请号及发明名称和摘要附图为每件命中专利的基本信息排列显示检索结果（图22）。

图 21 列表式显示

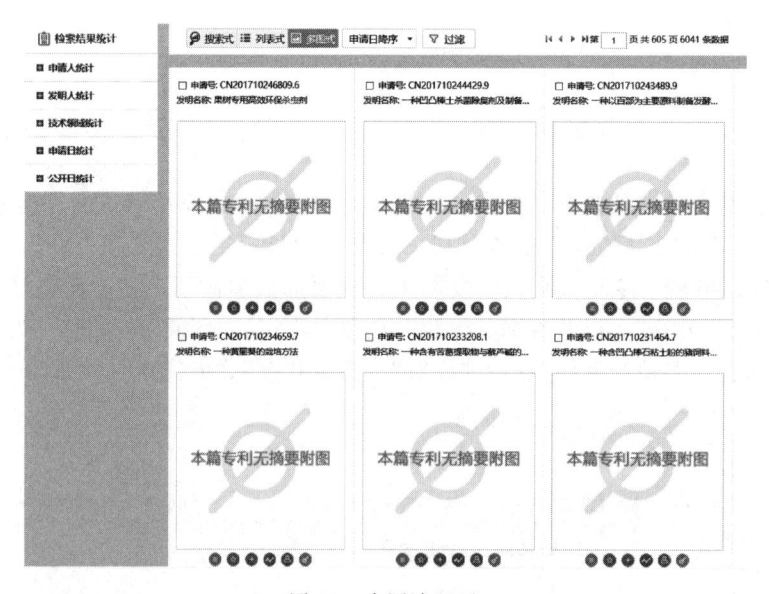

图 22 多图式显示

系统在显示检索结果的同时，还为用户提供了"检索结果统计"功能，以方便用户可通过点击设定的功能键，了解检索结果中专利申请人拥有专利数量的排行信息（申请人统计），了解检索结果中专利发明人发明的专利数量的排行信息（发明人统计），了解检索结果中按 IPC 分类涉及的专利数量的排行信息（技术领域统计），以及了解检索结果中各申请年或公布年专利数量信息（申请日统计和公开日统计）（图 23）。

图 23 检索结果统计

用户可通过点击命中列表中每条专利数据"详览"图标，进入著录项目显示。

4.2 著录项目显示

著录项目显示是一种浏览具体专利文献基本信息的显示模式（图24）。

在显示的基本著录项目中，摘要除可显示专利原文摘要，还可通过点击"翻译"图标，选择翻译的语言，获得所要求的译文（图25）。

图24　著录项目显示　　　　　　　　　　图25　翻译功能

4.3 全文文本显示

全文文本显示是供浏览或下载专利单行本的编码化说明书和/或权利要求书的显示模式（图26）。

图26　全文文本显示

4.4 全文图像显示

全文图像显示是供浏览或下载专利单行本的图像文件的显示模式（图27）。

图27　全文图像显示

4.5　专利文献数据下载

系统在专利的著录项目、全文文本或全文图像显示界面的左边设置了下载功能。用户可全选、单选或复选"摘要信息""全文文本"或"全文图像"下载（图28）。

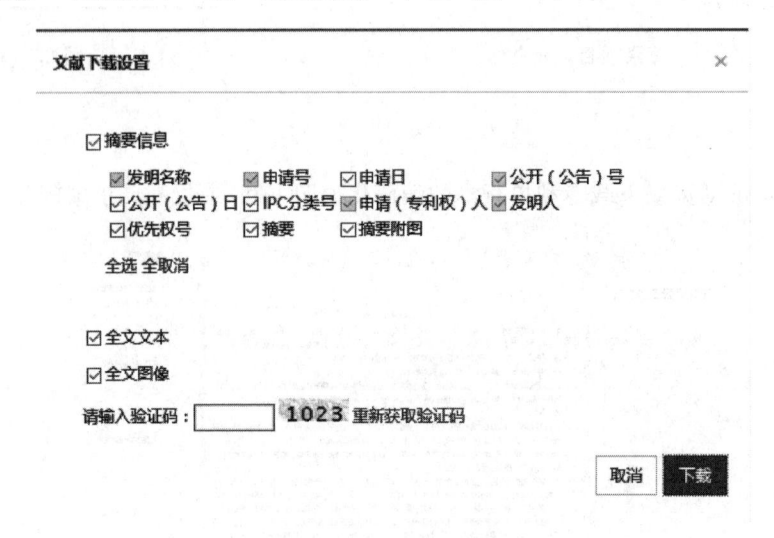

图28　专利数据下载

5　PSS系统中的热门工具

PSS系统为满足用户检索需要，以帮助检索人扩展知识，获得更多检索信息特征，设置了多种辅助检索的工具——热门工具，包括同族查询、引证/被引证查询、法律状态查询、国别代码查询、关联词查询、双语词典、分类号关联查询、申请（专利权）人别名查询。

5.1　同族查询

同族查询工具可供查询与被检索专利同属于一个专利族的那些成员（图29）。

图 29 同族查询工具

5.2 引证/被引证查询

引证/被引证查询工具可供查询专利的引用或被引用信息（图 30）。

图 30 引证/被引证查询工具

5.3 法律状态查询

法律状态查询工具可供检索一项专利或专利申请当前所处的状态，了解专利申请是否授权，专利是否有效（图 31）。

图 31 法律状态查询工具

5.4 国别代码查询

国别代码查询工具可供查询表示世界各国家、地区和组织的国际标准代码（图 32）。

图 32　国别代码查询工具

5.5　关联词查询

关联词查询工具可供从关键词角度查找特定主题词的同义词、上位词、族首次、英文表达等专利信息检索要素的各种表达（图 33）。

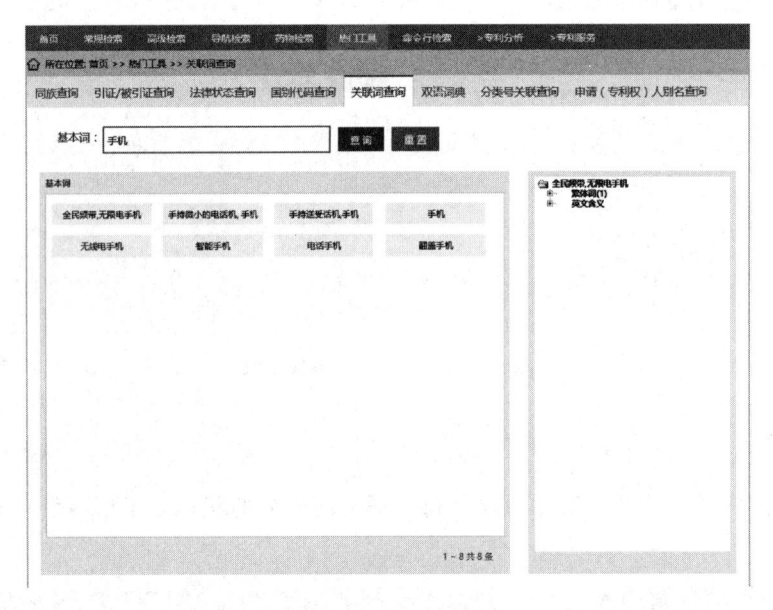

图 33　关联词查询工具

5.6　双语词典

双语词典工具可供查询中英文技术对应词汇（图 34）。

图 34　双语词典工具

5.7 分类号关联查询

分类号关联查询工具可供从 2006 以后版 IPC 分类号对应出原欧洲专利分类（ECLA）、原美国专利分类（UC）和日本专利分类（FI、F-Term）的分类号（图 35）。

图 35　分类号关联查询工具

5.8 申请（专利权）人别名查询

申请（专利权）人别名查询工具可供查询特定申请人的中文与外文对照名称，外国申请人不同中文译名等检索要素表达（图 36）。

图 36　申请（专利权）人别名查询工具

6　PSS 专利分析

PSS 系统为注册用户设置了专利信息分析功能。

6.1 分析文献库

每个注册用户开设一个分析文献库。当完成检索后，用户可点击列表显示界面右侧的"全选加入分析库"图标，去生成分析文献库（图 37、图 38）。

分析文献库的名称可以根据需要设定或修改。生成新的分析文献库时可选择"操作"项下的"覆

图 37 "全选加入分析库"

图 38 生成分析文献库

盖"。分析文献库最大容量为 10000 条专利。

生成新的分析文献库后,可点击"进入分析"图标,进入分析界面(图 39)。

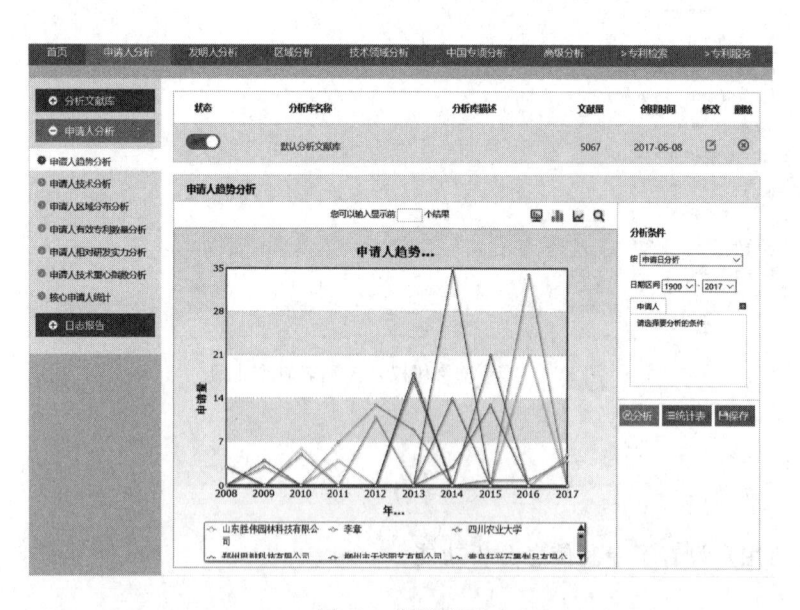

图 39 分析界面

系统允许用户对分析文献库中的数据进行手工筛选,剔除杂质。点击分析界面左侧的"分析文献库"图标,打开"维护分析文献库",再点击"维护分析文献库",打开 EXCEL 表形式的分析文献库,然后逐条浏览专利目录,勾选准备剔除的专利,点击删除图标即可(图 40)。

图 40 分析界面

6.2 分析工具

注册用户可以使用分析工具进行 5 种类型的分析：申请人分析、发明人分析、区域分析、技术领域分析、中国专项分析。分析结果可以饼图、柱状图或折线图形式展示给用户。每种类型又可进行如下分析。

申请人分析包括：申请人趋势分析、申请人技术分析、申请人区域分布分析、申请人有效专利数量分析、申请人相对研发实力分析、申请人技术重心指数分析（图 41）。

图 41 申请人技术重心指数分析

发明人分析包括：发明人趋势分析、发明人技术分析、发明人区域分布分析、发明人有效专利数量分析（图 42）、发明人相对研发实力分析、发明人技术重心指数分析、核心发明人统计。

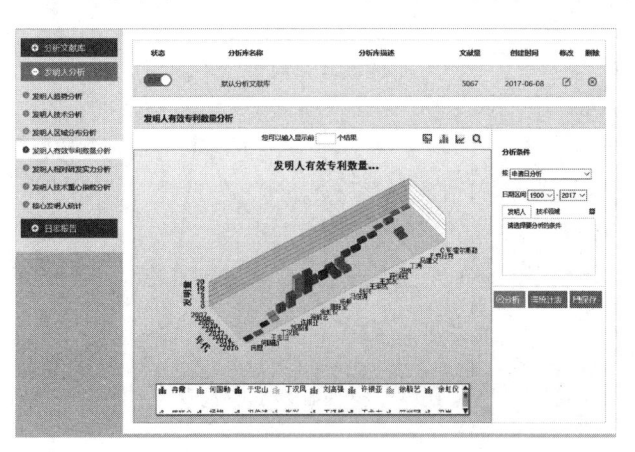

图 42 发明人有效专利数量分析

区域分析包括：区域构成分析、区域趋势分析、区域技术领域分析（图43）、区域申请人分析、区域发明人分析。

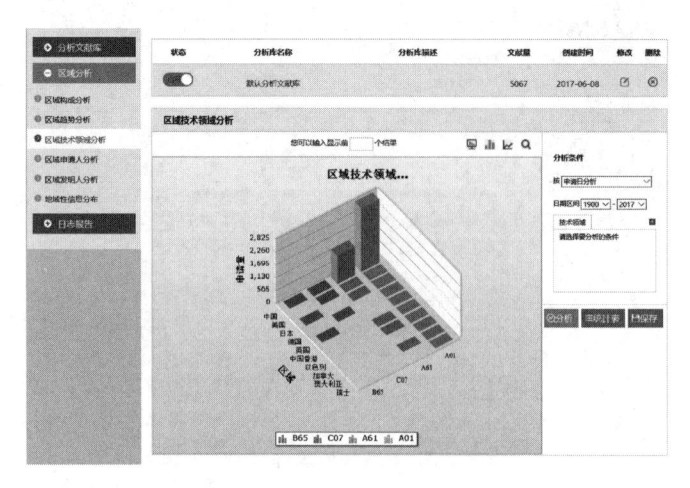

图43 区域技术领域分析

技术领域分析包括：技术领域趋势分析、技术领域构成分析（图44）、技术领域申请人分析、技术领域发明人分析、技术领域区域分布情况分析。

图44 技术领域构成分析

中国专项分析包括：专利类型分析、年代趋势分析（图45）、机构属性分析、各省市专利申请量分析。

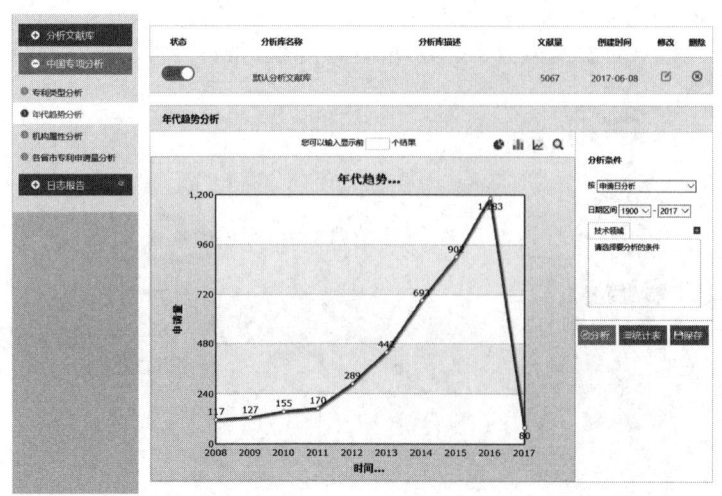

图45 年代趋势分析

174

PSS 系统设置的核心申请人分析、核心发明人分析、地域性信息分布、技术演变趋势、技术生命周期、核心技术统计等分析功能仅供高级用户使用。

7 PSS 专利检索应用

例：某研究机构拟对"稻田镉污染防治与修复"研究项目立项。立项前，需了解该项目所涉及技术领域的技术及专利现状，随对研究主题进行检索前的分析，获得以下检索线索（表2）。

表 2 "稻田镉污染防治与修复"项目检索要素表

检索技术名称	稻田镉污染防治与修复	
检索要素名称	土壤治理	镉污染
中文主题词	土地、土壤、稻田、水田、田地	镉
英文主题词	soil AND (remediat＋ OR manag＋)	cadmium
IPC 号	B09C	

第一步：选择高级检索区。

第二步：在 IPC 分类号检索字段检索"土壤治理"检索要素的 IPC 号表达"B09C"（图46）。

图 46 检索"土壤治理"检索要素的 IPC 号表达

第三步：在关键词检索字段检索"土壤治理"检索要素的中文主题词中文表达"土地、土壤、稻田、水田、田地"和英文表达"soil AND (remediat＋ OR manag＋)"（图47）。

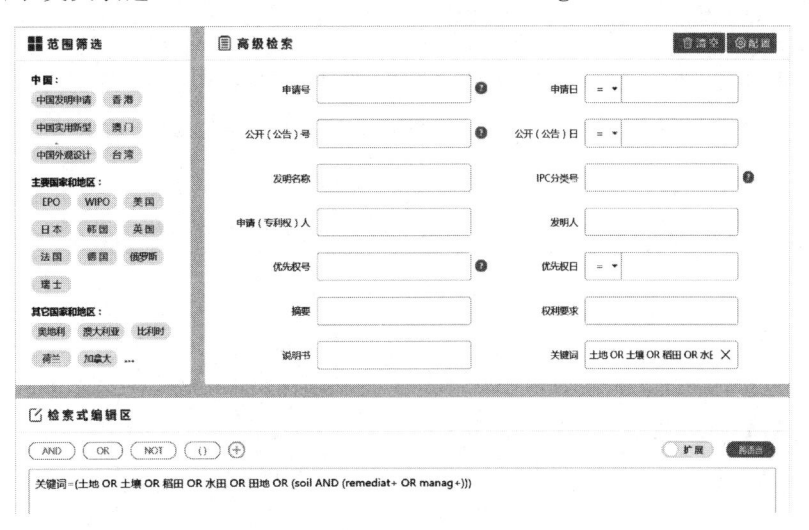

图 47 检索"土壤治理"检索要素的中、英文主题词表达

第四步：在关键词检索字段检索"镉污染"检索要素的中文主题词表达"镉"和英文表达"cadmium"（图48）。

图48 检索"镉污染"检索要素的中英文主题词表达

第五步：在检索历史区的"检索式运算"窗口进行前述三个检索结果的逻辑组配检索。相同检索要素的不同表达用逻辑或"OR"符号组配，不同检索要素用逻辑与"AND"符号组配（图49）。

图49 检索历史区检索结果逻辑组配检索

最终检索到2572件专利参考文献。之后可通过手工筛选，删除不相关专利。

我国农业知识产权现状保护分析

宋 敏 任 静

(中国农业科学院)

摘 要：本文介绍了品种权、专利、地理标志、遗传资源等农业知识产权的概念及对现代农业发展起到的积极作用，调查统计了农业知识产权主要类型品种权、农业专利、地理标志的申请授权保护现状及特点，讨论了农业知识产权当前的发展动态及我国农业知识产权保护面临的挑战，提出了有效保障原始育种创新和全面增强我国农业知识产权保护水平及竞争力的措施及策略。

关键词：品种权；农业专利；地理标志；技术封锁；农业知识产权

1 现代农业与知识产权

1.1 农业知识产权的种类

根据我国现行立法，知识产权主要包括著作权、专利权、商标权、地理标志权、商号权、其他商业标志权、植物新品种权、商业秘密权、集成电路布图设计权、反不正当竞争的权利、科学发现权、发明权、其他科技成果权、关于传统知识的权利等。在农业生产、流通中也可能产生上述知识产权。然而，农业知识产权侧重于产生于农业的智力成果，而不仅仅是其他领域已经产生的智力成果在农业上的简单运用。因此，农业知识产权既涵盖上述所有类型，又有所侧重，如植物新品种权、涉农农专、农产品地理标志、农业商业秘密、农业传统知识和遗传资源等，其涉农性特点显著。

1.1.1 植物新品种

植物新品种权是依法授予经过人工培育的或者对发现的野生植物加以开发，具有新颖性、特异性、一致性和稳定性并有适当命名的植物新品种的所有人以生产、销售和使用授权品种繁殖材料的专有权。

TRIPS协议中规定成员可以采取专利制度或有效的专门制度或以任何组合制度给植物新品种以保护。对植物新品种保护，目前除美国使用专利和专门立法两套制度体系外，其他国家大多采取了专门立法形式。我国《中华人民共和国专利法》（以下简称《专利法》）规定，对动植物品种不授予专利权，而仅对其非生物学培育方法授予专利权。因此，我国于1997年3月20日颁布《中华人民共和国植物新品种保护条例》（以下简称《条例》），以专门立法的形式对植物新品种进行保护，并于1999年加入国际植物新品种保护联盟（UPOV），成为UPOV第39个成员国。依据《条例》第3条规定，国务院农业、林业行政部门负责植物新品种权申请的受理和审查和授权。农业与林业主管部门的大致分工是：农业部主要负责农作物、水果、草本花卉；国家林业局主要负责林木、干果和木本花卉。

1.1.2 涉农专利

专利是国家按《专利法》授予申请人在一定时间内对其发明创造成果享有的独占、使用和处分的权利。我国《专利法》所保护的专利有三种，即发明专利、实用新型专利和外观设计专利。发明是指对产品、方法或者其改进所提出的新的技术方案。实用新型是指对产品的形状、构造或者其结合所提出的适于实用的新的技术方案。外观设计是指对产品的形状、图案或者结合色彩所作出的富有美感并适于工业上应用的新设计。因此，发明专利要求的创新度较高。

涉农专利是指对农业生产方法和除动植物品种之外的农业生物材料享有的一种专有权。农业生产方法，如动植物育种方法、植物栽培方法、动物饲养方法、肥料及其配方、农药及其配方、农业能源及其方法等。农业生物材料包括两类：农业动植物品种和其他生物材料。因为我国《专利法》已经明确排除对动植物品种授予专利，所以这里只讨论其他农业生物材料。所谓其他农业生物材料主要是指农业生产、研究中产生的微生物、半成品、中间材料，如微生物菌种及遗传物质中的动植物细胞系、质粒、原生动物、藻类、DNA、RNA、染色体；农业半成品中的非繁殖材料的植物组织、器官、动物血液、组织；农业生物制品中的用微生物、微生物代谢物、动物毒素、动物的血液或组织加工而成的，用于预防、诊断和治疗特定传染病或其他疾病的制剂。这些农业生产方法和生物材料，只要符合《专利法》条件，都可授予专利权。

1.1.3 农产品地理标志

TRIPS协议中第22条第1款中对地理标志的定义："本协议的地理标志，系指下列标志：其标示出某商品来源于某成员地域内，或来源于该地域中的某地区或某地方，该商品的特定质量、信誉或其他特征，主要与该地理来源相关联。"各国对地理标志的定义在文字上虽然有所不同，但其核心思想与TRIPS协议中的定义是一致的。我国《农产品地理标志管理办法》中对农产品地理标志的定义为："本办法所称农产品地理标志，是指标示农产品来源于特定地域，产品品质和相关特征主要取决于自然生态环境和历史人文因素，并以地域名称冠名的特有农产品标志。"

地理标志与商标的关系，在TRIPS协议中已经十分清楚，地理标志与商标是两种不同类型的知识产权形式和类别。但在世界各国的做法上，有些国家为了节约行政成本，将地理标志统一归商标管理部门管理，并且采用了证明商标的模式进行保护；有些国家专门将地理标志独立于商标进行专门立法，采取行政推动，这种模式保护的效果和力度较商标模式要好很多，如法国地理标志的保护。

1.1.4 农业商业秘密

农业商业秘密主要指相关单位或者人员对于动植物品种繁殖材料、繁殖方法、饲料方法、种植方法、饲料配方、农药配方、工艺流程、相关数据等农业领域的技术信息，以及对于农业生产经营过程中的产品价格、行业情报、供销货渠道、客户名单、促销策略等经营信息所享有的专有权利。

1.1.5 农业传统知识

传统知识是指传统部族、传统社区在其长期生产生活实践过程中所创造的知识、技术、诀窍、经验的总和。虽然传统知识不适宜用现在通行的知识产权法律制度予以保护，但是，传统知识的保护问题已经越来越引起人们的重视。传统知识中有大量的知识与农业有关，如中草药、农业作物的传统种植方法、农副产品的传统加工生产方法、农副产品的传统配方等都应属于农业知识产权的范围。

1.1.6 其他类型

其他类型多指涉农著作权、涉农商标等。著作权也称版权，是指作者或其他著作权人依法对文学、艺术和科学作品享有的各项专有权利的总称。涉农著作权如有关家禽的饲养方法、农作物耕作技术、饲料的配制方法以及动植物病虫害的预防等方面的作品的著作权。当然在农业领域产生的、满足其他著作权要求的智力成果也可以成为著作权的客体。

商标俗称牌子，是生产经营者在其商品或服务项目上使用的，由文字、图形或其组合构成的，具有显著特征、便于识别商品或服务来源的专用标记。而涉农商标泛指农业领域内使用的商标，如各种家禽饲料商标、农耕用具商标、农产品商标等。

商标可能与专利在个别方面有交叉，如专利中的一些"外观设计"，也可以注册为商标。商标与植物新品种权之间的冲突主要表现在品种名称与商标之间可能出现的交叉。另外，有一些国家利用证明商标对地理标志进行管理，使地理标志称为商标的范畴。

1.2 农业知识产权的作用

1.2.1 促进农业科技创新

目前我国农业要取得实质性的发展，必须要依赖科技创新。"知识产权制度通过在知识产品上建立起私人产权的方式，赋予知识生产者对其知识产品在一定期限内进行商业利用的独占权，使其不仅能够从垄断的市场中收回生产成本，而且还能获得丰厚的利润。"研究表明，当今社会，如果没有专利保护，将会有60%的药品、38%的化学发明不会被研制出来。因此，加强对农业知识产权的保护，无疑会促进科研人员进行农业科技创新。

1.2.2 促进社会财富的增长

通过对农业知识产权的集中许可使用，利用龙头企业，将若干农户组织起来，进行农业规模化生产经营，促进农业的产业化发展与机械化作业的推广，提高农业效益，增加农民收入，从而创造更多的社会财富。福建省福鼎市以福鼎芋证明商标为纽带，带动了3000多农户扩大种植福鼎芋10000亩左右，为农民增收2500万元，每户年增收8300多元。

1.2.3 提高农业生产经营的市场竞争力

在知识经济时代，市场竞争主要表现为知识产权竞争，一个经济组织拥有知识产权的数量和质量将最终决定该经济组织的竞争能力、经济实力和经营业绩。例如：荷兰通过培育大批具有自主知识产权的花卉品种，使花卉出口量占到了世界花卉出口的70%；河套平原巴彦淖尔市通过对"大有公"香瓜进行集体商标注册后，香瓜较以前每500克增值2元，比注册前提升了3倍，农民种植香瓜的积极性大为提高，种植面积较以前增长20%。另外，我国实施植物新品种权保护以来，已经形成一批拥有自主知识产权、具有较强竞争力的种子公司。例如，北京奥瑞金种业股份有限公司1997年成立时，仅是一个资产300万元的小公司，现在已成为利润超亿元的大型种子企业，并在美国上市。

2 农业知识产权现状

2.1 农业知识产权总量快速增长

近几年来，国内农业专利和农业植物新品种权申请量和授权量的快速增加，标志着我国农业科技创新能力和育种创新能力快速增强。

2.1.1 农业专利

截至2011年年底，我国农业发明专利申请量、授权量和有效量分别为178757件、50452件和3298件（表1），农业发明专利申请量中国内占78.48%，农业有效发明专利国内占72.66%（图1）。

表1 农业发明专利申请量、授权量、有效量（截至2011年年底）

专利申请量	专利授权量	专利有效量
178757件	50452件	32985件
78.48%		72.66%

2.1.2 植物新品种权

截至2011年年底，农业植物新品种申请量和授权量分别为9016件和3713件（图2），同比2010年增加13.62%和6.46%，国内申请和授权量分别占93.84%和98.14%（表2）。

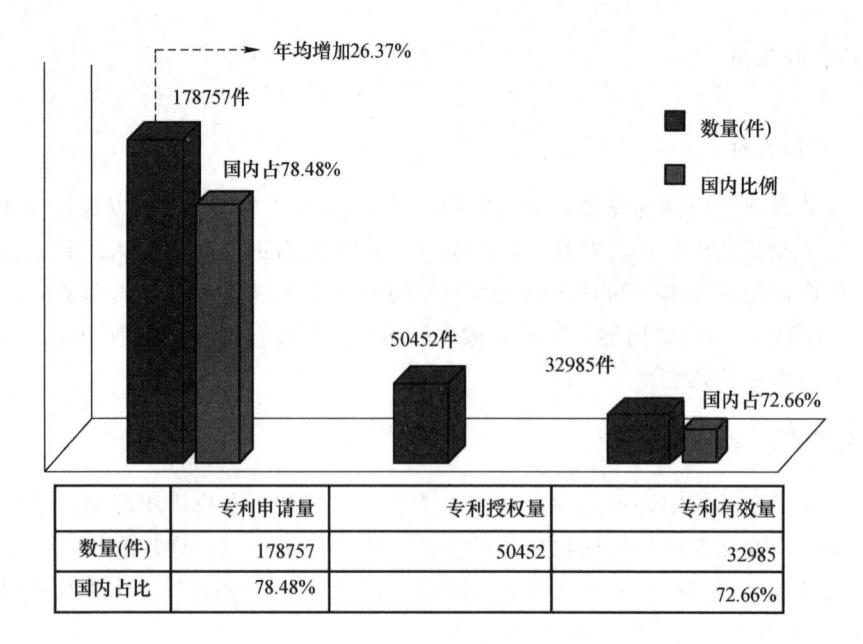

图 1 农业发明专利占总量比例图

表 2 植物新品种权申请量、授权量（截至 2011 年年底）

品种申请量	授权量	品种申请量	授权量
9616 件	3713 件	93.84%	98.14%

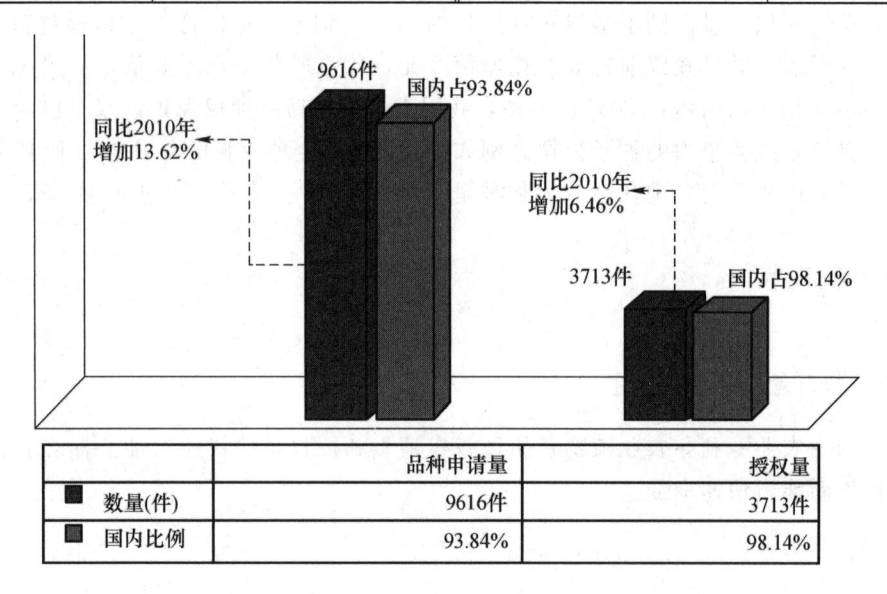

图 2 国内品种权申请、授权量占总量比例图

2.1.3 农产品地理标志

中国农产品地理标志为发挥地域风土文化，创建农产品品牌，增加农业市场竞争力奠定了基础。截至 2011 年年底，在农业部、国家质检总局和国家工商总局登记注册农产品地理标志 3362 件，国内农产品地理标志 3208 件，同比 2010 年增加了 718 件，增速达 32.85%，国内农产品地理标志占总量的 98.65%。

2.2 农业知识产权质量不断改善

近几年来，我国农业知识产权的质量得到了很大的改善，以品种权为例，在主要大田作物中，推广面积排名前十的授权品种的推广面积比例逐年扩大，已经占到玉米的 37.41%，冬小麦的 37.32%，杂交稻的 12.45%，大豆的 25.81%，常规棉的 38.41%，而且像郑单 958、郑麦 9023、徐稻 3 号、扬两优 6 号、中黄 13、鲁棉研 21 号、科棉 3 号等一批丰产性好的国内授权品种深受农民欢迎。

2.3 农业知识产权申请单位以科教单位占主导

由于我国长期形成的以科教单位为主导的科研体系，使得农业知识产权的申请也多为科教单位，例如，在国内授权品种中，科教单位占 63.56%；国内授权的发明专利中，科教单位占 44.74%，而国内企业仅为 17.2%。而国外在我国获得授权的发明专利，企业高达 81.87%。

2.4 农业知识产权申请区域两极分化明显

截至 2011 年年底，品种权申请量最多的省份为河南省，授权量最多的省份为四川省，四川省、山东省、河南省的品种权申请量之和为 2168 件，占国内申请总量的 25.62%，授权量之和为 1054 件，占国内授权量总量的 28.92%。

国内农产品地理标志登记注册 3208 件，主要集中在山东、四川、浙江和福建等省，分别为 346 件（10.79%）、301 件（9.38%）、264 件（8.23%）和 210 件（6.55%），而新疆、青海、西藏、云南、甘肃、山西等许多中西部省（区、市）的特色农产品资源并没有注册地理标志，还有待进一步挖掘。

农业专利主要其中在山东（20218 件）、江苏（20162 件）、北京（18372 件）、上海（15870 件）、广东（15261 件），前五位省区市的专利量占国内申请的 41.52%，比去年增加了 1.11 百分点（图 3）。

图 3 农业专利申请授权量的省份排名

2.5 农业知识产权重点领域方兴未艾

2.5.1 植物品种权

在农业植物新品种权申请和授权总量中，大田作物分别占 84.72% 和 92.76%，同比 2010 年比例有所降低，主要农作物品种的优势依然显著。三大作物申请量占总申请量的 84.58%，同比 2010 年增加了 12 个百分点。蔬菜、花卉和果树等高附加值园艺作物的申请和授权比例也有所上升（图 4）。

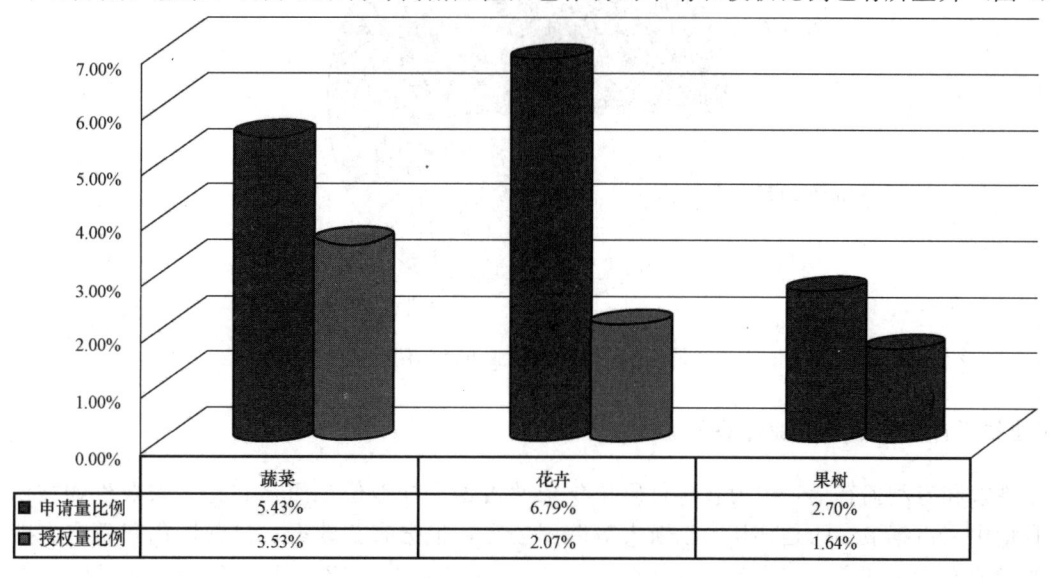

图 4 蔬菜、花卉、果树申请授权量占总量比例图

2.5.2 农产品地理标志

截至 2011 年，农产品地理标志产权共有 3208 件，以初级农产品为主，为 2780 件（图 5）。在初级农产品中，种植业比例最大，为 80.32%，主要是茶，畜牧业为 11.51%，渔业为 8.17%（图 5、表 3）。

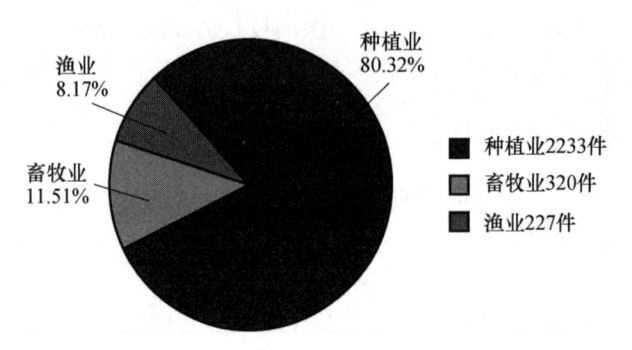

图 5　种植业、畜牧业、渔业占初级农产品总量比例

表 3　种植业、畜牧业、渔业产品分类表

种植业	产品	茶	大米	枣	柑橘	梨
	件数	267	117	83	74	50
畜牧业	产品	鸡/鸡蛋	羊/羊肉	猪/猪肉	牛/牛肉/牛奶	鸭/鸭蛋
	件数	85	67	50	37	24
渔业	产品	鱼类	蟹	贝类	虾	海参
	件数	74	43	34	15	1

2.5.3 农业专利

在农业专利申请总量中，食品行业专利申请最多（图 6），而在农业发明专利申请和授权中，农业生物技术申请最多（图 7），在实用新型专利申请中，种植业申请最多。

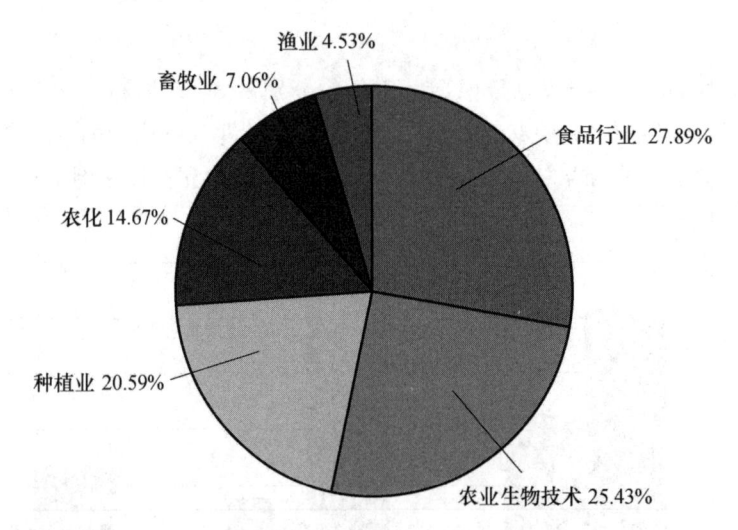

图 6　农业专利行业申请比例图

2.6 农业知识产权申请各行业优势单位日趋凸显

在品种权和专利拥有量，国内教学科研单位依然占据支配地位，而在农化、农业生物技术等有效专利拥有量中，占据最多的是拜耳、巴斯夫等跨国公司，根据有关数据，目前国内每百名农业科技研发人员的发明专利申请量应该为 5.4 件/(百人·年)，与国家"十二五"科技发展总体目标要求[12 件/(百人·年)]还有一定差距（表 4～表 11）。

图表:

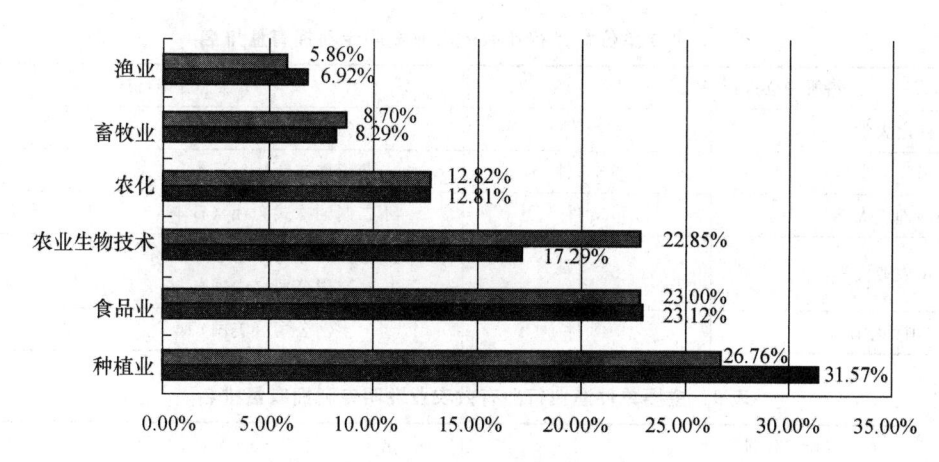

行业	继续维持有效的专利	已授权的专利
渔业	5.86%	6.92%
畜牧业	8.70%	8.29%
农化	12.82%	12.81%
农业生物技术	22.85%	17.29%
食品业	23.00%	23.12%
种植业	26.76%	31.57%

图7 农业授权专利行业占比图

表4 主要单位权授权品种拥有量排名

科研单位排行榜		企业排行榜	
江苏省农业科学院	180件	山东登海种业股份有限公司	108件
中国农业科学院	95.33件	吉林吉农高新技术发展股份有限公司	83件
黑龙江省农业科学院	90件	隆平高科	66.5件
山东省农业科学院	70件	内江杂交水稻科技开发中心	34件
吉林省农业科学院	68件	北京金色农华种业科技有限公司	25件

表5 主要单位有效农业发明专利拥有量排名

科研单位排行榜		企业排行榜	
中国科学院	1305.08件	拜耳集团（德国）	368件
中国农业科学院	498.75件	株式会社岛野（日本）	247件
浙江大学	442.66件	味之素株式会社（日本）	215件
中国农业大学	427.83件	巴斯夫公司（德国）	198.83件
江南大学	86.67件	雀巢集团（瑞士）	172.5件

表6 主要单位种植业有效农业发明专利拥有量排名

科研单位排行榜		企业排行榜	
中国科学院	265件	株式会社久保田（日本）	70.5件
中国农业大学	82.5件	洋马株式会社（日本）	61件
中国农业科学院	65.5件	本田技研工业株式会社（日本）	52件
西北农林科技大学	63.67件	井关农机株式会社（日本）	49件
云南省农业科学院	50.17件	迪尔公司（美国）	28件

表7 主要单位畜牧业有效农业发明专利拥有量排名

科研单位排行榜		企业排行榜	
浙江大学	51件	雀巢集团（瑞士）	20件
中国科学院	45件	T.F.H.发行公司（美国）	14.5件
中国农业大学	26件	山东六和集团有限公司（中国）	10件
中国农业科学院	23件	广东恒兴集团有限公司（中国）	9件
广东省科学院	16件	赢创德固赛公司（德国）	9件

表 8 主要单位食品行业有效农业发明专利拥有量排名

科研单位排行榜		企业排行榜	
江南大学	122 件	雀巢集团（瑞士）	141.5 件
浙江大学	66.5 件	花王株式会社（日本）	76.5 件
华南理工大学	65 件	不二制油株式会社（日本）	76 件
中国农业大学	63.5 件	内蒙古蒙牛乳业（集团）股份有限公司（中国）	64 件
中国科学院	48 件	宝洁公司（美国）	58 件

表 9 主要单位渔业行业有效农业发明专利拥有量排名

科研单位排行榜		企业排行榜	
中国水产科学研究院	110.17 件	株式会社岛野（日本）	247 件
中国科学院	35 件	大和精工株式会社（日本）	12 件
浙江海洋学院	28.5 件	富士工业株式会社（日本）	11 件
厦门大学	14 件	淮安市康达饲料有限公司（中国）	6 件
广东海洋大学	13 件	株式会社东和电机制作所（日本）	6 件
宁波大学	13 件		

表 10 主要单位农业领域有效农业发明专利拥有量排名

科研单位排行榜		企业排行榜	
中国科学院	155.33 件	拜耳集团（德国）	306.5 件
华南农业大学	105.42 件	巴斯夫公司（德国）	144 件
中国农业科学院	63 件	先正达公司（瑞士）	130 件
中国农业大学	59.33 件	山东金正大生态工程股份有限公司（中国）	101.5 件
西北农林科技大学	45 件	住友株式会社（日本）	87.5 件

表 11 主要单位农业生物技术领域有效农业发明专利拥有量排名

科研单位排行榜		企业排行榜	
中国科学院	789.58 件	诺和集团（丹麦）	162.5 件
中国农业科学院	330.08 件	味之素株式会社（日本）	156.5 件
浙江大学	253.67 件	霍夫曼—拉罗奇有限公司（瑞士）	98.33 件
中国农业大学	204.83 件	赛诺菲—安万特集团（法国）	64.83 件
华中农业大学	166.5 件	帝斯曼知识产权资产管理有限公司（荷兰）	64.17 件

3 农业知识产权动态

3.1 国际竞争压力加大

随着我国农业从低端向高端发展，科技创新从尾随向跨越转变，我国不可避免地就面临着与发达国家、跨国公司的直面竞争，知识产权国际纠纷就会大量出现。例如，美国频频针对新兴经济体启动"337调查"，我国企业涉案数量连续10年位列第一。

3.2 技术封锁风险提高

随着现代技术的发展，农业技术也从传统的单项技术变为日益复杂的技术体系，在技术竞争从单项技术上升到技术系统的时代，先行者利用专利、标准等主导技术发展轨道，封杀后来者的可能性更高。以育种为例，随着育种技术的进步，育种过程变成了一个由多数人参与的复杂的技术体系，种子变成了包含多种技术元素的复合体（图8），所以育种先行者利用自身的知识产权优势来封杀后来者的发展。

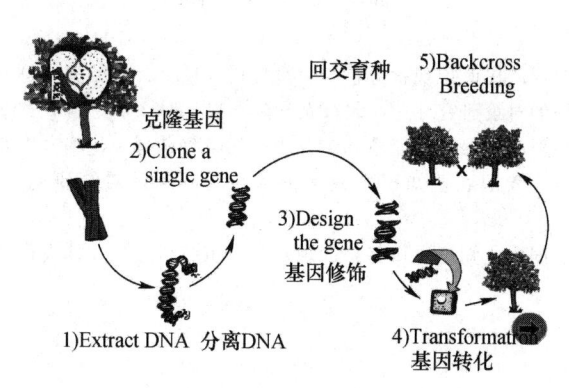

图8 生物育种的技术体系图

3.3 国内外利益冲突加剧

国际上，随着知识创造者与资源提供者之间利益冲突加剧，我国面临着在遗传资源惠益分享、农民权利、派生品种制度建立等重大国际制度安排方面的艰难抉择。在国内，农业科技的公益性与知识产权的私权性，基础性成果的普惠性与应用成果的独占性等利益协调机制不健全，已成为导致我国农业科研上中下游脱节、产学研分离的根本原因。

4 农业知识产权策略

4.1 农业知识产权创造策略

农业知识产权创造策略涉及全程管理、保护前移；科研国际合作中的知识产权流失；知识产权陷阱；派生知识产权；国外遗传资源依存等。例如，做好产权申请事前的检索与研究，事中的研究资料管理，防治流失，事后的审批制度，对提高研究效率，避免重复浪费研究和专利陷阱具有重要的意义。加强派生品种筛选工作，杜绝模仿育种等不良育种行为。

4.2 农业知识产权保护策略

农业知识产权保护策略涉及成果发表与知识产权保护、研究成果的知识产权化、多管齐下，立体保护、知识产权的自我保护等。例如，成果的知识产权化，在农业科研管理中，还普遍存在"重成果、轻专利"的现象。由于缺乏相应的考评制度和激励措施，一些科研人员只重视完成项目、发表论文和申请成果奖励，缺乏对科研成果申请专利的积极性。据2003年对150个地市级以上的农业科研单位的农业专利申请数量的调查表明，每个单位年均申请专利约为1件。另外，从2001年表彰的全国农业科技先进人物来看，217名农业科技先进人物共获科技奖励1295项，人均5～6项，而所获专利只有41项，平均5～6人才有1项。农业科研单位和科研人员的专利申请量都非常少。

4.3 农业知识产权运用策略

农业知识产权运用策略涉及知识产权部署、知识产权防御、知识产权联盟等。知识产权部署主要包括专利潜水艇（国外专利权利要求的书写要看懂却非易事；首先，其权利要求通常有数十项之多，有的甚至遇百项，几转就转晕了；其次，申请具有层次感，深度如同潜水艇沉入海底，潜在威胁很大）、打拉结合，各个突破、利用资本优势打拉锯战等策略；知识产权联盟就是讲各种部门、知识产权组织的资源结合在一起,实现"1+1"大于"2"的效果,降低交易成本,实现信息和技术共享、避免侵权。

参 考 文 献

[1] 武敏,刘金花. 我国农业知识产权保护现状分析与对策探讨[J]. 农业经济,2006(3):35-36.
[2] 宋红明. 农业知识产权保护的对策研究[J]. 北京农学院学报,2008(3):58-60.
[3] 孙炜琳,王瑞波. 国际植物新品种保护的变革趋势及中国的策略选择[J]. 世界农业,2008(8):18-22.
[4] 徐卫,郭顺堂,孙利辉,等. 我国农业知识产权保护存在的问题及对策研究[J]. 农业科技管理,2013(4):47-50.
[5] 李姝睿,刘卓,蔡红岩. 我国农业知识产权保护的现状及对策分析[J]. 甘肃科技,2013(6):3-5.

如何得到高质量专利和提高成果转化率？
——知识产权技术转移的专业化管理模式

纵 刚

(上海盛知华知识产权服务有限公司)

摘 要：创新驱动发展是我国当前的重要战略。创新的目的在于将创新的成果转化，促进国家的经济发展转型，提高国家的核心竞争力，其中专利质量对创新成果能否转化起着关键的作用，而获得高质量专利并成功转化离不开专业化管理。本文从专利和转化的核心概念和理念、重要意义、工作重心等方面展开，对专利质量管理和转化进行了深度分析，指出了当前我国在专利质量和成果转化方面理念及相关政策的失误，着重系统介绍了知识产权全过程管理相关的产业化研发项目的专利战略局势分析、追踪和预警，以及对发明成果的专利质量和技术转移专业化管理等各项专业化管理操作实务，最后以上海盛知华知识产权服务有限公司（以下简称"盛知华公司"）为例介绍了专业化管理在我国的实践运用和取得的成效。

关键词：知识产权；专利；转化；技术转移；许可；转让

1 有关专利和转化的核心概念及理念

1.1 专利制度的起源及其作用和意义

1.1.1 专利制度的起源

专利制度的起因源于政府希望发明人充分公开其发明的技术内容，如果发明人满足了政府专利制度的要求，对其发明的技术内容作了充分公开，那么作为交换，政府将给予专利的发明人和拥有人 10~20 年市场独占保护期（Contract Theory）。

1.1.2 专利制度的作用和意义

通过建立专利制度，政府希望专利制度能够起到的最重要的作用和意义在于：
(1) 减少重复研发和对社会资源的浪费；
(2) 提高技术发展的速度和效率；
(3) 提供保护机制，激励创新和投资——这对早期技术的发展和成熟至关重要。

1.1.3 从专利制度的意义来理解专利的基本要求和规则

各国对专利授权的基本要求和规则都是为专利制度的作用和意义来服务的。专利的主要基本要求和规则必须平衡充分披露与保护范围之间的冲突，主要包括下列规则：
(1) 新颖性、创造性、实用性、充分披露、禁止反悔原则等；
(2) 专利申请与公开的程序：申请后 18 个月公开；
(3) 权利要求的合理扩大：有 2~3 个以上的实施例可以保护整个相关的大类。

1.2 申请专利的目的

从专利制度的起源及其作用和意义不难看出，专利的价值在于提供发明人和拥有人 10~20 年市场独占保护期，即专利的价值在于其市场保护的价值，是商业活动行为的一个工具，如果专利不能与商业和市场结合起来，即不能起到商业作用，那么专利是没有任何价值的。

因此，我们必须要对专利有一个合理的认识和定位，其中最根本的一点是专利就是一个商业工具（Business Tool），其终极目的是为商业行为服务、能够创造商业和市场价值，如果专利不能应用到商业和市场，那么则毫无价值。

鉴于专利是一个商业工具，那么专利管理也是一种纯商业的行为。花费资金和精力申请专利就是为了使专利能够得到转化，并从中获得回报，这与进行投资获得回报的常规商业行为本质上没有任何不同。因此专利管理的目标就是通过鉴别、培养、保护、转化有价值的发明，创造市场和经济价值。如果申请专利但无法创造市场和经济价值，那么申请专利就是浪费资源、毫无意义。

1.3 专利保护和专利质量的重要性

创新必须通过成果转化才能成为生产力，实现持续创新、经济转型和产业升级都需要依靠成果转化。如果只创新而不转化，不但无法创造价值和驱动经济发展，达不到促进国家经济发展转型和提高国家核心竞争力的目标，反而浪费了大量的创新研发资源，并且导致研发单位由于无法通过创新获得利益而没有真正的创新内在动力。而保障创新能够获得利益的关键因素是具备高水平的知识产权管理和运用能力，这是因为成果转化和促进持续创新都依赖于创新成果获得高质量的专利保护。

成果转化和促进持续创新依赖于高质量的专利保护，这是创新和成果转化领域的最重要的一个理念，而要深刻理解这个理念，必须首先理解创新的市场规律。

1.3.1 创新的市场规律

创新意味着领先全球进入前人从未涉足过的领域，与以往曾经被前人完成过的项目相比，创新项目从没有被前人完成过，因此有可能失败，所以创新项目比模仿跟随项目多了一个技术风险。技术风险导致创新项目的失败率较高，进而导致创新的成本高。对一个创新市场主体来说，创新成本高是因为在一个创新成功项目的成本中还包括该项目成功前所做的各种不成功探索的成本和一部分已经失败的项目（例如，进行了10个创新项目，有4个成功和6个失败）的成本。而一个模仿跟随项目则只需模仿跟随创新成功项目已摸索出的道路，无须再做额外的探索，因此模仿跟随项目的成本中不包括创新项目成功前所做的各种不成功探索的成本，也不包括那些已经失败的项目的成本，这使得模仿跟随项目的成本远远低于创新成功项目的成本。

一个创新型公司必须从其成功项目上回收失败项目和失败探索的成本，最终使创新的总投资（包括成功＋失败项目和失败探索的成本）能够盈利和获得合理的投资回报，如果创新不能盈利和获得合理的投资回报的话，那么市场上将无人创新、都只想模仿跟随，而提供合理投资回报的关键便是高质量的专利保护。这是因为如果没有高质量的专利保护，模仿跟随型公司就很容易通过模仿跟随创新成功项目的成功路径，避开高成本，然后用低价格与创新型公司竞争，导致创新型公司无法盈利。因此只有高质量的专利保护才能阻止模仿跟随型公司的低价竞争、为收回创新的高成本提供保障，达到保障创新投资回报、鼓励创新投资、激励创新的结果。创新的市场规律总结见表1。

表1 创新的市场规律

项目		创新公司	模仿跟随公司
经营风险		高 技术风险（Technology Risk）； 市场风险（Market Risk）	低 市场风险（Market Risk）
成本		高：有探索、失败及开拓	低：只需模仿已成功路径
成本	创新研发成本	研发团队成本大； 本项目成功前的失败探索成本（例如，爱迪生，灯泡）； 其他已经失败项目的成本（例如，10个项目，成功3~5个）	研发团队成本小； 无本项目成功前的失败探索成本； 无其他失败项目的成本
	市场开拓成本	新产品新市场：尤其是全新产品，市场培育和开拓成本高	通常已是上市成熟产品； 跟随创新公司进入市场

续表

项目	创新公司	模仿跟随公司
盈利要求	收入大于高创新成本； 创新总投资必须盈利； 必须从成功项目上回收失败项目和失败探索的成本	收入大于低模仿成本
核心竞争力	高质量专利保护——阻止或延缓其他公司的模仿跟随，避免低价竞争，回收创新的高成本； 知识产权管理运用能力（企业创新盈利关键）； 研发创新能力； 技术或产品竞争优势	模仿可乘之机——创新项目没有专利保护或只有低质量专利保护； 低成本低价格竞争； 运营效率（生产、营销等）
价格/利润	高（专利保护期内－专利的意义）； 低（无专利，低质量专利，专利过期后）	低（无专利保护，谁都可以做）
投资回报期	短（到项目相对成熟阶段－研发创新型商业模式）； 长（到产品销售阶段－传统模式）	短（到产品销售阶段）

上述创新的市场规律决定了如果一个有市场前景的创新发明成果只得到了低质量的专利保护，那么该成果将无人接手、永远停留在实验室阶段，造成创新的终止。这是因为低质量的专利保护无法阻止其他公司的模仿跟随和低价竞争，导致接受低质量专利保护的创新发明成果的公司竞争不过模仿跟随的公司，不但无法从该项目上盈利，甚至连创新的高成本都无法收回。所以一旦一个好的创新成果获得的是低质量的专利，那么其商业价值将被破坏，造成该创新成果无法被转化和创新的终止。

1.3.2 没有高质量专利的保护，创新成果难以转化，创新难以驱动发展

创新的市场规律决定了，即使一个创新成果技术效果很好，有潜在的商业价值，但如果获得的是低质量的专利保护，结果将是这个创新成果无人接手进行转化，因为即使有企业愿意转化，但因为没有高质量专利的保护，企业最终也无法盈利，这导致这个创新成果将永久地停留在实验室阶段，无法产生价值和驱动经济发展。

而高质量的专利保护意味着创新发明成果所获得的专利保护范围大，无法被轻易绕过，能够阻止或延缓其他公司的简单模仿跟随和低价竞争，从而能够保障创新主体在创新上的投资能够盈利和得到合理的回报。

我国目前的现状是近十几年来引进和培养了大批的创新研发人才、创新研发投入也大幅增加、国家政策大力鼓励和激励创新，因此产生了不少有价值的创新成果。但是绝大多数创新成果由于没有专业人才管理专利质量所获得的专利都是低质量的专利，这导致大量的创新成果无法获得转化、无法产生经济和社会效益，使得国家在研发上的大量投入没有获得应有的成效、没有达到创新无法驱动发展转型的目的。我国创新和成果转化现状和症结总结如图1所示。

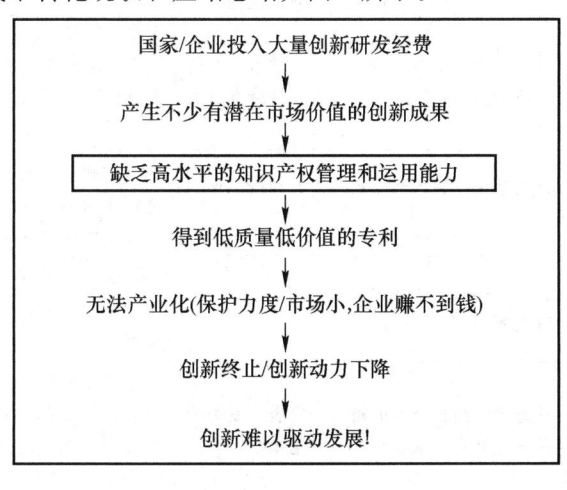

图1 我国创新和成果转化的现状和症结

由于得到的大都是低质量低价值的专利，大量的创新成果无法获得转化和产生经济效益。无法通过创新盈利是目前我国大多数企业缺乏创新内在动力、没有成为创新主体的主要原因，其根本原因在于我国大多数企业缺乏高水平的知识产权管理运用能力。

1.4 当前国内专利相关政策和理念的失误

1.4.1 专利数量导向的失误，未转化专利不适合作为评价工具

由于缺乏对发明和专利本质的深刻理解，我国目前评价机制政策中有许多对专利申请或授权专利的不恰当使用，如评职称、办户口、学生毕业、研究基金结题等。这些专利的使用与专利的市场和商业价值毫无关系，因此使得专利的作用偏离了其真正的价值和作用，也偏离了政府设立专利制度的本意，因此这些用途被统称为专利的不恰当用途。专利的不恰当用途政策导致了大量的垃圾专利，造成了垃圾专利数量的急剧增加。

因为申请专利和获得授权是非常容易的事情，通过缩小专利申请的权利要求范围很容易做到，因此想提高专利申请和授权的数量是一件极为容易的事，但拿到的专利因为权利要求范围小，基本没有商业价值，也无法转化和真正创造价值，所以这种专利数量再多也没有用，认识到这一点就能明白为什么上述专利的用途是不恰当的。

另外，有些本意良好的政策由于政策执行者缺乏判断专利质量的能力而导致政策的目的无法达到，也造成了专利的不恰当使用、专利的虚假转化和最终国家的损失，例如，高新企业的认证中许多企业低价购买无价值的专利来进行认证和获得政府优惠政策，因为在这样的过程中专利起到的不是市场保护的作用，而是骗取政府资源的作用，同时这也造成专利转化率的虚假提高并掩盖了专利真实转化率的低下。

鼓励数量加上评价机制的严重扭曲，大量低质量无法转化成效益的专利使人们误认为专利只是职称评定或其他不恰当用途的工具，也使越来越多的科研单位领导层和科研人员对专利越发不重视、丧失了积极性，加上没有专业化的管理，导致很多好的科研成果只得到低质量的专利，结果许多专利中的巨大财富就被白白浪费了，造成国家的巨大损失。

1.4.2 混淆申请专利与取得科研成果的区别是专利不恰当用途政策产生的根源

产生专利的不恰当用途政策的根源在于政策制定者不了解申请专利与发表科研文章之间的差别，把申请专利与发表科研文章等同了起来。实际上，申请专利与发表科研文章之间完全没有可比性（表2），因此专利的不恰当用途政策很不合理，产生的后果弊远远大于利。

表2　申请专利与发表科研文章之间的差别

区别项	发表科研论文	申请专利
评判标准	科学性、严谨度、原创程度、科学意义及重要性	新颖性、创造性、实用性、充分披露原则；对科学性、严谨度、科学意义等无任何要求
评判人	科学期刊评委，多为本学科领域的知名科学家，对科学性、严谨度、原创程度、科学意义及重要性有卓越的判断力	专利审查员，在国内大多是大学毕业，本身没有足够的科研训练，通常对科学性、严谨度、原创度、科学意义及重要性没有判断能力
评判过程	由科学期刊评委参照本领域已发表的论文和按照评判标准负责评选	由专利审查员根据专利申请中的权利要求范围检索在先技术，判断是否有同样的发明点已经被披露，或使得该发明点显而易见
投稿/申请难易程度	必须完成完整成套的实验设计并获得结果才能投稿，难度较大；越著名的期刊投稿越难	申请专利很容易。任何研究成果都可以找到能申请专利的细节，有些领域的专利申请无需任何实验数据（有想法就可以申请）
发表/授权难易程度	必须符合上述评判的高标准才能被录用发表，发表的难度很大；越著名的期刊要求越高，发表越难	专利发表和获得授权很容易。任何专利申请都会自动公开发表，实用新型和外观设计专利无须实质审查即可获得授权。发明专利权利要求范围越小越容易得到授权，但专利价值也越小

续表

区别项	发表科研论文	申请专利
数量标准	必须完整成套的实验结果,一篇论文很难拆分成多篇论文;发表多篇论文很难	不完整数据甚至没有数据都可申请专利;一个专利很容易拆分成多个专利;申请多个专利很容易
数据质量	数据质量要求很高,需要有科学意义	无质量要求,错误的结论或不完整的数据都可以申请专利
价值判断	能够被发表的科研论文都有一定的科学价值	大量获得授权的专利一钱不值,无法被转化,完全是浪费资金和社会资源

1.4.3 专利数量政策和专利不恰当用途政策所产生的危害

专利数量政策和专利不恰当用途政策所造成的问题和所产生的危害很大,包括:产生大量的低质量专利;产生大量低质量的教授、学生等;阻碍和扼杀创新;极大地增加了专利转化运营的难度和成本;浪费大量社会资源。

专利数量政策和专利不恰当用途政策所造成的最直接的结果是产生大量的低质量专利,由于专利根本不适合作为科研水平和成绩的评价工具,以专利作为科研水平和成绩的评价工具间接地产生了大量低质量的教授和学生。

更为严重的是,在没有专利质量管理的情况下,一味提高数量导致绝大多数的专利都是低质量专利,而大量的低质量专利对创新产生的是阻碍和扼杀作用。这是因为即使一个创新成果技术效果很好,有潜在的商业价值,但如果获得的是低质量的专利保护,如前所述,其结果将是这个创新成果无人接手进行转化,这导致这个创新成果将永久地停留在实验室阶段,无法产生价值和驱动经济发展。因此,低质量专利将永久地破坏好的创新成果的商业价值,对创新产生的是严重的阻碍和扼杀作用,其危害比不申请专利和不盲目追求专利数量的危害要大得多。

专利数量政策和专利不恰当用途政策所造成的另一个严重危害是极大地增加了专利运营的难度和成本。

首先,由于我国的垃圾数量巨大,导致专利中有潜在商业价值的发明比例很低。例如,由于美国没有专利数量政策和专利不恰当用途政策,美国大学的发明经过评估后有潜在商业价的比例为约50%,而中国科学院上海生命科学研究院(以下简称"上海生科院")2008—2011年的数据显示上海生科院的发明经过评估后有潜在商业价值的比例不到20%(表3),这在中国已经是最好的,而我们管理的其他国内大学和研究所的发明经过评估后有潜在商业价值的比例不到3%。造成上海生科院与国内其他科研单位差别的原因一是过去几年中我们在上海生科院从未追求专利数量,二是我们对发明进行评估,没有商业价值的发明不申请专利,而国内其他科研单位基本上都是追求数量提高并且没有评估,即所有的发明无论是否有潜在商业价值都申请专利。发明中有潜在商业价值的比例极低的后果是在中国,我们往往要做比国外同行多做几倍到几十倍的评估工作才能找到同样数量的有潜在商业价值的发明,导致我国专利运营的难度和成本大大增加。

表3 上海生科院发明中经过评估后有潜在价值的比例

项目	2008年	2009年	2010年	2011年
新发明数量(件)	81	78	119	109
评估后认为有一定潜在商业价值的新发明数量(件)	16 (19.8%)	15 (19.2%)	23 (19.3%)	16 (14.7%)
专利申请数量(件)	80	64	85	100
评估后决定不申请专利的新发明数量(件)	6 (7.4%)	9 (11.5%)	10 (8.4%)	17 (15.6%)
专利和技术许可交易数量(件)	2	9	4	9
专利和技术许可交易合同金额	7540万元	5121万元	4.38亿元	2.08亿元
横向合同总交易数量(项)	16	22	14	26
横向合同总交易合同金额	1.11亿元	9189万元	4.40亿元	2.44亿元

其次,我国知识产权管理与技术转移行业刚刚起步,专业化职业化运作的知识产权与技术转移机

构几乎不存在，中国企业也极少有从事技术许可的专职部门（Licensing Department），专利和成果转化的专业化管理人才极为匮乏。与国外相比我国研发创新单位成果转化的专业化管理基本上是一片空白，没有应有的人才、预算和投资。具体分析请见本文 2.3.1 小节、5.1.6 小节和 5.2 节。

再次，专利数量的多少决定了工作量的大小和所需人员的多少。从专利数量的角度来看，因中国专利数量很大，中国所需的专业化人员数量要比美国多很多，而这类人才又需要很长的时间才能培养出来，其结果是国内市场对此类人才和服务的需求将会在很长时间内无法得到满足，导致该做的专业化管理工作无人做，专利转化率极为低下。

综上，诸多因素导致中国的成果转化是全世界所有国家成果转化中难度最大的工作，如何解决这个问题将是我国推动创新驱动发展战略实施需要解决的最重要的问题。

总体而言，专利数量政策和专利不恰当用途政策产生大量的低质量专利，同时严重阻碍和扼杀创新，并极大地增加了专利转化运营的难度和成本，其最终结果是浪费大量社会资源，使得创新难以驱动经济的发展，给国家造成了巨大的损失，因此必须尽快改变。

2 专利转化运营的重要意义和工作重心

2.1 知识产权对经济发展的重要性

当今世界经济是技术和知识经济（Knowledge Economy）的时代，技术和知识经济发展迅速，在世界经济体量中所占的比例越来越大，知识产权的价值不断在升高，一个国家或公司的知识产权价值已经到了能够代表国家核心竞争力的地步。例如，目前国际一流公司的主要的价值是其无形资产的价值，即知识产权的价值，其占公司市值的比例已经达到约 80%（图 2），而中国公司知识产权的价值占公司市值的比例极低，据估计不到 10%，还远低于美国 40 年以前的水平。

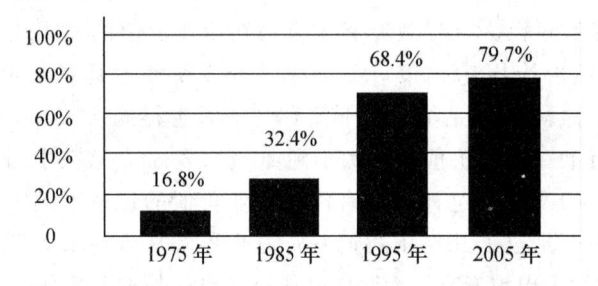

图 2 标普 500 强公司中无形资产占公司市值的比例

从另一方面看，由于知识产权制度尤其是专利制度有相对统一的国际标准，知识产权及其转化提供了一个能够让我国在全世界范围进行公平竞争的平台，因此充分利用好国际专利制度，做好知识产权管理和运营工作，对提高我国企业的价值和国家的核心竞争力意义重大。

2.2 专利转化运营的重要意义

创新驱动发展是我国当前的重要战略决策。创新的目的在于将创新的成果产业化，促进国家的经济发展转型，提高国家的核心竞争力。在过去的几十年中，创新及其成果转化已经成为世界经济发展的主要动力，美国等发达国家依靠创新成果的转化取得了世界领先的经济发展地位。创新和成果转化对于中国目前的经济发展尤为重要，劳力输出和低端制造业随着中国人力成本的提高和环境污染程度的加剧已成为过去，创新、成果转化、经济转型和产业升级将是中国未来经济发展的主要出路。

参考美国创新经济的发展，知识产权及其转化的重要性可见一斑。1980 年美国出台了《拜度法案》，鼓励大学和研究机构的人员申请专利，同时还制定了鼓励技术转移的《史蒂文森法案》，以促进技术及时转变为现实的生产力。自此，美国的知识产权与技术转移行业经历了一个高速发展和不断改进的阶段，形成专业化的管理和服务模式，促使各个产业蓬勃发展。以生物医药产业为例，近 30 年来美国独领风骚，在世界前25名的医药企业中美国企业占据10个席位，而且其生物医药的中小型研发公司也数量众多，跨国企业、研发公司和学校研究所之间的成果转化极其活跃，专利技术转化率非常高。

总结发达国家（如美国、英国等）几十年摸索的经验，科技成果的转化需要专业化的知识产权管理与技术转移服务（主要包括发明产生过程、专利申请过程），以提高专利质量，以及技术转移过程的管理和商业化运作，最终达成专利许可或转让交易，促进技术转化为生产力。

2.3 专利转化运营的工作重心

目前我国政府也出台了很多鼓励政策，迅速推动专利申请数量的提高，我国专利申请量已经自2011年以来连续居世界首位。但是在不断发展的过程中，也出现专利质量不高、国际专利申请数量不高，特别是转化和产业化的比例不高等问题，专利申请数量的提高并没有完全发挥出知识产权对我国创新经济发展应有的推动作用。同时，我国的知识产权服务业目前也处于一个层次不高、中高级服务能力不足的阶段。知识产权服务机构的业务以代理企事业单位申请专利、商标等服务内容为主。为企事业单位提供高端知识产权运用如技术转移、知识产权战略分析和策划、产品市场战略、风险评估和预警、知识产权托管等服务的能力和水平明显不足。

究其原因，主要是我国还没有建立起高端的专业化知识产权管理与运用的创新模式。目前我国对专业化知识产权管理与技术转移的理念认识不深，整个行业处于刚刚起步的阶段，国内大学、科研机构和企业中的知识产权管理与技术转移部门以及各种知识产权交易机构基本上仍是传统行政式的运作模式，而非高水平的专业化运作模式。正是由于大多数企事业单位缺乏高水平的知识产权管理运用能力、极端缺乏高端复合型实务人才，因此无法进行高质量的专利分析咨询工作、无法进行专业化的市场营销和谈判、无法对早期创新成果进行培育和增值及孵化的工作，这导致大量的创新成果无法体现其真正的经济和社会效益，使国家在研发上的大量投入没有获得应有的成效、没有真正达到创新驱动发展的目的。

2.3.1 工作重心之一：大力发展专利和转化运营的专业化管理

在同等工作量下，国外科研单位投入的知识产权专业化管理和运用人数是我国的20~100倍，这表现出中国研发单位在创新成果转化管理上的人员和投入极少。

与中国科研单位高校相比，发达国家如美国、英国的科研单位高校专利申请数量少很多，但投入的专业化管理人员众多，平均每人每年管理的新专利为2~5个或新发明5~10个（表4）。与国外相比，中国科研单位高校专利申请数量非常大，常常是每年申请几百、上千甚至两千多的专利（表5），但绝大部分中国科研单位仅有1~2人或几个人管理专利，平均每人每年管理的新专利或新发明为100~500个，并且无人管理专利质量。因此，在同等工作量下，国外投入管理人数是我国的20~100倍。

表4 美国、英国科研机构高校的知识产权成果转化管理数据

	科研单位	发明披露数（件）	专利申请数（件）	专利申请/发明披露	技术转移部门人数（人）	发明披露/人数	专利申请/人数	许可数（件）	到账金额
美国（2011年）	美国国立卫生研究院	351	181	52%	67	5.2	2.7	197	9690万美元
	威斯康星大学麦迪逊分校	357	214	60%	80	4.5	2.7	56	5770万美元
	斯坦福大学（2013）	481	240	50%	51	9.4	4.7	106	10860万美元
	加州大学	1581	1285	81%	223	7.1	5.8	217	11460万美元
英国（2013年）	牛津大学（ISIS创新公司）	320	105	33%	92(67)	3.5(4.8)	1.14(1.57)	98	1150万英镑

表5 中国科研机构高校的知识产权成果转化管理数据

排名	中国科研单位（2011年）	发明专利申请数（件）	排名	中国科研单位（2011年）	发明专利申请数（件）
1	浙江大学	2348	11	西安交通大学	809
2	清华大学	1879	12	山东大学	725
3	电子科技大学	1620	13	复旦大学	708
4	上海交通大学	1452	14	同济大学	701
5	东南大学	1373	15	华中科技大学	694
6	北京航空航天大学	1135	16	重庆大学	693
7	哈尔滨工业大学	1121	17	上海大学	652
8	天津大学	1060	18	东华大学	621
9	江南大学	1002	19	北京工业大学	619
10	华南理工大学	1001	20	北京大学	591

发达国家（如美国、英国）的科研单位、高校和企业不但投入的专业化管理人员众多，而且这些人员的专业素质很高，基本上都是高端复合型专业人才。例如，英国牛津大学每年只有约320个发明披露，评估后每年仅申请约100件专利，但其知识产权和技术转移部门的人员有92人之多，其中有13位拥有MBA学位和45位拥有理工科博士（PhD）学位。而中国科研单位、高校和企业不但投入的专业化管理人员数量极少，而且这些管理人员大部分都是行政人员而非复合型专业人才，导致只有行政式管理而没有专业化管理。

要解决我国"重数量轻质量、重申请轻运用、知识产权管理运用能力不强"的问题，首先必须把工作重心放在大力发展专利和转化运营的专业化管理上。通过加快高端复合型专业人才的引进和培养，加快发展专业化知识产权管理，从发明披露这个源头上把关，提高专利质量和价值，结合专业化的市场营销和许可谈判，进行全过程专业化运营，这样才能有效促进科技成果转化成经济价值，而实现全过程专业化运营必须引进和培养大量的专业化成果管理与转化交易实务型人才和建立专业化的服务机构。

2.3.2 工作重心之二：大力发展自主知识产权并通过专利占据国外市场

随着我国研发资金投入的逐渐增加和创新能力的不断提高，政府的工作重心要逐步从引进、许可、购买国外的成熟技术转移到加速发展我国的知识产权管理和成果转化能力，大力发展自主创新技术和成果转化，以及利用我国成果的国外专利占据国外市场。

引进国外成熟技术，需要支付专利使用费，而向国外公司许可我国早期技术专利，一方面可以收取专利使用费，另一方面可以利用国外资金发展我国早期技术，提高国内专利的价值，否则我国早期技术很多会因为在国内难以转化而夭折在实验室里。

通过把国外专利权许可给国际公司，让他们在国外市场赢利，然后把许可费和销售额提成等利益返回国内，这样我国的发明技术通过知识产权占据国外市场并通过国外公司为我国创造价值，改变了以往主要是中国的企业向国外专利拥有人交专利许可费的状况，真正体现出国家通过知识产权产生的核心竞争力，给单位和国家都能带来利益，这样才能提高我国的核心竞争力，其中的关键是要大力提高我国的专业化知识产权管理能力。

3 以产业化为目的创新的知识产权全过程管理

3.1 产业化类研发创新项目需要进行知识产权全过程管理

与基础研究项目不同，产业化类研发创新项目的主要目标不是探究科学原理和发表科研文章，而是使研发成果能够产业化，为社会和研发主体创造价值，推动经济发展。

由于知识产权对研发创新项目能否产业化起着决定性的作用，因此，产业化类研发创新项目必须进行知识产权全过程管理才能有效做好知识产权工作，才能大幅提高项目的产业化可能性。

3.2 产业化研发创新项目知识产权全过程管理的主要内容

研发成果能否产业化以及能为社会和研发主体创造多大的价值取决于以下因素：研发成果的专利质量和保护力度；研发进行时和成果实施时是否会侵权；研发成果的技术和商业竞争优势。

对产业化研发创新项目的知识产权全过程管理主要包括下列内容。

项目启动前：研发项目启动前的知识产权战略局势分析。

项目进行中：研发过程中的追踪预警。

项目产生成果时：研发产生的发明成果的专利质量和技术转移专业化管理。

3.3 研发创新项目知识产权全过程管理的主要作用

专业化知识产权全过程管理对研发人员的主要作用如下：

（1）研发项目启动前选择合适的研发方案。根据专利局势分析的结果，合理选择技术路线和进行绕道设计，能够避免和减少未来侵权的可能性，大幅提高产业化可能性。

（2）研发项目进行中及时调整研发方案。减少研发资金和资源的浪费；避免成果实施时侵权，为产业化提供保障。

（3）研发成果产生后大幅提高成果产业化可能性。提高成果的专利质量和保护程度；把握成果的技术竞争优势，为产业化提供保障；减少产业化推进过程中的资源浪费。

3.4 研发创新项目知识产权全过程管理的工作质量最关键

知识产权全过程管理工作是高标准高质量的专利分析咨询工作。与传统的主要依赖软件做出的知识产权分析工作相比不同，只有主要依赖高水平专业化人员人工分析所做出的高标准高质量的专利分析咨询工作才能真正为产业化类研发项目增加价值和提高产业化可能性。

目前国内大多数企业、高等院校和科研机构在科研项目立项、项目研发、项目结题甚至产业化阶段大多缺少检索、对技术发展现状及趋势缺乏足够的了解、对技术的发展应用缺少跟踪，特别是对科研和专利文献披露的类似技术缺乏高质量的分析，导致大量的重复研究出现，浪费了大量的公共科研资源，得不到高质量高价值的知识产权，大大降低了产业化的可能性。

3.5 产业化类研发创新项目知识产权全过程管理需要相应的经费预算

专业化知识产权全过程管理工作量巨大、因此费用较高，但极为必要、不可或缺。然而，目前国家或省市产业化科研重大专项如"863"项目等没有专利战略局势分析、追踪、预警和后续发明的专利管理和转化的要求和资金预算。而企业自主投资的重大产业化研发项目由于企业领导层的意识和理念问题，不愿意在专利战略局势分析、追踪、预警和后续发明的专利管理上花钱。其结果是很多产业化类研发创新项目由于知识产权问题（如被别人专利限制或自己的成果拿不到专利），导致最终项目无法产业化，省了知识产权管理的小钱但浪费了研发投入的大钱，给国家和企业造成巨大损失。

发达国家早就意识到这项工作的重要意义，他们的产业化研发项目中知识产权投入占总研发经费的比例通常超过10%（美国约为18%，欧洲和日本为12%左右），其中专利信息利用投入占知识产权投入的50%。而2013年中国工信部组织编制印发的《工业企业知识产权管理指南》中规定的企业知识产权工作经费要占研发经费的1%～5%，大大低于发达国家的水平。

因此，为提高产业化可能性，政府和企业的产业化研发项目必须要有合理的知识产权管理经费预算。如果不尽快对产业化类项目进行知识产权全过程管理并配备合理的预算，这类研发项目很难创造市场价值，最终是省小钱浪费大钱、产业化前景堪忧。

3.6 非产业化类基础研究项目无需知识产权全过程管理

基础研究项目（如自然科学基金基础研究项目、"973"项目等）无须进行专利战略局势分析、追踪和预警工作，只需要对后续有潜在商业价值的发明成果进行专业化管理。

有些人提出在所有的科研文章发表之前，无论是产业化类研发创新项目还是非产业化类基础研究项目中产生的文章，都要对其进行知识产权审查，找出有潜在商业价值的发明成果，然后申请专利保护，进行成果转化，避免文章发表后丢失专利申请和转化的机会。这种说法听起来似乎很合理，但在实际操作上完全行不通！主要原因在于这样做的工作量极为巨大，需要配备极为大量的专业工作人员，导致投入的资金和产出的经济效益不匹配和不合理。因此，即使是发达国家资金最雄厚的大学或研究所也无法做到这一点，而是主要靠科研人员自愿披露有有潜在商业价值的发明成果。通过加强对科研人员的知识产权意识教育和普及理念，如定期为科研人员讲座，以及通过成果转化后产生效益的案例的榜样作用，提高科研人员自愿在发表文章前披露有潜在商业价值的发明成果的意识和激发其动力。

4 专利战略局势分析、追踪和预警的操作实务

随着我国建设创新型国家的深入开展，产业化类创新研发项目越来越多，已经占到我国研发项目的95%以上，因此高质量的知识产权分析咨询服务的市场需求也将越来越大。知识产权全过程管理可以为这些产业化类项目在项目立项前、研发过程中、项目结题和产品上市前的全过程中，将专利文献分析工作融入其中，为研发项目提供专利局势分析和追踪预警服务、为研发成果提供专业化管理服务，以此提高科研项目的开发起点，提高自主知识产权的产出率和有效率，从而提高企业和国家的自主创新能力。

4.1 专利战略局势分析的操作实务

立项或启动前，根据项目所涉及的所有技术特征，针对目标市场，在世界范围检索所有相关的专利和非专利技术。针对每一个技术特征找出所有可能涉及专利侵权的专利包括已授权专利和已公开但还没授权的专利申请，并进行侵权可能性分析。

对每一个有可能侵权的专利或专利申请，分析其专利文本中实施例是否支持相关权利要求，判断其相关权利要求有无授权前景或无效可能。

对密切相关专利和技术进行商业价值的评估，确定这些专利和技术的竞争优势和可替代性等，并以此对研发方案做出相应的调整。

4.2 专利和技术的追踪和预警的操作实务

根据项目所涉及的所有技术特征，针对目标市场，在整个研发过程中都要定期，如每隔两周或一个月（图3），在世界范围（PCT进国家）检索所有相关专利和非专利技术。

针对每一个技术特征，找出所有可能涉及专利侵权的专利，分析专利实施例是否支持相关权利要求，判断侵权专利相关权利要求有无授权前景或无效可能。这个过程叫作追踪。

发现影响研发方案的专利和技术，及时通知研发人员调整研发计划，这个过程叫作预警。

4.3 专利和技术战略局势分析、追踪和预警的质量标准

专利和技术战略局势分析、追踪和预警工作至少要做到以下的标准：
（1）必须在世界范围检索，不能只检索目标市场（如只检索中国）；
（2）必须对相关专利申请进行授权前景和相关授权专利进行无效可能的分析；
（3）必须检索和分析相关非专利技术。

如果做不到上述标准，那么分析评估的结果不但起不到应有的作用，而且会产生误导的作用，其结果是项目无法产业化，导致大量的研发资金和资源的浪费。

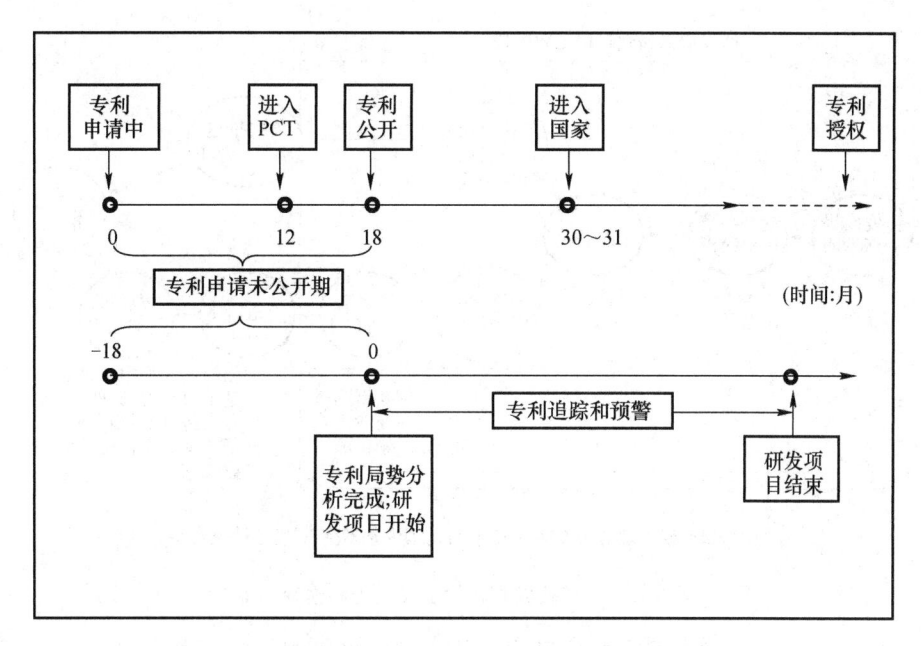

图 3　研发项目专利战略局势分析、追踪和预警的时间表

4.4　政府应加强鼓励重大产业化研发项目做好知识产权全过程管理

鉴于目前国内大部分的知识产权服务机构服务水平和质量较低，例如，在进行专利和技术战略局势分析、追踪和预警工作时只检索目标市场（如只检索中国）而不是在世界范围检索，不对相关专利申请进行授权前景和相关授权专利进行无效可能的分析，或是只检索和分析相关专利技术而不检索和分析相关非专利技术，政府应普及这方面的意识和引导规范知识产权战略局势分析、追踪预警的基本标准，达到有效利用政府和企业的研发资源投入和政府希望通过研发创新促进经济发展的目的，否则这类分析评估的结果不但浪费分析评估的资金，起不到应有的作用，而且会产生误导的作用，最终导致大量的研发资金和资源的浪费。

4.5　专利战略局势分析、追踪和预警的重要性

专利战略局势分析、追踪和预警分析评估结果可以用于指导立项或启动时选择研发方案，在研发过程中及时调整研发方案和进行绕道设计，避免侵权，以及提高竞争优势，对于无法绕开的有可能侵权的专利尽早采取早期专利许可战略策划，以便减少项目后期专利侵权的风险和技术许可的费用。

进行专利战略局势分析、追踪和预警分析评估能够大大提高研发人员的研发水平，大大提高项目的产业化可能性，以及大幅减少研发资金和资源的浪费，最终为企业和国家创造大量的价值，使创新研发成果能够产生经济效益，推动经济发展。

5　专利转化深度分析、启示和操作实务关键

5.1　专利转化深度分析

5.1.1　研发成果转化过程一览

从研发到成果转化成市场上的产品或服务的过程包括以下几个主要步骤（图4）。成果转化的主要途径包括两条：一是许可转让给已经存在的公司，二是与投资人一起成立新公司。

5.1.2　成果转化的主要形式

成果转化的主要形式有两种：许可和转让。

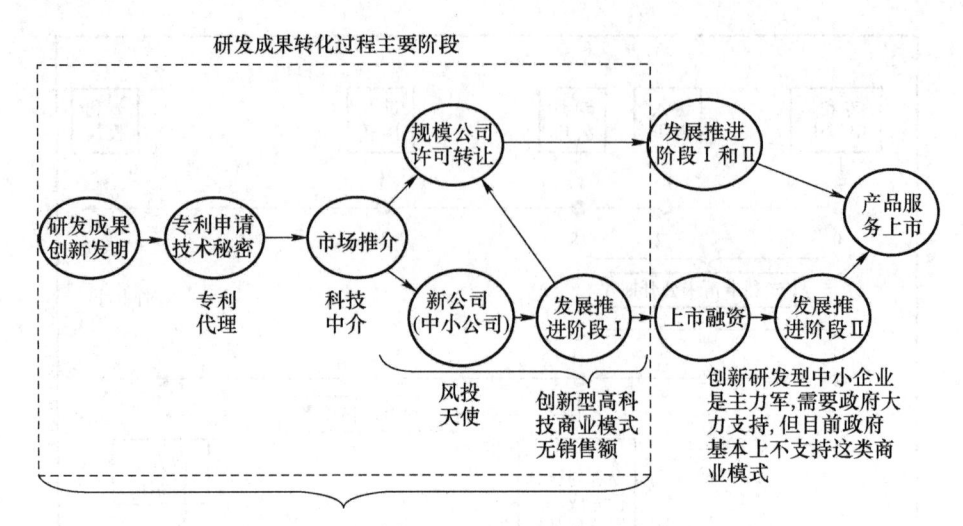

图 4 科技成果转化主要过程和途径

（1）许可（License）：不改变拥有权，只改变使用权。可以根据使用权、地域、使用领域、时间等分开许可，包括独家/排他许可（Exclusive）和普通/非排他许可（Non-exclusive）。

（2）转让（Assignment）：改变拥有权和使用权。

其他方式，如知识产权入股（IP for Equity），可以是许可或转让。但质押只是抵押贷款的一种方式，不属于成果转化的范畴。

5.1.3 成果转化国内国外状况对比

由于早期研发成果需要大量研发投入和较长时间才能进入市场，相对较为成熟的成果来说风险较大，同时由于国内公司和投资方研发实力弱、研发投入少，并且不愿承担创新风险，更愿意模仿跟随，因此当前大多数国内公司对早期成果不感兴趣。这是导致早期研发成果在国内转化较难、成果转化的两条主要途径都不通畅的原因之一（表6）。

表 6 科技成果转化国内国外状况对比

转化途径	国内	发达国家
规模公司许可转让	困难 国内公司对早期成果不感兴趣； 国内公司研发实力弱、投入少； 国内公司不愿承担开发风险，更愿意模仿跟随（企业是创新的主体？）	通畅
新公司（小公司）	困难 国内投资方、企业家对创新型高科技商业模式不了解，偏重传统商业模式； 政府对创新型高科技商业模式不支持； 没有健全的退出机制：无法上市	通畅

5.1.4 成果转化的全球观

1）专利的标准是国际性的标准

虽然早期研发成果在我国国内转化较难，但是由于获得专利的标准是国际性的标准，例如，专利的新颖性（Novelty）、创造性（Non-obviousness）、实用性（Utility）等都是基于对全世界范围的在先技术（Prior Art）的检索、分析和判断，即各国专利审查机构所检索的内容是一样的，对专利能否授权的标准也基本相同。因此只要符合专利得到授权的基本要求，就能够拿到各个国家的专利。因此，只要对发明进行细致的专利性判断，就有把握拿到各个国家的专利。这方面我们有很多案例，我们许可出去的专利基本上都是未授权的专利。

2) 国际市场对于成果转化的重要性

国际市场通常远远大于国内市场，例如，中国市场在下列领域占全球市场的比例为：医药3%～5%，机器人市场约5%，光伏市场<1%，种子市场约20%。

如果一个成果只有中国专利而没有国际上其他大市场国家的专利，那么开发这个成果所能够获得的价值和回报是很有限的，因此一个成果没有国际专利将极大地降低成果转化可能性和价值。鉴于此原因，上海生科院很注重国际专利的申请，国际专利申请和转化的数量都逐年增加（图5），对于上海生科院平均每年仅100个发明量来说，其国际专利数量所占比例是很高的，这与国内其他科研机构高校国际专利很少的情况非常不同。

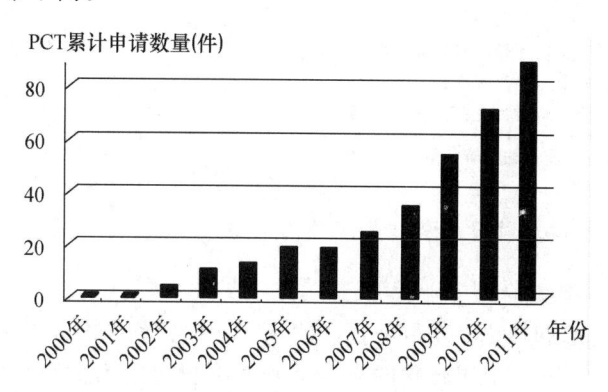

图5 上海生科院国际专利申请累计数量

3) 成果转化的全球观

从全球范围来看，每年产生的科技成果总是大大多于可投入的资金，因此全球的科技成果都在竞争有限的可投入的资金。如果我国的科技成果也参与竞争并且竞争成功，那么资金将投入我国成果的孵化和走向市场，未来所产生的收益将回归我国，提高我国的核心竞争力。如果我们不去国际市场竞争，不转化，那么我们的成果将被浪费，无法产生价值，对国家、单位和发明人都将造成巨大损失。

鉴于专利的国际标准、国际市场的价值和重要性，以及没有国际专利极大地降低成果转化可能性和价值，因此进行专利管理和成果转化工作必须着眼于全球范围，一定要有在全球范围转化运营的全球观，而不能只局限在中国市场。

5.1.5 我国早期科技成果转化的出路

经过上述分析，我们可以总结出一条当前我国早期科技成果转化的合理出路。

首先，通过加强专利和成果转化的专业化管理，对科技成果在申请专利前就介入和管理，力争获得高质量的全球主要市场国家的专利保护。这是极为关键的第一步，如果一个科技成果没有获得高质量的专利保护，那么成果转化的可能性极低。

获得高质量的全球主要市场国家的专利保护后，由于发达国家的知识产权保护制度完善，成果转化的各条路径非常通畅，不像中国还有很多体制、机制、人才、政策等各方面的问题和限制，我们就可以按照国际规则在发达国家进行成果转化的竞争，通过把国外专利权许可给国际公司，或者投资成立新公司，让他们在国外市场盈利，把许可费和销售额提成等利益返回给国内，通过国外公司为我国创造价值。

其次，把国外专利许可进行开发后，能够使早期科技成果能够利用国际投资开发得到发展成熟，随着国外开发的进展，这些成果逐渐接近市场，其国内专利的价值和转化可能性将大大提高。

上述做法是有效克服国内科技成果转化种种困难因素，成功推进我国早期科技成果转化的主要出路，是目前最合理的做法，我们在上海生科院和盛知华公司的实践也提供了很多的成功案例和经验，验证了这种做法的可行性，但其中的一个核心关键和前提是拥有或能够委托一个复合型专业化人才团队对科技成果进行专利质量管理获得高质量专利并在全球范围进行运营转化。如果没有一个复合型专业化人才团队进行管理和运营，这种做法则很难行得通（表7）。

表 7　我国早期科技成果转化的出路

转化途径	国　内	发达国家
规模公司许可转让	市场需求和压力推进 必须让国内企业赚钱； 提高国内企业对研发创新和知识产权保护重要性的认识和管理能力； 树立早期成果成功转化的典型	通畅 国外专利许可给国际公司； 价值回归我国
新公司（小公司）	各方应抓紧，大力推进 提高国内投资方、企业家对创新型高科技商业盈利模式的了解和意识； 政府大力支持创新型高科技商业模式； 健全退出机制：上市标准； 树立创新型高科技商业模式成功典型	通畅 利用外资成立新公司，发展我国早期技术成果； 价值回归我国

注：前提条件是国内研发成果具有高质量的全球市场的专利保护

5.1.6　专业化管理人才和制度是做好成果转化工作的关键

1) 做好成果转化工作需要复合型专业化管理人才

创新成果的知识产权管理和转化涉及科技、法律和商业的密切结合，是所有商业行为中最为复杂、专业化程度要求最高的一种。从事成果转化的人员必须掌握世界前沿的科技知识才能理解创新成果的技术细节和优劣势，必须精通《中华人民共和国专利法》《中华人民共和国合同法》等法律知识才能为成果获得高质量的知识产权保护，必须精通商业知识才能对成果的潜在商业价值做出正确的判断，必须综合使用三方面的技能才能最终促成合理的成果转化交易（图6）。而科研人员，如发明人和行政管理人员，因不具备这些方面的知识和技能无法胜任这些工作。因此，通过精通科研、商业和法律的高端复合型专业化人才对成果转化进行专业化管理是做好成果转化工作的最根本的关键。

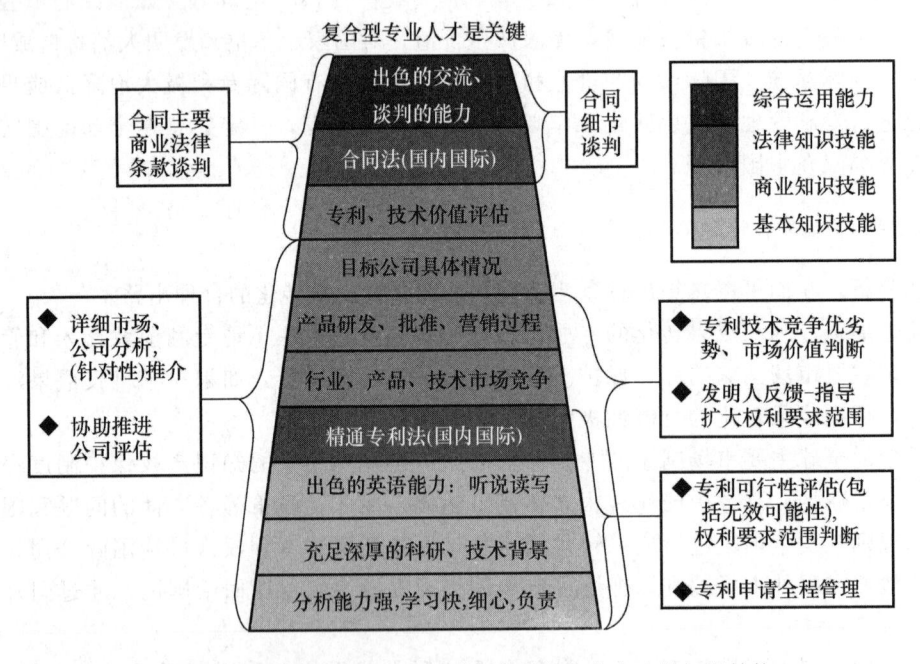

图 6　发明管理和成果转化所需复合型专业化人才的知识结构

目前我国研发单位、高校和企业在创新成果转化管理上投入的人员和资金极少。在同等工作量下，国外科研单位投入的知识产权专业化管理和运用的人数是我国的20~100倍，而且与国内以行政人员管理为主不同，国外管理人员大都是专业素质高的复合型人才。

这表现出我国对创新成果转化的专业化管理重视程度不够，投入的人员和资金极少。要提高我国的成果转化能力和水平，这种不重视不投入的情况亟须尽快改变。

2）做好成果转化工作需要建立专业化管理制度

在通常情况下，大多数发明在初始披露时能要求的权利范围过窄，商业价值不大，如果要提高转化效率，需要在发明披露时、申请专利之前就由专业的转化人员做大量工作，由发明人员与专业转化人员共同培育。因此，科技发明专利产生与科技成果转化两个过程结合得越早越好。

目前在我国科研单位和高校，科技成果的发明与转化在管理上通常是互相分割的，即发明的专利申请由科研处按传统学术成果进行行政式管理，没有专业化管理评估，对专利申请来者不拒，而成果转化则由另外一个部门（如开发处或产业处）管理。这种科技成果产生与成果转化的管理脱节导致专利质量差，是造成转化难的主要原因之一。而在发达国家，这两个过程是合二为一的。在专利申请之前，技术转移部门就已经介入。例如，美国大学的专利申请要经过几个步骤，首先，教师定期向学校的技术转移部门披露有关技术发明，然后由技术转移部门判断这些技术是否能申请专利，或需继续进行深入的工作后再申请专利，或不值得往申请专利方面努力等。在美国的科研单位和大学，专利的申请数量并不多，但质量很高。这样做的结果是转化率高。

由于我国科研单位和高校没有建立专业化管理体制，而是主要依靠发明人等科研人员来管理专利质量和进行转化交易，导致专利质量差，交易水平低，成果转化率低。同时，依靠发明人等科研人员来进行转化交易还导致大量的严重利益冲突问题。因此，做好成果转化工作，我国科研单位高校和企业必须建立起专业化管理制度，从主要依靠发明人等科研人员来进行转化交易转变为主要依靠专业化管理团队来进行专利质量管理和转化交易。

5.2 从专利转化深度分析得到的启示

5.2.1 成果转化主要依靠专业化团队，而不是发明人和科研人员

对发达国家成果转化运营的分析给我们的一个关键启示是，发达国家成果转化主要是依靠专业化团队来完成，而不是依靠发明人和科研人员，这与目前我国主要依靠和鼓励发明人等科研人员来进行转化交易的想法和做法截然不同。形成这种状况的原因是发达国家经过几十年摸索，认识到科研人员由于不具备相应的知识、技能、时间、精力，无法胜任成果转化工作，因此最终无一例外走的都是专业化管理之路。因为有了专业化管理，科研人员也能够专心致志地搞科研，而不是花费大量时间和精力去做写专利和谈交易这些不擅长的事情。斯坦福大学为此提出"不要让教授坐在谈判桌上"。这也是社会化分工，专业化管理发展规律的一个必然结果。

因此，要提高成果转化率，国内各地政府和科研单位高校必须尊重成果转化发展的自然规律，尽快纠正期望主要依靠和鼓励发明人等科研人员来进行转化交易的想法和做法。

5.2.2 必须对成果转化加大人员和资金的投入，尽快建立专业化管理体系和形成良性循环

发达国家科研单位高校一般都有一支人数众多、专业素质高的复合型专业化管理团队，他们对每年新产生的发明进行评估，筛选出具有商业价值的发明，通过专业化管理提高专利质量和商业价值，然后进行专业化的市场营销和许可谈判，把每年的发明都能够管理好，有效地促进了这些科技成果转化成经济价值，并把每年成果转化所产生的经济效益用于奖励创造这些发明的科研人员和进一步投入成果转化的运营中，形成了一个良性循环。

反观我国的科研单位高校只有一支人数极少、专业素质低的行政化管理团队，基本没有复合型专业化管理团队。每年新产生的发明无人进行评估和筛选，不清楚哪些发明具有商业价值，所有的发明都申请专利，没有人管理专利质量，更谈不上提高商业价值，转化方面则主要依靠知识和技能不足的发明人团队去进行市场营销和许可谈判。结果是导致每年的发明都没有被管理好，大量的发明的商业价值被低质量专利破坏，无法转化成经济价值和效益，转化效率低下，创造这些发明的科研人员得不到奖励，也没有资金进一步投入成果转化的运营，形成的是一个恶性循环。

要改变这种恶性循环的状况和建立起良性循环，首先必须有资金投入，通过建立专业化管理团队或委托外部的专业化管理机构进行管理，管理好每年新发明和专利的质量，做好转化交易，逐步产生

转化效益,把转化收益用于奖励创造这些发明的科研人员和进一步投入成果转化的运营,这样才能形成良性循环,除此之外别无捷径。有不少科研单位高校和企业单位的领导对成果转化的想法是只想要转化结果但不愿意进行投入,然而这种想法注定是行不通的。不投入,哪会有收获?

5.2.3 具有市场竞争力的体制机制是保障

由于知识产权管理和转化是极为复杂的商业行为,要做好成果转化工作,复合型的专业人才是关键。目前国际市场对这类人才竞争激烈。在欧美市场这类复合型人才的平均薪酬是教授平均薪酬的两倍,例如,2010年美国这类人才(Licensing Professionals)的平均基本工资是157000美元/年,加上年终奖的总薪资为175000美元/年,是美国大学教授的两倍。德国也是这种情况,德国马普研究院的技术转移人员的平均薪酬也是马普教授的两倍。除了待遇高之外,欧美市场对这类复合型人才非常尊重,通常提供很高的职位。很多美国大学,如康奈尔大学、哥伦比亚大学等,给予他们技术转移办公室负责人的头衔都是大学副校长职位,这对留住人才和提高管理效率起到了重要作用。

鉴于国际市场对这类人才竞争激烈的现状,国内科研单位高校和企业必须想方设法建立具有国际市场竞争力的体制和机制才能吸引、培养和长期留住这类人才。如果没有人才,一切想要做好成果转化的想法都是空想。

由于这类复合型实务人才培养的周期很长,通常在理工科博士毕业的基础上,还需要3~5年的实战训练才能胜任工作,并且培养方式必须是以老带新,无法以大批培训的方式培养。而目前国内高校由于缺乏复合型实务型导师,普遍只会理论而不会实务,更是无法培养出这类人才。由于这类人才在实务工作中直接面对的服务对象都是科学家、发明人和投资方,工作质量不高很难让他们满意,因此必须培养出高质量的人才才能胜任这个工作。对我国当前而言,如何在保证质量的前提下尽快培养出一大批高水平复合型人才是一个难度很大的挑战,也是当前提高科技成果转化水平和效率的最大的一个瓶颈。

5.2.4 合理的商业运作模式极为重要

除人才问题外,合理的知识产权管理和技术转移的商业运作模式也极为重要。成果转化和技术转移的本质是商业运作,最终其收益一定要大于支出,这样才能可持续性发展。

技术转移复合型人才稀缺及市场竞争造成此类人才成本昂贵,如果一个研发单位没有足够的发明量,能够做出的转化交易量也不会多,导致产生的收益很难支撑起一个专业化团队的运营费用,长期后果是无法盈利和持续亏损。美国大学和研究所的技术转移运营中有70%的单位亏损就是由于这些单位的发明量和转化交易量不够所造成的。因此,各个单位因其创新情况和发明量不同,不能都按一个模式运作,一股脑地去建立专业化团队,而是必须选择合适本单位的运作模式。发明量大的单位具备建立自己的专业化团队的基础,而对于中小型研发单位,因其发明量小,委托管理才是最合理的商业运作模式。

5.3 成果转化操作实务关键

成果转化操作实务包括从发明评估到转化合同签订和监管等一系列的关键步骤,每一步都非常重要,每一步都是下一步的基础,关系到整个转化过程的成败。简要概括有以下八个关键步骤。

5.3.1 必须对发明(尤其要在申请专利前)进行专利性和商业价值的评估

第一步是对发明(尤其要在申请专利前)进行专利性和商业价值的评估,否则犹如盲人摸象,不知道发明是否有价值,造成将来大量的人力物力的浪费。

发明的专利性评估包括对发明新颖性、创造性、自由实施度、未授权专利授权可能性、授权专利无效可能性等的分析。具体做法包括在全世界范围检索所有可能与新发明内容相关的专利及科研和市场文献,分析对新发明的新颖性和创造性的影响,判断新发明可能的授权范围,并指导新发明可扩大的权利要求范围。

对于相关专利中影响新颖性、创造性、自由实施度的权利要求项，分析专利实施例是否支持相关权利要求，判断相关权利要求有无授权前景或无效可能，进而判断影响新发明实施的可能性。

发明的商业价值评估包括与竞争技术对比进行竞争优劣势进行分析。首先，根据新发明所能满足的市场需求和用途，在世界范围检索出所有能提供相同用途的专利或非专利技术，即为竞争技术，包括已上市、开发中、未开发的竞争技术。然后通过阅读相关文献全部信息，从技术的效果、生产成本、使用方式、副作用等各方面分析新发明的优劣势，判断新发明的商业价值。

5.3.2 必须对发明和专利进行增值培育

由于发明人是科研人员，通常对专利申请的规则不了解，并且发明人在设计实验时主要是为了发表科研文章，而不是为了申请专利，因此绝大多数的发明在初始披露时能够支持的权利要求的保护范围大多过窄，商业价值不大。我们的经验表明，90%以上的发明需要通过培育来提高专利质量。

在申请专利前的专利增值培育服务和管理主要是指导和帮助发明人设计为扩大权利要求所需的实验，获得足够多的数据后再申请专利。如果不这样做会导致将来专利因保护范围小、商业价值低而没有公司要，造成研发的浪费。

对发明和专利进行增值培育这一步骤为单位和发明人创造价值的作用巨大，能够把无价值的发明变得有价值、把低价值的发明变为高价值的，因此是不可或缺的一步。

5.3.3 必须对专利申请过程进行全过程管理

专利申请书的撰写极为重要，写不好严重破坏发明的价值。同时，专利局审查员在对专利进行审查的过程中经常会出错，需要与之据理力争进行争辩，否则在专利申请过程一旦放弃本来应该获得的权利要求保护范围，则永久丧失本应拥有的权利（禁止反悔原则）。

国内专利代理事务所赢利动机与专利申请人希望获得高质量的专利之间有很大的利益冲突。首先，国内专利申请是按件付费机制而非像国外普遍按专利代理人所花时间付费机制，因此国内专利代理事务所普遍不愿意多花时间提高专利质量或多花时间与专利局审查员进行争辩，因为多花时间不增加其收入。其次，国内专利代理事务所为了多收费和早收费，通常会主动把专利申请人的一个案子分成多个，或不关心数据能够支持的权利要求范围而只求早点递交申请或要求提前公开，这些行为都是损害专利申请人利益的行为。再次，不少专利代理事务所或代理人也不具备提高专利质量的水平和能力。

上述这些利益冲突情况都要求专业化管理人员必须审阅和批准专利申请过程的每一步，包括专利的撰写、审查答复的撰写等，以求获得高质量高价值的专利。如果不能获得高质量高价值的专利，后面转化的可能性是极低的。

5.3.4 必须对专利在申请保护后进行技术增值服务和管理

即使专利质量很高，但由于处于的发展阶段太早，公司也不会有很大的兴趣（Innovation Gap or Death Valley），同时，即使能转化出去，由于技术太早期，得到的前期收入也不会很多。

由于早期技术全世界很多，通常是资金挑选技术，因此早期技术成果需要专业化的市场营销技巧以获得公司的注意和挑选，其中包括帮助发明人设计一些降低风险、提高公司兴趣、增加前期收入的增值实验（Invention Maturation）。如果不这样做，那么很大的可能是这个早期技术将得不到公司的兴趣，无人问津，最终无法转化。

5.3.5 必须做好专业化的市场营销工作

由于专利的大部分价值是在国际市场，并且目前中国公司通常对早期技术不感兴趣，因此成果转化的市场营销必须面向全世界的范围。同时，由于专利的市场营销非常复杂，做不好会浪费大量的人力物力，不能谁来跟谁谈，因此必须仔细挑选合适的许可转让目标公司。不这样做的后果是吃力不讨好，做很多无用功，甚至可能会导致专利技术被竞争对手雪藏的后果。

5.3.6 必须做好协助许可公司的内部评估工作

获得专利许可是企业的一个重大的决策,企业对获得专利许可极为重视,通常有非常复杂细致的逐级审核与论证过程。在每一级的审核与论证过程中都会有人提出各种各样的怀疑或否定的意见,成果转化的专业化管理和运营的一个重要工作是必须协助企业做好内部逐级评估工作,能够通过扎实的、有理有据的分析及时解答上述各种各样的怀疑或否定的意见。如果不这样做,只要任何一个环节中有人提出怀疑或否定的意见并且得不到满意的答复,转化交易的可能性就会大大降低,很可能最后没有交易。

5.3.7 必须做好专利价值评估和合同谈判

对于发明人等科研人员来说,自己的技术和专利到底值多少钱是一个让他们非常困惑的问题。但对于成果转化的专业人员来说,估算成果的市场许可转让价值是基本功。对技术和专利价值的价值进行评估、根据价值评估的结果进行商业和法律合同条款谈判需要精通科研、商业和法律的复合型专业人才,不能依靠国内的资产评估公司或法律事务所,因为这些机构本身就缺乏这类人才。

专利价值评估需要根据不同公司和不同国家的市场建立财务模型,其工作量很大,只有精通技术、商业和法律的专业人员才能做出扎实可靠的、可用于谈判的估值。专利许可转让合同非常复杂,其中很多条款对科研人员来说都是闻所未闻和难以理解的,并且很多条款中都是陷阱重重,没有知识和经验的人员去谈判很难保障自己的利益,经常会导致失去不应该失去的利益或承担不应该承担的风险。

鉴于专利价值评估和专利许可转让合同的特殊性、复杂性、高度专业性及重要性,因此这些工作需要精通技术、商业和法律的专业人员来进行,一般的科研人员无法胜任。

5.3.8 必须做好专利侵权与合同履行监督

专利许可转让合同签订后,还必须敦促许可公司的商业化进程,使其按合同条款约定推进技术和付款,审阅合同规定的年度进展报告,必要时要求查阅公司账目,如果出现违约要及时处理,必要时按合同约定收回许可,再转给其他公司,保障技术和专利能够产业化。此外,合同签订后还需要关注专利的使用情况,对出现的专利侵权行为要进行判断和处理,以便保护专利权人的利益。侵权行为的处理是一件非常复杂的事,尤其在美国、英国这样的发达国家,如果处理不好或者不处理都会导致大量损失。这些工作也需要有经验的专业人员来进行。

6 盛知华公司的知识产权运营模式

6.1 公司背景简介

盛知华公司是在中国科学院上海生命科学研究院(以下简称"上海生科院")知识产权与技术转移中心基础上于2010年7月成立的、具有国际水平、目前国内领先的专业化知识产权与技术转移管理机构。除了为企事业单位提供知识产权信息分析评估等服务外,如研发项目的知识产权战略局势分析与策划、专利产品市场战略、风险评估和预警等,更重要的是,盛知华公司能够提供对专业化实践技能要求更高的知识产权管理与转化的实际运营服务,即从发明披露到专利申请,直至最终成功转化的全过程的委托管理服务。盛知华公司以其独特的商业模式和具有国际水平的专业化运作方式填补了我国知识产权服务业在高端知识产权服务方面的空白。

盛知华公司的核心优势和独特模式在于:通过对发明的早期培育和专利申请的全过程管理以提高专利的质量和商业价值,在此基础上进行商业化推广和许可转让,同时在价格和合同条款谈判时充分保护专利拥有人的利益和规避潜在风险,从而在上述各环节为专利拥有人提供高质量的增值服务,最终使得专利的价值大幅提高并在市场中得以实现。

公司成立至今,已完成20多项专利技术许可转让交易,合同金额超过12亿元(外加销售额提成），其中多项成果的受让方为世界著名跨国公司及国内知名上市公司，最大一笔交易合同金额超过5亿元，盛知华公司的工作模式也被收录成为哈佛商学院的教学案例。

6.2 盛知华公司的成果转化模式

6.2.1 专业化的知识产权与技术转移全过程管理模式

盛知华公司的理念是，要获得高质量的专利，必须对从发明到专利的全过程加强管理，并要从商业价值提升的角度对其进行培育。盛知华公司的工作流程与国际接轨，采用专业化职业化的模式，形成了一条集"发明→评估→增值→专利→发展→市场→许可/转让→价值评估→谈判→合同"等步骤于一体的完整的专业化工作链（图7）。与国内单位把知识产权和成果转化分开在两个不同的部门而造成管理脱节、专利质量和转化效果差的传统模式所不同，盛知华公司的一体化管理模式有效地提高了专利的质量和技术的商业价值，促进了专利转化率的提高。

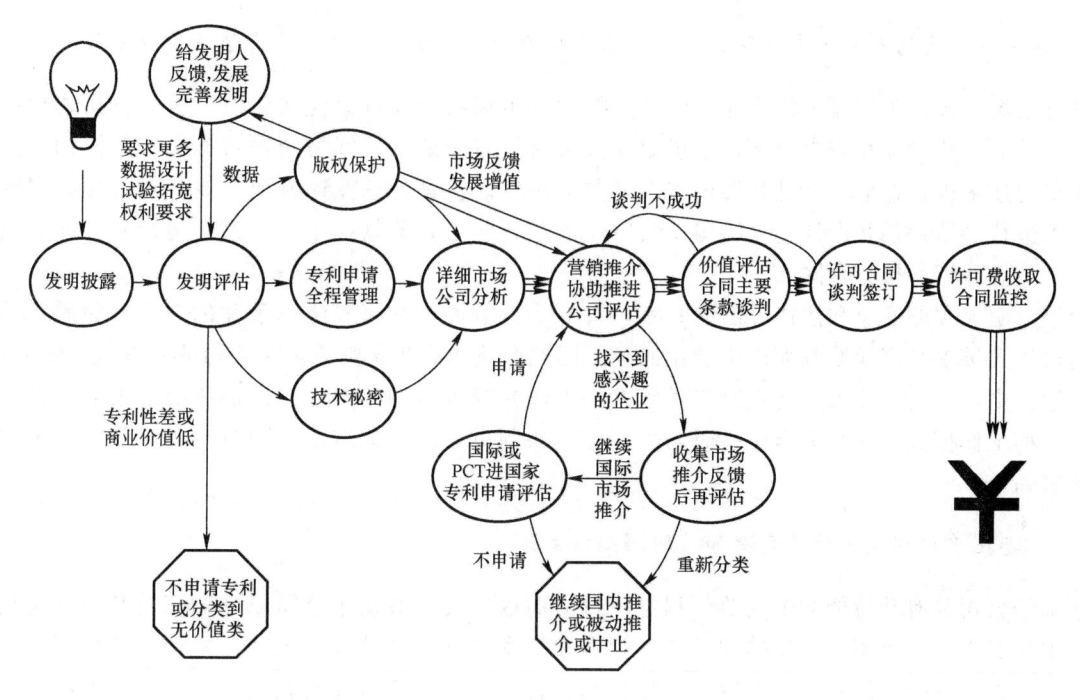

图7 盛知华公司知识产权与技术转移工作流程

6.2.2 盛知华公司的发明评估及独特的发明培育过程产生高质量专利

对于一个新的发明或专利申请，公司专业人员首先要对世界范围的专利和科研文献以及市场信息进行检索、调查与分析，从专利可行性和无效可能性、商业应用方式和前景、技术竞争优势及劣势等方面进行专业分析评估，并判断可能得到的专利保护范围及其商业价值。然后将评估结果反馈给发明人，指导和帮助其设计新实验，产生进一步的数据来扩大专利的权利要求范围、提高和改进发明，使得专利更有价值。这种独特的工作模式能够大大提高专利质量，使一个因保护范围窄而毫无市场的发明更具市场吸引力，因此极大地提高了发明的商业价值。

盛知华公司的专业化评估结果对科研单位和发明人价值很大。即使对一个发明或专利的专业化评估结论是这个发明或专利没有商业价值，这个结论对委托单位和发明人来说价值也非常大，因为它可以使委托单位和发明人避免继续投入和浪费更多的资源和宝贵的时间，使其及时中止低质量专利。鉴于大部分发明和专利的商业价值不大，这对以产业化为目的的科研项目和企业研发项目极为重要，可以使其及时改进投资和研发方案，避免大量资源和时间的无谓浪费。

6.2.3 盛知华公司对专利代理事务所工作质量进行严格管理

盛知华公司的专业化模式还在于它对专利代理事务所工作质量的管理，因为这关系到专利最终能够得到的权利要求范围的宽窄和商业价值的多少。一旦监管不力，就会造成商业价值的流失。对于专利申请，从专利撰写，到审查答复直至授权，公司专业人员通过监督专利代理事务所的工作，对专利申请过程的每一个环节进行严格的全程管理和质量监控。专利文本及审查意见答复必须由专业人员决定和批准，以便更好地保障专利申请文件和审查意见答复的质量。

不论在国内还是国外，专利代理事务所追求的商业利益与客户追求的专利质量始终存在着矛盾。首先，对于事务所而言，申请周期越短、数量越多，他们的收益就越多，而质量高低以及最终能否转化成功则与他们无关，因此他们不会真正为专利质量考虑；其次，由于商业经验的缺乏，事务所也无法为客户创造最大的价值，争取最大的利益。因此，盛知华公司将管理专利代理事务所的工作质量视为极为必要的环节。

6.2.4 盛知华公司的专业化市场营销手段和商业谈判能力是提升专利交易价值的重要手段

通过市场分析，包括详细的行业、产品、技术的市场状况和竞争优劣势以及公司分析，包括行业中具体公司的经营状况和需求分析，公司专业人员有针对性地对目标公司进行推介，并协助感兴趣的公司对专利技术进行评估，促进其做出进入谈判的决定。在进行商业谈判前，要针对目标公司特点对专利技术进行价值评估并设计交易结构，然后先谈判合同主要条款，达成一致后再谈判合同的诸多法律细节，最后签订并执行合同。

由于发明人并非商业和法律方面的专家，对专利价值评估和诸多法律条款的含义不熟悉，同时为了避免科研人员参与商业谈判而产生利益冲突，因此商业和法律谈判通常由公司的专业人员单独进行。在谈判过程中，公司专业人员会及时与科研人员沟通并征求他们的意见，但最终决定由公司专业人员做出。这种工作模式通常会取得比科研人员自己去谈判更好的交易结果，同时也为科研人员节省大量宝贵的时间。

6.2.5 与委托单位利益一致的高附加值的商业模式

盛知华公司具有独特的与委托单位利益一致的商业模式。盛知华公司成立的宗旨和目标是更加高效快速地培养出一大批国家极缺的知识产权管理和技术转移复合型专业人才，更快地帮助更多的国内科研机构、大学和企业提高知识产权管理和技术转移的水平、能力和转化效益，为国家的经济发展做出突出的贡献。因此，盛知华公司的经营理念是：不以营利为主要目的，而以为委托单位创造价值为主要目的；只有先为委托单位创造价值后，公司本身才有赢利和价值。

盛知华公司独特的商业模式充分印证了其经营理念。对于长期委托合作单位，盛知华公司完全按照委托单位自己建立一个专业化技术转移机构所需的花费来收取服务费用，即基本运转经费加上30%的转化收益分成，因为如果委托单位要自己建立一个专业化机构，也必须提供基本运转经费和转化收益分成来作为奖励和运转经费的补充。基于不以营利为主要目的的经营理念，盛知华公司以其成本来设定对所有合作单位的服务费用标准，同时参照国际上研发单位内部技术转移机构获得转化收益的分成比例，如美国威斯康星大学内部技术转移机构获得转化收益的分成比例为40%，康乃尔大学为33%，马里兰大学为30%，牛津大学为30%，华盛顿大学（圣路易斯）为25%等，选择了一个居中的转化收益的分成比例，而不像美国高智公司等一些国外以营利为主的技术转移公司那样收取高达85%的分成比例。

由于委托单位所提供的服务费用只是公司维持专业团队的基本运转费用，甚至有所不足，亦即盛知华公司在提供高附加值的服务时仅收取成本，不从中间过程中赢利，因此如果没有转化收益分成则公司股份价值为零。所以公司必须全心全意地提高专利质量并争取成功转化，因为只有做出转化成绩公司才有可能赢利和有价值，这使得公司与合作对象的利益和目标完全一致化。这种商业模式一方面可以建立起与合作单位之间的良好的信赖关系，同时也表明了盛知华公司对自己有能力做出转化成绩的充分信心。

6.2.6 盛知华公司为研发单位提供了一个低成本高效率的成果转化托管模式

与委托单位自己去建立一个专业化技术转移机构相比，盛知华公司提供了一个风险更低、费用更低、但成效和收益更快的一个更好的选择。因为知识产权管理和技术转移工作对专业化程度要求非常高，很难做好，而且专业化技术转移机构的领头人最好是精通全过程的全能人才，目前极缺，所以新建专业化技术转移机构做不成功的风险较大，这也是很多美国大学新建技术转移机构做不好的原因。同时由于团队从头培养需要至少3～5年以上的时间，因此需要较长时间才能有高质量的团队和服务并看到成效和收益。而盛知华公司已经拥有了专业化团队，合作单位可以更快地得到高质量的服务，因此可以更快地看到成效和收益。此外，由于能够资源共享，如合作单位不需要自己也去购买昂贵的商业报告或数据库，所以实际上要比自建专业化技术转移机构更省资金。

6.3 部分成功案例

6.3.1 早期蛋白抗肿瘤药物专利许可——赛诺菲案例

2010年，盛知华公司将一项由上海生科院生物化学与细胞生物学研究所科学家发明的蛋白抗肿瘤药物的专利与技术授权许可给法国赛诺菲－安万特公司实施，该合同金额约为6000万美元（约4.2亿元人民币）外加销售额提成。这是上海生科院首次与跨国医药企业签订重大生物技术药物技术许可合同，是上海生科院在技术成果转移转化方面取得的又一次突破性成绩，具有里程碑意义。在该项目的评估过程中，盛知华公司发现科学家第一次申请的专利质量不高，但通过详细分析科学家的后续实验结果，找到了申请新的专利的角度和办法，最终增大了专利保护范围，对成果形成有效保护，提高了成果的商业价值。通过前后两个专利的充分保护，加大了保护力度，使得该成果具备了商业开发价值，这样才让企业下定决心斥巨资进行产业化。专利的专业评估和前期培育对于专利商业价值的实现具有决定性意义。

6.3.2 农业技术国际许可案例

2011年，盛知华公司将上海生科院植物生理生态研究所的两项发明专利在亚洲区域以外的使用权许可给了某跨国农业生物技术公司，合同金额达到3200万美元外加销售额提成。以其中一项发明为例，该项发明一开始只是发现了水稻中一个基因对株高的影响，属于纯机理研究。在早期研究中同类的竞争技术也不胜枚举。盛知华公司接手该项目后进行了认真专业的分析评估，基于其抗倒伏性状和分蘖数增加等参数推测出了该基因的潜质。建议发明人补充了水稻产量提升的相关实验，将该发明的商业价值凸显了出来。加上另一种实验室模式植物拟南芥的数据，该发明专利最后涵盖了整个农作物的广阔范围。清晰的产业化图景，严密的专利权保护，以及专业化的知识产权管理与技术增值服务为该发明的技术转移铺平了道路，引起了国际农业巨头的兴趣，最终成功交易。

6.3.3 医疗器械专利技术转让案例

2012年年底，上海市浦东新区科委和知识产权局与盛知华公司联合进行的"浦东知识产权托管服务项目"正式启动，盛知华公司经过前期的专利情况和市场产业化前景性评估，选定了同济大学的一项医疗器械项目作为托管服务示范项目之一。自2013年1月起，为了弥补该项目的专利保护缺陷，盛知华公司经过仔细分析，找出该项目中还可以保护的发明点，重新申请了一个新的发明专利，大大提高了该项目的专利保护力度和价值，同时也保护了其国际市场的价值。然后通过专业化商业推广以及艰苦的谈判，最终将该项目成功转让给一家中国医疗器械公司，合同金额为5.4亿多元人民币，外加销售额提成。

6.3.4 重大产业化项目高端知识产权分析服务案例——为中国自主创新保驾护航

2012年4月,中粮集团下属中粮生物化学(安徽)股份有限公司和中国科学院天津工业生物技术研究所拟就某一项目进行合作研究,希望将来的研究成果能够规避现有专利并能产生新的知识产权,于是委托盛知华公司该合作项目提供专利及相关技术局势分析、项目研发方案的侵权可能性分析、研发项目技术方案规避绕道设计,以及相关专利追踪和预警的专业化服务。

盛知华公司通过对研发方案进行全世界范围内相关在先专利/科技文献的全方位检索、并进行高度专业性的分析,包括评估该研发方案是否符合该领域技术发展趋势、对研发方案及其预计成果拟进入的国家进行侵权可能性分析、对重点障碍专利进行授权可能性和无效可能性分析、进行技术绕道设计规避侵权风险,改进和完善研发方案,最终帮助委托单位有效形成自主知识产权。盛知华公司5位项目经理经过近半年的工作完成了该项目的专利局势分析报告,盛知华公司的分析报告质量远远优于传统的依赖软件分析为主而产生的报告,符合实务应用的需求。这一专利局势分析为该项目及其下一步科研方向的制定提供了宝贵的资料,节省了大量的研发资源和经费。该研发项目已于2013年年初完成,在完成后的1年左右的时间里已经在市场上为中粮集团产生了1亿多元的产值。以下是中粮集团对盛知华公司该项工作的评价:

中粮生物化学(安徽)股份有限公司于2012年委托盛知华公司进行关于生化产品的"项目的专利布局分析、追踪和预警"的专业化服务,盛知华公司的项目经理以专业的技术功底和敬业精神出色地完成了我们的合作内容,项目评估报告从相关专利的专业化检索与分析,使中粮生化在技术开发过程中充分了解竞争对手及国内外的先进专利技术,从分析的结果帮企业提出规避侵权风险的思路,指导企业在开发过程中形成自主知识产权,为中粮生化的技术开发提供了有效的技术支持,使项目开发更有针对性,中粮生化对与盛知华公司的合作非常满意,我们也在逐步扩展与盛知华公司的合作。

6.3.5 高科技投资项目的投资前景风险评估服务案例——引导早期科技成果投资理念,推进创新研发型商业模式的发展

风投企业和天使投资人必须高度重视知识产权,因为高科技风险项目的知识产权质量起着至关重要的作用,很大程度上决定了未来能否获得高投资回报率,但目前大部分风投企业和天使投资人缺乏准确判断高科技项目中知识产权质量和投资前景的能力。

2012年年底,盛知华公司为广东省"国家知识产权投融资综合试验区"创建工作中的10个投融资项目提供专业投资前景评估报告,引导知识产权与金融资本的对接。委托方同时聘请了四家评估机构对这10个项目进行评估,包括深圳市创业投资同业工会、广东省知识产权研究和发展中心、深圳市君胜知识产权代理事务所和盛知华公司。在比较了四家机构的评估工作质量和水平后,委托方对盛知华公司的工作质量的书面评价如下:"贵方分析确实专业,我们这边的分析无与相比,估计中国也只有你们有这样的分析水平。"

6.4 盛知华公司专业化人才团队

盛知华公司在运营早期采用的是保证质量、稳步发展的策略,潜心多年主要着力培养了一支高质量的人才团队,领先国内同行业至少3~5年,是国内唯一具备了以老带新、以实例操作为主、从稳步到加速的方式培养出一大批知识产权复合型实务人才的基础和实力的机构。

目前盛知华拥有一支近50人的项目经理团队,项目经理全部是博士毕业,约一小半有海外留学/工作经历,很多经过了3~5年商业法律方面的强化实战培训,几乎覆盖了所有的学科领域,包括生物,医药,各类化学(有机、无机、高分子、物理化学等),各类物理(动力工程及工程热物理、量子信息物理、材料物理与化学等),各类电子和电子工程,各类材料,机械工程,精密仪器等。此外,盛知华公司还拥有一支约10人的项目经理助理团队,项目经理助理全部是硕士毕业。

6.5 盛知华公司服务领域和单位

目前盛知华公司服务的技术领域覆盖了几乎所有的学科领域的发明、成果转化、研发项目的专利局势分析、追踪和预警，以及高科技投资项目的投资前景分析评估。

盛知华公司服务的单位也包括了科研单位、高校和各类大中小型的企业，如上海硅酸盐所、上海光机所、上海微系统所、上海有机所、上海应用物理所、北京电工所、北京理化技术所、北京地质与地球物理所、天津工业生物技术所、宁波材料所等中科院研究所，同济大学、华东理工大学、华东师范大学、上海交大医学院等高校，以及从大型央企到中小型初创企业在内的一大批创新研发企业，此外还有一些风险投资类的企业。

6.6 荣誉与资质

6.6.1 领导关怀

盛知华公司和上海生科院知识产权与技术转移中心（以下简称"知产中心"）的出色工作引起了国家相关部门的重视和多次调研。工作成绩被国家知识产权局和科技部多次上报到国务院、科技部、国家知识产权局、上海市科学技术委员会等领导单位，获得了李克强、刘延东等国务院领导和科技部部长万钢等国家部委领导的高度肯定和重要批示。

科技部党组书记、副部长王志刚、国家知识产权局副局长甘邵宁、上海市副市长周波、上海市副市长赵雯、上海市科技党委书记陈克宏、上海市科学技术委员会主任寿子琪、上海市知识产权局局长吕国强、江苏省知识产权局局长朱宇率领33位江苏省各地市知识产权局局长，北京市知识产权局局长汪洪、北京市知识产权局副局长潘新胜、陕西省知识产权局局长卢鹏起、广东省知识产权局副局长唐毅、广东省50多位省市知识产权局局长以及国家知识产权局规划发展司司长龚亚麟、副司长刘菊芳、专利管理司司长雷筱芸、保护协调司副司长张志诚等多位司局级领导、上海市教委副主任袁雯等多位领导都对盛知华公司进行了视察和调研，对盛知华公司的工作给予了高度的评价和大力的支持。

6.6.2 媒体报道

中央和上海的多家报刊，如新华社、《科学时报》《科技日报》《经济日报》《知识产权报》《文汇报》《光明日报》《解放日报》《新民晚报》等，都对上海生科院知产中心和盛知华公司的工作进行了深度采访和报导（图8），引起广泛的社会关注。

图8 盛知华公司和上海生科院的工作被多家媒体广泛报道

6.6.3 国际关注

盛知华公司和上海生科院知识产权中心的工作在国际上也引起关注和产生影响，也得到了国际知名学府哈佛大学商学院的高度认可。哈佛大学商学院认为盛知华公司的工作对提高中国未来知识产权管理的能力和水平以及促进中国未来的经济发展意义重大，盛知华公司的商业运营模式具有国际先进水平，因此将上海生科院知识产权中心和盛知华公司的工作情况写成了商业示范教学案例（图9），并已经于2011年4月28日被用于哈佛商学院工商管理硕士（MBA）学生的课堂教学。这是中国在知识产权和技术转移领域中的首个哈佛商学院的教学案例。

> 哈佛大学商学院Willy C. Shih教授的评价：

"在知识产权管理与技术转移领域中，我认为在中国你们是一个真正的先驱者。我认为你们的工作对中国太重要了。"

> 哈佛大学商学院将上海生科院/盛知华公司知识产权工作写成哈佛大学商学院案例，用于全球商学院的教学。

图9　上海生科院和盛知华公司的工作被写成哈佛商学院教学案例

6.6.4 所获资质

目前盛知华公司已获得的国家认可的从事知识产权管理和技术转移的相关资质包括科技部"国家技术转移示范机构"、国家知识产权局"全国知识产权服务品牌机构""全国知识产权分析评议服务示范机构"及"国家专利运营试点企业"等称号。

科技创新、知识产权保护与科技成果管理

姚昆仑

（国家科学技术奖励工作办公室）

摘　要：本文总结了世界科技文明进步发展的成就，详细阐述了我国当前面临的三个不容忽视的问题：（1）创新与人类文明进步问题；（2）知识产权保护问题；（3）科技成果管理中的主要问题。指出了创新是知识的源头，保护的核心就是促进科技进步和维护国家安全。

关键词：科技创新；文明进步；知识产权；科技成果；加强保护；维护国家安全

为了加强我国的科技创新、知识产权保护，纵观世界科技文明进步的发展，当前十分有必要了解创新与人类文明进步，知识产权保护内涵，以及科技成果管理的基础工作。

1　创新与人类文明进步

人类的发展进步离不开创新，创新极大地推动了人类文明的进程，主要体现在三个方面。

1.1　创新改变人类的生存环境

地球诞生于45亿~46亿年前，其间经历多次生物的大灭绝和大爆发、磁场变化甚至反转，以及冰川期和温暖期的交替。当地球自身走向文明时：生命诞生了，特别是人类的出现，逐渐改变了自然的生态环境。

从考古学来看，迄今出土的最早的古人类化石在东非的埃塞俄比亚，距今大约有340万年，身高在1.4米左右。而现代人大约在3.5万~5万年前形成。按照考古学家的说法，人类经历了蒙昧时代、野蛮时代和文明时代三个时期。把人类带入早期文明的是1万年前左右的第一次农业革命，其标志是养殖业、种植业、陶器制作等技艺的出现；第二次是工业革命，标志是蒸汽机、电力的应用；第三次是知识经济带来的更大文明。知识经济是主要依靠知识创新、知识的创造性应用和知识广泛传播和发展的经济，包括计算机大规模的应用、各种知识的传播等。目前美国、欧洲等发达国家和地区的科技创新活动对经济增长的贡献率已高达60%~80%。这些人类不断进行的创新活动，把人类从荒蛮时期带入高度文明的时代，极大改变了人类的生存环境。

1.2　创新改变了人类的知识传播系统

人类从结绳记事开始，逐渐形成了文字和数字。大约6000年前，古埃及发明了文字；4000多年前中国有了象形文字，3000多年前的殷商时期，出现了系统的文字——甲骨文；2000多年前我国发明了纸张；1000多年前的唐代有了雕版印刷；1100年左右，宋代毕昇发明了活字印刷；13世纪中国的印刷术传到欧洲，从1451年德国谷登堡印刷了第一本书，到1500年欧洲的书从3万增加到900多万本。随着现代通信、计算机的出现，人类文字印刷等载体出现了革命性的变化。特别是我国科学家王选研发的激光照排技术的问世，使印刷界"告别了铅与火，实现了光与电"，改变了大众传媒的形式和速度。随着物联网技术的快速发展和"三网"结合，人类的知识传播系统更加快捷完善。

1.3　创新加速了人类的文明进程

人类的文明进程包括几个方面。一是饮食方式的改变。人类从食不果腹的状况，进入温饱，然后

进入食不厌精的状态。二是居住环境的改变。从穴居到聚落（茅屋）再到木屋土楼，最后进入高楼大厦和智能建筑。三是出行方式的改变。从步行到使用马和舟船，从火车、汽车到飞机以及高速列车。四是信息和物流的改变。从烽火台、驿站、飞鸽传书到传真和电子邮件，地球变成了一个小小村落。五是人类健康状况明显改善。

2 科学发现、技术发明与技术创新

2.1 中华人民共和国成立前，古代和近代留给我们的科技财富（成果）

英国科学家罗伯特·坦普尔在李约瑟的指导下，曾经归纳统计了中国古代的100项重要发明，其中最有影响力的有24项，如稻作、养殖、丝绸、十进制、漆器、瓷器、纸张、印刷、茶、火药、火箭、指南针等。值得深思的是，24项中3项产生于史前期，3项产生于夏至商代，7项产生于战国到汉代，2项产生于唐代，6项产生于宋代，元代和明代各产生1项。清代后几乎无原创性发明。民国时期虽然提出"科学救国"的口号，但内忧外患，除了修建京张铁路等工程技术成果外，原创成果很少。

2.2 科学发现——原始创新

什么是科学？科学一词来自拉丁文Scientia，本意为学问、知识。我国大致在16世纪以后引入"科学"一词，开始翻译为"格物致知"，到19世纪末才将Science翻译为"科学"（1893年康有为从日文引入）。

科学源于科学家的好奇心。诺贝尔奖获得者布莱克特认为：所谓科学，就是通过国家出钱来满足科学家的好奇心。江泽民同志2000年6月为美国《科学》杂志撰写的社论中阐明中国政府鼓励科学家进行"好奇心驱动的研究"。

科学发现源于基础研究，如磁的发现，很快被人们应用。传说中黄帝与蚩尤大战时，蚩尤作大雾，黄帝利用磁的原理发明了指南针；秦代秦始皇修建阿房宫时，以磁石为门防止刺客；汉代的栾大利用磁石杂要被封为"五利"将军；到了宋代，利用磁的原理制成了指南鱼和罗盘而成就了举世瞩目的四大发明之一；今天的录音机、飞机上的黑匣子都是利用了磁学原理。

2.3 技术发明——原始创新

什么是技术？技术一词源来自希腊语Techne（"艺术""技艺"）和Logos（"言词""说话"）的结合。亚里士多德把Techne看作关于制作的卓越智慧。

技术是一个历史性范畴：最初，表征劳动者的技巧，技能和操作方法。成书于战国时期的《考工记》指出："天有时，地有气，材有美，工有巧，合其四者然后可以为良。"

科学发现为技术发明提供源泉和活力：如爱因斯坦发现的光电效应，使有声电影成为可能；原子裂变理论，使人们突破了原子弹和核电站的技术。美国斯坦福大学经济学教授保罗·罗默说："点子和技术发明是经济发展的推动力量。"

2.4 什么是技术创新

技术创新也是一种基本的创造性活动形式。技术创新是指技术成果的商业化过程，技术创新常常表现出来的复杂性和不确定性。因此，企业应该成为技术创新的主体。

技术推动技术创新的模型有两种：第一种模型起始于R&D（研究与发展），经过生产和销售引入市场，市场是被动的接受者；第二种模型表明，强调R&D而不注意创新过程的其他因素，如管理和市场导向，研究成果很可能没有商业价值，技术创新过程没法实现。事实上，60%～80%技术创新来自于市场的需求和刺激，这种模型强调的市场是创新的源头。此外，还有技术、市场、国家意志等交互作用的技术创新过程模型、一体化技术创新过程模型（如美国的"阿波罗"计划、中国的"两弹一星"工程）、系统集成网络模型。

从历史的广阔视野看，存在两种研发（创新）模式：一种是培根模式，它以国家意志主导研发；第二种是斯密模式，它从市场需求开展研发。例如，第一次工业革命时期的英国奉行斯密模式，法国奉行培根模式。结果，法国造就了拉瓦锡、库仑、居维叶、安培、拉普拉斯等众多伟大的科学家，成为科学原创的发源地；而英国发明了蒸汽机、火车和绝大多数重要的器具。当时的格言说：法国的发明在英国结果。伏尔泰在1728年写道："英国人吃白面包，衣着讲究，而法国人仍然贫穷。"第二次世界大战以后，美国在民用领域采用斯密模式，研发以企业为主，在国防和农业上采取培根模式，以国家为主导。与美国对立的是，苏联完全采取培根模式。结果，20世纪差不多所有能卖钱的器具，无论是飞机、计算机，还是日用品，都是美国的最好。今天的美国成为世界上最强大的国家，而苏联却默默无闻了。

在中国计划经济的时代，斯密模式没有生长的土壤。改革开放以后，市场经济自动开启了斯密模式。如今，在中国大地上，企业逐渐有了自己的研发机构，知道掌握核心技术、自主创新是成功的关键。

2.5 中国人的创新思维特点

诺贝尔奖获得者普利高津所言："中国文明对人类、社会与自然之间的关系有着深刻的理解⋯⋯中国的思想对那些想扩大西方科学范围和意义的哲学家和科学家来说，始终是个启迪的源泉。"中国人的创新思维有3个突出的特点。

（1）从观念上看，东方传统文化的整体观、综合观、有机观、和谐观、天人合一观等观念将在21世纪科学技术创新中产生重大作用。协同学的创始人H. 哈肯指出："协同学和中国古代思想在整体性观念上有很深的联系。"

（2）从理论上看，东方传统文化的阴阳学说、太极模型、中庸学说、相生相克说、象数论、元气学说、天地人"三才"说、经络学说、道法自然说、厚德载物学说、有机建筑论、因地制宜说、因时制宜说、因人制宜说等，至今都有其科学价值。

（3）从方法上看，东方传统文化的取象比类法、运数比类法、效仿自然法、尚象制器法、彰往察来法、程序性算法、有机农法等今天依然有价值。

以中国为代表的东方传统文化包含大量的类型多样、连续性强，而且系列化好、历时久长、覆盖地域宽广的自然史料，成为世界上独有的自然史信息宝库。例如，东方传统文化中以虫治虫、以鸭治虫的方法，现已发展成为世界性的生物治虫方法；东方传统文化中铸造技术中的失蜡法，又称熔模法技术，可用于制作形状复杂、精度高且难的金属铸件，在现代铸造业中已发展为精密铸造产业；东方传统文化中的人痘接种术，现在仍在发展。这些富有哲理，能启迪人们进行创新创造的思维，也影响着西方。

3 创新的全球态势

自主创新成为全球经济社会发展的主旋律，因为它是一个国家保持竞争力、推动经济持续增长、保证国家安全和利益的关键。1983年，美国企业家约翰·霍肯在其著的《下一个经济》中提出"信息经济论"的观点，认为"信息经济"即"物质经济"，而"创新浪潮"导致"经济周期"。

第二次世界大战以后，创新可以说演奏了三部曲。第一部曲是"国家技术创新系统（20世纪40—70年代，以技术为主题）；第二部曲是国家创新系统（20世纪80—90年代，以人力、技术、资本为主题）；第三部曲是国家知识创新系统（21世纪，强调知识经济，以知识创新和高效应用为主题）。知识经济是主要依靠知识创新、知识的创造性应用和知识广泛传播和发展的经济。

3.1 国外创新情况

美国注重创新人才和经费投入，科技创新一直处于领先地位。研发经费占全球研发经费总和的44%，论文产出率占30.9%，高科技产品占世界市场份额的32%。

欧盟 2005 年推出"创新行动计划",19 项行动措施;2010 年科技开发费用占 GDP 的 3%。2011 年启动"未来技术和新兴技术旗舰计划"(FET Flagship Initiatives),主要推动能够满足未来经济社会发展重大需求的战略性、基础性、长期性和变革性的高风险研究。领域包括信息科学与脑科学、纳米科学、生物化学和医学、灾害预报分析等交叉科学前沿。该计划于当年 5 月 4 日在布达佩斯启动,项目采用招标形式,由研究方提出研究方向。

以色列创新人才密集,尊重创新创造。1 万人中有科技人员 135 人;高科技产品出口世界第四,要求 14 岁以上的国民每月读一本书。

俄罗斯注重创新,促进大国转型。俄罗斯拥有雄厚的工业基础和一流的技术人员,尤其以军工技术创新而注目。

韩国制定《大力培养科技人才,实现创新人才强国战略》和《其他研究振兴综合计划》。认为全球科技将进入一个前所未有的创新密集时代,新兴产业将成为推动世界经济发展的主导力量。

目前公认的创新型国家有 20 个左右,包括美国、日本、芬兰、韩国等。

3.2 中国的科技创新情况

创新始终是中国科技进步的不竭源泉。我国充分认识到,核心技术是买不来的,只有通过自主创新,掌握核心技术,才能保证国家的国防安全和经济安全,在国际竞争中保持领先地位。

2013 年政府工作报告中提出了"实施创新驱动战略"。以增强自主创新能力、建设创新型国家为目标,深化科技体制改革,全面推进国家创新体系建设。提出由要素驱动模式(劳动力、矿能、水土资源成本优势)转向创新驱动模式。

从政策层面上,努力构建国家创新体系,以增强自主创新能力、建设创新型国家为目标,深化科技体制改革,全面推进国家创新体系建设。实施"技术创新引导工程",先后确定了两批创新型企业;企业技术创新主体地位逐步增强;科研院所的骨干和引领作用进一步发挥;高校成为科学研究和技术创新的生力军;区域和地方科技创新日益活跃。

充分发挥了科技创新的重要支撑作用:实施国家 16 个重大科技专项。大飞机、载人航天和探月工程取得了重大突破和进展;新能源、生物等高新技术产业培育了新的经济增长点;提升重大工程建设能力。科技创新支撑了三峡工程、青藏铁路、西电东输、南水北调工程;成功举办北京奥运会;科技应对重大突发事件成效显著,如应对 SARs、汶川地震、雨雪冰冻灾害;科技惠及百姓,保证粮食安全、节能减排等、保障了社会可持续发展。

4 我国知识产权保护面临的形势

拿破仑说过:"谁拥有了信息,谁就拥有了世界。"说明掌握信息的重要性。科技与经济的全球化使得知识产权保护形势日益严峻,例如,不少国家的在华机构收集我国在研项目情况,窃取和收购我国的最新成果。

通过知识产权保护措施,使自主创新、集成创新的成果得以有效的保护,是大学、研究院所、企业生存和发展的需要。

改革开放以来,特别是中国加入 WTO 后,国际间科技交流与合作更加活跃,在激励的科技竞争中,国家科技安全形势更加严峻,这对知识产权保护提出更加严峻的挑战。

以信息、生物技术为标志的高新技术的迅猛发展,与传统的手段比,当前的知识产权(技术)窃密、泄密的更具隐蔽性、快速性。近几年信息安全事件年年上升。1998 年时,我国发生的信息安全事件仅为 3734 件;5 年后的 2003 年飙升到 128653 件。2014 年调查表明,计算机病毒达 3587 万个,被病毒感染电脑 1.7 亿台,智能手机被感染 2.88 亿部,钓鱼网站达 524 万家。其显著特点是:造病毒越来越容易,病毒变种越来越多;漏洞病毒出现得越来越快;病毒和黑客越来越贪婪;病毒和黑客越来越聪明,骗术越来越高。有专家惊呼:有一天网络系统的免疫力几乎完全丧失。

技术壁垒加大,某些发达国家对我国实行技术封锁,对我国科技产品出口设置重重障碍,严重威胁我国国家安全。

在社会主义市场经济体制下，经济主体趋向多元化，处理好国家、集体和个人与知识产权保护的关系成为一个新的命题，为一己私利出卖国家利益的情况屡屡发生。

随着国家创新体系建立，科技创新日趋活跃，国家科技计划管理体系改革（课题制、招标制）使得知识产权管理制度必须与这些情况和改革相适应。

很多人对知识产权保护的重要性认识不足。此外，知识产权纠纷增多、人际关系变得复杂。

为做好知识产权的保护，我国于 2009 年出台了《国家知识产权战略纲要》，其中把专利、商标、版权、商业秘密、植物新品种、特定领域知识产权、国防知识产权纳入其范围。其目标是：自主知识产权水平大幅度提高，拥有量进一步增加。本国申请人发明专利年度授权量进入世界前列，对外专利申请大幅度增加。培育一批国际知名品牌。核心版权产业产值占国内生产总值的比重明显提高。拥有一批优良植物新品种和高水平集成电路布图设计。商业秘密、地理标志、遗传资源、传统知识和民间文艺等得到有效保护与合理利用。主要措施是：提升创造能力、鼓励转化运用、加快法制建设、提高法制水平、加强行政管理、发展专利中介、加强人才队伍建设、专利文化建设、国际交流与合作。

5 关于专利保护

5.1 专利制度的起源、发展及作用

5.1.1 关于专利制度的起源与发展

1624 年，英国制定了《垄断法》，这是世界上具有现代雏形的第一部专利法。这部专利法的某些基本原则和具体规定为后来许多国家制定专利法时所仿效。此后，美国、法国、俄国、印度、德国、日本分别于 1790 年、1791 年、1814 年、1859 年、1877 年和 1885 年相继建立起专利制度，这样专利制度逐渐地从封建君主的恩赐转变为依法授予发明创造的一种合法权利。

中国专利制度思想起源于太平天国时期。晚清时光绪皇帝颁布了第一个科技奖励法规——《振兴工艺给奖章程》，这实质上是一个具有专利性质的科技奖励法规。专利制度是一种经济权益保障制度，它通过确认发明创造者的知识产权，从而赋予创造者用自己的成果去获得经济利益的权利。

5.1.2 专利制度保护的优点和不足

优点是：专利持有者可以通过出卖技术或采取技术入股的方式，利用自己的智力成果获得投资回报，从而增强创新动力。

不足之处：一是由专利的垄断性质决定了垄断价格导致无谓的损失（Deadweight Loss），二是因垄断导致发明产品的销售不足，从而使研究投入不充分，发明刺激减弱。

5.1.3 专利审查的意义

（1）将技术的评价法制化，而且这种方式又为国际所公认。

（2）使技术资产化。纯技术一旦被授予专利权就变成了工业产权，形成了无形资产，具有了价值（知识资本）。技术发明只有申请专利，并经专利局审查后，授予专利权，才能变成国内外公认的无形资产。

（3）使技术权利化。一项申请专利的技术经审查一旦授予专利权，就受到了法律保护。一方面，就是对发明技术的自身保护。一项技术被授予专利权后，他人不能随便使用。另一方面，就是对市场的占领。一种产品只要授予专利权，就等于在市场上具有了独占权。强化了对专利在国内外的保护力度。

（4）使技术信息化。利用现代信息技术，极大地促进了专利技术的共享，对启迪人们的创造思维，激励科技创新发挥了积极作用，等等。

专利权、经济增长与技术创新三者已经形成一种良性的互动关系。一项创新的专利不仅给专利权人带来丰厚了利益，同时也会促进社会经济的高质量增长，提高整体社会效益，并且丰厚的利益反过来又会促进市场主体积极创新去申请专利。市场经济上本质上就竞争经济，专利是市场竞争的有力武器。

5.2 关于高校和科研院所的知识产权保护

据统计，迄今影响人类生活方式的重大科研成果的 70% 诞生于高等学校。高校作为基础研究的主要发源地，拥有巨大的技术宝藏。因此，高校应在推动企业技术进步和解决经济与社会发展的重大科技问题中扮演重要角色。

作为科技资源的集中地，我国的高校承担了国家 20% 的重大课题，30% 的"863 计划"项目和 70% 的国家自然科学基金的课题，对促进科技创新、推动产业升级改造、带动区域经济增长，创造新的就业机会、促进经济发展等方面发挥了重大作用。

5.2.1 全国高校专利（知识产权）情况

2007 年 12 月 5 日，科技部、教育部、中科院三部委联合发布了《国家技术转移促进行动实施方案》。"国家技术转移促进行动"的实施不仅是要加速推进技术转移，更重要是要把技术转移这一国家和区域最重要的环节充实完善起来。并根据新的发展形势，构建以企业需求为导向、大学和科研院所为源头、技术转移服务为纽带、产学研相结合的新型技术转移体系，适应实施自主创新战略和创建创新型国家的要求。

1985—2009 年年底，全国高校共申请专利 240263 件，获授权专利 106876 件，有效专利 57502 件，有效发明专利 35413 件。2009 年全国高校共获授权专利 27947 件，占全国发明专利授权总数（52265 件）的 27.5%。

2013 年，全国高校共申请专利 129034 件，授权 79936 件；其中发明专利申请 80977 件，授权 35664 件。这些数据说明高校的专利申请年增长率幅度较大。

存在的问题如下。

（1）大学技术转移体系现状与区域及国家的经济发展需求不相适应，技术与经济的衔接程度较低。以北京为例，"十五"期间高校所申请和拥有的发明专利占全市的 30%，但专利技术交易仅占全部技术交易的 1.21%。2008 年 8 月公布的首批 76 家国家技术转移示范机构中，清华大学国家技术转移中心等 19 所以大学为依托的技术转移机构名列其中，占首批示范机构总数的 1/4。但总体讲，与大学作为知识创新源头的地位相比，大学的国家技术转移示范机构的数量还差得很远。

（2）知识产权保护不力。例如，某农业大学近年研制成功的菌草伐木栽培食用菌等十几项具有国际先进水平的成果，这些技术有些已通过各种渠道传到 16 个国家，但这些成果只有 3 项申请了国家专利，12 项申请了外国专利，很多技术被多个国家无偿使用。

5.2.2 科研院所的知识产权问题

科研院所是人才汇集之地、知识密集之所，同时也是发明创造的策源地和主战场，与知识产权有着密切的联系。例如，中国科学院每年拿出 200 万元，清华大学每年拨付 30 万元，分别用于支持单位的知识产权管理与保护。下面以农业科研院所为例进行分析。

1）农业知识产权保护范围

申请发明或实用新型专利的成果：包括农、牧、渔、机具的发明与改进，肥料和饲料配方、农药和兽药组合物，食品、饮料和调味品的酿造技术，新的生物菌种及产品，培育动植物新品种的方法等。

植物新品种权：指由植物新品种保护审批机关依照法律、法规的规定，赋予品种权人对其新品种所享有的生产、销售、转让、标记等经济权利和精神权利的总称。

此外，还有农业商标权、农业商业秘密权、科技著作权。

农业部的统计资料显示，我国农业植物新品种权申请数量近 10 年的年均增幅始终在 40% 以上，年申请量自 2004 年起进入国际植物新品种保护联盟成员排名前 4 名。

2）农业知识产权保护中的问题

（1）农业知识产权受产业特征的影响。

农业知识产权除具有排他性、地域性、时间性等知识产权的一般特征外，还具有易扩散性、权利主体的难以控制性、产权价值标准的不确定性等特征。

易扩散性是指由于农业科学研究新成果、新技术的示范推广大多在田间进行，所以较易被他人非法窃取或流失。

权利主体的难以控制性：受生产分散性特点的影响，在农业的一些权利领域范围内，权利主体往往难以控制，如地理标志权、商业秘密权、发明权、植物新品种权等。

产权价值标准的不确定性：农业生产过程是一个自然和经济的交互过程。

（2）人为因素和政策因素影响。

知识产权意识不强，申请专利保护的敏感性较差。例如，某地区累计诞生的 200 多个植物新品种中，只有 2 个油菜新品种申请了植物新品种保护。

农业知识产权保护的管理机制不健全，知识产权对农业技术创新的激励作用不显著，重国家科技奖，轻专利奖。

（3）侵权后维权困难。

认识上的偏差，认为是经济权益的保护而不是荣誉或学术道德的问题；侵权后的地方保护主义；难以计数的仿冒产品、山寨产品，造成取证困难。

5.3 改进和完善高校和科研院所的知识产权管理

支持符合条件的技术转移办公室成为国家级技术转移示范中心。大学和科研院所要根据市场需要，在促进科技创新和高新技术产业发展中能发挥示范引领作用，带动本地、本行业技术转移的示范机构有效促进技术交易的达成和为创新集群提供支持。

5.3.1 制定科学的知识产权管理办法

2005 年大专院校的专利申请授权数已超过科研机构 70%。从发展趋势看，大学将成为我国公共科技投资专利产出的主要机构，促进大学以专利许可为主要内容的技术转移将更为迫切。因此，制定相应的知识产权的管理制度尤为重要。

5.3.2 完善科技人员评价机制，将知识产权管理的成效逐步纳入考核评价体系

排除单纯注重发表 SCI 论文的现象，注重知识产权保护，完善科技人员评价机制，将知识产权管理的成效逐步纳入大学和科研院所的考核评价体系。

5.3.3 加强知识产权管理人员的培训

通过培训，提高管理人员的素质。注意科研工作的各个环节的知识产权问题，界定好知识产权的权属，处理好科技成果评价与申请专利、奖励之间等方面的内在关系。

6 商业秘密的保护

6.1 商业秘密的内涵

商业秘密指不为公众所知悉，能为权利人带来经济利益，具有实用性并经权利人采取保密措施的技术信息和经营信息。

商业秘密是关系权利人经济利益和竞争优势的信息，其范围仅限于与科研、生产、经营有关的技术信息和经营信息。代表和体现权利人或个别意志，维护权利人的局部利益。因此，商业秘密是

一种私权（特殊的知识产权），任何合法取得或独立开发商业秘密的人都可以成为商业秘密的权利主体。

6.1.1 商业秘密的特点

（1）不是一般人可轻易获得；（2）它具有商业价值；（3）权利人为它的保密采取了具体措施。简称为经济性（即具有价值和使用价值）、秘密性和难知性。

商业秘密的内容和商业秘密保护的范围主要包括技术信息和经营信息。对于企业来说，作为商业秘密的技术信息就是所谓的"技术诀窍""专有技术""Know－how"等；经营信息就是所谓的"经营诀窍""贸易秘密"等。

6.1.2 商业秘密的法律特点

除了具有知识产权的"无形性""专有性""地域性""时间性"等法律特点以外，还体现在"秘密性""价值性""保密性""实用性""新颖性"等法律特点上。

6.1.3 商业秘密的司法保护

商业秘密的司法保护包括：《刑法》保护、《民法通则》保护、《劳动法》保护、《反不正当竞争法》保护、《经济合同法》和《技术合同法》保护、《计算机软件保护条例》保护等。

下列行为不应视为侵害商业秘密的行为：

（1）建立开发、研制而获取或使用与他人商业秘密相同或近似的技术信息、经营信息；

（2）根据公知知识，对公开的文献、产品或信息加以观察、研究而获取和使用他人的商业秘密；

（3）经权利人授权包括明示或默示同意，而获取商业秘密；

（4）以其他善意方法获取、使用或者披露他人的商业秘密。

美国《统一商业秘密法》的起草者和立法委员认为有几种获取商业秘密的手段是"正当"的：（1）靠独立发明发现；（2）靠"逆向工程"（也被翻译成"反向工程"）发现，如从市场上购买的产品进行"逆向工程"就是合法的；（3）观察公用或者公开陈列的产品；（4）从公开出版物上获取商业秘密等。

6.2 怎样保护商业秘密

侵犯商业秘密的行为主要有：盗窃商业秘密；擅自跳槽，带走商业秘密；高薪、利诱、收买，获取商业秘密；利用窃听手段，截获商业秘密；利用胁迫手段，获取商业秘密；搞联营骗局，套取商业秘密；招聘离退休人员，获取商业秘密等7种形式。

保护商业秘密包括事前的积极防范措施和事后的司法救助两种形式。

（1）企业应当把具备商业秘密基本特征的经营信息、技术信息、技术秘密的事项，确定为本企业的商业秘密，并做出标志，再通过一定的形式使有关人员明确这是本企业的商业秘密；

（2）要结合实际情况，制定保密措施，明确保密职责；

（3）要向本企业的干部、员工进行保密教育，提高保密观念，增强保密意识，知悉保密制度和企业规定，为自觉地保守本企业的商业秘密尽义务，自觉履行竞争行业的限制义务；

（4）企业可以技术转让，但必须约定对方承担保密义务；

（5）企业可以权衡利弊，把商业秘密的技术秘密申请专利，用《中华人民共和国专利法》予以保护。

7 国家秘密技术的保密

7.1 国家秘密技术的基本内容

国家科技秘密是指关系国家的安全和利益，依照一定的法定程序，在一定的时间内只限一定范围的人员知悉的科学技术事项。

国家秘密技术的范围主要包括：削弱国家的防御和治安能力；影响我国技术在国际上的先进程度；失去我国技术的独有性；影响技术的国际竞争力；损害国家声誉、权益和对外关系。

国家秘密技术密级分为绝密、机密、秘密三个等级。

国家秘密技术的界定：一是国际领先，对国防和经济建设有重大影响；二是能导致高新技术领域有重大突破；三是能够整体反映国家防御和治安能力的。

国家科技保密包括五个方面：国家科技发展战略；国家科研计划、规划；科研过程；秘密技术（成果），包括应用技术和传统（独有）技术；其他科技信息和事项。

7.2 国家秘密技术的申报和保护措施

7.2.1 申报国家秘密技术的意义和作用

国家保密技术是维护国家安全，保持技术领先，在国际竞争中立足或取胜的需要。

申报国家秘密技术是维护国家安全，保持技术领先，在国际竞争中立足或取胜的需要。

申报国家秘密技术大学、科研院所和企业保持在研究方面的优势和技术领先的一个重要方式。保持科学研究和技术领先首先是研发投资，不断进行技术创新，始终站在技术的前沿；加强对自身的关键技术、核心技术保密，防止泄露或被窃。

7.2.2 国家秘密技术保护中易出现的漏洞

不申报国家秘密技术，重研究轻保护；保密制度与其他制度相冲突，无意中造成秘密信息公开；保密制度不具体，措施无法落实到位，甚至有法不依、有章不循；重纸质载体秘密的管理而忽略了电子载体秘密的管理，保护范围过于狭窄。

国家秘密技术失窃的主要途径：不经审批发表涉密论文，转让技术；接待"外方"失密；"家贼"出卖；人才流动、另起炉灶。这些情况往往造成泄密后取证困难。

7.2.3 保护措施

（1）国家对相关机构干预，防止技术外流；
（2）提高对知识产权保护的认识，在维护国家利益的同时，也在维护自身的经济利益；
（3）设立知识产权保护机构，划分责任；
（4）对技术持有单位和人员加强管理；
（5）确立防御型发展战略，注意接待来访中的安全保护；
（6）严格技术档案的管理（化整为零、隐真迷惑策略）；
（7）技术贸易中，供求双方先定保护协定，然后才开展技术谈判；
（8）加强涉密人才的管理，强化归属感（事业留人、感情留人、待遇留人）；
（9）加强技术手段，在当前形势下，尤其要抓好网络安全，通信保密。

7.3 国家秘密、商业秘密与专利的异同点

7.3.1 国家秘密和商业秘密的共同特征

秘密性、价值性和采取保密措施，是国家秘密和商业秘密的共同特征。

国家秘密和商业秘密在一定情况会相互转化：已经被确定为国家秘密和商业秘密的秘密事项或信息也不是一成不变的，在一定的条件下可以互相转化。国家秘密技术随着时间的推移可能丧失国家秘密的特性；反之，有些商业秘密技术可能上升为国家秘密。

7.3.2 国家秘密和商业秘密的的区别

（1）两者的法律性质不同：国家秘密是关系国家安全和利益的事项，其范围广，代表和体现国家意志，维护全国人民的整体利益。因此，国家秘密是一种公权，其权利主体是国家。国家作为国家秘密的权利主体具有专属性和排他性。国家科技秘密不得随意转让，商业秘密则可以进入市场自由转让。

（2）两者确定的程序不同：国家秘密由各级行政机构按法定程序上报审定；商业秘密有企业公司自己可以决定。

（3）两者的法律保护水平不同。

（4）保密措施的要求不同。

（5）管理的部门不同。

（6）法律约束力不同。

（7）泄密后的法律后果不同。

7.4 如何从商业秘密技术保护中获益

（1）自身认为是秘密技术，但未被定为国家秘密技术，也未得到专利时。

（2）当认为该秘密技术在相当长一段时间保密可能性极高（超过20年），其他人不易构思出该发明的情况时。

（3）不愿上报专利的商业秘密技术，或者申请专利等待授权时。

（4）当该秘密涉及一种制造方法而不是产品时（因为产品很可能被进行反向工程）。保密（技术、配方、工艺、物种等），保护（生产权、物种）中那些不易为外界破解的技术，还是不申请专利，以保守技术秘密为好。

所以，技术成果保护应灵活多样，可采取一部分申请专利，一部分采取商业保密甚至是国家秘密保护的形式。其好处是，如果申请专利的部分到期失效，或者被人破解，那么还有技术保密的部分发挥作用；如果技术秘密不慎泄露，那么还有申请专利的那一部分受法律保护。这样，竞争对手还是难以越"雷池"一步。

总之，知识产权成果保护不能在一条路上走到底，应该形式多样，灵活多变，不能靠单一的办法，而要从各个角度进行。

8 科技成果评价

科技成果是指由组织或个人完成的财政性科技计划项目和非财政性项目所产生的具有一定学术价值或应用价值的新发现、新理论、新方法、新技术和新产品等，应当具备科学性、创造性、先进性等属性。科技成果分为基础研究成果、应用技术成果和软科学成果。

科技成果管理包括几大方面：一是成果的立项，二是成果的研发，三是成果的评价，四是成果的登记统计，五是促进成果的应用转化，六是成果的奖励等。本文主要介绍成果的评价、成果的登记统计、促进成果的应用转化问题。

长期以来，我国以政府鉴定为主体的成果评价方式虽然取得了很大成绩，但随着市场经济体制的建立，难以满足新形势下的客观需求。

尤其是创新型国家的建设，显著提高了我国创新能力，科技成果的增长必然带来市场对科技成果评价的需求更加旺盛。国务院副总理刘延东说："成果评价非常重要，成果评价跟不上，产品成果转化和产业化大家就不会去搞。要在促进科学决策的科学化、资源配置的高效化、综合协调的机制化、科研布局结构的合理化、成果转化产业化这几个方面下功夫。" 2012年中共中央国务院《关于深化科技体制改革 加快国家创新体系建设的意见》提出了要深化科技评价和奖励制度改革。根据不同类型科技活动特点，注重科技创新质量和实际贡献，制定导向明确、激励约束并重的评价标准和方法。基础研究以同行评价为主,特别要加强国际同行评价,着重评价成果的科学价值;应用研究由用户和专家等相关第三方评价,着重评价目标完成情况、成果转化情况以及技术成果的突破性和带动性;产业化开发由市场和用户评价,着重评价对产业发展的实质贡献。因此,科技成果评价需要在更高层次、更高内涵上下功夫,力求公平公正,经得起时间和市场的检验,获得科技界和社会的承认。

8.1 现阶段科技成果鉴定中存在的问题

(1) 成果管理的多元性:科技成果产生机构的多元化,使用方多元化,表现形式的多元化(基础研究、技术发明、管理科学、国家秘密技术等方面的成果),科技成果评价方式的多元化。

(2) 成果鉴定中的不端现象:虚假不实、无端拔高、鉴定主体和客体不清、收费偏高等现象。显然,当前的成果管理模式特别是以政府鉴定为主体的成果评价方式难以适应市场经济条件下的客观需求。

8.2 改进和完善科技成果评价办法

2003 年,科技部发布《科技评价办法》,对于成果鉴定改革提出原则要求;

2004 年,国务院发布第三批行政审批改革意见,要求改变成果鉴定管理方式,交由社会中介组织进行评审;

2006 年,国务院发布国家中长期科技发展规划纲要,要求改革科技成果评价和奖励制度。

2010 年,科技部决定开展科技成果评价试点,试点时间为 2010—2015 年,探索建立适合于社会主义市场经济规律的科技成果评价方式。有 20 多家试点单位开展了这项工作。

以上举措的目标是弱化政府部门对科技成果的具体评价工作,逐步培育和发展社会中介服务机构开展科技成果评价,形成政府、社会中介和市场评价多元模式。

到 2014 年年底,已评价成果 2000 多项,青岛市、中国农学会、中国有色金属协会完成数量达 90% 左右。中国农学会对评价的 80 多项成果进行跟踪,有 20 多项很快得到转让,60% 的成果获得省部级奖,20% 获得了国家科技奖。

9 科技成果的登记与统计

2000 年 12 月,科技部出台了《科技成果登记办法》。目前,国家共登记科技成果 70 余万项,每年平均 2.3 万项左右。国家和省部级科技成果占成果总数 5 成以上,企业完成的成果占 3 成以上。其中的应用技术成果有 8 成以上获得了应用。

9.1 目前科技成果登记中主要问题

(1) 目前的 70 多万项科技成果中,有一部分已经过时,失去了市场价值。对成果的精选、优化、集成不够。近年来,成果库建设和专利池取得了很大成效,但沉睡专利与过时成果却令人担忧。尽管近年来中国专利的申请量与授权量都以 30% 左右的速度增长,但专利成果转化率却并没有明显提高,大量的专利得不到应用,成为"沉睡专利",转化的只有 10% 左右,远远低于发达国家 60% 的专利转化率,也低于世界平均水平 40% 的转化率。

(2) 一些成果缺乏实用性,甚至有虚假成分。

(3) 非职务发现、发明成果游离于登记之外。

9.2 登记原则和成果分类

国家科技成果的登记、统计和年报编制工作是一项基础性工作,是我国国情分析、综合国力分析的重要组成部分。成果登记的目的,增强财政科技投入效果的透明度,规范科技成果登记工作,保证及时、准确和完整地统计科技成果,为科技成果转化和宏观科技决策服务。同时,能充分运用知识产权信息资源,选准高起点,避免重复研究,促进科技成果转化。

9.2.1 登记原则

国家财政投入产生的科技成果应当登记；非国家财政投入的科技成果志愿登记；涉密成果不登记。

登记成果的分为应用技术成果、基础研究成果和软科学成果三类。2001年实现了网上登记和统计，出版了年度统计报告。

9.2.2 登记条件和范围

通过鉴定（评价）、验收、行业准入、评估等方式评价或已获得知识产权，且不涉及国家秘密的应用技术成果应当申请登记。

成果已相当成熟。如应用技术成果在技术上具有创造性，并已实际应用，具有广泛的推广价值和一定的社会效益或经济效益。

凡涉及国家秘密的科技成果，按照国家科技保密的有关规定进行管理。要求登记材料规范、完整。

9.2.3 近年来我国科技成果登记和专利申请情况

2013年，国家知识产权局共受理发明申请82.5万件，同比增长26.3%，连续3年位居世界首位。发明专利授权量达到了20.8万件，其中国内专利授权14.4万件，约占总数的7成。每万人发明专利拥有量达到4.02件，提前完成"十二五"制定的3.3件的目标。广东专利拥有量达95475件，位居我国发明专利拥有量榜首。北京以85434件拥有量位居第二位，每万人专利拥有量达到41.29件，远超目标。其中我国企业发明专利申请42.7万件，占国内总量的60.6%；在全球国际专利申请量首超20万件中，美国为5.7万件，日本为4.3万件，中国达到21516件。取代德国成为世界第三，中兴公司和华为公司均位列全球企业专利申请量的前三甲。

从35个技术领域中维持10年以上的有效发明专利数量来看，国外在华专利拥有量是国内的4.4倍，电信领域甚至达到了10.8倍。

9.2.4 进一步发挥成果登记统计的作用

（1）每年召开一次全国科技成果登记统计工作会，举办1~2次科技成果登记统计培训班。
（2）加强对已登记成果的筛选、优化集成和应用转化。
（3）完善登记工作，扩大成果信息的辐射面。

10 科技成果应用转化与技术转移问题

一个国家产出的科技成果质量和数量是其国家科技创新能力和国家综合国力的直接反映，科技成果管理是科技工作不可或缺的重要环节。目前，我国每年登记的科技成果达5万多项，其中应用技术成果在80%以上。

科技成果转化是科技对经济增长、社会进步和国家安全产生影响的最重要途径，是技术创新的重要环节，也是建设创新型国家的一项重要任务。科技成果的转化和产业化一直是重中之重，与科技对经济发展的贡献率息息相关。

在国家五大创新体系（知识创新、技术创新、知识传播、知识应用和区域创新系统）中，知识创新体系和技术创新体系之间有一个桥梁，即"技术转移体系"，这是国家创新体系中最薄弱的一个环节。所以针对我国实施自主创新战略和建设创新型国家战略目标，急需创建"以企业创新需求为导向，以大学和科研院所为源头，以技术转移服务机构为纽带，产学研相结合的新型技术转移体系"。

技术转移和科技成果转化的环境是指经济、科技与金融体制、科技成果转化动力机制、技术中介服务体系、知识产权保护体系、风险投资体系等情况。

10.1 科技成果转化的情况

10.1.1 全国从事成果转化和技术转移的各种机构

目前,我国拥有国家高新区54家、国家孵化器614个、高新企业50000多家;全国生产力促进中心256家;国家技术转移示范中心276多家;全国技术联盟20家;全国创新驿站83家;全国技术市场1000多家;常设技术市场200家(北京、上海、天津、石家庄);技术与资本结合的产权交易所40家;此外,全国还有57个国家推广中心和多种示范基地数十个。

2013年,全国共成交技术合同294929项,成交金额7469.13亿元,同比增长4.5%和16.03%。平均每项技术合同成交金额253万元。

10.1.2 进一步营造有利于科技成果转化的环境

(1) 进一步改革科技拨款制度,多渠道筹集资金,使科技成果能更多更快地向市场转化。

(2) 出台一系列促进科技成果转化的法规。以修订后的《中华人民共和国科技进步法》为标志,为促进科技成果转化创造了良好的外部环境和内在机制。

(3) 制定和实施了一批促进科技成果转化的国家科技计划。我国在不同层次上的实施的一系列科技计划在促进科技成果转化中都发挥了重要作用。

(4) 科技产业化项目实施成效显著,登记的应用技术成果90%以上已应用,部分实施转化。

(5) 初步形成民用技术和军用技术间的互动和交流机制。

目前,中国已有400多家高科技民企获得解放军装备承制单位资格或通过初审,加盟装备研发,成为推动解放军武器装备建设又好又快发展的一支生力军。例如,陕西一家民企受委托为维和部队生产轻型装甲防暴车,创造了民企进入武器装备整装制造的第一。从此,民企加盟解放军装备生产渐成燎原之势。

10.1.3 科技成果转化中存在的问题

(1) 成果源头来看,缺乏好的成果:一些专利或成果的实用性差,市场动力不足;一些专利或成果没有创新性,难以取代已有的技术或产品;一些专利或成果独立性差,必须与其他专利或成果结合才能形成合力;偏离市场的经济价值的预期,前景难以把握。

(2) 推广体系不健全、推广力量分散;知识产权创造机制利益分配机制和保护机制尚未完全建立,等等。

(3) 中试环节薄弱,科技与产业脱节;大学和科研院所取得的科研成果大多仍然停留在实验室水平,科技成果转化效率近10多年来没有得到根本提高,研发活动相对封闭,科技产出自我循环的现象还大量存在,蕴藏在科研院所高等学校中的科技条件资源社会共享程度还很低。

(4) 政策法规的效力差(实效)。

(5) 重栽树(计划),轻果实(成果),成果转化投入不足,资金短缺。

(6) 从事推广的复合型人才缺乏。

(7) 缺乏科技中介信用评价体系,市场秩序不规范等。

(8) 无诚信保障,怕担风险;风险投资市场既没有建立起完整的规则和机制,更缺乏具有较高水平和商业价值能对风险投资产生更强吸引力的科技成果。

(9) 经费缺乏。经济学目标:成果看似很好,但无市场;公众素质和经济能力跟不上。

10.2 促进科技成果应用与转化的政策与措施

10.2.1 政策法规建设

落实《中华人民共和国科学技术进步法》《国家中长期科学与技术发展规划纲要》有关内容;科技部、教育部、中科院2007年出台《国家技术转移促进行动实施方案》;科技部、财政部2009年开展了《国家自主创新产品的认证》。《中华人民共和国科技成果转化法》于2015年8月修订出台。

一些省、自治区、直辖市在成果推广转化方面有了好的苗头和新的开端，如江苏省、广州市等地的成果推广经费有了大幅度的增长；南水北调工程办公室制定了《科技成果管理办法》，交通部制定《交通科技成果推广体系建设研究》等。

10.2.2 主要措施

（1）加强政-产-学-研-用的结合。

（2）建设科技成果转化公共服务平台，促进成果资源整合，推进全国或区域性的联盟联动。

（3）设立科技成果推广（转化）专项计划，设立政府引导资金，建立科技成果转化的新机制。科技部与财政部设立了"国家科技成果转化引导基金"，该基金主要用于支持转化利用财政资金形成的科技成果，包括国家（行业、部门）科技计划（专项、项目），地方科技计划（专项、项目）及其他由事业单位产生的新技术、新产品、新工艺、新材料、新装置及其系统等。转化基金的支持方式包括设立创业投资子基金、贷款风险补偿和绩效奖励等。

（4）建立科技成果转化的组织保障体系，鼓励科技中介机构的市场化发展，强化技术经纪能力建设，发展一支高水平的科技中介专业队伍；积极开展科技成果咨询、评估、经纪、推介、交易等工作。目前，全国科技中介从业人员大约50万人。

（5）加强推广中心和示范基地建设，加大对科技成果转化的宣传力度。

10.3 部分国家推动技术转移和成果转化的情况

10.3.1 美国情况

一是推进高技术产品占领世界市场。波音、微软等公司的高科技产品可以出口，但不卖技术。二是促进研究型大学技术的转移。

1980年美国国会通过了《拜杜法案》和《技术创新法案》。其要点为：政府资助取得的研究成果归承担单位所有，政府除保留使用权和介入权外不给予任何干涉；促进技术创新，鼓励研究型大学和研究机构负责技术转移等。受这些法案影响，美国研究型大学（OLT）纷纷成立，积极将大学的专利技术向企业转移。同时，美国中小企业局实行的小企业科技创新计划、小企业投资计划和技术转移计划等，使美国相继出现了IBM、英特尔、微软等世界级的大型跨国公司。

OLT工作程序如下：

（1）发明和技术公布。首先要填写一页纸的表格，记载发明和技术本身的有关信息。

（2）对发明和技术进行评估（Evaluation），全面了解技术的水平和市场价值、前景，是否可以申请专利等。

（3）许可（Licensing）。发明和技术被初步评估后，专业经理人制定许可策略，开始与多家相关企业接触，寻求最佳被许可人。

（4）商谈许可协议（Neogotiating Licensen Agreement）。这是一个复杂的过程，商谈双方由于认识上的差异，往往不是一次就能谈判成功。

（5）收取和分配许可收入。根据学校有关规定对许可收入进行分配，在一般情况下，学校、发明人所在系、发明人三方按一定的比例分配。

美国研究型大学是学校设置的独立管理机构，由学校授权处理全校科技成果管理工作，该办公室负责人向主管科研的校长汇报工作。科技成果管理的重心是以市场为导向的技术转移，科技成果的评价、登记、保密、专利的申请、知识产权保护贯穿于技术转移的整个过程。

10.3.2 英国情况

（1）通过所谓的LINK项目推动技术转移。在这个计划中政府提供50%的资金，剩余的部分由公司负担。一般的项目规模大约为50万英镑（约750万元人民币），政府负担其中的一半。政府支持的前提是企业确实已经在开展这个研究项目，没有市场需求的研究企业是不会去做的。

（2）开展所谓的法拉第合作（Faraday Partenerships）。实际上这是商业人员和科研人员组成一个技术转化团队。专业的技术转移商业人员好像一名商业顾问一样，参加到科研团队中去帮助科研人员发现市场需求，制定商业计划书，寻找各种可能的资助机制，从而帮助科研人员把他们的技术转化为产品。这些商业顾问通常与风险资本保持着联系，可以经常向有兴趣投资新技术的投资人介绍年轻的创业者。

（3）开展教学公司（Teaching Company）计划。教学公司计划是让大学与企业建立紧密联系。大学研究人员在进行公司感兴趣的研究项目时，他们的工作将同时受到公司和学院的共同管理。大学可以给予他们宽裕的时间，之后他们可以继续为公司工作，也可以组建自己的小型高科技企业。

除了这些项目之外，英国还有所谓的学院挑战基金（Unversity Challenge Fund）。它在一段时间内为在大学研究基础上所建立的公司提供种子资金，以及高等教育创新基金（Higher Education Innovation Fund），科研企业挑战（Science Enterprise Challenge）和远望（Foresight）计划等。

10.3.3　日本情况

近年来，日本通过增加政府R&D支出（政府R&D支出的总预算超过了17万亿日元），建设新R&D体系和加强科技推广（S&T Promotion）组织结构，促进产业-学术-政府（I-U-G）的合作，加强知识产权战略，改进科技评价系统等来推进技术转移。

其关键政策为：确立S&T的战略优先地位，促进基础研究，优先考虑国家/社会的R&D项目，力争在50年内有30人获得诺贝尔奖。

主要发展的优先领域：生命科学、ICT、环境、纳米技术/材料。

4个振兴领域：能源技术、技术与科学的结合、社会基础建设、前沿领域。

加强I-U-G合作，高校主要承担基础研究；公司主要承担发展研究。信息共享，为新产业建立核心技术，每项研发产出通过技术扩散创造新产业。

日本的这些举措旨在建立一个以科技创新贡献于世界的最大化的潜能国家，创建一个有竞争力的可持续发展的国家，成为一个保证公民健康安全与生活质量的国家。

10.4　中国推动技术转移和成果转化的情况

我们从2014年的几组数据来看看创新中的中国。

2014年，我国科技人员总数大约5160万；研发人员数260万。科技投入达13400亿元人民币，占GDP比重约为2.1%，其中企业支出超过76%。国际科技论文数量为世界第2位，被引次数为第4位。全国技术合同成交额达8577亿元人民币，比2013年增长14.8%。国家高新区总收入达到23万亿元人民币，比2013年增长15%。国家创新能力指数排名第19位。

2014年，我国专利申请受理量达236.1万件，其中发明专利申请受理量为92.8万件，同比增长12.5%，居世界第一位。发明专利从2013年的82.5万到92.8万件，净增长10.3万件，这个数量相当于美国全年发明专利的20%，日本的30%，欧洲的70%。

2014年我国累计生产汽车2372.29万辆，同比增长7.3%，销售汽车2349.19万辆，同比增长6.9%，产销量保持世界第一。

2014年我国智能手机在国内销售销量排行榜（百万台），排名从高往低依次是：小米（60.8）、联想（47.3）、华为（41.3）、酷派（40.1）、vivo（27.3）、OPPO（25.5）、中兴（18.2），总量为接近270百万台；韩国三星为58.4，美国苹果为46.6（含水货）。其他品牌总份额则为40.5百万台，市场份额在10%以下。

事实表明，创新是知识的源头。唯有创新，我们才能促进科技进步，实现知识、技术和财富的增长；同时我们必须加强对知识和技术的保护，特别是核心技术的保护，激发创新者的创新创造热情，营造良好的创新环境，维护国家的安全。可以说，科学技术是人类智慧的结晶，激发了人类更加强大的创新动力和前进的渴望。正是不断创新，促进科学技术的进步，把人类从蒙昧、野蛮社会带入了文明富庶的新时代，不断地圆了亘古以来的各种梦想！

专利权的司法保护及有关植物专利纠纷的探讨

罗 霞

摘 要：植物品种是农林业技术的重要载体，是科技创新活动中的活跃因素，以植物新品种体现的科技创新成果构建了企业和国家的核心竞争力。专利制度的侵权判定规则并不当然适用于侵害植物新品种权纠纷。将植物遗传转化和常规育种技术相结合，培育具有特定目标性状的植物新品种的方法在获得专利授权后，如对繁殖材料依法给予保护是我们面临的新问题。

关键词：权利要求解释的方法；专利侵权判定方法；等同原则的限制；不侵权抗辩；转基因产品的管理；转基因育种；转基因植物的专利权保护

1 人民法院受理知识产权案件的数量

2009 年，全国地方法院共新收和审结知识产权民事一审案件 30626 件和 30509 件，分别比上年增长 25.49% 和 29.73%，新收一审案件诉讼标的总金额达到 308495 万元。其中，新收专利案件 4422 件，比上年增长 8.54%；其他知识产权案件（含植物新品种权纠纷案件）1967 件，比上年增长 46.79%。

2 审判组织建设

2.1 关于授权确权类案件

截至 2009 年年底，经最高人民法院指定，具有专利管辖权的中级人民法院为 75 个（省、自治区、直辖市所在地中级法院 34 个，最高法院指定的法院 41 个）。2009 年 6 月 22 日，最高人民法院发布《关于专利、商标等授权确权类知识产权行政案件审理分工的规定》，要求自 2009 年 7 月 1 日起，将涉及专利、商标、集成电路布图设计和植物新品种等授权确权类知识产权一审、二审和再审案件统一交由北京市有关中级人民法院、北京市高级人民法院和最高人民法院知识产权审判庭审理，结束了自 2002 年以来该类案件由有关法院知识产权审判庭和行政审判庭分别受理的历史。

2.2 专利管辖布局

2009 年 5 月，最高人民法院发出《关于做好调整和完善知识产权案件管辖制度相关工作的通知》，要求地方法院在继续坚持技术类案件指定管辖制度，严格控制新增专利案件管辖权中级人民法院数量的同时，按照既方便当事人诉讼又方便法院审理的原则，积极开展中、基层法院跨区管辖工作。最高人民法院指定浙江省义乌市人民法院试点管辖第一审实用新型和外观设计专利纠纷案件，指定哈尔滨市、齐齐哈尔市、宜昌市、襄樊市、厦门市、泉州市、包头市中级人民法院和新疆生产建设兵团农十二师、农八师中级人民法院跨地区受理专利纠纷案件。

2.3 三审合一试点

2009 年，最高人民法院对地方人民法院开展的知识产权审判庭统一受理知识产权民事、行政和刑事案件试点（简称"三审合一"试点）进行专题调研。截至 2009 年年底，全国已有 5 个高级人民法院、44个中级人民法院和29个基层人民法院开展了相关试点。开展试点工作地区的高级人民法院纷纷出台规范性文件，规范和协调试点相关工作。

3 专利侵权纠纷司法实务主要内容

3.1 确定保护范围的依据

根据权利人主张的权利要求，依据《中华人民共和国专利法》（以下简称《专利法》）第五十九条第一款的规定确定专利权的保护范围。一审法庭辩论终结前变更其主张的权利要求的，人民法院应当准许。

3.2 确定保护范围的原则

根据权利要求的记载，结合本领域普通技术人员阅读说明书及附图后对权利要求的理解，确定《专利法》第五十九条第一款规定的权利要求的内容。

案例分析：电热毯案。权利要求：一种安全电热毯，由电加热系统和包覆层组成，其特征在于电加热系统是由电热丝、套在电热丝外并两端封闭的软套管、夹在电热丝与套管之间的传热液构成。说明书：目前公知的电热毯……由于采用热水循环系统，还存在着水的密封不严易渗漏的弊端。本实用新型是这样实现的……传热液采用防冻液。采用防冻液做热传导物质，克服了水在低温情况下结冰使导管易折断的弊端。被控侵权产品：用水作为传热液。

把握关键点：专利权的保护范围不应当包括专利所要克服的现有技术的缺陷或者不足的技术方案。

3.3 权利要求解释的方法

对于权利要求，可以运用说明书及附图、权利要求书中的相关权利要求、专利审查档案进行解释。说明书对权利要求用语有特别界定的，从其特别界定。以上述方法仍不能明确权利要求含义的，可以结合工具书、教科书等公知文献以及本领域普通技术人员的通常理解进行解释。

内部证据优先原则。人民法院对于权利要求，首先应当运用专利说明书及附图等专利自身文献进行解释，只有当运用上述文献仍不能明确权利要求的含义时，才可以结合工具书、教科书等公知文献以及本领域普通技术人员的通常理解进行解释。

功能性限定的技术特征的解释：对于权利要求中以功能或者效果表述的技术特征，人民法院应当结合说明书和附图描述的该功能或者效果的具体实施方式及其等同的实施方式，确定该技术特征的内容。

3.4 等同原则的限制

对于仅在说明书或者附图中描述而在权利要求中未记载的技术方案，权利人在侵犯专利权纠纷案件中将其纳入专利权保护范围的，人民法院不予支持。

专利申请人、专利权人在专利授权或者无效宣告程序中，通过对权利要求、说明书的修改或者意见陈述而放弃的技术方案，权利人在侵犯专利权纠纷案件中又将其纳入专利权保护范围的，人民法院不予支持。

3.5 专利侵权判定方法

即全面覆盖原则。应当审查权利人主张的权利要求所记载的全部技术特征。被诉侵权技术方案包含与权利要求记载的全部技术特征相同或者等同的技术特征的，人民法院应当认定其落入专利权的保护范围。被诉侵权技术方案的技术特征与权利要求记载的全部技术特征相比，缺少权利要求记载的一个以上的技术特征，或者有一个以上技术特征不相同也不等同的，没有落入专利权的保护范围。

3.6 依专利方法直接获得的产品

对于使用专利方法获得的原始产品,人民法院应当认定为《专利法》第十一条规定的依照专利方法直接获得的产品。对于将上述原始产品进一步加工、处理而获得后续产品的行为,人民法院应当认定属于《专利法》第十一条规定的使用依照该专利方法直接获得的产品。

3.7 不侵权抗辩

3.7.1 现有技术(设计)抗辩

被诉落入专利权保护范围的全部技术特征,与一项现有技术方案中的相应技术特征相同或者无实质性差异的,人民法院应当认定被诉侵权人实施的技术属于《专利法》第六十二条规定的现有技术。

被诉侵权设计与一个现有设计相同或者无实质性差异的,人民法院应当认定被诉侵权人实施的设计属于《专利法》第六十二条规定的现有设计。

3.7.2 先用权抗辩

被诉侵权人以非法获得的技术或者设计主张先用权抗辩的,人民法院不予支持。

已经为制造和使用做了必要的准备是指,已经完成实施发明创造所必需的主要技术图纸或者工艺文件;已经制造或者购买实施发明创造所必需的主要设备或者原材料。

原有范围的理解:《专利法》第六十九条第(二)项规定的原有范围,包括专利申请日前已有的生产规模以及利用已有的生产设备或者根据已有的生产准备可以达到的生产规模。先用权人在专利申请日后将其已经实施或作好实施必要准备的技术或设计转让或者许可他人实施,被诉侵权人主张该实施行为属于在原有范围内继续实施的,人民法院不予支持,但该技术或设计与原有企业一并转让或者承继的除外。

3.8 界定新产品

产品或者制造产品的技术方案在专利申请日以前为国内外公众所知的,人民法院应当认定该产品不属于《专利法》第六十一条第一款规定的新产品。

3.9 确认不侵权诉讼

权利人向他人发出侵犯专利权的警告,被警告人或者利害关系人经书面催告权利人行使诉权,自权利人收到该书面催告之日起一个月内或者自书面催告发出之日起两个月内,权利人不撤回警告也不提起诉讼,被警告人或者利害关系人向人民法院提起请求确认其行为不侵犯专利权的诉讼的,人民法院应当受理。

4 伴随转基因育种出现的相关法律问题

植物转基因育种是将植物遗传转化和常规育种技术相结合,培育具有特定目标性状的植物新品种的方法。植物遗传转化是指把一个包含目的基因的 DNA 片段通过载体,如农杆菌媒体或其他物理、化学方法导入植物细胞内得到整合并表达的过程,实现这一转化的途径就是转化系统。关于转基因产品 GMO(Genetically Modified Organisms)的定义,通常认为,是指应用现代生物技术,导入特定的外源改变物种的细胞信息,从而获得具有特定形状特征的改良生物品种及其制成品。转基因产品已成为环境和健康的中心议题,同时还引发了食品安全、环境生态、社会伦理和国际贸易等多个议题。在生物安全性的争论中,有各种担心,如反进化论、违背自然论,担心外源基因通过异源重组进入人体的遗传系统,或出现超级抗性的病原微生物危害人体健康等。由于转基因产品的出现可能导致威胁非目标生物（Non-target Organisms）、降低生物多样性、基因散布污染生态、产生无法控制的超级杂草等问题，转基因产品是否危害环境生态也越来越受到重视。

转基因产品在一定程度上解决了食物短缺的问题，改善了食物品质，也增大了国际贸易的空间和摩擦的可能，各国技术发展的不平衡性以及转基因产品影响生物多样性和生态环境、人类健康的不确定性，相关贸易争端中凸显的法律问题也越来越复杂、疑难。

4.1 基本管理框架

在国际上，农业转基因生物安全管理有以产品为基础的模式，如美国，对转基因食品主要由食品与药物管理局（FDA）以及农业部（USDA）和环保局（EPA）负责检测、评价和监督，其他机构辅以协调管理。其基于产品的用途和特性，在原有法规的基础上增加相关GMO的内容，由分管部门负责制定相关的管理规章。其监控管理的对象是生物技术产品，而不是生物技术本身。加拿大基本上较接近美国模式，其由农业部统一管理。

欧盟对于转基因生物安全以过程为基础进行管理，其认为重组DNA技术本身就有潜在危险，不论何种基因、生物，都要接受安全评价与监控。其生物管理法规体系比较复杂，决策的时间较长，决策权在欧盟委员会和部长级会议，着眼于研制过程是否采用转基因技术。其采用单独立法建立安全管理体系，对转基因产品进行标识管理，确立转基因食品标识管理框架。

对于转基因产品的标识管理，有些国家是自愿标识，有些则是强制标识。但也大多设定了标识阈值，允许无法通过技术手段加以消除的混杂的少量转基因成分可不标识。还有一些国家对于某些特殊产品实施标识豁免的规定。联合国粮农组织、世界卫生组织等自20世纪80年代后期开始制定关于转基因食品进行安全评价和监控管理措施。

为了加强农业转基因生物安全管理，保障人体健康和动植物、微生物安全，保护生态环境，促进农业转基因生物技术研究，我国制定并于2001年施行了《农业转基因生物安全管理条例》，明确了安全评价制度（对农业转基因生物安全实行四个等级的分级管理评价制度）、生产与加工许可制度、经营许可制度、标识制度、进出境管理制度、行政措施与处罚制度。农业部于2002年出台实施了配套措施，即《农业转基因生物安全评价管理办法》《农业转基因生物进口安全管理办法》《农业转基因生物标识管理办法》，规定发放安全证书需进行环境安全与食品安全监测、对含有转基因成分的产品进行强制性标识。国家质检总局也在《食品标识管理规定》中明确，转基因食品或者含有法定转基因原料的，应当在其标识上标注中文说明。

4.2 贸易争端

1996年欧盟与美国转基因玉米纠纷案件。问题的出现除了两国生物技术的发展水平不一致外，还在于对转基因产品的态度，这种态度也直接或间接影响着相关技术产业的发展。

缘起：（1）2003年美国向世界贸易组织投诉反对欧盟暂禁5年转基因产品的作法，认为违反WTO规则，制造贸易壁垒。欧盟认为新型的玉米可能会导致生存环境发生变化，病毒或者其他事物可能通过玉米获得的抗药性，从而改变受影响的生物生化特性，也会通过食物链造成难以衡量的潜在后果。这种改变甚至还可能导致对病毒感染的常规治疗失去效果，造成一些物种的灭亡。（2）自20世纪90年代美国推进的转基因农业战略，美国在转基因技术的开发和应用处于国际领先，美国的杜邦、孟山都等公司垄断了全球种子市场可观的份额。这导致美国在转基因产品国际贸易上具有竞争优势。欧盟为了维护其经济利益，保护当地农业生产者，采取了一系列限制转基因产品的措施，特别是对在欧盟市场销售的转基因食品、种子、饲料及副产品进行标签管理。

态度：美国认为只有当其终端产品与传统的非转基因产品存在实质性差别时，才应当进行严格的规制，而欧盟及其成员国的态度则保守得多。欧盟关于转基因产品可能存在潜在损害进行审慎的风险预防管理，也导致其转基因技术的商业开发方面落后于美国。

伏笔：欧盟确立了严格的转基因产品标识和回溯制度，还允许欧盟成员国在一定条件下对已经取得欧盟境内销售许可的生物技术产品采取保障措施，如限制或者禁止该产品的销售和使用。这为欧盟与美国的冲突埋下了伏笔。

后果：当然，欧盟禁止转基因玉米的进口对于国内的农民是非常有利的。但事件的后果极有可能导致美国的玉米无论是天然的还是转基因的均无法进入欧盟的市场，这严重威胁美国玉米产业的发展。

目的：上述的争论所涉及的环境影响及生态效应在本质上已超出了纯粹的科学问题，其包含了政治和贸易因素。欧盟与美国之间就转基因产品贸易争端的深层次的原因是经济利益的冲突。美国借助WTO终端解决机制的目的不仅在于强迫欧盟打开市场，还在于形成判例来对付潜在采取该措施的其他国家。

有观点认为，WTO没有达成贸易与环境方面的协议，因此上述转基因产品贸易争端难以在WTO体系中得到圆满的解决。

有关转基因产品的纠纷还有1994年的巴西坚果事件，这是由于过敏而未被商业化的转基因食品案例。此外，还有苏格兰科学家普斯泰（Arpad Pusztai）发表文章指出，大鼠食用转基因马铃薯后出现体重严重减轻的现象，尽管英国皇家学会就其依据的数据进行了评审，得出该实验存在缺陷和失误，但并没有改善欧洲反转基因食品的热潮。

4.3 转基因产品的知识产权纠纷

植物是否可专利以及其专利权人与种子批发商、农户的纠纷。

4.3.1 随着转基因植物的广泛应用，出现了转基因植物的专利权保护问题

案例1 美国先锋公司专利纠纷案〔（2001） J. E. M. Ag Supply INC，Farm Advantage，INC，et al. v. Pioneer Hi-Bred International，INC.〕

美国专利商标局（PTO）依照U.S.C第35章101条已经给先锋公司颁发了植物、植物的组成部分和种子17项实用专利。先锋公司的专利包括制造、使用、销售、许诺销售其纯生和杂交的玉米种子产品。其中一项纯生玉米种子的专利保护纯生的种子、植物和通过被保护的纯生玉米种子与另外的玉米种子杂交所产生的杂交种子。一项杂交玉米种子专利保护植物及其种子、变异体、突变异体和经过轻微修改后的杂交种子。先锋公司以限制性的许可条件销售其专利杂交种子。"仅仅授权许可生产谷物和饲料"，"不包括使用这些从谷物或者其后代获得的种子为植物繁殖或者种子繁殖的目的"，"禁止使用这些种子或者后代将它们用于植物繁殖或者种子繁殖，或者为了生产或发展其他不同的杂交品种"。

J. E. M. 公司与Farm Advantage公司之间有商业交易，购买了先锋公司的专利杂交种子，Farm Advantage公司销售这些种子。

先锋公司起诉Farm Advantage等公司和爱达荷州的农户指控侵犯其专利权。这些公司和个人被认为是Farm Advantage公司的批发商和消费者。被控侵权的行为是制造、使用、销售或者允诺销售涉案专利权的杂交玉米种子。

被告否认专利侵权，认为授予玉米植物专利保护是无效的，提出了专利无效的答辩，理由是：根据美国联邦专利法第101条的规定，种子繁殖出的植物不应当授予专利权，有性繁殖的植物不包括在具有可专利性的客体范围之内。

案件的结果，先锋公司胜诉。将有性繁殖的植物排除在外，将不利于激励对农业和园艺领域的研究和开发。根据联邦专利法，有性繁殖的植物有资格获得专利权的保护。

在美国实用植物专利下，并无植物品种法中所谓的"农民免责条款"，只要销售或者使用了专利权利人所主张的专利保护范围的技术方案，包括植物组织、细胞等，都是侵犯专利的行为。其也无研究免责条款，不得私自用授权杂交种生长出的植株进行育种。

4.3.2 侵犯植物专利的纠纷

种子公司拥有植物专利权后，种子公司起诉种植者（农民），问题的关键，农民的制繁行为是否构成对专利权的侵害。

案例2 加拿大孟山都专利纠纷案 ［Monsanto Canada Inc. v. Schmeiser（2002）］。

这个案件的争议之处在，被告作为农产，其种植和贩卖的抗除草剂油菜是否侵害了原告的基本专利权。被告是名叫 Schmiser 的个人，从事耕种超过 50 年，并且自 1950 年开始种植油菜，原告孟山都公司指控被告侵害其植物专利权，理由为被告在其所拥有的农地上种植了能抗除草剂的油菜种子，这些作物内含有原告专利的基因，被告种植的植物 Roundup Ready canola 没有签署技术使用协议，也没有遵守只能种植一季的规则。被告将该作物的种子留存，而这些种子在来年又被种植、收获。其行为复制了原告的专利基因与细胞，被告侵害了原告制造、使用、销售该项专利的权利。

被告主张：原告基因改造的作物使用一般的杀草剂不容易控制生长，而且会干扰作物的筛选，很难再种油菜以外的作物，此种植物必须要喷 Roundup 杀草剂，才能显出其特殊性。其土地上出现涉案种子可能是基于自然力的散布或者其他的原因。原告没有积极有效地防制这种能自由释放的基因的散播，随意的传播会污染非基因转植作物，因此原告的行为表示其已经放弃了享有的专利独占权，不应当支持原告的专利侵权主张。

检测：经过对被诉侵权的作物进行检测，从存活植物的叶片组织中发现了原告拥有的专利基因，在喷洒除草剂后，存活率都在 90% 以上。

一审法院结论：被告在未经原告授权的情况下，明知上年作物所留存的种子含有抗除草剂特性，仍然对上述种子进行了种植，并且还将收获物进行了贩卖，原告的专利已经被侵害。法院认为，从被告本身对于油菜种植的经验和知识，可以推定其知道其所种植的油菜种具有涉案专利的抗除草剂性质，进而进行了留种并种植。

法院的观点有：（1）从被诉侵权的种植范围分析，不论风吹、昆虫或是种子从经过的卡车、农机具上掉落，都不可能造成如此高的种植面积。（2）被告抗辩其无侵害专利的意图，但法院认为意图是无形的，当专利的实质内容被取用时，就发生侵害行为。（3）带有专利基因的种子、作物应以合法的方式被他人使用，该种子与植物所有人的利益是隶属于原告的专利权之下，包括原告排他使用、贩卖该基因或细胞，以及授权他人使用的权利。（4）风吹、飞溅、自邻地经由昆虫、鸟类、风媒传播到田地里，若不打算去栽种的话，农田的所有人可能拥有这些种子或作物的所有权，但是，并不拥有该专利基因的使用权，或含有该专利基因的种子或作物。

联邦高等法院在 2004 年针对上诉理由，进一步明确了一些事实和法律问题。

被告主张留种种植的行为是农民的农耕习惯，不应当构成侵权行为。法院并没有支持该主张，最终仍然认定构成侵权。

加拿大联邦高等法院认为：（1）没有判例支持对某一植物的所有权一定必然取代该植物中专利的专利权。（2）即使原告没有控制好专利的自然散布，也不会发生被告主张的原告放弃其专利权的结论。（3）含有专利的基因存活于活体的植物中，不需要人为介入就能够生产含有相同基因的后代，这些含有基因的植物出现在土地上时，是否农民知悉其含有他人的基因专利，知悉该基因的特性，而继续进行种植，较为复杂。本案中的被告明知所涉植物有涉案专利的特性，因此不需要去审查被告的主观状态，但该问题是否会影响侵权的损害赔偿，高等法院认为有争论的空间。

4.3.3 农民留种是否侵害专利权

上述加拿大的案件中被告提出过农民留种的抗辩。在下面美国的案件中，也涉及这个问题〔Monsato v. McFarling 302 F3d 1291（Fed，Cir，2002）〕。孟山都公司授权不同的公司制造专利种子卖给农民，同时要求与购买者签署合同，被告违反了合同约定的种子只能被种植一次的约定，其将收获物中留存的种子放到了下一季进行种植，并一直重复，同时也没有支付授权费用。原告提出侵害专利之诉以及违反授权约定，请求法院下达诉前禁令。被告的抗辩包括专利权滥用等。

巡回上诉法院认为，一审法院认定构成专利侵权是正确的。（1）侵权行为是种植行为，被诉侵权的种子包含了涉案基因序列专利，被告保留含有植物基因的种子构成专利侵害行为。（2）签订协议的双方受协议内容的约束。（3）依据在先判例，新技术产生的优势不会使得消费者偏好于专利产品，而使得技术的专利权人违反反托拉斯法，而根据双方签订的合约，只能进行种植而不能再次用于繁殖后的再生产。不存在专利权滥用的情形。（4）对于是否产生专利权用尽，专利同时包含了种子和植物，双方签订的合约限定了原来的种子长出的新的种子不能被贩卖，由于原来的种子长出的新的种子并没有销售，所以专利权用尽的第一次销售原则是不适用的，而且被告支付的价格仅仅是专利使用权的价格。即本案中，专利权用尽原则只能适用于专利权人第一次销售的专利种子，该专利种子自行繁殖的种子不能够适用。(5) 对于农民种植专利种子所生种子的行为是否属于专利法中的制造，是否违反了农民留存种子的规则。法院认为，保护植物育种家的权利，植物品种保护法与专利法是互相补充的关系。在 2001 年先锋公司的判例中，已经明确了植物可以获得植物品种保护法以外的专利保护。因此，专利法提供的权利保护与植物品种保护法并不相同。专利法是不存在农民免责以及研究免责的规定的。

5 思考的问题

将专利种子所生的种子进行种植的行为是否构成专利侵权？专利权人对子代种子是否仍然拥有专利权？能否适用权利用尽即第一次销售理论？当事人之间的授权约定能否排除权利用尽原则？农民的转售行为是否侵害专利权？影响农民原有自行留种之种植习惯，是否对于整体的农业发展产生不良影响？是否会造成个别企业逐渐形成论断，导致控制农业？

参 考 文 献

[1] 魏衍亮. 生物技术的专利保护研究 [M]. 北京：知识产权出版社，2004.
[2] 李明德. 美国知识产权法 [M]. 北京：法律出版社，2003.

如何在我国现行植物品种出口政策及制度条件下做好品种权保护工作

袁国保　胡丽芳

（湖北省种子集团有限公司）

摘　要：种业国际化的快速发展，需要我们在农作物种子出口政策与管理方面不断进行探索。本文通过对我国现行农作物种子出口以及政策、制度安排情况进行分析，针对存在的主要问题，提出了完善我国农作物种子出口政策和制度建设，增强国际市场竞争力的对策。

关键词：种子；出口；知识产权

改革开放以来，我国农作物育种水平有了很大提高，有的已达到世界领先水平，突出表现在杂交水稻、杂交油菜、杂交棉花育种及应用技术等方面。一大批前瞻性的中国种子企业充分发挥我国农作物育种及应用技术在国际上的领先优势，积极参与农业国际竞争，并且随着国内市场竞争加剧，将会有更多的企业投入种子出口特别是种业国际合作行业之中。

1　我国目前农作物种子出口情况

1.1　我国植物新品种保护情况

1999年4月23日，中国正式加入国际植物新品种保护联盟，成为第39个成员，同时启动实施了《中华人民共和国植物新品种保护条例》（以下简称《植物新品种保护条例》）。据统计，截至2012年11月2日，中国受理植物新品种权累计申请量和授权量分别达到1万件和3880件。我国加入世界贸易组织，意味着我国的植物新品种保护已经纳入国际知识产权保护体系，为国家抵御植物新品种国际侵权、保护自有新品种权益、推动国内农作物新品种的国际商业流动提供了有力的武器。

1.2　我国农作物种子出口情况

国际种子市场规模巨大。随着细胞工程、生物工程、转基因技术在种子研发培育过程中的广泛运用，交通及信息等相关产业的飞速发展，国际种子市场规模不断扩大。2013年国际种子市场规模为426亿美元。美国市场作为国际上最大的种子市场，其规模达到120亿美元，占到国际种子市场的28.15%。中国作为传统农业大国，除自身用种量巨大外，随着国内种子产业的快速发展和国际种业巨头的进入，中国以90.34亿美元占国际种子市场总规模的21.19%，成为仅次于美国的第二大国际种业市场。中国种业市场已经成为国际种业市场重要的组成部分。随着全球化程度的不断加深，中国种业所面对的市场环境将更加险恶，竞争将更加激烈。为了提高我国种业国际竞争力，培养一批能够参与国际竞争的种子企业，农业部2003年年底提出把大力促进种子"走出去"战略作为一项新的工作来抓。近五年来，我国种子出口增速大大超过农产品出口的速度，其中最为重要的原因就是我国对以杂交水稻种子为代表的高新技术产品具备完全自主知识产权。

随着农作物种子国际市场的不断开拓，中国种子出口企业数量猛增。目前种子出口企业主要有四类：一是边贸企业，通过边境贸易将种子输入进口国；二是正规的种子出口企业，即获得含有种子进出口业务的全国种子经营许可证的种子企业，通过正规的国际贸易出口种子；三是以非种子经营为产业的农业企业，这类企业在发展对外农业承包项目时，顺便把种子通过自用物资带出；四是没有出口种子资质的企业,通过其他外贸企业代理出口种子。目前,还没有一个权威数字表明中国种子出口企业到底有多少,但种子出口企业显著增加是不争的事实。可以预见,随着国内市场的竞争加剧,将会有更多的企业投入种子出口行业之中。

1.3 杂交水稻种子出口情况

我国杂交水稻经过 30 多年的发展,从品种选育、亲本繁殖、种子生产到高产栽培技术都已达到相当完善的地步,高产优质新品种层出不穷,国际领先优势明显。我国杂交水稻技术出口始于 20 世纪 80 年代。1980 年 3 月 17 日,中国种子公司与美国园环公司在北京草签了"杂交水稻综合技术转让合同",从此世界掀起了研究杂交水稻的高潮。据不完全统计,除国际水稻所以外,先后开始了杂交水稻研究的国家有日本、美国、印度等 20 多个国家。

杂交稻为我国粮食增产做出了巨大贡献,由于种子出口数量不断攀升,杂交稻为一些发展中国家的粮食安全也发挥着越来越大的作用。世界上已有 20 多个国家和地区引种了我国的杂交水稻种子。据海关总署统计,2007 年杂交稻种子出口 2.14 万吨,同比增长 41.5%(表 1)。

表 1　2007—2014 年中国杂交水稻种子出口量　　　　单位:万吨

年份	2007 年	2008 年	2009 年	2010 年	2011 年	2012 年	2013 年	2014 年
数量	2.14	2.35	2.1	2.4	3.1	1.75	2.05	1.9

我国农作物种子特别是杂交水稻种子研究与开发对世界农业发展做出了巨大贡献,并将发挥越来越重要的作用。据专家测算,未来 10~15 年,全球杂交稻种植面积将达 1 亿公顷以上,每年需杂交稻种子 150 万~200 万吨,有 120 亿~160 亿美元的市场空间。而且第三世界国家对我国杂交稻种子与技术依赖性强,一旦在其农业生产中引种成功,将长期依赖进口。杂交稻种子与技术受到世界各国欢迎。中国杂交稻技术目前领先世界至少 5 年,21 世纪头 10 年是中国杂交稻技术出口的最佳战略机遇期。

2　我国目前植物品种出口的制度安排情况

为了保护国内粮食安全,国家对水稻、玉米等粮食作物种子出口实行主动配额管理制度,对经济作物种子则没有实行配额限制管理。同时,为了保护我国植物新品种知识产权,对种子出口也作出了一些限制性保护措施。

2.1 《中华人民共和国种子法》

第八章"种子出口和对外合作"中第四十九条明确规定:进口种子和出口种子必须实施检疫,防止植物危险性病、虫、杂草及其他有害性生物传入境内和传出境外,具体检疫工作按照有关植物进出境检疫法律法规的规定执行。

第五十三条规定:禁止进出口假、劣种子以及属于国家规定不得进出口的种子。

2.2 《植物新品种保护条例》

第二章第九条第二款规定:中国的单位或者个人就其在国内培育的植物新品种向外国人转让申请权或品种权的,应当经审批机关批准。

2.3 《农业转基因生物安全管理条例》

第五章"进口与出口"第三十七条:向中华人民共和国境外出口农产品,外方要求提供非转基因农产品证明的,由口岸出入境检验检疫机构根据国务院农业行政主管部门发布的转基因农产品信息,进行检测并出具非转基因农产品证明。

2.4 《中华人民共和国进出口动植物检疫条例》

该条例是 1992 年国务院发布的行政法规，通称"外检条例"。主要规定了受检范围，检疫对象，应检病虫，进口、出口、旅客携带物、国际邮包、过境等检疫的制度及程序，违反检疫规定应承担的法律责任等。该条例第三章对动植物及产品出境检疫作了明确规定。

2.5 《中华人民共和国植物检疫条例》

该条例通称"内检条例"，只有进口检疫的条例。与此对应，我国植物品种出口都要接受进口所在国的有关植物检疫法规管理。

2.6 《农作物种质资源管理办法》

第十条规定：未经批准，境外人员不得在中国境内采集农作物种质资源。中外科学家联合考察我国农作物种质资源的，应当提前 6 个月报经农业部批准。

第二十七条规定：国家对农作物种质资源享有主权，任何单位和个人向境外提供种质资源，应当经所在地省、自治区、直辖市农业行政主管部门审核，报农业部审批。

2.7 《进出口农作物种子（苗）管理暂行办法》

该办法作了系统、全面的规定，但因当时（1997 年）改革开放程度和历史限制，与现在的情况有些不适应。与之配套的有"进出口农作物目录"，明确规定禁止交换的种质资源和限制交换或出口的农作物种类及品种。

3 我国农作物种子出口存在的主要问题

3.1 低水平恶性竞争问题

由于当前种子"走出去"纯粹属于企业行为，都是出口企业各自为政，将种子样品弄到国外试种，按照进口国的要求参加试验、示范和推广，用属地国名称或编号进行销售。随着出口种子市场规模的逐步扩大，国内其他种子企业纷纷效仿，把国内市场竞争的方式照搬到国外，品种同质化现象越来越严重，甚至是同一个品种使用不同的名称来进行推广销售。同质化竞争的结果必然是低价倾销，最终导致种子出口恶性竞争，破坏中国种子行业的整体利益。由于出口企业数量众多，又没有有效的知识产权保护与协调机制，我国种子出口竞争表现为"五低"。

一是低端市场。我国的杂交水稻、杂交棉花在世界上具有领先的科技水平，但是在国际市场上就其市场开发而言表现却是一个低端市场：（1）出口市场局限。我国杂交水稻、棉花主要出口东南亚，而东南亚国家也局限在越南、孟加拉等国，对于较发达国家、拉美市场却没有企业去培育。（2）出口品种单一。现在出口的主要是杂交水稻，而对于杂交棉花、杂交玉米以及其他品类，少有企业去开拓。（3）缺乏策略。不按贸易法则运作，往往只是把国内普遍存在的低价倾销营销策略简单照搬过去。

二是低档次。出口种子的质量、包装以及其他服务、贸易方式仍是低档次，把国内经营上的一些陋俗带到国外。

三是低价格。出口种子的价格较低，有的种子每千克价只有 1.2 美元，甚至低于国内价格，没有把科技含量和研发成本计算在成本之内。

四是低利润。由于价格低，而开拓市场的费用高，结果利润低，企业的负担重，甚至有的企业亏本经营。

五是低质量。由于价格、利润的限制，很多企业出口只有以次充优来降低成本，结果种子质量较差，影响我国种业整体国际形象。

3.2 不注重知识产权保护，不注重品种登记注册

目前，我国在国外注册的品种较少，以注册品种开展经营的公司也较少。国外大的企业开展国际贸易时，首先注重知识产权的保护，然后从培育市场开始一步一步向前推进，也就是先做好基础工作，再做实物贸易。而我国则相反，往往注重实物贸易。现在我国除了少数企业是按品种的区试、示范、注册、推广程序循序渐进外，大部分企业均是走捷径，找一个客户，然后试种，稍有成功后就进行实物交易。这种风险在国内是屡见不鲜的。其结果是使本可以获得的品种权使用费最终丧失，而更为重要的是品种没有得到保护，容易被他人套用，丧失权利，甚至会导致大量的种子纠纷。当然，这里还存在有的进口国尚未实行植物新品种保护的问题。

3.3 不注重技术服务，一锤子买卖多

种子出口是物化技术的出口，不是一般商品的出口。品种的表达与种植技术、当地气候有很大关系。这种特性，决定了种子出口必须与技术出口配套相结合才能获得成功。否则，再好的品种也不能表达出正常的遗传性状。如果不注重这种售后服务，市场很容易丧失。现在我们有的企业出口种子就是一锤子买卖，不强化售后服务。

3.4 对进口国政策研究不够，技术壁垒成为阻碍出口的主要因素

种子生长受气候、地理、生态、种植技术等条件影响很大，不同国家和地区的品种具有不同的生长特性和优势。我国杂交稻种子出口业务一直是由各个企业单独与国外公司进行，没有相应的协调机构专门针对进口国的有关政策、法规进行系统研究。而国外各国政府对种子都非常重视，为了限制我国杂交稻种子的进口，以预防外来生物入侵、保护本国农业安全为由的技术贸易壁垒日渐强化。国内单个企业则因无力应对进口国的技术壁垒，在贸易中造成许多不必要的损失。

4 增强我国农作物种子国际竞争力的对策

4.1 加快建立适合中国国情、符合国际惯例的植物新品种保护法规体系

近年来，为配合《植物新品种保护条例》的实施，农业部先后制定了《中华人民共和国植物新品种保护条例实施细则》《植物新品种复审委员会审理规定》《农业植物新品种权侵权案件处理规定》等配套规章。实践表明，目前这些法规体系初步成形，但不够完善，尤其在进出口管理方面还有空白及不适应的地方。特别是《进出口农作物种子（苗）管理暂行办法》已颁布多年，当时尚无《植物新品种保护条例》，应根据"条例"的原则和精神，结合种子"走出去"战略实施的需要，修订"办法"及"目录"，使之更具可操作性。

4.2 建立和完善农业植物新品种保护技术支撑体系，提升品种权审批授权和保护能力、水平

这方面一是要缩短从申报到审批授权的年限；二是要增强测试的能力，尤其要提高分子生物学的测试能力。

4.3 大力推进品种权及种子国际交易，推进品种权及种子国际转化应用

目前，国内植物品种权交易转让费每年亿元以上，但国际交易较少。这需要农业主管部门"走出去"与主要进口国商谈促进品种权及种子交易，规范交易行为。同时要变被动保护的国际贸易政策为积极主动的种子出口贸易政策，促进种子出口。

4.4 加强农业植物新品种权保护的宣传教育培训

"徒法不足以自行。"要通过宣传教育培训工作，使有关农业植物新品种权保护的单位和个人学法、

知法、守法，并形成相互监督的法律环境，以提高执法效率。

4.5 规范种子出口，提高种子出口门槛

种子出口必须有一个"门槛"，没有这个"门槛"，种子出口注定泛滥。设立种子出口"门槛"是规范种子出口的第一步。门槛过低会导致所有企业挤过"独木桥"，无序竞争就会出现。如果门槛过高，那么国内很多优秀企业将被拒之门外，结果会阻碍我国的种子出口。因此，这个"门槛"既要适合国内种子企业的现状，又要保持企业竞争活力，还要建立一种良性的、规范有序的竞争协调机制。我国的种子企业出口除了具有全国种子经营许可证进出口资质、国家进出口企业资质证书、品种的使用权证书、生产证书等基本条件外，还应具有 ISO 9001：2000 质量管理体系认证证书，条件成熟的情况下还要求进行 GAP（良好农业规范）认证。这应该是种子出口企业的最低门槛。非农业企业的对外承包公司不得进出口种子。

4.6 实行出口种子生产许可证制度

种子是有生命的遗传物质产品，这种"活"的特性决定出口的种子必须由自己生产。农业部应对出口种子实行生产许可证制度。没有这个许可证，企业就不得生产出口。种子出口企业出口的品种应是只有本企业具有生产权的品种，否则不得审批出口。出口企业如果出口的不是自己生产的种子，一则容易与育种者发生纠纷，二则容易以次充好，发生短期行为，出现种子质量纠纷。通过实行出口种子生产许可证制度，可以有效监管出口种子的知识产权权属，还能提高种子企业对外服务的能力，保证种子质量。

4.7 建立种子质量可追溯体系

种子生产是在田间进行，俗称"露天工厂"，其生产受到环境、气候等方面因素的影响，种子质量的形成处于一个"受控于天"的状态，并且中国农田均以农户为基础，一家一户种植面积小、分散，在千家万户的农民中组织生产，又使种子生产处于复杂化。为了保证种子质量，种子企业应该推行出口种子的可追溯体系建设，即种子质量可以溯源，一旦种子出现质量问题以后，可以追溯这批种子是哪个基地、哪个农民、哪批亲本生产的，这样便于查到问题的症结。种子出口企业除按照 ISO 9001：2000 质量管理体系中的要求对质量进行控制外，还要按照 GAP、HACCP 中的田间规范控制要求，建立种子出口生产可追溯体系。只有建立了这种体系，种子质量才有保证。商务部有这个要求，农业部应会同商务部对出口种子企业建立可追溯体系进行监督、认证。没有建立这个体系的种子企业就不得出口种子。

4.8 建立政府间跨国种子区试与联系机制，协同保护和促进种子与技术出口

农作物品种跨国流动是商业行为，必须要有相应的规则来维护。虽然我国在引进国外农作物品种方面，已经形成了成熟的品种区域试验和审定管理办法，但在农作物品种"走出去"方面，除了国家制定的种质资源保护目录，对中国农作物品种到国外开展区域试验完全是由企业自发、自愿、自行操作，没有纳入国家行业管理规范，从而造成许多管理真空与漏洞。面对不可逆转的农业国际化战略背景，农作物品种"走出去"跨国区试放任自流的局面必须得到尽快而有效的控制。解决这一问题不能指望属地国政府，只有从源头即出口区试品种环节上把关，才能从根本上规范种子出口秩序，保护我国农作物种子出口利益，保持和提高中国种子国际竞争力。

种子是具有自然和市场双重风险的生物型高风险产品，种子出口风险更高。种子与一个国家的粮食安全是紧密联系在一起的，种子事故在国内很容易引发群众上访、围攻政府的社会政治事件。而出口种子遇到重大事故时，单个企业很难应对和承受，缺少国际合作经验的行业协会也难以发挥出有效的作用，属地国政府及相关组织的作用才是关键。通过政府间农业合作与协商机制，既能充分保护种子企业的农作物品种知识产权，还可以依靠外交与政府途径，降低和规避出口种子的意外风险，为中国种子"走出去"保驾护航。

综上所述，农业国际化以及经济全球化的发展，需要我们在农作物种子出口政策与管理方面不断进行探索，努力使我国走在种业国际化的世界前列。有关国际商业合作方面的规则，几乎都是西方发达国家率先制定而获得话语权的，这肯定是对规则制定者本国有利的。不管规则是否合理，我国企业要进入国际市场，就必须学习规则、适应规则，常常要削足适履，为此付出巨额的学费。在一些西方发达国家尚未涉足的知识产权保护领域，如跨国品种区试合作与认定、杂交水稻种子国际贸易的规则与技术标准等，我们应该主动争取参与或主持规则制定，掌握主动权和话语权，为我国种子企业在国际市场上争取有利的地位，从而提高国际竞争能力。

农业领域的专利保护研究：以湖南省为例

刘跃红

（湖南省知识产权局）

摘 要：以当今国际经济兴衰变化为背景，阐述了经济危机催生重大科技革命的事实。同时联系湖南省情和湖南省农科院院情，突出研究了专利的重要性、湖南省农业专利情况及怎样申请专利三个问题。

关键词：专利重要性；湖南农业专利省情；专利申请步骤

1 专利保护的重要性

1.1 从历史发展机遇来看专利保护的重要性

纵观世界经济的发展历史可以发现，大量企业（包括跨国企业）的兴衰过程足以证明：全球经济危机既是挑战也是机遇。经济危机往往催生了重大的科技革命，两者总是一对孪生兄弟（表1）。

表1 全球性经济危机往往催生科技革命

	第一次	第二次	第三次	第四次	第五次
经济危机	1788年 英国经济危机	1825年 英国生产过剩	1857年 世界经济危机	1929年 美国经济危机	1974年 美国滞胀
科技革命	18世纪后期 纺织机	1829年 蒸汽机	1866—1879年 电灯、电话、电机	1930—1960年 汽车、石油等	20世纪中叶 计算机、材料
主要标志		蒸汽时代	电气时代	汽车时代	电子时代、太空时代
引领	英国引领	英国引领 葡萄牙忽视 印度错失	美国引领 日本参与 葡萄牙忽视 印度错失	美国引领 日本参与 印度错失	美国引领 日本参与 苏联忽视
资源要素	棉花、铁、煤炭等			金属、石油、芯片等	

1.2 从对国际上的承诺来看专利保护的重要性

我国2001年年底加入世界贸易组织（WTO）。世界贸易组织的目标是建立一个完整的，包括货物、服务、与贸易有关的投资及知识产权等内容的，更具活力、更持久的多边贸易体系，包括关贸总协定贸易自由化的成果和乌拉圭回合多边贸易谈判的所有成果。虽然我国已经建立了比较完备的知识产权法律制度及体系，但是这一进步过程还是比较艰难的。

在经济全球化情况下，生产要素在全球范围内进行配置，谁掌握了知识产权，谁就掌握了经济发展的根本动力，控制了经济过程中绝大部分利润。西方世界拥有知识与技术的优势，为垄断这种优势，他们更多地用知识产权打压我们。

如美国《关税法》337条款的主要内容是："如果任何进口行为存在不公平竞争方法或者不公平做

法（主要指侵犯美国版权、专利权、商标权和实用新型设计方案等知识产权），可能对美国产业造成抑制，ITC 可以应美国国内企业的申请进行调查。"这款立法目的在于防止美国产业因进口产品的不公平的竞争而遭受损害，特别是在知识产权方面。

欧盟 2011 年的年度海关报告称：中国软件盗版率高达 79%，中国是查获仿冒品的最大来源国，仿冒品 64% 来源于中国，且呈现逐年上升的趋势。在美国海关查扣的侵权产品中，中国产品占了 81%；盗版给美国造成了 35 亿美元的损失。

西方国家频频谴责中国侵犯知识产权，用辞之激烈，已至无以复加之境地，诸如"剽窃者天堂""最严重的侵权者""伪造产业的堡垒""典型的伪造者国民经济"等，知识产权涉外纠纷也不断频发。现实中的世界贸易不平衡和企业的生存危机深刻教育了我们。

1.3 从我国自身发展需求来看专利保护的重要性

经过 30 多年的改革开放，我国的综合国力显著增强，但是在知识产权方面，我们付出的代价却是惊人的巨大。例如，2014 年 3 月 26，WTO 判决中方稀土案败诉。1 元钱的稀土原料，我们粗加工最多卖 10~20 元人民币，到欧美做成产品后，我们却要花 1000 元人民币才能买回来，皆因中国的稀土深加工技术落后。

稀土是新科技的粮食。现在世界上每 6 个发明中就有一个要用到稀土。在炼钢炼油、化工、医药、农业、光学，特别是航空航天和高新电子产业中，稀土更是必不可少。中国拥有全球极其珍贵的稀土资源，确还不能带来巨大的财富。

1.3.1 "穷帮富"与我国的专利保护

（1）在经济上，中国出口贴 17% 的退税，就是好东西贱卖；还有的美国企业从中国低价进口物品，"贴牌"高价售出；美国享受高工资、高福利的生活方式，优良的生态资源储存不动，却大肆低价购置不发达国家的物质资源。

（2）在技术上，微软 2012 财年营收 742.6 亿美元，运营利润 285 亿美元，以 Windows 和 Office 系列为主力产品，利润率高达 85% 之多。对比中国杂交水稻研究成果对世界贡献这么大，而当年杂交水稻技术转让给美国，仅获得非常低廉的转让费，其盈利与微软无法相比。

1.3.2 "君是贼"与我国的专利保护

中国有五千年文明史，素有"礼仪之邦"之称，也以其彬彬有礼的风貌而著称于世。我国长期的文化传承使得中国和西方在社会文化方面具有很大差异。中国是世界文明的发源地之一，但是要看到这种落后的文化背景，要在知识产权保护中强化我国的文明大国地位（表2）。

表 2　中国和西方在文化社会方面的特征差异

传统中国	西方
自给自足—农业经济	市场—商业经济
农耕文化/和合文化	商业文化/竞争文化
重农轻商、重义轻利、排斥市场	自由选择、平等竞争、契约约束、法律保护
宗法等级/服从/人治	平等/法治
守常	创新

面对我国改革开放、结构调整、新研制产品的专利数量激增和商品与资本高增长进入海外市场，一些发达国家的少数人总以自己的思维方式发表妄议，他们最通常的手法就是把贸易政治化，将中国依靠自主创新和专利保护发展经济的事实反诬为产品侵权盗版等，不但破坏中国的国际形象，并运用其相关法律进行打压。这只能更加激发中国法律维权的意识，强化中国的专利保护。

1.3.3 "锦已残"与我国的专利保护

中国许多资源人均拥有量已经低于世界平均水平,如石油11%、天然气4.1%、煤炭86%、铁45%、铜26%、铝9.7%;我国的土地资源也十分紧缺,人均耕地只相当于世界平均水平的40%。我国单位产量资源和能源消耗量是美国的3~4倍,欧盟的4~5倍,日本的7~9倍,印度的1.8倍。我国的环境污染已经陷入危机状态,呈现出高污染、高消耗、高依存度的特点,主要污染物排放量已超出环境容量。

改变这种落后是我们强起直追的动力,如果不加强我国的知识产权保护这种落后还将延续。

1.4 申请专利具有名利双收效果

总结世界发达国家的科技进步历史,可清楚地了解到,专利数量是衡量创新力的重要指标;专利数量也是衡量技术水平的一个指标;专利数量也是反映企业商誉水平的一个指标。经过多年的发展,中国的企业在这三个指标方面也取得了长足的提升。

有的企业采用市场垄断方式,特别是农药、医药、特许企业、上市行业,比较容易达到名利双收的效果。例如,辉瑞公司专利降低胆固醇的药"力普妥",2010年销售额110亿美元。有的企业通过市场运营方式(专利转让、许可、交换、拍卖、投资、质押贷款、入股、合作等手段)达到经营效果。例如,苹果与微软等6家公司以45亿美元购买北电6000余件专利。

1.4.1 我国常见的鼓励政策的主要作用

(1) 高新企业、技术中心、工程试验室、高级建筑工程公司的认定条件之一;
(2) 政府采购、科技项目、技改项目、技术引进等重大项目立项的优先安排条件之一;
(3) 有利于企业上市扩大资本;
(4) 评科技进步/成果奖、专利奖认定条件之一;
(5) 工程师、高级工程师、科技领军人物等参考评定的条件;
(6) 给予专利申请、维持、国外申请费用的资助;
(7) 专利项目的奖励;
(8) 专利发明人的奖酬、职称;
(9) 授权专利在银行进行质押贷款,促进深入研发和成果转化。

1.4.2 对专利发明人的奖酬十分明确

(1)《中华人民共和国专利法实施细则》第七十七条规定:自专利权公告之日起3个月内发给发明人或者设计人奖金。一项发明专利的奖金最低不少于3000元;一项实用新型专利或者外观设计专利的奖金最低不少于1000元。第七十八条规定:发明或者实用新型利润中提取不低于2%,外观设计专利不低于0.2%。

(2)《湖南省专利条例》第十三条规定:公告之日起3个月内发明专利的奖金最低不少于5000元,一项实用新型专利或者外观设计专利的奖金最低不少于2000元;发明、实用新型专利的营业利润中提取不少于5%,外观设计专利的营业利润中提取不少于1%,转让、许可实施该项专利收取的费用纳税后提取不少于20%作为报酬支付给发明人或者设计人。

2 湖南省农业专利情况

2.1 专利权人地域分布(1985—2013年)排序

表3为区域农业知识产权创造指数。

表3 区域农业知识产权创造指数

排名	区域	知识产权创造指数	申请量指数	授权量指数	维持年限指数
1	山东	92.07%	82.26%	100.00%	98.02%
2	江苏	89.40%	100.00%	87.39%	84.54%
3	北京	77.84%	65.03%	75.36%	100.00%
4	浙江	76.82%	63.94%	89.83%	82.06%
5	广东	69.39%	57.24%	73.37%	83.05%
6	上海	43.77%	41.04%	41.65%	52.49%
7	辽宁	41.12%	35.81%	39.29%	53.09%
8	四川	37.44%	31.26%	41.11%	44.19%
9	黑龙江	36.70%	29.54%	38.92%	46.60%
10	河南	36.14%	30.93%	38.49%	43.04%
11	湖北	28.82%	25.21%	31.10%	33.80%
12	安徽	27.90%	32.11%	32.77%	22.93%
13	湖南	27.42%	24.43%	29.60%	31.73%
14	福建	25.98%	22.53%	30.62%	28.47%

2.2 相关省级农业科学院专利数量比较

湖南省2012年农业总产值全国排名第6，人均产值为第10。湖南省农业科学院专利申请数量仅36件，严重不足。而与湖南省相邻的湖北省农业科学院有409件专利，其中该院植保土肥研究所有37件专利，包括一种土地整理区域土壤快速培肥的方法、一种用于冷浸田土壤的改良剂及其应用、一种防治作物土传病害的肥药双效生物有机肥及其制作方法、一种降解秸秆的腐熟剂、农田地下淋溶和地表径流原位监测一体化装置、水旱轮作条件下的径流收集管和径流收集装置等。湖南省农业科学院科研水平与应有的发明创造专利申请水平不配套，应当重视（表4）。

表4 各省农科院专利申请数量

省级农业科学院	专利数量（件）
湖南省农业科学院	36
黑龙江省农业科学院	212
吉林省农业科学院	280
安徽省农业科学院	346
河南省农业科学院	350
四川省农业科学院	398
湖北省农业科学院	409
云南省农业科学院	746
福建省农业科学院	978

2.3 相关农业专利技术实施及转让典型案例

湖北启明生物工程有限公司是2009年成立的一家企业，总投资3000万元。2010年产值达8000万元，2013年产值达2.2亿元。公司主要技术是6件专利：一种整体灭菌发酵罐、一种超薄发酵床及所用的发酵床菌剂、一种超薄发酵床菌剂的生产方法等。该公司研发的固态发酵床菌剂，解决了目前国内液体发酵不完全、垫料厚、除臭效果差的问题，一举占领市场。

中国农业科学院饲料研究所姚斌研究员主持的"饲料用酶技术体系创新及产品创制"项目申请发明专利47项（已授权32项），这些技术使国内植酸酶的市场价格为1995年国外公司进入中国时价格的 1/24，添加成本为最初的 1/70。近 5 年专利及技术转让（许可）达到 18 项次，并成功实现了向美国的技术转让，转让金额超过 5000 万元。

福建省农业科学院畜牧兽医研究所 2011 年将"雏番鸭细小病毒病活疫苗"和"雏番鸭细小病毒病乳胶凝集试验和凝集抑制试剂"专利技术转让给广东大华农动物保健品股份有限公司，转让费 230 万元。"鸭传染性浆膜炎二价灭活疫苗"成功转让给天津瑞普生物技术股份有限公司高科分公司、成都川宏生物科技有限公司和杭州荐量兽用生物制品有限公司 3 家疫苗生产企业，转让经费 660 万元。

3 申请专利的理论依据与途径

3.1 专利性判断

首先根据《中国人民共和国专利法》（以下简称《专利法》）第二条、第五条、第二十五条判断是否属于专利保护范围。其次判断该专利是发明专利还是实用新型专利，最基本的判断条件就是"三性"：新颖性，没把握，原则不申请；创造性，没把握，一般不申请；实用性，没把握，不申请。

判断授予外观设计专利是与以往公开的条件不相同或不相近似。

3.2 可行性（经济性）判断

选择申请或不申请的思路是：市场前景周期长短，变化快慢；发明的技术含量高低，价值大小。

选择专利还是其他的保护种类有：技术秘密、植物新品种、商标的保护等。

选择实保护或虚保护的方法可以从以下方面入手：防卫、索赔、广告宣传、成果、职称、房子专利等。

3.3 选择保护的原则

选择专利保护的原则：技术容易公开；保护市场或抑制竞争对手的垄断性强；成本核算上可行。

选择商业秘密的原则：不公开能够保密；公开后不易维权。

选择植物新品种的原则：新的植物品种；技术容易公开。

3.4 选择申请专利的种类

（1）发明：经济管理技术、演奏技术等与自然规律无关的技术方案都不是《专利法》所指的专利。

特别要注意审视发明与发现不同。一般来说：发明是应用自然规律解决技术领域中特有问题而提出创新性方案、措施的过程和成果。发现是指事、物第一次被看到或知道，或者由于对一个目标的研究或经验而找到。

（2）实用新型专利：必须是产品，方法、工艺不行。必须是有形状构造的产品。

（3）外观设计专利：保护的是一种美术思想必须与产品相结合、富有美感、能批量复制。

3.5 选择专利种类要考虑的因素

（1）客体：是否符合。

（2）时间：保护时间长短，授权早晚。

（3）费用：高低；国外、合案、组合等因素。

（4）专利保护要制止的行为包括：制造，使用，销售，许诺销售，进口。

（5）专利保护的力度：强、弱。

专利保护最有效是对产品，形状、结构、配方容易维权。例如，某方法的温度必然产生产品的某一颜色和裂纹特征，如"中国红"。

3.6 选择申请专利的时期

在我国，审批专利采用先申请原则。因此申请人应及时将其发明申请专利，以防他人抢先申请。由于申请专利的技术须具有新颖性，应首先申请专利，再发表论文，以免因过早公开技术而丧失申请专利的机会。

例如青蒿素的教训：青蒿素是抗疟疾新药，但当时我国发现者发表了论文没有申请国内外专利保护，结果该药被国外企业稍加改造抢先申请了新药专利，使我国每年出口减少而蒙受损失 2 亿～3 亿美元。

申请日的确定延伸了定位意义、保护期的基准、审查基准三个方面。

3.7 选择申请专利的数量

选择申请专利数量时，应注意以下三个策略的灵活运用：核心技术保护策略；木桩篱笆保护策略；核心技术加核心技术保护策略。

3.8 专利申请的途径

申请人在专利申请过程中，办理申请手续有两条途径：一是申请人自己撰写专利申请文件和办理各种手续；二是委托专利代理机构来撰写专利申请文件和办理各种手续。

一般企业最好请代理人，一般要委托代理机构代理，申请文件是法律文件，也是确定财产内容的文件，如保护范围的确定。

委托专利代理机构要做好技术交底，这是获得完善保护的前提。总而言之，加强农业领域的专利保护，始终要做好以下有关工作：（1）解剖技术，确定申请种类件数；（2）取好名称，确定技术领域；（3）选择背景，确定技术内容；（4）反复推敲，确定保护范围。

4 总结

研究湖南省在农业领域的专利保护，在当前乃至以后若干时间内都有着重要的意义，这与农业科学研究取得的重要创新、对世界人民的重要贡献是分不开的。希望广大农业科技人员深入研究世界经济兴衰历史，深刻总结历史教训，认真贯彻党中央国务院关于知识产权重要方针政策，创造、保护、运用好知识产权，勿忘初心，持之以恒，为我国的经济强盛做出更大贡献。

评估技术与方法研究

国家科技计划项目知识产权归属与知识产权运用研究

宋河发 李振兴 吴 博

(中国科学院科技政策与管理科学研究所)

摘 要：在我国进入创新型国家建设和国家知识产权战略实施的攻坚时期，建立完善激励创新的产权制度、知识产权保护制度和促进科技成果转化，要从管理制度上明确知识产权归属，才能有效促进知识产权运用。本文研究了我国高校和科研机构的现状，借鉴发达国家经验，提出了政策建议。

关键词：国家科技；计划项目；知识产权；归属问题；运用政策；研究建议

目前，我国已进入创新型国家建设和国家知识产权战略实施的攻坚时期。为此，党的十八大提出实施创新驱动发展战略，第一次将创新驱动发展提升为国家战略。党的十八届三中全会通过的《中共中央关于全面深化改革若干重大问题的决定》特别强调，要"加强知识产权运用和保护，健全技术创新激励机制，探索建立知识产权法院。打破行政主导和部门分割，建立主要由市场决定技术创新项目和经费分配、评价成果的机制。发展技术市场，健全技术转移机制，改善科技型中小企业融资条件，完善风险投资机制，创新商业模式，促进科技成果资本化、产业化"。党的十八届四中全会更是提出"完善激励创新的产权制度、知识产权保护制度和促进科技成果转化的体制机制"，明确了创新驱动发展的一系列重大任务。尤为重要的是，2015年3月13日，中共中央国务院发布了《关于深化体制机制改革加快实施创新驱动发展战略的若干意见》，提出实施严格的知识产权保护制度，部署了创新驱动发展的一系列重大任务。

在我国创新体系中，国家科技计划项目具有重要的地位，是我国原始创新、集成创新和引进消化吸收再创新的重要政策工具。2014年，全国研究与试验发展（R&D）经费投入13015.6亿元，比上年增长9.9%，产出了一批重大创新成果，攻克了一系列核心关键技术，充分发挥了集中力量办大事，引导全社会研发投入的重要作用，有力支撑了国家自主创新能力建设和创新型国家目标的实现。然而，国家科技计划项目管理还存在知识产权归属不清、知识产权运用效果不佳等一系列问题，这些问题已成为制约我国创新驱动发展的长期性重要制度性障碍，必须加以解决。为此，我国近年来出台了一系列涉及国家科技计划项目管理的相关法律和政策，明细知识产权归属，促进知识产权运用。

1 法律与政策

我国国家科技计划项目管理相关的法律和政策是一个不断"放权"的过程。2000年颁布的《中华人民共和国专利法》（以下简称《专利法》）第六条规定，"执行本单位的任务或者主要是利用本单位的物质技术条件所完成的发明创造为职务发明创造。职务发明创造申请专利的权利属于该单位；申请被批准后，该单位为专利权人"；"利用本单位的物质技术条件所完成的发明创造，单位与发明人或者设计人订有合同，对申请专利的权利和专利权的归属作出约定的，从其约定"。改变了1992年颁布的《专利法》第六条规定，关于职务发明"申请被批准后，全民所有制单位申请的，专利权归该单位持有；集体所有制单位或者个人申请的，专利权归该单位或者个人所有"，将职务发明知识产权下放给了单位。

与此同时，科技部2000年12月13日发布了《关于加强与科技有关的知识产权保护和管理工作的若干意见》，第一次明确提出承担国家计划项目知识产权归承担单位所有，精神权利归发明人所有的规定，"除了保证重大国家利益、国家安全和社会公共利益为目的，并由科技计划项目主管部门与承担单位在合同中明确约定外,执行国家科技计划项目所形成科技成果的知识产权,可以由承担单位所有";"执行国家科技计划项目所产生的发明权、发现权及其他科技成果权等精神权利,属于对项目单独或者共同作出创造性贡献的科技人员"。

2002年,科技部、财政部发布了《关于国家科研计划项目研究成果知识产权管理的若干规定》,进一步明确了国家科研计划项目研究成果的知识产权归属,除涉及国家安全、国家利益和重大社会公共利益的以外,科研项目研究成果形成的知识产权,国家授予项目承担单位。承担单位可以依法自主决定实施、许可他人实施、转让、作价入股等,并取得相应的收益。

在明细知识产权归属基础上,我国开始加强国家科技计划项目的知识产权的管理。科技部2003年发布的《关于加强国家科技计划知识产权管理工作的规定》中规定国家科技计划项目的申请、立项、执行、验收以及监督管理中全面落实专利战略;科技计划指南编制需要进行知识产权调查;将知识产权状况作为项目申请和立项的必要条件;加强项目执行和验收的知识产权管理情况监督;项目承担单位应加强相关知识产权管理工作,同时也规定允许列支知识产权事务费。

为将知识产权归属制度化,我国2007年颁布了修订后的《中华人民共和国科技进步法》(以下简称《科技进步法》),该法第二十条规定,利用财政性资金设立的科学技术基金项目或者科学技术计划项目所形成的发明专利权、计算机软件著作权、集成电路布图设计专有权和植物新品种权,除涉及国家安全、国家利益和重大社会公共利益的外,授予项目承担者依法取得,第一次从法律上明确了国家计划项目知识产权归承担者依法取得。

科学技术部、国家发展和改革委员会、财政部、国家知识产权局2010年7月1日印发的《国家科技重大专项知识产权管理暂行规定》进一步扩大了知识产权的范围,规定"重大专项产生的知识产权,其权利归属按照下列原则分配:涉及国家安全、国家利益和重大社会公共利益的,属于国家,项目(课题)责任单位有免费使用的权利。除上述情况外,授权项目(课题)责任单位依法取得,为了国家安全、国家利益和重大社会公共利益的需要,国家可以无偿实施,也可以许可他人有偿实施或者无偿实施。项目(课题)任务合同书应当根据上述原则对所产生的知识产权归属做出明确约定"。

同时,我国国家科技计划项目管理相关的法律和政策还是一个不断"让利"的过程。财政部2008年通过的《中央级事业单位国有资产处置管理暂行办法》第九条规定,中央级事业单位一次性处置单位价值或批量价值在800万元人民币以上(含800万元)的国有资产,经主管部门审核后报财政部审批;在规定限额以下的国有资产,由财政部授权主管部门进行审批,并报财政部备案。第十一条规定了中央级事业单位处置规定限额以上的国有资产的程序:(1)单位申报。(2)主管部门审核。(3)财政部审批。(4)评估备案与核准。中央级事业单位根据财政部的批复,委托具有资产评估资质的评估机构对国有资产进行评估,评估结果报财政部或主管部门备案。评估结果按照国家有关规定须经核准的,报财政部核准。(5)公开处置。第三十三条还规定了收支两条线,中央级事业单位国有资产处置收入,在扣除相关税金、评估费、拍卖佣金等费用后,按照政府非税收入管理和财政国库收缴管理的规定上缴中央国库,实行"收支两条线"管理。2015年10月1日颁布实施的《中华人民共和国促进科技成果转化法》(以下简称《促进科技成果转化法》)取消了过去"两报两批"和"收支两条线"的规定,明确规定国家设立的研究开发机构、高等院校对其持有的科技成果,可以自主决定转让、许可或者作价投资,所获得的收入全部留归本单位,并且对于未约定或者高校科研机构"完成、转化职务科技成果作出突出贡献的人员"给予奖励和报酬的比例由之前的20%提高到不低于50%,自行实施或者与他人合作实施职务科技成果的,应当在实施转化成功投产后连续三至五年,每年从实施该项科技成果的营业利润中提取不低于5%的比例作为报酬。

2 科技项目的知识产权管理问题

美国《拜度法案》规定将联邦资助、拨款或合同项目形成的知识产权授予承包者,极大促进了知识产权的转化实施。将发明的权利授予承担单位是最重要的商业化的措施,实行统一的专利申请和许可程序,以及大学授予排他许可的能力也是技术转移成功的重要因素[1]。自此,欧洲许多国家和日本等各国都建立了自己的拜度法案,美国、英国、加拿大都规定研究机构须定期向政府披露知识产权的创造和转移转化进展[2]。然而,我国国家科技项目管理中仍然存在许多与创新驱动发展战略不相适应的问题,如知识产权保护意识淡薄、管理体系没有建立、激励机制不够健全[3],并且面临职务发明界定不清,以及技术合同不规范、人员流动导致知识产权流失的挑战[4],这与我国长期以来所形成的习惯性科研管理模式和科研人员根深蒂固的重论文、重成果的观念有较大关联[5]。在科研管理中能否实现对知识产权的有效管理,是创新能否持续高效产出的重要条件[6]。科研机构开展知识产权管理的作用是促进学术界与产业界的紧密结合[7],在科技项目管理中,应当高度重视利用专利制度为科技计划项目服务[8]。政府应对知识产权"放权让利",以提高科研人员创造和获取知识产权的积极性[9-11]。给予大学、科研机构专利所有权不仅是为了提高大学、院所的转化积极性,更重要的是激励社会和私人部门积极开发和转化政府资助项目的科技成果[12],但同时应平衡各个利益主体之间的关系,而公共利益属性是大学知识产权管理的重要特征[13]。在规范政府介入权行使的同时,还应完善权利配置机制,培育科研人员的知识产权意识,从而提高专利申请质量及实施效益[14]。

然而,我国科技计划项目相关法律和政策虽然规定了国家科技计划项目成果的知识产权产权归属,但仍然存在许多不足,知识产权归属制度还不完善,也没有建立合理的科技成果的收益分配制度,由于受到国有资产管理规定的诸多限制,我国的《科技进步法》并没有实现如美国《拜杜法案》的实施效果。

2.1 知识产权归属问题

我国国家科技计划项目知识产权的归属主要存在知识产权来源不同、归属范围不同、行使方式不同等问题。

一是知识产权来源不同。《科技进步法》只是规定承担国家科技计划、自然基金项目形成的知识产权下放给承担者,没有规定其他类型的国家计划和项目,以及地方政府财政性科技计划和项目形成的知识产权归属,也没有规定财政资金设立的高校科研机构自立项目形成的知识产权归属。而《专利法》等知识产权法规则不存在这个问题,凡是职务发明,知识产权都属于单位,如果是高校科研机构、国有企业的,还应当遵守国有资产保值增值的规定。

二是财政资金形成的知识产权权利归属范围不同。《科技进步法》所规定的知识产权并不包括实用新型、外观设计、技术秘密专有权、商标专用权等类型的知识产权,也排除了"国家安全和公共利益"计划和项目形成的知识产权归属,造成相当一部分知识产权和国防知识产权归属不明确。而《专利法》等法规规定,凡是属于职务发明的知识产权都属于单位,包括了各类知识产权。

三是知识产权权利行使方式不同。《科技进步法》已经将有关知识产权下放到承担单位,单位依法享有占有、处分、使用和收益的权利。但2015年颁布的《促进科技成果转化法》规定"国家设立的研究开发机构、高校对其持有的科技成果",虽然高校科研机构可以处置、使用和收益,但却是"持有",而且不包括占有,不仅与《专利法》等知识产权法规规定不一致,也与《科技进步法》规定不一致,造成了新的知识产权权利归属和行使方式不明确。

2.2 知识产权运用问题

近年来,我国知识产权数量大幅上涨,但知识产权对经济社会发展的支撑作用仍未充分发挥出来。虽然调查的我国企业专利实施率高达60%以上,但真正制造专利产品的企业的比例并不高,高校科研机构的专利转移和实施率也较低。中科院2013年三种专利申请达到13292件,有效专利22122件,但通过各种方式实施的专利只有1955件,实际收益6.75亿多元;全国高等院校2012年专利申请量达到113430件,有效专利117000件,但转让和许可的只有2380件,收入只有4.36亿元。其主要原因在于我国专利质量总体不高,其根本原因在于我国知识产权管理水平还较低。

一是知识产权质量总体不高。2014年我国专利申请受理量达到236.1万件,其中发明专利的申请受理量达到92.8万件,居世界第一,我国已成为名副其实的知识产权大国,但我国并不是知识产权强国,知识产权的质量和运用成效还不高。维持年限反映经济质量,说明书页数和权利要求数反映法定质量[15]，我国国内专利与国外来华专利在质量上仍存在不小差距。从有效发明专利平均维持年限看，2015年我国国内发明专利的平均维持年限为5.68年，而国外来华专利为9.08年。从有效发明专利说明书页数和权利要求项数看，2013年我国国内发明专利平均说明书页数和权利要求项数分别为5.5页和7.26项，而国外来华专利平均为18.98页和19.68项。国外也不断批评我国扭曲的知识产权政策和低质量的专利申请[16]，OECD（经济合作与发展组织）等一些组织发布的专利质量测度结果也显示我国的专利质量总体较低。

二是知识产权管理政策导向扭曲。专利质量不高的背后，是政府和民间的高校和科研机构评价指标体系的偏差。目前的评价体系无不关注知识产权数量，无不对SCI论文等赋予较大权重。科学论文和专利数量已成为科研机构和高校科研人员评聘和职称晋级的主要指标，也成为科研机构与高校彰显其科研实力的重要指标。部分科研机构和高校甚至将专利申请数量作为研究生毕业的条件之一。国家各类科技计划、基础设施建设项目、产业化项目、高新技术企业认定等均要求产生一定数量的专利，但对知识产权的规定很不具体，验收考核关于知识产权的要求不高，相当一部分专利申请与科研项目目标、与企业主营业务无关。地方政府和有关科研机构与高校的知识产权资助奖励政策也扭曲了知识产权保护和运用的本来目标。国家科技经费允许列支知识产权事务费也助长了专利申请的泡沫，课题组不用负担知识产权申请的任何成本。专利代理恶性竞争，过低的代理费用不可能产生高质量的专利文件，这也是部分优秀成果因专利文件撰写不当导致专利质量低和影响转移转化的重要原因。

三是知识产权组织体系建设落后。与国外大多数高校或科研机构的知识产权管理机构相比，我国高校和科研机构的知识产权组织体系建设普遍落后，知识产权一般由科技处或科研处代管，缺乏专门的面向技术转移和有投资基金的知识产权管理机构。据国家知识产权局2012年的一项统计，我国高校和科研机构有专门知识产权管理部门的仅占25.6%和31.3%，没有专门知识产权管理部门，而由科技处等代管的占59.9%和59.8%。由于科技处工作繁多，知识产权管理往往局限在成果管理层面，缺乏对知识产权申请、保护和运用有机结合的统筹考虑，更没有进行"全过程、全要素、全周期"的科研项目知识产权全过程管理，见表1～表3。

表1 高校科研机构知识产权组织体系建设

知识产权组织机构	高校	科研机构
有专门的知识产权管理部门	25.6%	31.3%
没有专门知识产权管理部门，由科技处代管	59.9%	59.8%
内部人员兼职管理知识产权	12.3%	8.4%

表2 高校科研机构知识产权管理职能

知识产权管理职能	高校	科研机构
指导科研人员对成果进行专利化可行性分析	73.8%	70.9%
负责研发成果专利申请管理工作	91.1%	92.1%
负责专利授权后市场化工作	62.5%	50.5%
负责专利授权后的权利维护工作	62.5%	62.1%

表3 高校科研机构知识产权转移产业化方式

知识产权转移方式	高校	科研机构
单位内部OTL办公室负责专利转移和产业化	62.2%	59.1%
建立创新公司独立市场化经营本单位专利转移和产业化	15.7%	16.5%
委托知识产权经济公司负责本单位专利转移和产业化	22.1%	24.3%

数据来源：国家知识产权局调查报告（2012）

而国外高校科研机构普遍建立了集中式知识产权管理机构。欧洲科研机构和高校一般建立了独资公司，管理知识产权管理与技术转移。美国科研机构和高校建立了内部技术转移办公室或技术许可办公室管理知识产权。日本通过内部技术转移办公室和外部投资公司管理知识产权。而且多采取知识产权、技术转移管理职能和投资职能合三为一的集中管理模式，都建立有一支由有科技背景专家、有企业背景专家和知识产权律师组成的人才团队，而且知识产权人员大多是复合型人才，见表4。

表4 主要国家大学和科研机构技术转移机构、模式与收益分配政策

大学/科研机构	组织模式与人员			专利申请许可		发明人与管理机构收益分配		
	类型	机构性质	人数	专利申请	专利许可	收益类型	发明人	知识产权与技术转移管理机构
斯坦福大学	OTL	内部机构	51	252	115	现金收益	28.3%	收益的15%
						股票收益	28.3%	收益的15%
威斯康星大学	校友研究基金会	内部机构	75			收益	20%	65%
国家卫生研究院	OTT	内部机构	69	300	198	2000美元以下	100%	
						2000~5万美元	25%	
						5万~15万美元	25%	
						15万以上美元	15万美元封顶	
阿贡国家实验室	ARCH开发中心	内部机构	18			现金收益	25%	
						股票收益	25%	20%（经营团队）+55%
弗朗霍夫学会	专利中心	社会机构	50	603	2847（合同）	收益	20%	20%
马普学会	创新公司	全资公司		128		收益	30%	1%
牛津大学	ISIS创新公司	全资公司	100	103		净收入7.2万英镑以下	61%	30%
						净收入7.2万~72万英镑	31.50%	30%
						净收入大于72万英镑	15.75%	30%
东京大学	产学研合作总部	内部机构	60	426		收益	(1-成本)×40%	成本

四是知识产权激励制度不完善。我国《科技进步法》规定，国家计划形成的知识产权归承担者所有，但这种所有权并不是充分的或完整的所有权，知识产权转移转化还受到国有资产管理、技术入股比例、入股投资审批、资产评估、科研人员兼职限制等许多其他法规政策的制约，激励制度不完善是造成知识产权运用和科技成果转化效果不好的重要原因。当前，我国的高校和科研机构还普遍存在重科研轻转化的思维模式，科技成果转化只是科研工作的副产品，技术成果转化工作人员也往往成为科研人员的附属，无人愿意从事专职的转移转化工作。这一方面由于目前的奖励机制存在问题，使相关人员缺乏动力；另一方面同样是对一项可科研成果的转移转化和价值实现做出了贡献的转化人员，其业绩很难与职称评定等挂钩。

五是知识产权管理人才队伍建设落后。与国外一些先进高校科研机构甚至企业知识产权与技术转移机构相比，我国科研机构和高校中专门从事知识产权工作的高水平人才很少，大多数没有形成人才团队，往往是科技管理人员一人多职，或者在科技处设立专职或兼职专利管理岗位。目前，我国科研机构和高校中，既懂技术又懂知识产权，还懂管理和市场的复合型人才更是缺乏，即使专利管理人员很多也缺乏专利代理人资格或律师资格以及实际从业经历，缺少专利运营的人才团队和运营能力，技术经纪人资格认证模式落后而且停滞。现有高校知识产权人才培养体制和课程设置过于面向法学，对复合型人才的培养重视不够。现有知识产权培训大多仍停留在提升意识层面，而对知识产权能力的培养还不足。

3 影响科技项目知识产权运用的政策问题

除我国知识产权运用的法律可操作性不足，相关法律规定之间存在交叉重复冲突外，国家科技计划项目的知识产权运用还缺乏必要的激励措施。

第一，现行科研机构和大学技术转移额低于500万元不需要缴纳所得税规定的额度过低，高于500万元需要缴纳所得税的政策，正好与激励科技成果转化和知识产权运用的目的相反。

第二，大学科研机构将知识产权入股的，虽然没有取得实际收益却要缴纳所得税，运营机构转让或对外许可知识产权也需要缴纳增值税，而无法将外购的知识产权进行进项抵扣，我国企业知识产权许可和知识产权投资的总体企业所得税税率还较高。

在个人所得税方面，相关政策也没有考虑创新和成果转化活动的风险性特征。《中华人民共和国个人所得税法》规定"财产转让所得""特许权使用费所得"应纳个人所得税，税率为扣除20%后剩余的20%，但知识产权收入往往一次性发生，负担较高。2010年，中关村"1+6"试点政策规定"以股份或出资比例等股权形式给予本企业相关技术人员的奖励，技术人员一次缴纳税款有困难的，经主管税务机关审核，可分期缴纳个人所得税，但最长不得超过5年"。虽然提出了分期交税，但由于专利转化乃至企业运营都存在风险，一旦转化失败或企业倒闭，技术人员不仅股权化为乌有，还欠下了大量的个人应缴所得税[17]。此外，对于技术入股和奖励收入，5年分期缴纳个人所得税时，往往是将股权（价值）分期累加到当月工资中，如果获得奖励科研人员工资已较高，因为个人所得税采用累进税率，最高为45%，分期奖励股权与当期的工资相叠加，就造成纳税人需要按照一个较高税率缴纳个人所得税的情况，反而给知识产权权利人造成较大负担。而且由于获得股权奖励并非现金收入，针对股权奖励缴纳的个人所得税还要从其工资收入中扣除，获奖励人士及收入比原来还有一定下降。

第三，没有解决专利运用的所有权与实施权的分离。财政部、科技部、国家知识产权局2014年9月26日发布的《关于开展深化中央级事业单位科技成果使用、处置和收益管理改革试点的通知》，将科技成果转化的权利完全授予试点单位。中共中央国务院2015年3月23日发布的《关于深化体制机制改革加快实施创新驱动发展战略的若干意见》，明确要求将符合条件的财政性科技成果使用权、处置权和收益权全部下放给有关项目承担单位。但科技成果的处置、使用和收益权在法律上不明确，也未能在根本的科技成果权属关系中体现对科研人员实际贡献的认可[18]。什么是处置权、使用权和收益权？这些权利如何行使？处置权是否包括制造、销售、转让、许可、赠与、继承？使用权是否是使用科技成果的产品或是使用方法、工艺？实际上，《科技进步法》已经将知识产权的所有权下放给承担单位了，单位自然就具有了科技成果知识产权的处置权、使用权和收益权，这些权利是所有权衍生出来的权利。需要做的是接受国有资产关于科技成果转化和知识产权运用的限制。

农村实行土地联产承包责任制、国有企业实行所有权与经营权分离制度是我国改革中的伟大创造。但农村土地和国有企业改革与知识产权制度改革是两类性质不同的问题，农村土地所有权归集体、承包权归农户，经营权可以转让给企业，而科技成果的知识产权所有权归承担单位，但科技成果完成人没有相应的权利如实施权，亦即制造、销售科技成果知识产权产品或者是使用科技成果专利方法的权利，只是规定在合理期限内没有实施的科技成果，完成人可以根据与单位签订的协议实施科技成果，但并没有明确成果完成人的权利是什么。科技成果知识产权往往需要集中才能实现转化。而现有政策也没有规定，科技成果实施权是否可以转让、集中、许可和入股。此外，"三权"政策在许多地方实际上被架空了，没有真正落到实处。如北京、山东等地将对职务成果完成人的奖励比例提高到70%，江苏和黑龙江更是高达90%，有些地方甚至达到99%，一些省份设置允许科技成果可以100%作价入股。但这些地方成果转化难的问题仍然明显存在。科技成果收益政策上归单位实际上大部分都奖励给了个人。高比例激励政策还会造成科研人员不能安心科研，有可能对基础研究产生不利影响，同时也会造成对高校科研机构激励不足，长此以往必然不利于科技成果转化的组织机构、人才团队建设[19]。

第四，缺乏促进财政性资金形成知识产权的识别集中和交易政策。市场发挥决定作用的基础是明晰的产权制度，而产权制度的前提是产权信息公开。当前，知识产权转化运用中存在严重的信息不对称及由此带来的风险不对称问题。企业和个人很难知道哪些知识产权是属于财政性资金支持形成的知识产权，很难知道财政性资金形成知识产权的实施和转让许可情况，不知道自己是否可以合理使用这些知识产权。信息获取难，信息获取成本高，导致财政性知识产权的转化运用难。同时，财政性资金形成的知识产权权往往分散在不同的权利人手中，存在"丛林"问题。面向技术标准和重大产品与服务的专利池和专利组合转化运用是专利转化运用的有效模式，我国一直缺乏专利池或专利组合经营的企业和财政性资金的公共集中管理平台，导致我国高技术和战略性新兴产业等领域知识产权转化运用的效率十分低下。

4 国外经验借鉴

第一，建立完善的知识产权和技术转移法律政策体系。以美国为例，美国十分重视知识产权的转化利用，正确定位政府职能[20]。自1980年至2000年，美国共颁布近20部知识产权和技术转移相关法律，其主要内容是促进大学、国家实验室、非盈利机构的知识产权和技术向产业界转移，以促进美国的技术进步与经济发展。1980年颁布《拜杜法案》允许大学等非盈利公共机构和小企业拥有政府资助项目的知识产权。1980年颁布《斯蒂文森－怀特勒技术创新法案》，1986年改名为《联邦技术转移法案》，2000年颁布了《技术转移与商业化法案》等。1998年颁布了《技术转移商业化法》，1999年颁布了《发明家保护法案》，2000年通过了《技术转移商业化法案》。这些法案鼓励建立国家或大学技术转移中心或成果完善化机构，加速产学研合作，简化联邦政府科技成果利用程序，极大地提高了科研机构、大学和产业界知识产权创造和转化利用的积极性。美国还要求一定规模的技术实验室必须设定技术转移岗位，这些规定从组织机构、人员队伍、收益分配等方面理顺了高校和科研机构知识产权管理的体制机制。

第二，设立专门机构集中管理知识产权和技术转移工作。集中和专门化管理知识产权的优势是便于执行统一的政策和标准，便于管理知识产权的整个流程，形成品牌效应。目前国际上主要有三种组织模式：一是欧洲科研机构和高校成立的下属知识产权管理与技术转移公司，如牛津大学全资成立了ISIS创新公司，主要职责包括知识产权、专利、许可、衍生公司、种子资金、天使投资人网络，以及提供专题咨询服务部门等。二是美国的技术转移办公室（OTT）或技术许可办公室（OTL），最知名的是国立健康研究院（NIH）、阿贡国家实验室和斯坦福大学的技术转移办公室或技术许可办公室。三是内部OTL加外部投资公司的复合模式，如东京大学目前的知识产权管理主要由产学合作总部DUCR、技术转移机构TOUDAITLO和优势资本株式会社UTEC（负责支持风险投资和新创公司）3个机构负责。1998年8月，东京大学成立了校外技术转移公司先进技术孵化中心CASTI，负责经营学校知识产权和个人拥有的专利，所有股东均为东京大学教师。

第三，多采取知识产权管理、技术转移和投资职能"三合一"的职能配置。实践证明，成功的技术转移必须从技术的源头做起，在项目立项时就应当面向市场需求、制订转化计划，服务机构也只有熟悉技术和市场情况，能进行充分的分析和评估，才能进行技术转移。因此，技术转移机构不管采用何种组织模式，都必须具备全流程的服务提供能力。为此，需要集成知识产权管理、技术转移和投资三大职能。国外科研机构和高校的OTL普遍具有投资功能，因为知识产权转化的最好方式是对其进行投资[21]。通过自行投资拉动社会投资，通过"杠杆"效应撬动知识产权转化环节的资金投入，实现知识产权价值化。例如，阿贡国家实验室与其经营管理单位芝加哥大学共同创建了ARCH开发公司，下设专门的基金会，支持新公司建立和发明成果开发利用。ARCH除了进行技术转移和成立衍生公司外，还成立了虚拟风险基金（Virtual Venture Fund）。

第四，打造高水平的知识产权运营团队。知识产权运营涉及商业、技术、法律等各个方面的知识，其成功必须靠团队、靠人才、靠转化能力。国外成功的大学、科研机构和国家实验室的技术转移团队大多是复合型人才，拥有技术背景的同时，又拥有知识产权、经济管理、投资等方面的学位。主要知识产权运营人员经历丰富，能力较强，深入高校、科研机构的学术研究第一线，发掘知识产权和可转移转化的技术，又能进行价值评估、市场分析和许可谈判等，有利于形成技术转移的品牌效应。

第五，收益分配模式有利于对各方的激励。美、日、欧等发达国家主要大学和科研机构技术转移的收益分配政策显示，在扣除必要的成本（行政管理费、专利费）后，成果完成人、完成人所在院系或研究所和大学或科研机构的收益应各占三分之一左右[22]。为防止科研人员不安心科研教学工作，美国法律和许多公立大学与科研机构的政策还规定，科技成果完成人每年收益不能超过15万美元。德国许多大学也规定，专利转让或许可收益的分配，一般教授占30%、大学占30%、技术转移专门机构占30%。平衡的利益分配方式有利于充分调动单位、职务发明人和所在部门各方面的积极性，形成合力促进知识产权转移转化。

第六，重视技术转移合作网络的建设。技术转移面临的重要挑战是信息不对称，即使互联网技术已经极大推动了信息共享的均衡化，但相比于科研人员自发的、分散的成果传播和转化，建设专门的技术转移合作网络仍然具有重要的意义。例如，牛津大学1990年成立了创新团体，现有175家企业加入，但每家须交年费6800英镑。2010年3月，斯坦福大学技术许可办公室（OTL）成立了一个有104家企业参加的许可协议团体，企业能够第一时间知晓斯坦福大学内重要科技成果的发布。各投资伙伴在芝加哥大学及阿贡实验室内设有办公室，以观察和评估研发成果的商业化价值，并作为投资的参考。近些年在美国新兴起的"概念证明中心"也是各方参与合作的重要方式[23]。

5 政策建议

第一，明确知识产权运用权利。应进一步明确科技成果处置、使用和收益权的内容、边界、行使方式和救济措施。处置权应包括制造、销售、转让、许可的权利。使用权应包括使用科技成果或知识产权产品或是使用方法、工艺。收益权包括自行实施、转让或许可他人实施以及作价入股实施的收益权利。为促进知识产权运用，应在相关法律中增加"实施权"规定，真正实现财政性知识产权的所有权和实施权分离，实施权包括临时许可实施权（授权前）、独占许可实施权、普通许可实施权、单位懈怠实施时的实施权、先用权的实施权、强制许可的实施权、计划许可实施权等，这些实施权可以转让、投资入股、质押，甚至承继继承。但知识产权的实施权权利应当到国务院专利行政部门登记。

第二，建立财政性知识产权标识和进场集中交易制度。一是明确财政性知识产权标识信息。财政性知识产权标识信息包括资助来源、计划或项目类型、权利归属状况、法律状态、实施情况、转让意向、评估价格等。二是明确财政性知识产权标识主体。承担各类财政性科技创新计划和项目的单位是财政性知识产权的标识主体，这些单位应及时将财政性科技计划和资金项目形成的知识产权进行标识并向主管部门备案。三是明确财政性知识产权标识管理单位。如国家知识产权局为财政性专利标识管理单位。可委托知识产权公共服务平台具体管理财政性专利标识信息的报告、公开、更正和纠纷处理等。权利人应当向主管部门备案知识产权自行实施、转让、许可的信息和数量、价格、股权结构等信息。四是财政性专利集中管理。根据国家经济社会发展需要，全国知识产权公共服务机构或社会运营机构可面向技术标准和重大产品与服务构建财政性专利组合，以公平合理无歧视原则，构建权利机构明晰、机制运转顺畅、收益分配合理的重要专利池。五是促进财政性知识产权实施运用。知识产权运营机构受托对财政性知识产权进行展示、推介。运营机构还可根据《专利法》的规定，及时公布申请之日起满四年或授权后满三年未实施专利的信息，供具有实施意向的单位和个人选择。

第三，完善促进高校科研机构知识产权运营的税收政策。一是完善增值税政策。企业购买知识产权的，知识产权进项允许按一定比例抵扣进项，如30%。降低或免除高校科研机构向境内单位技术转移、技术服务、商标著作权转让服务、知识产权服务增值税，但向境外转移已在境外缴纳的所得税税款不再作为抵免税额。二是完善个人所得税政策。知识产权入股的不再缴纳个人所得税，非职务知识产权转让许可收入允许5年内扣除研发和知识产权成本计算收入。职务发明人作为个人股东在"未分配利润"直接转增股本时暂不缴纳个人所得税，允许在取得现金分红或股权转让收入时缴纳个人所得税。对股权转让、分红和获得股息收益的个税，实行低税率。三是应将自行实施和作价入股加入技术转让范围之中，改称"技术转化收入"，并将免征点提高到1000万元或2000万元。

第四,支持市场化知识产权管理公司的发展。为了防御跨国公司的进攻,也为了促进知识产权的集中管理和有效运营,降低专利丛林问题,应采用政府购买服务或者股权投资等方式支持知识产权运营企业发展,引导企业、高校、科研机构加入运营公司,优化股权结构,建立企业投入为主,政府投入为附的多元化、市场化知识产权管理企业,及时建立国家专利主权基金,将分散的知识产权组合打包,以非排他、非可转让许可的方式低价或免费许可给国内企业使用。有针对性收购国内外大公司、高校科研机构的专利或拟放弃的专利,构建专利池或专利组合,并进行二次开发。

第五,完善技术转移服务模式,建立内部知识产权管理与技术转移专业机构。推进国家技术转移机构转制为市场独立经营企业如专利池或专利组合许可公司或直接进入高校和研究机构内部。引导和支持重点理工类大学和技术研发类科研机构,或转移转化收入超过一定数额的机构建立知识产权与技术转移办公室,并支持其将技术转移、知识产权管理和投资功能三合一。支持其通过市场化方式加强包括技术评估、专利申请、合同谈判、投资融资等的人才团队建设。政府可以通过资助和后补助等方式支持高校科研机构内部OTL的建设,并对其知识产权转化给予一定的担保额度。

第六,引导技术转移与知识产权管理团队建设。鼓励和支持企业、高校、科研机构建立专门的知识产权人才队伍,引导建立科研人员、知识产权律师、MBA商务人才共同组成工作团队。同时,规定技术转移机构可以获得技术转移收入不低于技术转移收益20%的比例,并可用于劳务绩效发放、关键贡献人员奖励等。此外,还要完善技术转移服务岗位的设置,加快建立和完善技术成果转化工作的人员的工作考核、岗位晋升制度。

第七,推动包括咨询、运营、投融资在内的知识产权服务业深化发展。一是支持专利池运营公司和企业专利池建设,对建立并投入实际运营取得收益的专利池给予一定比例的奖励。二是对采购知识产权服务的机构提供补贴。对采购符合要求的知识产权信息分析服务、知识产权战略咨询服务、技术标准制定服务、国际知识产权诉讼等服务的机构提供补贴,单次补贴不超过30%的采购额。三是通过入股、补贴、奖励、后采购等方式,引导社会创投和风投机构投资知识产权商业化。入股期为三年,三年后按银行活期存款利率退出。凡是投资知识产权运用的创投和风投资业给予其收益1/3的奖励。四是对获得知识产权质押贷款并成功转化实施的知识产权贷款基于最高50%的补贴。

参 考 文 献

[1] Cogr. The bayh‐Dole Act:A Guide to the Law and Implementing Regulations [R]. 1999.
[2] Gaita K L, Howlett M J, Webster E M, et al. Analysis of the legal framework for patent ownership in publicly funded research institutions [M]. Commonwealth Department of Education, Science and Training, 2003.
[3] 张茜,张成龙. 高校科研活动中的知识产权管理 [J]. 知识经济,2012 (14):10.
[4] 赵淑茹. 实施知识产权战略建立知识产权保护与技术转移的良性循环机制 [J]. 中国高校科技与产业化,2005 (10):28-31.
[5] 王品华,程晓霞. 高校科研项目的产权管理 [J]. 中国创业投资与高科技,2005 (5):19.
[6] Kaiser L. Management of intellectual property in research and development a search for systems from the view point of Research & Technology Organizations.
[7] Jain K, Sharma V. Intellectual property management system: An organizational perspective [J]. Journal of Intellectual Property Rights, 2006, 11 (5):330-333.
[8] 李役青,胡春. 科研项目管理中的知识产权保护 [J]. 科技管理研究,2002,22 (1):49-51.
[9] 郑友德,欧广远. 国家自然科学基金资助项目形成的知识产权归属问题研究 [J]. 河南省政法管理干部学院学报,2004,19 (4):61-65.
[10] 杨敏,陈海秋. 国家投资科研项目成果的知识产权归属探讨 [J]. 北京航空航天大学学报(社会科学版),2007,20 (1).
[11] 乔永忠,朱雪忠,万小丽,等. 国家财政资助完成的发明创造专利权归属研究 [J]. 科学学研究,2008,26 (6):1181-1187.
[12] Schacht W H. Patent Ownership and Federal Research and Development (R&D):A Discussion on the Bayh‐Dole Act and the Stevenson‐Wydler Act [C]. Congressional Research Service, Library of Congress, 2000.

[13] Merrill S A, Mazza A M. Managing university intellectual property in the public interest [M]. National Academies Press, 2010.

[14] 胡朝阳. 科技进步法第 20 条和第 21 条的立法比较与完善 [J]. 科学学研究, 2011, 29 (3): 327-332.

[15] 宋河发, 穆荣平, 陈芳. 专利质量及其测度方法与测度指标体系研究 [J]. 科学学与科学技术管理, 2010, 31 (4): 21-27.

[16] Prud'homme D. Dulling the Cutting Edge: How Patent-Related Policies and Practices Hamper Innovation in China [J]. European Union Chamber of Commerce in China Publications, 2012.

[17] http://www.zgc.gov.cn/zcfg10/zcjd_jd/zgcxzjd/zgcssyhsdzc/zgcsfqssyhsdzc/70302.htm.

[18] 徐晓阳, 李晓轩. 成果权属事关科技成果的产出和转化——我国财政资助科技成果权属政策的演进与局限 [J]. 中国科学院院刊, 2014 (5).

[19] 宋河发. 重奖未必有利于科技成果转化 [N]. 中国科学报, 2015-09-21.

[20] 张俊芳, 郭戎. 我国科技成果转化的现状分析及政策建议 [J]. 中国软科学, 2010 (S2): 137-141.

[21] 宋河发, 曲婉, 王婷. 国外主要科研机构和高校知识产权管理及其对我国的启示 [J]. 中国科学院院刊, 2013, 28 (4).

[22] 单晓光, 孙舒眉. 美国大学知识产权管理中有效的专利管理制度 [J]. 中国发明与专利, 2012 (2): 113-114.

[23] 王凯, 邹晓东. 美国大学技术商业化组织模式创新的经验与启示——以"概念证明中心"为例 [J]. 科学学研究, 2014, 32 (11): 1754-1760.

专利价值评估研究的前沿与趋势及其在企业专利技术管理中的应用：以 CiteSpace 为工具

邱洪华[1] 陈祥玲[2]

（1. 西北大学知识产权学院；2. 湘潭大学知识产权学院）

摘　要：专利价值评估涉及专利技术引进、开发、实施、许可、转让和融资等企业专利技术管理各个环节。因此，专利价值研究成果是企业专利技术管理研究的重要组成部分。基于 Web of Science 数据库，利用 CiteSpace 软件，从时间分布、国家分布、被引频次、关键文献、高频关键词和突变术语等角度，对国内外关于专利价值的研究成果进行分析，进而探求专利技术管理的发展历程、核心问题、演进路径、研究热点和前沿趋势，最终为中国的专利技术管理实践提供有益参考。

关键词：专利价值；专利管理；技术管理；知识图谱

作为技术创新成果的重要保护手段，专利是衡量创新能力和水平的重要指标。专利技术管理是技术创新活动过程中涉及专利技术的管理事项和行为，包括从专利技术的产生、利用和价值实现等各环节的内容。熊彼特认为，"技术创新"可以理解为一项发明的商业化应用，因此，技术创新是一项技术发明的价值实现，揭示了技术创新管理与专利价值之间有着紧密的联系[1]。在技术研发阶段，专利价值的评估决定了技术研发的方向，因为对技术进行有效预测才会保证正确的研发方向；而专利许可和转让等技术价值实现方式的选择，更需要对专利的价值进行评估，才能以一个相对公平合理的合同价格，推动技术交易目的的实现；企业技术创新战略的制定与实施，尤其是并购决策等经营活动，也需要对企业的专利进行价值评估，以保证经营战略的效益最大化。因此，对专利价值进行评估，是企业进行专利技术管理的有效工具。

专利权人进行技术授权或技术转让，在技术交易市场获得超额回报是专利价值实现的重要方式[2]，因而随着专利在企业中的作用越来越大，专利价值评估在技术创新转移过程中的重要性越发明显[3]；尤其是对科技创新企业而言，专利是其技术创新的重要成果与产出，只有对专利进行评估，识别专利价值，将专利成果转化为现实的生产力，才能保护企业技术创新成果，并不断提升企业的技术创新能力和竞争力[4]；而且，技术创新过程中，近期的专利技术比存在时间较长的专利技术创造的收益更多[5]。由此可见，现有关于专利价值与专利技术管理之间关系的研究主要集中在从理论上揭示专利价值评估对技术创新的重要性和影响上。因此，通过专利价值现有研究文献的探析，可以从中挖掘企业专利技术管理的内容、策略和方法以及演进脉络。

为此，本文以 CiteSpace 为研究工具，以专利价值研究文献为研究对象，对专利价值研究成果的国家、作者、热点、前沿趋势和演进进行分析和解读，在此基础上，探讨全球专利技术管理发展历程，比较专利技术管理研究的国家竞争力，揭示专利技术管理研究的核心问题，指出未来专利技术管理研究的前沿与趋势，具有理论价值和现实的实践意义。

---

❶ 基金资助：陕西省教育厅专项科研计划项目"基于专利统计监测的陕西省优势产业创新驱动发展战略研究"，项目编号：16JK1725。

1 数据来源和研究方法

1.1 研究的样本数据来源

Web Of Science 数据库是由 Thomson Scientific 基于 WEB 开发的产品，是一种大型综合性、多学科、核心期刊引文索引数据库，收录了 8000 多种世界范围内最具有影响力的、经过同行专家评审的高质量的期刊。因此本文选取该数据库能够保证数据的准确性与全面性。时间跨度默认为所有年份，采集数据的时间为 2015 年 5 月 6 日，并采用 TS（主题）＝Patent And Value，同时对检索得到的文献进行筛选和数据清洗，得到 1657 件与专利价值研究相关的文献。本研究以这些题录数据为数据源，下载每条题录中包含的题目、摘要和被引文献等相关信息。

1.2 研究的工具方法

本研究利用陈超美博士研发的 CiteSpace 可视化文献分析软件，利用定量与定性相结合的方法，对于专利价值研究进行可视化的展示，从中探究专利技术管理研究领域中的领跑者，获取专利技术管理的主要问题和发展脉络，分析专利技术管理现阶段研究的热点、关键节点、研究前沿和发展趋势。

2 基于专利价值研究的企业专利技术管理的理论与实践

2.1 全球专利技术管理研究的发展历程

某个研究主题的文献在某段时间内的分布，即这段时间内相关主题研究文献的数量的多少表示该研究主题的发展现状和历程。因此，通过分析专利价值研究文献的时间分布可以看出专利技术管理发展的历程。图 1 表示的即是专利价值研究文献的年度时间分布图。从图 1 中可以看出，专利价值的研究可以分为两个阶段。

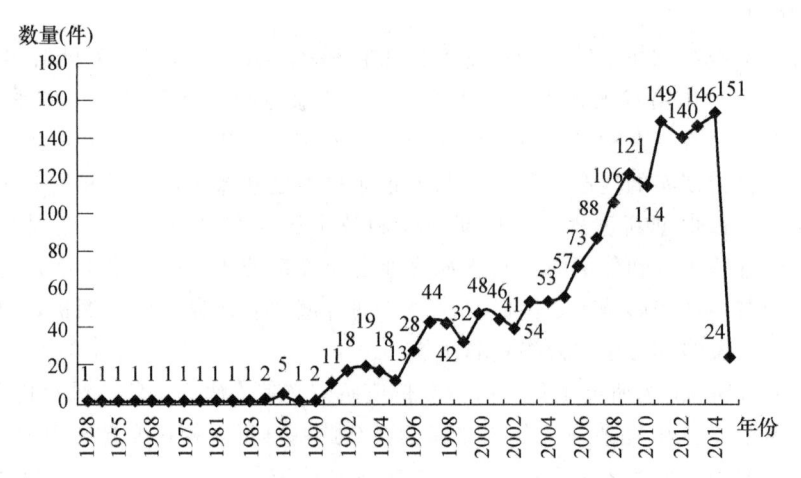

图 1　专利价值研究文献的年度时间分布

第一阶段为 1990 年以前，为专利价值研究的起步期。在此时间段内，专利价值研究的数量仅 21 件，占整个专利价值文献研究数量的 1.2%，研究成果呈现零散和量少的特征。而这些为数较少的成果当中也主要集中在发达国家。

究其原因，是在这一段很长的时间里，专利制度本身在全球范围内的发展与应用并不十分成熟，甚至有很多国家还没有制定或实施专利制度，从而使得企业对于专利制度的理解更多的还只停留在法律的权利义务层面，专利制度的市场价值也没有得到充分的认识。而且，这一阶段的企业技术管理虽然经历了从经验管理到科学管理和系统管理等多个层次的发展变迁，但因为受到制度和市场的双重不成熟的制约，企业的技术管理者也没有对专利制度及其价值实现给予足够的重视。体现在研究领域，就是专利价值相关的研究成果较少，只有部分科技创新最发达和专利制度相对完善的国家的有关科研机构和学者关注专利价值的问题。

第二个阶段是 1990 年至今，是专利价值研究的快速发展期。专利价值研究的文献数量达到 1636 件，从图 1 中可以看出在 1991—2004 年时间段内，学者对于专利价值的研究发文量正在以一定的速度缓慢发展，2005 年之后，文献数量为 1169 件，占比为 70.5%，从整体上可以看出，专利价值研究的发文量正在快速增长，说明专利价值研究得到了众多学者的关注。

究其原因，可以归纳为以下四个方面：(1) 在知识经济和信息技术的推动下，全球范围内的技术创新呈现普遍发展的态势，取得了较多的创新成果，比如：即便受到近年来全球金融危机的影响，美国政府却仍然适宜地提出"再工业化"战略，以技术创新带动美国经济复苏；英国也加大研发投入，调整经济结构，在优势领域进行技术战略部署，在新领域以技术创新战胜危机，等等。而专利制度作为技术创新成果保护手段，受到越来越多的关注。(2) 在世贸组织（WTO）等国际组织的推动下，《与贸易有关的知识产权协议》（TRIPS 协议）等多边国际性协议的推广，使得知识产权制度不仅在越来越多的国家得到实施，而且使得知识产权制度朝着国际化和标准化方向发展。(3) 在科技是第一生产力和创新趋动发展的背景下，美国、日本、英国、韩国和中国等国家均颁布实施各自的知识产权战略，其中毫无例外地对专利产业化及其价值评估给予高度重视。(4) 在这一阶段，企业的技术管理实践也愈发成熟，开始迈进了战略管理时代，企业管理者意识到要从企业战略的层次和高度，关注专利制度在技术规划、经营绩效和市场竞争力等领域的应用与影响。

2.2 专利技术管理研究的国家比较

发文的国家分布表示某国在这个主题研究中发文数量的研究。对研究文献进行发文国家可视化分析，可以看出该国在专利价值研究领域中的研究实力。

对发文排名前 10 的国家发文数量统计可知，美国是专利价值研究中发文数量最多的国家，占总发文数量的 30%，这直接体现了美国在专利制度、专利实施、技术创新和技术管理等领域研究与实践的领先优势。在政策支持和实务发展方面，早在第二次世界大战期间，美国政府实施了著名的曼哈顿计划，全面介入科学技术的发展。第二次世界大战后，美国政府也一直是 R&D 活动的主要支持者和领跑者，为鼓励企业的创新活动，美国政府推出了高度发达的创业板市场；随后在 20 世纪 80 年代通过了《科技创新法》等一系列促进企业合作研发以及联邦政府实验室向私营企业的技术转移活动的法律政策；20 世纪 90 年代以来，克林顿政府坚持"技术是经济增长的发动机"政策导向，促使美国成为世界经济强国与技术强国。而美国产业界和政府机构在技术创新和知识产权方面所做出的种种努力和所取得的系列优异表现，对美国技术创新、技术管理和知识产权等领域的研究也产生了直接的影响，越来越多的学者从专利价值的角度探讨专利实施等专利技术管理策略问题，从而使得美国成为在专利价值领域研究成果最多的国家。

专利价值领域研究成果数量紧随美国的是英国和中国，这两个国家的发文数量分别为 111 件和 110 件。作为世界上最早颁布专利制度（1642 年的《垄断法》）的国家以及第一次工业革命的发源地，英国的政府和企业一直以来都非常重视技术创新的激励和专利保护，最近几十年更是如此。在 1993 年发布了"新科技政策的宣言"的白皮书，此后，1998 年、2000 年和 2001 年的政府白皮书均以技术创新为主题，包括资助合作研发、支持知识转移网络、知识转移合作伙伴关系、政府采购驱动创新等，并通过减免税赋，鼓励企业增加技术创新投入，引导企业技术创新战略化和全球化技术创新的快速发展[6]。所有这些，在推动专利申请数量不断增长和专利实施活动日益活跃的同时，也极大地推生了大量的专利价值评估等专利技术管理领域相关研究成果。

虽然相对于全球专利制度而言，中国的专利制度起步较晚，而且，在市场经济建设的很长一段时间，中国的产业界对于专利制度的理解仍然停留在法律权利义务层面，但是随着中国加入世界贸易组织，尤其是 2008 年颁布实施的国家知识产权战略和 2012 年党的十八大提出的创新趋动发展战略的背景下，如何对专利价值进行有效的评估以实现专利产业化和专利战略等技术管理成为理论界和实务界关注的重要焦点之一。

此外，发文数量排名在前 10 的国家还有德国、意大利、加拿大等。这一方面体现了这些国家或地区有关研究机构和学者在专利价值领域所取得的丰富成果，同时也体现了它们在技术创新方面取得的丰硕成果和专利技术管理方面所积累的丰富经验。

2.3 企业专利技术管理研究的核心问题

具有一定学术影响力的作者群体是某一学科领域科研活动的缩影之一。通过对特定研究领域的高影响力作者和发文活跃作者的科研成果的研究，有利于把握该研究领域的新动向和发展趋势。本文主要从作者被引频次角度分析专利价值视角下专利技术管理领域的高影响力作者和研究成果的密集区域，见表 1。

表 1 专利价值研究被引频次 TOP10 作者

作者	频次
Hall BH	253
Griliches Z	179
Jaffe AB	156
Harhoff D	156
Lanjouw JO	152
Trajtenberg M	139
Lerner J	111
Cohen WM	106
Mansfield E	106
Pakes A	106

从表 1 中可以看出，全球专利价值研究领域，Hall BH 是被引频次最多的作者，其被引次数达到 253 次，远远超过了其他作者；Griliches Z 排名第二，被引次数 179 次，被引频次排名前 10 的还有 Jaffe AB、Harhoff D、Pakes A 等，它们被引次数都在 100 以上，说明了这些作者的成果在专利价值研究领域具有深远影响，是专利价值研究的基础文献。

表 2 列示的是被引频次前 10 的作者的主要研究贡献和观点。从表 2 中可以明显看出，这些作者在专利价值领域的研究成果主要集中在技术创新方式、技术创新能力评价指标、技术创新知识管理、技术创新战略等方面，专利数据、专利引用、专利质量、专利信息和专利权利范围都是评价技术创新能力的重要因素。换句话说，从研究成果角度上看，专利价值评估主要涉及企业的战略制定、创新能力评价、技术创新方式和创新知识管理等专利技术管理环节。

表 2 被引频次 TOP10 作者的主要研究领域及贡献

作者	主要贡献	主要研究领域/研究观点
Hall BH	知识产权战略制定	专利申请与专利制度变革对 R&D 活动的影响
Griliches Z	技术创新能力评价指标	认为专利数据可以作为评价企业技术创新能力的指标
Jaffe AB	技术创新知识管理	强调企业技术创新能力越强，知识外溢越大
Harhoff D	技术创新能力评价指标	从企业实证角度分析专利引用次数越多，其价值越高
Lanjouw JO	技术创新能力评价	认为美国制造业生产力下降的原因之一是生产力与专利质量成负相关的关系
Trajtenberg M	技术创新能力评价指标	认为专利引用可以用来评价企业技术创新能力
Lerner J	技术创新能力评价指标	认为专利权利范围越大，专利价值越高
Cohen WM	技术创新战略	R&D 与专利之间相互影响，认为在不同的行业，专利保护激发创新研发程度不同
Mansfield E	技术创新方式	模仿新产品的成本是激励创新者技术创新的重要影响因素
Pakes A	技术创新能力评价指标	专利信息可以用来评价技术创新能力

2.4 企业专利技术管理研究的演进路径

基于技术创新管理的专利价值研究的时区视图，最突出的特点就是关键节点的计算测量，图中每个圆形节点代表一篇引文，节点大小与被引用次数有关，节点越大，被引频次越高，其文献价值也越大，当设置标签字体大小依比例显示选项后，被引频次高的引文在图中的字体也越大，同时，节点间的连线代表引用关系与引用时间，连线越粗则引用次数越多，连线颜色则提示引用时间，依时间先后序列由冷色向暖色改变[7]。从知识理论的角度看，关键节点文献通常是在该领域中提出重大理论或是创新概念的文献，也是最容易引起新的研究前沿热点的关键文献[8]。按被引频次的大小，表3列举出了排名前10位的有关专利价值研究关键节点文献，本文按时间顺序对表3中的关键节点文献进行分析，即可从专利价值研究的视角，梳理出企业专利技术管理研究的发展演进路径。

表 3 专利价值研究关键节点

序号	主要作者	关键点文献与时间	被引频次	中心性
1	Hall BH	*Market value and patent citations*，2005	141	0.02
2	Trajtenberg M	*A Penny for Your Quotes - Patent Citations and the Value of Innovations*，1990	119	0.02
3	Griliches Z	*Patent statistics as economic indicators - a survey*，1990	99	0.09
4	Harhoff D	*Citation frequency and the value of patented inventions*，1999	82	0.01
5	Harhoff D	*Citations, family size, opposition and the value of patent rights*，2003	77	0.02
6	Jaffe AB	*Technological opportunity and spillovers of research - and - development evidence from firms' patents, profits, and market value*，1986	68	0.02
7	Teece DJ	*Profiting from technological innovation - implications for integration, collaboration, licensing and public - policy*，1986	59	0.03
8	Griliches Z	*Market value, R&D and patents*，1981	53	0.04
9	Hall BH	*The patent paradox revisited: an empirical study of patenting in the US semiconductor industry, 1979—1995*，2001	50	0
10	Jaffe AB	*Geographic localization of knowledge spillovers as evidenced by patent citations*，1993	50	0.05

1981年，*Market Value，R&D and Patents*一文，这是美国国家科学基金会初次资助企业层面专利价值的研究，该文以美国大公司的专利数据为研究对象，探讨企业技术创新成果的市场价值[9]。

1986年，*Technological Opportunity and Spillovers of R&D：Evidence from Firms' Patents，Profits，and Market Value* 研究了知识外溢的作用，研究发现相邻企业若以一种积极的态度自主研发并申请专利，会使得研发企业的溢出利润最大[10]。同年 *Profiting from Technological Innovation：Implications for Integration，Collaboration，Licensing and Public-Policy* 一文研究认为，经营策略决定了技术创新的利润的大小，政策的变化对于技术创新具有显著的影响[11]。

1990年，*A Penny for Your Quotes - Patent Citations and the Value of Innovations* 一文，主要研究了衡量技术创新能力的价值指标，研究认为，专利引文与特定技术领域的创新有着密切的关联[12]。同年，美国国家经济研究局系列研究报告之一 *Patent Statistics as Economic Indicators - a Survey* 以欧洲专利数据为样本分析了专利价值，研究认为：尽管专利数据有很多的不足与缺陷，但是专利数据仍然是研究一项技术发展变迁的独特资源，而且专利作为评价企业技术创新绩效的重要因素，在技术创新评价中具有非常重要的地位。[13]

1993年，*Geographic Localization of Knowledge Spillovers as Evidenced by Patent Citations* 利用比较分析的方法，比较专利引用中被引专利申请的国籍，将其作为知识溢出效应本土化的一项工具，发现引用本国的专利更可能具有本土化特征[14]。

1999年，*Citation Frequency and the Value of Patented Inventions* 通过调查美国和德国964项专利，估算发明的经济价值，研究发现专利若被更多在后的专利引用，其发明价值越高[15]。

2001年，*The Patent Paradox Revisited：an Empirical Study of Patenting in the US Semiconductor Industry*，1979—1995 一文探讨了企业专利申请的行为是快速的技术变革与创新的积累的结果，分析了专利申请行为与《专利法》变革之间的关系，资本密集型企业的"专利组合"行为增强，有可能促进技术创新的 R&D 活动[16]。

2003年，*Citations, Family Size, Opposition and the Value of Patent Rights* 研究结果表明，专利文献的引用对于其专利引文的价值具有积极的意义，而非专利文献的引用仅仅对于医药、化工领域具有作用，并且专利引文在无效等诉讼程序和国际专利家族中具有重要的作用[17]。

2005年，*Market Value and Patent Citations* 利用托宾Q方程，估计专利的研发、专利的引用对技术创新市场的价值，研发的比例对技术创新资产的影响，发现一个额外的专利引证可以促进市场价值3%，得到了"不可预测"的引证比可预测的作用更强，并且自引比外部引用更具有价值的结论[18]。

通过以上重要节点的分析，可知在1990年之前，由于专利价值理论与基础的缺乏，因此对于专利价值研究的发文量较少，但是仍然有少量具有高价值的研究成果，为后面专利价值研究的深入奠定了基础；从1990年开始，随着对于专利价值研究的不断深入，研究方向的多元化，并且随着全球专利制度的发展，发文的数量快速增长，专利价值的研究逐渐成为技术创新管理领域相关研究的重点。总体而言，伴随着专利制度应用的普遍性，专利价值相关研究成为企业技术创新管理的重要内容。而从内容变迁上看，透过专利价值相关研究成果可以发现：对于技术创新能力的研究，逐渐从专利数量过渡到对专利引证；对于技术创新方式的研究，从模仿创新发展到自主创新、合作创新；而技术创新的战略管理的研究，也开始从理论上升到实证。

2.5 企业专利技术管理研究的热点

从表4中可以看出，在专利价值研究领域出现频次最高的热点词汇，而频次高的关键词通常被用来确定一个研究领域的热点问题。为此，可以看出专利价值领域主要涉及以下三个方面的研究热点。

（1）专利价值与专利制度的研究：关键词汇包括 patents（专利）和 intellectual property（知识产权）。对于专利价值有关研究中，专利、知识产权是其中重要的内容之一。通常认为，专利作为企业的无形财产，其价值具体表现为法律价值、技术价值和经济价值。但是，专利的法律价值是基础和前提。而法律价值相关的研究直接的表现即专利或知识产权。

（2）专利价值分析与评估研究：关键词汇包括 performance（绩效）、market value（市场价值）和 citations（引用）。具体表现为专利价值评估的方法、影响因素、评价指标，尤其是如何评价和利用专利文献以获得商机、评价技术绩效和提高企业竞争力，成为企业关注的焦点。

（3）专利技术价值应用与实现：关键词包括：innovation（创新）、technology（技术）、industry（工业）/firms（企业）、research-and-development（研发）等。专利以其技术属性为依托，可以将专利承载的发明创造的技术内涵转变为物态的商品，从而产生技术价值。专利是一种以公开换取的垄断，因此，如何通过专利信息挖掘，以提高企业技术创新和研发的效率和质量，成为当前企业技术管理研究的热点。

表4 专利价值研究关键词共现图谱

热点词汇	频次	中心度
innovation	267	0.05
patents	186	0.04
research-and-development	140	0.03
intellectual property	102	0.04
performance	95	0.03
technology	94	0.05
industry	74	0.05
firms	71	0.08
citatons	71	0.04
market value	69	0.09

2.6 企业专利技术管理的前沿和未来趋势

突变术语（Burst Terms）是指使用频次突然明显增多，或在较短时间内突然出现的术语。利用CiteSpace的词频探测技术，从文献主题词中提取突变术语，能够判断某一学科的研究前沿和趋势[19]。CiteSpace软件运行结果表明，专利价值研究领域最为明显的一个突变词为Citation（引证），突变率为5.56，说明引证是专利价值研究的前沿，是关注度最高的研究点。

专利引证分为前引和后引，前引表示本专利被其他在后专利所引用，后引表示本专利引用在前专利，一般来说在专利中引用现有技术的数目越多，意味着研发人员对科学与技术的研究成果有充分理解，专利越有价值；专利被引用的次数越多，说明这项专利所保护的技术范围具有相当的重要性及关键性，进而意味着该专利可能具有较好的商业利用价值或前景[20]。

引证是专利价值研究领域的突变术语，可以认为专利引证是企业专利技术管理的前沿和未来趋势。而其中的主要原因在于：其一，专利引证直接表明了施引专利与现有技术之间的关系及其在技术上的差异性，同时也说明了被引专利对后面专利技术的影响；其二，对于技术管理者而言，通过引证可以了解技术的发展脉络，从而正确把握技术创新的方向，提高技术管理的效率和质量。

3 研究结论与研究启示

3.1 研究结论

本文以专利价值的研究文献为样本，以Web of Science数据库中收录的文献为数据源，利用CiteSpace对其进行可视化分析，运用科学计量的方法以知识图谱的形式展示专利价值研究的主要国家、主要作者、热点、前沿趋势和路径，在此基础上，探讨专利技术管理研究的发展历程、核心问题、未来研究方向等问题。研究认为：（1）专利价值相关研究成果和人员主要来源于美国、英国、中国和德国等技术创新活动较为活跃的国家或地区；（2）Hall、Griliches、Jaffe、Lerner、Trajtenberg和Harhoff以及Mansfield等学者是专利价值领域研究的领先者，他们的研究成果为专利价值相关研究的开展奠定了重要的基础并作出了重要的贡献；（3）专利价值研究是企业专利技术管理的重要构成部分，通过专利价值研究，不仅仅可以为专利技术转让、许可或质押融资提供定价决策，而且还可以为企业技术创新的方式选择、战略管理、能力评价、绩效评估、路径判断等经营行为提供有效支撑；（4）专利技术管理的研究经历了从技术创新理论到技术创新影响因素，从技术创新能力评价到技术创新方向预测，再到当前的技术创新战略制定的发展脉络和过程；（5）在众多价值形式当中，法律价值是专利价值的前提和保障，而专利引证是企业专利技术管理及应用的前沿与趋势。

3.2 研究启示与建议

3.2.1 对专利技术管理的建议

通常认为，理论研究源于产业实践，同时也推动着产业实践。专利价值研究表明：（1）专利法律制度和政府创新政策对专利价值评估等企业专利技术管理有着积极的影响。美国、英国和德国等国家不仅有着足以影响全球的专利制度，而且它们还是全球技术创新最有竞争力的区域，引领着世界技术创新的浪潮和方向。正因此，它们的产业对专利制度所提供的"法定性垄断"有着最迫切的需求，表现在技术市场上就是要通过专利价值评估来推动专利产业化或专利转让、许可和实施。（2）专利价值评估已然成为企业专利技术管理的主要内容和工具。专利价值及其评估涉及技术引进、开发、保护方式选择、实施、许可、转让以及融资等技术管理的各个环节，而在不同的技术管理环节，专利价值评估的方法和目的又各不相同。因此，在研究领域两者相互渗透和影响，不能断然割裂。因此，通过研究，从专利技术管理的角度上看，本文提出以下建议。

第一，政府关于专利宏观管理的政策建议。中国在专利价值研究领域的研究成果在全球范围内都有明显的数量优势，这当然得益于不断修订完善的专利制度、国家知识产权战略的颁布实施以及创新趋动发展的国家战略等国家法律和宏观政策，但还是存在明显的不足或较大的成长空间，其中最直接就是关于专利引证相关问题。研究表明，专利引证是专利价值评估的重要指标，也是企业专利技术管理的重要内容。但由于种种原因，我国的专利文献一直没有提供专利引文信息，这在相当程度上对我国的专利价值和企业技术管理构成较为直接的影响。

第二，面对不同目的的专利价值评价模型选择的建议。对企业从两项或两项以上专利技术中进行投资决策的选择，或者政府在对两项或两项以上的专利技术进行资助或奖励的排序等管理决策当中，专利价值的评价可以采用层次分析法等模糊评价模型，而对于需要明确、具体价值的评估目的，如确定金融机构专利质押额、确定被许可人应当支付的许可费用、确定专利侵权人因侵权行为所获得的收益或者专利权人因侵权行为所遭受的损失等情形下的专利价值评估，则需要采用能够给出具体定价的评价模型。

3.2.2 对企业技术管理的建议

对于企业而言，要提高自身专利价值，必须要对以下几个方面给予足够的重视：第一，注重自主研发和创新，提高专利在技术上的创新高度，以保护专利的"先进性"和"权利的稳定性"，保证自身在市场上的相对竞争优势；同时要及时研发"外围专利"，以降低他人申请依存专利，从而减少对他人专利技术依赖；第二，对技术进行开发和专利申请之前，需要正确分析该技术所处的"生命周期"和该技术相关产品的"市场适应性"，以降低技术风险；第三，加强对专利技术的推广，利用各种许可方式，实现专利的市场价值；第四，及时关注政府的产业政策，提高自身专利技术研发的"政策融性"，为专利价值的实现奠定良好的外部环境。

此外，企业在对专利价值进行评价的时候，要根据不同的目的，在执行评价模型时，考虑不同的因素。具体而言：第一，企业作为专利权人，转让或许可专利技术的时候，在定价当中需要考虑专利技术的研发成本和市场空间；第二，企业在两个或两个以上的备选技术当中，选择合适的技术进行引进决策而进行专利价值评价的时候，除需要考虑技术的技术价值、法律价值之外，还需要考虑拟引进的技术与本企业相关技术的兼容性问题；第三，企业在多个备选专利技术当中选择是否进行研发投资决策而进行专利价值评价时候，首先要考虑该成果是否具有可专利性，然后考虑该专利的技术价值和法律价值，同时还要考虑该技术的研发成本和市场转化的可能性问题；第四，企业在某一研发成果的专利申请与维持决策中的专利价值评价当中，需要考虑该技术成果的可专利性、专利技术价值和专利法律价值以及市场空间。

3.2.3 对政府专利奖助的建议

专利价值评价是政府专利奖助政策落实的重要依据。因此，对于多个备选专利技术，政府在考虑专利的法律价值和技术价值的同时，需要从就业、税收、生态环境等方面，考量专利技术的社会价值，以此引导企业的技术创新活动，提高政府专利奖助政策的效率和质量。

3.2.4 对银行等金融机构的建议

对银行等金融机构而言，参与社会的专利活动主要是为专利权人提供专利质押融资。而对于银行等金融机构而言，在执行专利价值评价模型前（如现值收益模型），必须对专利技术的先进性和稳定性进行综合的评价。也就是需要判断该申请质押的专利，专利权人有没有可能被他人以"无效宣告程序或现有技术抗辩"等理由而失去专利权的保护，以及该可能性与程度。这是因为，如果不进行专利的先进性和稳定性的定性判断，则不管授信额度多少，都使得银行等金融机构可能因为专利的不稳定而面临较大的业务风险。

参 考 文 献

[1] 银路. 技术创新管理 [M]. 北京：机械工业出版社, 2004.
[2] Bessen J. The value of US patents by owner and patent characteristics [J]. Research Policy, 2008, 37 (5): 932 - 945.
[3] 李振亚, 孟凡生, 曹霞. 基于四要素的专利价值评估方法研究 [J]. 情报杂志, 2010 (8): 87 - 90.
[4] 李云梅, 雷文婷. 技术创新型企业专利价值评价模型构建 [J]. 财会通讯, 2013 (10): 42 - 44.
[5] 张古鹏, 陈向东. 基于专利存续期的企业和研究机构专利价值比较研究 [J]. 经济学, 2012 (3): 1403 - 1426.
[6] 邓天佐. 英国技术创新政策的宗旨——为国家创造财富 [J]. 科学学与科学技术管理, 1995 (5): 56 - 58.
[7] 何晓萍, 黄龙. 大数据领域演进路径、研究热点与前沿的可视化分析 [J]. 现代情报, 2015, 35 (4): 46 - 51.
[8] 侯剑华, 陈悦, 王贤文. 基于信息可视化的组织行为领域前沿演进分析 [J]. 情报学报, 2009 (3): 422 - 430.
[9] Griliches Z. Market value, R&D, and patents [J]. Economics Letters, 1981 (2): 183 - 187.
[10] Jaffe A B. Technological opportunity and spillovers of R&D: evidence from firms' patents, profits and market value [R]. National Bureau of Economic Research, 1986 (9): 3 - 45.
[11] Teece D J. Profiting from technological innovation: Implications for integration, collaboration, licensing and public policy [J]. Research Policy, 1986 (6): 285 - 305.
[12] Trajtenberg M. A Penny for Your Quotes - Patent Citations and the Value of Innovations [J]. Rand Journal of Economics, 1990, 21 (1): 172 - 187.
[13] Griliches Z. Patent statistics as economic indicators - a survey [J]. Journal of Economic Literature, 1990, 28 (12): 1661 - 1707.
[14] Jaffe AB, Manuel Trajtenberg, Rebecca Henderson. Geographic localization of knowledge spillovers as evidenced by patent citations [J]. Quarterly Journal of Economics, 1993, 108 (3): 577 - 598.
[15] Harhoff D, Narin F, Scherer FM. Citation frequency and the value of patented inventions [J]. Review of Economics and Statistics 1999, 81 (3): 511 - 515.
[16] Hall B H, Ziedonis R H. The patent paradox revisited: an empirical study of patenting in the US semiconductor industry, 1979—1995 [J]. RAND Journal of Economics, 2001 (1): 101 - 128.
[17] Harhoff D. Citations, family size, opposition and the value of patent rights [J]. Research Policy, 2003, 32 (8): 1343 - 1362.
[18] Hall BH. Market value and patent citations [J]. Rand Journal of Economics, 2005, 36 (1): 16 - 38.
[19] 黄鲁成, 王凯, 王亢抗. 基于 CiteSpace 的家用空调技术热点、前沿识别及趋势分析 [J]. 情报杂志, 2014 (2): 40 - 43.
[20] 李睿, 孟连生. 论专利间引用关系分析中存在的问题 [J]. 情报理论与实践, 2009 (7): 64 - 68.

对外合作中的知识产权问题

李顺德

(中国社会科学院法学研究所；中国科学院研究生院研究员，博士生导师)

摘　要：当今对外合作是世界经济增长的一种重要方式。本文依据有关法律法规详细论述了由此涉及的客体或标的，以及相关知识产权如何规范管理。

关键词：对外合作；方式；途径；客体；知识产权；法律法规

1　对外合作涉及的知识产权

1.1　对外合作的主要方式和途径

涉及知识产权的对外合作方式和途径，主要有：
（1）技术许可或技术转让（包括技术引进）；（2）合作开发（包括投资开发）；（3）委托开发；（4）"三来一补" "定牌加工"；（5）合资经营。

上述涉及知识产权的对外合作方式和途径，概括而言，实质上大都可以归纳为许可证贸易，视为国际贸易的一种类型。

1.2　对外合作涉及的客体或标的

从知识产权的角度，可以将对外合作涉及的客体或标的归纳如下：
（1）技术方案（新产品、新工艺）；（2）新设计；（3）技术秘密；（4）工艺图纸；（5）计算机软件；（6）论文；（7）集成电路；（8）生物品种；（9）科学发现；（10）商标、商号等。

1.3　对外合作相关的知识产权

对外合作相关的知识产权主要如下：
（1）发明；（2）实用新型；（3）外观设计；（4）商业秘密；（5）版权；（6）计算机软件；（7）集成电路布图设计；（8）植物新品种；（9）科学发现；（10）商标、商号。

1.4　对外合作涉及的知识产权问题

1.4.1　知识产权的法律规范和管辖

1）国际公约和国内法

知识产权法可分为两大类：一类是属于国内法，由各国自行制定；另一类是属于国际法，主要包括各国公认的国际条约、国际惯例，以及双边或多边签署的协议。

针对由各国自行制定的知识产权法而言，知识产权法既是国内法，又是涉外法。这是由知识产权的地域性所决定的。

有关知识产权的国际双边和多边条约，是知识产权法的重要组成部分。一个国家所参加的国际条约是国内法的重要组成部分。

2）法律适用和管辖

英美法系国家加入某个国际条约,一般要通过国内立法或相应修改国内已有法律的条款,将国际条约的实体内容用于本国。

大陆法系国家加入某个国际条约,一般可直接适用于本国,不必再另外立法或修改国内法相关条款。

我国基本沿袭了大陆法系国家的习惯做法,但是又有所不同。在我国民商法范围内国际条约的直接适用只限于涉外领域,这与大陆法系国家是不同的。对于我国所参加的知识产权国际条约及缔结的知识产权双边协定也不例外。

1.4.2 知识产权的确立

(1) 依照法定程序确立;
(2) 依照法律自动生成。

除以上所述,对外合作涉及的知识产权问题还包括知识产权的权属、保护、实施和转移等。

2 知识产权的法律规范和管辖

2.1 中国参加的知识产权国际公约

(1)《建立世界知识产权组织公约》。1967年7月14日于斯德哥尔摩签订,1970年4月26日生效,到2011年9月底已有184个成员国。我国于1980年6月3日加入该公约。

(2)《保护工业产权巴黎公约》(简称《巴黎公约》)。1883年3月20日于巴黎缔结,1884年生效,到2011年9月底已有173个成员国。我国于1985年3月19日加入该公约。

(3)《集成电路知识产权条约》。1989年5月26日于华盛顿签订,到2011年9月底只有7个国家签字,3个国家批准,尚未生效。

(4)《商标国际注册马德里协定》。1891年4月14日于马德里缔结,1892年生效,到2011年9月底已有56个成员国。我国于1989年10月4日加入。

(5)《商标国际注册马德里协定有关议定书》。1989年6月27日通过,1995年12月1日生效,到2011年9月底已有84个成员国。我国于1995年12月1日加入。

(6)《保护文学艺术作品的伯尔尼公约》(简称《伯尔尼公约》)。1886年9月9日于伯尔尼缔结,1887年12月生效,到2011年9月底已有164个成员国。我国于1992年10月15日加入。

(7)《世界版权公约》。1952年9月6日于日内瓦签订,到2011年9月底已有100个成员国,由联合国教科文组织管理。我国于1992年10月30日加入。

(8)《保护录音制品制作者防止未经许可复制其录音制品公约》(简称《录音制品公约》或《唱片公约》)。1971年10月29日于日内瓦签订,1973年4月18日生效,到2011年9月底已有77个成员国。我国于1993年4月30日加入。

(9)《专利合作条约》(PCT)。1970年6月19日于华盛顿签订,1978年生效,到2011年9月底已有144个成员国。我国于1994年1月1日成为该条约的第64个成员国,中国专利局同时成为PCT的受理局、国际检索局和国际初审局。

(10)《商标注册用商品和服务分类协定》(简称《尼斯协定》)。1957年6月15日于尼斯签订,1961年4月生效,到2011年9月底已有83个成员国。我国于1994年8月9日加入该协定。

(11)《国际承认用于专利程序的微生物保存布达佩斯条约》(简称《布达佩斯条约》)。1977年4月28日于布达佩斯签订,1980年8月19日生效,到2011年9月底已有75个成员国。我国于1995年7月1日参加该条约。

(12)《工业品外观设计国际分类协定》(简称《洛迦诺协定》)。1968年10月8日于洛迦诺签订,1971年生效,到2011年9月底已有52个成员国。我国于1996年9月19日参加该条约。

(13)《专利国际分类协定》(IPC)。1971年3月24日于斯特拉堡签订,1975年生效,到2011年

9月底已有61个成员国。我国于1997年6月19日加入该协定。

(14)《国际植物新品种保护公约》。1961年12月2日于巴黎签订,到2011年6月底已有70个成员国。在此公约的基础上,成立了"国际植物新品种保护联盟"(UPOV)。我国于1999年4月23日加入。

(15)《与贸易有关的知识产权协议》(TRIPS协议)。1994年4月15日签订,1995年1月1日生效,到2011年9月底已有153个成员。我国于2001年12月11日加入该协议。

(16)《世界知识产权组织版权条约》(WCT)。1996年12月20日在日内瓦签订,2002年3月6日生效,到2011年9月底已有89个国家加入该条约。我国于2006年12月29日决定加入该条约,2007年6月9日加入该条约。

(17)《世界知识产权组织表演和录音制品条约》(WPPT)。1996年12月20日签订,2002年5月20日生效。到2011年9月底,已经有89个国家加入该条约。我国于2006年12月29日决定加入该条约,2007年6月9日加入该条约。

2.2 中国现代知识产权保护制度的构成

2.2.1 宪法是我国的根本大法,也是知识产权法的根本大法

《中国人民共和国宪法》。1982年12月4日通过,公告公布施行,1988年4月12日、1993年3月29日、1999年3月15日和2004年3月14日修正。

直接与知识产权法相关的条款主要有:第二条、第十二条、第十三条、第二十条、第二十二条、第三十五条、第四十七条、第五十一条等。

2.2.2 知识产权法是民法法律部门中的一个法律制度

(1)《中华人民共和国商标法》。1982年8月3日通过、1983年3月1日施行,1993年2月22日修改、1993年7月1日施行,2001年10月27日第二次修改、2001年12月1日施行。2013年8月30日第十二届全国人民代表大会常务委员会第四次会议通过《关于修改〈中华人民共和国商标法〉的决定》(第三次修正)。

《中华人民共和国商标法实施细则》。1983年3月10日颁发、施行,1988年1月3日修订,1993年7月15日第二次修订,1995年4月23日第三次修订,2002年8月3日第四次修订,更名为《中华人民共和国商标法实施条例》,2002年9月15日起施行。

(2)《中华人民共和国专利法》。1984年3月12日通过、1985年4月1日施行,1992年9月4日修改、1993年1月1日施行,2000年8月25日第二次修改、2001年7月1日施行,2008年12月27日第三次修改,2009年10月1日施行。

《中华人民共和国专利法实施细则》。1985年1月19日批准、公布,1985年4月1日施行,1992年12月12日修订,1993年1月1日施行,2001年6月15日第二次修订,2001年7月1日施行,2002年12月28日通过对第101条和第108条的修改,2003年2月1日施行,2009年12月30日第三次修改,2010年1月9日公布,自2010年2月1日起施行。

(3)《中华人民共和国民法通则》(第五章第二节第八十八条第三、四款,第三节"知识产权"第九十四条—九十七条,第六章第三节"侵权的民事责任"第一百一十八条)。1986年4月12日通过,1987年1月1日施行。

(4)《中华人民共和国合同法》(第十八章"技术合同")。1999年3月15日通过,1999年10月1日施行。

(5)《国防专利条例》。1990年7月30日发布、施行,2004年9月17日修订,自2004年11月1日起施行。

(6)《专利代理条例》。1991年3月4日发布、1991年4月1日施行。

(7)《药品行政保护条例》。1992年12月12日批准、1992年12月19日发布、1993年1月1日施

行。

《药品行政保护条例实施细则》。1992年12月30日发布，1993年1月1日施行，2000年7月14日修改。

(8)《农业化学物质产品行政保护条例》。1992年12月25日批准、1992年12月26日发布、1993年1月1日施行。

《农业化学物质产品行政保护条例实施细则》。1992年12月26日发布、1993年1月1日施行。

(9)《中华人民共和国著作权法》。1990年9月7日通过、1991年6月1日施行，2001年10月27日修改并施行，2010年2月26日修改、2010年4月1日起施行。

《中华人民共和国著作权法实施条例》。1991年5月24日批准，1991年5月30日发布，1991年6月1日施行，2002年8月2日修订，2002年9月15日起施行。

(10)《计算机软件保护条例》。1991年6与4日发布、1991年10月1日施行，2001年12月20日修改后重新公布，2002年1月1日施行。

(11)《实施国际著作权条约的规定》。1992年9月25日发布、1992年9月30日施行。

(12)《中华人民共和国反不正当竞争法》。1993年9月2日通过、1993年12月1日施行。

(13)《中华人民共和国知识产权海关保护条例》。1995年7月5日发布、1995年10月1日施行；2003年11月26日通过修改，12月2日公布，2004年3月1日施行，2010年3月17日通过修改，2010年3月24日公布，2010年4月1日起施行。

《中华人民共和国海关关于〈中华人民共和国知识产权海关保护条例〉的实施办法》。2004年4月22日通过，2004年5月25日发布，自2004年7月1日起施行，2009年2月17日修改，自2009年7月1日起施行。

(14)《特殊标志管理条例》。1996年7月13日发布、施行。

(15)《中华人民共和国刑法》(第三章第七节"侵犯知识产权罪"第二百一十三至二百二十条及第八节"扰乱市场秩序罪"第二百二十一至二百二十五条)。1997年3月14日修订、1997年10月1日施行。

(16)《中华人民共和国植物新品种保护条例》。1997年3月20日发布、1997年10月1日施行。

《中华人民共和国植物新品种保护条例实施细则(林业部分)》。1999年8月10日发布、施行。

《中华人民共和国植物新品种保护条例实施细则(农业部分)》。1999年4月27日通过、1999年6月16日发布、施行，2007年8月25日修订，2007年9月19日公布，自2008年1月1日起施行。

(17)《传统工艺美术保护条例》。1997年5月20日发布、施行。

(18)《集成电路布图设计保护条例》。2001年3月28日通过，2001年4月2日公布，2001年10月1日施行。

《集成电路布图设计保护条例实施细则》。2001年9月18日公布，2001年10月1日施行。

(19)《中华人民共和国技术进出口管理条例》。2001年10月31日通过，2001年12月10日公布，2002年1月1日起施行。

(20)《奥林匹克标志保护条例》。2002年1月30日通过，2月4日公布，2002年4月1日施行。

(21)《中华人民共和国对外贸易法》(第一章总则，第二条；第五章"与对外贸易有关的知识产权保护"第二十九条、第三十和第三十一条；第六章"对外贸易秩序"第三十二条、第三十三条、第三十四条、第三十七条、第三十九条、第四十七条、第四十八条等)。1994年5月12日通过，2004年4月6日修订、公布，2004年7月1日起施行。

(22)《世界博览会标志保护条例》。2004年10月13日通过，2004年10月20日公布，2004年12月1日起施行。

(23)《著作权集体管理条例》。2004年12月22日通过，2004年12月28日公布，2005年3月1日起施行。

(24)《互联网著作权行政保护办法》。国家版权局、信息产业部2005年4月30日发布，自2005年5月30日起施行。

(25)《信息网络传播权保护条例》。2006年5月10日通过,2006年5月18日公布,自2006年7月1日起施行。

(26)《广播电台电视台播放录音制品支付报酬暂行办法》。2009年5月6日国务院通过,2009年11月10日公布,2010年1月1日起施行。

(27)《中华人民共和国反垄断法》。2007年8月30日通过,2008年8月1日施行。

(28)《侵权责任法》(第一章"一般规定"第一条至第五条、第二章"责任构成和责任方式"第六条至第二十五条、第三章"不承担责任和减轻责任的情形"第二十六条至第三十一条、第四章"关于责任主体的特殊规定"第三十二条至第三十六条)。2009年12月26日通过、公布,自2010年7月1日起施行。

(29)《涉外民事关系法律适用法》(第七章"知识产权"第四十八条至第五十条,第六章"债权"第四十一条、第四十四条)。(2010年10月28日通过、公布,2011年4月1日施行)。

最高人民法院有关的司法解释。

《最高人民法院关于涉外民商事案件诉讼管辖若干问题的规定》。2001年12月25日通过,2002年2月25日公布,自2002年3月1日起施行。

最高人民检察院有关的司法解释。

我国所缔结的国际公约是我国国内法的重要组成部分。我国与有关国家签订的知识产权协议是我国国内法的重要组成部分。

2.3 与国际贸易相关的知识产权重要原则

与国际贸易相关的知识产权重要原则主要有:地域性原则(独立原则);权利用尽(权利穷竭)原则;国民待遇原则;最惠待遇原则;互惠原则;国际公约适用原则;国际公约在中国的适用原则;合同优先原则。

2.3.1 地域性原则(独立原则)

主要体现在:《巴黎公约》第4条之二(专利)、第6条(商标)、第6条之五(商标的例外);《伯尔尼公约》第5条(2)款;TRIPS协议第1条第1款。

地域性原则(独立原则)的主要内容有:

(1)一项智力成果能否取得知识产权保护,或者说一项知识产权能否产生,依各国相关法律的不同而不同,在一个国家取得知识产权保护的智力成果,在另外一个国家未必能取得知识产权保护。

(2)对于同一项智力成果的知识产权保护水平、保护内容因国家不同而异。

(3)任何一项智力成果的知识产权,仅在它依法产生的地域内有效。

(4)一项智力成果的知识产权在某一国家的失效,即该项智力成果在该国内由"专有领域"进入"公有领域",并不意味着该项知识产权在另外一个国家也已失效。

(5)对于侵犯知识产权行为的判定,依各国法律的不同而异,在一个国家被认定为侵权的行为,在另外一个国家未必也被认定为侵权。

(6)版权独立性原则与工业产权独立性原则的区别在于,工业产权适用于"权利登记地法",而不单纯适用于"权利要求地法"。

2.3.2 权利用尽(权利穷竭)原则

TRIPS协议第6条规定,各成员有权自行决定其对知识产权权利用尽问题的立场。

权利用尽(权利穷竭)原则的含义是:具有某种知识产权的商品首次投放市场被销售出去(称为"首次销售")以后,该项知识产权的权利持有人对该具体商品的权利就算是"用尽"了,无权干涉该商品的所有人如何处理该商品(包括自己使用或出售给他人)。

国际上的权利用尽(权利穷竭)原则主要分为3种:

"国际穷竭原则",又称为"普遍原则"(Universality Rule);

"国内穷尽原则",又称为"地域原则"(Territoriality Rule);

"区域权利用尽"原则。

不同的国家和地区,在不同的知识产权领域,可以采用不同的权利用尽(权利穷竭)原则。

2.3.3 国民待遇原则

国民待遇原则主要体现在:《巴黎公约》第 2 条、第 3 条;《伯尔尼公约》第 3 条、第 4 条、第 5 条;TRIPS 协议第 3 条。

1) 国民待遇的内容

在知识产权保护方面,各成员国在法律上要让其他成员国的国民享有本国国民同样的待遇,这一待遇不能低于公约规定的最低要求,各成员的国内法可以给予外国国民高于本国国民的待遇。

2) 国民待遇的例外

各成员国法律中关于司法和行政程序、管辖权、指定送达地址或委派代理人的规定,成员可以作为例外予以保留,不适用国民待遇原则。

3) 享受国民待遇的主体

《巴黎公约》规定的享受国民待遇的主体包括两类,一类是"本联盟所有其他国家的国民",另一类是"在本联盟一个国家的领土内设有住所或有真实和有效的工商业营业所的""本联盟以外各国的国民"。

《伯尔尼公约》的国民待遇有两个适用标准:一个是"人身标准",也称为"作者国籍"标准;另一个是"地点标准",也称为"作品国籍"标准。与工业产权《巴黎公约》确立的国民待遇相比,《伯尔尼公约》增加了一个"地点标准",而且对"人身标准"的要求,比《巴黎公约》要宽松。前者要求为"惯常居所"(Habitual Residence),后者要求"户籍"。

TRIPS 协议将国民待遇原则扩大到独立主权国家以外的独立关税区和国际实体组织。

4) 享受国民待遇的条件

对于其他成员的国民,按照国民待遇进行保护的条件是:他们应该遵守该成员"对国民规定的条件和手续",而且不得规定在其要求保护的成员须有住所或营业所才能享有。

对于成员以外的国民,对其按照国民待遇进行保护的条件是:该国民一个成员的领土内设有住所或有真实和有效的工商业营业所,当然也应该遵守该成员"对国民规定的条件和手续"。

2.3.4 最惠待遇原则

最惠待遇原则(Most Favored Nation Treatment,MFNT)主要体现在 TRIPS 协议第 4 条、第 5 条。

最惠待遇原则的主要含义是:某一 WTO 成员所提供给任何国家或地区(包括非 WTO 成员)的任何利益、优惠、特权或豁免,均应立即无条件地适用于全体其他 WTO 成员之国民。

要注意的是,世贸组织在货物贸易、服务贸易和知识产权这三个方面,最惠待遇原则是有各自不同的条件和内容的。

最惠待遇原则的例外:

(1) 由一般司法协助即法律实施的其他协定所引出并非专为保护知识产权的;

(2)《伯尔尼公约》1971 年文本或罗马公约所允许的不按国民待遇,而按互惠原则提供的情况;

(3) 关于邻接权,即"本协议中未加规定的表演者权、录音制品制作权以及广播组织权";

(4) 建立"世界贸易组织协定"生效之前业已生效的知识产权保护的国际协议中产生的,且已将该协议通知"与贸易有关的知识产权理事会",并对其他成员之国民不构成随意的或不公平的歧视的情况;

(5) 在 WTO 主持下订立的有关取得或维持知识产权的多边协定。

2.3.5 互惠原则（对等原则）

互惠原则（Reciprocity），也称对等原则，是 WTO 最为重要的原则之一。它指两成员在国际贸易关系中相互给予对方以贸易上的优惠待遇。

互惠互利是建立 WTO 共同行为规范、准则过程中的基本要求，这种互惠原则主要通过以下同种形式体现：

（1）通过举行多边贸易谈判进行关税或非关税措施的消减，对等地向其他成员开放本国市场，以获得本国产品或服务进入其他成员市场的机会。

（2）在现实中，一国或地区加入 WTO 后，其对外经贸体制在符合《1994 年关贸总协定》《服务贸易总协定》及《知识产权协定》规定的同时，还要开放本国的商品和服务市场。

（3）互惠贸易是多边贸易谈判及一成员贸易自由化过程中与其他成员实现经贸合作的主要工具。任何一个成员在 WTO 体系内不可能在所有领域都是最大的获益者，也不可能在所有领域都是最大的受害者。

2.3.6 国际公约适用原则

国际公约适用的六条原则包括：（1）公约的基本原则必须遵守；（2）公约的最低要求必须达到；（3）国际公约优先适用；（4）国际惯例补充适用；（5）国际公约保留；（6）国际公约直接适用。

2.3.7 国际公约在中国的适用原则

1）一般知识产权国际公约在中国的适用

相关的主要法律规范有：

《中华人民共和国民法通则》第一百四十二条规定："中华人民共和国缔结或者参加的国际条约同中华人民共和国的民事法律有不同规定的，适用国际条约的规定，但中华人民共和国声明保留的条款除外。

"中华人民共和国法律和中华人民共和国缔结互助参加的国际条约没有规定的，可以适用国际惯例。"

《中华人民共和国民事诉讼法》第二百三十八条规定："中华人民共和国缔结或者参加的国际条约同本法有不同规定的，适用该国际条约的规定，但中华人民共和国声明保留的条款除外。"

《涉外民事关系法律适用法》：

第六章　债权

第四十一条："当事人可以协议选择合同适用的法律。当事人没有选择的，适用履行义务最能体现该合同特征的一方当事人经常居所地法律或者其他与该合同有最密切联系的法律。"

第四十四条："侵权责任，适用侵权行为地法律，但当事人有共同经常居所地的，适用共同经常居所地法律。侵权行为发生后，当事人协议选择适用法律的，按照其协议。"

第七章　知识产权

第四十八条："知识产权的归属和内容，适用被请求保护地法律。"

第四十九条："当事人可以协议选择知识产权转让和许可使用适用的法律。当事人没有选择的，适用本法对合同的有关规定。"

第五十条："知识产权的侵权责任，适用被请求保护地法律，当事人也可以在侵权行为发生后协议选择适用法院地法律。"

2）TRIPS 协议在中国的适用

像大多数 WTO 成员一样，我国在入世时就排除了 WTO 的有关协定在国内直接适用的可能，这一点对 TRIPS 协议也是适用的。这就是说，我国没有做出在我国民商法范围内涉外领域可以直接适用 TRIPS 协议的承诺。

3）《中华人民共和国反垄断法》对境外行为的管辖

依据该法第二条：中华人民共和国境内经济活动中的垄断行为，适用本法；中华人民共和国境外的垄断行为，对境内市场竞争产生排除、限制影响的，适用本法。

2.3.8 合同优先原则

合同优先原则没有在《中华人民共和国合同法》（以下简称《合同法》）中规定，具体体现在《中华人民共和国专利法》《中华人民共和国著作权法》等相关法律的相关条款中。采用合同优先原则可以概括为：优先法定，不得违法。

3 许可证贸易

3.1 什么是许可证

许可证（License）一般是指允许特定的主体从事某种行为的文件。

许可证通常是指行政机关在行政许可行为中，由行政机关向相对申请人发放的一种证明文书，是行政行为的主要表现形式之一，是行政机关的一种具有法律效力的处理决定，又被称为行政许可证。

在知识产权贸易中，许可证是指许可方与被许可方之间订立的允许被许可方使用许可方的一种书面协议。

许可证具有法律效力如下：

证明力：证明许可证的相对申请人，被赋予一定的权利或权能，成为许可证的所有人；

确定力：依法取得的许可证不能随意变更或废止，只能依法定程序处理；

约束力：取得许可证的相对申请人，在取得某种权利的同时，必须承担相应的义务，否则要承担相关法律责任。

3.2 什么是许可证贸易

许可证贸易（Licensing）是基于许可证而进行的贸易，通常是指涉及知识产权的贸易，特别是指涉及知识产权的技术贸易，交易的双方通常是以签订许可证协议（License Agreement）的形式进行交易。

在许可证贸易中，卖方一般称为许可方（许可人）或让与方（让与人）（Licensor），买方一般称为被许可方（被许可人）或受让方（受让人）（Licensee）。

3.3 什么是知识产权贸易

3.3.1 狭义的知识产权贸易

所谓知识产权贸易，狭义的理解就是指以知识产权为标的的贸易，它包括知识产权许可、知识产权转让等内容。其实我们平常接触很多，如专利许可、商标许可、专利的转让、商标的转让、版权的许可、版权的转让、商业秘密的许可等，这些都是知识产权贸易。

3.3.2 广义的知识产权贸易

广义的知识产权贸易，还应该包括知识产权产品贸易。

3.3.3 知识产权产品

知识产权产品是指那些产品价值主要是由知识产权价值构成的产品，或者说是知识产权的价值占产品价值相当比例的产品，如计算机软件、集成电路、影视作品、音像制品、出版物等。

3.3.4 知识产权产业

世界知识产权组织（WIPO）在其2003年《版权产业经济贡献调查指南》中，按照国际标准产业分类（ISIC）代码界定了版权产业。由WIPO界定的四种版权产业分类：核心、部分、边缘、交叉。

3.4 许可证贸易与知识产权贸易

（1）许可证贸易是一种特殊的知识产权贸易。

许可证贸易属于狭义的知识产权贸易的一个重要组成部分。

（2）许可证贸易是以知识产权许可为标的的贸易。

（3）许可证贸易是一种知识产权的投资、经营方式。

（4）与技术贸易相关的知识产权。

3.5 许可证贸易分类

3.5.1 按照许可证实施许可的范围分类

（1）独占实施许可（Exclusive License）。独占实施许可是指许可（让与）人在约定实施许可的范围内，仅许可被许可（受让）人实施，许可（让与）人自己不得实施，也不能再许可第三方实施的许可。

（2）排他实施许可（Sole License）。排他实施许可是指许可（让与）人在约定实施许可的范围（地域、时间）内，仅许可被许可（受让）人实施，许可（让与）人可以自己实施，但不能再许可第三方实施的许可。

（3）普通实施许可（Simple License）。普通实施许可，又称为非独占性许可（Non-Exclusive License）是指许可（让与）人在约定实施许可的范围（地域、时间）内，许可被许可（受让）人实施，对许可（让与）人自己实施和再许可第三方实施没有禁止的许可。

当事人对实施许可方式没有约定或者约定不明确的，认定为普通实施许可。

3.5.2 按照被许可人处置许可证的权限分类

（1）不可转让许可。不可转让许可是指被许可（受让）人无权将许可转让他人实施或再许可他人实施的许可。

（2）可转让许可。可转让许可是指允许被许可（受让）人将许可转让他人实施或再许可他人实施的许可。

（3）交叉许可（交换许可）（Cross License）。交叉许可是指当事人双方以对等的方式，分别许可对方实施自己的许可证的许可，在这种许可方式中，双方既是许可（让与）人，也是被许可（受让）人。

（4）分许可或再许可（Sub-License）。分许可或再许可是指被许可（受让）人经过许可（让与）人的同意或授权，将许可证标的或部分标的再以许可证贸易的方式许可第三方而签订的许可证。

3.5.3 按照许可证标的分类

（1）专利许可。

（2）商标许可。

（3）版权许可。

（4）商业秘密许可。

（5）其他知识产权许可。

（6）混合许可（Mixed License）。

3.5.4 按照形成许可方式的分类

（1）自愿许可（Voluntary License）。自愿许可是指当事人双方经过协商达成的许可。

（2）强制许可（Compulsory License）。强制许可是指在许可（让与）人拒绝许可的情况下，被许可（受让）人按照法定的条件和程序经过法定行政机构的批准而取得的一种许可。

（3）法定许可（Statutory License）。法定许可是指法律明确规定的一种许可方式，允许被许可（受让）人无须事先取得许可（让与）人的同意，便可以实施的许可。

3.6 许可证贸易相关利害人的诉权

许可证贸易相关利害关系人，包括许可（让与）人、被许可（受让）人及其合法继承人等。

发生由许可证贸易而引发的纠纷时，独占实施许可合同的被许可（受让）人可以单独向人民法院提起诉讼；排他实施许可合同的被许可（受让）人可以和许可（让与）人共同起诉，也可以在许可（让与）人不起诉的情况下，自行提起诉讼；普通实施许可合同的被许可（受让）人经许可证所有人明确授权的，可以提起诉讼。

3.7 许可证贸易协议（许可证协议）

许可证协议（License Agreement）是指许可证贸易当事人之间针对许可证贸易签订的合同。

3.7.1 什么是合同（Contract）

《合同法》第二条：本法所称合同是平等主体的自然人、法人、其他组织之间设立、变更、终止民事权利义务关系的协议。婚姻、收养、监护等有关身份关系的协议，适用其他法律的规定。

3.7.2 合同法的基本原则

（1）平等原则。《合同法》第三条："合同当事人的法律地位平等，一方不得将自己的意志强加给另一方。"

（2）自由原则。《合同法》第四条："当事人依法享有自愿订立合同的权利，任何单位和个人不得非法干预。"

（3）公平原则。《合同法》第五条："当事人应当遵循公平原则确定各方的权利和义务。"

（4）诚实信用原则。《合同法》第六条："当事人行使权利、履行义务应当遵循诚实信用原则。"

（5）遵守法律和社会公共道德、公共秩序原则。《合同法》第七条："当事人订立、履行合同，应当遵守法律、行政法规，尊重社会公德，不得扰乱社会经济秩序，损害社会公共利益。"

（6）合同优先原则。

3.7.3 合同的主体

《合同法》第二条规定："本法所称合同是平等主体的自然人、法人、其他组织之间设立、变更、终止民事权利义务关系的协议。"

3.7.4 技术合同的内容

《合同法》第三百二十四条：
技术合同的内容由当事人约定，一般包括以下条款：
（一）项目名称；
（二）标的的内容、范围和要求；
（三）履行的计划、进度、期限、地点、地域和方式；
（四）技术情报和资料的保密；
（五）风险责任的承担；

（六）技术成果的归属和收益的分成办法；
（七）验收标准和方法；
（八）价款、报酬或者使用费及其支付方式；
（九）违约金或者损失赔偿的计算方法；
（十）解决争议的方法；
（十一）名词和术语的解释。

与履行合同有关的技术背景资料、可行性论证和技术评价报告、项目任务书和计划书、技术标准、技术规范、原始设计和工艺文件，以及其他技术文档，按照当事人的约定可以作为合同的组成部分。

技术合同涉及专利的，应当注明发明创造的名称、专利申请人和专利权人、申请日期、申请号、专利号以及专利权的有效期限。

3.7.5 预先合同与后合同义务

（1）预先合同。正式合同谈判之前的合同。内容主要有：对谈判接触到的商业秘密保密，包括对谈判本身保密；承诺提供技术信息真实可靠、权利无瑕疵；约定继续或终止谈判的条件等。

（2）后合同义务。合同执行完毕应继续履行的义务，有些义务是法定的，有些义务是合同已经约定的，有些义务是依据诚实信用原则自觉履行的。

3.7.6 知识产权许可合同中应该注意的特殊问题

（1）将他人的权利作为自己的权利许可。
（2）将失效的权利作为有效的权利许可（时间、地域）。
（3）将非法的权利作为合法的权利许可。
（4）防止许可实施造成侵权。
（5）三来一补、OEM 中的知识产权许可问题。

3.8 限制性贸易条款

对于知识产权许可协议中的限制竞争条款，在一些相关法律中明确加以规范：

《合同法》第三百二十九条："非法垄断技术、妨碍技术进步或者侵害他人技术成果的技术合同无效。"

《合同法》第三百四十三条："技术转让合同可以约定让与人和受让人实施专利或者使用技术秘密的范围，但不得限制技术竞争和技术发展。"

《最高人民法院关于审理技术合同纠纷案件适用法律若干问题的解释》第十条：

下列情形，属于合同法第三百二十九条所称的"非法垄断技术、妨碍技术进步"：

（一）限制当事人一方在合同标的技术基础上进行新的研究开发或者限制其使用所改进的技术，或者双方交换改进技术的条件不对等，包括要求一方将其自行改进的技术无偿提供给对方、非互惠性转让给对方、无偿独占或者共享该改进技术的知识产权；

（二）限制当事人一方从其他来源获得与技术提供方类似技术或者与其竞争的技术；

（三）阻碍当事人一方根据市场需求，按照合理方式充分实施合同标的技术，包括明显不合理地限制技术接受方实施合同标的技术生产产品或者提供服务的数量、品种、价格、销售渠道和出口市场；

（四）要求技术接受方接受并非实施技术必不可少的附带条件，包括购买非必需的技术、原材料、产品、设备、服务以及接收非必需的人员等；

（五）不合理地限制技术接受方购买原材料、零部件、产品或者设备等的渠道或者来源；

（六）禁止技术接受方对合同标的技术知识产权的有效性提出异议或者对提出异议附加条件。

《中华人民共和国对外贸易法》第三十条："知识产权权利人有阻止被许可人对许可合同中的知识产权的有效性提出质疑、进行强制性一揽子许可、在许可合同中规定排他性返授条件等行为之一，并危害对外贸易公平竞争秩序的，国务院对外贸易主管部门可以采取必要的措施消除危害。"

《中华人民共和国对外贸易法》第三十二条：

在对外贸易经营活动中，不得违反有关反垄断的法律、行政法规的规定实施垄断行为。

在对外贸易经营活动中实施垄断行为，危害市场公平竞争的，依照有关反垄断的法律、行政法规的规定处理。有前款违法行为，并危害对外贸易秩序的，国务院对外贸易主管部门可以采取必要的措施消除危害。

《中华人民共和国技术进出口管理条例》第二十九条：

技术进口合同中，不得含有下列限制性条款：

（一）要求受让人接受并非技术进口必不可少的附带条件，包括购买非必需的技术、原材料、产品、设备或者服务；

（二）要求受让人为专利权有效期限届满或者专利权被宣布无效的技术支付使用费或者承担相关义务；

（三）限制受让人改进让与人提供的技术或者限制受让人使用所改进的技术；

（四）限制受让人从其他来源获得与让与人提供的技术类似的技术或者与其竞争的技术；

（五）不合理地限制受让人购买原材料、零部件、产品或者设备的渠道或者来源；

（六）不合理地限制受让人产品的生产数量、品种或者销售价格；

（七）不合理地限制受让人利用进口的技术生产产品的出口渠道。

《中华人民共和国反垄断法》（以下简称《反垄断法》）第五十五条："经营者依照有关知识产权的法律、行政法规规定行使知识产权的行为，不适用本法；但是，经营者滥用知识产权，排除、限制竞争的行为，适用本法。"

《反垄断法》第十三条：

禁止具有竞争关系的经营者达成下列垄断协议：

（一）固定或者变更商品价格；

（二）限制商品的生产数量或者销售数量；

（三）分割销售市场或者原材料采购市场；

（四）限制购买新技术、新设备或者限制开发新技术、新产品；

（五）联合抵制交易；

（六）国务院反垄断执法机构认定的其他垄断协议。

本法所称垄断协议，是指排除、限制竞争的协议、决定或者其他协同行为。

《反垄断法》第十五条：

经营者能够证明所达成的协议属于下列情形之一的，不适用本法第十三条、第十四条的规定：

（一）为改进技术、研究开发新产品的；

（二）为提高产品质量、降低成本、增进效率，统一产品规格、标准或者实行专业化分工的；

（三）为提高中小经营者经营效率，增强中小经营者竞争力的；

（四）为实现节约能源、保护环境、救灾救助等社会公共利益的；

（五）因经济不景气，为缓解销售量严重下降或者生产明显过剩的；

（六）为保障对外贸易和对外经济合作中的正当利益的；

（七）法律和国务院规定的其他情形。

属于前款第一项至第五项情形，不适用本法第十三条、第十四条规定的，经营者还应当证明所达成的协议不会严重限制相关市场的竞争，并且能够使消费者分享由此产生的利益。

《反垄断法》第十七条：

禁止具有市场支配地位的经营者从事下列滥用市场支配地位的行为：

（一）以不公平的高价销售商品或者以不公平的低价购买商品；

（二）没有正当理由，以低于成本的价格销售商品；

（三）没有正当理由，拒绝与交易相对人进行交易；

（四）没有正当理由，限定交易相对人只能与其进行交易或者只能与其指定的经营者进行交易；

（五）没有正当理由搭售商品，或者在交易时附加其他不合理的交易条件；

（六）没有正当理由，对条件相同的交易相对人在交易价格等交易条件上实行差别待遇；

（七）国务院反垄断执法机构认定的其他滥用市场支配地位的行为。

本法所称市场支配地位，是指经营者在相关市场内具有能够控制商品价格、数量或者其他交易条件，或者能够阻碍、影响其他经营者进入相关市场能力的市场地位。

4 对外合作中知识产权保护的应对措施

（1）从提高国家竞争力的战略高度去强化知识产权意识。强化知识产权保护意识；树立知识产权发展意识；加强知识产权竞争意识。

（2）熟悉国际规则，加强知识产权管理。

（3）应该注意防范知识产权风险。

这里所说的知识产权风险主要有：知识产权被侵害的风险；知识产权侵权指控的风险；知识产权构建的非关税贸易壁垒的风险；展览会展出的知识产权风险。

（4）积极、慎重、认真应对知识产权纠纷。

（5）关键在于自主创新和拥有自主知识产权。

专利管理：价值发现与观察视角

袁真富

（上海大学知识产权学院）

摘　要：在当前全球创新与竞争的环境下，分别从权利管理、业务嵌入、价值利用和资源整合的角度，分析了企业专利管理的主要内容和观察视角，展示了企业业务链上的专利价值和价值链上的专利管理。

关键词：专利管理；权利管理；业务嵌入；价值利用；资源整合

在当前全球创新与竞争的环境下，知识产权呈现以下趋势：产品的知识产权依赖度不断提升，知识产权对企业业务的渗透日益深入，而海量的知识产权申请成为新的竞争战场，知识产权诉讼案件数量有可能爆炸式增长。与此同时，无论是在提升竞争优势，还是作为竞争工具方面，知识产权的价值日益彰显，企业的知识产权开始从成本中心转向利润中心，从支持部门转向资源部门，从维权武器转向战略工具。

在知识产权这样一个竞争趋势和战略转型的背景下。本文主要从四个角度展开：第一是从权利管理的角度，从专利申请到取得到维持，到通过诉讼和其他的方式进行保护，这是一条线索。第二是从业务嵌入的角度，是知识产权和公司的业务部门，包括研发、采购、生产、制造等，和这些环节能够怎么去做一个嵌入，或者是整合，主要是规避其中的一些知识产权风险，当然也有很多策略性的考虑在里面。第三就是从价值利用的角度，通过转让、许可、融资等等方式实现专利本身的价值。第四是从资源整合的角度，主要是企业内部怎么对专利工作提供一些行政上的支持，还包括怎么去善用外部的资源来为公司的专利管理提供一些协助。

1　专利管理：权利管理的视角

首先应从权利管理的角度来看专利管理的问题。权利管理就是从专利申请到专利获权，到专利维持，再到专利保护这么一根线索，因为内容很多，本文仅涉及重点。

1.1　检查自己的知识产权状况

第一是检查知识产权状况，有没有遗漏应该受到保护的资产。企业对待专利也分几种情况：有的是包装性质的，有的是装点门面的，有的是完成任务的，有的是真正起到有价值的，等等。对于真正有价值的专利，就要去做好完备的保护。例如，一种压缩模块，真正用的是 L 型的这种卡槽，但用燕尾型的卡槽也可以，那么申请专利的时候，就不能只写 L 型的卡槽，可能燕尾型的卡槽也要写进去。

另外，在申请之前要做好保密工作，因为技术公开之后就不能取得专利了。有的企业喜欢先销售，先给客户试用一下，觉得好用就申请专利，这种方式严格讲是不对的，因为这种方式有可能就把专利给公开了，一旦对方有了使用公开的证据，可以宣告这个专利无效。所以在申请之前，不要对外销售，不要发表论文，也不要参展。不仅如此，企业还要采取大量的物理的、技术的、合同等方面的措施，来保障企业的技术秘密不要泄露，如重要的电脑不能联网，开电脑可能要输两重密码，进门要刷门禁卡等。

1.2 规划核心业务的专利保护

一个技术成果出来，是不是非要用专利保护？有的是容易被模仿的，像产品的结构，卖出去以后也没法保密，这些就要申请专利。但是一些工艺方面的，或者是有一些诀窍性的东西，可以采取技术秘密去保护，专利保护未必是最佳选择，因为申请专利反而把别人不知道的技术诀窍给公开了。

另外，用什么专利类型来保护？专利分成三种：发明、实用新型、外观设计。这几年，政府对发明专利更为看重。但是，第一，从产品角度讲，可能不要发明专利20年那么长的保护；第二，申请一个发明专利，可能要3~5年才能申请下来，但是2~3年产品就更新换代了，这个专利还有什么用呢？但是实用新型专利可能8个月、一年就可以授权了，很快就拿到专利了，就可以起诉别人仿冒侵权了。此外，许多请求宣告专利无效的理由之一就是创造性，如果产品的技术和现有的技术相比，满足不了发明专利那么高的创造性要求，但可能完全满足实用新型专利的创造性要求，因此，有时候申请实用新型反而申请发明专利，可能会更好。

1.3 专利申请的策略利用

首先是要优化设计，综合利用知识产权的保护方式。例如，有的技术可以采用专利申请＋技术秘密的方式保护，框架性的技术方案采用专利申请，但核心的部分，不容易被外界破解的技术诀窍可以采用技术秘密，两种形式相互配合，共同保护这个技术。

再一个是国际优先权的利用。在国外去申请专利的时候，可以根据优先权的规定，将首次专利申请日作为你的专利申请日。有的企业先在小语种国家申请，再利用优先权慢慢到大语种国家申请，这也可以让竞争对手差不多推迟了1年才了解它的研发动态，这也是优先权策略的应用。

在制药行业，或者对一些重大核心的专利，可以用优先权策略整体推迟1年的专利保护。例如，有企业2005年6月5日到韩国首次申请专利，然后到2006年6月份到中国来申请专利，当然发明专利要满足不到1年的时间。这时可以要求，以韩国2005年6月5号这个专利申请日，作为在中国的申请日，来进行新颖性、创造性的评价。但是在中国计算专利保护期的时候，还是以实际申请的日期，即2006年6月份开始算20年的保护期。

这有什么好处？很显然，这个专利在韩国到2025年6月就到期了，但是在中国要到2026年6月份到期，相当于在中国市场的专利比韩国专利要晚一年才失效。这在制药行业的价值大了。因为药品专利申请的时候药品并没有上市，动物实验、临床实验、申请批文等搞下来可能已经过了七八年，尽管是2005年申请的专利，真正的药品上市可能要到2013年，之前虽然有专利但没有保护的现实需求。于是，在韩国真正得到的专利保护也就是从2013年到2025年，到中国就是从2013年到2026年，多一年的市场垄断，对于畅销药品的利润就很大了。像美国辉瑞公司的立普妥，这个药品在全球的销售额一年就超过100亿美金，重磅级的明星药品，可想而知它的价值有多大，制药公司自然是能多垄断一年就要垄断一年，否则专利到期之后，很多的制药公司都要去仿制。

1.4 专利的质量控制

第一，专利撰写不能受限于实际使用的技术或产品。

申请专利写权利要求的时候，不一定要跟实际生产的产品保持一致。产品做什么样子，就写成什么样子，这个可能会有很大的问题。就像刚才说的，这个压缩模块，真正做的、卖的产品就是L型卡槽的，但是还可以做燕尾型卡槽的产品。做的时候可以卖L型卡槽的产品，但是申请专利的时候，除了写L型卡槽，还得写燕尾型，把这些都保护起来、覆盖起来，免得让竞争对手申请专利，或者是真正做了也不侵权。虽然说专利侵权有等同原则可以适用，但这个主动权不在权利人手里，而在法官手里。

更麻烦的是所谓的多余指定。比如，一个治疗的设备，但是专利权人觉得这个很无聊，就加了一个收音机，病人治疗时听听收音机打发时间。写专利时把收音机也写上去了，但是收音机和这个专利所发挥的治疗功能是没有任何关联的。人家做一样的产品，但去掉了收音机，以前法院说，人家申请专利时不了解专利,所以多写了收音机,去掉它,你们就一模一样,侵权了。但是,现在就不一样了,你的专利申请提交时写了一个收音机,人家制造的产品没有收音机,就不侵权。所以写专利要抓住最核心的东西,不能随便写,写多了也会有麻烦。

第二,撰写质量差的专利,还不如不申请专利。

写得不好,反而公开了这个技术方案,既公开了技术方案,还没有得到真正的专利保护,那就很麻烦。上海一个公司写的一个专利,他的专利方法有8个步骤,但是创新性的步骤是后面4个,前面4个步骤是传统的,不需要详细地写在专利的独立权利要求里面,但他写进去了。结果人家恰恰是后面4个步骤和你一样,前面4个步骤和你不一样。技术特征对比不一致,这么做就不侵权。所以,写得差还不如不写。

第三,加强与代理人的沟通:不要完全放手给代理人。

代理人写的申请文件有时会写错。上海的一个专利申请,把附图上的一个标号标反了,这是一个脱硫设备,顶端应该是空气入口,设备的下方是化学反应之后的废液出口。但这个专利在申请时反过来,顶端是废液入口,下面是空气入口。

1.5 专利使用与维护

专利在使用时要正确标注专利标记,没有授权的专利,只是专利申请;或者是忘了交年费,已经失效的专利,却标注为专利产品,就变成了假冒专利,有可能被行政部门处罚。

另外,要定期评估和更新专利的资源。企业的专利也要分类管理,而且分类要早点分,不要等到公司有上千个专利了,再去给专利贴标签,分成几类。有的公司是在专利申请之前分了类的,申请之后专利拿到了还要再来评估一下,是不是要降等级或者是升等级。等级都是可以按一定标准设置的,比如分为核心的、重要的、一般的,或者是A、B、C之类的。核心的专利一定要重点维护,一般的或者装点门面的专利,可以每年审核一下,没有价值就可以淘汰了。

2 专利管理:业务嵌入的视角

所谓业务嵌入的角度,是讲专利管理要和公司的研发、采购、销售、营销等业务环节能够联系起来,这也是要求全公司各个部门都要承担起专利管理的职责。我们首先看看创新和研发的环节,有哪些工作可以去操作。

2.1 创新与研发

第一,创新活动的开展,要注意审核技术来源的合法性,特别是我们和外面合作开发的时候,技术联合开发,可能不是从无到有的,肯定是有一定的技术基础的,那么这个技术基础本身有没有合法来源。

我相信很多公司在研发的时候,都在做一个的工作,就是专利检索。有些公司甚至有专门的专利分析人员支持技术研发,围绕公司的特定产品或特定领域,定期对重要国家的专利进行检索,并做出一些技术摘要给研发部门看。这其实就是一个技术情报,就是查新,当然这个查新不仅是为了了解科技动态,得到一些技术启示,还是避免重复研究、节约成本,更是为了识别研发的专利侵权风险。

第二,可以协同研发部门开展专利回避设计。做专利分析,除了了解竞争对手的情况,其实有的时候也是为了做回避设计,你既然这样做了,我们就要绕开,因为他专利还有十年才到期,我们等不及,那我们要绕开他。怎么绕开?其实有很多的方式。像苹果手机的滑动解锁已经申请专利了,其他公司就不能搞滑动解锁了。但是其他手机公司做了好多种方案,不同的手机解锁的方式是不一样的,这个都是回避设计,苹果也垄断不了。只是苹果这种方式可能更加方便一点,手划一下就解开了。

现在打专利侵权官司,一打官司被告可能就去回避。有时候原告的专利太烂,他的专利写得不好,是按照实际的方式去写的专利,写得太窄了,没有覆盖到替代方案,或者是写多了,把不该写的写进去了,就容易被人家钻空子,搞回避。

第三，关于技术公开策略。现在为了防止专利流氓，更要注重技术公开，包括通过网上发布等方式来公开。像 IBM 就自己搞技术公报，把一些技术公开。国外还有防御性公开制度，就是企业去申请，但不是申请专利，而是申请公开。比如说把这个技术方案交到专利局，我申请公开，以国家机关的名义进行公开，这是有权威认证的，这样人家要再申请专利也申请不了了，主要防止别人把我已经投产销售的产品，又去申请专利，但我又没有有效的使用公开证据来无效它。

第四，要防止研发成果的流失。企业内部可以建立专利提案制度，每个技术部门定期把比较成熟的技术，做成专利提案。有的专利代理人主动为企业研发人员作培训，怎么撰写专利提案，因为有一些技术人员不懂专利的要求，就按照他的方式来写，其实也可以节省外部专利代理人的工作量。为防止技术成果流失，也可以做专利挖掘，很多公司都在做。专利工程师把公司或自己负责的领域好好了解一番，然后经常到研发部门、技术部门去开会，和技术人员探讨，从中去挖掘专利。本来技术人员只写了一个专利提案，可能被挖掘出来，变成了 2 个、3 个专利提交出去，这都有可能的。当然也不是越多越好，这里有成本的问题。当然专利多了，还要进行专利筛选。有些大公司，一年的专利提案可能是 7、8 千个，只有选择一部分申请专利，其他作为技术秘密，或者放任自流，不管它。

对职务发明、委托开发、合作开发的成果，以及改进开发的成果，要约定好权利归属，避免发生争议。按照我们的专利法，对合作开发的、委托开发的，如果没有约定的，都是由实际完成人来享有专利权。

2.2 采购与生产

第一个是要识别采购的风险。你采购的东西，比如说采购人家的零部件，把这个部件放在机器里面组装，但这个零部件恰恰侵犯了人家的专利权。这时要在采购合同里面约定，发生侵权风险应该谁来承担？有时你不了解这个零部件里面到底是什么东西？合同里面还要有约定，供应商要协助你去进行诉讼，因为供应商可能是这个领域的专家。

在生产环节主要讲一下委托生产，你让人家生产产品，人家一看你的东西不错，去申请了一个专利，然后你又要去争夺专利权属，如果没有合同约定，你未必就会赢。一个美国公司把图纸发给宁波公司做产品，就是 OEM，做了再运到美国去。结果宁波公司把这个产品申请了外观设计专利，后来美国公司把宁波公司告到了中院，请求把专利判给自己。但是不幸的是，中国专利法里面没有关于委托生产的专利权利归属的规定，结果法院最终以没有法律依据为由驳回了美国公司的诉请，这个很冤，虽然我觉得法院这样判未必正确，但这毕竟是一个风险，要善用合同控制。

还有沟通、定制的专利问题，你是一个产品的制造商，可能向一些供应商定制一些部件，这个定制的产品也能产生专利，这也要约定归谁。如果专利归供应商的话，供应商按照你的需求做出来的东西，也可以向其他厂商供应这个部件，这个时候对你可能就不利了，你无法垄断这个部件带来的独特的竞争优势。

2.3 市场与销售

在销售环节，和专利相关的一个是建立完善的侵权监管机制，通过专利维权去清扫市场、占有市场。产品营销里面要注意到专利标记的合法性问题，如果把一些本来没有专利的产品，或仅仅是专利申请，或者是专利已经终止了，已经是失效了，你还打一个专利产品的标记，被专利执法机关发现了，就是虚假宣传，冒充专利了。

2.4 其他业务与专利发展

先看看专利布局，专利布局的模式有很多，瑞士有教授总结了六种典型的专利布局模式，围墙型、篱笆型等。简单的看，有发展型的专利布局，研究技术发展路线，技术总是越来越先进，沿着这个方向进行专利申请和布局。还有防御性的专利布局，如果你有一个核心的专利，或者是一个开拓性的发明，为了防止这个专利被后续的改进开发，你得不停地改进开发，进行专利布局。反过来就叫进攻型专利布局，你在人家的专利技术上进行改进开发，把对方的专利给包围起来。

波音跟空客以前在中国的专利申请很少。但是在中国宣布了要制造大飞机的时候，都来中国申请一堆专利。空客一年就申请了 200 多个专利，而以前就在中国申请了一个专利，可有可无。很明显，他们这样一种专利布局方式，就是想遏制中国大飞机的发展，或者中国制造大飞机必须依赖他们的技术或零配件供应。

知识产权如何来协助支持并购业务？以前台积电想收购一个企业，觉得那个企业有创新，去收购它。但调查下来，真正核心的发明没几个，后来台积电放弃了收购。再如吉利收购沃尔沃，吉利为什么要收购沃尔沃啊？可能想借助沃尔沃的平台提升吉利的整车生产水平。但问题是收购沃尔沃之后，沃尔沃的东西吉利都能用吗？这我不知道。当年沃尔沃原属福特公司，沃尔沃的一些技术有可能是买的福特公司的专利许可。如果收购了沃尔沃，可能也不能继续随便用沃尔沃使用的技术，如果它没有所有权的话。

对于投资合作，我们可以简单聊一下。以前中国企业和外方合资，成立合资公司之后，中方公司就变成了空壳，存在的意义就是持有股权，等着分红。在合资以前，中方可能有知识产权，外方也有知识产权，但是合资以后，往往是中方把知识产权全部转移给合资公司，专利商标全卖给合资公司。而外方可能只出钱，但是你合资公司以后的生产经营却要依赖于外资公司的专利和品牌。于是，外方既从能合资公司拿到股权收益，更主要的是提前从合资公司拿到了知识产权许可的收益，双重收益，甚至还卖核心部件给合资公司，有第三重收益。

像上海大众，上海汽车跟德国大众的合资公司，从 20 世纪 80 年代成立到现在，应该还在源源不断地购买德国大众的专利许可、技术许可和品牌许可。外资公司，跨国公司，一般情况下他们是绝对不可能把自己的专利商标卖给合资公司的。我们在座的企业，在做合资的时候，不要轻易把知识产权转让到合资企业里面。

3 专利管理：价值利用的视角

3.1 专利的组合包装

可以围绕产品线，或者是围绕一个授权需求，把专利放在一起组合，发挥更大的价值。无论是授权许可还是诉讼维权，专利组合一般都比单个专利更有价值，更有威力。

3.2 建立多元化的专利经营模式

有转让、许可、融资等很多的方式。国内都在推广专利质押融资，但是大部分的质押融资都是政府推动的，政府补贴利息，提供担保。但银行的积极性不高，因为专利价值评估难，尤其是变现更难。因此，更适合的方式是知识产权风险投资，专利的背后是技术、产品，能做一个商业模式，或者是抢占一个市场，更适合风险投资去支持。

3.3 利用知识产权协助公司的商业竞争

通过知识产权独占市场，如果专利到期了，那靠什么？靠商标。通过专利垄断市场十年、二十年，建立、完善自己的品牌，用品牌的影响力来维持销售，专利虽然到期了，还是可以用商标来取得客户的信任。

另外，通过知识产权来控制产业链。有些制造厂商不仅仅是申请自己的专利，还在供应商的领域申请专利，通过专利来控制上下游的厂商。这样供应商做的产品，只能做给我，不能做给其他的竞争对手。

如果竞争对手的专利没到期怎么办？可以去挑战他，把一个商业问题法律化。上海张江一个制药企业想仿制国外一家厂商的专利药品，专门去找对比文献，把这家外企在中国的专利给无效了，然后他们公司的仿制药品现在也投产上市了。

3.4 发挥知识产权的杠杆作用

如何发挥知识产权的杠杆作用？比如说利用知识产权，提升形象，或者是免费宣传，像一些大的诉讼，可能起到一些宣传的作用。

4 专利管理：资源整合的视角

搞好专利管理中的资源整合，是实现一个企业科学管理、实现最大化利益的重要环节和全新课题。

第一个就是要建立全组织、全流程的一个专利管理体系，但是这个说起容易，其实很难做到。一些知识产权管理比较完善的大公司，相对能够做到。怎么建立一个完善的专利管理体系，要从组织实施、权利管理、业务嵌入、价值实现这四条线来完善公司的专利管理体系。

第二个是公司内外的资源整合。比如，通过知识产权领导视察公司的机会，来灌输、推动公司的知识产权的工作，显然，一个政府机构的领导和公司的领导讲知识产权，和法务部、知识产权部门的负责人去推动的效果是完全不一样的。

还要挖掘 IP 的价值，包括通过一些绩效展示，向公司展示知识产权工作的价值。比如说打假，有的公司每年会做一个报告，我们的打假部门，今年为公司的销售贡献了多少价值。当然，怎么计算这个贡献是有需要开动脑筋的，也需要经验去支撑。比如无锡以前有假货，公司在这里的销售额只有 100 万，现在通过打假清扫市场后，无锡的销售额提高到 300 万，那这增加了 200 万主要就是我们打假的功劳，就是数字化、量化的价值体现。

最后，人力资源部门、财务部门、信息安全部门、档案管理部门等，都有许多与专利管理相关的职责。比如，人力资源部门就有很多的工作要做，比如发明奖励机制、知识产权入职培训。员工聘用合同里要包含一些知识产权条款，包括权属条款、保密条款等。当然，公司也要营造尊重发明创新的文化。

除了公司内部，也要善于利用外部资源，比如政府的政策资源、培训机会等，都可以为我所用，为公司的专利管理提供支持和帮助。

公益性科研成果如何兼顾公平和效率

宋 敏

(中国农业科学院农业知识产权研究中心)

摘 要：知识产权制度将私人产权制度引入研究成果后，如何界定公益性科研成果的知识产权，面临着公平与效率的两难选择。本文通过分析美国合理协调两者的经验，结合我国农业科研投入的现状，提出对策和建议，以充分发挥市场配置科技资源的决定性作用，广泛动员社会资源参与农业科技创新。

关键词：公益性科研成果；农业知识产权；公平；效率

农业是一个综合性的产业部门。农业知识产权除了专利、商标、著作权等传统意义上的工业产权外，还包括植物新品种、产品地理标志等特殊的知识产权类型。

近年来，随着农业知识产权制度的不断完善和农业知识产权保护事业的不断发展，农业知识产权对促进农业科技创新和创新成果推广运用的社会功效日益凸显，我国农业科技创新能力不断增强。

但是，农业科研具有公益性，政府公共财政投入对农业科技创新缺而不可。在公共资源和社会资源共同投入的科研投资体制中，如何正确协调公私之间的关系，有效发挥二者之间的互补功能，是各国都面临的难题。特别是知识产权制度将私人产权制度引入研究成果后，如何界定公益性科研成果的知识产权，面临着公平与效率的两难选择。如果完全否认公共投资科研成果的私有知识产权，结果会使这些研究的承担单位因缺乏积极性而导致创新效率低下和成果转化受阻；相反如果将公共投资科研成果的知识产权完全赋予给完成这些研究的承担单位或个人，又可能会导致公益性科研偏离其服务于全社会的目的，并且公共研究成果直接进入市场导致的不公平竞争会挫伤社会资源投入研发创新的积极性，使得公共资源投入对社会科技资源投入产生挤出效益。

1 美国经验

为合理协调两者的关系，美国对公共投资科技成果的知识产权界定经历了从模糊（1963年以前）到政府主导（1963年至20世纪70年代末）再到项目承担单位主导（1980年实施《拜杜法案》以后）的不同发展阶段。

2007年12月29日修订的《中华人民共和国科学技术进步法》第二十条规定，"利用财政性资金设立的科学技术基金项目或者科学技术计划项目所形成的发明专利权、计算机软件著作权、集成电路布图设计专有权和植物新品种权，除涉及国家安全、国家利益和重大社会公共利益外，授权项目承担者依法取得"。我国关于财政性投资科研成果的知识产权制度基本借鉴的是美国1980年实施的《拜杜法案》的基本做法，建立了以项目承担单位为主导的权属制度。但是在制度运行机制设计上，我国却缺乏完备系统的制度安排。

第一，美国建立了比较完善的公共资源投入规范，对公益性科研机构、公益性科研项目都有明确的范围界定，一般不得将公共财政资源直接投入非公益性的商业盈利领域。目前，我国公共财政资源在农业科研领域的投入存在定位不明确、范围太大、结构不合理的问题，有相当部分公共财政资源直接投入的是赢利性商业领域。在我国国内品种权授权量中，主要利用公共财政资源的教学科研单位占63.62%，国内企业只占32.02%；国内授权的农业发明专利中，教学科研单位占45.36%，个人和企业分别占24.96%和20.88%；在农业生物技术领域，教学科研单位的拥有量占67.45%。农业科技创新主要依赖于公共投资，表明我国农业公共投资对社会资源投入的波及带动效应有限，公共资源使用效率不高。

第二，美国规定对政府拨款项目在政府资助项目中确认一项发明产生时，应及时向所在单位有关管理部门报告，该单位应在两个月内向相关的政府资助机构报告。项目承担单位在向政府资助机构提出书面报告两年内，有权选择是否以自己的名义申请知识产权，当项目承担单位不申请知识产权保护时，规定了由政府资助机构申请知识产权保护或者决定公开研究成果的补救措施。目前我国的政府资助机构基本是只管立项分钱和结题交账了事，并没有对项目承担单位的知识产权保护进行监督或采取补救保护的义务规定。研究成果被科研人员随意披露发表论文的现象非常普遍。一些农业知识产权申请主要是为了应付政府资助机构的结题验收，只图数量，不管质量。

第三，在美国，除了对政府拨款项目（完成单位与拨款机构没有隶属关系）的项目承担单位可以以自己的名义申请并获得政府资助项目研究成果的知识产权保护外，对政府所有并直接管理的研究机构所完成的发明，则由政府机构以自己的名义申请并拥有知识产权。例如，在农业生物技术领域，美国企业、大学和科研机构、政府（以美国农业部的名义申请）拥有的专利分别占39%、21%和4%。而我国对涉及国家安全、国家利益和重大社会公共利益的科研成果，并没有明确申请知识产权保护的主体，不存在对重要科技成果知识产权的国家所有权，使政府在调控知识产权这一战略性资源时缺乏基本的产权制度保障。

第四，《Bayh-Dole法案》规定公益性研发成果之商品必须优先在美国境内生产、制造。成果转让违反了美国工业界优先受让原则的，美国政府可以行使介入权加以制止。而我国对公益性研究成果的向外转让采取的是国家鼓励首先在境内使用的弹性规定，并没有禁止性规定。实际中导致了我国许多由公共财政资源支持的重点核心技术成果流失，有些甚至成为国外公司反制我国农业产业发展的武器，甚至成为我国粮食安全保障的潜在威胁。

2 对策和建议

2014年中央一号文件提出，明晰和保护财政资助科研成果产权，创新成果转化机制，发展农业科技成果托管中心和交易市场。这切中了目前农业科技资源配置和成果转化中存在问题的要害，但是要明晰财政资助科研成果产权又不是仅靠农业领域的改革就能实现的，急需加强顶层设计，完善财政性科技资源投入和产出的全称管理制度，健全知识财富产权制度，才能有效避免财政性科技投入对社会性资源投入的"挤出效应"，充分发挥市场配置科技资源的决定性作用，广泛动员社会资源参与农业科技创新。

首先，明晰公益性科研的范围，从承担单位性质和科研活动性质严格界定公共财政资源投入标准和对象，除政府购买服务外，杜绝公共财政科研资金直接向盈利性商业开发活动和商业盈利性领域投入，避免科研资源配置中的寻租行为和成果处置中的不公平竞争对社会资源投入科技领域形成的"挤出效应"，让企业真正成为科技创新的投入主体、责任主体和受益主体。

其次，理顺国家、项目（课题）承担单位之间的产权关系。改革目前一刀切式的产权安排，根据不同单位和研究活动性质设置更加精细的成果产权制度。一是对利用公共财政资金研发的涉及保障粮食安全、整体利益和全局利益的重大成果，根据财政资金来源，建立国家或者各级地方政府所有的公共知识产权，通过招投标等方式进行公开、合理化配置，将公益性科研成果从项目承担单位和科研人员的局部利益和个别利益束缚中释放出来，强化政府对公益性农业科研成果配置和转化运用的调控职能，弥补市场机制的不足，保证其支撑农业科技发展的公平性和政策导向性，最大限度地服务于社会公共效益；二是对利用社会资源研发的涉及保障粮食安全、整体利益和全局利益的重大成果，采取后补助收购等多种方式收归国家或者各级地方政府所有，并按照公共知识产权方式配置转化，在保障完成单位和科研人员利益的同时，充分发挥其公益性功能；三是对利用公共财政资金研发的其他不涉及重大公共利益的成果，由项目完成单位申请取得知识产权，并通过知识产权市场，自主转让交易，充分发挥市场机制配置科技资源的决定作用。

再次，建立规范有序的知识产权交易市场。通过公开、公正和充分的市场竞争，挖掘科技成果的最大价值，实现科技资源的最优配置。同时，通过建立科学、合理的交易规则，建立公共财政资金资助的科研成果进入市场的有效机制，防止通过私下交易、恶意杀价竞争等扰乱正常科技成果市场秩序，充分调动企业参与科技成果创造的积极性。而且，通过规范有序的知识产权市场处置公共财政资金资助的科研成果，接受社会监督，保障财政性公共科技资源配置和处置在阳光下运行。

最后，加快建立农业遗传资源、育种材料身份登记制度，明确归属管理，健全利益分配机制，在不同研究主体之间推动实施标准化的"材料转移合同"，保障权利人的合法权益，促进公益性育种资源的有效流转和上中下游的分工合作。

农业知识产权的科学管理与有效保护

陆滨芊

（北京专利代理人、律师）

摘　要：本文归纳了农业知识产权的概念和特征及农业知识产权保护主要形式，特别是涉农专利的保护范围以及申请专利的条件和应注意的问题，介绍了植物新品种保护、农产品地理标志等申请条件。本文还总结了我国农业知识产权保护的现状和问题，提出了加强农业知识产权保护的有关对策，包括对农业科研、开发、生产等部门在建设知识产权管理体系、制止知识产权侵权和知识产权侵权应诉对策等方面给出了相关建议。

关键词：农业知识产权；科学管理；保护对策

1　广义农业知识产权的概念和特征

世界各国对农业知识产权的保护内容定义不尽一致。按世界贸易组织（WTO）的定义，把知识产权限定为 7 种，即：版权与邻接权、商标权、地理标记权、工业品外观设计权、发明专利权、集成电路布图设计权和未披露的信息权（即商业秘密）。除美国外，大部分国家未将动植物品种纳入专利保护范畴。

2　我国农业知识产权保护主要形式

根据我国的法律法规，农业知识产权保护主要涉及以下 7 类：专利（发明、实用新型、外观设计），植物品种保护，地理标志与原产地名称，商标，反不正当竞争，技术秘密（Know How），著作权等。

3　涉农专利的保护范围

目前主要包括：
（1）农、牧、渔、机具的发明与改进；
（2）肥料和饲料配方；
（3）农药和兽药；
（4）食品、饮料和调味品产品及其生产方法；
（5）新的生物菌种及产品；
（6）动、植物新品种的生产方法（我国动物和植物品种本身不授予专利权）。

4　授予专利权的条件

4.1　发明创造的三种类型

《中华人民共和国专利法》（以下简称《专利法》）所称的发明创造有三类：

发明：对产品、方法或者其改进所提出的新的技术方案。其中，方法发明包括操作方法、制造方法、工艺流程等的技术方案。常见的涉农发明专利有新产品、新方法、新材料等。

实用新型类：对产品的形状、构造或者其结合所提出的适于实用的新的技术方案。主要保护产品的新形状、新构造（器具、小装置）。

外观设计类：对产品的形状、图案或者其结合以及色彩与形状、图案的结合所作出的富有美感并适于工业应用的新设计。主要保护产品的外形、图案等设计，不保护内部结构等技术内容。

4.2 发明、实用新型授权条件

发明、实用新型授权条件应具有三性：新颖性、创造性、实用性。

新颖性，是指该发明或者实用新型不属于现有技术；也没有任何单位或者个人就同样的发明或者实用新型在申请日以前向国务院专利行政部门提出过申请，并记载在申请日以后公布的专利申请文件或者公告的专利文件中。

创造性，是指与现有技术相比，该发明具有突出的实质性特点和显著的进步，该实用新型具有实质性特点和进步。"现有技术"，是指申请日以前在国内外为公众所知的技术。

实用性，是指该发明或者实用新型能够制造或者使用，并且能够产生积极效果。

4.3 外观设计授权条件

授予专利权的外观设计，应当不属于现有设计；也没有任何单位或者个人就同样的外观设计在申请日以前向国务院专利行政部门提出过申请，并记载在申请日以后公告的专利文件中。

授予专利权的外观设计与现有设计或者现有设计特征的组合相比，应当具有明显区别。"现有设计"，是指申请日以前在国内外为公众所知的设计。

授予专利权的外观设计不得与他人在申请日以前已经取得的合法权利相冲突。

5 申请专利前注意事项

5.1 注意保密

（1）申请人在提交专利申请之前，要注意对其发明创造做好保密，防止破坏发明创造的新颖性。在发表论文、报奖、成果鉴定、参展、学术会议等场合尤其需要做好保密事项。

（2）保密与专利公开的矛盾处理。由于专利本身就是以向公众公开技术而换取一定时间的权利。所以，申请专利就必然面临着要专利公开——公开技术。一般来说对于技术的公开程度，必须以本领域的技术人员看到公开的文件资料后，能够不经过创造性劳动就能实现为准。因此，只要达到这个能够实现的要求，其他的内容就可以不公开而作为技术秘密来保护。

申请专利前重要的保密工作之一就是签订保密协议。

5.2 申请专利前的主意事项

（1）相关内容专利的地域、时间、保护范围（权利要求书）；
（2）学会检索（立项前，评估时，转让、侵权诉讼等）；
（3）保护期；
（4）申请件数；
（5）争取费用减免；
（6）选择专利代理人（注重技术背景、责任心）。

6 农业植物新品种保护

6.1 基本概念

（1）植物新品种：经过人工培育的或者对发现的野生植物加以开发，具备新颖性、特异性、一致性和稳定性并有适当命名的植物品种。

（2）品种权人（完成育种的单位或个人）对其授权品种，享有排他的独占权（生产、销售、转让、标记等权利）。

（3）任何单位或者个人未经品种权所有人许可，不得为商业目的生产或者销售该授权品种的繁殖材料，不得为商业目的将该授权品种的繁殖材料重复使用于生产另一品种的繁殖材料。

但是，利用授权品种进行育种及其他科研活动以及农民自繁自用授权品种的繁殖材料除外。

6.2 授予植物新品种权的条件

符合国家颁布的植物品种保护名录中列举的植物的属或者种。

（1）新颖性：申请日前该品种繁殖材料未被销售，或者经育种者许可，在中国境内销售该品种繁殖材料未超过1年；在中国境外销售藤本植物、林木、果树和观赏树木品种繁殖材料未超过6年，销售其他植物品种繁殖材料未超过4年。

（2）特异性：明显区别于在递交申请以前已知的植物品种。

（3）一致性：新品种经过繁殖，除可以预见的变异外，其相关的特征或者特性一致。

（4）稳定性：经过反复繁殖后或者在特定繁殖周期结束时，其相关的特征或者特性保持不变。

6.3 我国的立法保护

在与国际交流中，1999年中国加入国际植物新品种保护联盟（UPOV），成为第39个成员国，启动实施《中华人民共和国植物新品种保护条例》。2004年以来，我国植物品种权年申请量一直位居UPOV成员国第四位，有效品种权量居前十位。

7 地理标志及其效力

7.1 世界贸易组织对地理标志的定义

地理标志是鉴别原产于一成员方领土或该领土的一个地区或一地点的产品的标志，地理标志产品的质量、声誉或其他确定的特性应主要决定于其原产地。

7.2 《农产品地理标志管理办法》

2007年12月25日中华人民共和国农业部令第11号发布《农产品地理标志管理办法》，自2008年2月1日起施行。内容包括：总则、登记、标志使用、监督管理、附则五章共25条。

《农产品地理标志管理办法》第一条是：为规范农产品地理标志的使用，保证地理标志农产品的品质和特色，提升农产品市场竞争力，依据《中华人民共和国农业法》《中华人民共和国农产品质量安全法》相关规定，制定本办法。第二条：本办法所称农产品是指来源于农业的初级产品，即在农业活动中获得的植物、动物、微生物及其产品。本办法所称农产品地理标志，是指标示农产品来源于特定地域，产品品质和相关特征主要取决于自然生态环境和历史人文因素，并以地域名称冠名的特有农产品标志。

从而明确了名、优、特、稀农产品的地理标志权或原产地域名称权的法律效力。

7.3 我国农产品地理标志申请条件

（1）称谓：地理区域名＋农产品通用名；
（2）产品有独特的品质特性或特定的生产方式；
（3）产品品质和特色主要取决于独特的自然生态环境和人文历史因素；
（4）产品有限定的生产区域范围；
（5）产地环境、产品质量符合国家强制性技术规范要求。

7.4 我国农产品地理标志图标及意义

标示农产品来源于特定地域，是该产品的产地标志。经国家农业部登记的农产品地理标志受法律保护。

8 农业技术秘密、商业秘密的内涵

包括涉及农林牧渔等行业的所有技术秘密或商业秘密，例如，繁殖材料、数据、栽培方法等技术信息以及农产品经营对其决策、价格、客户名单等信息等所享有的经济利益权利。

9 农业著作权的内涵

农业生产、科研等活动中所产生的著作权，包括著作、论文、工程设计图纸及说明、视听资料及计算机软件等所享有的精神权利和经济权利。

10 我国农业知识产权保护现状和问题及对策

10.1 我国农业知识产权保护存在的问题

（1）知识产权意识不强，科研偏重学术水平，忽视对自有资源（基因资源、地理标志、原产地名称等）的挖掘。不重视申请国外专利，例如：某高校研制的食用菌栽培等技术已通过各种渠道传到16个国家，目前仅蘑菇一项的年产值在全世界就达100亿美元，由于专利的地域性，这项发明在别国不受法律保护，被多个国家无偿使用。

（2）针对农业知识产权保护的法制建设尚不健全，可操作性不强，主要表现在：我国现有的知识产权保护制度主要是针对工业企业和其他相关产业，农业知识产权保护的法规及制度建设还很滞后。

（3）农业知识产权保护的管理机制不健全，存在大多数科研单位没有专设的知识产权管理部门和管理制度现象。

（4）一些单位农业知识产权保护的安全防范措施落实不到位。2008年我国新修改的《专利法》"利用遗传资源，并依赖该遗传资源完成的发明创造，不授予专利权"。但是，一些物种资源、技术被参观考察、学术交流之时流出单位。

（5）知识产权对农业技术创新的激励作用不显著。非市场化的成果鉴定和驱动机制形成重论文、轻专利的评价和奖励机制，造成科研与产业脱节，影响着农业科研人员申请专利的积极性。

而且，由于农业生产管理中，引进新品种和采用先进技术成本较高，使得某些农业生产者对创新技术应用的积极性不高。

（6）农业知识产权保护执法难度大。主要表现在：农业知识产权侵权的鉴定、调查取证较为复杂，涉及多家相关职能部门，难辨别侵权行为，造成保护难。

（7）对农业广泛资源的挖掘、利用和保护重视程度不够，这些资源包括基因资源、地理标志、原产地名称等领域。只重视科研开发、技术应用和推广等。

10.2 农业知识产权保护的难度较大与其具有的特征有关

除具有知识产权的一般特征（排他性、地域性、时间性），还有以下特征：

（1）不易保密，新成果、新技术的示范推广大多在田间进行，保密难；

（2）侵权难控制，因生产分散，权利主体往往难以控制侵权行为；

（3）产权价值标准不确定，农业生产过程是自然和经济的交互过程，形成的知识产权难以用一定的标准衡量。

这三个特征也深刻反映出了农业知识产权保护的难度和必要性。

10.3 加强农业知识产权保护的对策

（1）完善农业知识产权的立法。建立统一完善的农业知识产权法律体系，能够使公众更全面、准确地了解自己和他人权利的范围及救济手段，避免法律规范之间的交叉冲突。

完善的农业知识产权法律体系应包括：动、植物进出境检疫法及其配套法规；农产品、食品和农业生产资料的进口技术标准；与地理标志和民间工艺等相关的规定；对动、植物新品种及新组合的保护；农业生物技术中转基因技术、基因克隆技术等的保护等。

（2）系统开展农业知识产权知识的宣传、学习、教育，提高法律意识和遵守知识产权法的自觉性。

（3）完善司法保护的各项制度。建立、健全农业知识产权案件审判组织；完善各项责任制度。

强化权利人自我救济意识。自觉学习农业知识产权保护及相关法律知识，树立知识产权维权意识，积极依法取得自主知识产权。

（5）农业管理人员特别是领导应带头学习并熟悉有关知识产权知识。

10.4 对农业科研、开发、生产等单位加强知识产权管理的建议

（1）发明创造成果公开之前及时申请专利、植物新品种权等保护工作。

（2）对具备授权条件的基因资源及时申请保护，包括转基因技术、植物新品种，也包括我国独有的自然基因和特有生物品种。

要保护好现有资源，不仅防止资源泄露，也应尽量避免廉价甚至无偿被使用。

（3）重视商标权保护。保护农产品商标会给企业带来经济价值、信誉价值和无形资产。只有创造出具有自主知识产权的名牌农产品，才能在世界市场上具有更强的竞争力。

为此，一旦有了产品标识一定要及时申请注册；注册防御商标：在非类似商品上将其商标分别注册；及时评估商标价值，将无形资产有形化。

（4）保护地理标志与原产地名称。因为每一个原产地保护产品都沉淀着几百年甚至是几千年的文化。原产地产品大多数表现为在特定地域出产、制造的具有特定品质（包括特定的质量、信誉或者其他特征）的农产品。

（5）开展农业技术知识产权保护的宣传教育和普及。注重懂农业技术又熟悉知识产权的人才培养。

10.5 加强知识产权管理体系建设

（1）形成自主知识产权作为科研的重要考核指标。长期以来，受现行的职称评定、考核评价机制的弊端影响，科研工作的目标是获奖而不是获得知识产权。应调整农业科研工作的考核机制，科研的任务不只是出奖励意义上的"成果"，更重要的是提高自主知识产权的产出能力。农业科研管理思路也应加以调整，把能否形成自主知识产权作为重要指标来衡量。

（2）建立知识产权保护与管理的规章制度实施细则，明确规定：本单位需受保护的知识产权的范围界定及内容；知识产权保护与管理程序以及奖惩标准；职务发明与非职务发明界定等具有可操作性的实施依据。

10.6 有效制止知识产权侵权行为

(1) 收集证据,主是销售证据:照片、发票、广告等。

(2) 制止方式:警告(如律师函,方便、费用低);行政途径(见效快,费用较低,停止侵权行为);司法途径(耗费时间精力,费用高,但有可能获赔偿)。

10.7 遇到知识产权侵权指控的对策

如果遇到知识产权侵权控诉,应诉之前应做的工作是:

(1) 核实对方权利是否真正有效(时间、地域、权利范围);

(2) 适时提出权利无效请求。

农业地理标志与计算机软件著作权实务研究

有效运用地理标志，提升农业市场竞争力

郭修申

（原中华商标协会专家，中企商标发展中心副主任）

摘　要：本文阐述了世界贸易组织对地理标志的定义，《中华人民共和国商标法》所明确的规定。分析了国际上的立法及保护状况，《中华人民共和国商标法》对于地理标志提供的法律保护的方面和重要意义。

关键词：地理标志；概念；现状；作用；运用

1 证明商标、地理标志概念

1.1 证明商标

《中华人民共和国商标法》（以下简称《商标法》）第三条对证明商标定义为："本法所称证明商标，是指由对某种商品或者服务具有监督能力的组织所控制，而由该组织以外的单位或者个人使用于其商品或者服务，用以证明该商品或者服务的原产地、原料、制造方法、质量或者其他特定品质的标志。"

1.2 地理标志

1994 年的《与贸易有关的知识产权协议》（TRIPS 协议）第 22 条第 1 款对地理标志定义为："本协议的地理标志，系指下列标志：能标示出某商品来源于（世界贸易组织）某成员地域内，或来源于该地域中某地区或某地方，而该商品的特定质量、信誉或其他特征，主要与该地理来源相关联。"

《商标法》第十六条规定：商标中有商品的地理标志，而该商品并非来源于该标志所标示的地区，误导公众的，不予注册并禁止使用；但是，已经善意取得注册的继续有效。

前款所称地理标志，是指标示某商品来源于某地区，该商品的特定质量、信誉或者其他特征，主要由该地区的自然因素或者人文因素所决定的标志。

2 国际上对地理标志的立法及保护状况

2.1 国际条约对地理标志的规范

TRIPS 协议所指知识产权范围：版权与邻接权、商标权、地理标志权、工业批外观设计权、专利权、集成电路布图设计权、未披露过的信息专有权。

TRIPS 协议第 22 条、第 23 条对地理标志保护作出规定。

第 22 条　对地理标志的保护

2.1.1 本协议所称的地理标志是识别一种原产于一成员方境内或境内某一区域或某一地区的商品的标志，而该商品特定的质量、声誉或其他特性基本上可归因于它的地理来源。

2.1.2 在地理标志方面，各成员方应向各利益方提供法律手段以阻止：

1）使用任何手段，在商品的设计和外观上，以在商品地理标志上误导公众的方式标志或暗示该商

品原产于并非其真正原产地的某个地理区域；

2) 作任何在1967《保护工业知识产权巴黎公约》(以下简称《巴黎公约》) 第10条副则意义内构成一种不公平竞争行为的使用。

2.1.3 若某种商品不产自于某个地理标志所指的地域，而其商标又包含了该地理标志或由其组成，如果该商品商标中的该标志具有在商品原产地方面误导公众的性质，则成员方在其法律许可的条件下或应利益方之请求应拒绝或注销该商标的注册。

2.1.4 上述第一、二、三款规定的保护应适用于下述地理标志：该地理标志虽然所表示的商品原产地域、地区或所在地字面上无误，但却向公众错误地表明商品是原产于另一地域。

第23条 对葡萄酒和烈性酒地理标志的额外保护

2.1.5 每一成员方应为各利益方提供法律手段，以阻止不产自于某一地理标志所指地方的葡萄酒或烈性酒使用该地理标志，即使在标明了商品真正原产地或在翻译中使用了该地理标志或伴以"种类""类型""风味""仿制"等字样的情况下也不例外。

2.1.6 对于不产自于由某一地理标志所指的原产地而又含有该产地地理标志的葡萄酒或烈性酒，如果一成员方的立法允许或应某一利益方之请求，应拒绝或注销其商标注册。

2.1.7 如果不同的葡萄酒使用了同名的地理标志，则根据上述第22条第四款规定，每一种标志均受到保护。每一成员方应确定使同名地理标志能够相互区别开来的现实条件，同时应考虑到确保有关的生产者受到公正待遇并不致使消费者产生误解混淆。

2.1.8 为了便于对葡萄酒地理标志进行保护，应在与贸易有关的知识产权理事会内就建立对参加体系的那些成员方有资格受到保护的葡萄酒地理标志进行通报与注册的多边体系进行谈判。

2.2 各国对地理标志的保护模式

自从TRIPS协议明确将地理标志保护问题纳入知识产权范畴以后，关于地理标志保护标准和模式的争论在国际范围内日趋激烈。以欧盟为代表的一方主张以特别立法的方式保护地理标志，以美国、澳大利亚为代表的另一方则反对特别立法，主张利用商标法对地理标志进行保护；前者主张对地理标志给予高标准的保护，后者则反对提高保护标准。双方各持己见，互不相让。

地理标志的保护在国际上是一个倍受重视而又没有获得完全解决的问题。尽管TRIPS协议以一节的篇幅作了规定，各国在保护方法甚至地理标志的定义方面仍然存在分歧。世界知识产权组织"商标、工业品外观设计及地理标志法律常设委员会"（SCT）曾经多次召开专门会议，研究地理标志保护问题，迄今尚未取得一致意见。

根据世界知识产权组织国际局的研究，目前各国保护地理标志的方式大致可分为注册证明商标或集体商标保护、单独立法保护和反不正当竞争法或消费者保护法三种保护方式。

2.2.1 通过注册集体商标或者证明商标保护

美国、加拿大、英国、日本、意大利等100多个国家和地区通过注册证明商标或者集体商标的方式保护地理标志。注册集体商标和证明商标，要在商标使用管理章程中对使用商标的商品的生产地域和技术标准进行界定，这种界定是说明书的组成部分，当申请被批准时，该说明书就成为注册的组成部分，对注册人和商标使用人具有法律约束力。这种保护方式符合地理标志属于知识产权保护对象中商业标志的一个类别的特点，可以比较好地处理地理标志保护与在先商标权的关系，而且可以利用现有的商标国际注册体系，比较方便地在其他国家（地区）取得保护。

2.2.2 反不正当竞争法保护

通过反不正当竞争法保护地理标志是一种普遍接受的保护途径。这种保护在历史上是不断发展的。最初能够禁止的限于与虚假商号一起使用虚假产地标记（《巴黎公约》最初的规定）的行为，后来发展到禁止使用虚假或者欺骗性的产地标记[《巴黎公约》《保护原产地名称及国际注册里斯本协定》（以下简称《里斯本协定》）和《商标国际注册马德里协定》（以下简称《马德里协定》）]，再发展到对使用地理标志构成《巴黎公约》第 10 条之二意义上的不正当竞争行为的一般性禁止。建立在反不正当竞争基础上的地理标志保护制度的主要特征之一，在于法官要在诉讼过程中明确界定系争地理标志的关键要素，诸如生产地域、源自地理标志指示地域的特定质量，以及地理标志的声誉。另外，法官在判决时还必须对引起争议的地理标志是否在其商品的地理来源方面正在误导该公众作出判断。因此，地理标志在按照反不正当竞争法则进行保护时可能出现的困难与不需要注册程序之便利正好互相抵销。地理标志的受益人可能会发现，注册地理标志、原产地名称、证明商标或集体商标的做法，体现出胜过反不正当竞争保护的优越性，尤其在执法方面。但是，即使在采取注册集体商标和证明商标或者专门立法保护地理标志的国家，反不正当竞争法仍然是保护地理标志的一种补充手段，例如，我国商标法即从反不正当竞争的目的出发，规定对于含有虚假地理名称标志的商标不予注册。

2.2.3 专门法保护

一些国家制定专门的法律保护地理标志。这种保护方式又可细分为注册地理标志保护和原产地名称保护。地理标志和原产地名称的基本差异在于原产地名称与原产地域的关联比地理标志更紧密。原产地名称的产品质量或特性取决于原产地，而就地理标志来说，如果商品具有某种质量、信誉或某些其他特性，只要有一个取决于地理原产地的标准就足够了。与原产地名称相比，地理标志商品的原材料生产和产品开发无须完全位于特定的地理区域。二者的相同之处是法律保护都基于行政机关的行为，一旦涉及生产者代表的行政程序和政府行政行为完成之后，该法律便开始实行。通过行政程序，法律对有关地理标志或者原产地名称的重要参数作了法律规定、如相关产品、使用条件、生产区域和生产标准。这种保护方式与通过反不正当竞争寻求保护的方式相比，一个重要的优点是在寻求救济方面具有较强的确定性和可预见性，法国是这种保护方式的代表，法国的这种保护方式是由其原产地名称保护的历史决定的。为了加强对原产地名称的保护，法国政府设立了原产地名称局（INAO），其主要职能就是确定使用"经检测"的原产地名称和"优质葡萄酒"名称的葡萄酒和烈性酒的条件，并对使用受保护名称的产品的质量进行检测和控制。对于除葡萄酒、烈性酒和奶酪以外的其他产品的原产地名称则可以通过司法途径或者行政程序认定。1992 年欧盟通过了《关于保护农产品和食品地理标记和原产地名称条例》，通过注册对地理标记和原产地名称进行保护，但是，该条例只在欧盟内部实行，对非欧盟成员国不给予这种保护。欧盟及其成员认为，专门的地理标志登记制度优于借助证明商标或集体商标保护地理标志的制度，前者对地理标志的保护力度大。而美国、加拿大、澳大利亚等国家则指责欧盟的制度内外有别，并且认为通过注册集体商标和证明商标。可以有效保护地理标志。除以上保护模式外，有的国家采用对不同产品的地理标志适用不同的法律和程序给予保护的做法。例如，澳大利亚制定了专门的法律《澳大利亚葡萄酒和白兰地联合体法案 1980》，葡萄酒地理标志的保护要依据该法进行注册保护。除葡萄酒之外的产品的地理标志则依据《商标法案 1995》通过注册证明商标保护。由上述介绍可知，法国实际上也属于这种保护方式。

3 中国商标法律体系对地理标志提供的保护

3.1 中国地理标志申请注册情况

我国自 20 世纪 90 年代开始实施地理标志注册与保护制度，到目前已累计受理地理标志注册申请 1200 余件，核准注册 735 件。

3.2 法律规定的地理标志与部门规章规定的地理标志之异同

3.2.1 地理标志的法律规范

从我国最高立法机关立法层面，我国第二次修订《商标法》，已从国家法律的层次把地理标志纳入《商标法》保护范畴，这不仅使地理标志的知识产权属性与《商标法》的知识产权法属性相一致，将地理标志融于了知识产权法律形式的保护范围，而且以商标法的法律形式对地理标志进行管理和保护，也是对地理标志这种私权的尊重。从立法背景的国际层面，将地理标志的保护纳入《商标法》的保护体系，是采用了世界上多数国家和我国的主要贸易伙伴通行的办法即商标保护。我国的主要贸易伙伴如美国、英国、德国、澳大利亚、加拿大、意大利等国都采用商标保护的方式。商标国际注册主要是依据《马德里协定》，马德里联盟当前已有76个成员国。我国及我国的主要贸易伙伴均是马德里联盟的成员国。地理标志只有在国内注册证明商标后，才可以依据我国加入的国际条约［《商标国际注册马德里协定》和《马德里协定有关议定书》（以下简称《议定书》）］，去实现国际注册，并且可以充分利用有关优先权的规定，及早获得国际注册，有利于商标注册人在国内、国际贸易中运用法律武器保护自身权益。按照国际惯例，在地理标志名称与商标权发生冲突时，必须执行"申请在先"原则，所以，我国现在运用较成熟的商标注册、管理体系来对地理标志证明商标进行保护，既可以发挥现有体系和人员优势，可以节省单独设立专管部门的物质和人力资源，又可以充分利用完备的注册商标档案体系，避免原产地证明商标和已注册在先商标权的冲突。

3.2.2 地理标志的部门规章规范

目前，我国地理标志现行行政管理体制存在的问题是在我国最高立法机关确立以知识产权法——《商标法》的法律形式管理和保护地理标志后，国家质检总局依据非知识产权法律制定了《地理标志产品保护规定》，法律规定的地理标志行政管理体制与部门规章规定的地理标志行政管理体制并存、并行，造成行政管理部门之间管理权限的冲突和碰撞，而行政管理权限的争执和冲突给地理标志管理和保护工作带来明显的消极影响。不仅对同一地理标志由两个行政部门按不同的行政审批程序注册，造成所有人权利冲突；同一地标多重审批，加重了企业（权利人）的负担；同一地标多重审批，使国家行政管理成本增加，浪费国家行政管理资源；还可能导致对同一地理标志的差别保护，导致对有关地理标志保护问题的理解不一致，可能影响我国履行入世的承诺，可能影响国家形象。

3.2.3 国际商标协会对中国地理标志法律规范的关注

已有127年历史的国际商标协会非常关注中国的地理标志保护制度及状态。国际商标协会认为：地理标志作为知识产权受到保护，不能脱离知识产权保护的基本原则。第一个基本原则是地域性原则。一个地理标志如果在本国不受保护的话，它想在别的国家受到保护是不可能的。第二是排它性原则。如果已经存在着一个注册的商标，再申请注册原产地标志，就不应该被批准成为原产地标志，或者至少这个原产地标志不应该和已经注册的商标相冲突。第三个原则是优先权原则。已经有一个在先商标，就不应该批准后面相似的一个地理标志。由于地理标志是一个比较新的问题，现在世界各国都非常重视中国对地理标志是怎么保护的，都在看中国到底怎么做。国际商标协会不会在意中国到底是由哪个部门管地理标志。令国际社会担忧的是，一国政府做出承诺、立了法，有了法律却不尊重法律，又出台一套部门规章，怎么适应中国的法律？如此不仅会损害中国的国际威望，有些国家还会借此做文章。2003年、2004年，国际商标协会主席曾两次致信中国商标局（按照该协会的规则，对各国发出的重要信函，须经协会内部的270个委员会会商，以主席名义发出）表示在中国现有的立法框架内，对地理标志已经有足够充分的保护，地理标志作为知识产权受到保护的几个原则已经确保。对中国在商标法制度下对于地理标志的保护表示赞赏和满意。

3.2.4 中国商标法律体系对地理标志提供的保护

地理标志在中国作为证明商标或者集体商标注册后，可以得到注册商标享有的所有法律保护：
1）可以在商标注册程序中得到保护

地理标志作为证明商标或者集体商标注册后，地理标志与商标共用一个数据库。商标局在对来自中外的商标注册申请进行审查时，会对在先申请或注册的中外地理标志进行检索，驳回与其相同、近似的商标注册申请，从而避免在后申请的商标与在先注册的地理标志发生冲突，使地理标志在商标注册程序中得到保护。

2）可以在遭到侵权时得到行政保护

《商标法》和《中华人民共和国商标法实施条例》（以下简称《商标法实施条例》）规定了7种侵犯注册商标专用权的行为：

（1）未经商标注册人的许可，在同一种商品或者类似商品上使用与其注册商标相同或者近似的商标的；

（2）销售侵犯注册商标专用权的商品的；

（3）伪造、擅自制造他人注册商标标识或者销售伪造、擅自制造的注册商标标识的；

（4）未经商标注册人同意，更换其注册商标并将该更换商标的商品又投入市场的；

（5）在同一种或者类似商品上，将与他人注册商标相同或者近似的标志作为商品名称或者商品装潢使用，误导公众的；

（6）故意为侵犯他人注册商标专用权行为提供仓储、运输、邮寄、隐匿等便利条件的；

（7）给他人的注册商标专用权造成其他损害的。

对于这些侵权行为，中国工商行政管理机关可以依职权或应投诉予以查处，没收、销毁侵权商品和专门用于制造侵权商品、伪造注册商标标识的工具，并可以处以罚款（罚款数额为：1.非法经营额3倍以下；2.非法经营额无法计算的，10万元以下）。

3）可以在遭到侵权时得到司法保护

司法保护包括民事司法保护和刑事司法保护。

（1）民事司法保护。

除了《商标法》和《商标法实施条例》规定的上述7种侵犯注册商标专用权行为外，《最高人民法院关于审理商标民事纠纷案件适用法律若干问题的解释》（法释〔2002〕32号）还规定了3种侵犯注册商标专用权的行为：

将与他人注册商标相同或者相近似的文字作为企业的字号在相同或者类似商品上突出使用，容易使相关公众产生误认的；

复制、摹仿、翻译他人注册的驰名商标或其主要部分在不相同或者不相类似商品上作为商标使用，误导公众，致使该驰名商标注册人的利益可能受到损害的；

将与他人注册商标相同或者相近似的文字注册为域名，并且通过该域名进行相关商品交易的电子商务，容易使相关公众产生误认的。

（2）刑事司法保护。

地理标志不仅受《商标法》保护，而且受《中华人民共和国刑法》（以下简称《刑法》）保护。中国《刑法》规定了3种侵犯注册商标专用权依法追究刑事责任的行为：

未经商标注册人许可，在同一种商品上使用与其注册商标相同的商标，构成犯罪的；

伪造、擅自制造他人注册商标标识或者销售伪造、擅自制造的注册商标标识，构成犯罪的；

销售明知是假冒注册商标的商品，构成犯罪的。

根据有关法律规定，对于这3种行为，涉嫌犯罪的，工商行政管理机关应当及时移送司法机关处理，公安机关应当立案侦查，检察机关应当依法提起公诉；构成犯罪的，法院可以判决处以7年以下有期徒刑等刑事处罚。地理标志作为证明商标或者集体商标注册后，也可以与其他注册商标一样得到这些刑事司法保护。

（3）可以在必要时得到驰名商标保护。

2001年12月，我国将驰名商标的保护写入了《商标法》。《商标法》第十三条规定："就相同或者类似商品申请注册的商标是复制、摹仿或者翻译他人未在中国注册的驰名商标，容易导致混淆的，不予注册并禁止使用。""就不相同或者不相类似商品申请注册的商标是复制、摹仿或者翻译他人已经在中国注册的驰名商标，误导公众，致使该驰名商标注册人的利益可能受到损害的，不予注册并禁止使用。"

（4）可以得到工商行政管理机关区域性合作组织的保护。

2004年9月，泛珠三角区域（九省、区）工商行政管理部门召开高层联席会议，签署了包含《关于商标行政保护合作的工作方案》在内的《泛珠三角区域工商行政管理合作协议》。该方案加强对著名（驰名）商标的保护，加强跨省（区）商标案件协查，建立商标行政保护信息通报制度，建立商标行政保护协作委员会，在较高层次上实现了商标行政执法方面的协作。

目前，此类保护商标专用权的区域协作组织已经有6个，除了泛珠三角区域外，其余5个是：华东协作网（七省市）、北方协作网（十省市）、淮海经济区协作网（十九地市）、东北协作网（三省）、西部协作网（十二省市）。

（5）可以通过商标国际马德里系统在其他国家得到保护。

商标国际马德里系统包括《马德里协定》和《议定书》。前者要求国际申请以在原属国的商标注册为基础，后者要求国际申请可以以在原属国的商标申请为基础。马德里系统具有省时、省力、省钱的特点，而且其缔约方多达80个。

中国的地理标志作为集体商标、证明商标申请和注册后，可以利用马德里系统在其他成员国获得商标注册和保护。其他成员国的地理标志也可以通过这一系统到中国获得商标注册和保护。这无疑大大方便了中外地理标志所有人。

另外，TRIPS协议第24条第9段规定："对于在其来源国不受保护或中止保护的地理标志，或在来源国已废止使用的地理标志，依本协议无保护义务。"这是中外地理标志所有人要在外国和中国获得保护需要注意的一项规定。

4 证明商标与普通商标的差别和使用证明商标的重大意义

4.1 证明商标与普通商标的区别

《商标法》第三条规定的商标种类包括：商品商标、服务商标和集体商标、证明商标。证明商标与普通商标的区别如下。

（1）证明商标表明商品或服务具有某种特定品质，普通商标表明商品或服务出自某一经营者。

（2）证明商标的注册人必须是依法成立，具有法人资格，且对商品和服务的特定品质具有检测和监督能力的组织，普通商标的注册申请人只须是依法登记的经营者。

（3）证明商标申请注册时必须按照《集体商标、证明商标注册和管理办法》规定，提交管理规则，普通商标只须按《商标法》及《商标法实施条例》规定提交申请。

（4）证明商标的注册人不能在自己经营的商品或服务上使用该证明商标，普通商标必须在自己经营的商品或服务上使用自己的注册商标。

（5）证明商标准许他人使用必须依《集体商标、证明商标注册和管理办法》的规定履行手续，发给《准用证》，普通商标许可他人使用必须签订许可合同。

（6）证明商标与普通商标都可以转让。但证明商标的受让人必须是依法成立，具有法人资格和具有检测和监督能力的组织。普通商标的受让者包括依法登记的个体工商户、合伙人。

（7）证明商标失效两年内商标局不得核准与之相同或近似的商标注册，普通商标则只需一年商标局就可以核准与之相同或近似的商标注册。

4.2 运用证明商标的经济意义

商标的基本功能是区别商品或服务的来源，防止市场主体及其商品或者服务的来源产生混淆，防止商业欺诈。地理标志证明商标区别着各具特色的农产品来源于不同的区域及不同的企业、农户，这在理论层面对促进农业发展具有现实和深远的经济意义。

4.2.1 有利于促进加快农业市场化步伐

当前，农户经营规模小，经营效率低，农业社会化服务体系不健全，市场信息不畅通等小生产、小流通的生产方式，已经成为制约我国农业进一步发展，严重影响农业市场化进程的重要因素。解决上述问题，必然要求对农业经营制度进行创新，改变农户小生产、小流通的生产方式，使农户扩大生产经营规模，以市场供求关系为导向，以现代科学技术和管理方式为手段，以高效便捷的社会服务为纽带，把农业生产和农产品流通与国内外市场融为一体，以实现农业市场化。把名优特农产品注册商品商标、集体商标、证明商标，尤其把具有地理标志属性的名优特农产品注册地理标志证明商标，建立以商标标示的农产品为依托的农业生产基地，组建生产、加工、销售为一体的农业产业化龙头企业，实行"商标＋公司＋农户"的生产经营模式，实践证明能有效解决千家万户个体生产与统一市场之间的矛盾。

4.2.2 有利于促进农业产业结构调整推进农业产业化

我国农产品品种、品质结构尚不优化，农产品优质率较低；农产品区域布局不合理，地方特色不明显；初级农产品与加工品比例不协调。农产品加工、保鲜、包装、贮运体系发展滞后，这些造成农业产业结构不合理，农业产业化程度低，是严重影响农业增效，农民增收的"瓶颈"。推行"龙头企业＋中介组织＋农户"或订单农业等多种产业化经营模式，可引导调整农产品结构，提高农业产业化水平。一方面，名牌农产品凭借其质量、信誉、特色等优势可以不断扩大市场占有率，扩大生产规模，降低成本，成为某一地区的主要产品并以此为基础形成新的主导产业，从而优化农业产业结构；另一方面，名牌农产品可以高于同类产品的价格和较高的市场占有率，为农产品生产经营者带来较高收益，进而促进农业产业结构的优化升级。

4.2.3 有利于提高农产品国际竞争力

衡量一国农产品国际竞争力的重要指标之一是农产品及其加工品出口额。2003年以来，我国农产品出口额仅占外贸出口总额的4%左右。提高农产品国际竞争力，以名优特农产品为立足点，实施地理标志证明商标战略，突出农产品特有的品质、特色、信誉、绿色环保等特点，可有效提高农产品的国际市场竞争力，迅速扩大国内外市场占有率，打破了国际贸易中的"绿色壁垒""技术壁垒"。

农产品实施商标战略，重点发展以名优特农产品为原料的加工产品和深加工工业品出口，不仅可发挥我国劳动力方面的比较优势，使农民增收幅度大幅度提高，而且具有商品多样化、生产空间广阔的优势，可以根据国际市场的变化随时调整农产品出口品种和规格，还能以名牌产品为基础，推动大型农业企业创立和发展名牌农产品。

4.2.4 有利于抢占知识农业制高点

将名优特农产品注册商品商标、集体商标或地理标志证明商标有利于抢占知识农业的制高点。一方面，名优特农产品是我国传统的宝贵物产资源，传统的农耕技术只有与现代科学技术相结合，才能保持和发展名优特农产品的特定品质和质量。我国现已核准注册的地理标志证明商标标示的农产品，无不融入了大量的科技成果。另一方面，商标作为宝贵的无形资产是知识经济最重要的资源之一。农产品恒定的品质，可有效提高商标的信誉，提升商标的价值；商标信誉的提高，可促进农产品提高市场占有率。

4.2.5 有利于适应消费者需求变化

当前农产品消费需求发生了重大变化，呈现出以下明显特点：一是优质化，即从追求数量转向重视质量，优质产品和品种畅销，低质产品和品种滞销；二是多样化，即从单一性消费转向多样化消费，消费者对农产品的品质、品种、营养等有了更高、更广泛的要求；三是加工化，即消费者对农产品加工制品的需求日益增长；四是绿色化，即绿色消费已成为潮流。绿色农产品成为消费者的新宠儿；五是品牌化，即消费者越来越重视农产品品牌，认牌购物形成大众的消费行为。农产品注册商标，农产品贴商标卖，实施绿色食品工程，农产品生产、加工过程中科学化、标准化，保持和发展农产品的特定品质、质量，适应了当前消费者消费需求变化的客观需要。

4.2.6 有利于保护名优特农产品特定的质量、品质

如何使名优特农产品永远"保鲜",产品的特色、质量能够永久良好的发展和延续,这不仅是确保农产品持续稳定增长的重大课题,也是农业资源保护的首要问题。对农产品的特定质量、信誉或者其他特征,凡具有地理标志属性的,申请地理标志证明商标注册,运用证明商标的法律形式,准确界定农产品保护的地域范围,农产品品种范围,农作物耕种方法。采用科学的生产标准、加工工艺、贮藏方法,对农产品的生产、加工环节严格管理,对符合特定质量的农产品,统一使用证明商标,是世界通行的保护具有区域特色农业资源的有效手段。

4.3 运用证明商标的法律意义

证明商标除具有商品商标、服务商标区别商品或服务来源的功能外,还具有证明商标或者服务的原产地、原料、制造方法、质量或者其他特定品质的特殊功能。证明商标的这一特殊功能,在法理层面对消费者具有实际和重大的法律意义。

4.3.1 有利于引导消费者"认牌购物"

商标所具有的区别商品不同来源的功能,为消费者在选购商品时提供了一种识别、一种引导。在今天,农产品种类、品种不计其数,即便是同一品种的农产品在市场上也是数不胜数,竞争空前激烈,要想得到众多消费者的青睐,没有优良的质量,没有商标的农产品便困难重重。农产品注册商标,尤其是名优特农产品注册地理标志证明商标便于消费者认牌购物。特别是创出著名商标、驰名商标的农产品,对消费群体起到消费向导作用,商标引导消费者在琳琅满目的商品海洋里选购商品,商标影响着消费者的购买意愿,优秀的品质唤起消费者对其农产品的忠诚,地理标志证明商标引导消费者便捷购物,节约消费者选购商品的时间,降低消费者选购商品的成本。

4.3.2 有利于向消费者介绍名优特农产品的特定品质

地理标志证明商标具有证明商品的原产地、原料、制造方法、质量或者其他特定品质的特殊功能,使地理标志证明商标成为名优特农产品独特品质的载体。地理标志证明商标提供给消费者的重要信息是该农产品与众不同,具有特定质量、独特品质,这等于向消费者介绍和推销商品。证明商标发挥了沟通生产者与消费者桥梁与纽带的作用。

4.3.3 有利于保证名优特农产品特定的质量、信誉

地理标志证明商标的法律价值在于保证其标示的农产品品质独特、质量上乘。证明商标的法律价值一方面能够提醒农产品的生产者和销售者,注重保证农产品质量,维护商标信誉;另一方面向消费者展示农产品的质量档次,能使消费者一看到证明商标即能联想农产品产于何地,品质如何,使消费者见到证明商标,便对该农产品产生信任感和选购欲望。证明商标这种能促使生产者、销售者保证农产品质量的作用,有助于维护该农产品的市场声誉,有助于农产品创立驰名商标、著名商标,提高名优特农产品的市场占有率。

4.3.4 有利于保护证明商标专用权

名优特农产品地理标志证明商标,是市场竞争不可或缺的武器,作矛能够拓宽市场空间,增加农产品市场份额,促进提高农业产业化;当盾可以保护其标示的农产品,特别是名优特农产品不被假冒。如果证明商标专用权被侵犯,证明商标权利人既可以请求人民法院司法救济,也可以申请行政机关行政救济,还可以当事人之间协商解决,法律赋予商标权人的多种维权救济途径,不仅有助于维护名优特农产品的公平交易市场秩序,维护证明商标权利人的合法权益,还有助于保护消费者的切身利益。

5 证明商标使用、管理和保护过程中需要注意的问题

5.1 从证明商标的特征看

（1）证明商标一经注册，凡符合证明商标使用管理规则规定条件的，在履行注册人所规定的手续后，可以使用该证明商标。当事人提供的商品或服务符合证明商标规定条件的，注册人不得拒绝其使用。

（2）注册人对证明商标使用管理规则的任何修改，均应经商标局审查核准，并自公告之日起生效。

（3）证明商标注册人应当在与他人办理证明商标使用手续后 1 个月内，将使用人的名称、地址、使用商品或服务等内容，报商标局备案，由商标局予以公告。

（4）证明商标的注册人不得在自己提供的商品或者服务上使用该证明商标。

（5）证明商标注册人可以将注册的证明商标转让给具有检测和监督能力的其他组织，但必须由商标局审查经核准公告之日起生效。

（6）证明商标的注册人必须履行控制职责，致使证明商标使用人的商品或者服务达不到证明商标使用管理规定要求，对消费者造成损害的，由注册人承担赔偿责任。

（7）证明商标的注册人对其商标的使用失去控制的，由商标局撤销该注册商标。

（8）证明商标专用权被侵犯的，注册人可以根据《商标法》及其细则的有关规定，请求工商行政管理机关处理，或者直接向人民法院起诉，经公告的使用人可以作为利害关系人参与上述请求。

（9）证明商标的注册人准许他人使用其商标时发给《证明商标准用证》，将使用人的名称、地址、使用商品或服务等内容报商标局备案，由商标局予以公告。《证明商标准用证》应按规定的书式详细记载各项内容，由注册人签章，并可收取一定的管理费，但不得以营利为目的，应专用于该证明商标的管理。

（10）证明商标注册人违反《集体商标、证明商标注册和管理办法》第十条、第十一条、第十二条规定，商标局可令其限期改正或者撤销其注册的证明商标。

5.2 从证明商标的使用管理规则看

根据《集体商标、证明商标注册和管理办法》第五条的规定，证明商标的使用管理规则一般应包括以下 11 点：

（1）具有检测和监督能力的社团组织名称、地址、法人代表、业务范围等。
（2）使用证明商标的宗旨（意义、目的）。
（3）商标（标志）含义。
（4）该商标证明的内容简介（商品或服务的特定品质和特点）。
（5）使用该商标的条件、手续、程序。
（6）委托或指定检测机构名单。
（7）收取商标使用费及费用数额。
（8）使用证明商标的权利、义务和违反规则应当承担的责任。
（9）使用权的丧失。
（10）使用权不可转让。
（11）注册人的权利和义务。

5.3 地理标志保护工作

推动地理标志注册的目的是保护和发展。保护地理标志的实质是保护一种资源，保护一种自然的和文化的遗产，使之能够良好地发展和延续。也许若干年后，我们会发现地理标志保护的文化意义会超过它的经济意义。地理标志的保护工作可以分为两个层面的工作。法律层面的工作，是工商行政管

理机关要严格依法保护地理标志注册人的合法商标权益，查处侵权违法行为。同时，加强对地理标志的管理，对商标中有地理标志，而该商品并非来源于所标示地区，误导公众的，要禁止使用。但是保护地理标志最本质和最核心的内容应该是地理标志的管理者和使用者要保证使用地理标志产品的特色和质量。不要为数量牺牲质量，不要为短期利益牺牲长期利益。在这方面我们有责任做好指导工作。法国是最早实行原产地保护的国家之一，很多作法值得借鉴。法国布莱斯鸡是世界上第一个享有原产地名称保护的家禽。1957年8月1日，法国政府颁布57—866号法令，即关于保护"布莱斯家禽"的法令。根据制定的原产地名称标准，布莱斯家禽采取定期自由放养，品种不同放养时间也不相同，每只家禽的放养范围为10平方米；饲料为谷类、奶制品和在自然界觅食的小虫及昆虫。为保证质量，布莱斯家禽行业办公室对饲养的地域和条件严格界定和监督，并规定了一系列认证标准。如：（1）全身羽毛，包括公鸡的颈羽均为白色；（2）鸡爪为蓝色，非常光滑；（3）鸡冠为红色，有很大的锯齿；（4）皮和肉均为白色；（5）左爪有认证圈，标有饲养者的姓名；（6）脖子底部贴有红、白、蓝三色封条。布莱斯鸡仅整只出售。法国干邑是世界著名的葡萄酒原产地。法国1909年5月1日颁布了法令规定干邑的地理范围，1938年将这个地理范围划分成6个葡萄生产区。只有在这6个区生产的葡萄才可以用来制作干邑的葡萄酒。同时规定了严格的标准。葡萄品种：白玉格尼、白弗勒、高隆巴。榨汁：专门的榨汁器，不能破坏葡萄籽的发酵。蒸馏：从每年的11月15日开始，到第二年的3月31日止。这一时间段以上的不能成为干邑。二次蒸馏，第一次得到30%的原液，第二次得到最高72%的原液。陈酿：只能用利木赞的橡木桶进行陈酿。同时，对用做干邑葡萄酒的葡萄，每亩种植多少棵，每棵结多少果穗，每穗结多少颗粒，每亩产量的上限都有严格的规定，超过的产量不能用于制造原产地名称的葡萄酒。甚至酿酒工艺过程中的翻动橡木桶仍然延用传统的人工方法，而不使用机械。正是这样严格的管理和操作，保持了法国原产地葡萄酒享誉世界的品质和独特的法国酒文化。

葡萄牙作为地理标志受保护的波尔图葡萄酒享有世界声誉。其从葡萄的种植至葡萄酒的酿造工艺仍然延袭几百年来的历史传统，基本不使用任何现代化工具，并且都有严格的质量标准。波尔图葡萄酒地理标志的管理组织除制定严格标准外，还定期组织专门人员对港口、超市甚至国外市场销售的波尔图葡萄酒进行抽样调查。这些措施不仅保证了波尔图葡萄酒的原汁原味，而且保存了本地文化。以上这些做法非常值得借鉴。要正确地指导和引导地理标志的保护工作，要接受龙口粉丝、金华火腿因个别企业粗制滥造、以次充好导致自毁声誉的教训。老祖宗留下的好东西，不要毁在我们一些人手里。

6 如何更好发挥证明商标（地理标志）在提升农业市场竞争力中的作用

6.1 针对当地农产品特点，组织实施商标战略

各地在组织运用地理标志服务"三农"过程中，注重结合当地农业经济布局，针对当地农产品特点，组织实施不同的商标策略。收到了较好效果。

一是深入调研，分类指导。四川省工商局于2002年进行了全省农副产品商标注册情况摸底调查，在摸清全省农副产品商标注册、使用和保护情况的基础上，撰写了《四川省农副产品商标注册情况调查及建议》的调查报告，此报告作为省政府的政务要闻予以转发。江苏省工商局也于2002年组织开展了为期两个月的全省农副产品商标注册、使用情况调研活动，摸清了全省使用"绿色食品标志"、使用"有机食品标志"的底数，摸清了符合注册证明商标的农副产品的数量等情况，向省政府呈报了调研报告。

二是组织引导实施商标注册战略。北京市在1998年年底全市仅有农副产品注册商标76件。北京市工商局于1999年7月在房山区召开了"农副产品商标注册现场会"，会上房山"御塘"贡米、大兴"乐苹"西甜瓜、"金把黄"鸭梨等注册商标的商标权人介绍了经验，在农民中引起很大反响，1999年当年全市就有170件农副产品商标申请注册。截至2003年年底，北京市农产品注册商标已达1369件。

三是指导商标使用许可，实施商标经营战略。有些地方通过组织商标使用许可，实现了一件商标，富一方百姓，带一片产业。云南省通海县的杨广面条已有近百年的生产加工历史，赢得"金丝银线杨

广面"的美誉。1999年8月，通海县杨广面条厂申请的"杨广"商标核准注册。目前，"杨广"商标被使用许可的面条加工户达129户。2003年，杨广面条产量达26.98万吨，销售额3.94亿元，实现利税2574万元。

四是引导商标整合，实施商标运用战略。1997年，山东省沂源县果树技术服务部按照县委、县政府的要求，申请注册了"沂蒙山"农产品商标，现"沂蒙山"商标的商品核定范围包括果品、蔬菜、粮食等7大类农产品近百个品种。为在全国叫响"沂蒙山"商标，县政府引导对"沂蒙山"商标进行整合，实施"沂蒙山"商标带动战略。引导其他农产品的注册商标与"沂蒙山"商标连用；"沂蒙山"做主商标，其他商标为副商标；对"沂蒙山"商标实行无偿使用，但按规定签订商标使用许可合同；沂源农产品的商标广告宣传，突出宣传"沂蒙山"商标。通过以上商标整合措施。形成了全县农产品品牌的规模优势。

五是精心培育品牌。实施争创著名商标、驰名商标战略。北京市工商局积极推动农副产品商标创立著名商标，培育区域经济龙头，于2002年6月14日，与市农办在通州区召开了"推动农副产品争创著名商标工作会"，截至2004年年底，先后认定了"京庞""三绿""大地""绿富农"等23件农副产品商标为北京市著名商标。重庆市工商局采取引导名优特农副产品集约化经营，发展订单农业，实行"公司＋基地＋农户"的产业化行业链的方法培育著名商标。目前全市242件著名商标中，农副产品著名商标有48件，占著名商标总数的20%。

6.2 紧紧围绕"绿色"农业工程，推进科学化标准化生产

农产品质量是农产品商标信誉的保障，是农产品商标的生命，近几年，许多地方努力从打造"绿色"农业工程，从推进农产品生产、加工等环节的科学化标准化人手，保障名优特农产品质量。从而提高和维护商标信誉。

一是实施绿色食品工程。保障农产品优质、绿色、安全，用绿色优质抢占国内外市场。如北京市平谷区组织实施"平谷"鲜桃绿色精品战略，目前全区17万亩大桃。已有5万亩实现了绿色食品标准化生产，其余12万亩也实现了安全食品的标准化生产。逐步建成以有机食品为先导，绿色食品为主体。安全食品为基础的产业基地。确保生产出了高品质、无污染、绿色、食用安全的精品桃。

二是加大农产品生产科技投入。进行全方位技术指导。山东省章丘市对"章丘大葱"的生产不断加入科技投入，与山东省农业科学院合作，聘请专家、教授为技术顾问。加强大葱种植技术的研究，在种子、土壤、灌溉水、施肥等诸方面推行标准化生产技术，对保障大葱品质具有关键性作用。

三是推行标准化生产。农产品生产实行工业化管理方式。河南省信阳市"信阳毛尖"证明商标注册后，信阳市工商局指导信阳市茶叶协会制定了"信阳毛尖"茶叶标准（QIXCXH001—2001）和"信阳毛尖"茶叶质量检测办法，对"信阳毛尖"的生产过程、加工工艺、贮藏包装、内在质量等环节进行规范，结束了"信阳毛尖"没有统一质量标准的历史。河北省"迁西柏栗"生产标准推行"三化"，即基地建设品种化，实行分品种栽植嫁接、分品种采收储藏、分品种加工销售。生产技术规范化，在全省率先推出了《迁西板栗综合标准》及建园、苗木、栽培管理等单项标准。生产过程无害化，在板栗生长过程中，限制、降低化肥施用量，大力推广施用农家肥、绿肥、板栗专用肥，推广病虫害综合防治技术，先后完成了3万亩无公害板栗基地和1万亩有机板栗基地认证工作。

四是构建"六大支撑体系"，打造农业商标形象。"六大支撑体系"包括：①构建农产品质量体系；②构建标准化生产体系；③构建农业科技服务体系；④构建农业循环生态体系；⑤构建农业信息化服务体系；⑥构建市场主体组织化体系。

五是在农产品加工环节，应着眼丰富农业商标内涵提高商标附加值。

采取的四个策略分别是：策略一"原生态"策略；策略二"纯绿色"策略；策略三"原产地"策略；策略四"地域文化"策略。

四个提升点分别是，提升点之一：无公害农产品。提升点之二：绿色标志农产品。提升点之三：有机农产品。提升点之四：ISO 9001国际质量体系认证农产品。

6.3 组织多元化营销网络，锻造现代化营销模式

各地把调整农产品结构，发展农产品生产规模，提高农产品产量和质量，作为农业增效农民增收的前提和基础，把建立多元化农产品营销网络，畅通农产品销路作为保证农民增收的关键环节，下大力抓好抓实。

一是组织在农产品生产集中区域建设大型现代化农产品批发市场，实现直接交易。如山东省金乡县，在"金乡大蒜"集中产区，先后投入1.2亿元，规划建设了大型大蒜批发市场10处，年成交量100余万吨，年成交额10多亿元。被国家农业部命名的"国家级定点鲜活农副产品批发市场"——缙西商埠，年交易额达3亿多元。

二是建立规范化销售服务体系，为销售农产品提供系统服务。如北京市平谷区果品产销协会，对全区大桃产业实行产销一体化服务，全区120个大桃专业村建立了49个团体产销分会和263个个体营销服务组织，参与大桃销售；建立了商品桃物流配送中心，负责全区商品桃的配送业务，并代理商品桃的机场空运、铁路快运及进出口业务；与北京市邮政投递局合作，建立商品桃邮政投递专送业务；建立绿色通道，吸引外来桃商积极参与平谷区的商品桃销售。

三是培育发展经纪人队伍，疏通外销渠道。如黑龙江省五常市大米协会，2001年着手发展大米经纪人为会员，凡是在外地市场上取得了营销资质，有固定的经营场所，年销大米在500吨以上，遵纪守法讲信誉的经销商，协会发会员证，明确其享有会员的权利和义务。四是运用现代化通信手段，组织网上营销。如湖北省石首市东升镇"两湖"西甜瓜类无公害西瓜，近几年来，一直在《农村信息报》《农民日报》《中国市场信息报》等网站，发布西瓜品牌、上市时间、规模数量、价格等信息，在网上促销，每年均收到各地网站发来的电子邮件上千件。2004年，仅广东、广西客商通过网上交易就达1600多吨。

四是在品牌营销环节，应着眼消费者需求提高商标市场覆盖率。

(1) 始终把消费者需求，作为农产品营销的出发点、归宿点。

(2) 探索农产品营销方式：配送销售方式；社区销售方式；公益销售方式；团购销售方式；直销方式；网络销售方式。

(3) 探索农产品营销组织模式：模式一，龙头企业组织横向一体化营销；模式二，专业合作社纵向一体化营销；模式三，市场细分的特色营销。

(4) 不断探索营销策略：公关第一、广告第二；以体验营销引领市场促销；恰当运用"政府行为"和"公共关系"；文化"搭台"，经济"唱戏"。

五是在品牌渠道建设环节，要着眼提升农产品市场竞争力。

(1) 培养农产品营销经纪人；

(2) 扶持农产品经营龙头企业；

(3) 大力推进农产品的超市经营、连锁经营、农产品专柜；

(4) 逐步建立和完善农产品物流配送系统；

(5) 优质农产品设直销点、专卖店；

(6) 通过区域代理开拓销售渠道。

六是在品牌推广环节，要着眼演绎商标核心价值，提升消费者忠诚程度。

农产品品牌推广基本方式有：

(1) 广告传播；

(2) 口碑传播；

(3) 产品本身传播；

(4) 网络传播；

(5) 实地传播；

(6) 终端传播。

6.4 以证明商标为纽带、促进加快农业产业化进程

各地以商品商标特别是以证明商标为纽带,形成了三种促进加快农业产业化进程的模式。

一是促进形成以农产品生产基地为基础,农产品生产、加工、销售一条龙的产业链。山东省章丘市以"章丘大葱"证明商标为纽带,2003年章丘大葱种植面积达9.82万亩,年产量达到4.4亿千克,产值近4亿元,主产区人均纯收入1338元。

二是促进形成以农产品大型生产企业为龙头,农产品生产、加工、销售一条龙的产业链。福建省福鼎市以福鼎芋证明商标为纽带,以福鼎芋深加工企业华大食品有限公司为龙头,带动了3000多户农民扩大种植福鼎芋1万亩,为农民年增收2500万元,户年增收8300多元。

三是促进形成以"公司+农户+商标"等产业化经营模式。河南省信阳市茶叶协会,大力推进"龙头企业+茶农+商标"的生产模式,使"信阳毛尖"茶叶市场的知名度日益提高,成为信阳市一大支柱产业,形成产值超千万元的龙头企业10余家,从业茶农20余万人。2004年,"信阳毛尖"产量达1450万公斤,产值7亿元,分别比2001年增长21%、20%。

6.5 以证明商标为纽带、促进农业经济结构调整

各地大力推进农产品商标战略,着力在优化农产品品种、品质,突出农产品区域特色,引导农产品加工等层面,促进了农业经济结构调整。

一是促进优化农产品品种、品质结构。北京市平谷区是全国著名的生态环境示范区,是驰名中外的中国桃乡。"平谷"证明商标于2002年12月获得注册,目前,平谷大桃种植面积达17万亩,年产商品桃2亿千克,已形成四大系列200多个品种,种植面积、品种、产量、上市时间均居全国区县级单位首位,其中商品桃种植面积已入选上海吉尼斯世界纪录。

二是突出农产品区域特色。1996年以前,新疆"库尔勒香梨"种植面积不足20万亩,使用证明商标后香梨产业迅速发展,到2003年种植面积达到53万亩,年产量达10万吨。吐鲁番葡萄在2000年以前,种植面积不到30万亩。

三是促进提高农产品深加工比例。榨菜是重庆涪陵区的专统著名特产,涪陵区现有榨菜生产企业102家,其中方便榨菜生产企业84家,坛装榨菜生产企业18家。使用"涪陵榨菜"证明商标的企业45家,另有59个商标品牌。2000—2004年,涪陵榨菜半成品加工量分别为18万吨、19万吨、20.08万吨、26万吨、30万吨,2004年比2000年增长66.7%;2000—2004年,涪陵区成品榨菜生产量分别为15.5万吨、17万吨、16.3万吨、18.7万吨,2004年达到25万吨,比2000年增长61%。

我国地理标志的管理与保护

赵 辉

(中国知识产权培训中心)

摘 要：地理标志是一种标示商品基本来源的重要标识，它象征商品的品质、声誉或其他特性与其来源地的密切关系，地理标志的保护可以促进当地及国家经济的发展，可以保护生产者和消费者的合法权益。因此，地理标志保护已经成为了国际社会关注和重视的问题。本文主要是介绍我国目前地理标志管理与保护的现状和存在的问题，并提出具有针对性的对策和建议。

关键词：地理标志管理保护

引言

《国家知识产权战略纲要》近五年的目标中提出，"商业秘密、地理标志、遗传资源、传统知识和民间文艺等得到有效保护与合理利用"。战略重点包括：完善知识产权制度。适时做好遗传资源、传统知识、民间文艺和地理标志等方面的立法工作。专项任务包括：完善地理标志保护制度。建立、健全地理标志的技术标准体系、质量保证体系与检测体系。普查地理标志资源，扶持地理标志产品，促进具有地方特色的自然、人文资源优势转化为现实生产力。

1 地理标志概述

1.1 地理标志的概念

《中华人民共和国商标法》（以下简称《商标法》）指出，地理标志是指标示某商品来源于某地区，该商品的特定质量、信誉或其他特征主要由该地区的自然因素或者人文因素所决定的标志。《地理标志产品保护规定》指出，地理标志产品是指产自特定地域，所具有的质量、声誉或其他特性本质上取决于该产地的自然因素和人文因素，经审核批准以地理名称进行命名的产品。《农产品地理标志管理办法》指出，农产品地理标志是指标示农产品来语与特定地域，产品品质和相关特征主要取决于自然生态环境和历史人文环境，并以地域名称冠名的特有农产品标志。

1.1.1 地理标志证明产品的来源地

使用地理标志的产品必须出产于所表示的地区。因此地理标志主要是由地理名称命名的，按照国际惯例，可以作为地理标志名称的包括地方行政区划和特定地点的地名。

1.1.2 地理标志产品证明产品的特殊质量

使用地理标志的产品不仅必须出产于其所表示地区，而且产品质量或特征完全或主要取决于当地的自然因素或者人文因素。

2 相关国际公约对地理标志的保护

2.1 《保护工业产权巴黎公约》

《保护工业产权巴黎公约》（以下简称《巴黎公约》）第 1 条之（2）规定：工业产权的保护对象是

专利、实用新型、工业外观设计、商标、服务商标、商号、产地标记或原产地名称以及制止不正当竞争。

第10条规定：虚假标记：对带有假冒原产地和生产者标记的商品进口时予以扣押。

（1）前条各款规定适用于直接或间接使用商品产地的虚假标记，或生产者、制造者或商人身份的虚假标记。

（2）凡生产、制造或销售此项商品的生产者、制造者或商人，无论为自然人或法人，其企业设在被冒称原产地标记的地方、地区或国家或在使用该虚假标记的国家者，均应视为有关当事人。

2.2 《制止虚假或欺骗性商品来源标识马德里协定》

第1条有如下规定。

（1）凡带有虚假或欺骗性标志的商品，其标志系将本协定所适用的国家之一或其中一国的某地直接或间接地标作原产国或原产地的，上述各国应在进口时予以扣押。

（2）在使用虚假或欺骗性产地标志的国家或者在已进口带有虚假或欺骗性产地标志的商品的国家也应实行扣押。

（3）如果某国法律不允许进口时扣押，应代之以禁止进口。

（4）如果某国法律既不允许进口时扣押，也不禁止进口，也不允许在国内扣押，则在法律作出相应修改之前，代之以该国法律在相同情况下给予其国民的诉讼权利和补救手续。

（5）如果对制止虚假或欺骗性产地标志未设专门的制裁，则应适用有关商标或厂商名称的法律条款规定的制裁。

2.3 《保护原产地名称及其国际注册里斯本协定》

《保护原产地名称及其国际注册里斯本协定》（以下简称《里斯本协定》）第一次对原产地名称的概念做出了界定，而且还第一次将原产地名称的保护范围扩大到了"种""型""类""仿"等名称，其第3条规定，不仅禁止对受保护原产地名称的误导使用，而且禁止任何对该名称的盗用和模仿，即使是表明产品的真实来源或以翻译的形式或伴有"种""型""类""仿"等字样或以类似术语使用该名称，旨在防止任何假冒或仿冒。《里斯本协定》及其实施细则还共同建立了一个原产地名称国际注册体系，对原产地名称提供了高水平的保护。

2.4 《与贸易有关的知识产权协议》

《与贸易有关的知识产权协议》（TRIPS协议）对地理标志概念进行了界定，第22条之1规定：就本协议而言，"地理标志"指标识于一货物来源于一成员领土或该领土内一地区或地方的标识，该货物的特定质量、声誉或其他特征主要归因于其地理来源。TRIPS协议对地理标志的保护分为一般保护和对葡萄酒和烈性酒的特殊保护，并且规定了地理标志保护的例外。

3 地理标志对农业经营的作用

3.1 促进名优土特产品质量的标准化

使用地理标志的产品来源于同一地区，而且与其产地有特殊的关系，因此，对使用地理标志的产品应当采用统一的质量标准，这也是地理标志获得注册的必要条件之一。根据相关法律规定，申请人在申请注册时，应当提交产品技术规范或者地理标识所标示商品的特定质量、信誉或者其他特征等资料。因此，地理标志的使用，促进了区域内的名优土特产品质量标准化的进程，进而使其在市场效应和产品市场声誉上更具有影响力，提高产品的竞争力，并为进军国际市场奠定坚实的基础。例如，福建的平和县因盛产蜜柚而在2000年申请注册了"平和琯溪蜜柚"地理标志，建立了一套质量监督管理办法，这极大地提高了产品的竞争力。目前，平和县蜜柚销售量每年以30%左右递增，市场销售价每千克比一般蜜柚高 0.1 元左右。

3.2 促进名优土特产品管理、监督的规范化

地理标志保护对其注册人的条件比一般商标注册人的条件要求更严格，并规定了不作为的责任，主要体现在对地理标志注册人管理和监督该地理标志使用的能力方面。法律在给予地理标志以"私权"保护的同时，又要求所有人履行维护地理标志信誉的强制性义务。正因为如此，通过地理标志的保护，不仅可以促进特色农产品管理监督的规范化，而且为注册人行使其管理监督职能提供了法律保证。

3.3 有助于名优土特产品的价值增值

地理标志产品一旦和名优土特产品结合，就会产生品牌效应，地理标志的无形价值即可向名优土特产品转移，然后通过市场变成了附加值。国家工商总局对 22 个种植类地理标志农产品样本的调查统计显示，地理标志农产品价格比注册前又较大幅度的提高，平均增长 306%，最高涨幅 2900%。

3.4 促进名优土特产品生产经营的规模化

地理标志并不是由某个经营者独家享有专用权，而是由某一地区内的经营者的代表机构进行注册和管理。凡该地区的经营者符合条件的都可以使用。地理标志使用中所有人与使用人分离，说明地理标志更注重所有人对使用人的监督和管理。通过这种监督和管理，使该地区符合条件的分散的生产经营者，以地理标志为纽带，紧紧地联结在一起，形成以地理标志为龙头的规模化经营。如浙江的"安吉白茶"作为地理标志获得注册后，注册人建立了统一的苗木、栽培、加工标准，对产品实行统一包装，集中树立产品形象。"安吉白茶"的种植面积由 1997 年的 270 亩发展到 2 万亩，产量由 1997 年的 200 千克发展到 13.5 吨，2002 年总产值已达 1900 万元，成为安吉农业的主导产业。又如"六安瓜片"获得证明商标注册后，通过实施"地理标志＋龙头企业＋农户＋专营店"的六安茶叶产业化模式，保证了茶叶品质，取得显著经济效益，每千克茶叶价格提高 100 元，全市 12 万茶农人均增收 250 元。

4 我国地理标志资源及法律保护现状

我国地大物博，物种资源丰富，农、林、牧、水等产品种类繁多，这些具有传统特色的产品是我国的经济优势所在，也是当地经济的主要部分甚至是支柱产业。但是，由于缺少相关规范，产品质量参差不齐，一些有特色有市场的产品，容易被人假冒，难以充分实现经济效益，也因此无法形成有影响力的品牌，难以在国际市场形成品牌优势，甚至进入不了国际市场。

4.1 我国地理标志资源

我国地理标志资源极为丰富，按不同的分类标准可细分如下。

4.1.1 从地理名称与产地的关系看

（1）地理名称小于实际产地。如龙井茶。龙井只是一个村镇名，实际产龙井茶的地方要远远大于这个村镇，但这些较大地理区域内的符合规范的绿茶都称之为龙井茶。

（2）地理名称几乎等于实际产地。如烟台苹果。地理标志中的地理名称是烟台，而烟台苹果的实际产地也是整个烟台地区。

（3）地理名称大于实际产地。如陕西苹果。陕西是一个省级行政区划，但陕西苹果的实际产地只是陕西省的一部分：渭北高原的一些地区，而不是陕西全境。

（4）地理名称于实际产地没有关系。如天津鸭梨。天津鸭梨有较高的知名度，是典型的地理标志产品。但是天津鸭梨并不产自天津，而产于河北省，之所以叫天津鸭梨，是因为在交通、贸易比较落后的过去，河北泊头、宁晋等地产的鸭梨销往外地时只能先运到天津码头，在从水路销往各地。实际上天津是这种极有特色的鸭梨的集散地，而不是生产地。在这种情况下，真正生产地的名气反而不为

人所知，商人们却将鸭梨的集散地天津与鸭梨联系在一起，久而久之，天津鸭梨的知名度就起来了。

（5）地理标志名称中没有直接表示地理的名词。如"云锦"，产地在江苏的云南，但"云锦"一名称中并无一词属于地理名称。

4.1.2 从产品特色与地理的关连性看

地理标志产品的一个重要特征是产品的特色等与产地的自然因素和人文因素有着关联性。因此，按照产品特色与地理的关系性区分，我国地理标志产品可以分为以下几种类型：

（1）地理标志产品几乎是原料级的产品。如吐鲁番葡萄。这类几乎是原料级的初级产品的特色在很大程度上取决于产地的自然环境。

（2）地理标志产品必须在原产地加工制作，但原料产地不作限制。如茅台酒。生产茅台酒的粮食没有严格的产地限制，但只有在茅台这个有着特殊微生物发酵群的山沟里酿造才能具有国酒茅台的特殊口感。

（3）地理标志产品必须使用特定产区（一般都是本产区）的原料，而且必须利用特定产权（一般都是本产区）的自然条件加工制作。如昌黎葡萄酒。昌黎葡萄酒不仅仅要求使用昌黎本地产的葡萄，而且要求必须在昌黎当地酿造，方能产出具有特色的昌黎葡萄酒。

4.2 我国地理标志保护现状

目前，我国地理标志保护制度存在三个体系：地理标志证明商标保护体系、地理标志产品保护体系、农业地理标志产品保护体系。之所以说这是三个体系，是因为这三种保护办法分别由我国政府的三个主管部门负责，相互之间几乎没有协调、合作。

4.2.1 地理标志证明商标保护体系

1）主管部门

国家工商行政管理总局商标局。

2）保护规定

《商标法》第十六条规定：商标中有商品的地理标志，而该商品并非来源于该标志所标示的地区，误导公众的，不予注册并禁止使用；但是，已经善意取得注册的继续有效。

前款所称地理标志，是指标示某商品来源于某地区，该商品的特定质量、信誉或其他特征主要由该地区的自然因素或者人文因素所决定的标志。

《中华人民共和国商标法实施条例》（以下简称《商标法实施条例》）第六条规定：《商标法》第十六条规定的地理标志，可以依照《商标法》和本条例的规定，作为证明商标或者集体商标申请注册。以地理标志作为证明商标注册的，其商品符合使用该地理标志条件的自然人、法人或者其他组织可以要求使用该证明商标，控制该证明商标的组织应当允许。以地理标志作为集体商标注册的，其商品符合使用该地理标志条件的自然人、法人或者其他组织，可以要求参加以该地理标志作为集体商标注册的团体、协会或者其他组织，该团体、协会或者其他组织应当依据其章程接纳为会员；不要求参加以该地理标志作为集体商标注册的团体、协会或者其他组织的，也可以正当使用该地理标志，该团体、协会或者其他组织无权禁止。商标法体系中涉及地理标志的还有《集体商标、证明商标注册和管理办法》（2003年6月1日行施行）和《地理标志产品专用标志管理办法》（2007年1月30日起施行）。

3）申请主体

《商标法》和《商标法实施细则》未做出明确规定。《集体商标、证明商标注册和管理办法》第四条第二款规定："申请以地理标志作为集体商标注册的团体、协会或者其他组织，应当由来自该地理标志标示的地区范围内的成员组成"。可见，地理标志的注册申请人应当是团体、协会或者其他组织，而不是某个商品的生产者或者经营者。

4）使用主体

集体商标注册人的集体成员，在履行该集体商标使用管理规则规定的手续后，可以使用该集体商标。集体商标不得许可非集体成员使用。使用集体商标的，注册人应发给使用人《集体商标使用证》。凡符合证明商标使用管理规则规定条件的，在履行该证明商标使用管理规则规定的手续后，可以使用该证明商标，注册人不得拒绝办理手续。使用证明商标的，注册人应发给使用人《证明商标使用证》。

4.2.2 地理标志产品保护体系

1) 主管部门

国家质量监督检验检疫总局（以下简称"国家质检总局"）。

2) 保护规定

目前，国家质检总局统一管理全国的地理标志产品保护工作。国家质检总局是由国家出入境检验检疫局和国家质量技术监督局合并成立的，在合并之前，国家出入境检验检疫局和国家质量技术监督局分别依据不同的规定管理地理标志工作，在国家质检总局成立后，按统一规定管理地理标志。

(1) 国家质量技术监督局：

《中华人民共和国产品质量法》（以下简称《产品质量法》）；

《中华人民共和国标准化法》（以下简称《标准化法》）；

《原产地域产品保护规定》（1999年8月17日国家质量技术监督局第6号局长令，自2005年7月15日国家质检总局公布的《地理标志产品保护规定》施行之日起同时废止）。

(2) 国家出入境检验检疫局：

《中华人民共和国进出口商品检验法》（以下简称《进出口商品检验法》）及其实施条例；

《中华人民共和国出口货物原产地规则》；

《原产地标记管理规定》（国检法〔2001〕51号，自2001年4月1日起施行）；

《原产地标记管理规定实施办法》（国检法〔2001〕51号，自2001年4月1日起施行）。

(3) 国家质检总局：

《产品质量法》；

《标准化法》；

《进出口商品检验法》；

《地理标志产品保护规定》（经2005年5月16日国家质检总局局务会议审议通过，自2005年7月15日施行）。

国家质检总局公布的《地理标志产品保护规定》第28条规定：本规定自2005年7月15日施行。原国家质量技术监督局公布的《原产地域产品保护规定》同时废止。原国家出入境检验检疫局公布的《原产地标记管理规定》《原产地标记管理规定实施办法》中关于地理标志的内容与本规定不一致的，以本规定为准。

3) 申请主体

《地理标志产品保护规定》第八条规定："地理标志产品保护申请，由当地县级以上人民政府指定的地理标志产品保护申请机构或人民政府认定的协会和企业提出，并征求相关部门意见。"在实践中，以政府指定的地理标志保护申请机构为主，以政府认定的戏会和企业为申请主体的不多。

4) 使用主体

地理标志产品产地范围内的生产者都有权利获得地理标志使用权。

4.2.3 农产品地理标志保护体系

1) 主管部门

农业部农产品质量安全中心。

2) 保护规定

《中华人民共和国农业法》；

《中华人民共和国农产品质量安全法》；

《农产品地理标志管理办法》（经2007年12月6日农业部第15次常务会议审议通过，自2008年2

月1日起实施）。

3) 申请主体

《农产品地理标志管理办法》第八条规定："农产品地理标志登记申请人为县级以上地方人民政府根据下列条件择优确定的农民专业合作经济组织、行业协会等组织。

(1) 具有监督和管理农产品地理标志及其产品的能力；

(2) 具有为地理标志农产品生产、加工、营销提供指导服务的能力；

(3) 具有独立承担民事责任的能力。"

农产品地理标志所在地县级以上地方人民政府及所属农业行政主管部门负责对申请人的条件进行评定。

4) 使用主体

地理标志使用人是通过向登记证书持有人申请使用农产品地理标志的方式获得使用权。使用农产品地理标志，应当按照生产经营年度与登记证书持有人签订农产品地理标志使用协议，在协议中载明使用的数量、范围及相关的责任义务。农产品地理标志登记证书持有人不得向农产品地理标志使用人收取使用费。

5 地理标志管理存在问题及建议

目前，我国地理标志产业面临许多问题，而且这些问题已经威胁到地理标志产业的发展甚至生存。例如，产业内部的急功近利、牺牲质量以规模求效益，甚至内部的制假售假、恶意竞争，更不用说产业链上各环节的发展不均衡，下游产品加工者无视甚至压榨上游农民的利益，地理标志产业难以形成可持续发展；外部竞争日益激烈、假冒泛滥、市场开拓艰难等。

因此，地理标志产业需要科学管理，需要统一标准，需要从源头到市场各个环节的严格管理，甚至整合。没有科学严格的管理，地理标志内部就仍然处于杂乱无序状态，即使不被外界冲垮，也会在内讧中慢慢死去。所以，地理标志产业发展，管理是基础。

5.1 存在问题

5.1.1 行业协会制度不完善，管理能力有限

行业协会基本是农产品地理标志的所有权，这就意味着所有人更多承担的是义务：有义务许可本地区范围内符合地理标志条件的任何人使用，而且不能以盈利为目的；有义务对地理标志使用者进行有效管理和监控，否则承担法律责任。行业协会了解本行业的特点，能够积极地维护本行业的利益。在国外，行业协会具有较强的凝聚力，能将单一、分散的生产者的力量集中起来，形成强大的对农产品地理标志进行有力保护的力量并承担相应的监管义务；而我国的行业协议制度还不完善，其管理组织能力还很有限，自身和外部条件都还不足以很好地承担监管义务。

5.1.2 农产品地理标志知识普及不够，使用意识不强

当前，国内地理标志知识的普及仍然不够。消费者对"大兴西瓜""迁西板栗"等都能耳熟能详，但是一提及"地理标志"大家普遍反映比较陌生。对企业而言，由于认识不到地理标志在提高农产品竞争力、保障农产品市场秩序和增加农民收入方面的巨大作用，出现了一些地区花费大量的人力、物力申报下来的地理标志成为了摆设，没有发挥其应有的作用。相反有些生产者虽然已经具备了申请农产品地理标志的条件，可对地理标志对农产品保护的意义认识不充分，觉得只要把自己的农产品以一个自己认为不错的价格卖出去就可以了，没有必要增加额外的生产成本或者费用，将资金和精力投入到地理标志产品的注册、认证上来。甚至有的企业具有了使用农产品地理标志的条件，但对其使用细则不了解，在其自身权益受到损害时，都不会通过法律手段来保障自己的合法权益。仅仅把地理标志作为一个产品资质之一，并没有意识到此为一项知识产权并受到国家法律的保护。

5.1.3 多数农产品地理标志的"建立"仅仅体现地域和地理条件上

因地理标志规定"产自特定地区",目前很多的农产品地理标志就将地域和地理条件作为建立的要件,往往忽视了人文因素和作为地理标志农产品的品质的技术构成指标。优质与特殊品质,成为一句空洞的话,无法对其量化。这一方面让消费者不好甄别所消费的农产品,另一方面也让本身具有地理标志的农产品企业面临劣质假冒品的冲击;其结果是消费者的权益得不到保障,企业的市场竞争力和品牌受损,甚至农产品地理标志保护范围存在放大倾向。特别是同一农产品,有按县域命名的名称,同时又存在按地市命名的,甚至存在按省域命名的名称,大名称包含小名称。农产品地理标志地区、地域范围不一定越大越好,太大给有效保护增加难度,也会给农产品品质带来不确定因素。

5.2 建议

5.2.1 帮助行业协会搞好能力建设

地理标志保护制度建立以来,在各地政府的积极拉动下,我国的地理标志实践走完了许多地理标志发达国家百年走过的路程,地理标志注册数量快速增长。我国要使已经注册的地理标志切实发挥出其应有的功能并带动农业产业转型发展,地理标志实践发展也应当走从数量型向质量型转变之路。目前,纯粹的民间自治对于当前多数地理标志产业来说条件尚不成熟,产业协会的成立需要官助民办,当地政府仍然要有"扶上马送一程"的意识,帮助行业协会搞好能力建设。例如,在地理标志主体严重缺位的地方,可以由当地政府牵头,成立具有广泛代表性的地理标志行业协会,并暂时代行管理职责,待协会运行正常后,交由地理标志证书持有人独立负责管理。而对于那些地理标志主体管理搞得好一些的地方,则建议当地政府拨付一定数额的启动资金或每年定期、定额拨付运行费用,推动这些协会发挥其管理职能。此外,政府还可以在宣传以及协调不同地区利益、强化监督方面发挥更多的作用。

5.2.2 提高地理标志使用主体的组织化水平,降低管理制度

(1)将示范基地内的种植区承包给农民,在同一施肥、用药以及标准化生产的基础上,引导各承包主体通过提高生产管理水平实现收入的差别化待遇。

(2)以农民专业合作社作为地理标志产品基本生产单位,减少地理标志管理主体管理的生产者数量。

5.2.3 将地理标志质量控制技术规范以规范化文件加以固定

标准化是对实际与潜在问题作出统一规定,供共同和重复,以在相关领域内获取最佳秩序的效益活动。地理标志产品本身具有对标准化的内在需求。不失时机地将地理标志上升为国家或地方标准不但可以约束地理标志产地区域内生产者的生产行为,还能够防止产地区域外同类产品的生产者对于地理标志产品的仿冒。建议地理标志管理主体将自己制定的技术规范以国家标准或企业标准的方式加以固定,促使地理标志生产单位和个人严格遵守,从而达到标准化生产和质量控制的效果。

5.2.4 加大农产品地理标志知识普及推广力度,提高使用、维权意识

我国需要加大农产品地理标志的宣传力度,使消费者认识到保护农产品地理标志所具有的经济价值和社会意义,提高抵御假冒产品的自觉性,同时增强维护自身权益的能力,使得各种假冒地理标志的农产品失去市场。另外对其行业协会和龙头企业也要进行农产品地理标志知识的普及,使他们切实抓住发展机遇,并承担自己应尽的义务,团结行业凝聚力,增强我国地理标志农产品在国际市场的综合实力和竞争能力。尤其是在农产品地理标志的地域和命名上要摒弃盲目求大的原则,化大为小,精准命名,这不但符合市场细分的原则,也便于该农产品地理标志的保护。

6 结论

综上所述，目前我国农产品地理标志已经取得阶段性发展，虽然在使用和管理上还存在着一些问题，但是我国政府和民间社会组织对农产品地理标志的发展给予了高度重视和不懈努力，我国的地理标志一定会走出一条中国特色之路，打造出大量的走出国门、面向世界的农产品地理标志品牌。

参 考 文 献

[1] 何忠伟，隋文香．农业知识产权教程［M］．北京：知识产权出版社，2009．
[2] 张海志，薛飞．地理标志直接推动我国农业发展［N］．中国知识产权报，2009-03-25．
[3] 张宝静．我国地理标志管理中的问题及对策［J］．WTO经济导刊，2007（6）．
[4] 罗玉中．科技法学［M］．武汉：华中科技大学出版社，2005．
[5] 李祖明．地理标志的保护与管理［M］．北京：知识产权出版社，2009．
[6] 田芙蓉．地理标志法律保护制度研究［M］．北京：知识产权出版社，2009．

计算机软件著作权登记实务

李金兰

（中国版权保护中心）

摘　要：依据我国《计算机软件保护条例》（以下简称《条例》）和《计算机软件著作权登记办法》（以下简称《登记办法》）的有关规定，计算机软件（以下简称"软件"）著作权登记包括软件著作权登记、软件著作权转让和专有许可合同登记、变更或补充申请三种申请类别。登记实务主要内容包括申请办理步骤、审批流程、申请文件基本要求及登记中需厘清的有关问题，申请文件基本要求涉及对申请表、身份证明和软件权利归属证明文件、软件鉴别材料等内容的详细要求；需厘清的问题涉及软件著作权的产生、登记的法律效力、软件著作权保护范围、职务软件的判断依据、不予登记情况等内容的解释或说明。本实务将为软件登记申请人准确、有效地办理登记申请提供重要的帮助。

关键词：软件；著作权；登记；效力

1　前言

近年来，随着软件权利人对软件著作权的保护意识逐渐增强以及软件著作权登记证书在确保软件正常交易中的公示作用日益凸显，软件著作权登记量呈快速增长的态势。因而，提供规范、有效、便捷的软件登记服务，使申请人或代理人了解有关软件著作权登记、软件著作权转让和专有许可合同登记、变更或补充申请的办理步骤、审批流程、申请文件的基本要求，帮助其厘清各类软件登记中的有关问题，可以进一步有效缩短登记办理周期，及时满足权利人对软件著作权登记证书的需要。

2　软件著作权登记情况

2.1　登记情况

2010年我国软件著作权登记量突破8万件，连续五年保持高速增长态势，整个"十一五"期间，我国软件著作权登记量从2万余件递增到8万余件，翻了两番，平均年增速达37％，5年累计登记总量已达24万余件，是"十五"期间的4倍。

2.2　登记的特点

通过对近年来软件著作权登记基本数据分析，我们发现有以下几方面的特点。

2.2.1　企业登记量占绝对优势

软件著作权登记的自然人所占比例仅为4％左右，法人和其他组织，即单位办理的软件著作权登记比例约占96％，其中，企业法人占单位登记量的90％以上。这说明企业是我国自主软件开发的主体，对我国软件产业的发展起到了重要的促进作用。

2.2.2　经济发达地区登记量位于排行榜前列

2010年，我国软件著作权登记量首次按软件登记人所在城市进行排名统计发布，北京、深圳、上海、杭州、广州五城市位列全国软件登记量前五位;按软件登记人所在地区进行统计排名的情况,北京、广东、上海、浙江、江苏五省市位列全国软件著作权登记量前五位。第一位北京市软件登记量为24905件,同比增长12.92%,占登记总量的30.38%;第二位广东省软件登记量为13534件,同比增长36.34%%,占登记总量的16.51%;

2.2.3 应用软件占绝对多数

登记软件类型中应用软件占绝大多数,支持软件、系统软件所占比例较少。

2.3 软件著作权登记的作用

软件著作权登记证明的作用主要体现在以下两点。

2.3.1 是企业享受软件产业政策的重要条件

软件著作权登记证明是软件产品、软件企业认定的前提,也是企业获得高新技术企业资质认定中的比较容易和能在较短时间内获得的自主知识产权的重要证明。

2.3.2 在解决软件著作权纠纷中的作用明显提高

一是软件著作权登记证明在软件著作权侵权纠纷或权属纠纷诉讼中作为初步证明,减轻了软件著作权人的举证责任。

二是从近年来司法机关查封软件和调取软件著作权登记档案数百件次的情况来看,软件著作权登记文件在司法机关解决软件权属纠纷等诉讼中的作用越来越重要。

3 软件著作权登记实务

申请人或代理人办理软件著作权登记申请时,首先要了解《条例》和《登记办法》的有关规定、登记申请办理流程、申请文件基本要求等内容。

3.1 登记依据及申请种类

依据《条例》和《登记办法》的有关规定,主要有下列三种登记申请:
(1) 软件著作权登记申请;
(2) 软件著作权转让或专有许可合同登记申请;
(3) 软件登记事项变更或补充登记申请。

3.2 登记申请办理步骤

步骤1:首先进行网上用户注册,注册完成之后,就可以登录并进行在线填报申请表;
步骤2:准备好申请所需材料后,可以通过邮寄或面交的方式提交登记申请文件;
步骤3:符合受理要求的申请,按照通知要求在规定的期限内缴纳相关登记申请费用;
步骤4:补正申请文件是非必要的程序,仅是登记材料存在缺陷的,申请人才需要补充或更正有关文件;
步骤5:登记证书的获取,对于办理人是外地的登记申请,由登记机构统一邮寄登记证书;办理人是北京地区的,需携带受理通知书到登记大厅领取登记证书。

3.3 登记申请审批流程

依据《登记办法》的有关规定,申请审批流程分为受理、审查、登记三个阶段。经初步审查,申请材料齐备的,并缴纳了登记申请费的,将予以受理,并书面通知申请人。经过审查符合《条例》和《登记办法》规定的申请,将予以登记,登记机构将向申请人发放登记证书,并向社会公众公告。

3.4 申请文件的基本要求

3.4.1 软件著作权登记申请文件

依据《条例》和《登记办法》的有关规定，软件著作权登记申请人应当是独立开发完成软件的自然人、法人或其他组织，以及通过继承、受让或承受取得软件著作权的自然人、法人或其他组织。申请人可以是外国人、无国籍人。

申请时需提交申请表、软件鉴别材料、身份证明文件及权利归属证明文件。提交申请文件时注意以下 9 个方面。

1）软件名称、简称

软件名称（全称）应当符合简短明确、针对性强的要求。如果是概括软件的功能和特征的软件名称，要求符合软件的功能范围；

申请表、源程序和文档鉴别材料、权利归属的证明文件中的软件名称应当一致；如果有不一致的情况，视情况提交有关说明或证明文件；

软件名称中涉及他人的商标或企业标识以及涉及他人姓名的，应当提交书面授权书。

2）软件作品说明

选择软件为原创软件或修改软件，高于 1.0 版本的原创软件，不需要提交申请软件为原创软件的版本说明。软件属于修改软件的（包括合成软件和翻译软件），需要填写有关软件说明（不超过 200 字）。

属于修改软件和翻译软件的，应当按要求阐述软件新增加、修改的功能模块及程序的变化，以及由一种计算机语言转换成另一种计算机语言表达的描述；

属于合成软件的，应当按要求阐述合成或汇编的已有软件或程序，并对其取得著作权的材料及所编入的材料进行概括性描述；

修改、合成和翻译他人软件应当取得授权的，应当提交原权利人的授权书；修改、合成和翻译的原软件是已登记的，应当填写原软件名称及版本号、原登记号。

3）开发完成日期

填写软件开发完成的日期，软件开发完成日期在法人成立日期之前的，应当提交权利归属证明文件。

4）首次发表

软件开发完成后，无论是否发表，均可以申请软件著作权登记。软件著作权登记证书中记载软件的开发完成日期、首次发表日期。办理登记时，软件未发表的，证书上记载"未发表"。

首次发表是指著作权人首次将该软件公之于众的行为。例如，以销售、赠送等方式首次向公众提供软件复制件的行为；或者为销售的目的向公众展示软件的行为，如软件产品展示会。在申请表中填写发表状态（已发表、未发表）、首次发表日期、发表地点。

5）软件用途和技术特点

软件是已登记的，不填写此栏目；软件首次登记的，应当规范填写运行软件所需的操作系统、支持软件以及计算机等硬件环境；填写软件所使用的程序设计语言；填写登记软件源程序的总行数或者总条数；简要描述软件的主要功能和技术特点。

6）代理人办理

委托代理人办理申请的，在实施登记办法后，委托书的内容融合到申请表中，不需要单独提交与办理登记软件有关的代理委托书。代理分为下述两种情况：

一是一般民事代理人，著作权人委托代理人办理登记申请的，申请表中应当明确填写委托权限、委托事项、委托期限，并填写代理人的基本信息；

二是法定代理人，未成年人开发完成软件，若申请登记的，由其法定代理人代理登记申请，提交证明法定代理人与著作权人关系的户口簿、法定代理人身份证的复印件。

7）有效的身份证明文件

法人申请的，提交加盖单位公章的有效期内的营业执照副本、事业单位法人证书复印件；

自然人申请的，提交有效的身份证明或护照的复印件；并提交非职务软件开发保证书；

其他组织的，提交加盖单位公章的社团法人证明文件的复印件；

著作权人是外国公民（包括港澳台公民）的，应当提交有效的护照、《台湾居民来往大陆通行证》或其他身份证明文件复印件；

著作权人是多方的，提交全体著作权人的身份证明，并应当在申请表中注明全体著作权人的名称或姓名。

8）软件鉴别材料

软件鉴别材料及交存方式可选择一般交存或例外交存。程序和文档的鉴别材料应当符合《登记办法》第十条的规定。

程序和文档中出现的权利人署名与其他申请文件相应内容不一致的，应当提交权利归属的证明文件；对于程序鉴别材料中出现适应性修改日期、纠错性日期的情况，这些变化不构成一个新的升级版本软件，申请人需做出书面解释或说明。

9）软件权利归属证明

当软件是通过委托开发、合作开发或下达任务开发的，登记申请时需要提交与登记软件有关的委托开发合同、合作开发合同、项目任务书。软件著作权的归属依据合同或协议的约定确定，合同未作出约定的，依据《条例》第十条、第十一条、第十二条的规定确定。

申请登记软件的著作权是继受取得的，将需要提交以下有关权利归属证明文件。

转让：受让取得软件著作权的，应当提交软件著作权转让协议；

承受：原著作权人的企业被合并或分立，由合并或分立后存续的企业享有著作权的，需要提供的证明文件包括企业合并协议，债务清单和财产清单，或企业分立变更的有关证明等；

继承：继承人继承被继承人的著作权中财产权利的，需要提供的证明文件包括被继承人的死亡证明、被继承人有效遗嘱、与被继承人的关系证明、继承人身份证明、法院的法律文书等。

证明文件是外文的，应当提交与外文版本内容一致及翻译者签章的中文译本。

3.4.2 软件著作权转让或专有许可合同登记申请文件

申请软件著作权转让或专有许可合同登记的，申请文件应当包括：合同登记表、合同原件或与原件一致的（加盖公章）复印件、申请人身份证明、原登记证书复印件。申请时，注意以下九个方面。

1）申请表

申请人应当提交在线填写并打印的申请表，申请表中的事项应当按要求填写完整；申请人签章应当是原件，并且应当与申请人名称一致。

2）转让或专有许可合同

转让合同中应当明确转让的软件名称及版本、转让权利种类、地域范围等内容；许可合同中应当明确专有许可的软件名称及版本、许可权利种类、地域范围、专有许可权利期限等内容，合同应当符合著作权法及合同法的基本要求。

3）软件名称及版本

合同申请表中的软件名称及版本号应当与转让或专有许可合同中的软件名称及版本一致，如果软件是已做过著作权登记的情况，软件名称及版本号应当与登记证书中相应内容一致。

4）转让权利

软件著作权属于部分转让的，应当在申请表中填写转让权利种类，如转让使用权、修改权等权利。属于全部转让的，应当在申请表中填写转让全部权利。

5）转让地域范围

对于转让有地域限制的，依据合同在申请表中填写限定的地域范围。如果转让无地域范围限制的，应当在申请表中填写无地域范围限制。

6）专有许可权利

许可合同是属于部分权利专有许可的，应当在申请表中填写专有许可权利种类，如专有许可使用权、修改权等权利。如果合同是属于全部权利专有许可的，应当在申请表中填写专有许可软件著作权的全部权利。

7）许可地域范围

对于许可有地域限制的，申请表中填写许可合同中明确的地域范围。如果许可无地域范围限制的，应当在申请表中注明全部地域范围。

8）专有许可期限

申请表中填写的专有许可期限应当与专有许可合同中的许可期限一致。

9）合同登记人

软件著作权转让或专有许可合同的当事人，均可以作为合同登记申请人，办理合同登记申请。

3.4.3 软件登记事项变更或补充登记申请文件

申请变更或补充登记的，申请文件应当包括：变更或补充登记申请表、登记证书或证明的复印件、申请人身份证明、变更或补充的证明文件、变更或补充理由说明各一式一份。

3.4.3.1 变更或补充的事项

1）软件全称变更

变更的软件名称全称原则上应当不涉及软件功能性能的变化，也即软件名称的变化不能超过软件具有的功能性能的范围。

2）软件简称变更

申请人可以变更原登记软件的简称，简称可以使用英文或中文。

3）软件简称补充

原登记软件没有简称，申请人可以增加简称，申请补充登记。

4）首次发表日期补充

未发表的软件登记后，在软件发表之后，针对发表日期可以办理补充登记。

5）著作权人的姓名或名称变更

著作权人是自然人的情况，自然人的姓名变更的，应当提交公安机关出具的证明原件；

著作权人是企业法人、事业法人、社团法人或其他组织的，其单位名称发生变更的，应当提交注册机关出具的与原件一致的名称变更证明复印件。

3.4.3.2 共同登记人的书面同意

软件著作权登记人是二方或二方以上的，申请变更补充登记时，需要得到共同登记人的书面同意。

3.4.3.3 原登记证书

提交原软件著作权登记证书的复印件。

3.4.3.4 不允许变更或补充的范围

1）一是登记软件源程序及其有关文档的变化，例如，软件功能模块的增加或修改，致使软件的源程序和文档的表达发生变化，不属于变更或补充的范围；二是软件权利发生转移变化，例如，软件著作权发生转让、承受、继承的情况，均不属于变更补充登记的范围。

2）软件的开发完成日期、首次发表日期、开发形式、权利取得方式、软件的版本号等登记事项，不属于变更登记的范围。

4 需要厘清的有关问题

4.1 软件著作权的产生

软件著作权是自动产生的，软件开发完成就依法受到保护。登记不是产生权利的前提。登记仅仅是保护权利的一种方式。软件著作权归开发者所有，另有协议约定的除外。另有协议约定是指合作开发合同、委托开发合同中有关著作权的约定。

4.2 登记的法律效力

软件登记的法律效力在《条例》和《登记办法》中有明确的规定，即软件登记机构发放的登记证明文件是登记事项的初步证明。

国家著作权行政管理部门鼓励著作权人进行计算机软件著作权登记，并对已登记的软件给予重点保护。软件著作权登记证书是对登记事项的初步证明，可以帮助持有者在诉讼中减轻举证责任。

4.3 软件著作权的保护范围

软件著作权的保护范围仅限于计算机程序和文档的表达形式。软件著作权不保护开发软件所用的思想概念、处理过程、操作方法、算法、功能、技术方案等；也不包括与软件关联的数据库结构和各种类型数据库信息。但使用计算机程序设计语言实现的算法，其表达形式受到软件著作权保护，可以进行申请登记。

4.4 软件著作权登记申请人

独立开发完成软件依法取得软件著作权的自然人、法人或其他组织，或通过受让、承受和继承取得权利的软件著作权人。

合作开发的软件进行著作权登记的，可以由全体著作权人协商确定一名著作权人作为代表办理。著作权人协商不一致的，任何著作权人均可在不损害其他著作权人利益的前提下申请登记，申请时应当注明其他著作权人。

4.5 登记软件的基本要求

必须是开发者独立开发完成的软件，并且源程序和有关文档已固定在有形载体上（如硬盘、光盘等磁介质上）。

4.6 职务软件的判断依据

依据《条例》第十三条的规定，自然人在单位任职期间针对本职工作中明确指定的开发目标所开发的软件，或者开发的软件是从事本职工作活动所预见的结果或者自然的结果，或者主要使用了法人或者其他组织的资金、专用设备、未公开的专门信息等物质技术条件所开发并由法人或者其他组织承担责任的软件，自然人的开发行为属于职务开发，软件为职务软件，该软件著作权由单位享有。

自然人利用业余时间及个人的物质技术条件开发完成的，并且与本人的本职工作内容无直接联系的软件为非职务软件。软件著作权归个人所有。

4.7 员工与单位共同申请登记

单位员工开发软件的行为属于职务行为时，软件著作权归单位所有。若单位愿意将软件著作权部分让与给员工共同享有权利，单位和员工可以作为软件著作权人共同申请软件著作权登记。登记时需要提交单位与员工签订的软件著作权转让协议。

4.8 一般交存、例外交存及封存保管申请的区别

软件登记申请材料的一般交存和例外交存是软件鉴别材料的交存方式，即程序和及其文档的交存方式，申请人可以根据自身情况进行选择。

封存保管申请：软件登记之后，登记人可以向登记机构提出封存软件源程序或有关文档的申请。程序或有关文档封存之后，只有软件登记人和司法机关可以启封。当软件发生著作权纠纷时，这些材料在司法诉讼中具有较强的证明力。

4.9 软件升级版本按不同作品申请登记

不同版本的软件是不同的作品,单位或个人依法享有其独立开发完成的所有版本软件的著作权,但其中某一版本软件的登记证书,不是该软件其他版本的权利归属证明。若权利人需要软件不同版本的权利证明,建议针对软件的相应版本分别进行申请登记。

4.10 软件著作权发生转让后,办理何种登记

想要获得软件著作权登记证书的,软件权利的受让方可以办理软件著作权登记申请。

仅对合同备案的,合同当事人可以办理转让合同登记,获得软件著作权转让合同登记证书。

4.11 不予登记

依据《登记办法》第二十一条规定,属于下列情况之一的,登记机构对申请将不予登记:

(1) 申请表内容填写不完整、不规范,又未在指定期限内补正的;
(2) 提交的软件鉴别材料不是程序和文档的;
(3) 申请文件中出现的软件名称、权利人署名不一致,且未提交证明文件的;
(4) 软件著作权存在权属纠纷,并且法院已受理了软件权属争议诉讼;
(5) 软件著作权处于法院查封期间的或软件著作权在质押担保期限内的,发生权利转让后,办理受让登记的,将不予登记。

4.12 独立开发的软件与已存在的软件相似

依据《条例》第二十九条的规定,软件开发者独立开发完成的软件,由于可供选择的程序表达方式有限,致使软件与已存在的软件相似的,不构成对已经存在软件的著作权侵犯,可以申请软件著作权登记。

4.13 软件与他人软件功能相似

软件著作权的保护范围不涉及软件的功能,只要是开发者独立开发完成的软件,即使软件的功能与他人软件功能相似,开发者分别享有各自独立开发完成软件的著作权,可以申请登记。

4.14 游戏软件

一个游戏作品可以分为游戏引擎和游戏资源两大部分。游戏资源包括图象、声音、动画等素材部分,游戏引擎是软件,可以申请软件著作权登记。而游戏中动漫、视频、图片等属于其他作品,不属于软件著作权登记范畴,可以申请作品登记。

4.15 软件著作权部分转让

软件著作权可以由一方转让给多方共同享有;多方共同享有软件著作权的,其中一方可以将其享有的部分软件著作权转让给另一方,受让方与原其他共同著作权人共享权利。软件著作权人可以将软件转让给另一方,与受让方共同享有软件著作权。上述权利转移变化后的软件著作权人可以办理软件著作权登记或软件著作权转让合同登记申请。办理软件著作权登记时,在仍享有著作权的转让方名称后注明"原始取得"。

4.16 何种情况需办理查询

已登记软件的著作权发生转让、承受、质押、著作权人名称变更的,权利继受方办理著作权登记,合同当事人办理转让和专有许可合同登记,办理软件著作权质押合同登记,以及变更或补充登记、撤销登记、补发换发证书等申请,均需要首先办理软件著作权登记概况查询,提交查询申请表,查询结果是办理上述登记的申请文件之一。

5 结束语

中国版权保护中心在规范软件著作权登记相关工作的基础上,全面实现了软件著作权登记信息化管理,并创建了版权登记大厅"一站式"窗口服务方式,提升了软件登记服务水平。申请人或代理人按照登记申请的相关要求,提交规范、真实、有效的申请文件,可以进一步有效地缩短登记申请办理时间,确保软件著作权登记证书在解决权属纠纷、软件交易及享受优惠政策中发挥其有效作用。

我国农产品地理标志工作制度实践与成效

陈 思 高 芳

(农业部农产品质量安全中心)

摘 要：农产品地理标志是重要的区域特色农产品资源和品牌，也是农业知识产权和农耕文明的重要体现。我国是农产品地理标志资源大国，做好农产品地理标志保护对于发展区域经济、打造特色品牌具有重要意义。本文回顾了我国农产品地理标志工作的发展历程，从政策导向、组织体系、登记流程、标志管理等方面梳理了农产品地理标志保护工作的制度设置，分析了当前农产品地理标志面临的发展形势，总结了取得的成效，并从发展思路、重点内容、条件保障等方面提出了下一步的发展建议。

关键词：农产品；地理标志；知识产权；品牌

农产品地理标志是在长期农业活动过程中形成的区域特色品牌，是重要的农业知识产权和农业文化遗产，也是传统农耕文明的重要体现[1]。发展农产品地理标志有助于发展区域经济、打造特色品牌、增强农产品核心竞争力，有助于强化监管、维护合法权益，保护农业生物资源多样性和传统优势品种，有助于增加农民收入、满足特色消费需求、促进国际贸易，有助于加快产业发展、提质增效、提升农产品质量安全水平[2]，对我国现代农业、特色农业和品牌农业发展具有重要意义[3]。

1 发展历程

农产品地理标志保护工作起源于欧洲，经过近百年的发展，在区域传统特色产品保护方面取得了显著成效[4]。2001年，中国加入世界贸易组织（WTO），并开始履行WTO框架下的《与贸易有关的知识产权协议》（TRIPS协议）。地理标志是TRIPS协议中一项独立的重要知识产权。其后，2002年修订的《中华人民共和国农业法》（以下简称《农业法》）中，首次明确提出了"农产品地理标志"这一法定概念。《农业法》第二十三条规定"符合规定产地及生产规范要求的农产品可以依照有关法律或者行政法规的规定申请使用农产品地理标志"；第四十九条规定"国家保护植物新品种、农产品地理标志等知识产权"。2006年发布的《中华人民共和国农产品质量安全法》（以下简称《农产品质量安全法》）对农产品质量标志管理进行了细化，包括申请使用、禁止冒用及相关法律责任，农产品地理标志即属于农产品质量标志管理的范畴。2007年年底，为保证地理标志农产品的品质和特色，提升农产品市场竞争力，依据《农业法》《农产品质量安全法》相关规定，农业部颁布了《农产品地理标志管理办法》（第11号农业部令），全面启动农产品地理标志登记保护工作，标志着我国农产品地理标志工作进入依法登记、依法管理的轨道。从"三定"职责来看，根据《国务院办公厅关于印发农业部主要职责内设机构和人员编制规定的通知》（国办发〔2008〕76号），农业部有"培育、保护和发展农产品品牌"的职责任务，农产品地理标志属于农产品品牌范畴，是重要的农业区域公用品牌。

2 制度设置

2.1 政策导向

农产品地理标志登记属于政府公益性行为，登记不收取费用。根据《农产品地理标志管理办法》

规定，县级以上人民政府农业行政主管部门应当将农产品地理标志管理经费编入本部门年度预算。县级以上地方人民政府农业行政主管部门应当将农产品地理标志保护和利用纳入本地区的农业和农村经济发展规划，并在政策、资金等方面予以支持。国家鼓励社会力量参与推动农产品地理标志发展。

2.2 组织体系

农业部负责全国农产品地理标志的登记工作，农业部农产品质量安全中心负责农产品地理标志登记的审查和专家评审工作。省级人民政府农业行政主管部门（或明确的农产品地理标志工作机构，以下简称"省级工作机构"）负责本行政区域内农产品地理标志登记申请的受理和初审工作。农业部设立的农产品地理标志登记专家评审委员会，负责专家评审。农产品地理标志登记专家评审委员会由种植业、畜牧业、渔业和农产品质量安全等方面的专家组成。

2.3 登记流程

农产品地理标志登记实施逐级审查负责的工作机制。对于符合申请条件的产品，由县级以上地方人民政府根据相关条件，择优确定农民专业合作经济组织、行业协会等组织为申请人，申请人按要求向省级工作机构提交申请材料。省级工作机构负责申请材料的初审和现场核查，并提出初审意见。符合条件的，将申请材料和初审意见报送农业部农产品质量安全中心。农业部农产品质量安全中心对申请材料进行审查，提出审查意见，并组织专家评审。经专家评审通过的，由农业部农产品质量安全中心代表农业部对社会公示。公示无异议的，由农业部做出登记决定并公告，颁发《中华人民共和国农产品地理标志登记证书》，公布登记产品相关技术规范和标准。农产品地理标志登记证书长期有效。

2.4 标志管理

农产品地理标志实行公共标识与地域产品名称相结合的标注制度。公共标识基本图案由中华人民共和国农业部中英文字样、农产品地理标志中英文字样和麦穗、地球、日月图案等元素构成。公共标识基本组成色彩为绿色（C100Y90）和橙色（M70Y100）。公共标识基本图案如图1所示。符合条件的单位和个人，可以向登记证书持有人申请使用农产品地理标志，按照生产经营年度与登记证书持有人签订农产品地理标志使用协议，在协议中载明使用的数量、范围及相关的责任义务。

图1 农产品地理标志公共标识图案

3 当前发展形势

农产品地理标志登记保护工作全面启动以来，各级、各部门对农产品地理标志发展的重视程度和积极性明显提升，政策环境不断改善。当前的形势可以概括为国家高度重视、部门全力推动、地方积极参与。

3.1 国家层面

近年来，中央在各类重大部署中多次对农产品地理标志工作提出要求。2007年、2008年、2010年、2013年等多年的中央一号文件中，都对加强农产品地理标志保护做出部署；党的十七届三中全会形成的《中共中央关于推进农村改革发展若干重大问题的决定》中明确提出要"加大农产品注册商标和地理标志保护力度";历年的中央农村工作会也对农产品地理标志保护提出具体要求。2013年的中央农村工作会议上,习近平总书记提出"大力培育农产品品牌,用品牌保证人们对产品质量的信心",并要求保护好"老字号"。农产品地理标志因其独特品质与自然环境和人文历史密切相关,属于重要的农产品品牌和农业"老字号"。国务院近年来的《国家知识产权战略纲要》《质量发展纲要》《中国食物与营养发展纲要》"打击侵犯知识产权和制售假冒伪劣商品专项行动"及"发展电子商务加快培育经济新动力"等指导意见中,均将农产品地理标志的发展和保护作为重点内容予以强化。农产品地理标志登记保护日益成为新时期我国"三农"工作的一项重要任务。

3.2 部门层面

农业部门高度重视农产品地理标志工作,在政策规划上有部署,在项目资金上有保障,在绩效考核上有要求,将其作为农产品质量安全、农业知识产权保护、国际交流合作等工作的重要抓手,连续开展了包括农产品地理标志在内的"三品一标"品牌提升、农产品地理标志资源普查等促进活动,全力做好审查评审、制度建设、体系构建、证后管理、宣传交流等工作。此外,在现代农业示范区建设、特色农产品区域布局规划、全国名特优新农产品推荐、农业文化遗产评定等工作中,农产品地理标志均是其中的重要条件或依托。农产品地理标志已是农产品质量安全工作的一项基础性工作[5],在农业工作各领域中的平台效应也日益显现。

3.3 地方层面

各地纷纷将农产品地理标志作为发展现代农业、打造区域经济、创建特色品牌的抓手,在规划计划、补贴奖励、宣传推广、品牌打造等方面积极推动。例如,四川省积极将农产品地理标志工作写入相关省政府文件,营造政策环境,并以农产品地理标志为依托,打造大凉山区域、川藏高原区域、金沙江流域、大巴山区域、川中丘陵区域、成都平原区域六大重点区域特色农产品品牌;海南省制定品牌农业发展规划,对获得农产品地理标志登记的产品给予重奖;辽宁省将获得国家农产品地理标志作为"一县一业"工作的重要指标;青海省积极创办省级农产品地理标志示范样板,并申请国家级示范样板创建资格;北京市突出主导品牌,强化精品形象,做到登记一个、见效一个,将农产品地理标志作为各区县农业工作的亮点进行推动,并制作了《中国农产品质量安全标志解读》《农业国货品牌来袭》等宣传片,在网络、微信上广泛发布,扩大影响。

4 进展成效

经过近年来各级农业部门的努力推动,农产品地理标志登记保护工作在制度建设、体系队伍、资源登记、品牌宣传、国际合作等方面取得了全方位的积极进展,总体发展势头持续向好。

4.1 制度体系

根据《农产品地理标志管理办法》,农业部门制定并发布了《农产品地理标志登记程序》《农产品地理标志使用规范》等20余项程序文件和制度规范,覆盖登记申报、标志管理、品质鉴定、现场核查、人员培训等各个环节,并根据工作发展需要,及时对相关制度文件进行修订完善,为农产品地理标志登记保护工作提供有效的制度保障。

4.2 体系队伍

工作机构方面,全国目前已设立和明确省级农产品地理标志工作机构60家,多数地县级农业部门也已明确专门的工作机构,充实了专业人员,"部—省—地—县"四级农产品地理标志工作机构队伍基本建立。专家委员方面,聘任农产品地理标志专家评审委员会专家委员141名,涉及全部主要特色行业类别及农产品质量安全、知识产权、农耕文化等各个方面,很多省(区、市)也建立了本地区本行业的农产品地理标志专家委员会。检测机构方面，全国委托农产品地理标志产品品质鉴定检测机构96家，涵盖主要地区和行业，以满足农产品地理标志登记管理和产品品质检测工作需要。人员培训方面，全国每年举办数期农产品地理标志核查员及品牌建设培训班，并与各省（区、市）联合举办农产品地理标志核查员培训班，累计培训人员5000余人次。

4.3 产品登记

近年来，农业部门进一步提高农产品地理标志登记准入门槛，坚持和完善分行业、分专业的独立评审方式和申报单位汇报答辩制度，全面提高登记评审工作质量。各级农业部门依据农产品地理标志审查程序，规范做好农产品地理标志登记审查工作。截至2015年7月底，全国累计登记农产品地理标志1733个。同时，全面开展农产品地理标志资源普查工作，组织行业专家进行审定，最终形成《全国地域特色农产品普查备案名录》，收录特色资源6839个，为科学开展农产品地理标志登记工作奠定了基础。

4.4 品牌宣传

强化品牌宣传是农产品地理标志管理者、生产经营者和消费者共同关注的焦点。近年来，农业部积极参与国务院"打击侵犯知识产权和制售假冒伪劣商品专项行动"成果展，全面宣传展示农产品地理标志工作成效。制作了农产品地理标志公益宣传片，在中央电视台及各级媒体上投放，提高农产品地理标志知名度。在农业部官网"网上展厅"栏目开设了农产品地理标志专栏，免费为获证产品提供宣传展示平台。积极组织获证单位参加展览展销，2015年第十三届中国国际农产品交易会上，首次设立农产品地理标志专展，为生产经营者和消费者提供产销对接平台。开展全国农产品地理标志品牌评价工作，2014年入选产品在央视《对话》栏目发布，2015年继续开展，并扩大规模。2014年和2015年世界知识产权日期间，在《农民日报》刊登农产品地理标志知识产权专版，在中央电视台播出专题报道，全面宣传推介我国农产品地理标志工作，收到良好反响。此外，为发挥先进典型的示范引领带动作用，2014年在山东、浙江、黑龙江、辽宁、陕西、江苏等地创建了6个国家级农产品地理标志示范样板，2015年部分省份开展了省级示范样板创建工作。

纵观农产品地理标志发展，有三个比较直观的成效：一是品牌建设和产业发展提质。农产品地理标志带动了农业区域特色品牌的发展，促进了企业增效和农民增收。根据跟踪评估，登记后产品价格平均有20%~30%的提高。产业发展逐步完善，带动了文化、旅游等产业的发展。二是农产品质量安全水平提升。登记产品注重产地自然生态环境和产品全程质量控制，推行标准化、规模化生产，标志授权使用环节将产品安全性作为准入条件，对生产管控有严格限制，确保产品质量安全。三是农业国际交流合作提速。农产品地理标志已成为国际贸易交流和知识产权保护的重要内容，也是双边和多边合作交流、WTO农业谈判及历届中欧农业农村对话的热点议题。目前，国家正积极与欧盟开展中欧地理标志互认协议谈判。

5 发展建议

农产品地理标志工作在我国虽然已取得了跨越式发展，但由于起步晚、基础薄，还存在一些制约发展的突出问题，如各层面对农产品地理标志的核心价值认识不到位、保护手段不完善、产业和品牌影响力不强等，需要在下一步的发展过程中，进一步明确思路，突出重点，强化保障，实现农产品地理标志速度、质量、效益的协调发展。

5.1 发展思路

需要树立三个意识：一是树立精品意识，用好农产品地理标志这块金字招牌，不贪多求快，真正做到登记一个、保护一个、发展一个。二是树立质量意识，将质量安全视为农产品地理标志的生命线，保持特色品质，确保获证产品不发生重大质量安全事件。三是树立全局意识，将农产品地理标志工作放到现代农业、特色农业、品牌农业大局的角度来考虑，发挥功能作用，拓展发展空间。

5.2 重点内容

需要突出四个重点：一是推进产品登记。用好资源普查结果，制定好发展规划，有计划、有重点地推进农产品地理标志登记的组织申报和审查评审工作。二是加强证后推广监管。促进标志使用推广，规范标志授权使用行为，进一步加强全程质量管控，对伪造、冒用农产品地理标志和登记证书的侵权行为进行严肃查处。三是强化品牌宣传。积极普及知识、传播理念、引领消费，提升品牌的认知度、公信力、竞争力和影响力。四是推动国际合作。做好中欧等双边及多边地理标志合作交流，并在宣贯、培训、调研、引进等方面进一步加大力度。

5.3 条件保障

需要完善三个支撑：一是加强政策扶持，切实将农产品地理标志保护和利用依法纳入各级农业农村经济发展规划，建立完善激励约束机制。二是加强能力建设，健全工作机构，加快制度和能力建设，强化执法手段。三是完善技术支撑，充实专家队伍，加强人员培训，加大对重点领域的研究攻关力度。

参 考 文 献

[1] 金发忠. 农产品地理标志登记保护问题研究 [J]. 农业质量标准, 2009 (4).
[2] 张梦飞. 中国地理标志制度构建取向研究 [J]. 中国农学通报, 2007 (1).
[3] 邓志喜. 加强农产品地理标志保护 促进区域农村经济发展 [J]. 中国农垦, 2011 (3).
[4] 陈永红, 刘宏. 欧盟农产品地理标志注册与保护制度 [J]. 中国食物与营养, 2004 (12): 8-11.
[5] 冯忠泽, 盛松华, 张梦飞. 中国农产品地理标志管理制度发展方略思考 [J]. 世界农业, 2007 (2): 16-18.

农业知识产权法律地位及事业巩固研究

《中华人民共和国种子法》修订建立非主要农作物登记制度的探讨

刘 平

(中国绿色食品发展中心)

摘 要：本文在对我国现有各省的非主要农作物登记进行摸底的基础上，对国外农作物品种登记作了介绍，提出《中华人民共和国种子法》(以下简称《种子法》)应建立非主要农作物品种强制登记的设想。

关键词：《种子法》；修订；非主要农作物品种；登记制度；建议

从2013年5月始，笔者参加了《种子法》的修订的相关工作，主要承担将"中华人民共和国植物新品种保护条例"合并到《种子法》中的任务，因为有机会多次参加《种子法》修订的讨论会，考虑如何做好品种审定与品种权保护的衔接问题，所以对非主要农作物的登记问题进行了一些思考和调研。

1 我国非主要农作物管理现状

1.1 非主要农作物产业情况

社会主义市场经济的发展与完善以及人民生活水平的提高，促进了我国蔬菜、果树和观赏植物等非主要农作物产业的发展。自20世纪90年代以来，全国育成并通过国家或省级审定、认定的蔬菜新品种有1000余个。目前，我国蔬菜产业生产规模迅速扩大，产业集中度较高，区域布局不断优化、产后加工快速发展，出口贸易增长较快、科技进步步伐加快，品种丰富，市场交易活跃，数量供应充足，国内供应量和出口量居世界第一，在种植业中是仅次于粮食作物的第二大作物。

我国水果栽培面积大，总产量较高，多数树种总产量居世界前列，尤其苹果、梨等大宗水果产量长期居世界首位，但单位面积产量较低。全国约有350个县（区、市）果园面积超过6700公顷，其产量和产值可占全国的55%左右。我国已成为世界第一水果生产大国，第四出口大国。

我国观赏植物种植面积已达14.75万公顷，销售额160亿元，鲜切花产量达38亿枝，销售额24亿元；盆栽植物8.1亿盆，销售额52.5亿元；观赏苗木18亿株，销售额65亿元；观赏植物出口创汇2.8亿美元。国内的鲜花流通网络已初步形成。全国花卉市场1200多个，昆明、广州、北京、上海、福州、成都等主要花卉消费城市，均建立了大型的花卉批发市场，地方性的花卉市场也不断出现。各大中城市和县镇的花店大量涌现，花卉产业处于蓬勃发展状态。

从全国30个省市农业信息网站公开的资料来看，我国观赏植物品种的培育主要集中在百合、月季、矮牵牛、菊花、蝴蝶兰、凤梨、花烛、鸢尾、小苍兰等植物属种。虽然有不少省市制定了非主要农作物登记办法，但仅在广东、江苏、福建、云南等省市登记有观赏植物品种，所占比重较少。非主要农作物品种生产经营规模小而分散，市场管理不规范。据对广州市岭南花卉调查，市场上销售的许多花卉品种没有品种名称或者品种名称相当混乱，同名、异名现象十分严重，更没有品种来源、质量等标签和标识，为假冒、侵权品种留下了可乘之机。

1.2 对非主要农作物的品种管理情况

2000年12月1日起实施的《种子法》对品种选育和审定、种子生产、经营、使用和质量、进出口管理、行政管理和法律责任等进行系统规定，并将农作物分为主要农作物和非主要农作物，《种子法》规定审定的主要农作物是指稻、小麦、玉米、棉花、大豆以及国务院农业行政主管部门和省、自治区、直辖市人民政府农业行政主管部门各自分别制定的其他一至二种作物。农业部在《种子法》规定的5种主要农作物以外，增加马铃薯和油菜为主要农作物。各省市自治区依据《种子法》制订了相应的种子管理条例或者办法，确定省级审定的主要农作物范围。目前，国家与省级审定的主要农作物共有24个植物属种，除甜菜、胡麻、向日葵外，其余属种均已列入农业植物新品种保护名录。

对主要农作物品种进行审定，应当审定的农作物品种未经审定通过的，不得发布广告，不得经营、推广。种业界都习以为常了。非主要农作物是指审定以外的作物，《种子法》未作要求，也没有赋予各级种子管理部门对非主要农作物进行审定或者鉴定、认定、登记的职能。但一直以来，对非主要农作物如何管理都在不同程度地进行探索着。

据调查，天津、浙江、福建、湖北、广东和云南等十余个省市出台了《非主要农作物登记办法》，绝大多数是依据育种人自愿原则，参照主要农作物的管理方法，对非主要农作物进行认定、鉴定的登记或者备案。

虽然这些地方性法规使育种家的育种成果获得权威部门承认，受到育种家的欢迎，也对规范非主要农作物的管理起到了一定的积极作用。但因多是自愿，未做强制性规定，这些地方性法规执行效力较低。全国没有建立统一的非主要农作物品种登记管理制度，各地的登记程序、非主要农作物范围和品种鉴定标准不同，还有极个别省（如甘肃省）对非主要农作物还设计了强制审定，否则不予推广和销售的规定，显然违背《种子法》，执行起来难度也很大。

为保护育种者和种子生产者、经营者、使用者的合法权益，农业部加强了农业植物品种名称管理，于2012年3月14日以部令形式发布了《农业植物品种命名规定》，并于2012年4月15日起生效，但是该规定也仅针对申请农作物品种审定、农业植物新品种权和农业转基因生物安全评价的农业植物品种及其应用的亲本名称，对其他农业植物品种的命名也仅是参照该规定执行，对规范非主要农作物品种命名起到一定作用，但缺乏配套的后续监管措施。

非主要农作物公布的保护属种多，申请量少。主要农作物20个属种，非主要农作物为73个属种。但从申请量看，主要农作物占总申请量的85%；非主要农作物占总申请量的15%。据访问有关蔬菜育种家，他们不愿意申请品种保护的原因主要是因为对非主要农作物没有登记制度，市场很乱，侵权无法维权。

2 国外农作物品种注册登记的经验与做法

欧美等发达国家的农作物品种管理经历了种子质量控制、品种注册和品种保护的发展阶段，完善的种子管理法律法规和强有力的知识产权保护政策，促进了这些国家商业化育种的发展，培育了许多育、繁、推一体化的大型跨国种子企业。

2.1 荷兰

《种子和植物材料法》规定列入荷兰或者欧盟品种名录的农作物品种和蔬菜品种必须注册，只有注册的品种才可以在市场上销售，其他未列入注册名录的植物，如花卉、果树品种不必注册也可销售，但必须通过DUS测试。注册品种必须经过DUS测试，农作物和蔬菜品种还必须通过栽培价值、适应性和应用试验（VCU）测试，通过登记的品种是否申请品种保护，由育种家决定。

2.2 德国

德国的《种子法》和《植物品种保护法》为植物品种管理提供法律依据，维护了育种者、种子生产者和种子消费者的利益。《种子法》规定，新培育的品种必须通过DUS测试，重要的农作物品种还必须通过VCU试验，才能登记注册，登记进入国家品种目录后，才允许生产商品种子。种子通过官方检验机构的质量检验，取得合格证后，才准许在市场上销售，确保提供高质量抗逆的种子和播种材料给农民,保护消费者的利益。

德国品种局(BSA)负责植物新品种的 DUS 测试和 VCU 试验,品种权的授权,国家品种目录、品种描述目录和介绍品种栽培技术的出版,BSA 下设行政管理、农作物和园艺植物三个部门,除总部外,在全国设置 12 个试验站。植物新品种 DUS 测试和 VCU 试验是同时间进行的。

2.3 法国

法国建立了完善的植物新品种保护与品种登记注册、种子控制与质量检测体系。法国植物新品种必须先注册,进入国家目录,并获得官方发给的种子质量分析与书面证书后,才允许种子在市场上销售。法国农业部设品种保护委员会(CPOV)、品种登记委员会(CTPS)和种子质量证明处(SOC)三个种子管理部门,CPOV 负责植物新品种保护,CTPS 负责品种植物新品种的登记与国家目录的制订,并为农业部提供各种有关植物品种选育方面的技术咨询,SOC 负责种子质量的检测与发证。植物新品种注册、植物新品种保护和种子质量证明的检测与检验,由法国品种审定与种子检测中心(GEVES)负责,该中心为非盈利性的公益机构,下设 6 个独立试验站和 6 个附属试验站以及国家种子测试站(ANGERS)。

法国所有申请登记注册的植物品种必须通过 DUS 测试,大田作物和主要菜要进行 VCU 试验,才能进入国家品种目录登记。申请品种保护的新品种只进行 DUS 测试,与新品种注册所做的 DUS 测试一致,如果一个植物新品种既申请注册又申请保护,只进行一次 DUS 测试。

2.4 美国

《联邦种子法》未规定强制实行品种注册制度,只要求育种者或者品种所有者在新品种释放前必须进行严格的区域试验,验证该品种的丰产性、稳定性、品质、抗性和适宜种植区域。新品种是否释放,由育种者自行决定。一旦决定释放,育种者必须将该品种产量、品质、抗性、稳产性和适宜种植区域等相关信息公之于众,方便品种使用者选择,育种者对信息的真实性负责。如果使用中发现信息不真实,品种使用者可向育种者索赔,或向司法机关起诉,因此,种子企业对品种的释放非常慎重。这种制度使世界任何国家种子公司的种子无须审批都可以在美国出售,有利于加快新品种的转化,使农场主以最快的速度接受新品种,也利于美国方便地获得国外最好的种子。但是也有一半左右的州立种子法规定新品种必须通过注册才允许推广应用。

《联邦种子法》没有对种子认证和质量作具体要求。种子认证是非强制性的,种子质量是通过种子公司自检或者委托检验等形式保障。种子市场的管理主要是强制性管理和行业管理。强制性管理主要是由农业行政部门任命检查员对市场上销售的种子进行抽样检验,行业管理主要是由种子生产、经营者组织的种子行业协会制定相应的规章制度,规范协会成员的行为,确保种子质量,保障公平竞争。通过十分严格的种子标签管理实现品种和质量管理,要求在标签中明示品种特性和种子质量,如果与标签标注不相符,将给予企业较重的处罚。

2.5 日本

日本将农作物分为主要农作物和非主要农作物两类管理,主要农作物依据《主要农作物法》规定生产与经营行为,非主要农作物依据《种子种苗法》进行品种保护。与美国相似,日本没有官方品种审定制度,政府公共部门负责对水稻等关系国家粮食安全的主要农作物品种在种子质量生产、流通领域的监管,其他作物则实行植物品种保护制度和指定种苗制度对种子种苗质量进行管理。

2.6 加拿大

加拿大于 1923 年开始实行严格的品种注册制度,《种子法》于 1959 年颁布,最初的《种子法》规定所有的农作物品种必须注册后方可在加拿大宣传、销售,现行的《种子法》对种子测试、检验、质量和销售等做了明确规定。根据《种子法》,又颁布了《种子管理条例》,对种子的等级标准、种子标签、种子检验、种子进口、品种注册等作了详细规定。至 2012 年仍有苜蓿、大麦、小麦、黑麦等约

30种农作物品种被列为国家目录，凡是列入国家目录的品种，必须经过注册才可生产和销售，其他作物品种可以不经注册，直接生产销售。

3　对中国建立非主要农作物品种国家登记制度设想

通过对中国从事非主要农作物育种的单位和个人的随机调查表明，从事业蔬菜、观赏植物和果树等育种的育种家迫切希望他们的育种成果能够得到社会普遍承认与应用，迫切需要种子管理部门在总结各省市对非主要农作物管理经验的基础上，从国家层面制定非主要农作物品种登记制度，促进非主要农作物品种育种、生产和规范市场秩序。

3.1　修订《种子法》

针对中国非主要农作物管理存在制度空白问题，在借鉴欧美等发达国家品种管理经验基础上，建立我国非主要农作物品种国家登记制度，完善我国品种管理制度。首先，《种子法》修订时应对非主要农作物的登记做出规定，即增加"对审定以外的非主要农作物，实行国家登记制度"条款，对于未通过特异性、一致性和稳定性测试的非主要农作物品种不予登记，不登记的品种不得上市销售。对非主要农作物的登记不需要进行VCU试验，由种子公司自己布置试验。

政府对非主要农作物的管理，主要是通过严格的种子标签制度，加强种子种苗在生产和流通环节的监督与管理，加大对违法者的惩处力度。

3.2　扩大植物新品种保护的名录

非主要农作物种类多，应实现凡是要求品种登记的都应先列入品种保护名录，给愿意申请品种保护的育种人机会，现在保护名录只有93个种属的植物可以保护，是远远不够的，所以，植物新品种保护的范围应该扩大。同时，因为需要对这些非主要农作物品种进行DUS测试，所以必须加快植物新品种DUS测试技术标准和植物新品种DNA指纹图谱鉴定标准的研制。

3.3　品种保护与品种登记制度的协调

通过DUS测试的品种，可以进行品种登记。如申请人自愿申请品种保护，审批机关可不再进行该品种的DUS测试，可直接采用品种登记时DUS测试结果，依据授权条件直接做出是否授予品种权决定，这样就会加快非主要农作物品种权申请的授权。

3.4　建立全国统一的非主要农作物品种登记平台

既然是不登记不准进市场销售，就应由国家种子管理部门建立"非主要农作物品种登记平台"，在各省种子管理机构设立受理窗口，除对非主要农作物进行登记外，同时为公众提供品种登记咨询、品种名称查询等信息服务。

贯彻实施《中华人民共和国种子法》，努力开创种业发展新局面

张福贵

（全国人大农业与农村委员会法案室）

摘　要：随着《中华人民共和国种子法》（以下简称《种子法》）（2015年11月4日修订）的颁布实施，我国现代种业发展必将开创新局面。本文分析了修改《种子法》的必要性，提出修改《种子法》的指导思想和把握原则，并对此次修改的主要内容进行了简要的分析、阐述和说明。同时，对今后如何贯彻实施好《种子法》，也简要提出了一些建议，以期推动我国种业发展再上新台阶，迈出新步伐。

关键词：《种子法》；育种体制；品种管理；品种保护；种子行政监管；法律责任

1　修改《种子法》的必要性

原《种子法》自2000年施行以来，在规范和推动我国种业发展，打破国有种子企业垄断局面，构建各类市场主体平等竞争的市场秩序，提高品种选育和种子质量水平，促进我国种业发展等方面发挥了重要作用，为推动我国农业和林业发展，保障国家粮食安全和生态文明建设做出了重要贡献。

随着改革开放的深入推进和市场经济的发展，我国种业发展出现了一系列新情况、新问题，原《种子法》的一些规定已不适应现代种业发展要求，亟须修改。一是种质资源保护不力，优势种质资源流失严重，有效利用不足，需要完善种质资源保护和利用制度，促进种质资源充分利用。二是育种科研体制机制不适应现代种业发展要求，亟须培育和构建适应现代种业发展要求的新的育种科研体制机制。三是品种管理方面既有缺位和越位现象，也有管理不规范等问题，亟须加以完善和规范。四是植物新品种创新支持和保护力度不够，假冒侵权现象严重，亟须加大创新支持和保护力度。五是对种子生产经营者的管理存在环节和层次多，需要减少和简化管理，以利于全国统一的公平竞争市场格局的形成。六是种业产业化水平低，行业集中度低，整体竞争能力弱，国外种业资本的进入和对国内种业市场的逐步渗透已对我国种业安全构成潜在危险，不容忽视，需要加大对种业产业的支持和扶持力度。七是种子执法监管不力，特别是基层种业执法机构不健全，机构职责和法律地位不明确，缺乏必要和有效的执法手段和监管权力，需要明确执法机构的职责地位并理顺和完善监管体制。八是原《种子法》规定的法律责任不全面，处罚力度小，需要进一步完善和加大处罚力度。

近些年中央一号文件多次对种业发展提出要求，国务院先后出台了推进种业发展、加强种子市场监管的一系列文件。2011年国务院颁布的《关于加快推进现代农作物种业发展的意见》是新时期指导农作物种业发展的纲领性文件，首次将农作物种业定位为国家战略性、基础性核心产业，把种业作为促进农业长期稳定发展、保障国家粮食安全的根本途径，提出要适时修订完善种子法律法规和规章。《全国现代农作物种业发展规划（2012—2020年）》和《全国林木种苗发展规划（2011—2020年）》分别明确了农作物种业和林木种苗发展的总体要求、重点任务、保障措施和发展目标。这些文件的颁布实施，为修改《种子法》奠定了良好的政策基础。

修改《种子法》是落实党的十八大提出实施创新驱动发展战略重大部署的具体举措。国以农为本，农以种为先，种子是农业和林业生产中最核心、最基础、最重要的不可替代的生产资料，是农业和林业科技进步和其他各种生产资料发挥作用的载体。种业作为农业和林业发展的源头，具有鲜明的基础

性、战略性特征，已成为提升农业和林业竞争力的关键。发展现代种业是党的十八届五中全会提出的明确要求。我国已进入必须依靠创新驱动发展的新阶段，发展种业必须把种业科技创新摆在更加突出的位置，种业创新是增强种业竞争力的决定力量，是推动种业发展的必然选择。我国良种在农业科技贡献率中所占的比重为43%，而发达国家普遍在60%以上。目前我国玉米亩产只有390千克，与美国差距近300千克，差距就是潜力，潜力就是方向。适时修改《种子法》，对进一步强化种业科技创新，转变农业发展方式，维护种业安全，发展现代农业，促进农民增收等都具有重要意义。

第十一届全国人大以来，全国人大代表有780人次提出修改《种子法》和制定《植物新品种保护法》的议案25件。2010年，全国人大常委会对《种子法》实施进行了执法检查，提出修改《种子法》的建议。2012年全国人大农业与农村委员会牵头，农业部、国家林业局等部门参与，正式启动修改工作。2013年，修改《种子法》列入第十二届全国人大常委会立法规划，由全国人大农业与农村委员会牵头，农业部、国家林业局等部门参与修改。在修改过程中，先后两次征求31个省、自治区、直辖市人大和国务院有关部委、科研院所、高等院校、种子企业和专家的意见。2014年12月，在认真总结实践经验、深入调查研究、反复论证的基础上，全国人大农业与农村委员会全体会议审议通过《种子法（修订草案）》。2015年4月，全国人大常委会第十四次会议对该草案进行初次审议，之后在中国人大网将该草案向全社会公开征求意见，共收到1559位公众提出的8022条意见。2015年11月4日，全国人大常委会第十七次会议第二次审议《种子法（修订草案）》，草案获得高票通过。

2 修改《种子法》的指导思想和原则

修改《种子法》坚持问题导向，针对种子领域中存在的突出问题和矛盾开展立法，力求通过立法解决存在的问题。此次对《种子法》进行全面修改和完善，是为了适应发展现代种业要求，立足于提升我国种业自主创新能力和市场竞争力，对种质资源保护、品种选育和管理、植物新品种保护、种子生产经营和监督管理等进行全面统一、系统完整的规范，构建科学合理、健全可行的现代种业管理制度，达到引领、保障、促进和推动我国种业持续健康发展的目的。

修改《种子法》把握或遵循的主要原则：

一是鼓励自主创新，强化新品种保护原则。按照建设创新型国家、推进现代种业发展的总体要求，大力鼓励植物品种的原始创新、适当限制模仿和派生、严格禁止假冒侵权品种进入市场。加强新品种保护是推动种业发展的核心动力。通过建立品种登记、改革和完善现行植物新品种保护这两项制度，达到禁止假冒品种进入市场、强化新品种保护的目的，这是推动种业发展的核心动力。同时要加大对侵权行为的处罚力度，切实维护品种权人的合法权益。

二是强化国家对育种的基础性、前沿性和公益性研究支持力度的原则。对育种科研体制机制实行分类指导、管理和规范，充分发挥企业在商业化育种、成果转化和应用等方面的市场主体地位。

三是市场化原则。充分发挥种子企业的市场主体地位，减少政府对市场直接干预，减少和简化政府对种子企业生产经营的行政审批事项，致力于营造种业良好发展环境、提供优质公共服务、弥补市场失灵、维护市场公平公正秩序。

四是全面监管原则。在品种管理、种子质量管理等方面建立统一的标准和程序，在行政管理上做到管理权相对统一，减少和避免条块分割和地方保护。全面推进和建立统一、高效、及时的执法体系，促进开放统一、竞争有序市场的形成。建立健全行政监管部门的行政监管和全社会的监管相结合的社会共治体系。

五是扶持种业发展原则。构建以科技为支撑、以企业为主体、以国家力量为支持的发展现代种业的政策扶持体系，实现种业的跨越式发展。

六是保障种业安全原则。从品种登记、国外资本的市场准入、市场垄断监控，以及境外进口种子的检疫等多方面，构建中国种业的安全保障机制，保障民族种业持续健康发展。

3 《种子法》的主要修改内容

新修订的《种子法》，主要在以下八个方面作了完善和修改。

一是在种子资源保护方面。种质资源是生物界长期自然演化形成的基因资源，是现代育种的物质基础，具有不可复制、不可再生、不可替代等特点，一旦破坏将给农业、林业生产造成无法挽回的损失。稀有特异种质对育种成效具有决定性的作用。谁能拥有和充分利用种质资源，谁就能在未来种业发展中占据优势地位。近年来，一些地方在城镇化过程中，随意占用种质资源库、保护区或者保护地的现象较为突出。现有的种质资源有的受到被破坏的威胁，有的种质资源已经被破坏，造成难以估量和不可挽回的损失。此次修法加大了对种质资源的保护力度，明确公共种质资源应当依法开放利用。

二是在育种科研体制机制方面。国家对基础性、前沿性育种研发的投入不足13%，国家财政对育种科研投入的立项上，大部分集中在育种的应用研究环节。这是导致育种科研单位过分重视应用环节育种研究的重要原因之一。据统计，我国80%以上的种质资源和育种人员集中在科研和教学单位。80%以上的科研经费投入到育种的应用研究环节，即商业性育种上。本应当从事基础性、前沿性、公益性育种的科研院所和高等院校转向从事见效快、效益高的商业性育种，与企业的商业性育种构成不平等竞争。导致种子企业不愿在育种研发上投资，对育种的投入非常少。科研院校愿意从事商业性育种的另外原因是，从事基础性、前沿性、原始创新品种的难度大、周期长、投入大、风险高、经济效益不明显、不确定因素还多，所以科研部门大多热衷于短平快的育种项目，导致市场上出现的新品种虽很多，但大多是修饰性、模仿性的多，低水平重复性的多，真正有突破性的原始创新品种很少。同时也导致出现从事基础性、前沿性、公益性育种的人才、资源流失，育种后劲不足等问题。为此法律明确国家支持科研院所及高等院校重点开展育种的基础性、前沿性和公益性研究，鼓励种子企业充分利用公益性研究成果，自主培育新品种，完善以企业为主体的商业性育种体系。建立和完善基础性、前沿性和公益性育种与商业性育种有序分工、优势互补、密切配合的种业科技创新体系。

三是在品种管理方面。针对实践中审定的农作物品种多，各地审定标准不统一，审定标准与市场需求脱节，审定的公平性、透明性与合理性等方面不够规范。品种审定与新品种保护没有有效衔接，"一品多名""多品一名"等侵权"冒牌""套牌"的现象时有发生等问题。此次修法大幅减少审定农作物的种类，将原有国家和省级需要审定的28种主要农作物减少为5种。对实行选育生产经营相结合，符合规定条件的种子企业开辟审定"绿色通道"。改革、完善并规范品种审定制度，申请审定的品种应当符合特异性、一致性和稳定性要求。建立品种审定档案。引种由原来需经同意改为实行备案管理。建立品种退出制度。建立非主要农作物品种登记制度，规定列入登记目录的非主要农作物品种在推广前应当登记，从源头上杜绝假冒侵权品种进入市场，有效保护育种者合法权益，维护农民利益，提高监管效率和水平，维护我国种业安全和食品安全。

四是在种子行政管理方面。注重发挥市场作用，简政放权，转变政府职能。改革和完善种子管理制度，将种子生产许可证和种子经营许可证两证合一，实行种子生产经营一证许可。对实行选育生产经营相结合的种子企业的种子生产经营许可证由国务院农业、林业主管部门核发下放到由省、自治区、直辖市人民政府农业、林业主管部门核发。

五是在植物新品种保护方面。随着我国种业的快速发展，仅靠植物新品种保护条例进行保护已经难以满足现实的需要，侵权、"套牌"等违法现象日益增多，损害了植物新品种权人的合法权益，挫伤了植物新品种权人的创新积极性，扰乱了公平竞争的市场秩序，阻碍了种业的健康发展。针对出现的这些问题，新设新品种保护一章，鼓励和扶持育种创新，提高创新能力，强化保护植物新品种权人的合法权益。对植物新品种保护与种业发展密切相关的关键性制度进行规范，对植物新品种的授权条件、授权原则、品种命名、保护范围及例外、强制许可等作了原则性规定。

六是在扶持种业发展方面。我国种子企业数量多、规模小、研发能力弱，竞争力不强。一方面，我国种业发展还处于初级阶段，竞争能力不强，种子企业前20强的销售额加起来远比不上孟山都一家公司的销售额。世界前10强种子企业在世界种子贸易额中所占份额达35%，而我们前10强种子企业同期只占全球种子市场贸易额的0.8%左右。我国90%以上的高端蔬菜花卉品种都依赖进口，大豆产业已被外资控制，我们完全丧失了大豆甚至食用油产业的定价权和产业安全。一些跨国公司已通过科技合作交流等形式，开始利用中国小麦资源进行小麦转基因育种研究，为其将来开拓和占领中国小麦种业市场奠定基础。我国种子企业以产销为主，拥有研发能力的种子企业仅100家左右，多数研发投入仅占销售收入的2%~3%。跨国公司在研发投入上一般占销售收入的8%~12%，有的高达15%~20%。

另一方面，面对国外种业巨头全球化的种质资源垄断、技术垄断和产业垄断的冲击，当前，中国种业市场竞争的格局或焦点已由国内种业市场主体之间的竞争向民族种业与跨国种业集团之间全方位的竞争逐渐演化过渡，外国种子公司进入我国市场，呈现快速扩张之势，种业的安全形势不容乐观，面临严峻挑战。我们需要强化两个意识，一个是强化品种主权意识，另一个是强化种业安全意识。发展民族种业单纯依靠企业自身力量，短期内难以改变其弱势地位。没有国家战略的支持，完全靠自由竞争的市场机制，已无法阻挡跨国公司的进入和对国内种业的占领。必须从政策上进一步加大对种业发展的扶持力度，坚持扶优扶强，提高民族种业竞争力。总结梳理近些年一系列加快种业发展的扶持政策措施，新设"扶持措施"一章，将经实践检验成熟可行的扶持种业发展的财政支持保障、科技投入、税收优惠、保险和信贷支持、人才培养等政策措施在法律中予以规范化、系统化，通过法律形式固定下来，进一步明确对种业的扶持措施，更好地支持种业发展。

七是在种子行政监管方面。长期以来在种子行政执法方面存在许多问题。从纵向看，不同行政层级之间行政执法职责界限不清，多层执法，重复执法。从横向看，执法队伍设置过多过细，在同一领域存在多头执法，同一部门多个机构执法，同一事项多个机构执法，如林业上种子执法是种苗站，新品种保护执法又是由林业局科技中心负责。农业部门有的地方由种子管理机构执法，有的地方由农业综合执法机构执法，也有的地方由种子管理机构和农业综合执法机构联合执法，或者"两块牌子一套人马"等多种形式。种子执法机构的职责和权力不明确、执法技术落后、执法手段不力、执法信息分割、部门配合不协调等问题，已严重不适应现代种业发展的要求。通过立法规范和明确执法主体，是广大基层种业管理和执法人员的呼声，符合加强种业管理和执法、维护种业发展秩序的需要。党的十八届三中全会提出，整合执法主体，相对集中执法权，推进综合执法，着力解决权责交叉、多头执法问题，建立权责统一、权威高效的行政执法体制。《种子法》赋予农业、林业主管部门在种子行政监管中必要的行政强制手段和权力，规范和约束执法机构的执法行为。明确农业、林业主管部门所属的综合执法机构或者受其委托的种子管理机构可以开展种子执法相关工作。明确国家建立种业安全审查机制。取消省级政府农业、林业主管部门对种子检验员的考核要求。

八是在法律责任方面。原《种子法》对种子违法行为的认定不够全面，对有的违法行为缺乏处罚规定，对有的违法行为处罚力度也不够。在修法中充实和完善了各类违法行为的界定和处罚规定，增加了侵犯品种权等违法行为的民事赔偿和行政处罚规定，并加大处罚力度。对种子行政管理人员违法行为的界定和处罚予以明确，强化责任追究。

法律的生命力在于实施，有关部门应切实抓好《种子法》的贯彻实施工作。地方各级人大及其常委会应积极督促和推动本级政府、有关部门、种子企业和农民及时了解法律的基本精神和相关规定。国务院有关部门应按照《种子法》的要求，抓紧制定完善并及时出台相关配套法规和规章。地方各级政府和有关部门应把学习、宣传《种子法》作为一项重要任务，广泛、深入、持久地开展学习宣传工作，正确理解法律的基本规定和精神实质，自觉依法规范自身行为，切实承担起相关责任，为《种子法》的贯彻实施营造良好的社会环境。

我们坚信，修订后的《种子法》对于提升我国农业和林业科技创新水平，做强做大民族种业，促进农民增收，转变农业林业发展方式，保障国家粮食安全和生态安全，推进现代农业建设必将发挥重要作用。认真贯彻实施《种子法》，必将开创我国种业发展的新局面！

深刻理解《中华人民共和国种子法》中的植物品种特异性、一致性、稳定性测试必要性

唐 浩

（农业部科技发展中心）

摘 要：特异性、一致性和稳定性（DUS）是品种的基本属性，DUS测试是品种管理的技术基础工作，是品种授权、审定、登记的科学依据，是市场执法终极裁判的技术支撑。

关键词：种子法、植物品种、DUS测试、必要性

2015 年 11 月 4 日，修订的《中华人民共和国种子法》（以下简称《种子法》）颁布实施，必将推动我国现代种业科研、成果转化、种子产业、行业管理的深入发展，开创我国种业新局面。《种子法》规定，申请保护、审定和登记的品种应符合特异性、一致性、稳定性要求，DUS 测试为科学品种管理、发展现代种业提供技术支撑。

1 品种 DUS 测试和品种的概念

植物品种特异性（Distinctness）、一致性（Uniformity）、稳定性（Stability）（DUS）测试是农艺学中的一门边缘学科，需要植物学、植物分类学、遗传学、分子生物学、作物育种学、作物栽培学、昆虫学、病理学、植物生理学、植物生化学、田间统计等作为基础，是指依据相应植物测试技术与标准，通过田间种植试验或室内分析对待测样品的特异性、一致性和稳定性进行评价的过程。

植物品种 DUS 测试的重要任务是将育种家育成的植物类群给予明确定义，通过性状描述，判定其是否是品种、是否明显区别于其他品种。

作物育种学、作物栽培学、国际植物新品种保护联盟技术文件、我国《种子法》从不同角度定义品种。

作物育种学中，作物品种（Variety）是在一定的生态和社会经济条件下，根据生产和生活的需要而创造的一定作物群体。它具有相对稳定的遗传性状，在生物学、经济上和形态上具有相对一致性，与同一作物的其他群体在特征、特性上有所区别。

作物栽培学中品种（Cultivar）的定义：在一定时期内，主要经济性状符合生产和消费市场的需要；生物学特性适应一定地区生态环境和农业技术的要求；可用适当的繁殖方式保持群体内不妨碍利用的整齐度和前后代遗传的稳定性，以及具有某些可区别于其他品种的标志性状的栽培植物群体。品种不是植物分类学中的分类单位，而是属于栽培学上的变异类型，实际上是栽培植物的变种或变型。

国际植物新品种保护联盟（UPOV）公约 1991 文本，对品种定义为：品种是已知最低一级的植物分类单位内的一个植物类群，该植物类群无须考虑是否完全满足授予育种家权利所需所有条件，（1）能够通过由某一特定基因型或基因型组合决定的性状表达进行定义；（2）能够通过至少一个上述性状表达，与任何其他植物类群相区别；（3）具备繁殖后整体特征特性保持不变的特点。

我国《种子法》中，品种是指经过人工选育或者发现并经过改良，形态特征和生物学特性一致，遗传性状相对稳定的植物群体。

从这些有关"品种"定义的关键词，可以得出 DUS 是品种的基本属性（定义了品种），品种是通过性状来描述的。

2 植物品种 DUS 测试的发展历程

植物品种 DUS 测试是伴随着作物育种的发展而发展，UPOV 成立后，在测试指导规程技术文件中明确提出 DUS，规定申请保护的品种需要满足 DUS 要求。UPOV 公约于 1968 年生效后，分别于 1972 年、1978 年和 1991 年在日内瓦经过三次修订，品种 DUS 的内涵也得到完善，同时承担 DUS 测试的工作体系也得到相应发展。

UPOV 成员审批机关在做出品种授权决定之前都需要进行 DUS 测试或考察业已完成的 DUS 测试试验现场。绝大多数成员都根据生态条件建有测试中心、分中心，组成有效测试网络，达到田间耕种机械化、数据采集自动化、数据分析智能化，实行数据化、信息化、网络化管理和共享，实施 DNA 指纹辅助审查、验证，强化育种者的参与程度，保护农民和科研利益，加强国际沟通交流，对实质来源品种加强保护等。

欧盟：有专门的测试机构，利用欧盟成员国的测试机构完成 DUS 测试。

英国：审批机关指定国家农业植物研究所（NIAB）负责对申请品种进行 DUS 测试。该所试验占地 173.3 公顷，员工 260 人。作为植物品种 DUS 测试总站，该所根据植物的生态类型，在全英国相应建立了 8 个测试中心，分别测试不同的植物品种。

法国：该国的植物品种测试工作由品种审定与种子检测中心（GEVES）承担。GEVES 分为品种测试部（SEV）和种子测试部（SNES），总部在凡尔赛附近的 La Minire，有 6 个独立试验站和 6 个附属试验站及国家种子测试站。

日本：日本的植物品种测试是由日本国家种子和种苗国家中心（NCSS）承担，根据不同生态区和植物种类依托已有试验农场在全日本建立了 14 个测试站，其中 8 个测试站承担 DUS 种植测试任务，这些机构都是由 NCSS 总部统一管理，财务统一预算，人员统一安排，仪器设备统一合理配备。此外，另有 48 个县级农业研究所和部分大学承担 DUS 测试委托任务。

德国：德国联邦品种局（BSA）负责德国的植物品种审查测试和保护工作。除总部外，在全德国设置了 15 个试验站（相当于我国的测试分中心），其中 10 个试验站负责农业植物测试，5 个试验站负责园艺植物测试。

3 我国植物品种 DUS 测试的回顾与展望

1999 年，我国开始实施植物新品种保护制度，DUS 测试伴随着植物新品种保护制度的建立与发展，历经了从无到有、从弱到强、从小到大、从内到外的发展过程，是从向 UPOV 及其成员学习引进而来，最初由 1 个测试中心、14 个分中心承担这项任务，年测试能力为 1200 个待测品种（即申请保护的品种）。

基本过程如下。1997 年 3 月 20 日李鹏总理签署国务院第 213 号令，发布了《中华人民共和国植物品种保护条例》，决定自 1999 年 7 月 1 日实施。

1997 年 4 月 29 日，UPOV 理事会确认我国立法符合《国际植物品种保护公约》1978 年文本。1998 年 8 月，国务院总理朱镕基向全国人大常委会提出中国加入 UPOV 的议案，第九届全国人大常委会审议通过该议案，并做出了我国加入《国际植物品种保护公约》（1978 年文本）的决议。1999 年 4 月 23 日，中国成为 UPOV 第 39 个成员国，当日开始受理来自国内外的申请。由湖南杂交水稻研究中心培育的培矮 64S 成为第一个申请品种，申请号 19990001.9。

国家发展计划委员会于 1999 年以"计农经〔1999〕2122 号"文件批复了农业部报送的《国家植物品种保护审查测试体系建设规划》。2000 年农业部发布农人函〔2000〕24 号文件，批准在北京设立农业部植物品种测试中心，在全国 10 个农业一级种植区内设北京、公主岭、哈尔滨、济南、南京、上海、杭州、广州、成都、杨凌、乌鲁木齐、西宁、昆明和儋州等 14 个农业部植物品种测试分中心。从 2000 年开始，各测试分中心就一边建设，一边承担 DUS 测试任务，到目前为止已完成 1.4 万余个品种测试。

2014年编制了《国家植物品种DUS测试体系建设规划（2015—2020年）》，同时启动了新建3个测试分中心的工作。2015年、2016年，根据上述规划要求，9家新建分中心遴选了挂靠单位，培训测试人员，开展测试练兵行动。预计到2020年末，将建成由1个测试中心、29个测试分中心、28个专业测试站组成的完善的测试体系，年测试能力将达7000个品种。

2015年11月新修订发布的《种子法》进一步明确规定了申请保护、审定和登记的品种应符合DUS要求，确立了DUS测试为科学品种管理、发展现代种业提供技术支撑的法律地位。

4 植物品种DUS测试的作用

DUS测试作用于种子产业链中各关键环节（图1）：

（1）品种管理环节：通过性状描述，为品种身份认定提供技术依据，这直接关系到前期育种家权利，以及后期种子生产者、经营者和农民的权益。

（2）种子生产管理环节：对种子市场准入进行质量控制。

（3）种子销售管理环节：对种子市场进行监控，打击冒牌、套牌等不法销售行为。

品种管理：随着我国农业植物品种管理制度的逐渐完善，使得在植物新品种保护领域中规定的品种必须具备DUS的授权条件，成为主要农作物品种审定以及非主要农作物品种登记的必要条件，DUS测试为品种管理提供基本技术依据。

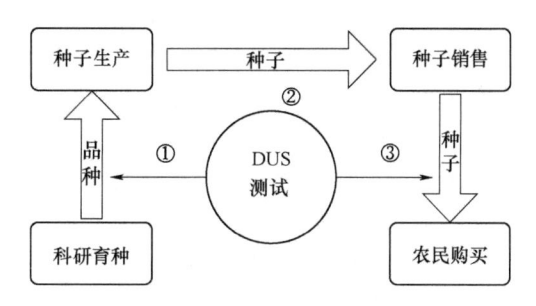

图1 DUS测试在种子产业链中示意图

品种质量检测：在衡量种子或种苗的纯度、净度、发芽率和水分4项指标中，纯度尤为重要，它直接影响到农作物的产量和种植者的收益，关系到国家的粮食安全。DUS测试中，一致性和稳定性测试是对品种内植株在空间（不同小区）和时间（不同繁殖代数）上的真种子进行检测。DUS测试在理论和技术层面上可支撑品种纯度检测。

品种真实性评价：品种真实性评价是打击假冒侵权行为、净化种子市场的重要依据。DUS测试中，特异性测试是根据相应种属新品种DUS测试指南或技术标准，在生物学特征特性基础上对品种性状进行测试和描述，并通过与已知最近似品种的性状进行比对，给予品种唯一的身份标识，在源头上保证了待测品种明显区别于已知的其他品种。

5 结语

2016年1月1日起实施的《种子法》对申请保护、审定和登记的品种应符合特异性、一致性、稳定性要求做出了明确的规定。特异性、一致性和稳定性是品种的基本属性，DUS测试工作是实行品种科学管理的技术基础，是品种授权、审定、登记的科学依据，更是市场执法终极裁判的技术支撑。这是我国现代种业人员必须十分明确的。

我国植物新品种保护制度的建立和发展

陈 红

（农业部科技发展中心）

摘 要：《中华人民共和国专利法》规定对于动植物品种不能授予专利。但是随着我国经济发展，建立对植物新品种保护的制度成为广大科技人员现实要求。本文阐述了我国植物新品种保护制度建设的进展。

关键词：植物新品种；保护制度；建立；实施；发展

1 我国植物新品种保护制度的建立

我国颁布的《中华人民共和国专利法》（以下简称《专利法》）规定对于动植物品种不能授予专利，而仅对符合条件要求的非生物学培育方法授予专利。这制约了农业领域创造活动最活跃、应用价值最大的植物新品种的选育与开发，也在一定程度上挫伤了科研人员的创造积极性，阻碍了科研单位可持续创新能力的发展。随着我国经济发展，植物新品种保护成为现实要求，我国建立专门的植物新品种保护制度也变得迫在眉睫。

1988年前后，我国开始从计划经济向有计划的商品经济过渡，同时我国为早日恢复关税及贸易总协定的缔约国地位，需要进一步加强知识产权保护。1993年4月，以袁隆平院士为首的育种专家，向时任国务院副总理的朱镕基汇报了我国缺乏对农作物品种立法保护这一情况。朱镕基副总理随即要求有关部门加强对农作物新品种保护立法调查研究。同年5月，国家专利局（国家知识产权局）和国务院相关部委组成联合调研组专门赴湖南省就农作物新品种知识产权保护问题进行了调研。经进一步论证和修改，我国于1997年3月20日正式颁布了《中华人民共和国植物新品种保护条例》（以下简称《条例》），我国植物新品种保护从此走上了法制轨道。

实行植物新品种保护，既是我国农业发展进入新阶段的客观需要，也是我国社会主义市场经济体制建立与发展的需要，又是我国加入世界贸易组织的实际需要。在全球经济一体化的时代背景下，《条例》为确保我国在世界农业经济的自主知识产权、抢占生物产业制高点提供了法律保障。

2 我国植物新品种保护实施进展

我国植物新品种保护事业从无到有发展迅速，取得了显著成效。近年来，农业部受理的国内外植物新品种权申请连创历史新高。年申请量居国际植物新品种保护联盟成员第三位，仅次于美国和欧盟。

我国自建立和实施植物新品种保护制度以来，通过农业行政部门和社会各方面的共同努力，在法律制度和技术支撑体系建设、行政执法、宣传培训和国际合作等方面，开展了大量卓有成效的工作。

2.1 健全法律体系，保障依法行政

为贯彻实施《条例》，农业部先后颁布了《中华人民共和国植物新品种保护条例实施细则（农业部分）》（以下简称《细则》，2007年进行了修订）、《农业部植物新品种复审委员会审理规定》（以下简称《复审规定》）、《农业植物新品种权侵权案件处理规定》（以下简称《侵权处理规定》）、《农业植物品种

命名规定》(以下简称《命名规定》)等配套规章。农业部还会同国家林业局联合发布了《关于台湾地区申请人在大陆申请植物品种权的暂行规定》。国家林业局为配合《条例》实施颁布了《中华人民共和国植物新品种保护条例实施细则(林业部分)》。最高人民法院为了更好地审理侵犯品种权案件,先后出台了《最高人民法院关于审理侵犯植物新品种权纠纷案件具体应用法律问题的若干规定》《最高人民法院关于审理植物新品种纠纷案件若干问题的解释》。农业植物新品种保护的制度规章体系基本形成,植物新品种保护工作步入法制化管理轨道,并已成为我国知识产权制度体系中的重要组成部分。

2.2 完善审查测试技术支撑体系,保障科学审批

农业部组建了农业部植物新品种保护办公室和农业部植物新品种复审委员会;在全国10个一级农业种植区内建立了1个测试中心和14个测试分中心;成立了农业部植物新品种保护办公室植物新品种保藏中心。建成了由审查员和专业测试技术人员组成的审查测试队伍;先后公布了8批农业植物新品种保护名录,使受保护的农业植物达到80个属或种;为了保证品种权审查的科学性和权威性,农业部在借鉴国际植物新品种测试指南的基础上,结合我国实际情况,组织了全国有关科研教学单位研制了玉米、大豆、水稻等100多个属和种的植物新品种测试指南,正在研制的测试指南还有80多个。绝大多数省级农业行政部门成立了植物新品种保护工作领导小组和办公室,部分市、县的农业行政主管部门也成立了相应机构。江苏省农科院在全国率先成立了科研单位的知识产权管理办公室,四川省种业界率先成立了"四川省农业植物新品种保护协会"。可以说,由农业科教、执法、种子等职能部门协同配合,农业企事业单位和各类中介组织积极参与,适应中国国情的植物新品种保护组织体系正在形成。

2.3 加强品种权执法,优化种子市场环境

在完善农业品种权行政执法规章制度,加强全国植物新品种保护行政执法的同时,农业部从2002年开始先后在全国22个省市开展农业品种权行政执法试点,探索创新品种权行政执法模式,加强地方行政执法队伍建设,提高执法水平。组织研究制定了玉米、水稻等作物DNA快速鉴定技术标准,为科学快速查处品种权侵权案件奠定了基础。十几年来,我国不断加大植物新品种权的执法力度。我国品种权执法由农业、林业行政部门的行政执法和人民法院执法共同完成。有力打击了各类品种权违法侵权行为,保障了品种权人和广大农民的利益,促进了公平、有序的市场竞争环境的形成,调动了社会资金投入新品种选育的积极性。企业日益成为新品种培育的主体,在国内申请总量中企业和个人的品种权申请量达到了40%,比制度建立初期提高了约10个百分点。

2.4 大力开展宣传培训,不断提升公众品种权意识

先后在全国举办新品种保护基本知识和行政执法培训班40余次,培训人员3万多人;制作了《植物新品种保护在中国》宣传片;出版了《植物新品种保护基础知识》等书籍和宣传手册;通过在四川省中江县和广汉市等地举行水稻授权新品种进村入户现场观摩培训会,拉近品种权与农民的距离。结合品种权展示交易会、学术研讨会等活动,邀请新华社等多家新闻媒体对我国农业植物新品种保护成效进行广泛宣传报道,大力普及品种权相关知识,提升全社会的品种权意识和认知度。我国品种权保护制度日益为国内外育种人广泛认知和接受。

2.5 积极开展国际交流

我国自加入国际植物品种保护联盟(UPOV)的公约以来,与UPOV及其成员国在审查、测试等诸多领域开展了广泛的交流与合作,曾多次参加或主办亚洲地区植物新品种保护技术协调会,与亚洲国家特别是日本、韩国深入交流了审查测试技术和经验,相关工作及成绩得到了亚洲国家的认可和尊重,在较短时间内使我国在亚洲植物新品种保护方面跃至领先地位,推动了中国、亚洲乃至世界植物新品种保护事业的发展。

近年来,农业部积极参与了UPOV系列会议和国际规则制定活动,成功举办了UPOV第35届大

田作物技术工作组会议，第 43 届蔬菜作物技术工作组会议，承担完成了 UPOV 茶树和谷子测试指南的研制等，使我国在植物新品种保护国际规则和标准讨论制定中日益发挥重要作用。

3 我国植物新品种保护面临的挑战

我国植物新品种保护事业虽然取得了突出的成就，但是与《国家知识产权战略纲要》中对建设创新型国家的总体要求和现代农业产业发展要求相比，我国农业植物新品种保护工作尚有差距，特别是在应对国际竞争、有效支撑种业未来发展方面还面临着很大的挑战。

3.1 种子企业植物新品种权拥有量少

据 UPOV 的统计，2008 年末我国植物有效品种权 1898 件，只占 UPOV 各成员的年末有效品种权总数 81364 件的 2.33%，只相当于美国的 11.03%，日本的 26.55%，荷兰的 44.70%。截至 2012 年 6 月底，农业部受理国内种子企业品种权申请 3271 件，授权 1212 件。而我国拥有植物新品种权的企业只有 100 家左右。按照 6900 家种子企业计算，平均每两家企业还不到 1 件申请，6 家企业才拥有 1 件品种权。同时，我国种子企业在国内的品种权申请，创新度低的商业修饰型品种多，原创性的主控品种少；急功近利型的短线品种多，防御型战略型的品种少。由于激烈的市场竞争，国内 90% 以上的种子企业长期停留在维持生存的水平，无力顾及科研开发，即使有研发能力的企业投入也严重不足。为了在竞争中维持市场地位，跨国种子企业投入大量资金用于新品种和新技术的研发，一般都把销售收入的 8%～10% 用于科学研究。我国种子企业科研投入平均不到销售收入的 1%，低于国际公认的"死亡线"。目前我国种子企业普遍缺乏国际竞争力，育成品种创新能力不足，不具备大量向海外申请品种权的竞争优势，和跨国种业集团，如孟山都公司、先锋国际良种有限公司、先正达国际农业生物技术公司等相比差距悬殊。

3.2 具有国际竞争力的新品种比例不高

截至 2010 年年底，我国单位和个人向海外申请植物新品种权 84 件，在国内申请 7268 件，向海外申请量仅为国内申请量的 1%，这与荷兰、美国、德国、瑞士等国家差距很大。2006—2010 年，所有 UPOV 成员国接受国内申请量为 42013 件，接受国外申请量为 21604 件，国外申请量超过国内申请量 50%。2010 年，我国接受国内外农业植物新品种权年申请量达到 1206 件，居国际植物新品种保护联盟成员第三位。我国单位和个人在国内申请 1090 件，是我国向海外申请品种权数量的 70 多倍。同时，我国玉米、水稻和小麦等大田作物申请量占 85% 以上，而作为发达国家育种研发重点的具有重大应用价值的花卉、蔬菜、水果和其他经济作物等在国内申请量不足 15%。其次，在品种权申请中，创新度低的商业修饰型品种多，原创性的主控品种少，急功近利型的短线品种多，防御型战略型的原创品种少。

3.3 缺乏前瞻性的植物新品种战略布局

主要发达国家除了从国家战略的高度，采取积极措施提升本国的育种创新水平，争取技术优势之外，还通过外交开道、财力撑腰等综合措施鼓励和支持本国企业、科研单位实施全球植物新品种权部署，抢占国际市场。与发达国家积极在海外申请品种权相比，我国育种者的品种权申请还基本局限在国内。这不仅反映出我国育种创新能力与其他发达国家存在差距，也反映出我国育种者走出国门实施和运用品种权的意识、能力还非常薄弱，缺乏根据种子和农产品贸易需要的品种权国际性地域布局。

3.4 不熟悉国际植物新品种保护规则

植物新品种保护已成为我国政府和种子企业参与国际贸易竞争的必需选择。由于我国植物新品种保护起步较晚，宣传培训工作开展不够，熟悉国际植物新品种保护制度的人才较少，尤其缺乏具有法律、新品种保护、遗传育种复合型知识结构、熟悉国际事务和国际规则、具备国际视野和战略思维的高层次人才，我国种子企业普遍对植物新品种保护国际规则不熟悉，更不知道如何向海外申请和保护植物新品种权。

4 我国植物新品种保护的发展任务

今后一个时期，植物新品种保护工作将按照《国家知识产权战略纲要》的总体要求，围绕农业部中心工作，以激励育种创新和促进农业发展为目标，完善法律制度，强化技术支撑，加强行政执法，为农业植物新品种的保护创造更好的环境。

4.1 修改完善规章制度，不断适应变化的形势要求

开展《条例》修改前期调研，重点关注侵权行为和责任认定、行政执法管辖、举证责任和证据效力认定等法律问题。修订《复审规定》《农业植物新品种权侵权案件处理规定》《农业植物品种权申请审查指南》等规章制度，出台《命名规定》。

4.2 加强研究和服务，为育种者权益保护提供更加有力的技术支撑

研制农业植物新品种DUS测试指南，扩大植物新品种保护范围，研究DNA指纹图谱鉴定技术。建立主要农作物已知品种数据库，完善标准品种和近似品种资源数据库，并与新品种保护信息网结合，实现品种权申请、审查、测试、授权和信息披露的数字化，面向社会提供品种权公共信息服务平台。

4.3 加大打击侵权假冒行为力度，营造公平有序的竞争环境

加强农业行政执法能力建设，强化行政执法手段，严格执法程序，规范执法行为，严厉打击侵权假冒行为，提高执法水平和效率。引导农业企事业单位建立健全新品种保护工作制度和组织机构。扶持自律性社会组织发展。积极配合工商、司法等部门处理品种权纠纷案件。

4.4 加强宣传培训，增强植物新品种保护认知度和影响力

在广大农村开展品种权知识宣传教育行动，进一步提高广大农民对品种权的认知度；分层次、分类别举办育种者、种子生产经营者、行政执法人员、审查测试人员培训班、研讨班、提高班等，全面提高种子产业链各个环节的品种权使用、管理和保护能力，把品种权战略落实到品种研发、生产和管理的各个环节；加强国际交流，创造良好的保护环境，提高我国品种权制度的影响力，吸引更多的外国申请，使品种权制度成为我国引进国外优良品种的"推进器"。

关于湖南省水稻研究知识产权保护的战略构想

丁超英　李　祺

(湖南省农业科学院科管处)

摘　要：知识产权的保护已经上升到国家战略层面，湖南省水稻知识产权保护却稍显滞后，必须科学制定湖南省水稻研究知识产权保护的目标，明确重点，才能保障湖南省水稻知识产权的发展。本文提出了相关建设性意见。

关键词：水稻研究；知识产权；保护；发展

我国是全球最大的水稻产区，种植面积、产量分别占全世界的 23%、37%。水稻是我国第一大单产最高粮食作物，其单产达 5.8~6.3 吨/公顷。而湖南省又是我国水稻最大产区，水稻种植面积占全国的 14.4%，年产量 2800 万吨以上，一直稳居全国之首。湖南省的水稻产量直接关系到国家粮食安全，关系到小康社会的实现。进一步提高全省的水稻产量，必须依靠现代农业科技手段。然而，水稻研究的成果必须要有现代知识产权体系做保障。自 1997 年 10 月 1 日起国家开始实施《中华人民共和国植物新品种保护条例》，至今已将近二十年，在此基础上更好的贯彻、落实这一条例，加强水稻研究的知识产权保护工作，依然是一项重要而艰巨的任务。

1　湖南省水稻研究知识产权保护的基本概况和面临的发展机遇

随着国家对科研院所、企业产权制度一系列改革的深入和发展，湖南省水稻科研、推广领域的知识产权挖掘、部署、保护水平得到了相应提升。但总体来讲，对水稻知识产权的有效利用和保护的整体水平不高，从 1999 年至 2007 年 11 月，湖南省共申请水稻新品种 162 项，其中，"十五"期间 84 项，已授权品种 28 项，授权量仅为 33.3%。从 1976 年杂交水稻大面积推广以来，我国杂交水稻累计种植面积超过 3 亿公顷，杂交水稻种植面积已经占到全国水稻种植面积的 60% 以上，累计增收稻谷 4.5 亿吨，按 2007 年稻谷收购价 1500 元/吨计算，相当于增加收入 6750 亿元，而湖南省研发的杂交水稻所做出的经济和社会效益贡献巨大。如果收取 5% 专利费，则知识产权收益为 337.5 亿元。可是，我国早期大量核心技术成果主要来自国有企事业单位，没有注意知识产权全球部署，在向美国、东南亚等地区大规模输出水稻杂交技术的时候没有获得应有的收益，国家的最高利益没有得到最大体现。水稻知识产权，尤其是水稻研究产生的新品种所获的授权量不高，已成为影响湖南省水稻研究领域科技创新步伐。保护了水稻新品种，才能有利于品种权人培育出更多的新品种；品种权实施者才能更多更好的推广新品种，才能优化资源的配置。

2007 年 11 月召开的中国共产党第十七次代表大会上，党中央明确提出了"实施国家知识产权战略"，把知识产权提升到了国家安全的战略高度，这是湖南省深入水稻这一国家战略资源科学研究极好机遇。湖南省应结合自身实际，加快实施知识产权战略，完善知识产权制度，全面落实科学发展观，不断增强自主创新能力建设。

2　充分认识知识产权制度的重要性，重视和改进水稻研究知识产权保护存在的薄弱环节

知识产权制度是工业社会的产物，是激励创新、促进科技成果转化为现实生产力的基本法律制度。知识产权制度对推进人类社会的工业化、现代化进程发挥了巨大的制度性的功能作用。湖南省知识产

权事业虽历经 20 多年的发展，知识产权地方法规、规章和政策体系也已初步建立，但围绕水稻知识产权的相关工作尚未展开，尤其是对转基因水稻新品种的审定与保护工作未能取得进展；政府知识产权行政管理职能分散，机构不健全，在科研、技改、投资方面缺乏完善的知识产权管理机制的相应政策体系，缺乏对某一领域的知识产权的有效保护。国务院正在加紧推进国家知识产权战略制定工作，湖南省应积极把握这一战略机遇期，顺应历史选择，在实施湖南省知识产权战略中，运用知识产权保护制度，为发展和提升湖南省的农业核心竞争力而进行总体谋划，充分发挥湖南省水稻方面的优势，大力推进水稻新品种保护，鼓励培育和使用新品种，促进农业育种领域的科技创新，农业推广领域和农业生产领域的规范化、制度化、程序化生产，提高农产品的产量和品质，改善人民生活，为实现全省农业高产、高效、优质目标和国家最大利益而努力奋斗。

3 科学制定湖南省水稻研究知识产权保护和发展的目标

为确保湖南省水稻种植面积与产量的优势地位，更好推广杂交水稻，推广新型常规水稻品种，应重点在以下方面取得进展：

（1）巩固和加强湖南省作为全国水稻新品种主要研发中心的地位，进一步提高湖南省农业科研单位、高等院校和企业的创新动力、创新能力和创新水平。

（2）提高全省水稻种子企业、水稻科研单位及相关高校知识产权管理工作职能和地位，建立知识产权管理机构和制度，得到加强掌握和运用知识产权制度的能力和水平。

（3）全省知识产权意识得到大幅度的提升，水稻新品种保护环境得到显著改善，强化品种权实施，通过贯彻《中华人民共和国植物新品种保护条例》开展品种维权活动，大力促进自主创新能力，使本省主要研发机构的知识产权保护水平逐渐适应和达到国际要求。

（4）力争湖南省水稻新品种权授予量占年申请量的 40%～60%，品种权授予总量和向国外申请数量位于全国前列。扶持 3～5 家拥有自主知识产权和核心竞争力的水稻种子企业参与国际竞争；新品种对湖南省经济的贡献率稳步提高。

4 当前湖南省水稻研究知识产权保护与推进知识产权发展的工作切入点

（1）要结合进一步宣传袁隆平院士的科学精神，继续加大对水稻知识产权的宣传和保护。采取措施，鼓励、扶持湖南省企事业单位加强水稻新品种和原产地标记申请和认证工作；同时，要深入研究转基因杂交育种新品种保护体系。目前，我国生物技术水稻育种已取得了较好的成绩，转基因水稻的研制已处于世界先进水平，湖南省也致力于转基因水稻新品种研究，然而，湖南省对于转基因水稻育种的保护配套措施上却存在着明显不足，这无疑对转基因水稻新品种的发展产生了极大的挑战。因此，应加强对转基因水稻新品种保护的理论和制度研究，加紧制定并完善转基因水稻新品种保护条例，以促进转基因水稻新品种的良性发展。除大田品种外，还应加强具有湖南省特色的稀有水稻品种资源的保护。同时，要在国际上赢得生产和贸易主动权。

（2）品种权战略是知识产权战略的具体体现，是科研单位保护自身合法权益的有效手段。实施这一战略，重点应保护品牌和商标知识产权。应发挥湖南省水稻资源的特色优势，结合推进无公害、绿色稻米的生产，以及稻米加工基地建设，立足特色和质量，大力实施特色优质稻米产品的地理标志保护制度，打造一批上规模、竞争力较强的稻米品牌，推进水稻产业化经营健康有序的发展。培育和扶持省级乃至国家级种子、稻米加工龙头企业的形成，尽快使隆平、亚华、金健等成为国际驰名商标。用优质稻米质量的诚信保证，提升品牌知识产权的公信力。同时，鼓励引进国内外资金和技术，促进以水稻为产业的品牌的纵深发展，形成湖南省独特的水稻知识产权优势。

（3）要努力改善当前科研单位普遍存在的科技管理替代新品种保护管理的现状，强化科研单位品种战略意识与实施，是提高科研单位研究实力、提升自身的核心竞争力、提高科技资源配置效率、增强研创新品种能力的重要手段。

（4）努力改变水稻研究知识产权尤其是水稻新品种保护人才严重短缺的现状。人才稀缺，已成为发展水稻知识产权的瓶颈。懂专业、懂外语、懂法律、熟悉国际规则的水稻知识产权管理人才缺少；技术、法律兼备的专利工程和水稻知识产权实务操作人才缺少；从事水稻新品种代理、纠纷处理、合同谈判的中介服务人才缺少，必须正视这种现状，切实加以解决。

5　积极探索有效保障湖南省水稻研究知识产权发展的途径和方法

（1）高度认识推进湖南水稻知识产权发展的重要意义。2007年3月20日农业部张凤桐司长指出："植物新品种是推动农业发展最活跃的生产要素，是确保农业主权和粮食安全，抢占生物产业制高点和圈占生物资源的战略性保障。"农业科研机构承担着国家种子资源壁垒保护，防止种子资源流失和国家利益受损的崇高责任。湖南水稻研究知识产权的推进落实，有利于解决全国人口的吃饭问题，是建设和谐湖南、效益湖南的重要内容。相关科研单位和各级政府机构要从全局的高度，从湖南经济可持续发展的角度出发，增强使命感和责任感，切实加强对知识产权保护工作的组织领导。湖南省知识产权局应发挥统筹协调作用，相关部门、单位应组织到位、责任到人、措施到位、服务到家，确保湖南省水稻研究知识产权发展目标的实现。

（2）目前，由于我国农业科研机构的公益性特点，以课题组为核算单位的研究经费绝大多数来源于各级政府的财政支持。因此，在5～10年内将实行品种知识产权保护必须的费用，即用于新品种申请费、审查费、测试费和年费（约4500元/项），建议均由政府的财政部门列入专项预算支持，其转让收益也由国家财政再分配，进行新的水稻研究工作，以利迅速扶植水稻这一战略性弱质产业的知识产权保护，促进科技研发，最大限度地体现"国家最大利益"。

（3）充分认识国内外生物多样性演变进化形成的极优资源对湖南省开展水稻研究的必要性，加强水稻新品种保护的交流与合作，拓展全省水稻研究知识产权创新的国际合作空间。积极主动与国际创新机构、高等院校、企业集团进行沟通合作，分析和掌握国际水稻知识产权新的发展态势，通过合作创新，推进湖南省的自主品种权创新。引导和支持湖南省企业参与国内外各种交流活动，加速成果转化渠道建设。

（4）探索加强水稻新品种审查和测试体系建设的新途径和新方法，努力提高测试技术水平。研究"品种保护"与"品种审定"程序合并化的可能性。水稻新品种的测试技术体系承担新品种的技术鉴定任务，鉴定质量的高低直接影响着品种权审查与授权质量的优劣；品种权保护品种的"新颖性、特异性、一致性、稳定性"，只有尽快建立完善的测试体系和具备高水平的测试技术，才能使水稻新品种技术审查鉴定的结果准确、客观，保证品种授权与品种权保护执法公正，真正发挥水稻新品种在农业可持续发展中的积极作用。在实际工作中，"品种保护"与"品种审定"的目标、对象依据都是与田间栽培试验相同的。在完备相应的法律程序和手续的前提下，两者程序资源共享，有利于降低管理成本，提高保护效率。

植物新品种的审查工作是品种权授权与否的行政审查过程，是品种权的认定过程。审查工作效果直接影响着品种权的客观性和公正性。强化品种权保护与强化品种审定管理服务，是保障品种权判定的客观公正和新品种为社会服务的重要基础，对完成育种的单位和个人都是十分有益的。

（5）按照"科学发展观"的总要求，深入探索水稻研究知识产权保护体系建设的各项工作，又好又快地建设湖南省具有自主创新知识产权的新型水稻产业。

当前，各级政府和部门应按照国家战略部署，在深化科技管理体制改革中，优化科技资源配置，完善鼓励技术创新和科技成果产业化的法制保障、政策体系、激励机制、市场环境，努力促使科技成果向现实生产力转化。

参 考 文 献

[1]　邓武红．国际农业植物新品种知识产权保护格局探析及启示——基于WTO-TRIPS/UPOV模式的分析[J]．中

国农业大学学报（社会科学版），2007，24（1）3：172-180.
[2] 陈超，展进涛，周宁. 植物新品种保护制度对我国种业的经济影响 [J]. 江西农业学报，2007，19（7）.
[3] 郭淑敏，朱建国. 植物新品种保护与我国农业萄持续发展 [J]. 农业科研经济管理，2006（4）.
[4] 胡慧英. 水稻新品种保护在中国水稻研究所的有效实施 [J]. 中国稻米，2005（1）.

湖南省实施知识产权战略、促进农业科研创新发展的一些体会

丁超英

（湖南省农业科学院知识产权管理中心）

摘　要：本文阐述了湖南省农科院贯彻落实实施国家知识产权战略方针和国务院《国家知识产权战略纲要》以来，在促进农业科研创新方面取得的成绩，以及在农业科研中开展知识产权保护遇到的新问题。

关键词：国家知识产权；实施战略；农业行业；科技创新；成绩与问题；措施建议

1　推进知识产权战略全面实施以来的基本情况

湖南省农业科学院现有 14 个研究所，在职职工 1596 人，其中专业技术干部 784 人，从事农业技术研究科技人员 341 人，拥有退休职工 1227 余人；为了深入贯彻落实"实施国家知识产权战略"方针和国务院印发的《国家知识产权战略纲要》，按照《湖南省知识产权战略实施纲要》的总体要求，湖南省农科院党委制定了《湖南省农业科学院知识产权管理办法（试行）》文件，进一步明确了落实党中央、国务院关于知识产权方针政策的内容、任务和措施。为此，已连续 3 年与中国知识产权培训中心和省知识产权局合作，组织了 400 余人次的科技人员参加知识产权战略和法律法规的培训，每次袁隆平院士都选择专题听课。2008 年培训主题是植物品种国际保护，2009 年主题是关于植物品种保护申请方法，2010 年主题是"基因专利、地理标志认证及著作权（软件版权等）知识产权保护"。通过培训，各所都已建立了相应的管理制度，有效地促进了百余年历史老院的创新发展；据 1949—2010 年的统计，累计主持完成 1309 项科研成果，为全国和世界的粮食增产和粮食安全作出了重大贡献，展现了以袁隆平院士为首的科研团队的自主知识产权创新成就。截至 2010 年 9 月，据农业部科技发展中心提供的数据，取得了品种权申请总量 94 项，获授权 68 项的成绩，在全国省级农科院中进入前十位；申请专利 97 项，获得授权 56 项，获得其他知识产权 9 项，美国专利 1 项，直接转让收入超过 3.90 亿元。

2　产生的新问题需要加以解决

农业科研单位作为创新建设的主力军，目前品种权为知识产权总量之首，应该得到更有效的保护。如在申请省级品种审定时就必须由申请方提供父母本品种来源证明；不能只写品种名。随着今年国务院《关于加快推进现代农作物种业发展的意见》（国发〔2011〕8 号）的贯彻落实，现有育成品种资源收集利用必将是工作的焦点。根据有关农作物数量遗传学专家的研究成果，无论是丰富度还是零散度都证明了育成品种本身就是非常重要的资源，依靠野生资源或地方资源的研究方法已在进化，是农业科技创新十分必要加强保护的一项基础内容。

国家在强化农作物种业基础性公益性研究时，有必要设立除专利权外的品种权保护财政专项支持制度，缓解农业科研单位的创新事业经费不足的状况。目前，全国农科院仅湖南和湖北两省的为差额预算单位，人均事业费为 3 万元左右。以发挥湖南省农业的特色和优势，扶持农作物新品种培（繁）育，推动育种创新成果转化为植物新品种权，加强新品种和植物遗传资源的保护；要做到：收得到、管得住、能共享、养得起。

国家在加强重大农作物品种自主创新知识产权中,有必要完善植物新品种保护现行制度,修改和建立地方"品种审定"与国家"品种权审定"相关标准统一的办法,实行一套信息共享的"审定"法则,有利于降低行政成本,于国家于社会都有利。因为,品种权从申请到授权的周期太长,一般要2~3年,研究一个品种要6~7年,最佳推广转化周期就3~5年。

目前,除各省农业厅都要进行品种审定外,国家农业部进行品种保护审定全国又已安排了14个区域审定点。因此完全有必要加快步伐,实行国家与地方统筹规划、按不同作物分类、建立地方品种审定与国家保护审定信息共享的"审定"法则。

如何处理好合作完成的知识产权的保护与加大转化的关系,特别是与企业合作形成的专利权,他方有获利最大化、排他性要求。

合作研究单位资源共享中的实物保护问题;常常引起扩散侵权,而且取证难、维权难是突出点。我国一个超级杂交稻组合在东南亚某国出现了许多面积,可没有种子出口记录。

知识产权转化如何实行股权参股,那么其股价评估问题,需要完善相应的核算办法及其具备的法律手续和法律依据。品种权尤其需要完善。

3 建议

深入实施国家知识产权战略,以知识产权法律法规培训为抓手,来带动广大科技人员运用知识产权政策法规能力的不断提高,可以充实内容、列入"普法"考试的范围。实施农业知识产权战略,就是要按照"激励创造、有效运用、依法保护、科学管理"的方针,提升管理质量,当前有不少的人却是遇到了困难才去学习,是被动型学习。主要的培训对象应为科研单位领导、副高以上专家,课题主持人,培训与否及其成绩要作为检查考核的重点内容之一。因为,掌管知识产权核心资源和核心资料的人管理素质提高了,就能促进农业科研又好又快地创新发展。

农业知识产权类别及保护

杨 玉 丁超英

（湖南省农业科学院科技情报研究所）

摘 要：本文在对农业知识产权进行定义和分类的基础上，提出了保护农业知识产权应采取的措施：（1）加强宣传，增强保护意识；（2）制定相应保密制度，落实具体保护措施；（3）针对不同类别的农业知识产权应采取不同的保护方法。并指出要在员工、科技档案、农业科研开发过程等方面加强管理，实现对农业知识产权的保护。

关键词：农业知识产权；分类；保护措施

21世纪是知识经济占主导经济地位的时代，知识作为关键性的资源在激烈的竞争中将起着决定性的作用。在市场经济高度发达的国家中，知识产权早已被当作开拓、占领进而垄断国内外市场，夺取和保护竞争优势的重要法宝。随着全球经济一体化的发展，如何保护知识产权，掌握竞争的主动权，已成为我国农业科研院所生存与发展的迫切问题。农业科研单位要利用和保护好知识产权，首先要正确地认识知识产权，特别是农业知识产权。

1 知识产权及农业知识产权的概念与类别

知识产权是人们基于自己的智力活动创造的成果和经营管理活动中的经验、知识而依法享有的权利。将一切来自知识领域的权利概括为知识产权，主要是由比利时著名法学家皮卡第提出的。他认为，知识产权是一种特殊的权利范畴，它根本不同于对物的所有权。知识产权的权利客体是创造性的智力劳动成果，如专利中的发明、计算机软件等。知识产权的权利主体是智力劳动成果的创造者或合法继受者（继承者或受让者），可以是个人，也可以是单位。知识产权的实质是依法享有的经济权利和精神权利。经济权利是指成果完成者依法对其成果享有的独占使用权以及许可他人使用并获得报酬的权利；精神权利是指成果的完成者享有表明其是该成果的完成者这一身份的权利，以及因完成该项成果而获得相应的奖励和荣誉的权利。狭义的知识产权，即传统意义上的知识产权，分为两个类别：一类是产权，包括著作权以及与著作权有关的邻接权，另一类是工业产权，主要是专利权和商标权。农业知识产权是人们依法对其在农业科学技术领域作出的创造性智力劳动成果所享有的经济权利和精神权利的总称。它可分为三个主要类别：一是农业文学产权，即关于农业科学作品的创作者和传播者所享有的权利。二是农业工业产权，是指农业和其他产业中具有实用经济意义的一种无形财产权，主要包括农业专利权和商标权。三是植物新品种权。这是一种旨在保护育种家权益的法规，其核心内容是育种家育成的品种被别人作为商品使用时，需要向培育者交一定的费用。这一概念最先见于1961年在巴黎签署的植物新品种保护公约，我国在1997年颁布了《中华人民共和国植物新品种保护条例》，宣告植物新品种权在我国的诞生。另外，农业知识产权按是否公开可以分为两类：一类是未公开的农业知识产权，一般指商业秘密、非专利农业技术；另一类是公开的农业知识产权，如农业专利、商标等。

2 农业知识产权的保护途径

同其他知识产权一样，农业知识产权保护制度也是市场经济的产物。这种制度有利于促进农业科技进步，保护发明创造者的合法权益，促进发展农业科技产业化。农业科研的研究对象受自然条件的影响较大,研究周期较其他研究更长,一项成果有时要经过几代人的努力,所以,农业知识产权的保护显得尤为重要。

2.1 加强农业知识产权保护宣传,增强保护意识

目前,我国公民农业知识产权保护意识比较淡薄,致使外国利用我国的农业知识产权保护制度实行农业技术垄断,抢占农业科技制高点。加强农业知识产权保护宣传,增强农业知识产权保护意识,刻不容缓。农业科研院所应向广大科技人员宣传普及农业知识产权知识,加强对农业知识产权保密的意识,使广大科技人员知道运用知识产权法律来维护自己的合法权益,在保护自己的知识产权不受侵犯的同时,也尊重他人的知识产权,避免权属纠纷。

2.2 制定相应保密制度,落实具体保护措施

2.2.1 加强员工管理

作为农业科研单位职工,有义务对单位的职务技术成果保密,未经本单位法人代表同意,不得将未公开的职务技术成果资料对外宣讲或发表文章,尤其在国内、外学术交流活动中,包括讲学、访问、参加会议、咨询、通信等,对本单位应保密的信息和技术资料等要按照有关规定严格保密。为防范农业知识产权的流失,可以同本单位职工签订职务发明创造协议书。协议书除了有技术保密、遵守单位相关制度等方面的规定外,还应对农业知识产权归属作出明确规定。例如,规定在本单位工作期间和离职后一定时期内所完成的与其本职工作或分配任务有关的智力劳动成果归本单位所有或持有。同时,应加强对临时工、合同工的管理,各单位在招收临时工、合同工时,应对其思想道德进行审查,并加强他们的职业道德教育。

2.2.2 加强科技档案管理

农业科研单位要建立严格的档案保管制度。科研工作完成后,研究人员需将全部实验报告、数据手稿、图纸、声像等原始技术资料收集、整理交本单位科技档案部门归档。科技档案要集中统一管理,并严格执行科技档案借阅制度。

2.2.3 加强农业科研、开发过程的知识产权保护

与国内外单位或个人进行合作研究,或合作开发时,必须签订书面合同。合同中必须制订保护知识产权的条款。订立合作研究合同、技术合同、专利实施许可合同等,必须经过严格的法律审查,并由法人或其委托办理人签署。新成果研究过程中,研究人员和管理人员都不能将新技术资料随意乱丢乱放,防止新技术资料丢失和被剽窃。科研工作完成后,科研人员需将研究结果准确、完整、及时地以书面形式向单位报告。单位主管接到报告后,首先要对其申请知识产权(主要是专利权和植物新品种保护权)的必要性和可行性进行审查。须申请的项目必须及时办理申请手续,然后再发表论文或进行成果鉴定。对不宜申请专利,但有商业价值的智力劳动成果应作为本单位的技术秘密予以保护。知识产权技术实施后,应根据其推广应用的范围和取得的经济效益,发给有关完成人酬金。

2.2.4 加强对不同类别的农业知识产权的保护

为更有效地保护农业知识产权,对不同类别的农业知识产权,还应采取不同的保护方法。

2.2.5 农业文学产权(主要指职务科学作品)的保护

农业文学产权主要指利用单位提供的资金或资料等物质技术条件创作,并由单位承担责任的编辑作品、工程设计、计算机软件、摄影、录像等职务作品的著作权。对此,单位可规定作者只享有署名权,著作权归法人单位所有。作品完成两年内,作者不得许可第三人使用该作品。

2.2.6 农业专利权保护

因专利具有独占性、排他性，对于符合条件的农业科研成果，应积极申请专利，以获得法律的保护。另外，专利权被授予后，专利权持有单位要按照《中华人民共和国专利法》的有关规定发给发明人或设计人奖金。

2.2.7 农业商标的保护不容忽视

《中华人民共和国商标法》规定，商标权的取得实行注册原则，即只有经过核准注册的商标，才能取得商标专用权，获得法律的保护。农业科研单位的成果转化形成新产品并投放市场后，因其技术含量高，只要找准了市场，一般都能成功地实施名牌战略，创驰名商标。湖南省蔬菜研究所育成系列湘研辣椒品种后，刚开始时小量制种给农民试种，取得了预期的经济效益和社会效益，所领导及时决策，在全国率先启用带包装的湘研辣椒种子、注册了"湘研"商标，为湘研品牌的创立提供了条件。后经湖南省会计事务所评估，湘研品牌的无形资产达 1.4 亿元以上，湘研商标被评为 1997 年湖南省著名商标，所以我们要提高商标意识，积极申请注册。另外，农业科研单位的某些产品可在具备证明商标的使用条件下，申请使用证明商标，以提高商标的信誉度。

2.2.8 植物新品种的保护

植物育种者应从选育某品种的第一天开始，就做好任务和资金来源、主持单位和人员、参加单位和人员、所用场地和物资、起止时间、亲本材料等情况的详细记录，一旦发生权属纠纷，育种档案能为育种者澄清事实。另外，育种者除了要保管好档案资料外，还应保管好植物新品种种子及亲本，以防丢失、泄露。总之，农业知识产权制度是我国社会主义市场经济条件下保护农业科技成果的有力手段，为能在激烈的竞争中把握时机、迎接挑战、争取优势、不断发展，我们必须合理利用、保护农业知识产权。

我国种业科技成果展示产权交易平台建设初探

宋 敏 任 静

（中国农业科学院）

摘 要：近年来，我国种业育种创新成果拥有量不断增加，但大量育种科技成果闲置浪费、利用率低、价值挖掘不够等问题也日益凸显。在深化种业体制改革提高创新能力的大背景下，建立公平、公正、权威的种业科技成果展示交易平台，规范交易流程，降低交易成本，加速创新成果转化运营迫在眉睫。本文按照公益性、专业性、权威性的基本原则，依托互联网和物联网等信息技术，探索提出了种业科技成果展示交易平台的总体构架、功能模块、运行机制和保障措施。

关键词：种业；科技成果展示；产权交易平台

近年来，我国种业科技创新能力不断增强，创新成果不断涌现。截至 2015 年年底，农业植物品种权申请量 11710 件，授权品种 4018 件。我国共受理各类农业专利（包括发明专利和实用新型）申请 400330 件，共授权专利 215494 件，其中受理育种发明专利申请 8416 件。但是，在我国种业知识财富拥有量不断增加的同时，大量育种科技成果闲置浪费、利用率低、价值挖掘不够等问题也日益凸显。据不完全统计，我国农业发明专利转化利用率只有 3% 左右，授权品种的实施率不足 40%，被大面积推广运用的授权品种更是凤毛麟角，结果导致大量科技成果难以转化为现实生产力，科技对农业、种业发展的支撑作用并没有得到充分有效发挥。因此，在加速育种创新的同时，建立健全高效的种业创新成果转化机制，是目前迅速提升种业核心竞争力，保障我国种业健康持续发展的当务之急。

对此，《国务院关于加快推进现代农作物种业发展的意见》（国发〔2011〕8 号）和《国务院办公厅关于深化种业体制改革提高创新能力的意见》（国发办〔2013〕109 号）都明确提出，加速建立高效、透明、公正的种业科技创新成果转化平台，促进种业科企深度融合，激励育种创新和加速创新科技成果转化运用。为保障种业科技成果产权展示交易的有序进行，2015 年新修订颁布的《中华人民共和国种子法》第十三条规定：由财政资金支持为主形成的育种成果的转让、许可等应当依法公开进行，禁止私自交易。进一步从法律层面完善了种业科技成果产权转化交易制度。

1 背景和意义

1.1 种业科技成果展示交易现状

1999 年 4 月 23 日，我国启动实施了《中华人民共和国植物新品种保护条例》，并加入了《国际植物新品种保护公约》。近二十年来，在社会各界的大力支持下，特别是在各级农业行政部门和农业企、事业单位的共同参与下，农业新品种保护事业从无到有，取得了长足的发展，呈现出蓬勃向上的可喜局面，也向世界表明了中国政府和人民尊重和保护知识产权的决心。实践已经证明，植物新品种保护制度在促进农作物育种和我国种业发展方面的作用效果十分显著，潜力巨大。为了进一步宣传我国实施植物新品种保护制度取得的成效，营造全社会尊重和保护知识产权的氛围，推进品种权的实施，农业部先后在河南洛阳、四川成都、江苏扬州、山东莱州等地举办了四届全国授权品种展示交易会，积累了品种权人展示和转让交易的大量成功案例。

为了解决长期以来我国农业领域存在的科技成果，特别是育种成果转化运用渠道不畅的问题，促进带动农业科研单位和企业合理分工协作，优势互补，《国务院关于加快推进现代农作物种业发展的意见》（国发〔2011〕8号）明确提出，在杂交玉米和杂交水稻方面探索建立品种权转让交易公共平台，健全合理的利益分配机制，调动科研人员创新积极性。为了具体落实这一规定，受农业部种子局的委托，自2011年以来，农业知识产权研究中心具体承担了平台建设方案研制和组织实施工作。

通过实际调研，并和相关主管部门、种业科研单位企业反复讨论，最后确定的平台主要功能包括信息发布、鉴定评估、展示推介、竞价交易、维权救助、质押融资等，旨在为育种专利、品种权和育种材料等种业科技成果产权提供展示基地、交易场所及电子商务系统，并通过发布相关展示交易信息，推荐交易规范合同、实施交易章程和规则，保证种业科技成果产权展示交易规范透明、公正高效。

1.2 种业科技成果转化的意义

1.2.1 有利于深入贯彻国家战略举措，转变种业发展方式

"十二五"规划提出，"坚持把科技进步和创新作为加快转变经济发展方式的重要支撑。"国际种业竞争的实质就是科技创新能力的竞争，知识产权的创造、转化运用能力和效率决定我国种业能否在激烈的国际竞争中实现健康持续发展。《国务院办公厅关于深化种业体制改革提高创新能力的意见》（国办发〔2013〕109号）更是明确提出"确定为公益性的科研院所和高等院校利用国家拨款发明的育种材料、新品种和技术成果，可以申请品种权、专利等知识产权，可以作价到企业投资入股，也可以上市公开交易。建立种业科技成果公开交易平台和托管中心，制定交易管理办法，禁止私下交易"。因此，建立品种权等种业科技成果产权转化交易平台，是落实中央文件精神，进一步优化种业创新环境，激励育种创新和加速创新成果转化的需要。

1.2.2 有利于深化种业科技体制改革，实现科企深度有效结合

目前我国种业科技创新主要集中在科研单位，在品种权申请人中，教学科研单位占国内申请总量的58.49%，企业只占35.65%；在授权品种中，教学科研单位占国内授权总量的63.56%，国内企业占32.11%；在国内授权的农业发明专利中，科教单位占44.74%，而国内企业仅为17.2%；同样，在育种发明专利申请中，科教单位占60%，企业仅占23%。按照《国务院关于加快推进现代农作物种业发展的意见》明确规定的事企分离方针，科研单位必须逐步退出终端种子生产经营市场，农业科研单位完成的育种科研成果只能以品种权等知识产权形式进入市场转让交易，实现与其他生产要素结合并最终转化为现实生产力。因此只有建立通畅、快捷的品种权交易通道，理顺产权利益关系，才能保证科研单位的育种成果转让给企业，发挥科研单位和经营企业各自的优势，实现种业科企之间的高效对接，达到强强联合的目的。

1.2.3 有利于完善种业科技资源配置机制

由于品种权等种业科技成果具有价值识别的困难性、交易实施的风险性、投资回收的长期性等导致的交易成本高，交易不活跃，成功率低等问题，使得目前的种业科技成果产权交易主要以分散的个体直接交易为主，缺乏高效的科技成果配置机制，不仅阻碍了科技成果资源与其他社会资源的合理结合，而且也导致大量财政性资金资助完成的职务发明成果在私下交易中流失，有的甚至转让给国外公司，难以真正发挥公共农业科研投入的公益性功能。因此，建立公正、公平、高效和透明的种业科技成果产权交易平台，有利于发挥市场机制在科技资源配置中的决定性作用，进一步提高科技资源配置效率，同时防止种业科技成果私下转移导致的国有资产流失，保障公共投入科研成果真正运用到实现保障种业健康发展和国家粮食安全的社会公益性目标上。

2 主要功能

按照"公益性、专业性、权威性"的基本原则，采用先进的物联网、大数据、云计算等信息技术，

通过全面系统地全数据采集，并且采用大数据挖掘与分析系统、基于人工智能的信息推送系统，建成我国农作物品种数据云中心；同时，开发构建种业科技成果竞价交易系统、招投标管理系统，以及引导建立价值评估、中介代理、维权救助等配套中介服务体系，形成现场交易与电子交易相结合的转化交易平台。在此基础上，逐步建成总部立足北京，分中心遍布全国主要生态区的种业科技成果展示基地，并借助现代物联网和互联网超越时空的信息传播优势，形成基地实物可视化再生与数字化永久呈现相结合的种业科技成果展示推介系统。通过农作物品种数据云中心、展示推介系统和转化交易系统的有机衔接和高效运行，初步形成集授权品种、育种专利和育种材料展示推介、技术集成、转化实施和信息发布为一体的公共平台，保障种业科技成果交易公平、公正，促进育种创新成果高效、快速传播推广，为实现种业、农业持续健康发展提供有力支撑。

种业科技成果展示交易平台包括农作物品种数据云中心、种业科技成果展示推介系统和产权转化交易系统三大功能模块组成（图1）。

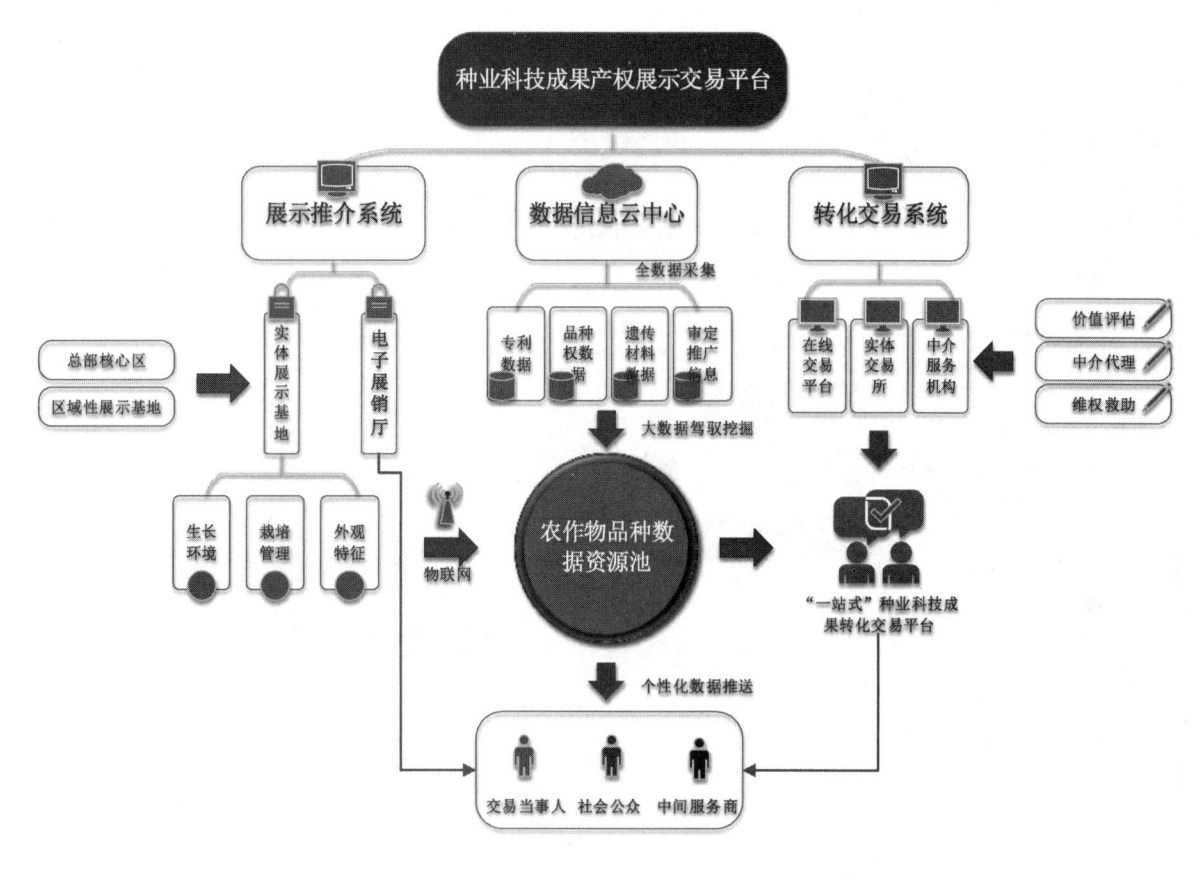

图1 总体构架示意图

2.1 农作物品种数据云中心

如图2所示，农作物品种数据云中心采用先进的物联网、大数据、云计算等信息技术，通过全面系统地全数据采集，大数据挖掘，以及基于人工智能的个性化信息推送，为交易当事人、服务商和社会共众等提供个性化的全方位信息服务。

2.2 种业科技成果展示推介系统

种业科技成果展示推介系统（图3）主要功能是实现对种业无形科技成果的可视化展示和信息的超越时空快速传播推广。通过实地栽培，实体化再现不同种业科技成果或者同一种业科技成果在不同生长环境条件下的品质特征，让受众直观地认知种业科技成果的实时状态，加深对品质特征的了解，发现农作物最佳生长条件，实现良种与良法的集成配套。同时，采取现代物联网技术的实时监测，采集授权品种的动态特征表现，并关联气候、养分、水土等环境变量，建立专题信息资源池，提供及时

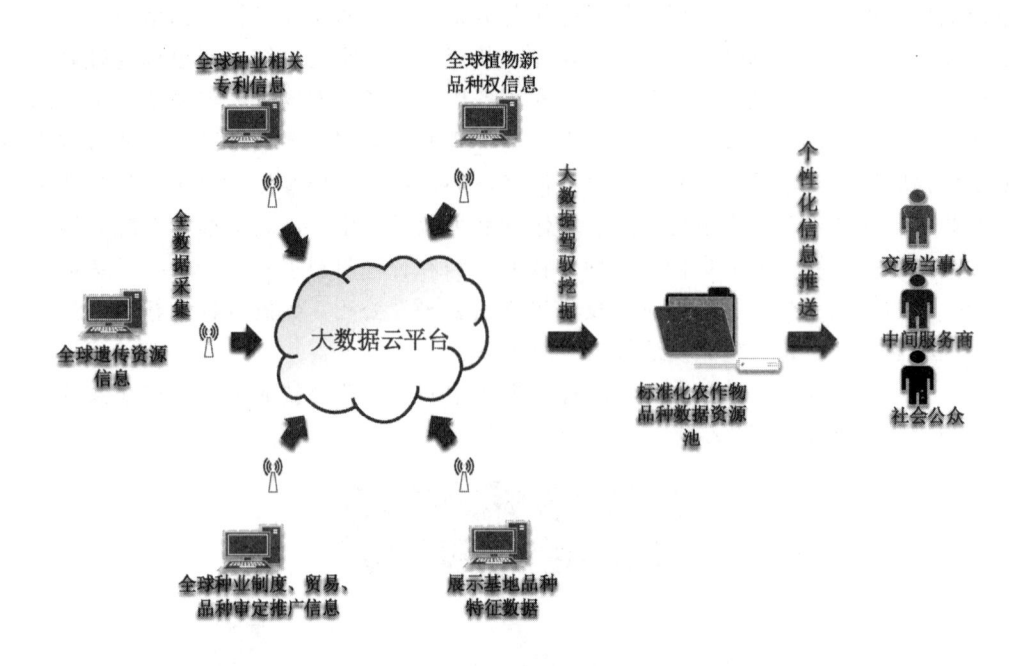

图 2　农作物品种数据云中心示意图

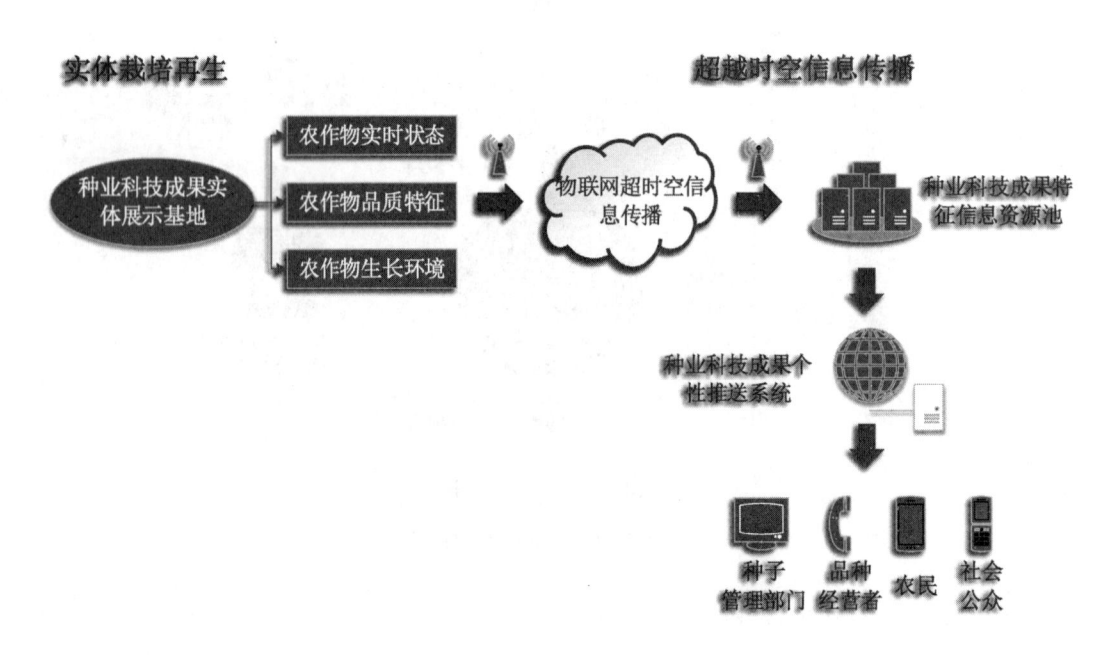

图 3　展示推介系统示意图

可靠的公共信息资源。

2.3　产业转化交易系统

产业转化交易系统如图 4 所示，旨在开发建立种业科技成果产权在线交易系统、招投标管理系统和组建种业利益相关方共同参与的知识产权池，同时引导建立价值评估、中介代理、维权救助等专业服务体系，形成政府公共职能与市场机制有机协调的种业科技成果配置机制，打造"一站式"的种业科技成果转化交易平台，为种业科技成果产权交易转让和推广运用提供从展示推介、价值评估、代理托管、质押融资、信息发布和维权救助等全方位服务，实现育种研发单位与种业企业，以及种业企业与广大农户之间无缝隙对接，提高交易转化效率，加速育种创新和创新成果推广运用。

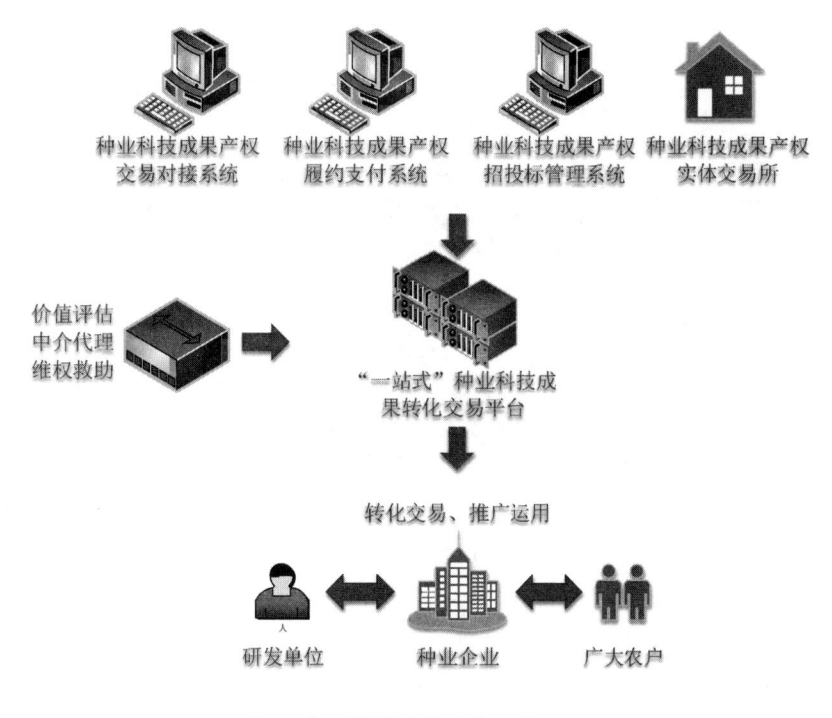

图 4 产业转化交易系统示意图

3 运行机制

为了解决种业科技成果产权在不同年度和生态区域的生长特征信息，市场销售信息以及使用者评价信息等海量数据的采集、加工、储存、传输和推送的问题，展示交易平台建设将采取云计算的技术模式，以构建农作物品种数据云中心为核心，将计算机硬件设备、品种数据信息、数据分析管理软件、资产托管和交易对接系统等硬件资源和软件资源实行统一管理、统一分配、统一部署、统一监控和统一备份，通过云端结合的方式，为主管部门、展示交易机构、交易当事人以及社会公众提供全国统一的资源共享平台，减少重复浪费，最大化各种资源利用效率。并设立分生态区域的种业科技成果展示基地和实体交易分中心、品种样本保存库、品种权鉴定实验室、种业科技成果信息数据中心和全国种业科技成果交易电子商务系统等（图 5）。

4 保障措施

4.1 强化政策支撑

加强与科技市场主管部门、财政、新品种保护和审定机构、金融机构和司法系统的沟通与协调，研究制定相关的配套措施，促进种业科技成果产权交易与农业生产、农产品贸易以及农业科技政策之间的对接，根据种业科技成果产权交易的特殊性，在技术转移、分配奖励、国有资产处分、品种权质押融资等方面争取更大的政策灵活度。

4.2 加强组织保障

加强部门协调，强化对展示交易平台建设与运营进行宏观指导。组织成立由法学、经济、知识产权、农业技术等领域专家共同参与的专家小组，负责开展展示交易平台建设规划研制、论证，以及展示交易管理规章制度、样本合同、价值评估技术规范研制等。

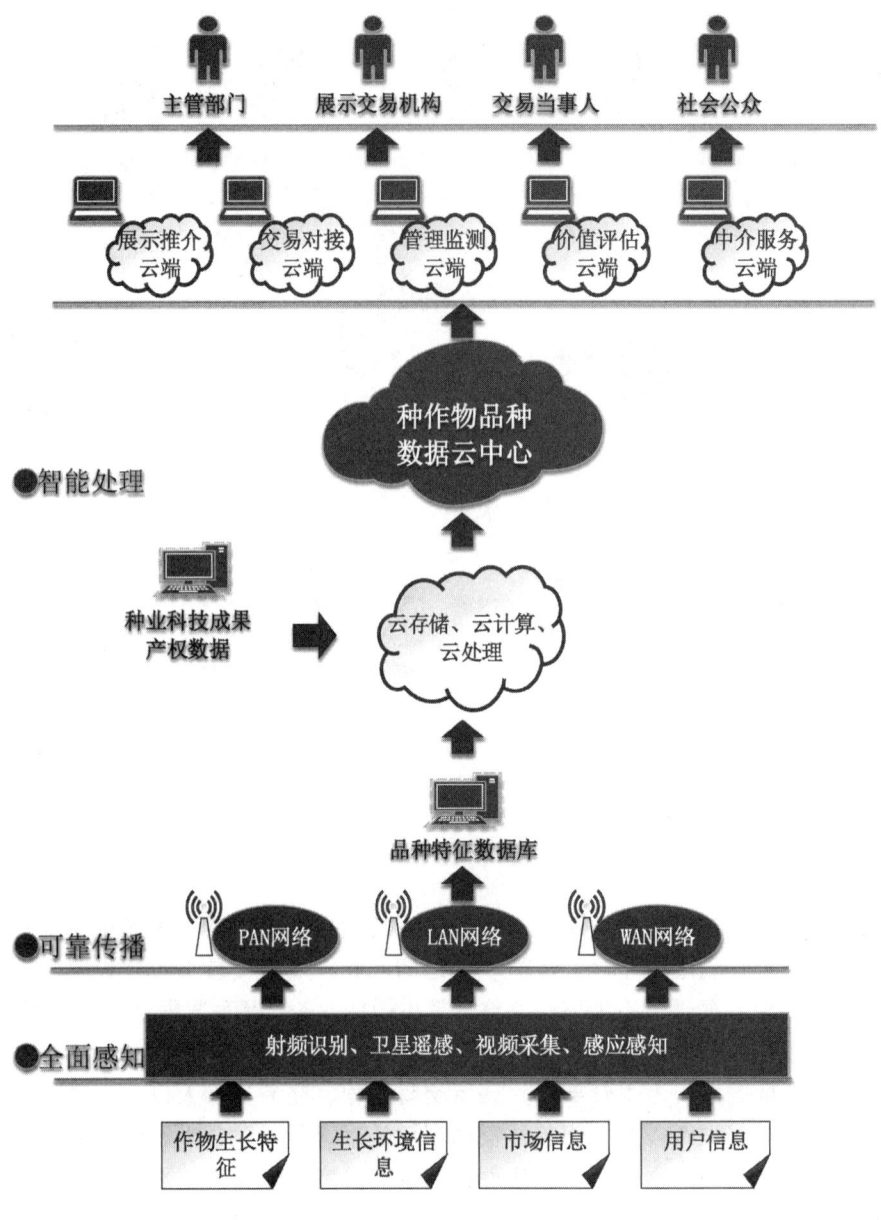

图 5 技术构架示意图

4.3 加大资金支持

将种业科技成果产权展示基地和交易平台建设纳入国家建设项目计划，加大中央财政的前期建设投入支持，地方政府在财政投入、用地优惠等方面加大配套支持。加强种业科技成果产权交易市场与金融市场的衔接，鼓励引导各类金融机构、投资基金及社会资金加大种业科技成果产权转化投入力度。

参 考 文 献

[1] 王平.搭建种业科技成果转化平台 打造种业之都——北京市科企合作经验交流 [J].北京农业，2012 (35)：25-27.
[2] 李军民，宋维平，吴家全.构建种业科技成果托管平台提高种业科技成果转化效率 [J].农业科技管理，2013，32 (4)：59-62.
[3] 卢凤君，刘晴，陈黎明.种业科技成果托管平台构建模式与运行机制 [J].科技与经济，2014 (6)：1.
[4] 徐伟康，侯军岐.论中国种业发展服务平台建设与管理 [J].农业展望，2015 (12)：62-65.

知识培训促进农业知识产权创造、转化、保护、管理研究深入展开的意义与理性思考

丁超英[1]　王　虎[2]

（1. 湖南省农业科学院知识产权管理中心　2. 国家知识产权局专利局专利审查协作北京中心机械部）

摘　要：我国实施知识产权战略以来，随着知识产权理论研究不断深入并与国际逐步接轨，知识产权法律、法规、政策不断完善，对于科技创新和驱动发展带来了巨大的政策引领作用。但由于我国各地农业环境、农业条件、农业作物研究对象也不尽一致，农业科技人员通过学习掌握知识产权知识以后，在哪些方面产生了重要作用？本文就开展 7 年知识产权知识培训进行了系统的分析研究。知识产权行业被称为朝阳行业。

关键词：农业人员；知识产权；知识培训；经验研究；朝阳行业

为了把党的十七大、十八大以来国家的知识产权法律、法规、政策和战略内涵与农业科研单位的创新热点和保护难点紧密对接，促进湖南等省一线农业科学家的知识产权意识增强和保护技能提高，促进以农作物为对象研究的知识产权申请量和授权量大幅提升，中国知识产权培训中心从 2008 年起联合湖南省知识产权局、湖南省农业科学院，在湖南国家杂交水稻工程技术研究中心、湖南省农业科学院所在地开展培训，连续 7 年共培训学员 1600 余人，取得了非常积极的效果。培训中，一批国内高层专家学者先后按照 38 个选题授课，后来又强化补充了 6 个选题，围绕农业这一特殊行业的知识产权问题，深入进行了涵盖知识产权现行法律、法规、政策在农业科研、生产、转化、运用和管理中的保护理论与法制建设研究。在我国农业科学与经济社会快速发展时期，这些教学研成果与知识产权培训人才方法，具有重要的理论与实践指导意义。

1　培训内容与方法

1.1　设计的主题、内容、完成时间

早在 20 世纪 60 年代，我国亚热带区域——湖南省，袁隆平院士在田间研究自花授粉作物——水稻生长过程中，发现了一棵水稻天然杂交株，面对异花授粉特异现象——"杂种优势"，袁隆平经过 10 余年研究、失败、再研究，直到发明了我国首创的杂交水稻高产专利技术，并且作为中国第一个农业技术专利成功转让给了世界科学技术领先的美国。袁隆平院士这种水稻杂种优势的理论和成功实践打破了经典遗传学中世界性的自花授粉作物育种的禁区，被国际同行们誉为"世界杂交水稻之父"。

从 20 世纪 90 年代起，发展杂交水稻技术给世界人民带来了巨大福祉。21 世纪初，用科学技术改造传统农业，解决世界人口增长导致的粮食危机同时，彰显我国农业科学技术领先的时机与实施"国家知识产权战略"的时机一同展现在我国农业科学家面前。

面对世界科学技术的飞速进步，面对世界经济的高速发展，如何使我国知识产权战略所要求的国家利益最大化，已经成为了广大科技人员和农业从业人员不可回避的问题。因此我们选择了"农业新品种知识产权国际保护高级培训"这个主题，首堂课邀请了中国杂交水稻技术发明人、中国工程院院士、湖南省政协副主席袁隆平教授作了题为"发展杂交水稻　造福世界人民"讲座。他诠释了"什

么是杂交水稻""什么是三系法、两系法杂交稻""什么是超级杂交稻？以及未来的攻关目标""杂交水稻走向世界的简况和对世界粮食安全与促进世界和平发挥的重大作用"。

随后，邀请了农业部专家刘平就"我国加入国际植物新品种保护联盟（UPOV）1991年文本时机研究"做报告。他精炼地对比了UPOV公约1978年文本与1991年文本的主要区别，揭示了该公约1991年文本比1978年文本保护力度更大的原因，如育种者权利保护客体的延伸，育种者权利保护涉及的商业环节更明确，保护期限更长，保护的植物种属更多，育种者权利的范围延伸至受保护的实质派生品种，十分有利于保护原始创新。深刻阐明了我国借鉴1991年文本有关条款修改《中华人民共和国植物新品种保护条例》的理由。

邀请的《中华人民共和国专利法》的起草人、中美知识产权多次谈判的参加人文希凯教授在首堂课讲到：农业的发展与知识产权密切相关；认真实施知识产权战略对提高农业竞争力关系巨大；并详细介绍与农业相关的知识产权保护的由来，我国涉农知识产权保护现状与国外相关进展，知识产权战略的由来与我国《国家知识产权战略纲要》主要内容。对实施知识产权战略，提升农业竞争力起到了提纲挈领的作用。

首堂培训课把开展品种权保护中的国际背景、国家战略、申请实务及其成功典型传授给了农业科技人员。他们在实施中不仅引申了对农业科学研究过程进行有效保护，还将研究成果进行有效的转化。根据首次培训的成效，我们开始了连续7次农业知识产权专项培训，培训内容见表1～表7。

表1 全国农业新品种知识产权国际保护高级培训班

培训时间、设计主题	培训内容
2008年11月5日—8日全国农业新品种知识产权国际保护高级培训班	1. 发展杂交水稻造福世界人民的战略构想
	2. 介绍中国国家知识产权战略
	3. 中国加入UPOV公约1991年文本时机研究
	4. 国外植物新品种保护制度比较及对中国的启示
	5. 农业植物品种权申请实务
	6. 中国种业走出去战略研究
	7. 农业植物新品种案例评析

表2 全国农业知识产权国际保护强化培训班

培训时间、设计主题	培训内容
2009年5月6日—9日全国农业知识产权国际保护强化培训班	1. 如何在我国现行制度条件下做好品种权保护工作
	2. 农业植物新品种权（包括转基因品种）司法保护及案例
	3. 农业专利的特殊性及国内外申请比较
	4. 实施知识产权战略，提升农业竞争力
	5. 如何申请国际新品种保护

表3 农业科研"基因专利、著作及计算机软件版权、地理标志"等保护培训班

培训时间、设计主题	培训内容
2010年8月3日—5日农业科研"基因专利、著作及计算机软件版权、地理标志"等保护培训班	1. 生物领域专利的申请及保护务实
	2. 怎样加强科技成果保密与知识产权保护
	3. 我国专利权的司法保护及基因专利保护
	4. 有效运用地理标志认证，提升农业竞争力
	5. 计算机软件版权申请及其保护务实
	6. 国际专利（PCT）体系及申请人运用策略

表 4　农业知识产权评估技术与保护方法培训班

培训时间、设计主题	培训内容
2011 年 10 月 17 日—19 日农业知识产权评估技术与保护方法培训班	1. 知识产权评估与转让
	2. 农业知识产权的科学管理与有效保护
	3. 对外合作与贸易中的知识产权保护
	4. 农业（转基因）生物安全与保护策略
	5. 产学研中的若干知识产权问题

表 5　农业知识产权保护、管理与惠益分享培训班

培训时间、设计主题	培训内容
2012 年 8 月 15 日—17 日农业知识产权保护、管理与惠益分享培训班	1. 专利信息检索与利用
	2. 新形势下农业科研单位知识产权管理制度
	3. 我国实质性派生品种制度——以水稻为例
	4. 中国生物技术专利制度及惠益分享
	5. 第三期超级杂交稻先锋组合"Y两优2号"创制体会
	6. 柑橘酶法脱囊衣和去皮技术研究的创制体会

表 6　农业发明专利归属及管理实务培训班

培训时间、设计主题	培训内容
2013 年 8 月 20 日—22 日农业发明专利归属及管理实务培训班	1. 科研成果中的知识产权理性判别
	2. 技术研发中的专利信息检索——以农业专利为例
	3. 主要利用国家财政资助的科研项目完成的发明创造的归属及推广应用
	4. 农业科研单位知识产权全程管理——如何得到高质量专利和提高成果转化率？
	5. 战略性新兴产业专利保护实务——专利与标准

表 7　农业专利及品种权布局实务培训班

培训时间、设计主题	培训内容
2014 年 8 月 28 日—30 日农业专利及品种权布局实务培训班	1.《专利法》及《湖南省专利条例》释义与影响案例
	2. 农业植物新品种权申请实务、策略，审查期以及产生纠纷案例分析及注意事项
	3. 完善机制，有效发挥农业知识产权公益性（科技公共性）功能——我国种业成果产权交易平台建设初探
	4. 专利布局与专利组合构建

1.2　确定选题与实施的步骤

从"新品种知识产权国际保护"和"强化保护""生物基因专利、著作及计算机软件版权、地理标志"等农业热点，到"知识产权评估技术与保护方法""知识产权保护、管理与惠益分享""农业发明专利归属及管理实务""农业专利及品种权布局实务"，每期培训主题确定之前，都要进行科技人员问题需求调查，分析农业科研对象的创新难点与保护困惑，力求每个选题都能在讲堂上知识交流、解题；课程设计强调理论引领、高起点层次，与我国不同时期的知识产权政策规定相对接，具有紧迫性普及性；授课老师通过讲解农业知识产权知识涉及重点理论和热点问题，使知识产权战略系统性、完整性研究成果接地气，引起听课科技人员高度关注，达到自觉吸收知识产权战略精华，遵守知识产权法律、法规、政策，推动知识产权数量与质量提升效果（图1）。

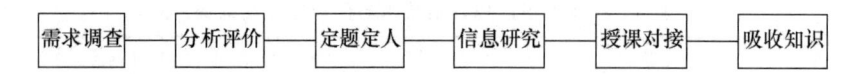

needs调查 → 分析评价 → 定题定人 → 信息研究 → 授课对接 → 吸收知识

图 1 农业知识产权培训选题与实施步骤

2 培训的收获与体会

2.1 培养一支既懂技术又懂知识产权业务的人才队伍初见成效

参加的科技人员多、年度知识产权数量大幅度增长。申请量年均增长 366.6%，授权量年均增长 503.1%（表 8）。

表 8 2007—2015 年开展培训后的情况统计

项目时间	人数（包括选修）	专利申请/授权量	品种权申请/授权量
2007 年	/	专利权 12/2	品种权 2/2
2008 年	160 人	专利权 6/1	品种权 8/7
2009 年	130 人	专利权 6/4	品种权 10/10
2010 年	145 人	专利权 13/8	品种权 9/6
2011 年	150 人	专利权 18/12	品种权 13/9
2012 年	150 人，292 人次	专利权 36/13	品种权 5/1
2013 年	230 人，577 人次	专利权 42/20	品种权 4/0
2014 年	299 人	专利权 83/28	品种权 11/0
2015 年	/	专利权 92/47	品种权 8/0
2008—2015 年累计	1264 人，选修累计 1653 人	专利权 296/135	品种权 70/33

2.2 研究人员队伍整体素质与知识产权管理工作水平都得到提升

在培训的 1600 余名学员中，一线科研人员有资深科学家也有刚从大学毕业的博、硕士等青年科技人员。2015 年元月在完成 7 年的培训后对 150 余名科技人员进行了相关问卷调查。结果见表 9。

表 9 职务类知识产权增长布局信息比例表（2015）

序号	提问	回答第一位（%）	回答第二位（%）	回答第三位（%）
1	知识产权数量增长的原动力是	自身发展需要 69.5	知识积累 46.4	经费激励 44.4
2	保持知识产权数量增长的难点是	创新后劲不足 58.9	缺少申请经费 43.7	科研时间不足 34.4
3	申请知识产权用途是	体现了价值 58.3	提高科研质量 57.6	打击侵权 55.0
4	不申请知识产权的原因是	行业价值不大 43.0	无形资产不明 40.4	关联作用不大 31.1
5	获得授权以后的工作有	转化运用 66.2	报科技奖 46.4	报专利奖 42.4
6	知识产权申请书的编写过程是	本人独立完成 43.0	给代理人编写 34.4	主要助手编写 33.1
7	知识产权管理规范有	知道一些 68.2	不全知道 27.2	知道 3.3
8	发明人的职责有	知道一些 67.5	不全知道 21.9	知道 9.3

续表

序号	提问	回答第一位（％）	回答第二位（％）	回答第三位（％）
9	知识产权管理人员的职责有	知道一些 58.9	不全知道 35.8	知道 4.0
10	发明人如何合理分配知识产权收入	按组织贡献大小分 75.5	按解决关键问题作用分 25.8	按争取研究经费作用分 7.9
11	知识产权转化方式及收益分配原则主张	课题组协商 65.6	兼顾院所两级单位 35.1	发明人自定 23.8
12	申请、维持经费的主渠道是	课题列支 95.4	找人资助 7.9	个人垫付 2.6
13	知识产权业务知识培训方式	分类研讨 47.0	发放资料 46.4	集中2天 38.4

培训的主要影响是在科研单位普遍存在的"重有形资产，轻无形资产"的状况得到转变，"重论文发表，轻专利申请"的方法得到纠正，"重情报查新，轻专利检索"的手段得到更新。特别是"知识产权数量增长的原动力"是自身发展需要的占69.5％；"保持知识产权数量增长的难点"是创新后劲不足的占58.9％，而反映"专利查询困难"的仅占13.9％；"申请知识产权用途"是体现了价值、提高科研质量、打击侵权分别占58.3％、57.6％、55.0％；"知识产权申请书的编写过程"是本人独立完成的占43.0％；"发明人如何合理分配知识产权收入"按组织贡献大小分配的占75.5％；"知识产权转化方式及收益分配原则主张"课题组协商占65.6％。反映了大多数研究人员素质在提高，并达到了较好水准。

在学习应用方面，最经典的知识产权保护案例是在湖南国家杂交水稻工程技术研究中心。当育种人发现国内一些育种同行违规使用其育成的亲本进行培育新组合后，原育种单位知识产权管理人员及时向我国品种权行政管理部门进行了申诉，并得到了支持。使得在获权公示期间，被要求给了纠正。这一正确的维权行为，不仅维护了发明人的权益，也给湖南省农业科学院其他研究所的科研人员以很大启发——课题组从协议开始约定使用范围，而且对于各级的相关公示也更加留意起来，以免类似被侵权的事情再次发生。

由于农业行业相对制造业的可重复条件（地区）差异大，而且农业应用对象个体差异不同，问卷中还体现了省级农业科研机构以应用研究为导向、存在着一些不容忽视的问题。如"不申请知识产权的原因"是行业价值不大占43.0％，"无形资产不明"占40.4％，可获得转化的"关联作用不大"的占31.1％；因此，对于"获得授权以后的工作"有转化运用的占66.2％，"报科技奖"和"报专利奖"的比例分别为46.4％、42.4％，而要"续维持费"的只有19.2％，有7.3％的"等待收购"。由此可见，除品种权可以获到转让经济效益，如何科学评估其他知识产权的价值还有许多工作要做，而且十分重要。

在科研成果奖励方面，全院2008—2015年累计获得奖励57项。其中省科技发明奖3所3项目，自然科学奖2所3项，国家特等科技进步奖1所1项，二等奖2所2项，省科技进步奖一等奖5所7项、二等奖10所30项，三等奖14所11项。邓启云研究员2012年荣获"入世十年"湖南省知识产权事业最具影响力10位人物，2014年一月柏连阳教授获得了"湖南省十大优秀专利发明人"。截止到2016年11月仅获得湖南省专利奖三等奖1项，申请湖南省专利奖人员远远不如申请湖南省科学技术奖励的人数规模大，也反映了科技人员中的选择与重视程度。

湖南省农业科学院2009年5月专门研究发文，修改制定了加强全院知识产权管理的办法，院属13个研究所都依据农作物的生长规律和创新目标，制定完成了本单位的知识产权管理制度。不仅增加了包括湖南省农业科学院院徽的商标著作权使用管理、还确定了院所两级知识产权的保护职责范围，同时还给予授权专利每项奖励5000元。各研究所在此基础上都建立或重新明确了激励办法，如给予授权单项奖励最高达到了2万元。其中与科研成果相关的商标权被提升到了新的层面。

2.3 培训工作助推科研创造和发展

课程设计，围绕深入贯彻落实党中央"实施国家知识产权战略""坚持走中国特色自主创新道路、实施创新驱动发展战略"部署主线，完成了系统培训较高级层面农业科技专家的初衷：开展知识产权知识专项培训与农业科技创新保护有效结合，涉农领域的知识产权构成得到改善和优化，用加强我国农业知识产权保护来增强农业核心竞争力，为培养全方位的农业知识产权人才，在农业行业起到示范推动作用。

定题讲课，许多老师开始不一定熟悉农业行业，但是农业经济发展新常态下的趋势变化和特点，带动了老师对讲课中涉及的知识产权问题深入研究，重点是知识产权战略、实务怎样深入贯彻到基层单位这一核心工作，把我国农业知识产权人才培养和事业发展有机地结合在了一起。

连续参训学员之多且均来自农业科研一线，在授课老师的指导下，不同层次的科技人员得到了互动沟通，补充了知识产权理论与实务知识，如在讲授"品种权"与"品种审定"区别与作用时，授课老师讲到："品种审定"是授予你市场准入的"上岗证"，而"品种权"是发给你得到保护的"身份证"。在没有得到品种"身份证"时，往往得不到保护，同时一旦采用论文等形式公开，将会丧失获得授权的"新颖性"，使许多研究人员震惊，从而真正弄明白我国知识产权战略的时机和意义，构筑积累了在科研工作中发明创造的申请、保护、转化、运用的原动力。同时，知识产权知识培训与湖南省2013年年底开始的知识产权密集型单位创建工作结合在一起，制度和奖励的推动，全院知识产权申请量和授权量赢来了建院以来最好的发展时期。2007年专利申请数为12件，2015年达到92件；授权量从2件上升到47件；品种权申请由2例上升到8例。2008—2015年共培训1264人，选修累计1653人，累计专利权申请296件，授权135件；品种权申请70例，授权33例。申请量年均增长366.6%，授权量年均增长503.1%。农业知识产权行业被称为"朝阳行业"。

2.4 授课老师的研究层面有的提升到了战略引领层面

根据农业知识产权保护工作中遇到的新问题、以及教学中所涉及的专家提问，如农业部刘平老师在"中国加入UPOV（国际植物新品种保护联盟）1991年文本时机研究"讲课后，不仅让从事我国领先的杂交水稻研究的科技人员为之振奋，在实现袁隆平院士的"发展杂交水稻、造福世界人民"宏伟蓝图中更加注重国家战略需要和品种权的保护工作；同时，刘平老师也继续研究了全国农业至关重要的新品种管理现状、类比了国内外农作物品种登记制度，提出并完成了我国首部《中华人民共和国种子法》的修订相关工作建议。

中国知识产权培训中心老师赵辉在郭修申讲解"有效运用地理标志，提升农业市场竞争力"的基础上，又根据《国家知识产权战略纲要》，在"我国地理标志的管理与保护"中提出：地理标志是一种标示商品基本来源的重要标识，它象征商品的品质、声誉或其他特性与其来源地的密切关系，地理标志的保护可以促进当地及国家经济的发展，可以保护生产者和消费者的合法权益。因此，地理标志保护不仅已经成为国际社会关注和重视的问题，也已经成为科技人员在把农业成果转化成生产单位含金量很高的农产品时必不可少的指导工作内容。

农业部地理标志主管部门老师陈思、高芳，又把"我国农产品地理标志工作制度实践与成效"作了系统的归纳研究，进一步引证和梳理了农业科研发现、创新成果与农业生产单位的农业产品之间的紧密联系。通过回顾我国农产品地理标志工作的发展历程，从政策导向、组织体系、登记流程、标志管理等方面梳理了农产品地理标志保护工作的制度设置，分析了当前农产品地理标志面临的发展形势，总结了取得的成效，并从发展思路、重点内容、条件保障等方面提出了下一步的发展建议。我国的农产品地理标志资源和品牌丰富了农业知识产权内涵和农耕文明程度，做好农产品地理标志保护对于发展区域经济、打造特色品牌具有重要意义。

中国农科院老师宋敏从当前农业科研单位遇到的"种业育种创新成果拥有量不断增加，但大量育种科技成果闲置浪费、利用率低、价值挖掘不够"等难点问题，以及完善机制，发挥农业知识产权公益性（科技公共性）功能深层次入手，首次提出了建立统一的"我国种业科技成果展示产权交易平台"

较为完整的方案。探索了依托互联网和物联网等信息技术，进行种业科技成果展示交易平台的总体构架、功能模块、运行机制和保障措施。

在国家知识产权局老师李昶讲授"怎样评估、运用、保护和优化知识产权"课程以后，知识产权评估工作被提升到了新的高度。邱洪华教授又开展了"专利价值评估研究的前沿、趋势及其理论研究与实践"选题。他在研究中指出：专利价值评估涉及专利技术引进、开发、实施、许可、转让和融资等企业专利技术管理各个环节。专利价值研究成果是开展专利技术管理研究的重要组成部分，可以从时间分布、国家分布、被引频次等角度，进行专利价值分析，进而探求专利技术管理的发展历程、核心问题、演进路径、研究热点和前沿趋势，最终为中国的专利技术管理实践提供有益参考。

总之，这7年的知识产权培训主题鲜明、国家战略及实务贯彻扎实，深层问题导向研究，推动农业行业科研成效显著，是一次国家级层面知识产权培训与行业科技创新保护有效结合的典型，在我国知识产权事业发展和人才培养中是一次十分难得的探索工作。

3 对未来事业发展的理性思考

3.1 关于农业科研创新的知识产权数量与质量

品种权、专利权的转化、运用对象是涉农企业和个体农民生产者。那么转化知识产权应该有的效益从何而来？原创品种权周期长、有的需要十余年甚至数十年的科研积累，实质性派生品种权可以产生出近期的功利，农业生产方式的改进或发明专利可以给生产者带来收益。但是，发明人的利益尤其是长效利益却难得保证（分享）。这是我国目前农业科研成果的公益性特点，农业知识产权发明人创新驱动必然关注价值的核心所在。

农业领域的特色是作物生长周期相比工业制造要长，重复条件要求高，影响因素多，出研究成果一般规律要求6～8年。因此，农业知识产权质量上宜定标追求原始创新型重大知识产权，如在一般的自然条件下，大田作物推广面积突破1千万亩基本目标的品种权；正确揭示客观认识生物的重要理论与发现（包括"遗传资源"）、符合"伦理道德""有益于人类健康"的"合法利用"方法；优化环境、优化资源配置的重要技术发明专利权等。这样的农业知识产权适合生产中转化应用，也适合受让人获益，具有巨大的可供商业开发或转化市场的显著特点。在此基础上农业知识产权数量宜由研究单位（团体）布局规划确定。

3.2 关于知识产权管理人员的归类与职责

3.2.1 加强科研单位产权全程管理，首先从机制上要明确知识产权管理人员归类

在我国现行科研管理体制中，知识产权管理人员究竟是纳入自然科研序列还是科研管理人员序列，他们的工作检验和成效考核应该是一个激励创新与强化转化的零距离问题，但是目前这些知识产权管理人员既没有靠近成果创新、也没有靠近成果转化。在当前国内的农业研发单位在知识产权转化管理上投入人员和资金极少的时候，更加需要明确知识产权管理人员的归类与职责，努力构建我国农业创新成果转化的专业化管理制度。

研究世界经济发展动力可以发现：我国当前创新驱动发展战略决策目标是将创新的成果产业化，促进国家的经济发展转型，提高国家的核心竞争力。可如果专利发明不能与商业和市场结合起来，就不会有商业作用，专利发明人和拥有人10～20年市场独占保护期的价值也就毫无意义了。

在前述的问卷中，"知道知识产权管理规范""知道发明人的职责""知道知识产权管理人员的职责"的比例分别只有3.3%、9.3%和4.0%。却有58.9%～68.2%的表示"知道一些"，还不能肯定地表述清楚相关的职责。因此转化率不高除农业行业的特殊性外，大多数的发明与初始披露时权利请求范围不敢过多过大有关，所以体现的商业价值有限，转化收益也必然有限。我国发明的杂交水稻专利技术初始转让国外，虽然获得了一定数额的专利转让资金，但是国内相关人士认为：其转化收益比重

远远比不上国外那些计算机技术转让我国所获的收益!

纵刚教授指出:剖析这种状况、并找出的原因,发达国家是经过几十年摸索,才认识到科研人员由于不具备相应的知识、技能、时间、精力,无法胜任创新成果转化工作,因而美国斯坦福大学提出了"不要让教授坐在谈判桌上"的观点。因此,在落实创新驱动发展战略中,要做好知识产权全程管理工作,首先要界定农业知识产权管理人员的技术职务归类与职责。

3.2.2 具体的归类与职责内容

分析那些发明技术的转化效率高的企事业单位的特点,首先有专业的知识产权转化人员(专管员)在发明披露时、申请专利之前做好前期工作,再由发明人员与他们一道进行专利布局、共同培育应有的市场价值。这样的分工协作就体现了知识产权专业化管理人员在科技成果转化过程中应对市场价值和科研人员在专心致志地搞科研过程中应对发明专利创造价值,而不是花费大量时间和精力去做写专利和谈交易这些不擅长的事情。

技术职务基本归类:2015版《中华人民共和国职业分类大典》把知识产权专业人员正式纳入国家职业分类,其技术职务可列为知识产权工程系列,设置知识产权管理高级工程师、工程师技术职务,以改变现在农业科研机构知识产权管理人员技术职务没有挂靠、又必不可少的状况。

技术岗位基本职责:贯彻执行国家知识产权法律、法规、政策和战略,掌握和运用相关国际法律和规则,组织开展本单位知识产权战略研究与规划制订,负责在职人员的知识产权创造、保护、转化、运用等事务。特别是确定好年度要达到的知识产权数量和质量目标。

由于国家投资的知识产权归属机制就是科研单位与职务科技成果完成人以及为成果转化作出重要贡献的人员,院属单位知识产权管理范围主要是职务发明创造成果。其责任意义已经阐明有:执行本单位的任务、利用或主要利用单位的物质技术条件完成的发明创造都是单位所有的职务发明。这些知识产权产出和知识产权工作对院属单位的发展产生重要的影响。知识产权一旦在法律上得到确认,也就成为了单位资产的重要组成部分,是院属长远发展的基础,不随人员的流动而发生权利改变。院属单位设立专职或指定部门负责知识产权管理与运营,应根据工作量确定人员、实行岗位责任制考核管理。

我国现行的政策规定了知识产权管理部门工作机制是:按照岗位责任制,落实科技成果报告、知识产权保护、资产经营管理等工作的责任主体,优化并公示科技成果转移转化工作流程。知识产权部门和管理人员(专管员)应适应专业化、规范化的发展要求,努力在本单位构建技术、法律、和管理三位一体的知识产权管理机制。

科研单位应加强科研项目的知识产权全程管理。具体由知识产权管理人员在科研立项、执行、验收、评估过程中强化知识产权基础档案收集,与发明人一起加强知识产权预测、策划和确定权利范围等管理工作。必须明晰产权归属、明确权利人的惠益分享比例,确保从源头上保证知识产权的数量和质量。

3.3 关于农业知识产权转化收益分配

知识产权是"私权"。这种私权最直接地作用在科研法人单位和职务科技成果完成人以及为成果转化作出重要贡献的人员身上。2016年2月国务院在《关于印发实施〈中华人民共和国促进科技成果转化法〉若干规定的通知》(国发〔2016〕16号)(以下简称《通知》)中强调:研究开发机构、高等院校的主管部门以及财政、科技等相关部门,在对单位进行绩效考评时应当将科技成果转化的情况作为评价指标之一,充分表明了国家对于国家投资产生的科技成果和转化实行有效的监管责任。

国家投资项目产生的知识产权归属机制已经明确为科研单位和职务发明人和转化重要贡献人所有。这是我国政府的一项激励创新政策,是国家知识产权战略的整体组合,科研单位在实施中应得到充分体现。按照《通知》现行政策和单位的规定细则做好知识产权转化收益分配工作,是营造科技成果转移转化良好环境、管理好职务发明创造成果的重要环节,处理好单位和行业中的利益分配关系是十分必要的。

由于申请知识产权和展开知识产权保护都是为了有效转化，内容上如果再细分，还可分为及时转化、未来转化两大类。因此，必须对授予知识产权项目进行恰当地评估，评估过程要避免失真、失策、失误。切实做到以下三个公开：

一是奖酬标的公开。为了健全以增加知识价值为导向的收益分配政策，要根据国家规定和农业单位的实际，制定可以按照《中华人民共和国促进科技成果转化法》的规定获得现金、股份或者出资比例等奖励和报酬的分配办法。明确规定：以科技成果作价投资实施转化的，应当从作价投资取得的股份或者出资比例中提取不低于50%的比例用于奖励；获得科技成果转移转化奖励提取不低于净收益50%比例，并在全院内公开。

二是评估人组成及评估资产标的公开。应当通过协议定价、在技术交易市场挂牌交易、拍卖等市场化方式确定价格。协议定价的，科技成果持有单位应当在本单位公示科技成果名称和拟交易价格，公示时间不少于15日。单位应当明确并公开异议处理程序和办法。

三是单位主要领导为技术发明人的获得比重公开。具有独立法人资格单位的正职领导，是科技成果的主要完成人或者对科技成果转化作出重要贡献的，可以按照《中华人民共和国促进科技成果转化法》的规定获得现金奖励，原则上不得获取股权激励。对担任领导职务的科技人员的科技成果转化收益分配实行公示和报告制度，明确公示其在成果完成或成果转化过程中的贡献情况及拟分配的奖励、占比情况等。有效避免利用职权侵占他人科技成果转化收益。

在制定科技成果转移转化以增加知识价值为导向的奖励和收益分配办法时，要充分听取科技人员的意见，兼顾院、所、成果完成人和专业技术转移转化机构等参与科技成果转化的各方利益，确保职务成果转化实现利益最大化。在前述调查表中可以看到科技人员的关切是："发明人如何合理分配知识产权收入"，75.5%的人认为按组织贡献大小分，25.8%的人认为按解决关键问题作用分；"知识产权转化方式及收益分配原则"，65.6%的人主张课题组协商，35.1%的人兼顾院所两级单位。

3.4 关注技术标准与知识产权互融带来的垄断影响

随着我国农业科研单位科技人员参与到制定技术规程中来，技术规程上升为地方技术标准数量不断增多，技术标准的执行力度与运用已经成为保护涉农企业发展的重要手段。

李顺德教授研究发现，国际上近些年来出现了一种新的动向，那就是把技术标准与知识产权保护相结合，形成新的技术垄断联盟，借助于技术标准的特殊地位，强化相关知识产权的保护，借助于知识产权的专有性（又称垄断性）去实现对某些技术标准事实上的垄断，以追求最大经济利益。这些动向在农业领域，特别是我国涉及农产品进出口贸易的企业不可忽视。例如，即使你拥有种植作物的品种权，但是在我方生产的农产品质量达不到出口接收方的农产品标准，将直接遭受强制限入。这些年我国涉农出口企业、农户遭受不必要的损失案例不少。因此，在制定农业技术标准时应当充分结合知识产权保护所需。同时，采用技术标准应充分注意其中涉及的知识产权，在现代社会现实中，技术标准已经与知识产权问题密不可分了。

在知识经济发展的复杂国际环境中，实行标准化管理与知识产权管理密切结合，做好新产品审查、产品图样审查和产品技术文件的标准化审查，已是企事业单位技术管理的一个重要组成部分。

3.5 关于强化知识产权管理的讨论

3.5.1 闲置专利或者因非正常原因放弃保护权专利（品种权）保护力度不容忽视

在知识产权全过程服务中，当前还需要与发明人一道解决闲置专利（品种权）评估和价值挖掘问题。通过以上公示约束行为，既可以防止课题结束后，获得本单位给专利申请、授权的补偿或奖励，但不能得到及时的转让、转化，为免交纳专利费而主动放弃这个专利保护权等新问题发生。另外，课题组放弃对国家资助项目获得授权专利的维持行为也应当进行公示，说明理由。这是对于国家投资科研事业一种负责任的态度。

公示是当前妥善解决现行知识产权政策动力问题、解决知识产权转化效率问题、解决知识产权服务能力问题关键环节。

3.5.2 继续深入加强农业知识产权战略研究,包括全球化申请专利权(品种权)的布局

对于重要专利权(品种权)的转让、转化,应通过审查必备方式申请降密、解密后进行区域新布局研究,达到专利(品种权)的转让、转化收到最好效益,也可以防止重大的知识产权转让失误和延误时机的情况发生。

有的课题组是根据绩效考核或国家项目验收考核要求,仅仅对纵向研究项目进行专利申请保护,质量上对重大知识产权布局研究不够,也是造成知识产权授权后转化率低的重要因素。对横向研究项目,没有做好对研究单位专利扩大转化保护的基础保护工作,体现在是转让排他许可,还是可扩大转化应用?直接造成双方以后知识产权成效纷争的后果。因而应当加强专利权(品种权)的深层评估分析研究,确保转化效率提高。

3.5.3 数据集成、软件研发人在大数据时代的先导作用不可轻视

当前,农业大数据建设直接为国家的农产品质量安全提供信息支撑,对农业效率提升带来显著的影响。例如,首先带来了大规模种植单一优良品种作物局势,从而实现技术有效性的最大化。但是,一方面这几年出现了如新疆局地西瓜、黄土高原部分地方的蔬菜大幅低价应市,另一方面又出现的"蒜你狠""豆你玩"等市场价格超高的波动现象。作为对农业供给侧结构上的指导,应该及时提出带预警作用的数量分析指导意见。这是数据集成、软件研发人涉及国家农产品的有效供给,和民生关注的物价稳定问题。

作为内部的知识产权大数据建设,涉及一些重要科研项目的核心机密数据,一般科研项目的关键技术数据。体现了科研单位的研究能力、研究水平、和对未来的指导作用。同时,在知识产权资料和数据归档中,需要审核发明人专利申请提案与专利流程管理等一系列工作。更重要的是,还需要时刻关注竞争对手的专利申请情况,以了解其专利布局,争取做到知己知彼,百战百胜。毫无疑问,这是任何研究人员高度关心的基础性建设事项。因此,在农业大数据建设时期,特别是在我国农业基础数据建设时期,有必要对于涉密数据的有效保护,分别设置使用人的认证与查阅保护制度。

总之,知识培训是提高农业知识产权数量和质量的有效方法,科学确定单位的知识产权制度与贯彻实施是强化农业知识产权转化、运用的良好手段,严格审定与公开审判是处理农业知识产权纠纷和保护原创知识产权的精锐武器。

附 录

2008—2014年参加培训人员名单

1. 2008年学员162人名单

袁隆平	左平权	邱化蛟	杨 文	肖义军	何 萍	彭书明	刘跃红	包平伟	李承惠
王和平	张武新	袁 晖	梅时勇	章永忠	惠双录	陈李红	曹 平	朱运华	李 敏
王 军	曾 瑛	楚峰飚	徐 燕	何 超	秦 渝	米忠科	薛定国	岳增良	刘芳清
邓 文	陶文新	宗锦涛	刘 煜	肖志扬	甘维娜	王飞翔	石 畅	李光明	彭先球
周 琦	方 奕	刘湘虎	周爱国	朱校奇	肖苏林	杨拥军	刘 振	赵 洋	梁国强
曹 军	吕健丞	常立沙	彭建华	李兴华	张倩文	高国赋	贺 艺	李 丹	徐志德
肖友伦	彭伟正	易卫平	庞伯良	杨 震	丁茁荑	张战泓	肖建伟	张竹青	胡新军
喻名科	陈卫江	李 莓	李小红	李 立	谢运河	周 虹	王同华	陈学斌	丁超英
赵政文	姚元干	刘正清	潘美山	黄力士	刘凌峰	李 祺	曾贤杰	叶桃林	洪 曦
易 春	彭俊彩	黄国林	王双伍	肖伏莲	付复华	苏东林	吴跃辉	辛业芸	徐秋生
彭既明	赵柄然	曹孟良	李新奇	颜应成	唐 俐	万宜珍	黎 妮	张志刚	庄 文
罗泽宇	李 莉	刑俊杰	张岳平	田 妍	黄 婧	马国辉	符习勤	邓林峰	史开兵
谭炎宁	杨 峰	周继勇	范小兵	欧爱辉	张立阳	周武承	颜育民	邓小林	黎用朝
夏胜平	张玉烛	赵正洪	周国强	龚浩如	胡 扬	李召华	张世辉	周 斌	闵 军
刘三雄	王子平	黎 彬	朱建宇	龚超热	李小湘	段永红	阳标仁	周 昆	曾 翔
黄志才	刘文强	谢红军	刘之熙	李先信	张 艺	冯志永	戴 静	周 燕	张孝岳
魏琴琴	李继承								

2. 2009年学员120人名单

袁隆平	吴永清	刘晚枫	姜晓装	曲兆文	刘长威	李素敏	臧春荣	郑 铁	张 丹
何明忠	刘兴宇	张 剑	张灿权	钟家富	雷昌菊	常福明	黄全合	王飞翔	石 畅
彭先球	周 琦	方 奕	刘湘虎	周爱国	邓 文	陶文新	宗锦涛	刘 煜	罗连光
彭福元	崔新卫	赵 熙	刘红艳	刘 振	袁英芳	赵 洋	黄飞毅	杨拥军	付海平
何铁林	汤 睿	常立沙	罗建军	周 鹏	周 超	张焕裕	石 君	卢红玲	贺淑岚
朱春晖	胡雅辉	徐志德	李宏先	杨 震	倪向红	周晓杨	李勇奇	邹家华	段晓林
陈文超	毛亦卉	刘昭兵	曾贤杰	叶桃林	孙维民	阳 均	洪 曦	廖 伟	蔡志红
肖光辉	刘忠清	尚云波	潘兆平	付复华	苏东林	舒 服	史开兵	王喜做	杨 忠
艾治勇	张武汉	王 峰	颜应成	田 妍	黄 婧	范小兵	欧爱辉	张立阳	周武承
颜育民	邓小林	戴 静	刘 劲	王 鹏	喻名科	陈卫江	李 莓	李小红	谢运河
周 虹	王同华	胡 扬	李召华	张世辉	周 斌	闵 军	刘三雄	黎 彬	朱建宇
龚超热	李小湘	段永红	阳标仁	周 昆	曾 翔	黄志才	刘文强	谢红军	丁超英

3. 2010年学员150人名单

万宜珍	张武汉	廖伏明	吴 俊	庄 文	赵炳然	李 莉	张其茂	曹孟良	黎用朝

夏胜平	赵正洪	张玉烛	周国强	龚浩如	陶曙华	陈英姿	詹庆才	朱克永	李召华
刘之熙	李小湘	段永红	刘文强	闵 军	刘三雄	张世辉	周 斌	陈恺林	朱国奇
汤国华	谢红军	黄凤林	周 昆	阳标仁	刘云开	方宝华	黎 斌	龚超热	朱建宇
刘泽民	王炜东	黄志才	包小村	谭正初	粟本文	杨 阳	刘 振	钟兴刚	刘淑娟
赵 洋	宁 静	银 霞	赵 熙	常硕其	傅海平	刘红艳	周凌云	黄安平	李 维
杨培迪	邓 晶	成 杨	黄 静	李赛君	覃事永	严重君	肖 蕾	雷 雨	罗建军
周建群	卢红玲	石 君	汪 阳	李 睿	高国赋	周 超	李 丹	张焕裕	周芃成
徐志德	谭新球	杨春晓	成飞雪	朱春晖	胡雅辉	李继承	彭建华	杨 玉	汤 睿
吕健丞	张战泓	袁祖华	张竹青	周晓波	黄 巍	汪端华	吴艺飞	付复华	刘 伟
黄绿红	卢以群	罗 祎	武毅刚	丁超英					

还有院农业经济区划所、园艺所、作物所、土壤肥料所、核农学与航天育种所、农业生物与资源利用所参加培训人员因故缺登。累计参加培训150人。

4. 2011年学员160人名单

黄绿红	付复华	刘 伟	包小村	谭正初	粟本文	杨 阳	刘 振	钟兴刚	刘淑娟
赵 洋	宁 静	银 霞	赵 熙	常硕其	傅海平	刘红艳	周凌云	黄安平	李 维
杨培迪	邓 晶	成 杨	黄 静	李赛君	覃事永	严重君	肖 蕾	雷 雨	罗建军
周建群	卢红玲	石 君	汪 阳	李 睿	高国赋	周 超	李 丹	张焕裕	周芃成
黎用朝	夏胜平	赵正洪	张玉烛	周国强	龚浩如	陶曙华	陈英姿	詹庆才	朱克永
李召华	刘之熙	李小湘	段永红	刘文强	闵 军	刘三雄	张世辉	周 斌	陈恺林
朱国奇	汤国华	谢红军	黄凤林	周 昆	阳标仁	王子平	刘云开	方宝华	黎 斌
龚超热	朱建宇	刘泽民	王炜东	黄志才	肖苏林	彭福元	朱校奇	罗连光	龙世平
崔新卫	鲁耀雄	范海珊	易 春	李赛群	罗有良	卜范文	阳智慧	廖 炜	黄国林
肖光辉	彭俊彩	蔡金术	肖晓英	万宜珍	张武汉	廖伏明	吴 俊	庄 文	赵炳然
李 莉	张其茂	曹孟良	徐志德	谭新球	杨春晓	成飞雪	朱春晖	胡雅辉	王同华
陈志辉	易九红	邓力超	谢运河	李 立	喻名科	李 丁	张红霞	肖子发	谢灵灵
袁洪燕	柏 斌	高 阳	陆婷婷	贺荣华	刘 星	陈 莎	张胜平	周丽洁	张 欣
胡远艺	许文燕	郑红发	杨 阳	宁 静	陈江涛	刘 振	赵 洋	杨培迪	成 杨
常硕其	傅海平	李 维	向 芬	黄怀生	赵 熙	银 霞	周凌云	黄安平	刘大勇
钟兴刚	刘淑娟	杨拥军	周 琳	丁 玎	李 徐	丁超英	卢以群	罗 祎	吕建丞

5. 2012年学员147人名单

张初贤	张 伟	胡晓钟	刘见平	丁超英	周爱国	卢以群	赵政文	廖伏明	潘美山
易 春	杨水芝	陈 鹏	黄国林	林文力	孔佑涵	王双伍	王兴辉	徐 海	刘 娟
刘灵犀	张 平	何科佳	曾 斌	欧阳娴	袁祖华	张战泓	周 泽	蒋宏华	郑井元
周火强	周书栋	罗连光	宋 荣	毕 武	曹 亮	崔新卫	邓 凯	何云飞	黄艳宁
鲁耀雄	肖苏林	王克勤	陈静萍	邓钢桥	胡 蝶	李宏告	李 先	张乐平	张逸妍
彭选明	汤 彬	邓力超	陈松林	阳小凤	曹钟洋	周 虹	喻名科	谢运河	肖丽荣
魏琴琴	洪 曦	盛 洁	魏湘林	鲁艳红	戴慧芳	文吉辉	杨春晓	张 卓	李 萌
徐志德	陈梅香	罗源华	谢玲玲	梁志怀	王志伟	阮万辉	陈玲玲	卢 友	彭 岚
彭新德	张智优	吴 婷	徐 维	周芃成	罗建军	于 超	刘朝晖	戴少庆	鲁浪波
何 双	吕慧英	宁 静	刘 振	赵 洋	杨培迪	成 杨	刘红艳	向 芬	赵 熙
银 霞	周凌云	周 浩	谭正初	王沅江	粟本文	黎用朝	黄志才	黄凤林	周 昆

高杜娟	黎 彬	李小湘	黄伟东	邓启云	万宜珍	周 萍	甘玉姿	曹孟良	杨 琼
李娟娟	文 星	周 兴	邝翡婷	李 诚	李沂光	沈春修	魏中伟	王献慧	毛青秀
孙一丹	谭 江	孙学武	李 丁	胡远艺	吴 俊	何 超	陈 昂	方 真	赵 宁
习凤妮	陈俊宇	李林静	李 琳	刘瑞芬	张 闯	朱晨曦			

6. 2013 年学员 227 人名单

柏连阳	郭 宪	罗赫荣	单 杨	余应泓	蔡立湘	童雄才	丁超英	周爱国	卢以群
范四维	张 艺	冯志勇	陈大元	张曙光	彭书练	王 旭	李光明	石 畅	李 杰
李继承	汤 睿	彭选明	邓刚桥	张乐平	陈 亮	张逸妍	彭斯文	谢 进	罗连光
肖苏林	宁慧敏	龙世平	崔新卫	陈 山	朱校奇	梁志怀	贺爱国	谢玲玲	朱菲莹
章 宜	周芃成	肖光辉	刘翠娥	汪 阳	罗建军	张 伟	张焕裕	张智优	于 超
彭 岚	曹小兵	魏湘林	石丽红	盛 洁	谢运河	鲁艳红	易 春	李赛群	杨 玉
罗赛男	李菲菲	文 帅	王 华	张 平	黄 佳	张 文	程小梅	龚碧涯	杜 次
张 力	李健权	刘静波	刘 娟	杨水芝	王志科	李勇奇	吴艺飞	张战泓	袁祖华
黄 建	杨 剑	童 辉	白占兵	叶英林	谭亮萍	弭宝彬	郑井元	杨 莎	周书栋
杨博智	梁成亮	韩小霞	赵 激	欧阳娴	崔隋志	毛亦卉	陈松林	陈志辉	汤 彬
喻名科	李志坚	刘 伟	吕慧英	谭 欢	潘兆平	苏东林	黄绿红	朱向荣	韩晓磊
严清平	文吉辉	徐志德	奚 庆	龙 双	陈 源	邹 丹	卓 凌	曾志豪	刘 骏
吴生伟	黎乐贵	李瑞喆	蒋桂芳	熊 浩	何安顿	陈平梅	李宗云	李 萌	唐 雯
何明涛	刘文香	刘仙花	陈 玲	向红艳	张 玲	陶 杰	王 妙	杨 芳	吴晓丹
王 璞	宁桂芬	彭 敏	白爱娟	邵丽群	宁 静	黄飞毅	雷 雨	杨 阳	刘 振
赵 洋	杨培迪	成 杨	傅海平	刘红艳	李 维	向 芬	周品谦	粟本文	郑红发
黄怀生	赵 熙	黄安平	杨拥军	钟兴刚	刘淑娟	刘伟英	肖 蕾	许 菁	钟 妮
彭玉林	刘 海	曾理文	张其茂	田 妍	李 莉	许文燕	魏中伟	袁定阳	李新奇
谭炎宁	常硕其	唐 丽	胡美霞	庄 文	孙平勇	余 东	盛夏冰	韶 也	彭 彦
邝翡婷	肖丽荣	魏琴琴	李先信	刘 军	黎用朝	夏胜平	张玉烛	赵正洪	黄志才
李 超	周 昆	方保华	何 超	袁洪燕	胡远艺	盛文涛	柏 斌	沈春修	鲁浪波
段志涛	吕桂芝	潘银林	方 真	李莺歌	姚 奕	崔清志	黄 涓	刘 洋	黎 彬
张 一	戴 超	黄炜东	古海尼沙·赛帕尔		阿尔孜古丽·热克甫		买买提·吐尔逊		
梁晓清									

7. 2014 年学员 296 人名单

柏连阳	单 杨	蔡立湘	丁超英	周爱国	卢以群	何 艳	朱 坚	柏 斌	黄 涓
李莺歌	姚 奕	吕 刚	刘 健	方 真	雷永群	彭建华	吕健丞	宗锦涛	冯晓辉
李健权	肖 立	谭 珅	彭 莺	刘学文	邓 晶	张 哲	张 艺	周 琦	冯志永
陈大元	彭智强	龙 葵	张小兰	曾晓勤	黄晶金	王飞翔	李 杰	罗有良	庞爱军
张献新	梁晓清	方 奕	张德咏	朱春晖	彭 静	苏 品	邬腊梅	程菊娥	张 宇
彭 迪	宋志强	刘 健	朱 欣	冯推紫	方 勇	张 卓	孙书娥	解 啸	陈玉珍
李成刚	高 阳	黄艳红	李 萌	文吉辉	唐 雯	何明涛	李 胜	颜 晴	成飞雪
徐志德	唐 涛	匡大海	周桂兰	陈美容	高 阁	龙次平	符 伟	马明勇	周 波
万宜珍	彭玉林	张其茂	朱虹瑾	舒 服	黄 樱	庄颂芬	龙继锐	黄思娣	吴 俊
许文燕	邝翡婷	谭思思	赵梦熙	冯 滔	邢俊杰	黎 妮	毛毕刚	胡忠孝	庄 文
李建武	田 妍	吴朝晖	吕启明	欧阳红	彭 锐	辛业芸	伍富根	刘琼峰	吴海勇

杨曾平	鲁艳红	谢　坚	盛　洁	刘　杰	汤文光	尹颛斌	郭立君	李永华	刘　菁
余国鸿	谢运河	刘昭兵	田发祥	彭　华	官　迪	柳赛花	孙继民	孙　耿	谷　雨
周　兴	孙　梅	吴家梅	戴雄泽	郑井元	杨博智	赵　激	欧阳娴	叶英林	周晓波
吴艺飞	郑　冰	胡新军	谭亮萍	童　辉	杨　莎	杨　剑	弥宝彬	梁成亮	李燕凌
王日勇	黄　巍	彭　莹	刘　峰	黎用朝	黄志才	周　昆	方宝华	黄　英	胡　杨
敬　洋	邹永霞	吕艳梅	朱明东	黎　彬	程小英	薛　丹	匡　炜	苗雪雪	龚浩如
黄　为	张世辉	段永红	唐善军	刘　洋	包小村	王沅江	李赛君	周　琳	刘　振
赵　洋	杨培迪	宁　静	周　浩	李　维	刘红艳	向　芬	周凌云	黄飞毅	雷　雨
赵　熙	申丽银	吴晚秋	覃事永	严重君	黄　静	黄　佳	张　平	王兴辉	程小梅
李赛群	蔡金术	黄国林	肖远志	李菲菲	刘　元	罗赛男	王　华	肖晓英	曾　斌
刘　兵	易　春	杨水芝	文　帅	周长富	苑　平	吴跃辉	潘兆平	梁珏钦	陶湘林
何　双	郭佳婧	谢秋涛	朱迎娟	李绮丽	朱玲凤	尚雪波	林树花	谭　欢	杨　慧
李高阳	付复华	李志坚	彭选明	吴丽君	张乐平	陈　亮	杨　震	胡继松	李宏告
武小芬	陈静萍	胡　蝶	谢洪科	赵彩凤	王克勤	李丽辉	邓钢桥	彭福元	肖苏林
宁慧敏	高小平	朱校奇	黄艳宁	谢　进	崔新卫	宋　荣	彭斯文	陈　山	龙世平
鲁耀雄	罗连光	刘朝晖	徐　瑞	谭　华	陈　锦	张　屹	朱菲莹	谢玲玲	王志伟
贺爱国	刘建雄	王双伍	邓　文	金龙新	刘　晗	钱炬炬	祝琪雅	刘　英	刘小燕
黄　尬	皮向东	喻名科	曹钟洋	汤　睿	周　虹	黄艳岚	马淑梅	李　莓	邓力超
陈志辉	彭新德	罗建军	肖光辉	周建群	于　超				

参加任课和研究教师简介

(排名不分先后)

袁隆平简介

中国工程院院士,博士研究生导师,全国政协常务委员,原湖南省政协副主席,国家杂交水稻工程技术研究中心主任,湖南杂交水稻研究中心主任。

20世纪60年代发现大田水稻自然杂种株,在国内率先开展水稻杂种优势利用研究。并于1966年研究发表了《水稻的雄性不孕性》论文,阐述了水稻具有杂种优势的观点,指出:"要想利用水稻杂种优势,首推利用雄性不孕性"。这一理论与研究实践否定了水稻等"自花授粉作物没有杂种优势"的传统观点,极大地丰富了作物遗传育种理论和技术。

研究解决了"三系法"杂交稻研究中的三大难题:利用"野生稻与栽培稻进行远缘杂交"技术,找到了培育雄性不育系的有效途径,并于1973年实现了不育系、保持系和恢复系的"三系"配套;育成了强优势杂交水稻"南优2号"等一批组合,并在生产上大面积成功应用推广。国际上同行们称袁隆平为"世界杂交水稻之父。"

1977年发表了《杂交水稻培育的实践和理论》与《杂交水稻制种与高产的关键技术》两篇重要研究论文。

1985年发表了《杂交水稻超高产育种探讨》研究论文,1987年提出了"杂交水稻育种的战略设想"。

1989年研究提出了选育实用光温敏核不育系的不育起点温度指标和选育的技术策略,使两系法杂交水稻研究走出了低谷;后来又研究并提出两系不育系原种生产程序和冷水串灌繁殖等重大技术,使两系法杂交水稻研究最终取得成功并推广应用。

1996年在我国启动了水稻超高产育种计划(又称为"中国超级稻研究计划")中,1997年研究设计出了以高冠层、矮穗层和中大穗为特征的超高产株型模式和培育超级杂交稻的技术路线,并在超级杂交稻研究方面取得重大进展。1999年在世界上率先育成超高产杂交水稻——"超级稻。1999年经国际小天体命名委员会批准命名为"袁隆平星"。

分别于2000年、2004年、2012年实现中国超级稻第一期亩产700千克、第二期亩产800千克、第三期亩产900千克的目标,并于2012年,领衔启动了中国超级稻亩产1000千克的第四期目标攻关,同时提出了在原超级杂交稻超高产理想株型和保持较高收获指数的基础上,以增加植株高度提高生物学产量为核心的超级杂交稻育种新理念。2014年成功实现第四期攻关目标。2015年启动了中国超级稻每公顷16吨的第五期目标攻关任务。

作为杰出的农业科学家,50多年来将全部精力倾注在杂交水稻事业上,践行了"发展杂交水稻、造福世界人民"的宗旨,为中国乃至世界的粮食生产发展做出了重大贡献。

1981年获中国第一个国家特等发明奖。

2000年度获首届中国国家最高科学技术奖。

2013年度获得国家科学技术进步奖特等奖。

先后还荣获联合国教科文组织"科学奖""沃尔夫奖""世界粮食奖"等多项国际国内奖励。

李顺德简介

中国社会科学院法学研究所研究员、教授、博士生导师、高级工程师,曾任中国社会科学院法学研究所知识产权法研究室主任、中国社会科学院知识产权中心原副主任，现兼任中国科学院大学（原中国科学院研究生院）公共管理学院法律与知识产权系主任、国家知识产权专家咨询委员会委员、中国知识产权研究会副理事长、中国知识产权研究会学术顾问委员会委员、中国知识产权研究会专利委员会委员、中国知识产权研究会网络知识产权委员会委员、中国知识产权法学研究会副会长、中国世界贸易组织研究会学术顾问、中国法学会世界贸易组织法研究会学术委员（原副会长）、中国贸易促进委员会专家委员会委员、中国科学技术法学会常务理事、国家社会科学基金法学学科评审组专家、国家自然科学基金管理科学学科评审组专家、国家知识产权局"知识产权资产评估促进工程"特邀专家、全国农产品地理标志登记专家评审委员会评审专家委员、中国数字图书馆工程建设法律法规指导委员会委员、中国 2010 年上海世博会知识产权咨询专家、世界中医药学会联合会中医药传统知识保护研究专业委员会顾问、国家中医药立法工作法律顾问、北京市工商行政管理学会理事、北京市重点产业知识产权联盟专家、北京市发明专利奖评审委员会委员、中关村科技园区主任专家顾问、"首都版权保护专家团队"成员、江苏省知识产权研究中心专家委员会委员、世界知识产权组织（WIPO）世界学院远程教育课程导师、中国知识产权培训中心远程教育课程导师、国家工商行政管理总局培训中心兼职教授。

1985 年成为我国首批专利代理人，多年从事专利代理和知识产权研究，曾承担"世界专利制度发展趋势的研究""中国知识产权保护制度发展与完善""我国社会主义市场经济下反垄断对策研究""WTO 与我国知识产权法律制度研究""入世后知识产权保护研究""科技保密与知识产权保护关系研究""电信及网络知识产权有关问题研究""中国地理标识保护两套体制评估研究""WTO 第二轮谈判涉及的知识产权问题""国际社会有关知识产权保护的政策走向""知识产权保护与防止滥用""知识产权基础性法律研究""东南亚国家联盟知识产权环境研究""知识产权行政保护与司法保护的协调运行研究""版权推动文化大繁荣大发展研究""科普资源共建共享工作知识产权保护研究""有关中国的自由贸易协定（FTA）中的知识产权问题研究"等重点课题任务，参加了"国家知识产权战略"的多项专题研究工作，并作为首席专家承担国家社会科学基金 2011 年重大项目"中国云计算知识产权问题与对策研究"；主要著作有《计算机软件和集成电路的知识产权保护》《知识产权价值评估中的法律问题》（合著）、《中华人民共和国著作权法修改导读》（合著）、《知识产权法律基础》《知识产权概论》《WTO 的 TRIPS 协议解析》《知识产权公共教程》《知识产权保护与管理实务》《专业技术人员知识产权保护知识读本》等；参加了我国《专利法》《商标法》《著作权法》《对外贸易法》《促进科技成果转化法》《计算机软件保护条例》《著作权集体管理条例》《集成电路布图设计保护条例》《专利代理条例》《信息网络传播权保护条例》《民间文学艺术作品保护条例》等法律、法规的制订和修改工作。

刘平简介

研究员，西北农学院毕业。中国绿色食品发展中心副主任，1995 年以来担任农业部科技发展中心副主任，2003 年以来兼任农业部植物新品种测试中心副主任。1982—1995 年曾在农业部科技司从事农业科技项目管理和科技政策调研工作十多年，1996 年开始研究植物新品种保护政策，1999 年开始从事植物新品种权保护与 DUS 测试技术工作。曾获省部级科技进步一等奖 3 次。

宋河发简介

博士，中国科学院科技政策与管理科学研究所知识产权与科技法研究室主任，兼任中科院知识产权研究与培训中心副主任、中国科学院大学知识产权学（筹）副院长。主要研究领域为知识产权和创新政策。1993 年获得全国专利代理人资格。近年来参加了多项中央国务院部署的创新发展政策研究，国家科技和知识产权法规修改论证、重大规划研究，出版专著 2 部，发表学术论文 40 余篇。

文希凯简介

现任中国知识产权培训中心教授。1991—2005年间任国家知识产权局条法司副司长，期间曾兼任中国专利局专利法研究所所长。2005—2007年任国家知识产权战略制定领导小组办公室副主任兼秘书长。现任国家知识产权局中国知识产权培训中心教授。1968年毕业于南京大学，1978年进入中国科学院研究生院学习，获理学硕士学位。1981年后在国家知识产权局法律部门工作。其间参加了《中华人民共和国专利法》的各项主要立法、改法和实施工作；曾多次参加中美知识产权谈判，参加WIPO主持下的多项专利国际条约的讨论和制定工作，参加中国入世后在TRIPS理事会中的多次例会和谈判工作。社会兼职包括国际知识产权协会（AIPPI）中国分会理事、中国知识产权研究会理事、北京市仲裁委员会仲裁员、北京大学硕士生导师等。

吴泉洲简介

原国家知识产权局专利局专利文献部副巡视员，二级审查员。

1981年进入中国专利局，从事专利文献与信息工作34年。主要从事专利文献管理、专利信息检索服务、专利信息应用研究、专利文献与信息利用培训。

国家知识产权局8部关于专利信息利用的教材主要编写人，5项知识产权行业标准制定的主要撰稿人，参加国家知识产权战略研究项目知识产权中介服务体系专题研究项目，负责知识产权信息中介服务研究。

出任历年全国专利代理人考试辅导教师，以及国家知识产权局新审查员培训教师，企业专利信息利用实操培训教师。

潘爱群简介

国家知识产权局专利局医药生物部生物制品处处长。

国家知识产权局首批领军人才，国家知识产权局业务指导专家组成员，国家知识产权局医药生物部生物技术领域学术带头人。

从事生物技术领域的专利审查工作二十多年，对我国在该领域的保护政策以及审查标准作了大量的研究，曾参加《专利审查指南》"有关生物技术发明专利申请的审查"部分的修改。多年来参加多项软课题研究还参与一些国家政策的制定。

盖爽简介

国家知识产权局专利局三级审查员，现就职于专利文献部。主要从事专利信息传播利用研究与实践工作，多次参加面向企业、科研单位和代理机构的专利信息利用培训授课，参与编写《专利信息利用导引》等教材的编写以及专利信息分析相关课题研究。

李享简介

华中农业大学本科毕业，三级专利审查员。2001年进入国家知识产权局专利局初审流程管理部，先后在PCT处、国际申请一处、二处、受理处工作。现任初审流程管理部受理处处长。

在专利局工作期间，主要从事PCT申请国际阶段受理局的审查、国际单位的审查以及PCT申请进入中国国家阶段的审查。参加了PCT细则、行政规程、受理局指南等文件的翻译、参加了《专利审查指南》的修订等工作。在代理人考前培训班、专利局新审查员培训班以及PCT巡回研讨班进行授课。组织并承担了PCT网站的建设、PCT远程教育课件的制作等工作。

程晋美简介

硕士研究生，国家知识产权局专利局审查员，副调研员，在知识产权局专利局从事园艺；蔬菜、花卉、稻、果树、葡萄、啤酒花或海菜的栽培；林业；浇水；在播种或种植前测试或处理种子、根茎或类似物的设备或方法等领域发明专利审查工作。

先后参加国家知识产权局专利局"PCT创造性问题研究""关于A01G1/00分类位置的细分类研究""PCT阶段说理充分""A01G小类的分类定义研究"课题。获得"课题优秀研究人员"称号。

在国家知识产权研究会刊物《2009年行业专利技术综述》上发表技术综述：《药用植物育种和栽培专利技术现状及其发展趋势》，在《审查业务通讯》《专利分类咨询》和《专利文献研究》上发表多篇文章。2012年编著《蔬菜加工专利项目精选》，2014年编著《果品加工专利项目精选》。

姚昆仑简介

侗族，中国科学技术大学毕业，理学博士，中国作家协会会员，中国科技成果管理学会副秘书长，北京理工大学、北京工业大学、青海大学、大连大学等高校客座教授、现就职于国家科学技术奖励工作办公室。长期从事科技政策、科技传播方面的研究，个人出版《走近袁隆平》《中国载人航天工程首任总设计师王永志传》《科学技术奖励综论》《地质学家涂光炽传》《文物探秘》等专著8本，与他人合著10余本，发表论文40余篇，在《人民日报》《科技日报》等报刊杂志上发表文章百余篇，曾获"五个一"工程奖，第二届中国管理科学奖（创新奖）等奖项。

唐浩简介

农学博士，高级农艺师，农业部科技发展中心审查员，测试处处长，主要从事植物品种特异性、一致性和稳定性测试工作。

陈红简介

作物学博士，高级农艺师，农业部科技发展中心新品种保护处副处长，审查员，中国政法大学兼职教授，硕士生导师，青海省海东市平安区副区长（挂职）。

罗霞简介

法官，毕业于美国天普大学比斯利法学院，法学硕士，青海民族大学法学学士。自2005年至今在最高人民法院知识产权审判庭从事专利、植物新品种、技术合同以及不正当竞争纠纷案件的审理。《最高人民法院关于审理植物新品种侵权民事纠纷案件适用法律若干问题的解释》的主要起草人之一。主审或参与审理多起在业内甚至国内外具有重大影响的案件。多篇裁判文书被最高人民法院公报采用，并入选最高人民法院指导案例，在中国法院10大知识产权案件以及50件典型知识产权案例的年度评选中，承办的多起案件被收录。

孙元清简介

湖南澧县人，武汉大学法学院毕业，先后在湖南省高级人民法院研究室、执行庭、知识产权庭、立案信访局工作，现任湖南省高级人民法院立案信访局副局长。主审的古洞春公司与怡清源公司等不正当竞争案判决书，被评为全国法院知识产权优秀裁判文书，并被《中华人民共和国最高人民法院公报》刊用。主审的宝马股份公司诉深圳市世纪宝马服饰公司、家润多商业股份有限公司等侵犯商标专用权纠纷案，被评为全国知识产权司法保护年度十大典型案例。在《人民司法》等刊物上发表《非物质文化遗产衍生作品的著作权问题》等多篇学术论文，组织完成了最高人民法院"知识产权民事诉讼证据规则""民事诉讼之律师费用负担""知识产权侵权责任以过错为条件之必要性研究""湖南省知识产权保护战略"等多项国家级省级重点调研课题。

李金兰简介

吉林大学计算机软件专业毕业，就职于中国版权保护中心，高级工程师（副高），曾长期从事软件版权登记审查和管理工作，熟悉《著作权法》《计算机软件保护条例》《计算机软件著作权登记办法》等有关法律规章，运用《计算机软件保护条例》《计算机软件著作权登记办法》有关软件著作权保护的法律法规，解决实际工作中出现的问题；曾负责软件登记规范化课题研究工作；曾参与开源软件法律研究等国家重点课题的研究工作；负责与计算机软件著作权登记信息系统（一、二期）项目开发相配套的功能需求分析、登记规范等基础性工作。

赵辉简介

硕士研究生，北京航空航天大学法学院毕业，现任中国知识产权培训中心办公室副主任，助理研究员。工作以来，组织举办各类型各层次知识产权培训班 200 余期，培训人数超过 20000 人次，主持参与多项国家知识产权局课题，在公开刊物上发表多篇专业文章。

宋敏简介

宋敏，就职于中国农业科学院农业资源与农业区划研究所，国家种业科技成果产权交易中心主任，中国农业科学院农业知识产权研究中心副主任，中国农科院资源管理二级岗位杰出人才，全国知识产权领军人才，研究员，博士生导师。

主要从事农业知识产权、农业资源环境经济和农业公共政策研究。主持"国家知识产权战略研究专题"、教育部"环境评价研究"、农业部"低环境负荷农业中日共同研究"、农业部"农业植物新品种保护战略"、农业部"转基因知识产权战略研究"、国家自然科学基金"我国实现植物遗传资源惠益分享的产权安排研究"等项目多项。参加日本文部省、丰田财团等资助的研究项目多项，农业部软科学基金、四川省科委、四川省国土管理局、重庆市科委、重庆市国土管理局等资助的科研项目多项。先后在国内外学术刊物上用日语、英语和中文发表学术论文数 50 余篇，出版著作 15 余篇，曾获得农业部、国家知识产权局和国家林业局联合表彰的全国植物新品种保护先进个人、国家土地管理局科技进步三等奖、重庆市政府社科研究二等奖、中华农业科技奖三等奖、北京市科技奖三等奖等科研奖励多项/农业知识产权战略决策支撑系统荣获北京市科学技术奖三等奖。

李银锁简介

国家知识产权局专利局审查员，2006 年西安交通大学毕业，材料学硕士。

长期从事材料领域的发明专利审查工作和知识产权研究工作，参加过包括薄膜太阳能电池产业专利分析、高性能橡胶产业专利分析、氟化工产业专利分析、超硬材料专利预警分析、一带一路国家知识产权基础情况研究、氧化铈稀土功能材料专利技术现状及其发展趋势等多项课题的研究工作。

参与编写了《专利分析实务手册》和《企业专利工作实务手册》。曾参与郑州国家专利导航产业发展实验区建设。

郭修申简介

原任中华商标协会专家委员会专家、中企商标发展中心副主任，北京航空航天大学法学院兼职教授，中国法学会知识产权法研究会理事。曾任北京军区石家庄军事法院审判员、河北省工商行政管理局政策法规处副处长、调研员。

中国政法大学法律专业本科毕业，中国社会科学院研究生院宪法与行政法专业在职研究生。2002 年 9 月至 2005 年 6 月，在中国社会科学院知识产权中心进修知识产权法博士生课程，师从郑成思教授。

主要著作：《民事纠纷解析》（合著）、《实用国际经济法大全》《工商管理咨询实用手册》《企业商标使用与保护》《企业商标战略》。

袁国保简介

湖北鄂州人，管理学硕士，研究员。现任湖北省种子集团有限公司党委书记、总经理。国务院特殊津贴专家、省政府特殊津贴专家、省政府突贡专家。中南财经政法大学、湖北大学、长江大学兼职教授，硕士生导师。兼任中国种子协会国际交流合作分会会长，湖北省种子协会副会长，湖北省生物产业发展专家咨询委员会专家，湖北省农业科技创新体系建设专家咨询委员会专家，湖北省农作物品种审定委员会常委，湖北省科技企业家协会常务理事，湖北省产学研合作促进会常务理事，湖北省高新技术产业协会副会长等。

袁真富简介

上海大学知识产权学院副院长，兼任上海对外经贸大学律师学院教授，复旦大学知识产权研究中心特邀研究员，北京万慧达（上海）律师事务所特别顾问，上海市创意产业协会知识产权委员会秘书长，上海市商标协会专家委员会委员，浦东新区知识产权保护协会知识产权服务专业委员会副主任，《中国知识产权》杂志专栏作家、东方知识产权俱乐部理事兼创始成员、国家知识产权局《职务发明条例草案》专题论证专家。

张俊飚简介

博士，教授，博士生导师，华中农业大学经济管理学院、土地管理学院副院长，湖北省人文社会科学重点研究基地湖北农村发展研究中心主任。2002年在华中农业大学毕业，获管理学博士学位，曾先后以访问学者的身份到英国 Sussex University、荷兰、法国、韩国、俄罗斯远东大豆研究所、越南农业部、越南中央果蔬研究院、柬埔寨皇家农业大学、老挝中央大学农学院及老挝农业部等进行访问考察。2006年入选教育部新世纪优秀人才支持计划，2006年入选湖北省新世纪高层次人才工程，2008年被聘为国家食用菌产业技术体系产业经济研究室主任、岗位科学家，2009年受聘湖北省省委决策支持顾问、湖北省人民政府咨询委员会特邀专家，2011年受聘农业部教材办公室教材建设专家委员会委员，2012年领衔的"农业资源与环境经济问题研究"创新团队入选湖北省教育厅科技创新团队。同时兼任中国农业企业管理研究会副理事长、中国生态经济学会理事、中国生态经济学会教育委员会常务理事、湖北省城乡统筹研究会副会长、湖北省经济学界团体联合会常务理事、湖北省生态经济学会常务理事、湖北省农村经济发展研究会常务理事、湖北省农村软科学研究会常务理事、福建省食用菌协会高级顾问，湖北省食用菌协会理事。

陈思简介

农业部农产品质量安全中心地理标志处副处长，管理学博士。多年农产品质量安全、无公害农产品、农产品地理标志管理经验，长期参与食品安全、知识产权及农业品牌建设工作。先后发表文章20余篇，公开出版专著15本，制定行业标准20余项，直接参与30余项部、省重点项目的研究。

刘跃红简介

1987年至今一直在湖南省知识产权局（省专利局）工作，这期间主要工作的业务处室有：实施处、执法处、专利代办处、综合管理处，其中从事专利行政执法工作16年，目前任省知识产权局副局长，兼任中南大学知识产权研究院副院长。还曾任省专利技术开发中心主任，湖南省湘知司法鉴定所所长，被长沙市仲裁委聘为仲裁员、以及经省司法厅认定为知识产权法司法鉴定员。多年来，直接参与处理了的专利、商标、商业秘密等知识产权案件1000多件，以及对湖南省一系列重大知识产权案例的指导，如湖南省科力远公司诉巴西淡水河谷公司专利侵权、以色列伊斯卡公司诉株洲硬质合金厂专利侵权案等。多年来负责对市州专利行政执法重大案件的指导，组织湖南省开展知识产权执法专项行动等大型活动等。参与或起草制定了一系列法律、法规、规范性文件，如参与修改讨论了《中华民共和国专利法》《中华民共和国专利法实施细则》《专利审查指南》，以及参与制定起草了《湖南省专利条例》《全国专利行政执法办法》《全国专利行政执法联合机制》《湖南省专利案件办案指南》《专利行政执法评议考核办法》等。特别是作为全国 6 位专家之一，历经 2 年，参加国家知识产权局组织的制定《全国专利行政执法操作指南》工作，在 6 个章节近 8 万字中，撰写起草的内容为 1.5 个章节 1 万多字，目前该"指南"是指导全国专利行政执法的规范性文件。由于这些经历，因此对企业、行政管理、技术、法律、经济等方面均比较熟悉并积累了很丰富的工作经验，经常为社会各阶层讲授知识产权法律课。

邱洪华简介

邱洪华，华中科技大学知识产权管理博士、知识产权法硕士，具有跨法学和管理学的综合研究能力和优势，现为西北大学法学院知识产权学院副教授、硕士研究生导师。

近年来，一直从事专利信息挖掘与分析、企业知识产权战略、企业技术创新及其知识产权管理等领域的研究，曾对银行业、工程机械、轨道交通、风电技术、航空发动机、物联网、4G 通信、云计算和动漫等产业或特定技术领域的专利信息进行挖掘与分析，为企业的知识产权战略提供管理咨询和诊断意见。

在企业知识产权管理领域，承担国家社科基金、国家知识产权局、省社科基金、省自科基金、省软科学和省知识产权局等以及有关企业的委托研究课题多项。作为"全国首批专利信息师资人才"，为企业或高校相关学员提供了多场次针对专利信息分析与利用、专利布局和专利预警等主题的培训。

纵刚简介

全国知识产权领军人才，上海市"千人计划"创业人才，现任上海盛知华知识产权服务有限公司 CEO、上海知识产权研究中心客座研究员、国家知识产权局、工信部和上海市知识产权局专家组成员。

2007—2013 年任中国科学院上海生命科学研究院知识产权与技术转移中心主任，在上海生科院创建了国内首家专业化技术转移管理机构。他在上海生科院的开创性工作曾多次被上报国务院并得到了李克强、刘延东等中央领导的肯定和批示、被媒体广泛报道、以及被哈佛大学商学院写成哈佛商学院教学案例。

2000—2006 和 1993—1998 年间他在美国排名第一的癌症中心——得克萨斯大学 MD Anderson 癌症中心有过 10 年多知识产权和技术转移管理和癌症研究经历。

此外，2010—2011 年担任国际技术许可高级管理人员协会（LESI）的官产学研交易委员会副主席。完成了数百笔专利和技术的国内外许可转让及合作研发的交易，并曾分别在美国和中国创立了数家科技成果转化新公司，包括美国风险投资基金投资的两家公司（其中一家公司已在 NASDAQ 上市）。在知识产权管理与技术产业化、商业咨询、创立新公司、以及生命科学研究等方面拥有 20 多年的工作经验。教育背景包括厦门大学生物化学学士，美国得克萨斯大学休斯顿分校生物医学研究生院生物化学硕士，得克萨斯大学奥斯汀分校商学院创业与营销企业管理硕士（MBA），德克萨斯大学休斯顿健康科学中心健康经济学、管理及生命科学博士研究生经历。

陆滨芊简介

1978—1982 年北京大学药学院 1977 级本科，药物化学，获理学学士；

1981—1984 年军事医学科学院 1981 级研究生，有机合成，获医学硕士；

1990—1994 年"北京市高等教育自学考试"（法律专业）；

1993 年参加《世界知识产权组织》PCT 培训；

1993年参加"国家科委新药管理赴美研修团",在 FDA、南加大、耶鲁大学医学院学习"新药审批管理";

1994年通过专利代理人资格考试;

1998年通过全国律师资格考试;

1985—1999年科研管理;

1992年至今专利代理人,律师。

幸颖简介

女,1982年生,山西大同人,南京大学植物学专业硕士研究生,现任国家知识产权局专利局医药生物发明审查部主任科员,从事生物领域发明专利申请实质审查。

参加任课和研究教师简介

袁隆平院士（摄影：王精敏）

| 李顺德 |  刘平 |  宋河发 |  文希凯 |

| 姚昆仑 |  吴泉洲 |  潘爱群 |  盖爽 |

| 李享 |  程晋美 |  唐浩 |  陈红 |

罗霞	孙元清	李金兰	赵辉
宋敏	纵刚	陈思	刘跃红
李银锁	张俊飚	袁国保	郭修申
袁真富	邱洪华	陆滨芊	幸颖

历次出席培训班的领导和班主任名单

1.2008.11.5—8 全国农业新品种知识产权国际保护高级培训班
参加领导：燕冲、孙玮、邹民生、袁隆平、邱化蛟、何铁林、罗赫荣、杨文、陈学斌
班主任：赵辉、丁超英

2.2009.5.6—9 农业知识产权国际保护强化培训班
参加领导：王岚涛、李娜、袁隆平、何铁林、邹民生、杨文、罗赫荣
班主任：杨璐、丁超英

3.2010.8.3—5 农业科研"基因专利、著作及计算机软件版权、地理标志等保护培训班
参加领导：燕冲、陈仲伯、袁隆平、何铁林、单杨
班主任：李勋、丁超英

4.2011.10.17—19 农业知识产权评估技术与保护方法培训班
参加领导：燕冲、李娜、邹民生、杨文、单杨、邓华凤
班主任：李勋、丁超英

5.2012.8.15—17 农业知识产权保护、管理与惠益分享培训班
参加领导：孙玮、何萍、单杨
班主任：李勋、丁超英

6.2013.8.20—22 农业专利及品种权布局实务培训班
参加领导：燕冲、陈仲伯、柏连阳、邹学校、单杨
班主任：许彬彬、丁超英

7.2014.8.28—30 农业专利及品种权布局实务培训班
参加领导：刘跃红、柏连阳、单杨、蔡立湘
班主任：许彬彬、丁超英

在培训班期间，周爱国、卢以群、武毅刚、罗祎、鲁艳红、何艳、李祺、刘凌峰、罗建军、于超、王志忠、傅国、辛业芸、杨耀松、王精敏、周自力等同志，以及各研究所十余位知识产权专管员为学员和讲课老师做了许多服务工作，谨致谢忱！

本书涉及的相关法律条文

[1] 中华人民共和国种子法（全国大常委会 2015 年 11 月 4 日修订）
[2] 中华人民共和国促进科技成果转化法（全国大常委会 2015 年 8 月 29 日修改）
[3] 中华人民共和国科技进步法（全国大常委会 2007 年 12 月 29 日修订）
[4] 中华人民共和国专利法（全国大常委会 2008 年 12 月 27 日修订）
[5] 中华人民共和国专利法实施细则（2009 年 12 月 30 日通过 国务院令第 306 号）
[6] 中华人民共和国商标法（全国大常委会 2013 年 8 月 30 日修正）
[7] 中华人民共和国商标法实施条例（2014 年 4 月 29 日修订 国务院令第 651 号）
[8] 中华人民共和国著作权法（全国大常委会 2010 年 2 月 26 日通过）
[9] 中华人民共和国著作权法实施条例（2013 年 1 月 16 日通过 国务院令第 633 号）
[10] 中华人民共和国反不正当竞争法（全国大常委会 1993 年 9 月 2 日通过）
[11] 中华人民共和国农业植物新品种保护名录（第一批——第十批）农业部令 1999 年（第 14 号）、农业部令 2000 年（第 27 号）、农业部令 2001 年（第 46 号）、农业部令 2002 年（第 3 号）、农业部令 2003 年（第 32 号）、农业部令 2005 年（第 51 号）、农业部令（2008 年第 14 号）、农业部令（2010 年第 8 号）、农业部令（2013 年第 1 号）、农业部令（2016 年第 1 号）。
[12] 集成电路布图设计保护条例（2001 年 3 月 28 日通过 国务院令第 300 号）
[13] 特殊标志管理条例（1996 年 7 月 13 日国务院令第 202 号，自发布之日起施行。）
[15] 专利代理条例（1991 年 3 月 4 日 国务院令第 76 号）
[16] 专利代理暂行规定（国务院 1985 年 9 月 4 日批准、国家专利局公告第 10 号）
[17] 关于修改《专利行政执法办法》的决定（国家知识产权局令 2015 年第 71 号）
[18] 专利行政执法办法（国家知识产权局令 2010 年第 60 号）
[19] 用于专利程序的生物材料保藏办法（国家知识产权局令 2015 年第 69 号）
[20] 发明专利申请优先审查管理办法（国家知识产权局令 2012 年第 65 号）
[21] 专利实施强制许可办法（国家知识产权局令 2012 年第 64 号）
[22] 专利标识标注办法（国家知识产权局令 2012 年第 63 号）
[23] 专利实施许可合同备案办法（国家知识产权局令 2011 年第 62 号）
[24] 关于修改《专利代理管理办法》的决定（国家知识产权局令 2011 年第 61 号）
[25] 关于规范专利申请行为的若干规定（国家知识产权局令 2007 年第 45 号）
[26] 关于进一步提升专利申请质量的若干意见（国家知识产权局国知发管字〔2013〕87 号）
[27] 专利费用减缓办法（国家知识产权局令 2006 年第 39 号）
[28] 关于印发《专利收费减缴办法》的通知（财政部 国家发展改革委财税〔2016〕78 号）
[29] 集成电路布图设计保护条例实施细则（国家知识产权局令 2001 年第 11 号）
[30] 科学技术保密规定（科学技术部、国家保密局令 2015 年第 16 号）
[31] 最高人民法院关于审理侵犯专利权纠纷案件应用法律若干问题的解释（二）（2016 年 1 月 25 日通过）
[32] 最高人民法院关于审理侵犯植物新品种权纠纷案件具体应用法律问题的若干规定（最高人民法院 2007 年第 1 号）
[33] 主要农作物品种审定办法（农业部令 2016 年第 4 号）
[34] 农作物种子生产经营许可管理办法（农业部令 2016 年第 5 号）
[35] 农作物种子标签和使用说明管理办法（农业部令 2016 年第 6 号）

[36] 农业植物品种命名规定（农业部令 2012 年第 2 号）
[37] 国务院关于新形势下加快知识产权强国建设的若干意见（国务院国发 2015 第 71 号）
[38] 国务院关于加快推进现代农作物种业发展的意见（国务院国发 2011 年第 8 号）
[39] 国家知识产权战略纲要（国务院国发 2008 年第 18 号）
[40] 深入实施国家知识产权战略行动计划（2014—2020 年）的通知（国务院国办发 2014 年第 64 号）
[41] 国家科技重大专项知识产权管理暂行规定（科学技术部、国家发展和改革委员会、财政部、国家知识产权局国科发专〔2010〕264 号）
[42] 关于印发《国家科技计划（专项、基金等）严重失信行为记录暂行规定》的通知（国科发政 2016 年第 97 号）
[43] 湖南省专利条例（湖南省人大 2011 年 11 月 27 日通过 公告第 63 号）
[44] 湖南省专利奖励办法实施细则（湖南省知识产权局湘知发 2013 年第 9 号）
[45] 深化科技体制改革实施方案（中共中央国务院 中办发 2015 年第 46 号）
[46] 中共中央关于深化人才发展体制机制改革的意见（中共中央 中发〔2016〕9 号）
[47] 中共中央 国务院关于深化体制机制改革加快实施创新驱动发展战略的若干意见（中发〔2015〕8 号）
[48] 国务院关于印发实施《中华人民共和国促进科技成果转化法》若干规定（国发〔2016〕16 号）
[49] 关于进一步加强职务发明人合法权益保护促进知识产权运用实施的若干意见（国知发法字〔2012〕122 号）
[50] 国务院办公厅关于印发促进科技成果转移转化行动方案的通知（国办发〔2016〕28 号）
[51] 中共中央、国务院关于深化体制机制改革加快实施创新驱动发展战略的若干意见（中发〔2015〕8 号）
[52] 关于在全国法院推进知识产权民事、行政和刑事案件审判"三合一"工作的意见（最高人民法院法发〔2016〕17 号）
[53] 关于扩大种业人才发展和科研成果权益改革试点的指导意见（农业部、科技部、财政部、教育部、人力资源和社会保障部农种发〔2016〕2 号）
[54] 关于调整国家科技计划和公益性行业科研专项经费管理办法若干规定的通知（财政部科技部财教 2011 年第 434 号
[55] 国务院关于改进加强中央财政科研项目和资金管理的若干意见（国发 2014 年第 11 号）
[56] 中共中央办公厅、国务院办公厅关于进一步完善中央财政科研项目资金管理等政策的若干意见（中办发 2016 年第 50 号）
[57] 中华人民共和国职业分类大典（2015 年版）国家职业分类大典修订工作委员会
[58] 关于加强高等学校科技成果转移转化工的若干意见（教育部科技部 教技〔2016〕3 号）
[59] 农业部深入实施《中华人民共和国促进科技成果转化法》若干细则（农科教发〔2016〕7 号）
[60] 深入实施国家知识产权战略行动计划（2014—2020 年）（国务院办公厅国办发〔2014〕64 号）
[61] 《农业知识产权战略纲要（2010－2020 年）》（农业部农科教发〔2009〕12 号）
[62] 国务院关于印发"十三五"国家科技创新规划的通知（国发 2016 年 43 号）
[63] 中共中央 国务院印发《国家创新驱动发展战略纲要》中发〔2016〕4 号
[64] 科技部 财政部 国家税务总局关于修订印发《高新技术企业认定管理办法》的通知 国科发火〔2016〕32 号
[65] 关于将国家自主创新示范区有关税收试点政策推广到全国范围实施的通知（财政部国家税务总局财税 2015 年 116 号）
[66] 关于完善研究开发费用税前加计扣除政策的通知（财政部、国家税务总局、科技部财税 2015 年 119 号）
[67] 关于贯彻落实研发费用加计扣除和全国推广自主创新示范区所得税政策的通（国家税务总局税

总发 2015 年 146 号）
[68] 关于发布《企业所得税优惠政策事项办理办法》的公告（国家税务总局公告 2015 年第 76 号）
[69] 关于股权奖励和转增股本个人所得税征管问题的公告（国家税务总局公告 2015 年第 80 号）
[70] 财政部国家发改委关于清理一批行政事业性收费有关政策的通知（财税〔2017〕20 号）
[71] 关于停征农业植物新品种保护权收费有关事项的公告（农业部植物新品种保护办公室公告 2017 年第 3 号）

致　谢

本书的编写得到了国家知识产权局专利局专利文献部审查员盖爽、吴泉洲老师，农业部科技发展中心审查员陈红博士，最高人民法院法官罗霞专家的悉心指导，他们提供了许多研究参考资料。中国农业大学硕士研究生王虎、清华大学博士研究生丁雅洁、湘潭大学本科生伏丁杰为部分文章进行数据分析和文稿整理。湖南省农业科学院杨耀松、王精敏、曹立军提出了许多建议。湖南省农业科学院副院长单杨研究员，院机关处室张艺、彭新德、卢以群、周爱国、何艳、易力雄等同志给予了大力支持和帮助。在此谨表诚挚感谢！